MASATO TANAKA
E TETSUYA SAITO

GRANDE HISTÓRIA VISUAL DA FILOSOFIA

GUIA ILUSTRADO PARA ENTENDER OS
CONCEITOS E OS PERSONAGENS
CENTRAIS DO PENSAMENTO OCIDENTAL

Tradução de Janaína Marcoantonio

Planeta

Tetsugaku yogo zukan
por Masato TANAKA (autor), Tetsuya SAITO (editor/supervisor)
Copyright © Masato Tanaka 2015
Design e ilustração originais de Masato Tanaka e Mayuko Watanabe (MORNING GARDEN INC.)
Direitos de tradução para o português no Brasil contratados com PRESIDENTINC. por meio da Japan UNI Agency, Inc., Tóquio, e Patricia Natalia Seibel

Copyright © Masato Tanaka, 2015
Copyright © Editora Planeta do Brasil, 2022
Copyright da tradução © Janaína Marcoantonio
Todos os direitos reservados.
Título original: *Tetsugaku yogo zukan*

Preparação: Karina Barbosa dos Santos
Revisão: Renato Ritto e Fernanda Simões Lopes
Diagramação: Márcia Matos
Capa, projeto gráfico e ilustrações de capa e miolo: Morning Garden inc.
Adaptação de capa: Beatriz Borges

Dados Internacionais de Catalogação na Publicação (CIP)
Angélica Ilacqua CRB-8/7057

Tanaka, Masato
 Grande história visual da filosofia: guia ilustrado para entender os conceitos e os personagens centrais do pensamento ocidental / Masato Tanaka, Tetsuya Saito; tradução de Janaína Marcoantonio. - São Paulo: Planeta do Brasil, 2022.
 352 p.: il., color.

Bibliografia
ISBN 978-65-5535-799-8
Título original: Tetsugaku yogo zukan

1. Filosofia I. Título II. Saito, Tetsuya, Saito III. Marcoantonio, Janaína

22-2877 CDD 101

Índice para catálogo sistemático:
1. Filosofia

Ao escolher este livro, você está apoiando o manejo responsável das florestas do mundo

2022
Todos os direitos desta edição reservados à
EDITORA PLANETA DO BRASIL LTDA.
Rua Bela Cintra, 986 – 4º andar
01415-002 – Consolação
São Paulo-SP
www.planetadelivros.com.br
faleconosco@editoraplaneta.com.br

SUMÁRIO

Como utilizar este livro 12

A FILOSOFIA CLÁSSICA

▶ **CRONOLOGIA**

Os filósofos clássicos 16

▶ **PERFIL DO PENSADOR**

Tales de Mileto | Pitágoras 18
Heráclito | Parmênides 19
Protágoras | Górgias 20
Sócrates | Demócrito 21
Platão | Aristóteles 22
Zenão de Cítio | Epicuro 23

▶ **CONCEITOS**

Mythos	Tales e outros	24
Logos	Tales e outros	25
Filosofia da natureza	Tales e outros	26
Arqué	Tales e outros	28
Tudo flui (panta rei)	Heráclito	29
O ser é e o não ser não é	Parmênides	30
Atomismo	Demócrito	31
O homem é a medida de todas as coisas	Protágoras e outros	32
Os sofistas	Górgias e outros	34
Saber que não se sabe	Sócrates	36
A união de virtude e conhecimento	Sócrates	37
Diálogo	Sócrates	38
O cuidado da alma (psique)	Sócrates	40
Areté	Sócrates	42
O que importa não é viver, mas viver corretamente	Sócrates	43
Doxa	Platão	44
Episteme	Platão	45
Ideia	Platão	46
O mundo das ideias e o mundo sensível	Platão	48

Teoria da reminiscência (anamnese)	Platão	50
Eros	Platão	51
O mito da caverna	Platão	52
A tripartição da alma	Platão	54
As quatro virtudes cardeais	Platão	55
A aristocracia da razão	Platão	56
O Estado ideal	Platão	57
Forma (eidos) e matéria (hyle)	Aristóteles	58
Potência e ato	Aristóteles	60
Doutrina das quatro causas	Aristóteles	61
Metafísica	Aristóteles	62
Teoria	Aristóteles	64
Virtudes dianoéticas e virtudes éticas	Aristóteles	65
O justo meio	Aristóteles	66
Philia	Aristóteles	67
Justiça	Aristóteles	68
Estoicismo	Zenão de Cítio	70
Epicurismo	Epicuro	72

A FILOSOFIA MEDIEVAL

▶ CRONOLOGIA

Os filósofos medievais	76

▶ PERFIL DO PENSADOR

Agostinho | Anselmo de Aosta	78
Tomás de Aquino | Guilherme de Ockham	79

▶ CONCEITOS

Ágape	Jesus Cristo	80
Filosofia patrística	Agostinho	82
Filosofia escolástica	Tomás de Aquino	84
O debate sobre os universais	Anselmo e outros	86
A navalha de Ockham	Guilherme de Ockham	88

A FILOSOFIA PRÉ-MODERNA

▶ CRONOLOGIA
Os filósofos pré-modernos 92

▶ PERFIL DO PENSADOR
Francis Bacon | John Locke 94
George Berkeley | David Hume 95
René Descartes | Baruch Spinoza 96
Gottfried Wilhelm von Leibniz | Thomas Hobbes 97
Montesquieu | Jean-Jacques Rousseau 98
Michel de Montaigne | Blaise Pascal 99

▶ CONCEITOS
Conhecimento é poder	Bacon	100
Empirismo inglês	Bacon e outros	101
Idola	Bacon	102
Raciocínio indutivo	Bacon e outros	104
Raciocínio dedutivo	Descartes e outros	105
Racionalismo continental	Descartes e outros	106
Cogito ergo sum (penso, logo existo)	Descartes	108
Demonstrações da existência de Deus	Descartes	110
Ideias inatas	Descartes	112
Sujeito e objeto	Descartes	113
Dualismo	Descartes	114
Res extensa	Descartes	115
Panteísmo	Spinoza	116
Sub specie aeternitatis	Spinoza	118
Mônada	Leibniz	120
Harmonia preestabelecida	Leibniz	121
Princípio de razão suficiente	Leibniz	122
Tabula rasa	Locke	123
Ideias simples e ideias complexas	Locke	124
Propriedades primárias e propriedades secundárias	Locke	125
Ser significa ser percebido	Berkeley	126
Um feixe de percepções	Hume	128
Relação de causa e efeito	Hume	130
Substância	Descartes e outros	132

Epistemologia	Locke e outros	133
Os moralistas	Montaigne	134
O ser humano é um caniço pensante	Pascal	136
Espírito de finura	Pascal	137
Leviatã	Hobbes	138
Direito de resistência	Locke	140
Vontade geral	Rousseau	141
Iluminismo	Locke e outros	142

A FILOSOFIA MODERNA

▶ CRONOLOGIA
Os filósofos modernos 146

▶ PERFIL DO PENSADOR
Adam Smith | Immanuel Kant 148
Johann Gottlieb Fichte | Friedrich Wilhelm Joseph von Schelling 149
Georg Wilhelm Friedrich Hegel | Arthur Schopenhauer 150
Søren Aabye Kierkegaard | Karl Heinrich Marx 151
Friedrich Wilhelm Nietzsche | Jeremy Bentham 152
John Stuart Mill | Charles Sanders Peirce 153
William James | John Dewey 154
Sigmund Freud | Carl Gustav Jung 155

▶ CONCEITOS
A priori	Kant	156
A coisa em si	Kant	158
Categorias	Kant	160
Fenômeno	Kant	161
Revolução Copernicana	Kant	162
Antinomias da razão	Kant	163
Lei moral	Kant	164
Imperativo categórico	Kant	165
Mundo dos fenômenos e mundo inteligível	Kant	166
Razão teórica e razão prática	Kant	167
Máxima	Kant	168
Autonomia	Kant	169
Reino dos fins	Kant	170

Filosofia crítica	Kant	171
Idealismo alemão	Hegel e outros	172
Espírito absoluto	Hegel	173
Dialética	Hegel	174
História	Hegel	176
Eticidade	Hegel	178
Família, sociedade civil e Estado	Hegel	179
Pessimismo	Schopenhauer	180
Ou um, ou outro	Kierkegaard	182
Verdade subjetiva	Kierkegaard	183
A exceção	Kierkegaard	184
Existencialismo	Kierkegaard	185
Os três estágios da existência	Kierkegaard	186
A mão invisível (divina)	Smith	188
Laissez-faire	Smith	190
Utilitarismo	Bentham	191
O cálculo do prazer	Bentham	192
A máxima felicidade para o maior número de pessoas	Bentham	193
Utilitarismo qualitativo	Mill	194
Burguesia e proletariado	Marx	195
Relações de produção	Marx	196
A alienação da força de trabalho	Marx	198
Luta de classes	Marx	199
Estrutura e superestrutura	Marx	200
Ideologia	Marx	201
Materialismo histórico	Marx	202
Idealismo	Hegel e outros	204
Materialismo	Marx e outros	205
Niilismo	Nietzsche	206
Ressentiment	Nietzsche	208
Moral do escravo	Nietzsche	210
Vontade de potência	Nietzsche	212
Perspectivismo	Nietzsche	213
Eterno retorno	Nietzsche	214
Super-homem	Nietzsche	216
Pragmatismo	Peirce	218

Inconsciente	Freud	220
Id, ego e superego	Freud	221
Eros e Tânatos	Freud	222
Inconsciente coletivo	Jung	223

A FILOSOFIA CONTEMPORÂNEA

▶ CRONOLOGIA

Os filósofos contemporâneos 226

▶ PERFIL DO PENSADOR

Bertrand Arthur William Russell | Ludwig Wittgenstein 228
Rudolf Carnap | Karl Raimund Popper 229
Thomas Samuel Kuhn | Edmund Husserl 230
Martin Heidegger | Karl Jaspers 231
Jean-Paul Sartre | Maurice Merleau-Ponty 232
Max Horkheimer | Jürgen Habermas 233
Hannah Arendt | Emmanuel Levinas 234
Ferdinand de Saussure | Claude Lévi-Strauss 235
Gilles Deleuze | Michel Foucault 236
Jacques Derrida | Jean-François Lyotard 237
Jean Baudrillard | John Bordley Rawls 238
Robert Nozick | Michael J. Sandel 239
Simone de Beauvoir | Judith P. Butler 240
Edward Wadie Said | Antonio Negri 241

▶ CONCEITOS

Langue/parole	Saussure	242
Significante/significado	Saussure	243
Arbitrariedade do signo	Saussure	244
Fenomenologia	Husserl	246
Redução fenomenológica	Husserl	248
Epoché	Husserl	250
Intencionalidade	Husserl	252
Noesis/noema	Husserl	253
Intersubjetividade	Husserl	254
Ontologia	Heidegger	256
Tempo	Heidegger	257

Ser-aí (Dasein)	Heidegger	258
Ser-no-mundo	Heidegger	259
"O se" (das Man)	Heidegger	260
Condição de lançado	Heidegger	261
Ser-para-a-morte	Heidegger	262
Situações-limite	Jaspers	264
Il y a	Levinas	266
Rosto do Outro	Levinas	268
Teoria figurativa da linguagem	Wittgenstein	270
Jogos de linguagem	Wittgenstein	272
Semelhanças de família	Wittgenstein	274
Filosofia analítica	Wittgenstein	276
Positivismo lógico	Carnap e outros	278
Falseabilidade	Popper	280
Paradigma	Kuhn	282
Razão instrumental	Horkheimer	284
Razão comunicativa	Habermas	286
Totalitarismo	Arendt	287
A existência precede a essência	Sartre	288
O ser humano está condenado a ser livre	Sartre	289
Ser-em-si, ser-para-si	Sartre	290
Engagement (engajamento)	Sartre	292
Esquema corporal	Merleau-Ponty	294
O corpo	Merleau-Ponty	296
Estruturalismo	Lévi-Strauss	298
Pensamento selvagem	Lévi-Strauss	300
Liberalismo	Rawls	302
Libertarismo	Nozick	304
Comunitarismo	Sandel	305
Pós-estruturalismo	Derrida	306
Pós-moderno	Lyotard	307
Lógica da diferenciação	Baudrillard	308
Simulacro	Baudrillard	310
Episteme	Foucault	312
A morte do homem	Foucault	314
Poder sobre a vida	Foucault	315
Panóptico	Foucault	316

Dicotomia	Derrida	318
Desconstrução	Derrida	320
Différance	Derrida	322
Árvore/rizoma	Deleuze	324
Esquizofrenia/paranoia	Deleuze	326
Nomadismo	Deleuze	328
Feminismo	De Beauvoir	330
Gênero	Butler	331
Orientalismo	Said	332
"Império"	Negri	334
Multidão	Negri	336
Bioética/ética ambiental		338

Posfácio ... 340
Bibliografia ... 341
Índice remissivo ... 346

Como utilizar este livro

Se você ler este livro do princípio, poderá ver como a história da filosofia ocidental evoluiu, de Tales aos nossos dias. Se quiser usá-lo como um dicionário, o índice analítico que encontrará ao final lhe permitirá localizar rapidamente a explicação do termo que procura e ampliar seu conhecimento nas páginas indicadas nas quais o tema é abordado.

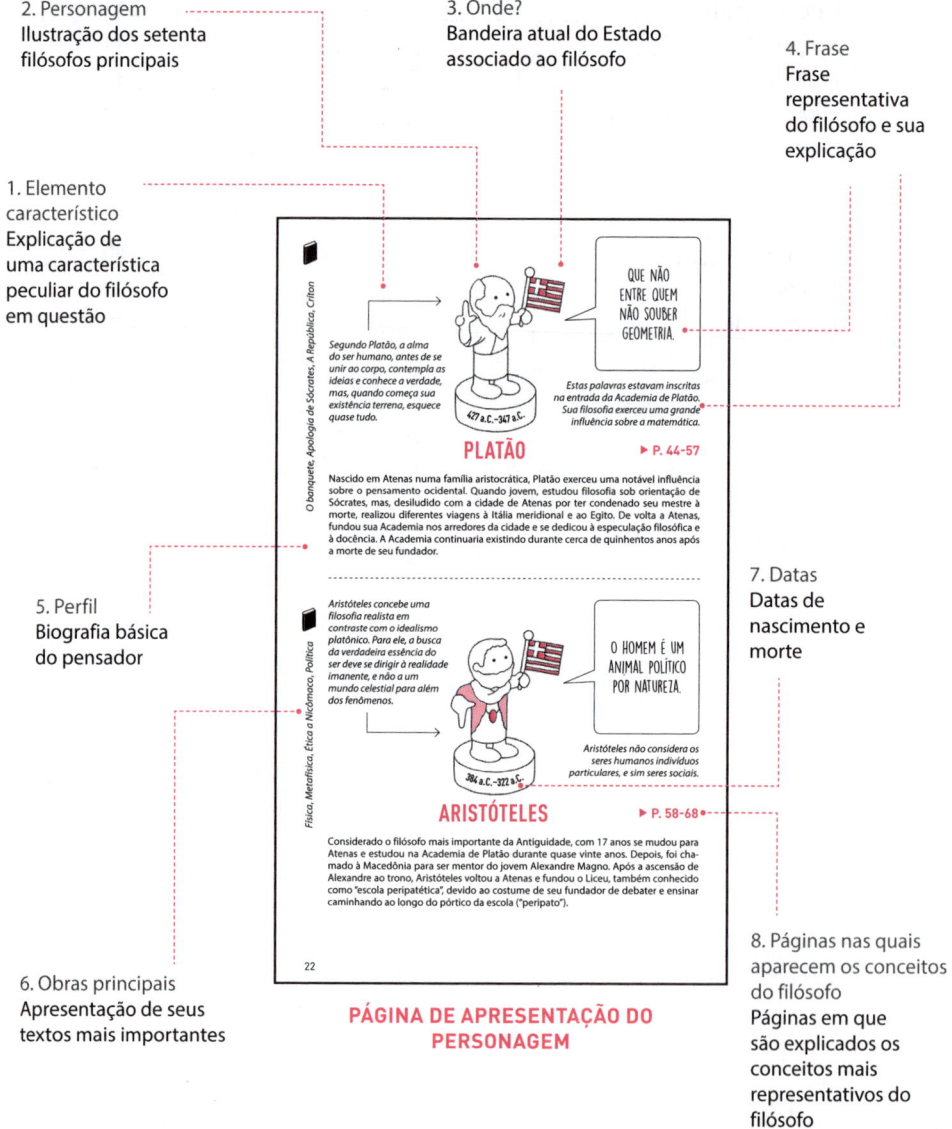

2. Personagem
Ilustração dos setenta filósofos principais

3. Onde?
Bandeira atual do Estado associado ao filósofo

4. Frase
Frase representativa do filósofo e sua explicação

1. Elemento característico
Explicação de uma característica peculiar do filósofo em questão

5. Perfil
Biografia básica do pensador

6. Obras principais
Apresentação de seus textos mais importantes

7. Datas
Datas de nascimento e morte

8. Páginas nas quais aparecem os conceitos do filósofo
Páginas em que são explicados os conceitos mais representativos do filósofo

PÁGINA DE APRESENTAÇÃO DO PERSONAGEM

3. Conceito
Apresentação de mais de duzentos conceitos essenciais da filosofia

2. Página em que aparece o personagem
Número de página do perfil do filósofo associado ao conceito

1. Personagem associado ao conceito
Retrato do personagem mais estritamente vinculado ao termo apresentado

4. Info
Informação que ajuda a entender o conceito analisado. Muda em função do termo e contém as seguintes seções:
[Significado]
Breve explicação do conceito para facilitar sua compreensão
[Etimologia]
Explicação da palavra que deu origem ao conceito
[Exemplos]
Filósofos, obras ou correntes particularmente representativas do conceito analisado
[Conceito antônimo]
Apresentação de um termo ou de uma corrente de pensamento oposta ao conceito analisado
[Aparece pela primeira vez em]
Texto em que ocorreu a primeira aparição do termo
[Fonte]
Fonte da qual se extraiu a frase citada
[Influenciou]
De que modo o conceito analisado influenciou outras correntes de pensamento
[Obras representativas]
Obra ou conjunto de obras em que o conceito analisado exerce um papel central
[Conceitos relacionados]
Termo ou conjunto de termos relacionados ao conceito analisado
[Nota]
Comentários úteis para uma compreensão mais profunda

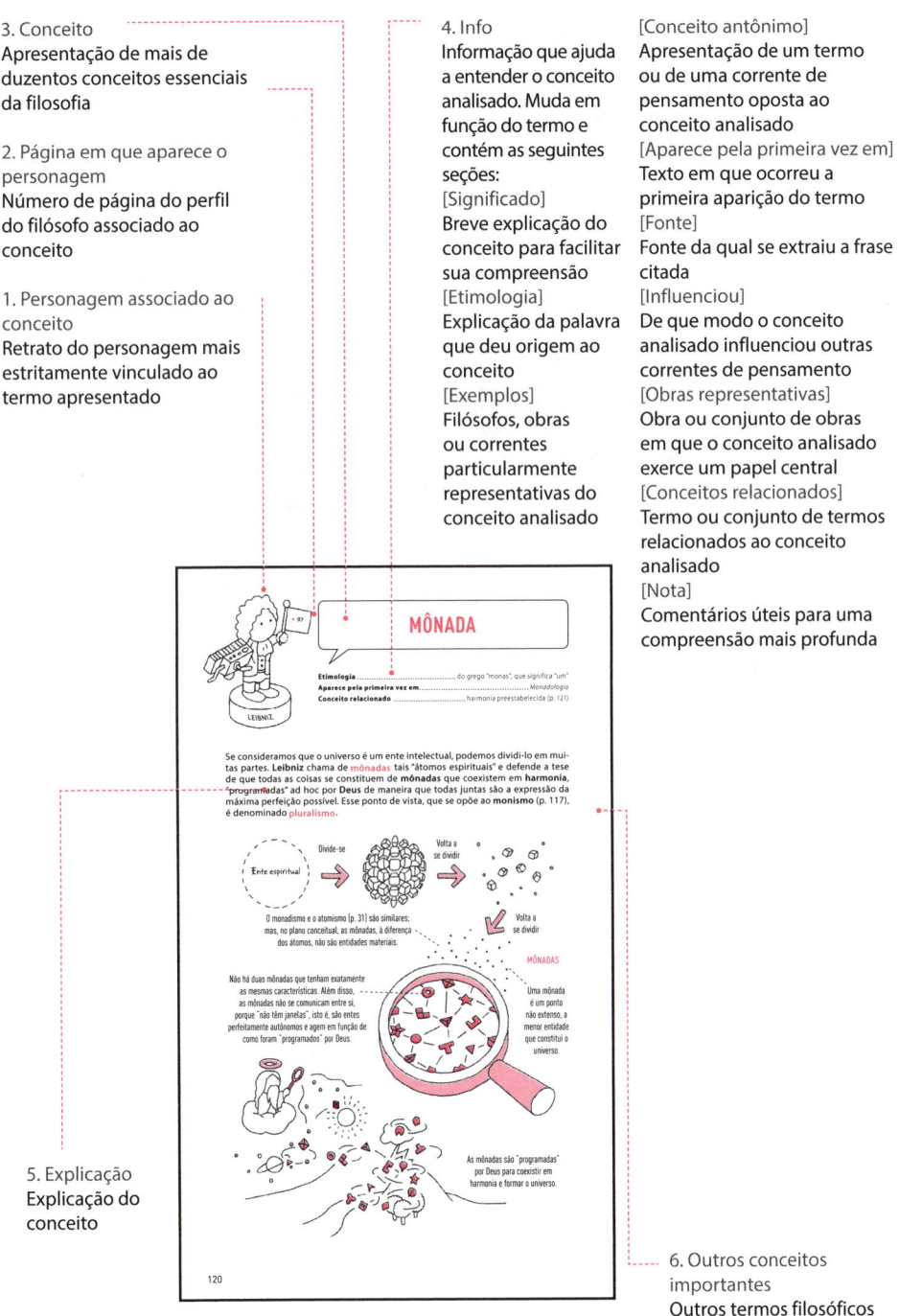

5. Explicação
Explicação do conceito

6. Outros conceitos importantes
Outros termos filosóficos relacionados ao conceito apresentado

PÁGINA DE APRESENTAÇÃO DO CONCEITO

A FILOSOFIA CLÁSSICA

Os filósofos clássicos

A filosofia da natureza

Tales p. 18
conceitos p. 24-28

Demócrito p. 21
conceitos p. 31

Anaximandro
conceitos p. 27

Escola jônica de Mileto (exceto Heráclito)

Anaxímenes
conceitos p. 27

Parmênides p. 19
conceitos p. 30

Heráclito p. 19
conceitos p. 29

Escola eleática

Pitágoras p. 18
conceitos p. 28

Escola pitagórica

Protágoras p. 20
conceitos p. 32

Os sofistas

Górgias p. 20
conceitos p. 34

Sócrates p. 21
conceitos p. 36-43

600 a.C. — 550 a.C. — 500 a.C. — 450 a.C.

[594] A pólis de Atenas adota um sistema político democrático

[586] Exílio babilônico

[500] Guerras persas

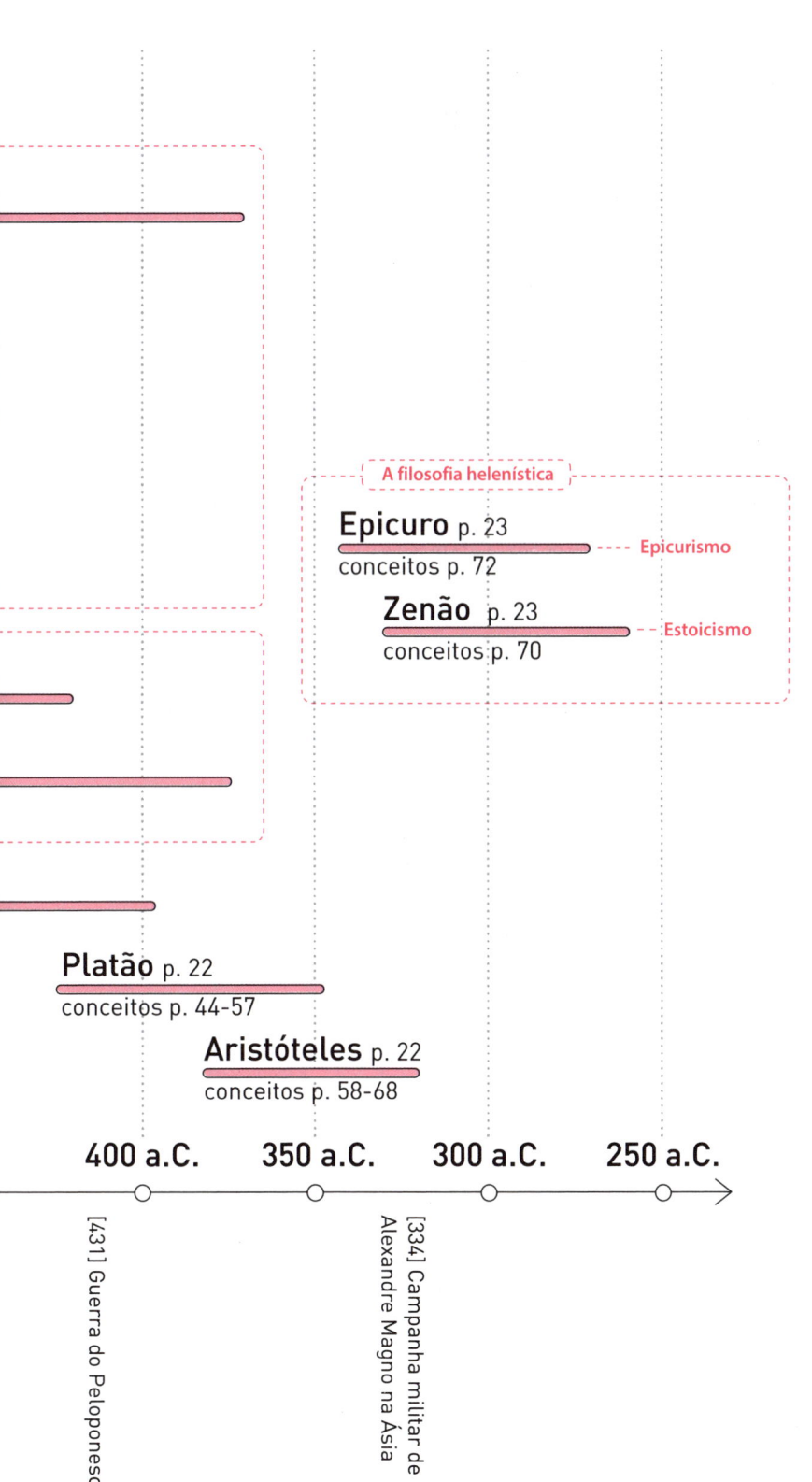

Não se conservam obras escritas por Tales. Foi Aristóteles quem afirmou que Tales considerava que o princípio de tudo (arqué) era a água e o apresentou como o fundador da filosofia.

> A ÁGUA É O PRINCÍPIO DE TODAS AS COISAS.

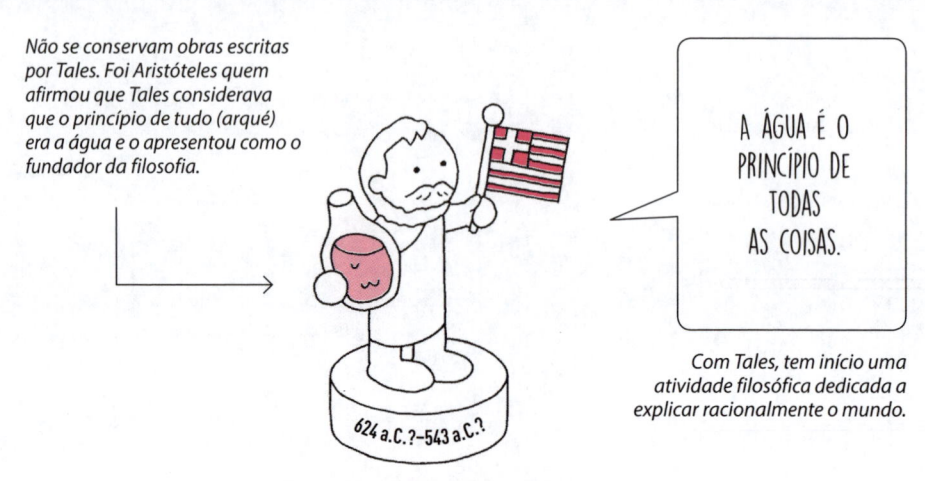

Com Tales, tem início uma atividade filosófica dedicada a explicar racionalmente o mundo.

TALES DE MILETO

▶ P. 24-28

Nascido na colônia grega de Mileto e um dos Sete Sábios, Tales é um filósofo da natureza que foi caracterizado por Aristóteles como o "fundador da filosofia". Fez várias contribuições em diferentes campos: política, meteorologia, controle do curso da água, náutica, astronomia e geometria. Graças aos seus conhecimentos, pôde prever o eclipse solar de 585 a.C., bem como uma colheita abundante de azeitonas, que lhe permitiu enriquecer cobrando aluguéis caros pelas prensas de azeite que havia alugado por um preço baixo durante o inverno.

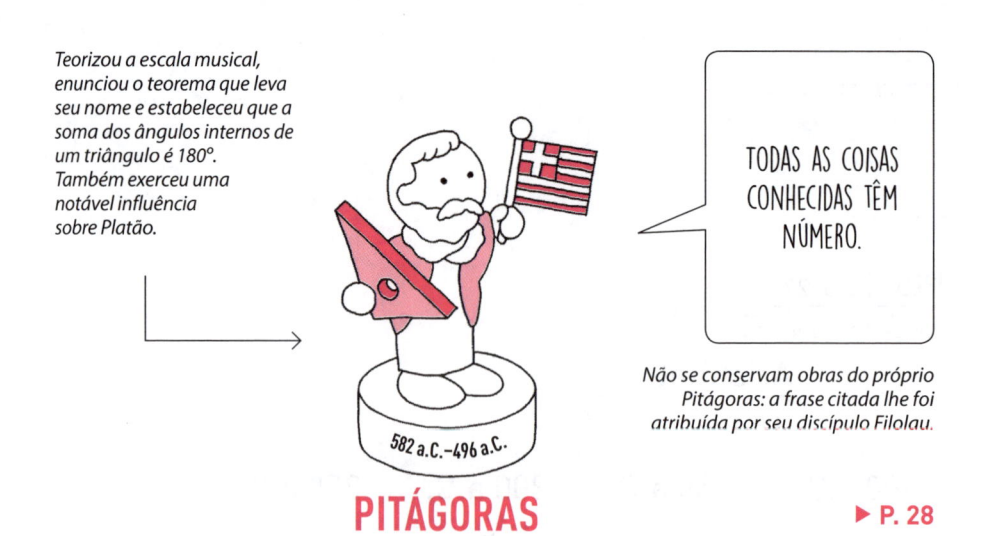

Teorizou a escala musical, enunciou o teorema que leva seu nome e estabeleceu que a soma dos ângulos internos de um triângulo é 180°. Também exerceu uma notável influência sobre Platão.

> TODAS AS COISAS CONHECIDAS TÊM NÚMERO.

Não se conservam obras do próprio Pitágoras: a frase citada lhe foi atribuída por seu discípulo Filolau.

PITÁGORAS

▶ P. 28

Nascido na ilha de Samos, foi filósofo e matemático. Decepcionado com as reformas políticas de sua pátria, decidiu mudar-se para a Itália meridional, onde fundou uma escola que era também uma comunidade política e religiosa. Acreditava na imortalidade da alma e na reencarnação, e levava uma vida ascética junto a seus discípulos. Atribuiu um significado especulativo aos números: o um corresponde à "razão"; o dois, à "feminilidade"; o três, à "masculinidade" etc. Afirmava que os números são o princípio de todas as coisas.

Para Heráclito, o fogo se acende e se apaga segundo uma mesma medida. Na realidade, é o próprio fogo – em seu eterno nascer e morrer – o princípio fundamental do universo.

NÃO É POSSÍVEL BANHAR-SE DUAS VEZES NO MESMO RIO.

Quando afirma que "tudo flui", Heráclito quer dizer que a mudança é a própria essência do universo.

HERÁCLITO ▶ P. 29

Filósofo da natureza, provavelmente de origem aristocrática, levou uma vida isolada na cidade jônica de Éfeso. Seu caráter reservado e solitário é vislumbrado na linguagem mordaz e de difícil compreensão de seus escritos. Foi chamado de "o obscuro". Para Heráclito, a verdadeira essência das coisas deve ser buscada na "guerra" e na mudança, e a harmonia dos contrários é o logos que rege tudo.

Parmênides expôs seu pensamento mediante a voz de uma deusa em seu poema "Sobre a natureza", que chegou até nós de forma fragmentária.

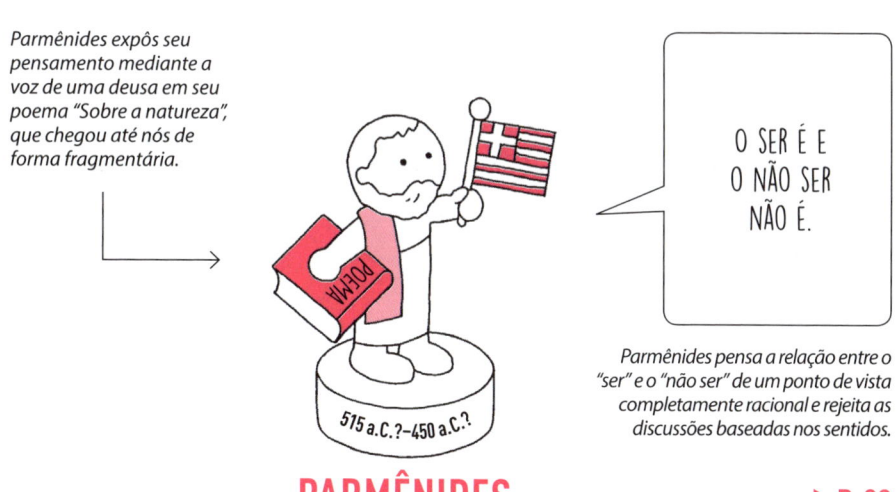

O SER É E O NÃO SER NÃO É.

Parmênides pensa a relação entre o "ser" e o "não ser" de um ponto de vista completamente racional e rejeita as discussões baseadas nos sentidos.

PARMÊNIDES ▶ P. 30

Nasceu em Eleia, na Magna Grécia, no seio de uma família nobre e, por amor à pátria, redigiu as leis da cidade. Segundo Platão, Parmênides viajou a Atenas, onde se encontrou com o jovem Sócrates. Ao contrário de Heráclito, afirmava que a arqué deve ser una, imóvel, imutável e eterna. Zenão de Eleia, famoso pelo paradoxo de "Aquiles e a tartaruga", foi um de seus discípulos.

Segundo dizem alguns, os honorários de Protágoras equivaliam ao custo de dois barcos de guerra.

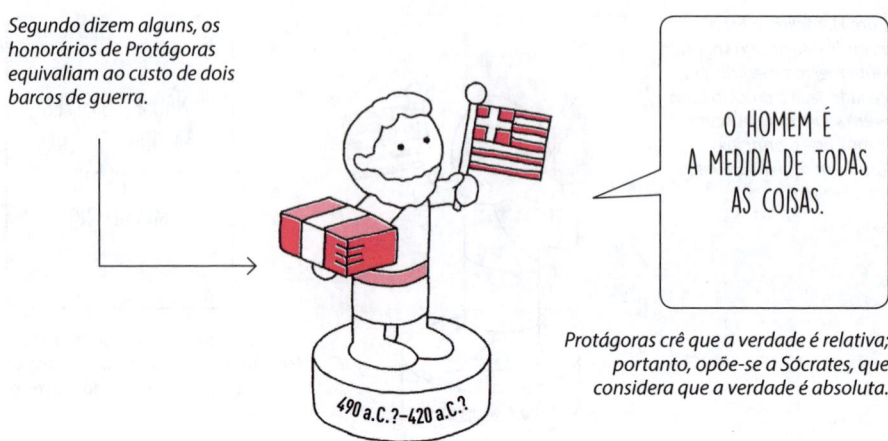

O HOMEM É A MEDIDA DE TODAS AS COISAS.

Protágoras crê que a verdade é relativa; portanto, opõe-se a Sócrates, que considera que a verdade é absoluta.

PROTÁGORAS ▶ P. 32

Originário de Abdera, na Trácia, Protágoras desenvolveu sua atividade como sofista em Atenas, onde chegou a fazer amizade com Péricles – o grande estadista ateniense – e se tornou o filósofo mais em voga de seu tempo, tanto que seus conterrâneos diziam que "ninguém pode competir com Protágoras". A partir da perspectiva relativista que afirma que os critérios e os juízos variam de uma pessoa para outra, Protágoras defendeu que para cada problema existem, ao mesmo tempo, um ponto de vista e seu contrário.

Górgias recebia uma remuneração de cem minas por aluno, isto é, cerca de cem vezes mais do que o necessário para que um cidadão das classes sociais mais desfavorecidas vivesse por um ano.

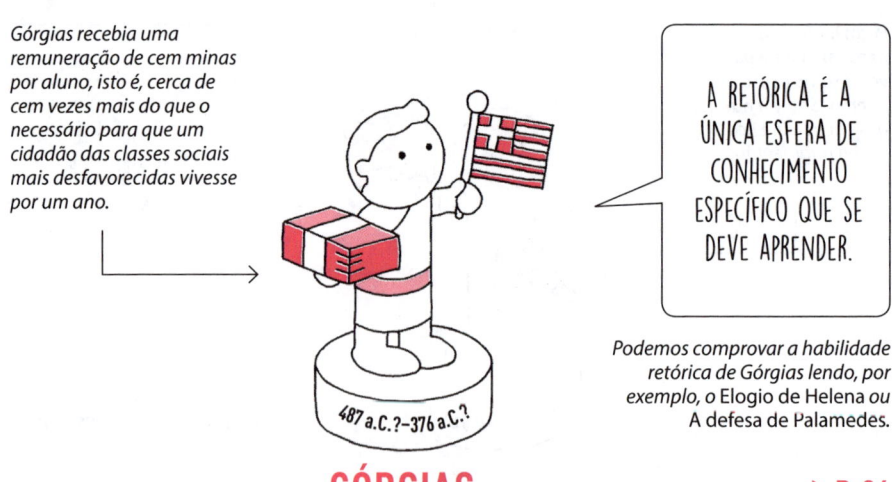

A RETÓRICA É A ÚNICA ESFERA DE CONHECIMENTO ESPECÍFICO QUE SE DEVE APRENDER.

Podemos comprovar a habilidade retórica de Górgias lendo, por exemplo, o Elogio de Helena ou A defesa de Palamedes.

GÓRGIAS ▶ P. 34

Górgias nasceu em Leontinos, cidade grega da Sicília, e em 427 a.C. formou parte da delegação diplomática que se dirigiu a Atenas para angariar o apoio dessa pólis na guerra que sua pátria travava contra Siracusa. Em Atenas, destacou-se por sua habilidade retórica. Sofista tão famoso quanto Protágoras, ficou conhecido principalmente pela eloquência com que respondia às petições do público. No diálogo que leva seu nome, Platão descreve em tom de zombaria seu ar de sabe-tudo.

Condenado à morte, Sócrates se negou a fugir e aceitou beber o cálice de cicuta com o qual se envenenou, declarando: "A lei é dura, mas é lei".

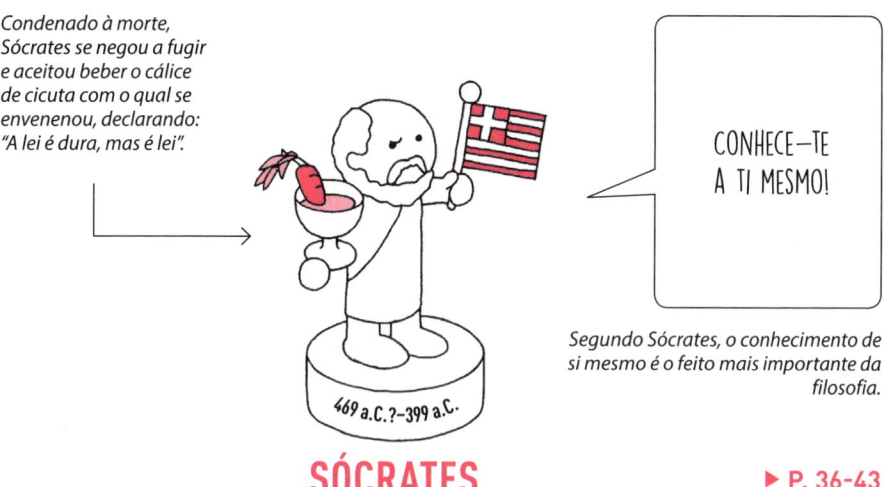

CONHECE-TE A TI MESMO!

Segundo Sócrates, o conhecimento de si mesmo é o feito mais importante da filosofia.

SÓCRATES ▶ P. 36-43

Nasceu em Atenas, de pai escultor e mãe parteira. Casou-se em idade avançada com Jantipa, uma das "três piores mulheres do mundo". Alistou-se três vezes como soldado na Guerra do Peloponeso. Era lembrado por seus contemporâneos por sua aparência não muito agradável. Com frequência, entrava em estado de transe. Acusou os sofistas de faltarem com a verdade, que ele considerava universal e passível de ser alcançada pelo diálogo, isto é, por meio de uma prática de perguntas e respostas. Era malvisto por seus concidadãos. Acusado de ser um personagem perigoso, foi condenado à morte por um júri popular.

Se na origem de todas as coisas estão os átomos, o universo é constituído por esses entes indivisíveis que, movendo-se no vazio, interagem entre si de diferentes maneiras.

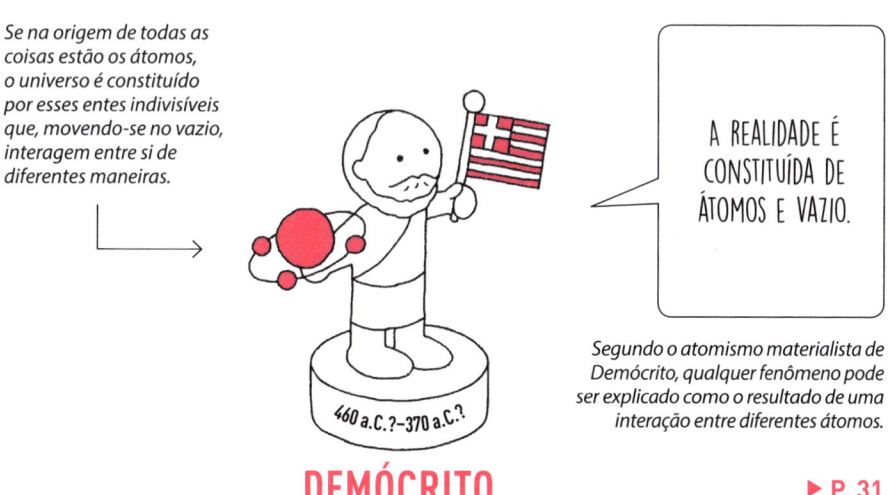

A REALIDADE É CONSTITUÍDA DE ÁTOMOS E VAZIO.

Segundo o atomismo materialista de Demócrito, qualquer fenômeno pode ser explicado como o resultado de uma interação entre diferentes átomos.

DEMÓCRITO ▶ P. 31

Originário da Trácia, Demócrito viajou por diferentes cidades do Oriente. Seus interesses são poliédricos: além da filosofia, dedicou-se ao estudo da ética, da astronomia, da matemática, da música e da biologia. Por seu caráter alegre, ficou conhecido como "o filósofo que ri". Sua filosofia o leva a considerar que não só os objetos, como também a alma do homem, são constituídos de átomos, e que a vida ideal consiste em alcançar um estado de paz no qual os átomos não se desagregam.

O banquete, Apologia de Sócrates, A República, Críton

Segundo Platão, a alma do ser humano, antes de se unir ao corpo, contempla as ideias e conhece a verdade, mas, quando começa sua existência terrena, esquece quase tudo.

QUE NÃO ENTRE QUEM NÃO SOUBER GEOMETRIA.

Estas palavras estavam inscritas na entrada da Academia de Platão. Sua filosofia exerceu uma grande influência sobre a matemática.

427 a.C.–347 a.C.

PLATÃO ▶ P. 44-57

Nascido em Atenas numa família aristocrática, Platão exerceu uma notável influência sobre o pensamento ocidental. Quando jovem, estudou filosofia sob orientação de Sócrates, mas, desiludido com a cidade de Atenas por ter condenado seu mestre à morte, realizou diferentes viagens à Itália meridional e ao Egito. De volta a Atenas, fundou sua Academia nos arredores da cidade e se dedicou à especulação filosófica e à docência. A Academia continuaria existindo durante cerca de quinhentos anos após a morte de seu fundador.

Física, Metafísica, Ética a Nicômaco, Política

Aristóteles concebe uma filosofia realista em contraste com o idealismo platônico. Para ele, a busca da verdadeira essência do ser deve se dirigir à realidade imanente, e não a um mundo celestial para além dos fenômenos.

O HOMEM É UM ANIMAL POLÍTICO POR NATUREZA.

Aristóteles não considera os seres humanos indivíduos particulares, e sim seres sociais.

384 a.C.–322 a.C.

ARISTÓTELES ▶ P. 58-68

Considerado o filósofo mais importante da Antiguidade, com 17 anos se mudou para Atenas e estudou na Academia de Platão durante quase vinte anos. Depois, foi chamado à Macedônia para ser mentor do jovem Alexandre Magno. Após a ascensão de Alexandre ao trono, Aristóteles voltou a Atenas e fundou o Liceu, também conhecido como "escola peripatética", devido ao costume de seu fundador de debater e ensinar caminhando ao longo do pórtico da escola ("peripato").

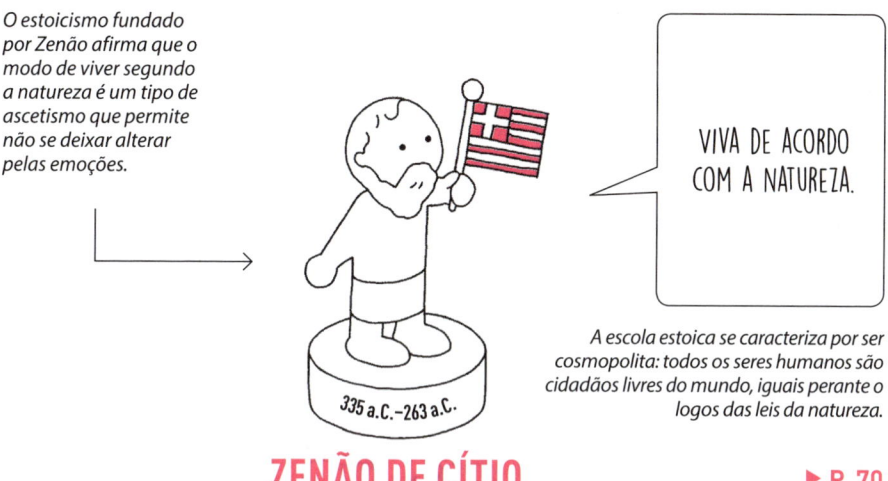

ZENÃO DE CÍTIO ▶ P. 70

Zenão nasceu na ilha de Chipre, em uma família de comerciantes de Cítio. Muito jovem, embarcou como mercador, mas o navio em que viajava naufragou e o obrigou a desembarcar em Atenas. Numa livraria da cidade, ele se deparou com *Memorabilia*, obra que Xenofonte havia dedicado a Sócrates, e ficou tão impactado que decidiu estudar filosofia. Posteriormente, abriu uma escola na "Stoà Pecile" ("pórtico pintado", em grego) de Atenas e iniciou a corrente filosófica denominada estoicismo.

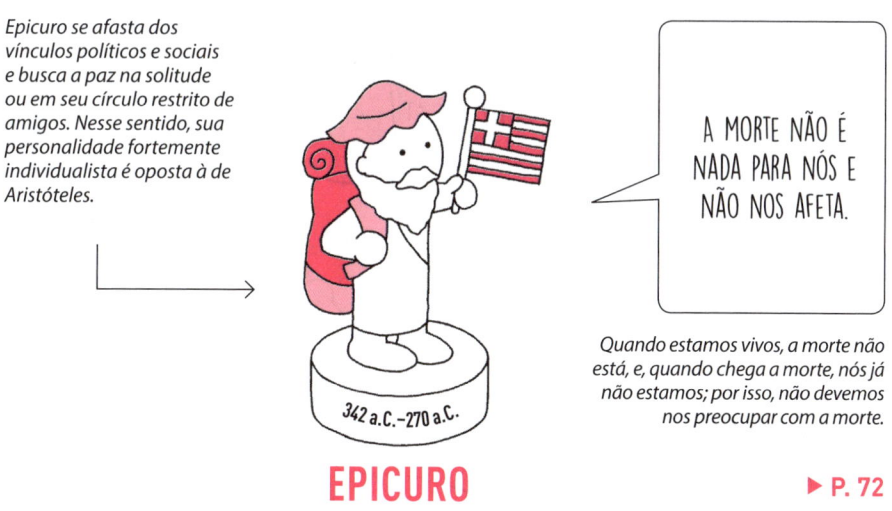

EPICURO ▶ P. 72

Nasceu na ilha de Samos e, ao chegar a Atenas, adquiriu uma casa grande com jardim nos arredores da cidade, onde fundou sua escola. Influenciado pela filosofia atomista de Demócrito, considera que não se deve temer a dor, que é passageira, nem a morte, porque com ela os átomos que constituem a alma se dispersam. Esse tipo de filosofia tem como objetivo alcançar a felicidade do ser humano, que consiste na serenidade da alma e na libertação do medo da morte.

MYTHOS

Significado .... "mito, história fantástica" (do grego)
Etimologia .... coisas contadas
Exemplos .... mitologia grega, fábulas de Esopo
Conceito antônimo .... logos

Na tentativa de explicar a natureza e o mundo, o ser humano recorreu aos mitos **(mythos)**. As calamidades naturais, por exemplo, eram consideradas expressões da ira dos deuses.

LOGOS

Significado .... "palavra, lógica, ordem, razão" (do grego)
Etimologia .... do verbo "leghein", que significa "reunir"
Conceitos antônimos .... mythos, pathos (paixões)

Os filósofos gregos buscavam compreender a natureza sem recorrer aos mitos (p. 24), isto é, de um ponto de vista racional **(logos)**.

FILOSOFIA DA NATUREZA

Significado .... filosofia que investiga de forma racional a verdadeira essência da natureza
Obra representativa .... *Metafísica*, de Aristóteles
Exemplos .... Tales, Anaximandro, Anaxímenes
Nota .... é sinônimo de "física"

Durante muito tempo, os seres humanos acreditaram que os deuses criaram a natureza (o mundo), como narram os **mitos**.

Graças ao desenvolvimento técnico em diferentes áreas, os seres humanos começam a ter mais tempo livre e a entrar em contato com outras populações.

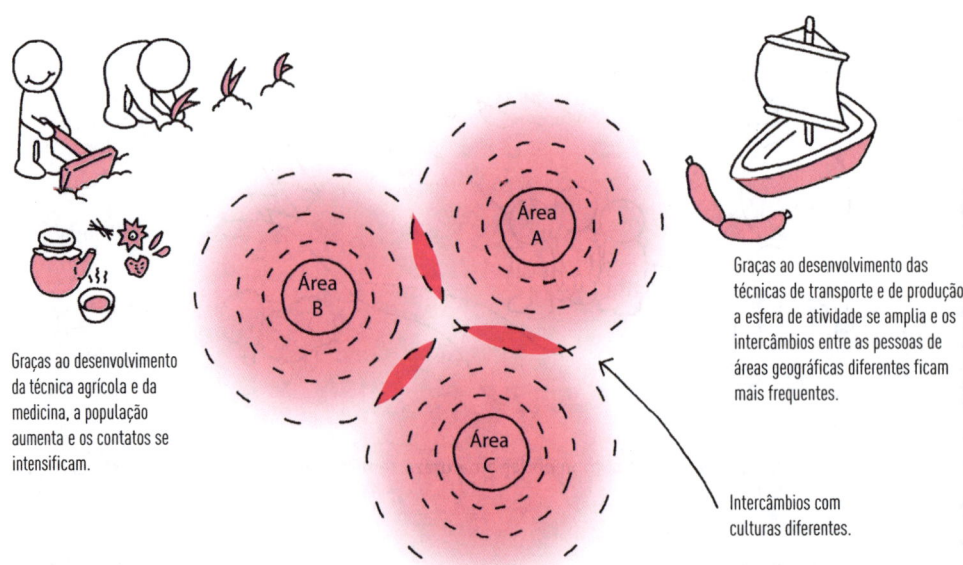

Graças ao desenvolvimento da técnica agrícola e da medicina, a população aumenta e os contatos se intensificam.

Graças ao desenvolvimento das técnicas de transporte e de produção, a esfera de atividade se amplia e os intercâmbios entre as pessoas de áreas geográficas diferentes ficam mais frequentes.

Intercâmbios com culturas diferentes.

Desse modo, as pessoas descobrem que os mitos sobre a criação são diferentes segundo a área geográfica da qual provêm.

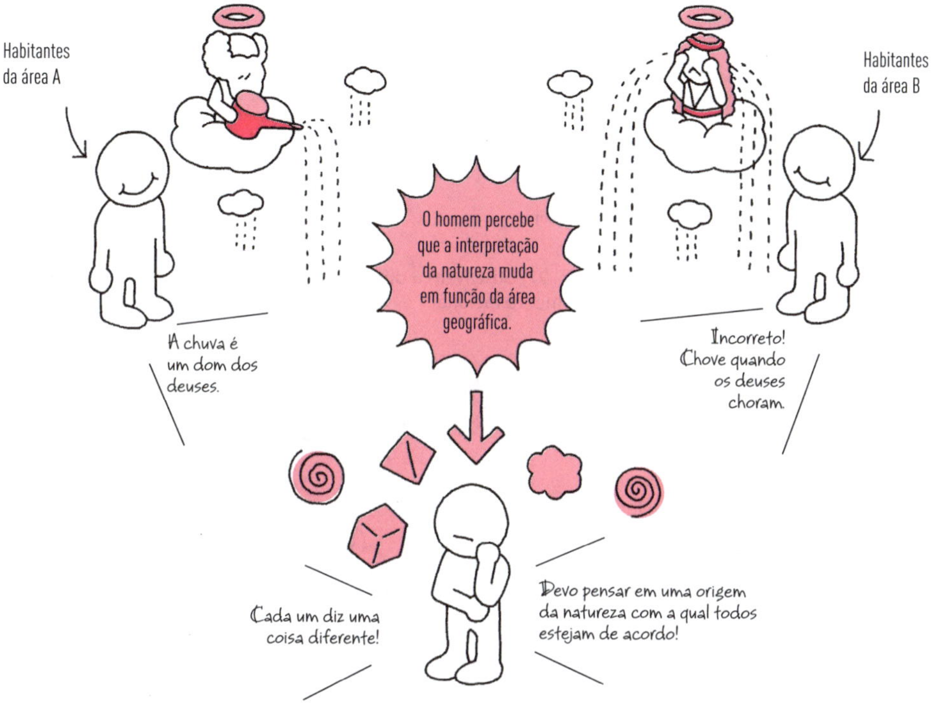

É preciso encontrar uma explicação do mundo com a qual todos estejam de acordo. **Tales** considera que o princípio de todas as coisas é a **água**; **Anaxímenes**, por sua vez, afirma que é o **ar**. Não importa muito que se trate de uma ou outra coisa. A novidade é que, segundo a nova forma de pensar, o princípio de todas as coisas não é explicado pelo mito; deve ser buscado no interior da natureza e por meio da razão. Essa é a origem da filosofia da natureza.

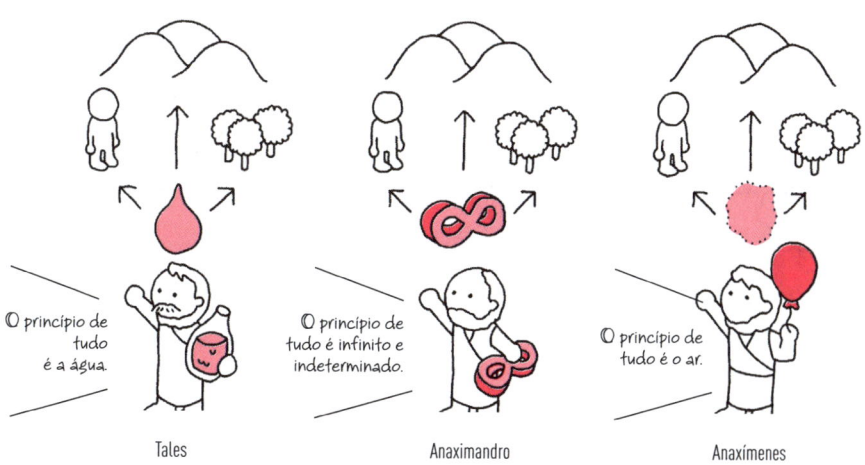

ARQUÉ

Significado .... "princípio, origem" (do grego)
Aparece pela primeira vez em .... acredita-se que Anaximandro foi o primeiro a usar este termo
Exemplos .... a água segundo Tales, os átomos segundo Demócrito
Conceito antônimo .... telos (consecução, fim, propósito, objetivo)

Os expoentes da **filosofia da natureza** (p. 27) buscavam **a origem de todas as coisas** (arqué) não por meio de mitos e lendas, e sim pelo pensamento racional.

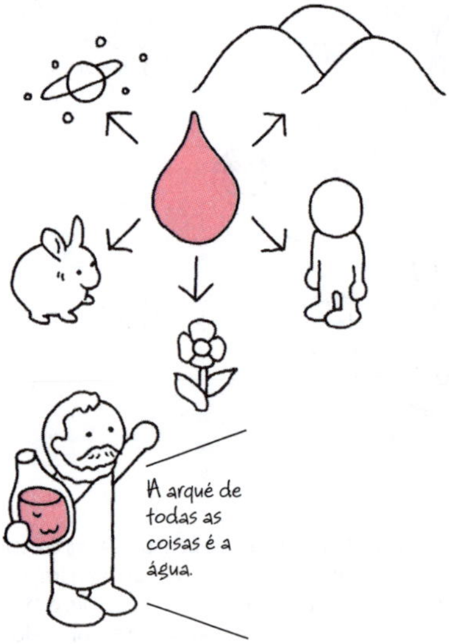

"A arqué de todas as coisas é a água.

Tales pensa que a arqué é a água.

"A arqué de todas as coisas é o ar.

Anaxímenes pensa que a arqué é o ar.

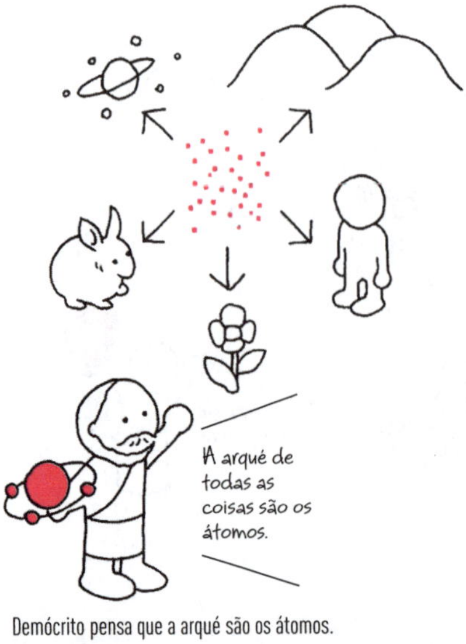

"A arqué de todas as coisas são os átomos.

Demócrito pensa que a arqué são os átomos.

"A arqué de todas as coisas são os números.

Pitágoras pensa que a arqué são os números.

TUDO FLUI (PANTA REI)

Significado ...."tudo muda"
Obras representativas .... A máxima atribuída a Heráclito chegou até nós por meio dos escritos de Platão, mas nunca foi formulada explicitamente por Heráclito
Nota .... Hegel definiu Heráclito como "o pai da dialética"

Heráclito afirma que **"não podemos nos banhar duas vezes no mesmo rio"**. O que significam essas palavras?

O rio em que me banhei ontem.

O rio em que me banho hoje.

Não é só o rio que flui; as pessoas, as coisas e o universo também **mudam** incessantemente. **Heráclito** não se limita a pensar em uma **arqué** (p. 28); também afirma a existência de um **mecanismo** graças ao qual tudo flui **(panta rei)**.

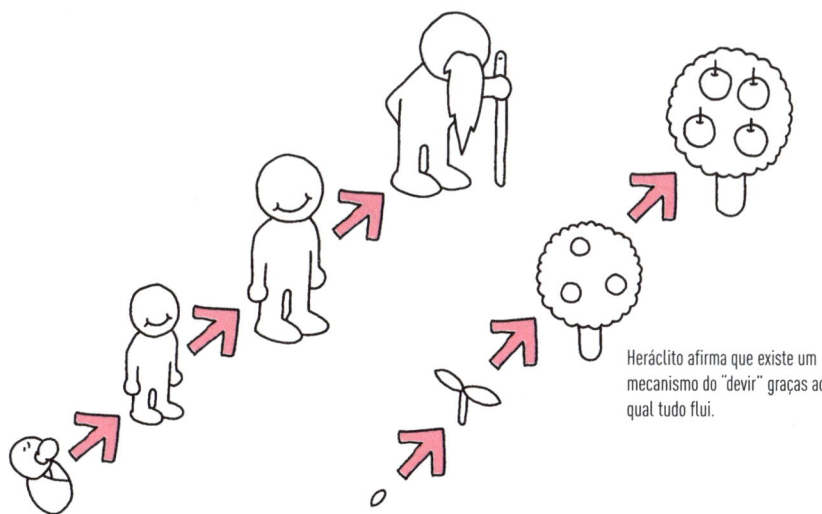

Heráclito afirma que existe um mecanismo do "devir" graças ao qual tudo flui.

19
POEMA
PARMÊNIDES

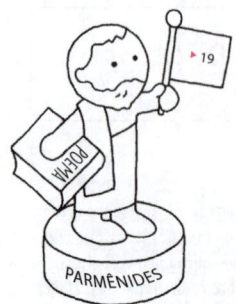

O SER É E O NÃO SER NÃO É

Significado .... "o ser não vem do nada"
Obra representativa .... fragmento 6 do poema "Sobre a natureza"
Influenciou .... o pensamento científico de Pitágoras

Ao contrário de **Heráclito** ("Tudo flui", p. 29), **Parmênides** afirma que o universo não se transforma. Depois de caracterizar a **mudança** como a passagem da matéria do ser ao não ser e vice-versa, **Parmênides** demonstra que algo assim é contraditório. Parmênides é considerado o pai do **racionalismo** por interpretar o ser e o não ser do ponto de vista da **razão**, e não da perspectiva do que se revela aos nossos sentidos.

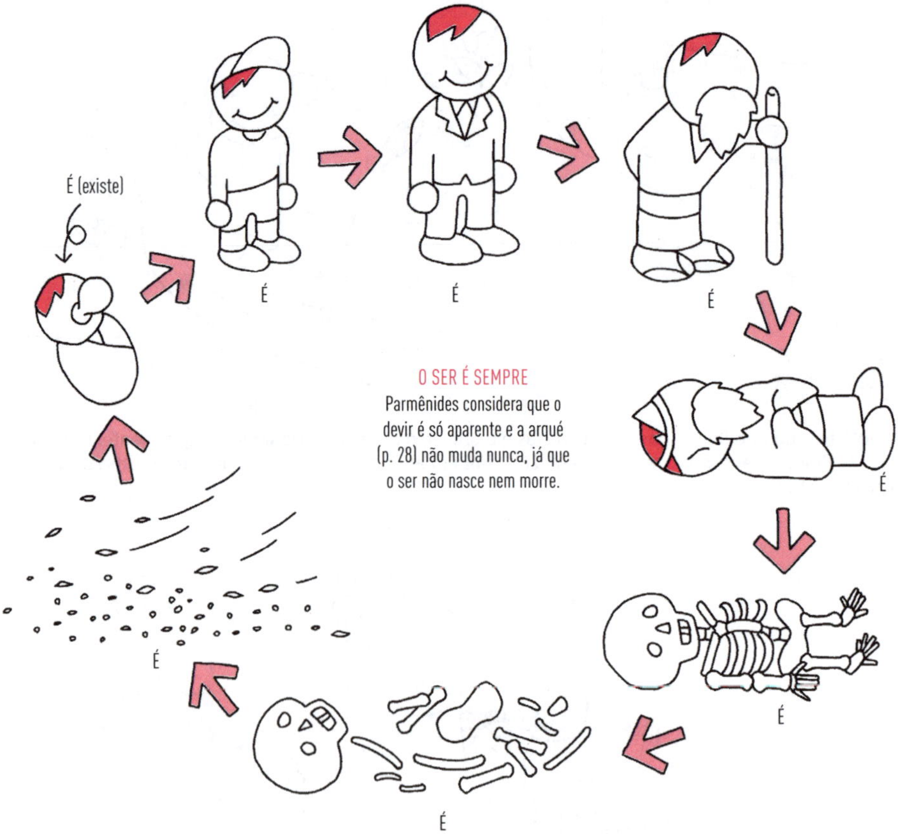
É (existe)
É
É
É
É
É
É
É
O SER É SEMPRE
Parmênides considera que o devir é só aparente e a arqué (p. 28) não muda nunca, já que o ser não nasce nem morre.

Parmênides expressa a realidade do ser com a frase **"o ser é, o não ser não é"**. Essa ideia dará origem à **ontologia** (p. 256), a disciplina filosófica que reflete sobre que tipo de coisa é o ser em suas características universais.

ATOMISMO

Significado	visão do cosmos que afirma que não existe nada além da agregação e da separação de átomos
Obra representativa	fragmento 125 de Demócrito
Conceito relacionado	átomo (com o significado de "substância individual")

Quando algo se divide em partes tão minúsculas que não se pode dividir mais, fica reduzido a partículas. **Demócrito** denomina átomo o ente que não pode ser dividido e considera que todas as coisas são constituídas de **átomos**. Essa teoria recebe o nome de atomismo.

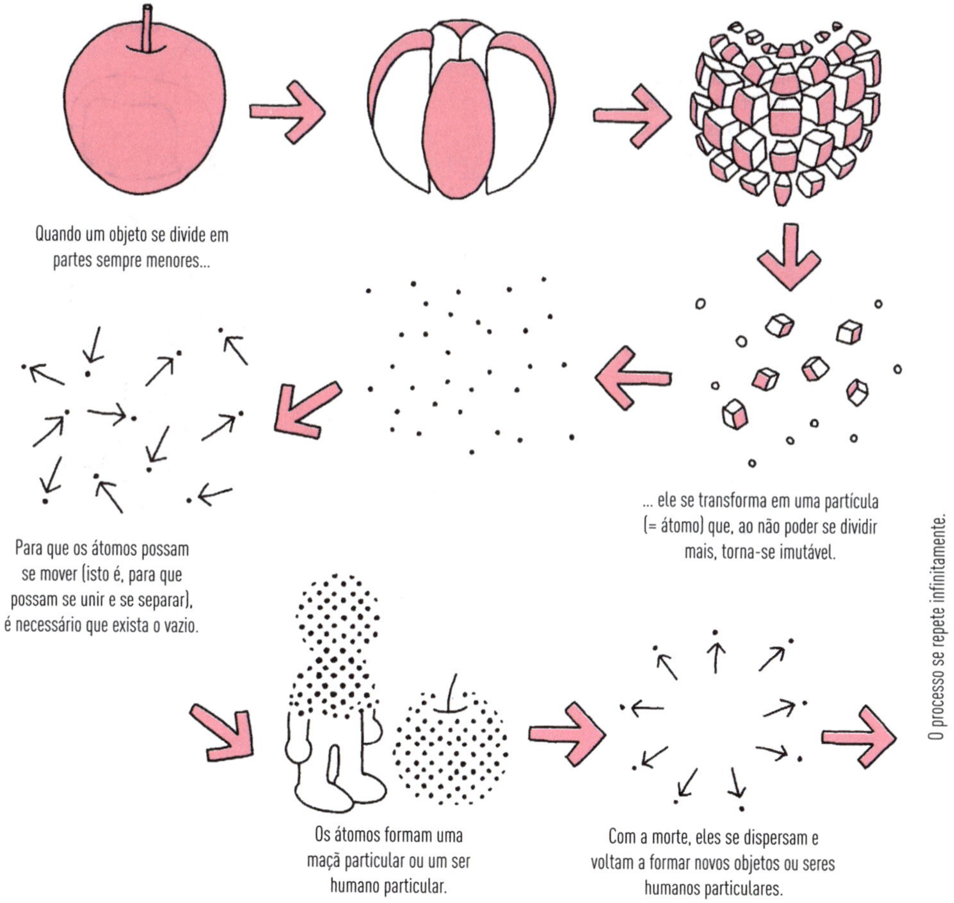

Quando um objeto se divide em partes sempre menores...

... ele se transforma em uma partícula (= átomo) que, ao não poder se dividir mais, torna-se imutável.

Para que os átomos possam se mover (isto é, para que possam se unir e se separar), é necessário que exista o vazio.

Os átomos formam uma maçã particular ou um ser humano particular.

Com a morte, eles se dispersam e voltam a formar novos objetos ou seres humanos particulares.

O processo se repete infinitamente.

Partindo do **atomismo** de **Demócrito**, podemos entender perfeitamente o materialismo (p. 205); por sua vez, para que existam os átomos, é necessário pressupor a existência de um espaço onde eles possam se mover, ou seja, o **vazio**. Ao contrário de **Parmênides**, que afirma que "não ser não é" (p. 30), para Demócrito, **"o não ser é"**.

O HOMEM É A MEDIDA DE TODAS AS COISAS

▶19

Significado .... não existem critérios universais
Obra representativa .... fragmento 1 de Protágoras
Influenciou .... o relativismo
Conceito relacionado .... os sofistas (p. 34)

Para quem vem de um país mais quente, a Espanha é um país frio; para quem vem de um país mais frio, a Espanha é um país quente.

Preste atenção, porque neste caso "homem" não significa "humano" em oposição a "animal"!

Ambos dizem algo verdadeiro.
O HOMEM É A MEDIDA DE TODAS AS COISAS!

"A Espanha é um país quente!"

Russo (pessoa que vem de um país frio).

"A Espanha é um país frio!"

Protágoras

Indiano (pessoa que vem de um país quente).

A escala de valores varia segundo a pessoa. O **sofista** (p. 34) **Protágoras** defende que não existem verdades universais e, por isso, "o homem é a medida de todas as coisas". Tal corrente de pensamento, chamada relativismo, é parte integrante de nosso horizonte cultural atual. Vejamos um exemplo mais próximo da nossa época. Embora a dominação colonial tenha sido justificada pelo centralismo da Europa ocidental, o atual relativismo cultural impede que se fale de uma cultura superior e, por isso, dominante sobre as demais.

32

Vejamos outro exemplo:

Ambos, A e B, dizem o que é a verdade para eles.

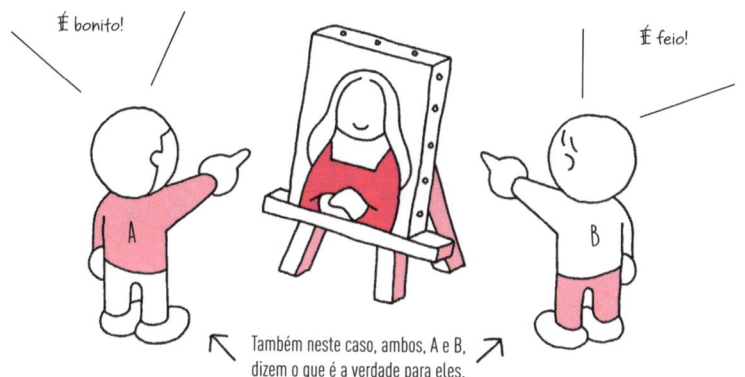

Também neste caso, ambos, A e B, dizem o que é a verdade para eles.

Não existem verdades (ou valores) que sejam comuns a todos. Uma mentalidade relativista evita cair no dogmatismo e é tolerante: no entanto, considerando que a mesma coisa pode ser boa ou ruim segundo a pessoa que a julga, alguns defendem que "está sempre tudo bem enquanto não incomodamos o próximo".

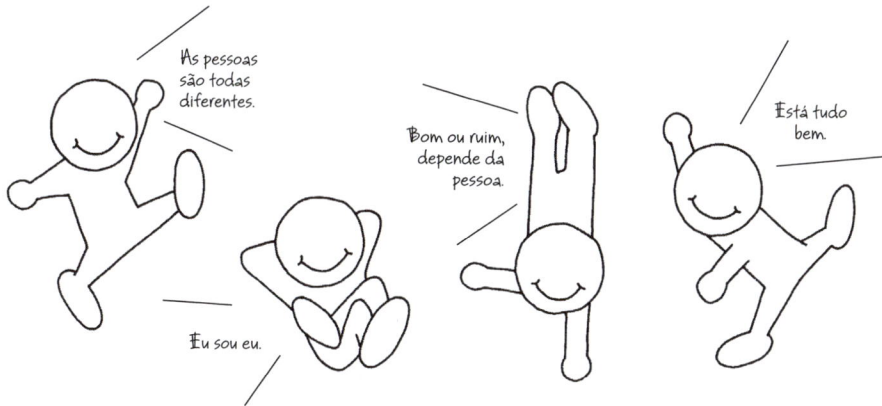

OS SOFISTAS

Significado .... no princípio, eram vistos como "sábios"; depois, o termo passou a designar os mestres profissionais. Na obra homônima de Platão, o "sofista" é descrito como um personagem arrogante, que se vale de argúcias e sutilezas
Exemplos .... Protágoras, Górgias
Conceito relacionado .... o homem é a medida de todas as coisas (p. 32)

Considerando que na Atenas daquela época todo cidadão podia participar da política, o interesse dos cidadãos passa da natureza **(physis)** às normas e leis **(nomos)**. Por esse motivo, os jovens estão dispostos a pagar altos honorários para aprender a retórica e a arte da oratória com os filósofos, necessárias para ter sucesso na política. Os filósofos que ensinam retórica aos jovens são chamados **"sofistas"**.

O MÉTODO DE TRABALHO DOS SOFISTAS

Ser sofista é muito lucrativo!

Se no futuro me torno um político e os cidadãos me pedem para suprimir os impostos onerosos, o que devo dizer?

Jovem aluno

Que os impostos são muito menos onerosos que uma vaca.

Sofista

Os jovens pagam altos honorários para aprender com os sofistas a arte da oratória segundo o princípio do pensamento relativista.

Os jovens aprendem com os **sofistas** o princípio do **relativismo** (p. 32) e a capacidade de pôr em prática uma linha política fundada somente em seus próprios interesses, sem que seus discursos transpareçam isso.

Górgias, um dos sofistas mais representativos, ensina aos jovens que "as coisas verdadeiras não existem; e, ainda que existissem, os homens não poderiam conhecê-las".

Do ponto de vista dos **sofistas**, não existem valores de verdade e justiça comuns a todos. Por exemplo, as **normas** e as **leis** de Atenas não existem na natureza; mas são consideradas justas apenas pelos cidadãos atenienses. Se nos mudarmos para outra **pólis**, certamente encontraremos leis diferentes.

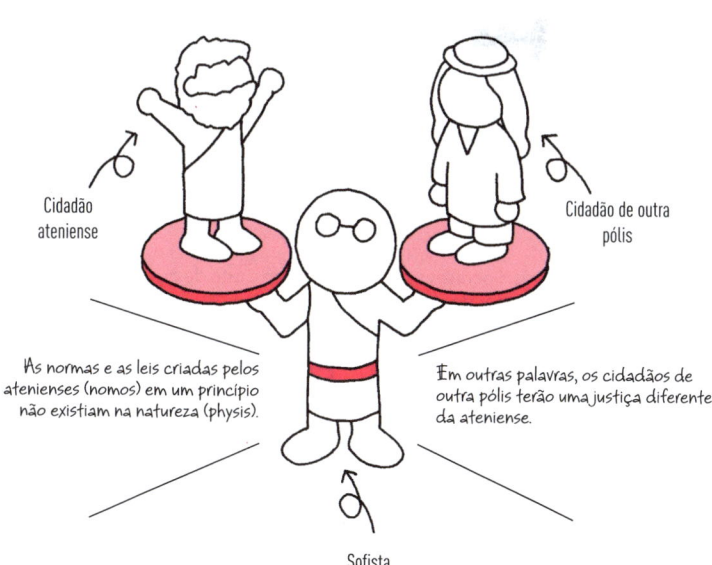

Naquela época, proibiam-se as opiniões heterodoxas, mas se difundia uma atitude que premiava os que enganavam com sofismas e discutiam tudo. É nesse momento que aparece **Sócrates** (p. 21).

SABER QUE NÃO SE SABE

Significado	reconhecer a própria ignorância
Obra representativa	*Apologia de Sócrates*, de Platão
Expressão relacionada	"conhece-te a ti mesmo!"
Notas	ponto de partida da filosofia de Sócrates

Um dia, a sacerdotisa do templo de Apolo em Delfos diz a **Sócrates** que ele é o mais sábio do mundo.

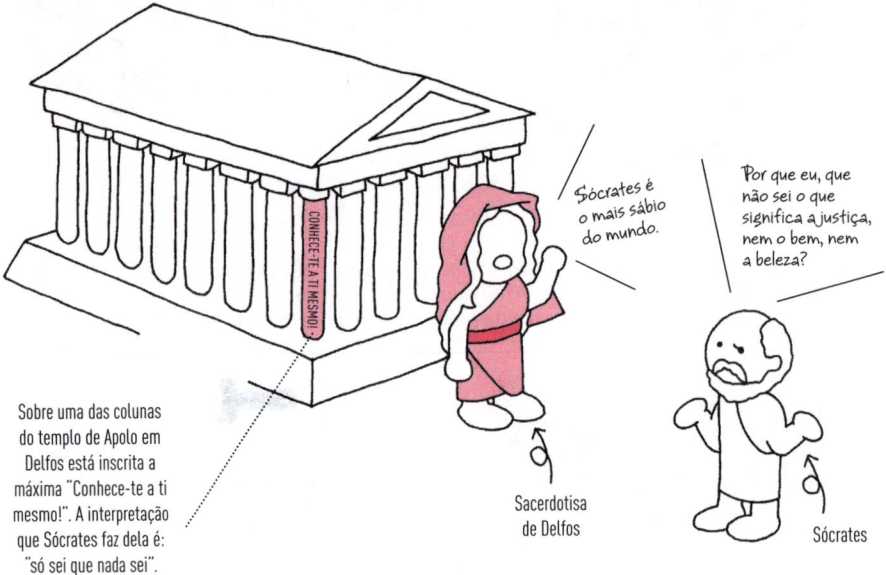

Sobre uma das colunas do templo de Apolo em Delfos está inscrita a máxima "Conhece-te a ti mesmo!". A interpretação que Sócrates faz dela é: "só sei que nada sei".

Depois de ouvir essas palavras, **Sócrates** se surpreende com o fato de que a sacerdotisa o tenha definido como sábio, mesmo ele não sabendo nada.

Sócrates pergunta a muitos sábios se eles conhecem o significado da justiça e do bem. Eles creem que sim, mas depois percebem que na verdade não sabem dar uma resposta.

Sócrates defende que é mais sábio quem, como ele, "sabe que nada sabe" do que quem "não sabe acreditando que sabe". Esse conceito socrático é conhecido como **"saber que não se sabe"**.

A UNIÃO DE VIRTUDE E CONHECIMENTO

Significado .... pensamento que afirma que quem sabe o que é o bem e o que é o mal agirá de forma virtuosa
Obra representativa .... *Apologia de Sócrates*, de Platão
Conceito relacionado .... areté (p. 42)

Sócrates defende que a **virtude** (areté, p. 42) é o que torna nossa alma feliz.

O ser humano é uma criatura dotada de uma moral inata. Os momentos em que ele realiza boas ações lhe proporcionam máxima felicidade (união de virtude e felicidade).

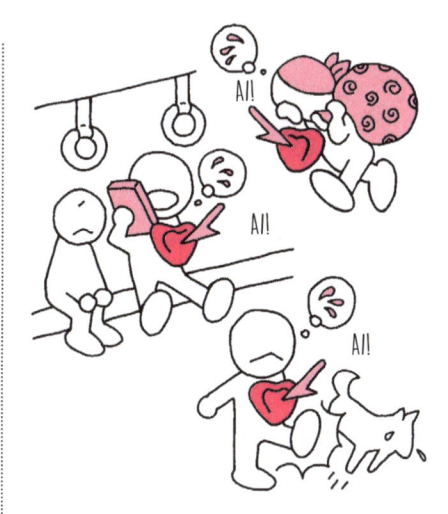

Por sua vez, quem comete atos imorais age contra sua própria alma e sua própria felicidade.

Sócrates considera que, se a alma não está serena, é porque ignora o que é a virtude.

Sócrates afirma que só quem conhece o **bem** e o **mal** e sabe colocar em **prática** esse conhecimento pode ser feliz. Como não existe diferença alguma entre a **sabedoria** e a **virtude**, Sócrates afirma a união entre a virtude e o conhecimento.

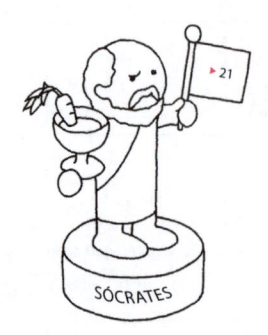

DIÁLOGO

Significado .... método pelo qual o interlocutor é levado a tomar consciência de sua própria ignorância
Obras representativas .... *Críton* e *Górgias*, de Platão
Notas .... fazendo perguntas de forma a fingir ser ignorante, ele mesmo estimula o interlocutor a buscar a verdade

Os políticos que aplicaram o **relativismo** (p. 32) dos **sofistas** (p. 34) à arte da oratória se limitam a repetir frases retóricas para justificar o próprio interesse. **Sócrates** pretende mudar essa dinâmica **dialogando** com eles.

Sou general. Tenho muito valor.

O que é o valor? Pode me explicar, já que não sei nada?

Sócrates

Significa que combato de forma intrépida, ainda que tenha poucos aliados ao meu lado.

Isso é um exemplo de valor, mas não sua definição. Além disso, se você agir dessa maneira, muitos dos seus companheiros morrerão.

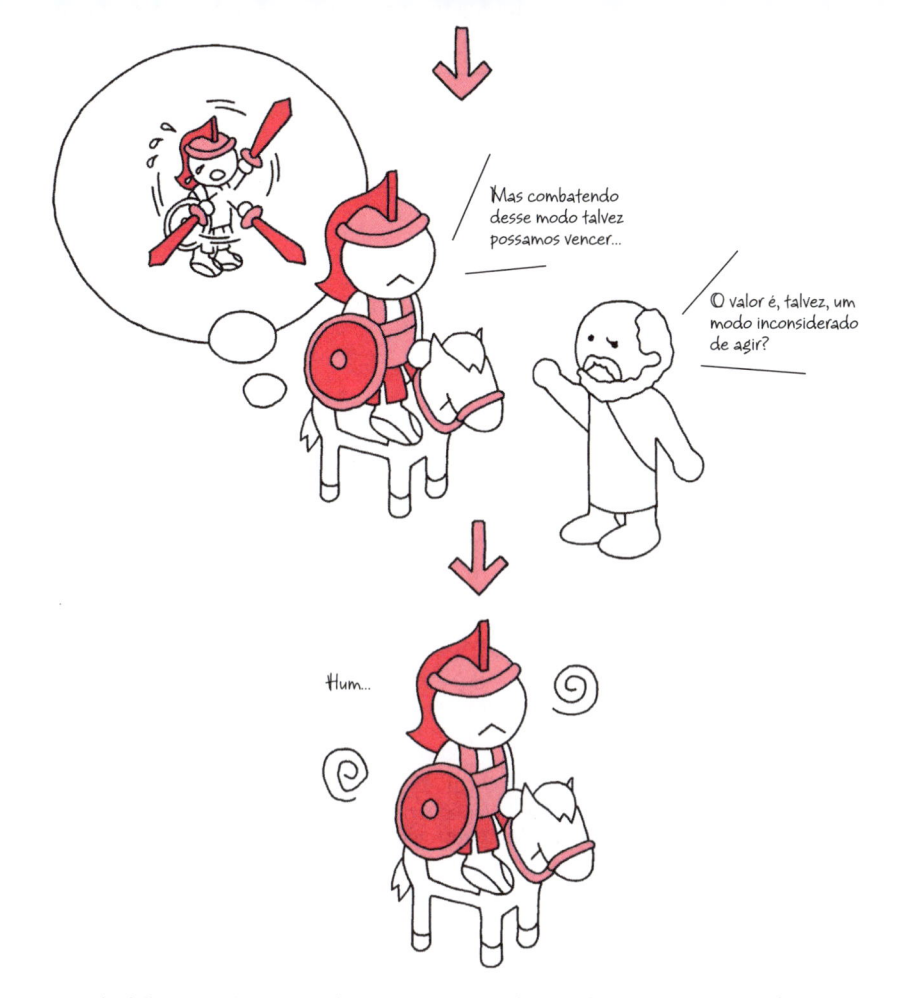

> Mas combatendo desse modo talvez possamos vencer...

> O valor é, talvez, um modo inconsiderado de agir?

> Hum...

Por meio do diálogo socrático, os poderosos começam a duvidar de que saibam o significado real da justiça ou do valor e adquirem o desejo de "alcançar o conhecimento válido".

> Eu era ignorante.

> Quero alcançar o verdadeiro conhecimento.

Fazer o interlocutor se tornar consciente de sua própria ignorância e conduzi-lo a investigar o verdadeiro conhecimento por meio do diálogo é o método chamado **dialética**. Por ajudar o interlocutor a "parir" a sabedoria que guarda dentro de si, ele também é denominado **maiêutica**.

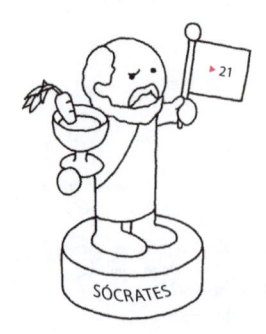

O CUIDADO DA ALMA (PSIQUE)

Significado .... para ser feliz, é preciso uma alma excelente
Obra representativa .... *Apologia de Sócrates*, de Platão
Notas .... para Sócrates, é sinônimo de "viver bem"

SÓCRATES

A serenidade da alma não é proporcionada pela **riqueza**, pela **saúde** ou pela **fama**.

Riqueza

Saúde

Fama

A FELICIDADE NÃO DERIVA DESSAS COISAS

Sócrates considera que a riqueza, a saúde e a fama só podem nos fazer felizes se sabemos fazer bom uso delas. Só levam à felicidade se são usadas corretamente por uma alma excelente.

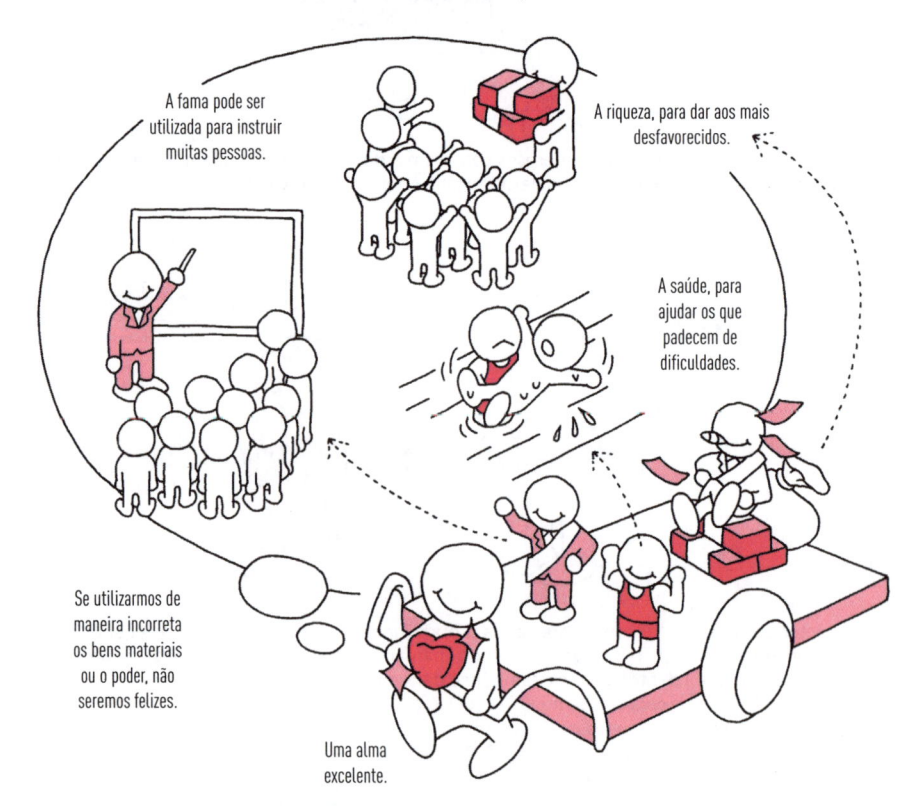

A fama pode ser utilizada para instruir muitas pessoas.

A riqueza, para dar aos mais desfavorecidos.

A saúde, para ajudar os que padecem de dificuldades.

Se utilizarmos de maneira incorreta os bens materiais ou o poder, não seremos felizes.

Uma alma excelente.

OS ATENIENSES CONTEMPORÂNEOS DE SÓCRATES

... só pensam na fama, na saúde e na riqueza...

e descuidam de sua "alma", que é o mais importante.

Sócrates descreve esse desinteresse pela parte mais valiosa de si mesmo como uma falta de cuidado com a própria alma (psique).

INTELECTUALISMO

Cuidar da própria alma, segundo Sócrates, significa conhecer a verdade, o bem e a beleza.

Sócrates afirma que só o conhecimento do bem e do mal, da beleza e da feiura pode aperfeiçoar nossa alma. Essa concepção, que prioriza a **inteligência**, inclusive na ética, é denominada intelectualismo.

ARETÉ

Significado .... estar dotado de excelentes qualidades da alma
Etimologia .... habilidade inata de algo específico, excelência
Obras representativas .... *Górgias* e *Mênon*, de Platão
Conceitos relacionados .... a união de virtude e conhecimento

SÓCRATES

Cada objeto tem suas **propriedades** características. Por exemplo, os "sapatos" cumprem diferentes funções, mas a mais importante é a de "ser calçados". A tarefa que cumprem melhor é sua **areté** (**virtude**): em outras palavras, a **areté** dos sapatos é sua capacidade de **ser calçados**.

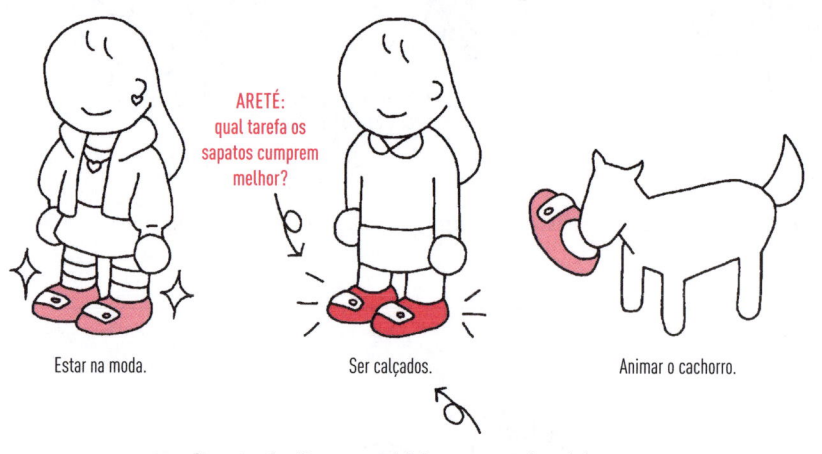

ARETÉ: qual tarefa os sapatos cumprem melhor?

Estar na moda. — Ser calçados. — Animar o cachorro.

Os sapatos têm diferentes propriedades, mas, se não é possível calçá-los, não são sapatos. Sua propriedade de "ser calçados" é a mais importante; em outras palavras, essa é sua areté.

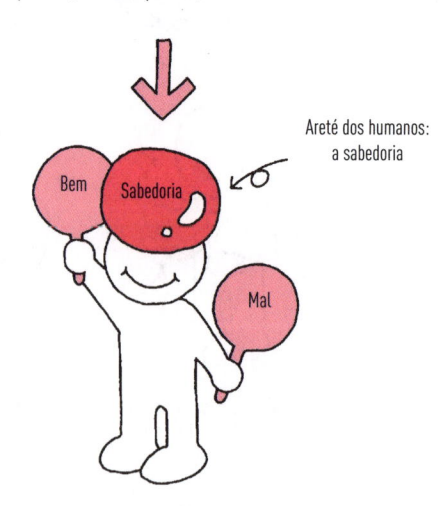

Areté dos humanos: a sabedoria

Bem — Sabedoria — Mal

Sócrates afirma que a **areté** dos humanos é a **sabedoria**, que consiste na capacidade racional de avaliar o bem e o mal.

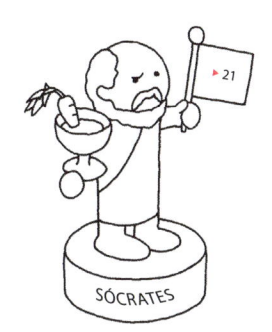

O QUE IMPORTA NÃO É VIVER, MAS VIVER CORRETAMENTE

Significado .... é importante não viver submetido ao desejo, mas conhecer a virtude e o bem
Obra representativa .... *Críton*, de Platão

Sócrates é julgado pela acusação de não crer nos deuses da cidade e de corromper a juventude, mas, em vez de escolher o exílio voluntário, persevera em suas opiniões, irritando o júri, que acaba condenando-o à morte.

Seus alunos o aconselham a fugir da pólis, mas Sócrates se nega, porque **"o que mais importa não é viver, mas viver corretamente"**, e aceita a pena de morte. Na realidade, considera que, embora tenha sido submetido a um juízo injusto, não respeitar a lei e tentar fugir da prisão são atos imorais. Em outras palavras, para **Sócrates**, o **bem** é um valor **universal**. Fiel à máxima "Dura lex, sed lex" (a lei é dura, mas é lei), aceita beber a cicuta.

DOXA

Significado	"impressão, opinião, conjetura"
Obra representativa	*A República*
Conceito antônimo	episteme (segundo Platão)
Nota	também em Parmênides se encontra a distinção entre doxa e episteme

Platão chama de "doxa" a informação obtida por meio dos cinco sentidos, **impressões** arbitrárias que se aceitam tal como são, sem intervenção por parte da razão.

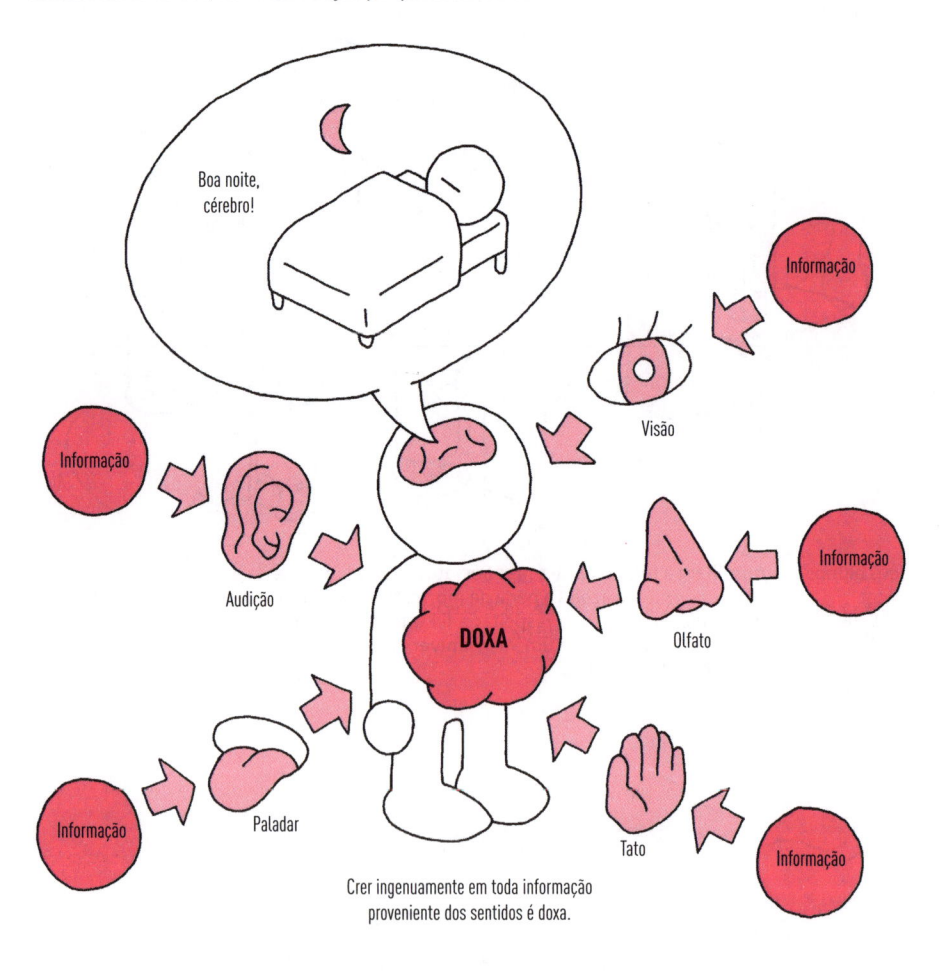

Crer ingenuamente em toda informação proveniente dos sentidos é doxa.

Em oposição, Platão chama de "**episteme**" o conhecimento objetivo (captado pelo entendimento e respeito do qual todos concordam) que se obtém após a avaliação da informação por meio da razão.

EPISTEME

PLATÃO ▶22

Significado	"conhecimento objetivo, ciência"
Obra representativa	*A República*
Conceito antônimo	doxa (segundo Platão)
Nota	em Aristóteles, encontramos a referência à capacidade de reconhecer o conhecimento válido

O conhecimento obtido mediante o raciocínio, oposto à doxa (p. 44), é denominado "**episteme**".

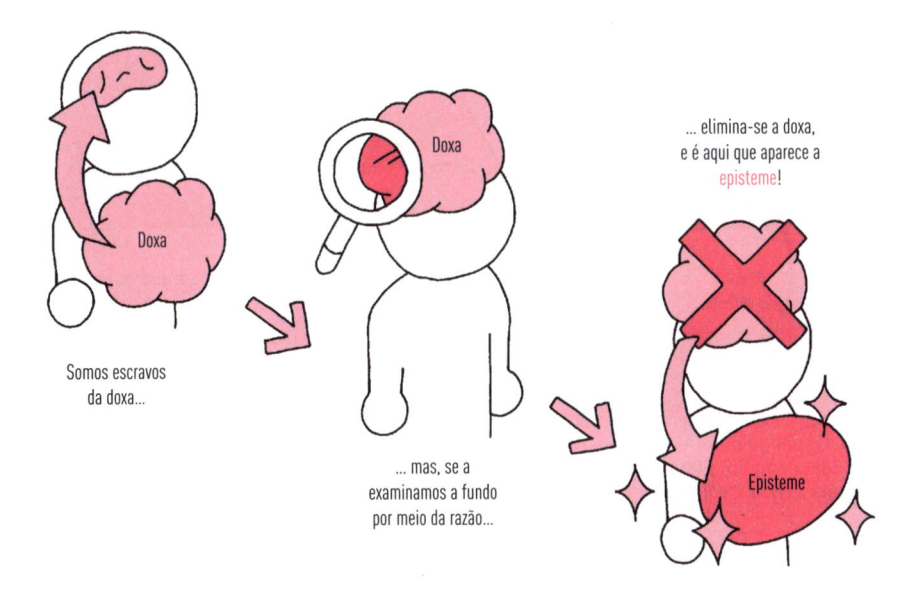

Somos escravos da doxa...

... mas, se a examinamos a fundo por meio da razão...

... elimina-se a doxa, e é aqui que aparece a **episteme**!

Platão considera que, para viver corretamente, é preciso desfazer-se das opiniões (**doxa**) e alcançar o **conhecimento válido (episteme)** por meio da razão.

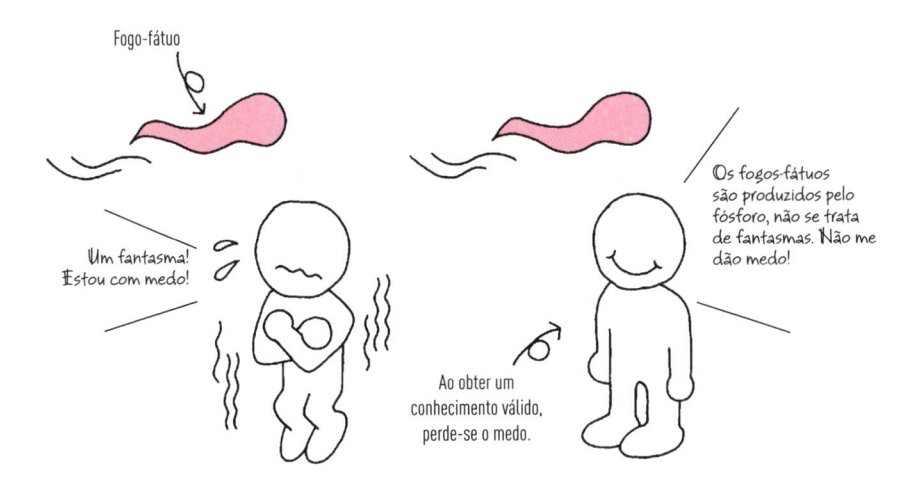

Fogo-fátuo

Um fantasma! Estou com medo!

Os fogos-fátuos são produzidos pelo fósforo, não se trata de fantasmas. Não me dão medo!

Ao obter um conhecimento válido, perde-se o medo.

45

PLATÃO

IDEIA

Significado .... ente atemporal e imutável
Obras representativas .... *Fédon, Fedro, A República*
Conceito antônimo .... fenômeno

Não produzimos, desenhamos ou vimos o que se denomina um "triângulo perfeito".

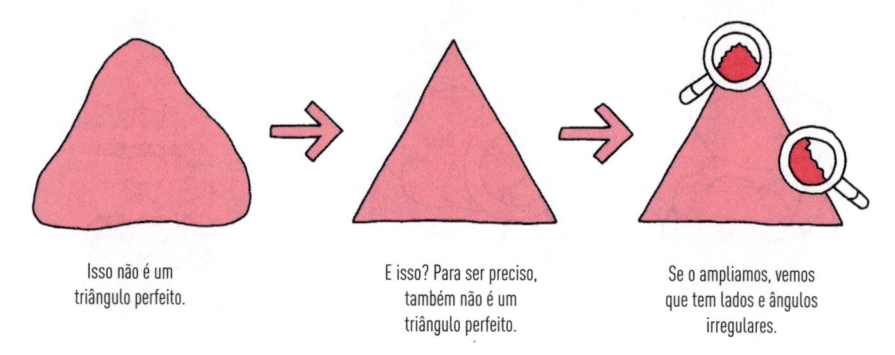

Isso não é um triângulo perfeito.

E isso? Para ser preciso, também não é um triângulo perfeito.

Se o ampliamos, vemos que tem lados e ângulos irregulares.

Ainda que jamais tivéssemos visto um triângulo perfeito, é fácil entender que os exemplares acima não o são. O triângulo perfeito é uma realidade extramental que capta nosso entendimento e se chama "**ideia** de triângulo". **Platão** pensa que, assim como a ideia das formas geométricas, existem a "**ideia** de flor" para as flores, a "**ideia** de árvore" para as árvores etc.

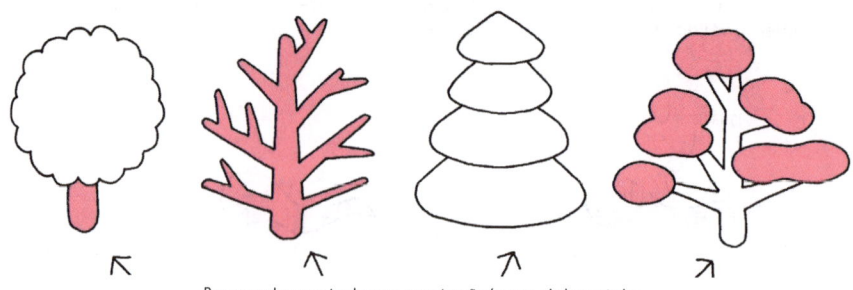

Por que podemos entender que as quatro são árvores, ainda que todas tenham formas diferentes?

Por exemplo, os quatro desenhos acima são imagens de árvores. Todos eles têm formas diferentes. Como conseguimos identificar os quatro desenhos como desenhos de árvores?

Isso acontece porque todas as árvores têm em comum uma forma (**a ideia de árvore**) que, segundo **Platão**, não pode ser vista com os olhos do corpo, apenas com os olhos da razão.

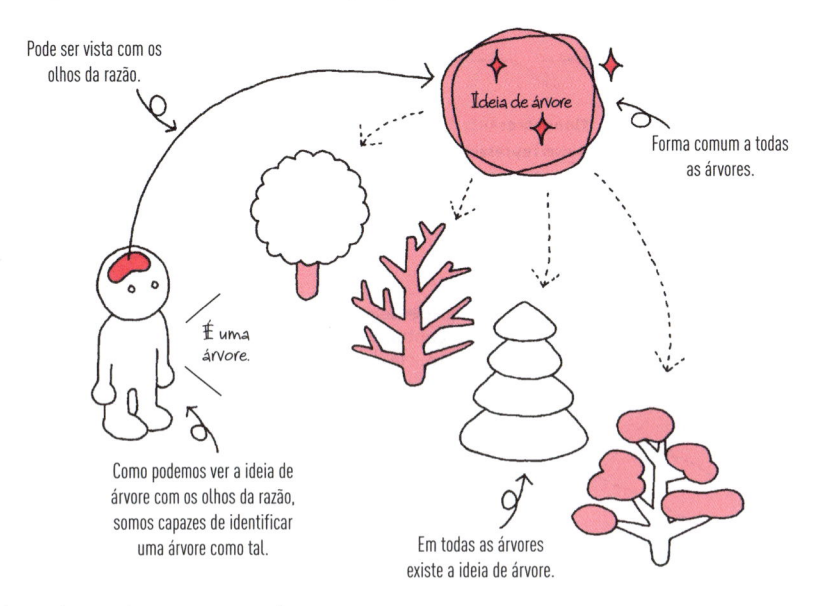

Pode ser vista com os olhos da razão.

Ideia de árvore

Forma comum a todas as árvores.

É uma árvore.

Como podemos ver a ideia de árvore com os olhos da razão, somos capazes de identificar uma árvore como tal.

Em todas as árvores existe a ideia de árvore.

Também podemos citar outros exemplos.

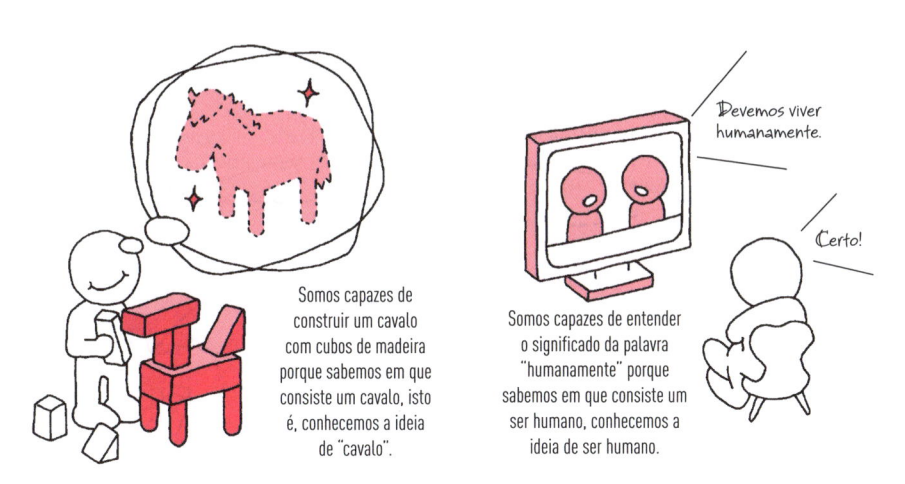

Somos capazes de construir um cavalo com cubos de madeira porque sabemos em que consiste um cavalo, isto é, conhecemos a ideia de "cavalo".

Devemos viver humanamente.

Certo!

Somos capazes de entender o significado da palavra "humanamente" porque sabemos em que consiste um ser humano, conhecemos a ideia de ser humano.

Além disso, **Platão** afirma que existe uma **ideia** de valores como a beleza e a justiça, e defende que a **ideia** do **bem** é a ideia suprema entre todas as ideias.

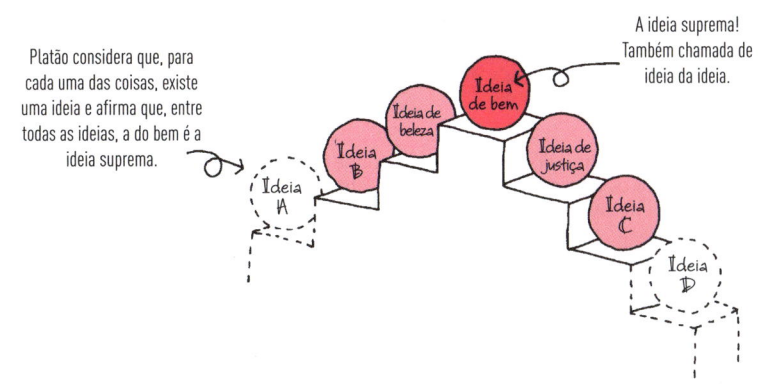

Platão considera que, para cada uma das coisas, existe uma ideia e afirma que, entre todas as ideias, a do bem é a ideia suprema.

A ideia suprema! Também chamada de ideia da ideia.

Ideia A

Ideia B

Ideia de beleza

Ideia de bem

Ideia de justiça

Ideia C

Ideia D

47

O MUNDO DAS IDEIAS E O MUNDO SENSÍVEL

▶ 22

Obra representativa .... *A República*
Conceitos relacionados .... anamnese (p. 50), o mito da caverna (p. 52)
Nota .... Platão pensa que as obras de arte são uma imitação da natureza, que, por sua vez, é uma imitação da ideia de natureza

PLATÃO

Platão pensa que as **ideias** (p. 46) não estão apenas em nossa mente, mas existem realmente. Chama de "**mundo das ideias**" o mundo onde se encontram as ideias e de "**mundo sensível**" ou "**mundo dos sentidos**" o mundo onde vivemos. Além disso, ele denomina "**fenômenos**" as coisas que existem no **mundo sensível**.

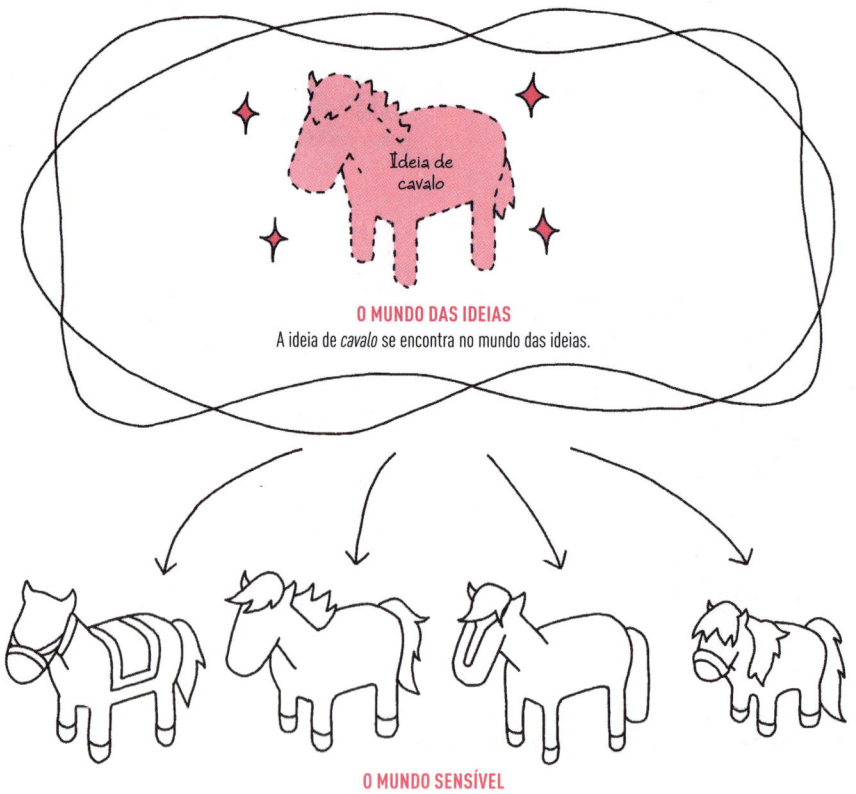

Ideia de cavalo

O MUNDO DAS IDEIAS
A ideia de *cavalo* se encontra no mundo das ideias.

O MUNDO SENSÍVEL
Mundo do que é acessível à experiência, do que se pode ver e ouvir.
Todos os cavalos do mundo sensível possuem a ideia de *cavalo*.

Os cavalos que habitam o mundo sensível (aquele onde vivemos) são diferentes entre si, apesar de, segundo **Platão**, todos os cavalos do mundo compartilharem da **ideia de *cavalo***. É por essa razão que podemos distinguir um cavalo do resto dos animais.

Além disso, no **mundo sensível**, desde o nascimento até a morte, os cavalos mudam de aspecto continuamente.

Os cavalos do mundo sensível mudam de aspecto constantemente.

No entanto, o cavalo do **mundo das ideias** não muda. Segundo **Platão**, a forma absoluta que não muda é a forma verdadeira. Ele afirma, com efeito, que os cavalos do mundo sensível que mudam constantemente não passam de uma cópia (mimese) da ideia de *cavalo*.

A ideia de *cavalo*, que não muda, é a forma verdadeira.

O cavalo do mundo sensível, que muda, é uma cópia.

Da mesma forma, **Platão** defende que o bem, a beleza e a justiça do **mundo sensível** são uma **cópia** que imita o mundo das ideias. Assim, ele afirma que, para conhecer o verdadeiro bem, a verdadeira beleza e a verdadeira justiça, é preciso buscar suas **ideias** correspondentes.

Ideia de árvore
Ideia de justiça
Ideia de bem
Ideia de ser humano
Ideia de beleza
Ideia de verdadeiro pássaro

Platão pensa que o verdadeiro conhecimento se baseia em usar a razão e ir em busca das ideias.

As ideias são absolutas e não mudam com o tempo nem com o meio.

TEORIA DA REMINISCÊNCIA (ANAMNESE)

Significado .... concepção que afirma que as pessoas se recordam das ideias que a alma viu no Hiperurânio (o lugar das ideias) e reconhecem a verdade
Obras representativas .... *Mênon, Fédon, Fedro*
Conceitos relacionados .... mundo das ideias e mundo sensível (p. 48)

Platão defende que conseguimos entender o conceito de círculo perfeito ou de perfeição, e inclusive o de amor ou o de justiça, porque nossa alma se recorda das **ideias** que contemplou antes de se unir ao corpo. Essa concepção do conhecimento recebe o nome de "**teoria da reminiscência**" (**anamnese**).

ANAMNESE

Ainda preciso aperfeiçoá-la!

Como os seres humanos viram a "perfeição" antes do nascimento, podem se lembrar dela.

Para mim, as duas valem o mesmo, só preciso que me deixem comer!

Um cachorro não dispõe de noções de "perfeito" ou "imperfeito".

Posteriormente, a **teoria da reminiscência** será retomada por **Descartes** em seu conceito de **ideias inatas** (p. 112), baseando-se no fato de que o homem tem a capacidade de pensar prescindindo de influências externas.

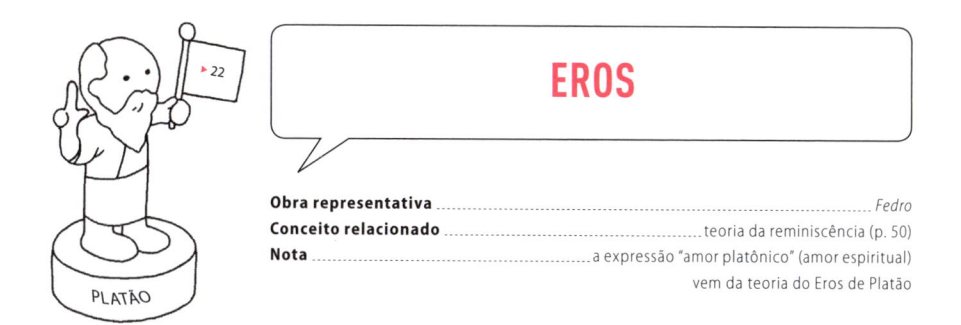

EROS

Obra representativa .... *Fedro*
Conceito relacionado .... teoria da reminiscência (p. 50)
Nota .... a expressão "amor platônico" (amor espiritual)
vem da teoria do Eros de Platão

Platão afirma que nossa alma contemplou as **ideias** (p. 46) antes de nascermos neste mundo e depois as esqueceu quase completamente. Com efeito, se somos capazes de nos comover quando vemos ou ouvimos algo muito belo, é porque recordamos a forma das ideias que nossa alma viu antes de se unir ao corpo.

Oh, que belo! É como se eu já tivesse visto isso...

Nós nos emocionamos contemplando uma bela paisagem porque nossa alma se recorda de sua ideia.

Platão defende que ansiamos pela perfeição e desejamos o bem porque nossa alma sempre aspira às **ideias**. A pura aspiração às ideias por parte da alma se denomina "**Eros**". Nesse sentido, Eros se identifica com o **amor puro**.

Em grego, existem três palavras para referir-se ao "amor". Eros é uma delas.

EROS
Amor puro.

PHILIA
Amizade (p. 67).

ÁGAPE
Amor desinteressado (p. 80).

O MITO DA CAVERNA

Obra representativa .... *A República*
Conceitos relacionados .... mundo das ideias e mundo sensível (p. 48)
Nota .... a distinção platônica entre o mundo real e
o mundo das ideias sucedeu o misticismo pitagórico

Platão afirma que não devemos crer na informação que os cinco sentidos nos proporcionam sem submetê-la à supervisão da razão. Para ele, a busca das **ideias** (p. 46) é o mais importante; ele compara aqueles que se mostram indiferentes diante dessa busca a prisioneiros com pés e mãos atados, reclusos no fundo de uma caverna, e diante deles são exibidas as sombras de objetos iluminados por um fogo. Essa alegoria é conhecida como **"O mito da caverna"**.

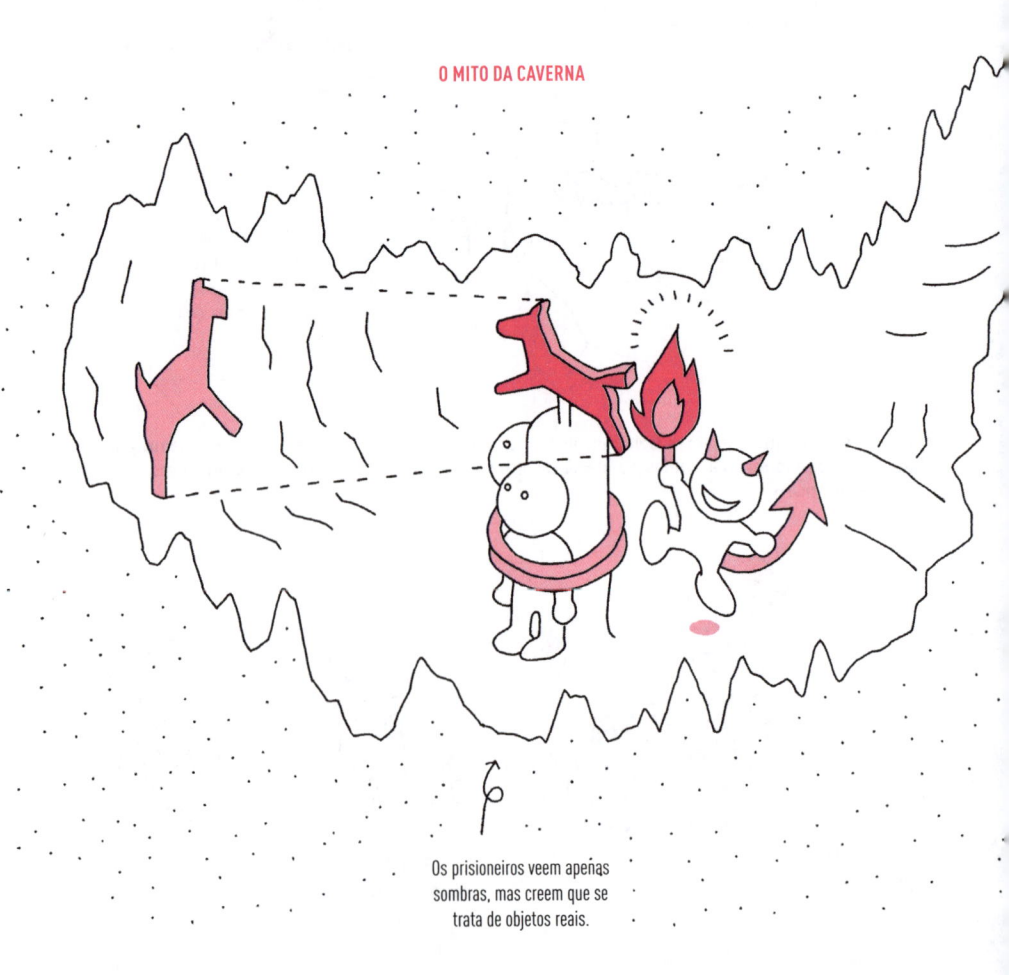

O MITO DA CAVERNA

Os prisioneiros veem apenas sombras, mas creem que se trata de objetos reais.

Os prisioneiros que confundem as sombras com os objetos reais devem ser apresentados ao mundo que há fora da caverna. Esse mundo exterior é uma metáfora do mundo das **ideias**.

Eu lhe mostrarei o mundo real.

Segundo Platão, as únicas pessoas que podem exortar aqueles que percebem as coisas unicamente com os sentidos a utilizar a razão e a perceber as **ideias** são os **filósofos**. **Platão** crê que os filósofos devem se tornar governantes (a aristocracia da razão, p. 56).

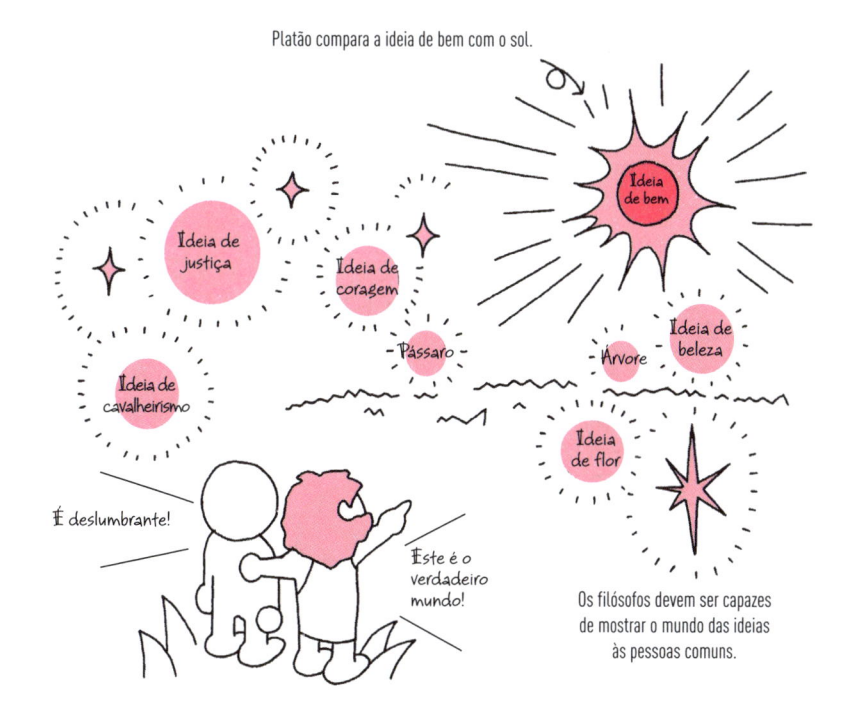

Platão compara a ideia de bem com o sol.

Ideia de bem

Ideia de justiça

Ideia de coragem

Ideia de cavalheirismo

Pássaro

Árvore

Ideia de beleza

Ideia de flor

É deslumbrante!

Este é o verdadeiro mundo!

Os filósofos devem ser capazes de mostrar o mundo das ideias às pessoas comuns.

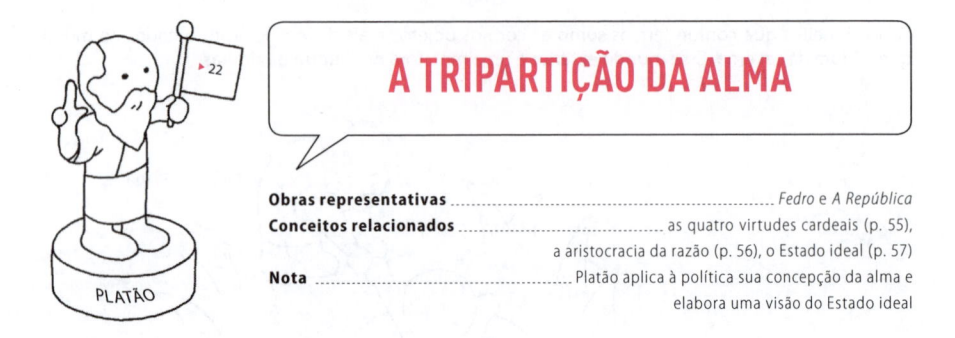

A TRIPARTIÇÃO DA ALMA

▶ 22

Obras representativas .... *Fedro* e *A República*
Conceitos relacionados .... as quatro virtudes cardeais (p. 55), a aristocracia da razão (p. 56), o Estado ideal (p. 57)
Nota .... Platão aplica à política sua concepção da alma e elabora uma visão do Estado ideal

PLATÃO

Segundo **Platão**, a alma humana apresenta uma parte **racional**, uma parte **volitiva** e uma parte **concupiscível**: essa concepção recebe o nome de "**tripartição da alma**". Além disso, cada uma dessas partes se situa numa área específica do corpo, respectivamente na cabeça, no peito e no ventre.

A TRIPARTIÇÃO DA ALMA

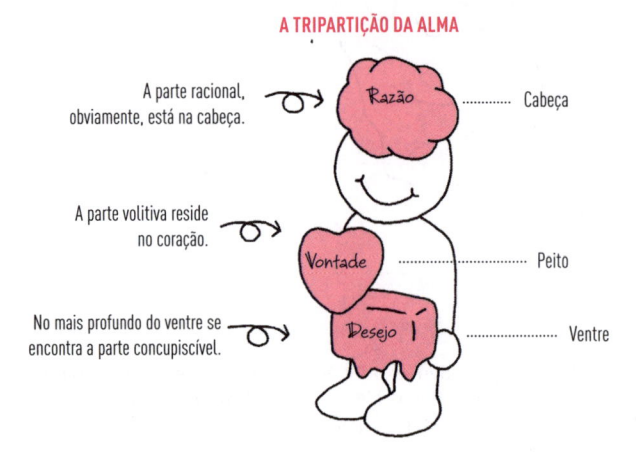

- A parte racional, obviamente, está na cabeça. → Razão .... Cabeça
- A parte volitiva reside no coração. → Vontade .... Peito
- No mais profundo do ventre se encontra a parte concupiscível. → Desejo .... Ventre

Utilizando uma metáfora, Platão representa a **razão** como um cocheiro que, para avançar, deve acelerar o cavalo branco da **vontade** e frear o cavalo negro do **desejo**.

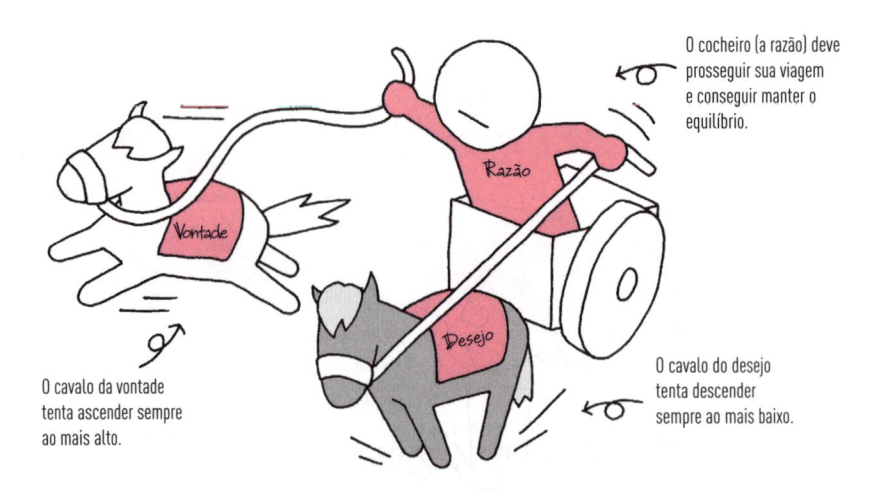

- O cocheiro (a razão) deve prosseguir sua viagem e conseguir manter o equilíbrio.
- O cavalo da vontade tenta ascender sempre ao mais alto.
- O cavalo do desejo tenta descender sempre ao mais baixo.

AS QUATRO VIRTUDES CARDEAIS

Obra representativa .... *A República*
Conceito relacionado .... a tripartição da alma (p. 54)
Nota .... a essas quatro virtudes cardeais, o cristianismo medieval acrescentará a fé, a esperança e a caridade

PLATÃO

A **alma** se divide em três partes: **racional, volitiva e concupiscível** (tripartição da alma, p. 54). Quando funcionam corretamente, transformam-se, respectivamente, nas virtudes da **sabedoria**, da **coragem** e da **temperança**. **Platão** considera que da harmonia dessas três virtudes nasce a **virtude** da **justiça**.

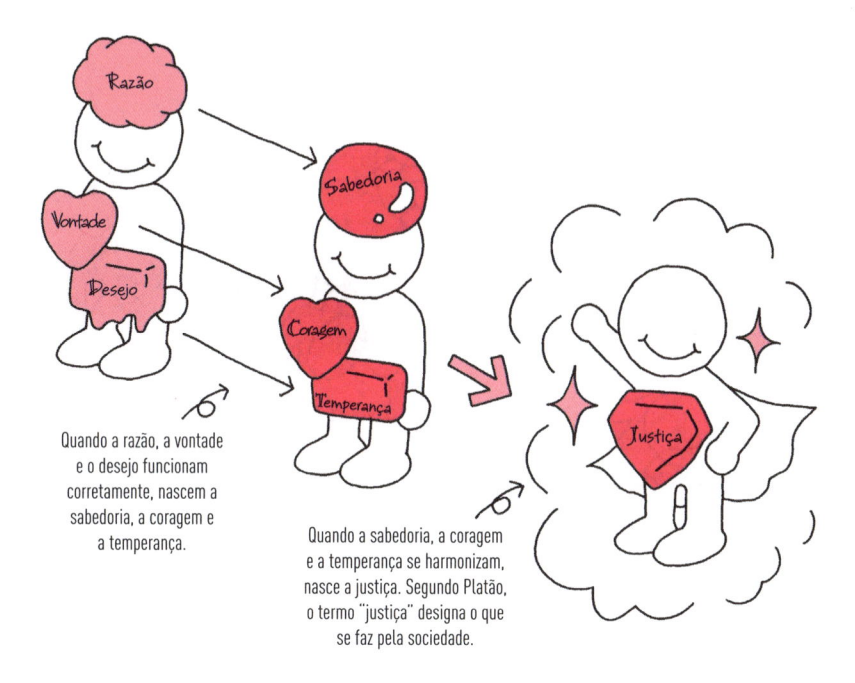

Quando a razão, a vontade e o desejo funcionam corretamente, nascem a sabedoria, a coragem e a temperança.

Quando a sabedoria, a coragem e a temperança se harmonizam, nasce a justiça. Segundo Platão, o termo "justiça" designa o que se faz pela sociedade.

Sabedoria, coragem, temperança e **justiça** são as quatro virtudes cardeais da cultura grega.

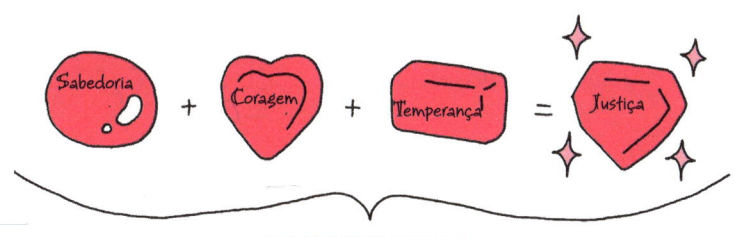

Sabedoria + Coragem + Temperança = Justiça

QUATRO VIRTUDES CARDEAIS

A ARISTOCRACIA DA RAZÃO

Significado .... teoria do Estado de Platão que afirma que deve se converter em político e governar a pólis, já que conhece a ideia de bem
Obra representativa .... *A República*
Conceitos relacionados .... a tripartição da alma (p. 54), o Estado ideal (p. 57)

A alma se divide em três partes: **racional**, **volitiva** e **concupiscível** (tripartição da alma, p. 54). Segundo Platão, as pessoas com a parte racional proporcionalmente mais desenvolvida – isto é, os filósofos – são as mais aptas a governar. Essa forma de governo se denomina **aristocracia da razão**.

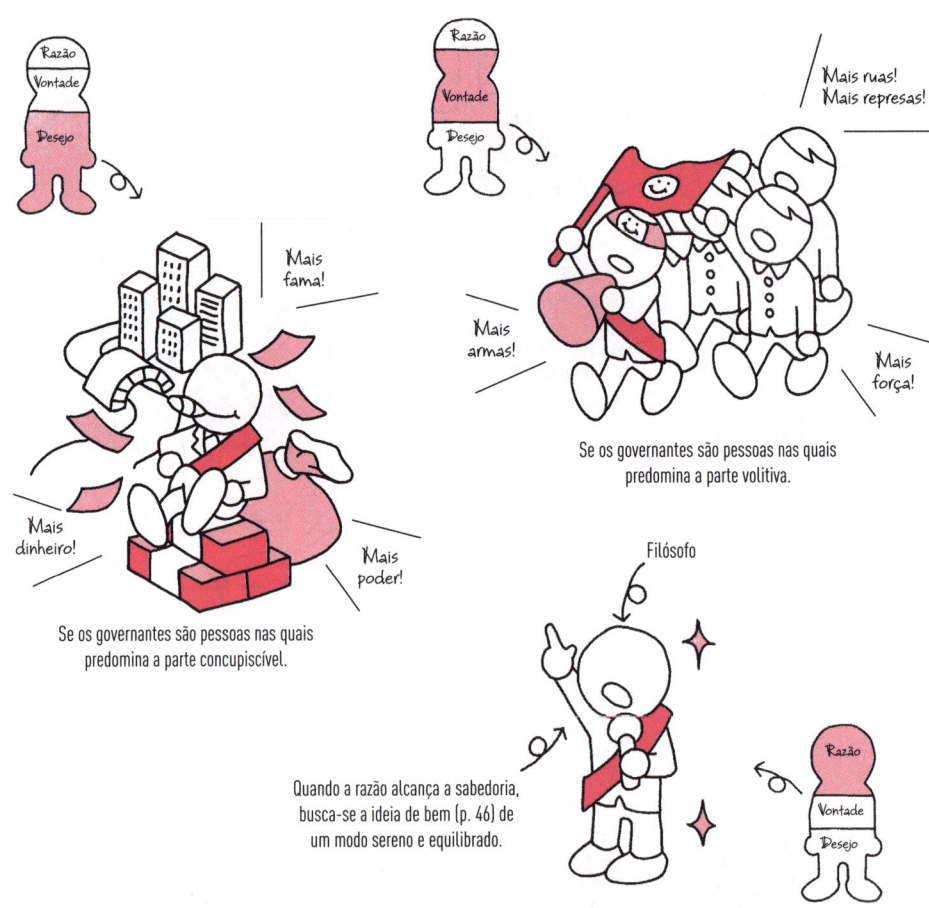

Mais fama!
Mais dinheiro!
Mais poder!

Se os governantes são pessoas nas quais predomina a parte concupiscível.

Mais ruas!
Mais represas!
Mais armas!
Mais força!

Se os governantes são pessoas nas quais predomina a parte volitiva.

Filósofo

Quando a razão alcança a sabedoria, busca-se a ideia de bem (p. 46) de um modo sereno e equilibrado.

Nem é necessário dizer que as pessoas que devem governar são as pessoas nas quais predomina a parte racional.

Platão afirma: **"O Estado ideal não se realizará até que os filósofos governem ou os governantes pratiquem a filosofia"**.

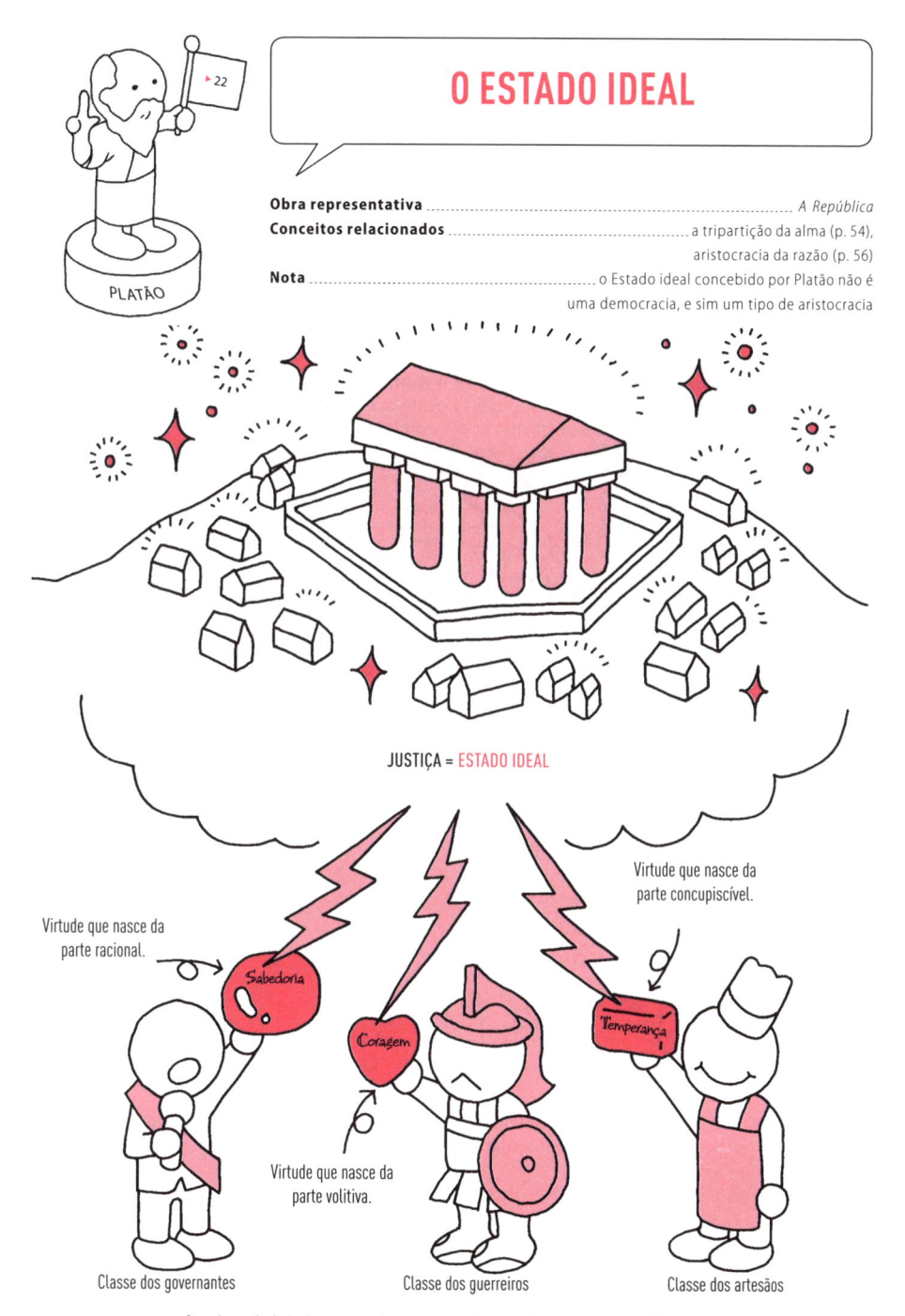

O ESTADO IDEAL

Obra representativa .... *A República*
Conceitos relacionados .... a tripartição da alma (p. 54),
aristocracia da razão (p. 56)
Nota .... o Estado ideal concebido por Platão não é
uma democracia, e sim um tipo de aristocracia

PLATÃO

JUSTIÇA = ESTADO IDEAL

Virtude que nasce da parte racional. — Sabedoria
Virtude que nasce da parte volitiva. — Coragem
Virtude que nasce da parte concupiscível. — Temperança

Classe dos governantes | Classe dos guerreiros | Classe dos artesãos

Quando a sabedoria dos governantes, a coragem dos guerreiros e a temperança dos artesãos se harmonizarem entre si, surgirão a justiça e o Estado ideal.

Platão defende que o Estado deve ajudar as pessoas para que desenvolvam as virtudes cardeais (p. 55). Quando o Estado consiste em uma **classe de governantes**, uma **classe de guerreiros** e uma **classe de artesãos**, e a **alma racional**, a **alma volitiva** e a **alma concupiscível** que essas classes possuem se transformam em **sabedoria**, **coragem** e **temperança**, surge a justiça e se realiza o Estado ideal.

FORMA (EIDOS) E MATÉRIA (HYLE)

Significado .... forma = essência das coisas, matéria = material de que é feito cada objeto
Obra representativa .... *Metafísica*
Conceitos relacionados .... potência e ato (p. 60)
Nota .... em grego, "eidos" também significa "semente"

Quando desenvolve suas investigações sobre os animais selvagens, **Aristóteles** começa a questionar a **teoria das ideias** (p. 46) de **Platão**.

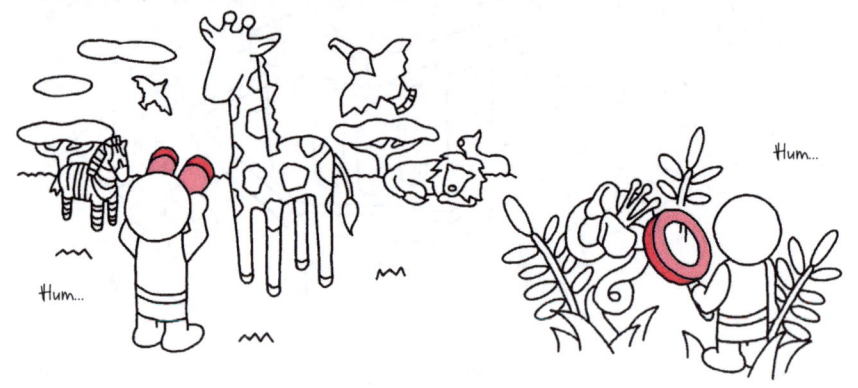

Hum...

Hum...

Platão diz que todas as coisas do mundo real são uma **cópia** (mimese, p. 49) das **ideias**, mas **Aristóteles** não acredita nem um pouco que os cavalos, as flores e os pássaros reais sejam cópias.

Não é uma cópia, de maneira alguma... está vivo.

Riiinch!

Aristóteles defende que a **essência** dos objetos e dos seres vivos não é uma ideia invisível, mas que se encontra no interior de cada **indivíduo singular**.

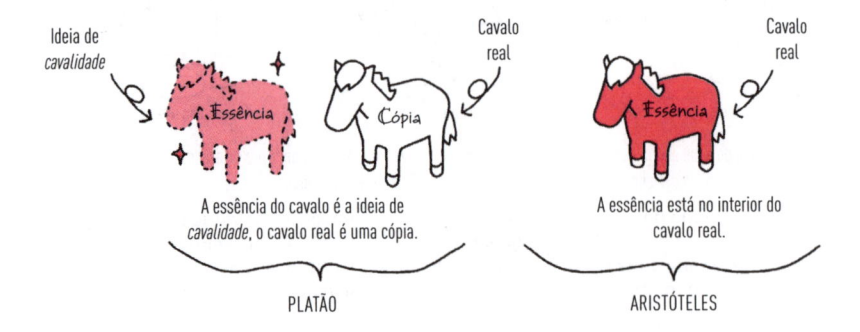

Ideia de *cavalidade* — Essência — Cópia — Cavalo real
A essência do cavalo é a ideia de *cavalidade*, o cavalo real é uma cópia.
PLATÃO

Cavalo real — Essência
A essência está no interior do cavalo real.
ARISTÓTELES

Além disso, Aristóteles denomina **forma (eidos)** a essência, isto é, aquilo pelo qual as coisas são o que são.

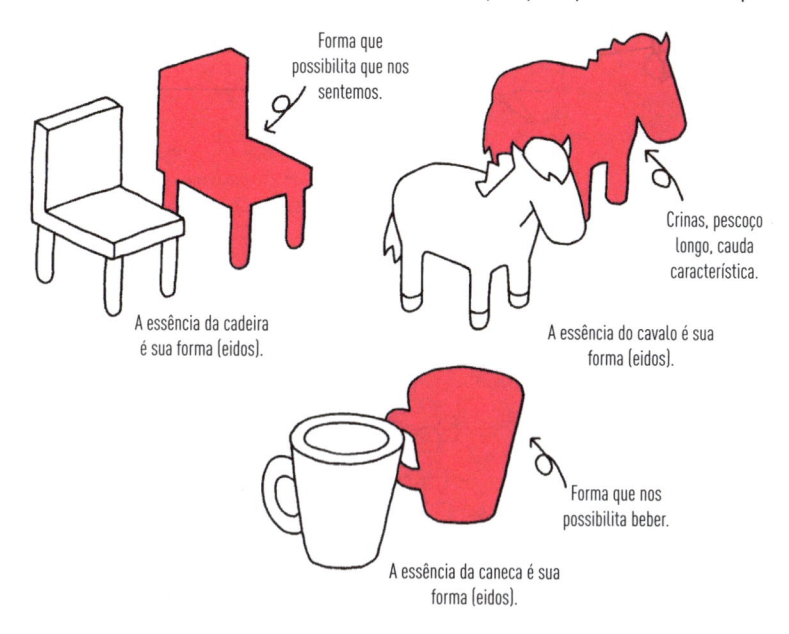

Forma que possibilita que nos sentemos.

A essência da cadeira é sua forma (eidos).

Crinas, pescoço longo, cauda característica.

A essência do cavalo é sua forma (eidos).

Forma que nos possibilita beber.

A essência da caneca é sua forma (eidos).

Aquilo de que uma coisa é feita se chama **matéria (hyle)**.

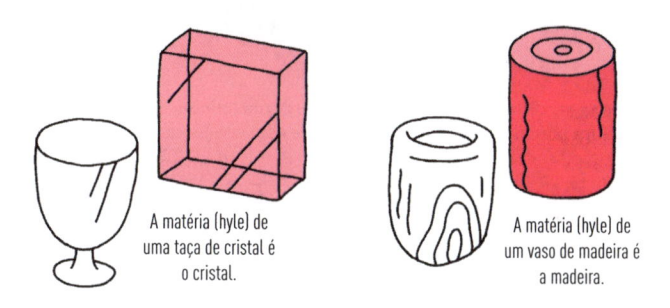

A matéria (hyle) de uma taça de cristal é o cristal.

A matéria (hyle) de um vaso de madeira é a madeira.

Segundo Aristóteles, cada objeto ou ser vivo constitui-se de dois componentes: forma e matéria.

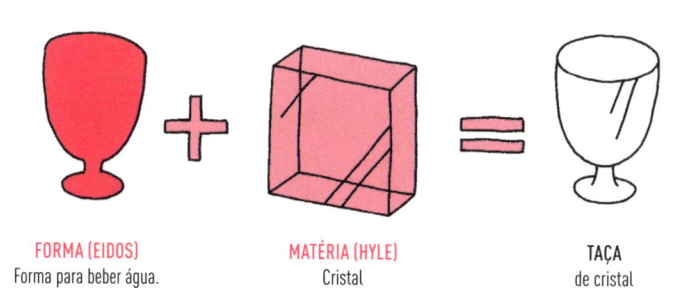

FORMA (EIDOS)
Forma para beber água.

MATÉRIA (HYLE)
Cristal

TAÇA
de cristal

Resumindo, podemos dizer que o ponto de vista de Aristóteles é realista, ao passo que a teoria das ideias de Platão expressa uma concepção dogmática e abstrata.

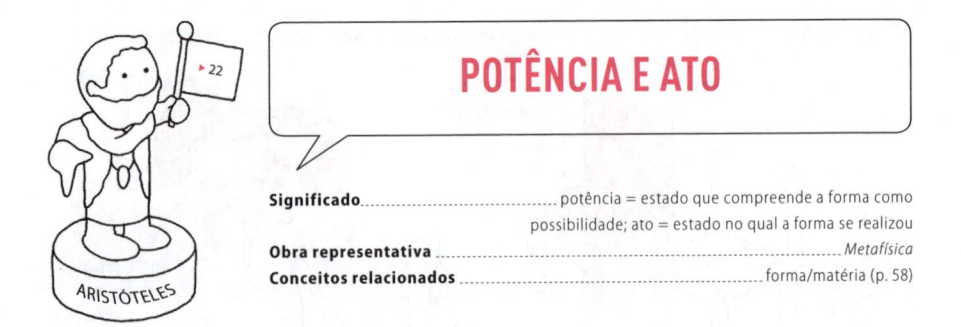

POTÊNCIA E ATO

ARISTÓTELES ▶22

Significado .... potência = estado que compreende a forma como possibilidade; ato = estado no qual a forma se realizou
Obra representativa .... *Metafísica*
Conceitos relacionados .... forma/matéria (p. 58)

Aristóteles explica a relação entre matéria e forma (p. 59) com as noções de **potência (dynamis) e ato (energheia)**.

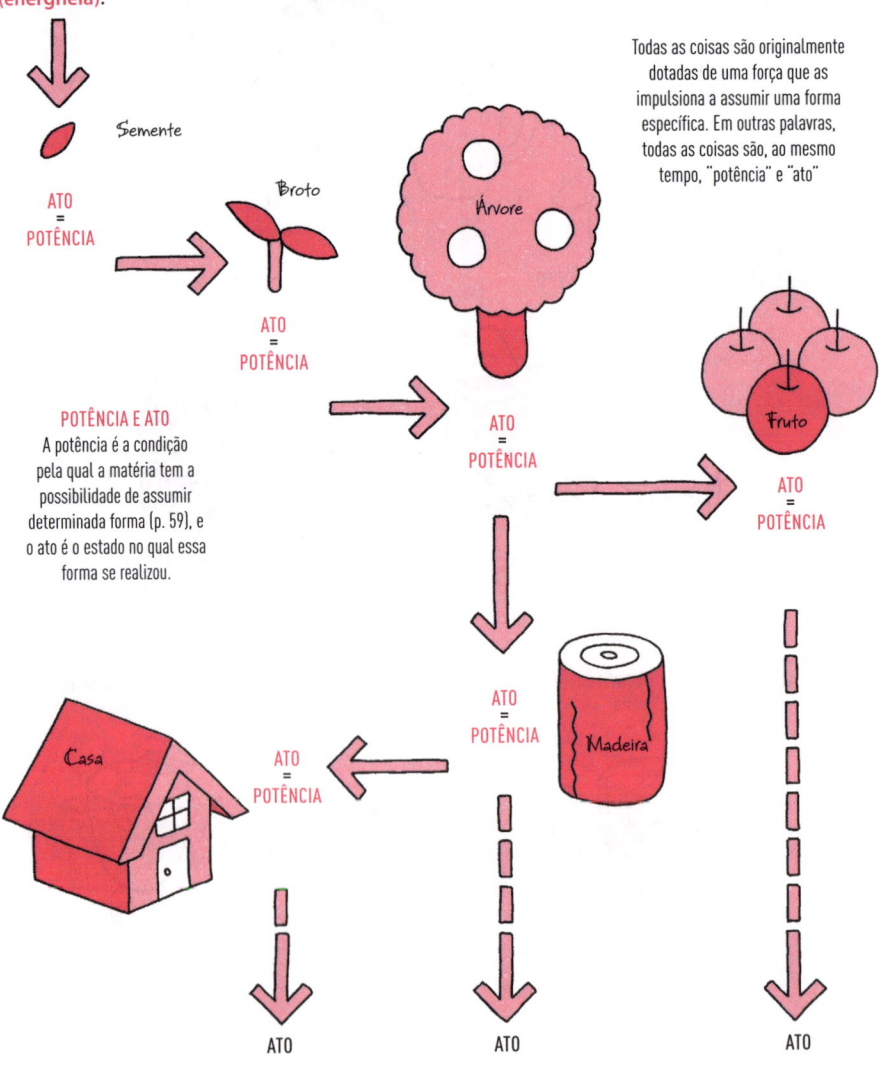

Todas as coisas são originalmente dotadas de uma força que as impulsiona a assumir uma forma específica. Em outras palavras, todas as coisas são, ao mesmo tempo, "potência" e "ato".

Semente → ATO = POTÊNCIA
Broto → ATO = POTÊNCIA
Árvore → ATO = POTÊNCIA
Fruto → ATO = POTÊNCIA
Madeira → ATO = POTÊNCIA
Casa → ATO = POTÊNCIA

POTÊNCIA E ATO
A potência é a condição pela qual a matéria tem a possibilidade de assumir determinada forma (p. 59), e o ato é o estado no qual essa forma se realizou.

↓ ATO   ↓ ATO   ↓ ATO   ↓ ATO

Aristóteles elabora essa concepção após estudar atentamente o mundo real.

DOUTRINA DAS QUATRO CAUSAS

Obra representativa .... *Física*
Conceitos relacionados .... forma (eidos) e matéria (hyle) (p. 58)
Nota .... o ponto de vista que afirma que as coisas na natureza existem para um fim específico se denomina "concepção teleológica da natureza"

ARISTÓTELES

Aristóteles afirma que tudo o que existe no universo é regido por quatro causas: **1. causa formal**, **2. causa material**, **3. causa eficiente**, **4. causa final**. Essa concepção é conhecida como a **doutrina das quatro causas**.

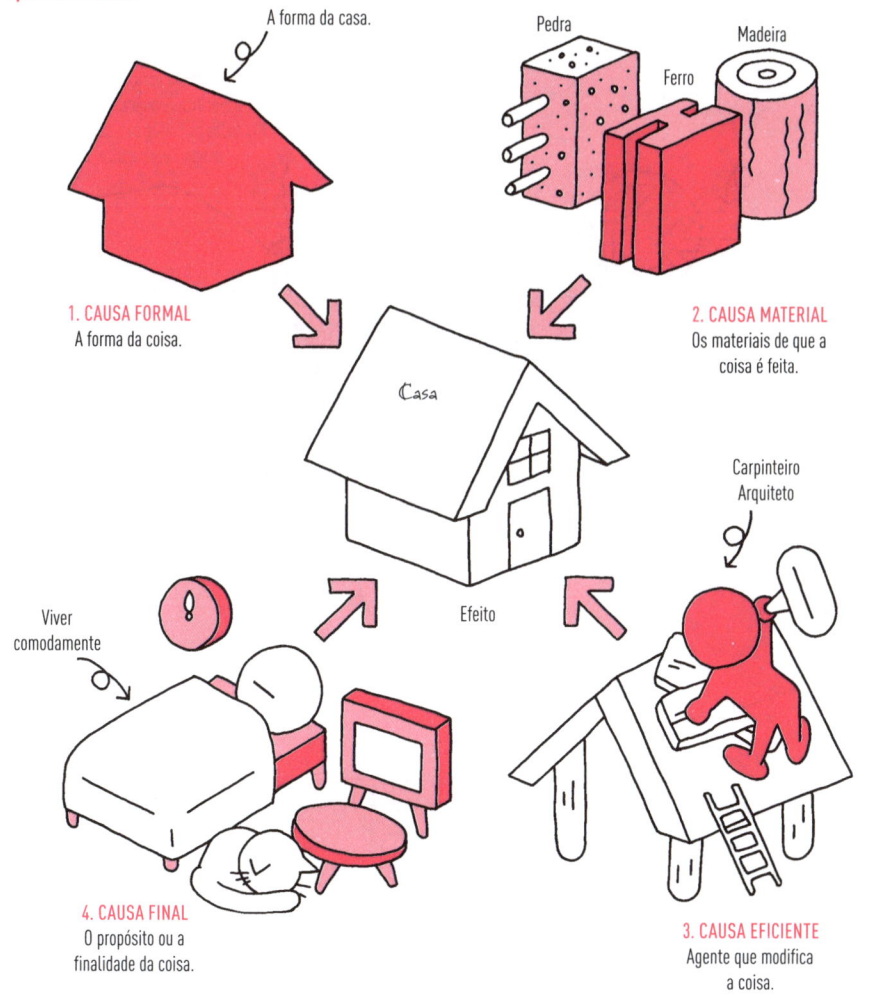

A forma da casa.

Pedra
Ferro
Madeira

1. CAUSA FORMAL
A forma da coisa.

2. CAUSA MATERIAL
Os materiais de que a coisa é feita.

Casa

Carpinteiro
Arquiteto

Viver comodamente

Efeito

4. CAUSA FINAL
O propósito ou a finalidade da coisa.

3. CAUSA EFICIENTE
Agente que modifica a coisa.

Para **Aristóteles**, conhecer o universo implica conhecer como ele é feito, e isso consiste em reconhecer as quatro causas que regem todas as coisas.

METAFÍSICA

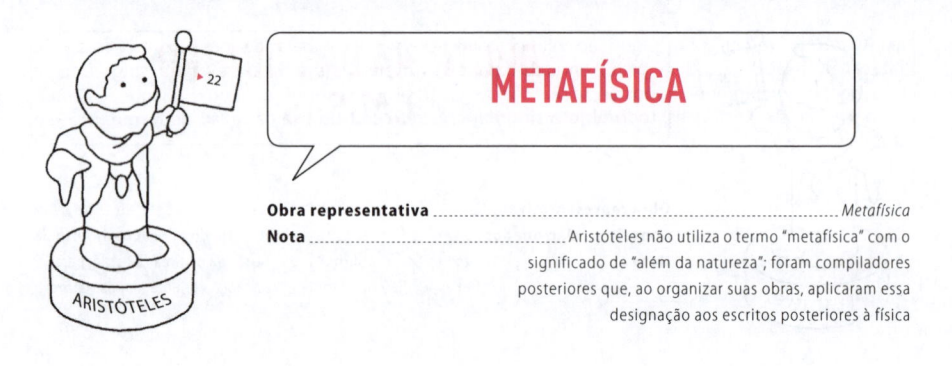

Obra representativa .... *Metafísica*
Nota .... Aristóteles não utiliza o termo "metafísica" com o significado de "além da natureza"; foram compiladores posteriores que, ao organizar suas obras, aplicaram essa designação aos escritos posteriores à física

Aristóteles considera a **metafísica** a primeira das ciências. Por exemplo, enquanto a física examina "que função exercem os chifres de um cervo" ou "de que material são feitos", a metafísica é a ciência que reflete sobre "que tipo de coisa são os chifres", sobre "por que as coisas existem, incluindo os chifres" ou sobre "o que significa existir".

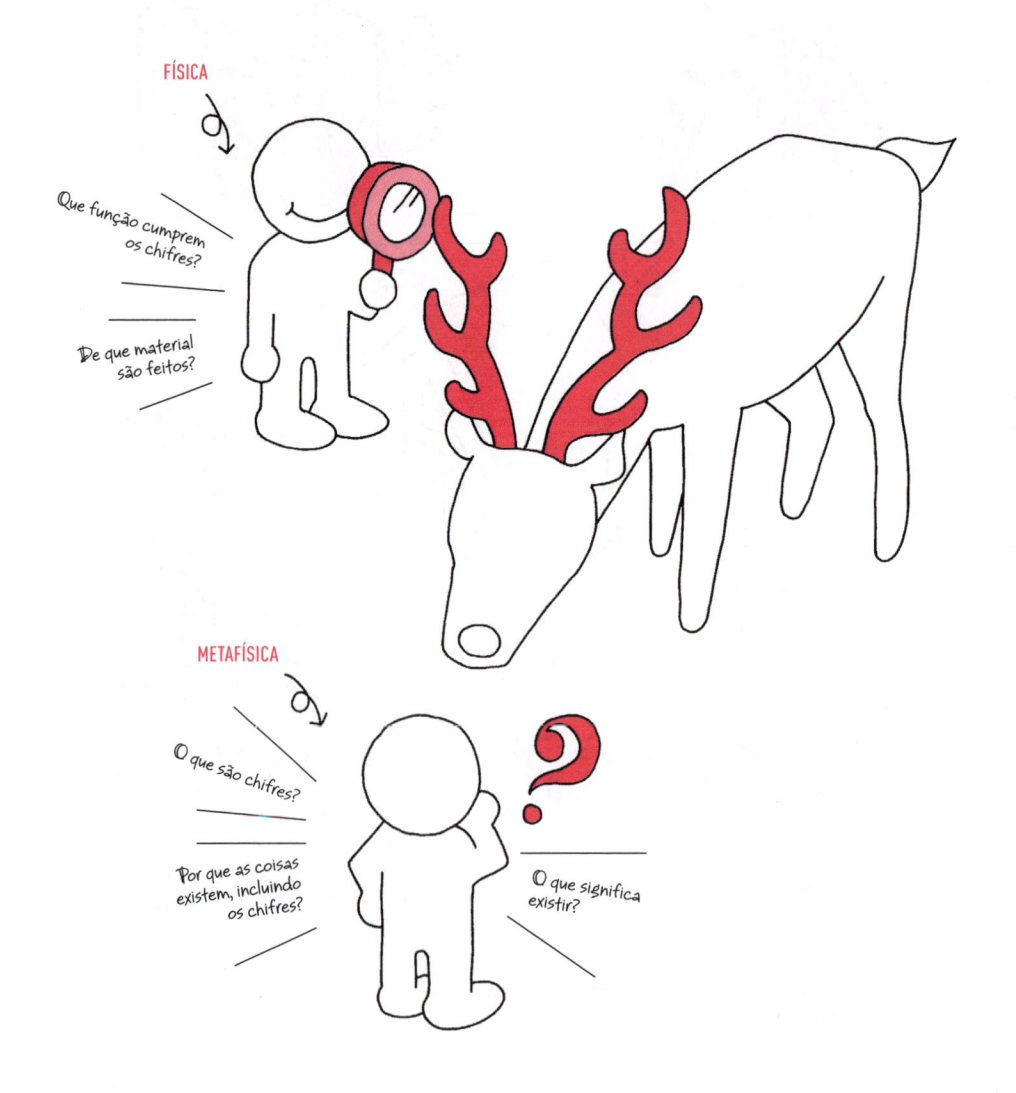

FÍSICA
- Que função cumprem os chifres?
- De que material são feitos?

METAFÍSICA
- O que são chifres?
- Por que as coisas existem, incluindo os chifres?
- O que significa existir?

Para **Aristóteles**, refletir sobre "o que são chifres?" equivale a buscar a **substância** (p. 132) dos chifres. Para **Platão**, a **substância** é a ideia (p. 46), enquanto para **Aristóteles** a substância é o **objeto singular** concreto. No exemplo anterior, a substância dos chifres são os próprios chifres que temos diante dos olhos. Na concepção de Aristóteles, todo **objeto singular** concreto constitui-se da união de **forma** (p. 59) e **matéria** (p. 59).

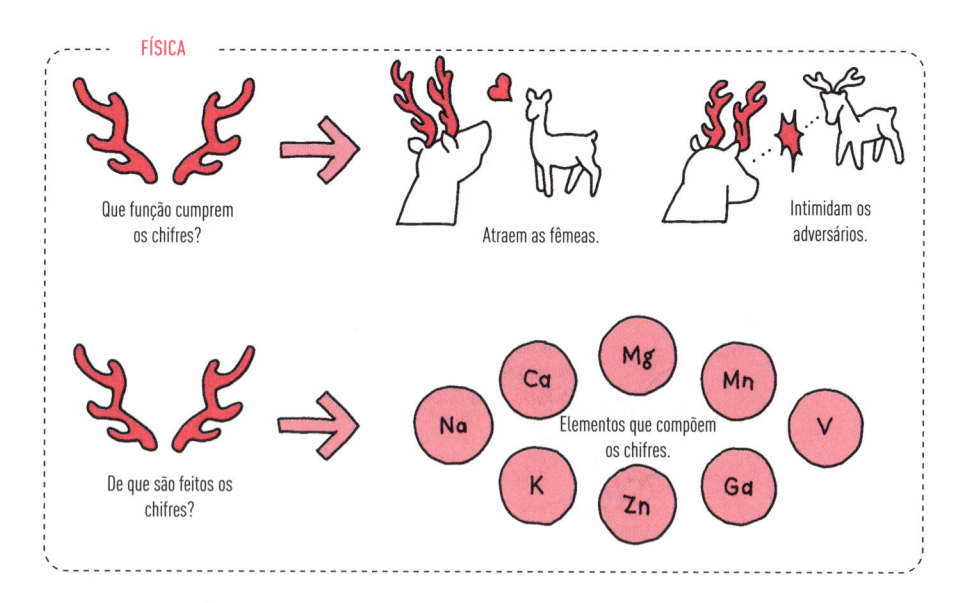

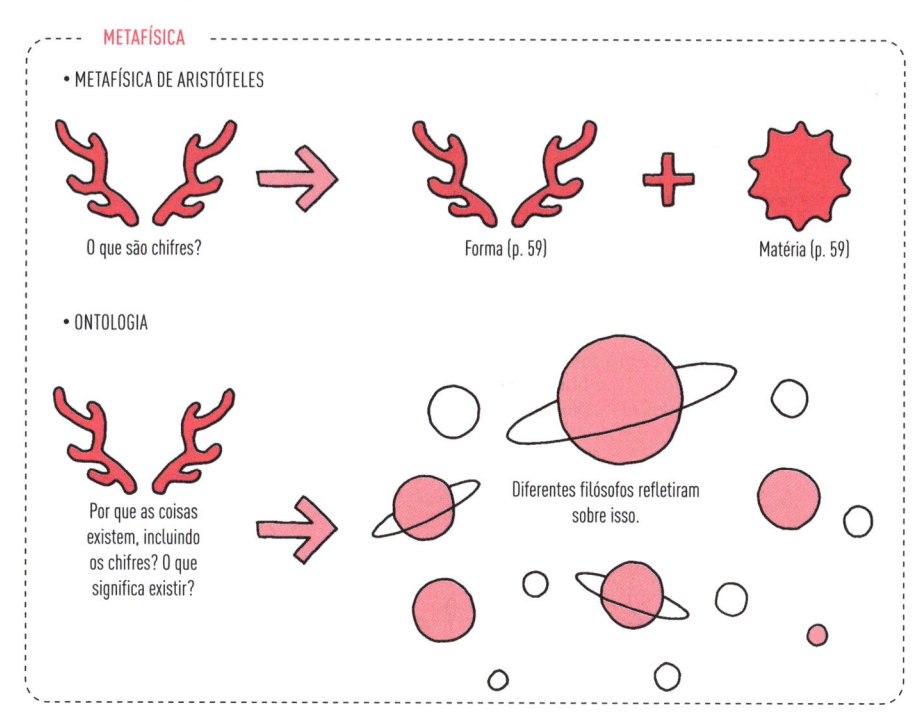

FÍSICA

Que função cumprem os chifres? → Atraem as fêmeas. Intimidam os adversários.

De que são feitos os chifres? → Elementos que compõem os chifres. (Na, Ca, Mg, Mn, V, K, Zn, Ga)

METAFÍSICA

- **METAFÍSICA DE ARISTÓTELES**

O que são chifres? → Forma (p. 59) + Matéria (p. 59)

- **ONTOLOGIA**

Por que as coisas existem, incluindo os chifres? O que significa existir? → Diferentes filósofos refletiram sobre isso.

Como a metafísica trata do que está além das coisas que o homem percebe pelos cinco sentidos, Aristóteles a considera a "filosofia primeira".

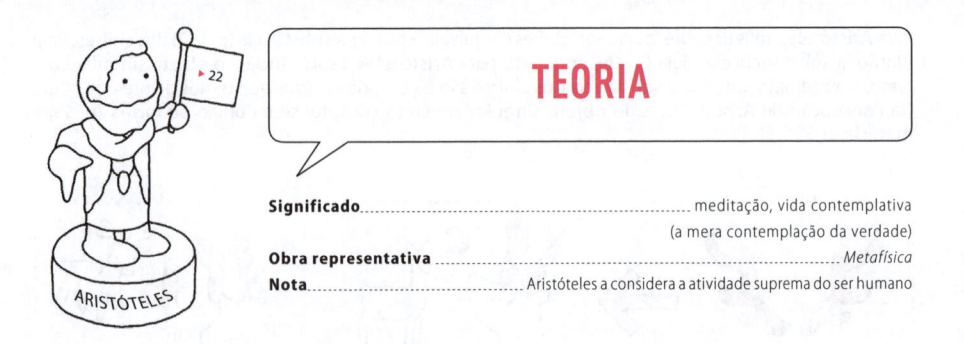

TEORIA

Significado .... meditação, vida contemplativa
(a mera contemplação da verdade)
Obra representativa .... *Metafísica*
Nota .... Aristóteles a considera a atividade suprema do ser humano

Aristóteles afirma que o estado de máxima felicidade das coisas consiste em realizar com eficiência ou excelência sua função ou propriedade característica.

A propriedade característica dos pássaros são as "asas". Dito de outro modo, para os pássaros, a máxima felicidade é voar livremente.

Quando cantam.

Quando caminham.

Esta é a máxima felicidade!

Quando voam.

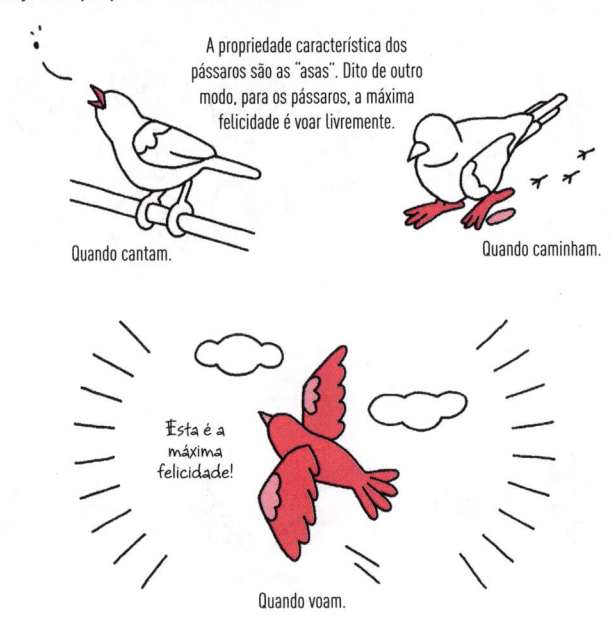

Aristóteles considera que a função característica do ser humano é a razão, e afirma, por conseguinte, que o estado de máxima felicidade humana é alcançado mediante a atividade da parte racional da alma, isto é, a investigação dos princípios (o que há de universal e necessário na realidade). **Aristóteles** denomina esse estado de "**teoria**".

A função característica do ser humano é a razão.

Por isso, o ser humano alcança a máxima felicidade ao usar a razão e investigar os princípios da realidade! No entanto, não deve ir em busca apenas das ideias (p. 46), mas também das quatro causas (p. 61).

VIRTUDES DIANOÉTICAS E VIRTUDES ÉTICAS

▶ 22

ARISTÓTELES

Significado .... virtudes dianoéticas = virtudes da razão que são adquiridas por meio do conhecimento; virtudes éticas = virtudes do caráter que são adquiridas por meio do hábito de agir com moderação
Obra representativa .... *Ética a Nicômaco*
Conceitos relacionados .... o justo meio (p. 66), philia (p. 67)

Aristóteles acredita que, para que sejam felizes, os homens devem estar dotados de virtude. As virtudes podem subdividir-se em dois grupos: as **virtudes dianoéticas** e as **virtudes éticas**. As **virtudes dianoéticas** são a **sabedoria (sophia)**, a **prudência (phrónesis)** e a **arte** (techné). Entre as **virtudes éticas**, incluem-se, por exemplo, a coragem e a temperança.

Sabedoria (sophia) — Prudência (phrónesis) — Arte e habilidade técnica (techné)

VIRTUDES DIANOÉTICAS

Chefe, não estou de acordo! — NÃO! — Esta quantidade é suficiente.

Coragem — Temperança

VIRTUDES ÉTICAS

Além disso, **Aristóteles** afirma que, para adquirir as **virtudes éticas**, é necessário formar o **hábito** de escolher, em cada caso, o **justo meio** (p. 66).

O JUSTO MEIO

ARISTÓTELES

Obra representativa .... *Ética a Nicômaco*
Conceitos relacionados .... virtude dianoética e virtude ética (p. 65)
Nota .... Aristóteles chama de "prudência" (*phrónesis*) a capacidade de determinar o justo meio, o meio-termo ideal entre dois extremos reprováveis, um por falta e outro por excesso

Aristóteles afirma que, para que vivam felizes, os seres humanos devem adquirir as **virtudes éticas** (p. 65). Para alcançar a felicidade, não basta ter um conhecimento válido e uma habilidade técnica elevada; também é necessário que o caráter **(éthos)** forme o **hábito** de adotar, em cada caso, o **justo meio** entre o excesso e a falta.

PARA SER FELIZ, A TEMPERANÇA É IMPORTANTE

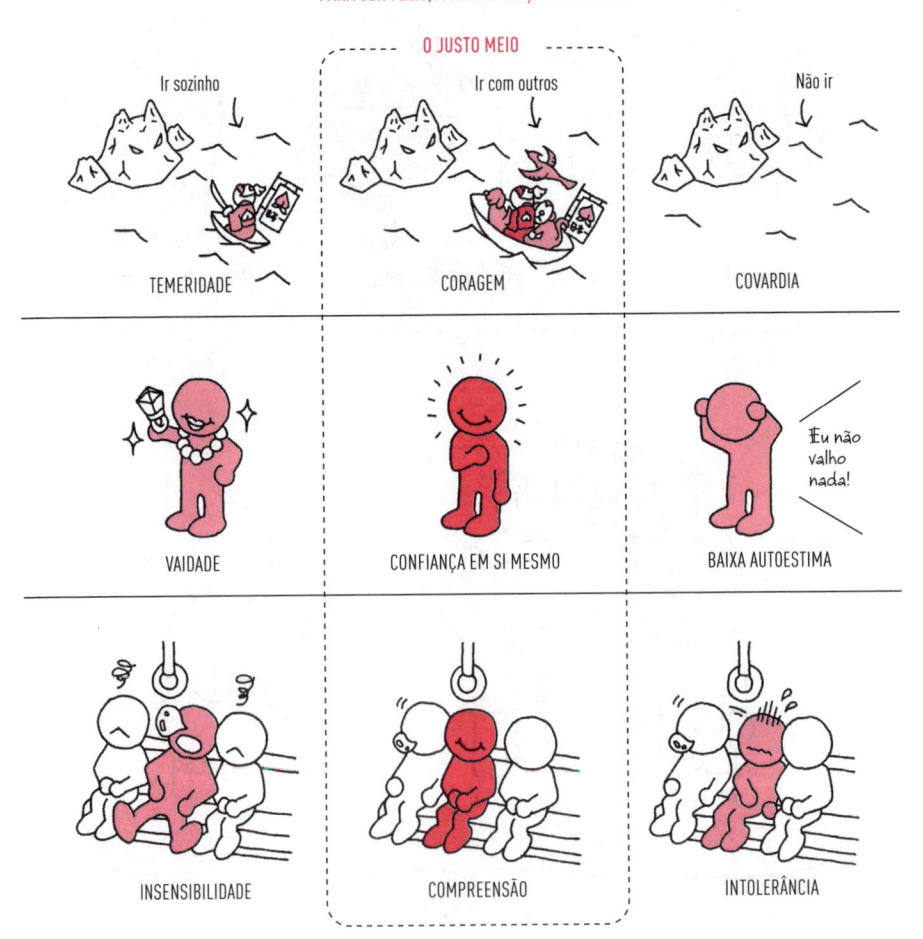

O JUSTO MEIO

Ir sozinho	Ir com outros	Não ir
TEMERIDADE	CORAGEM	COVARDIA
VAIDADE	CONFIANÇA EM SI MESMO	BAIXA AUTOESTIMA (Eu não valho nada!)
INSENSIBILIDADE	COMPREENSÃO	INTOLERÂNCIA

PHILIA

Obra representativa .... *Ética a Nicômaco*
Conceitos relacionados .... virtudes dianoéticas e virtudes éticas (p. 65)
Nota .... Aristóteles distingue três tipos de philia: a amizade baseada na utilidade, a amizade baseada no prazer e a amizade baseada na virtude

ARISTÓTELES

Aristóteles acredita que, para garantir a estabilidade em uma comunidade, a **amizade** (philia) é mais necessária que a justiça. Ele escreve: "Quando os homens são amigos, não há necessidade alguma de justiça; mas, ainda sendo justos, necessitam da amizade, e parece que são os justos os que são mais capazes de amizade".

"A amizade é sentir simpatia pelo outro.

"A amizade é sentir alegria pela felicidade do outro.

Na amizade, desejar o bem do outro é um querer recíproco, à diferença do Eros de Platão.

O **Eros de Platão** (p. 51) é o sentimento de amar outra pessoa de forma unilateral; portanto, pode-se dizer que constitui um ato em si mesmo. A **philia de Aristóteles**, por sua vez, é um tipo de querer mútuo em que se deseja reciprocamente a felicidade do amigo.

Em grego, a palavra "amor" se traduz de três formas: philia é uma delas.

PHILIA
Amizade

EROS
Amor puro (p. 51)

ÁGAPE
Amor desinteressado (p. 80)

JUSTIÇA

Obra representativa .... *Ética a Nicômaco*
Conceito relacionado .... philia (p. 67)
Nota .... Aristóteles crê que as virtudes que regem a pólis
(a comunidade) são a philia (amizade) e a justiça

Aristóteles afirma que "**o homem é um animal político**" e que, para o bem da comunidade, é necessário manter a **justiça** (a imparcialidade). Sua análise o leva a distinguir entre **justiça universal** e **justiça particular**, e esta última, por sua vez, pode ser entendida como **justiça distributiva** ou **justiça restaurativa** (corretiva).

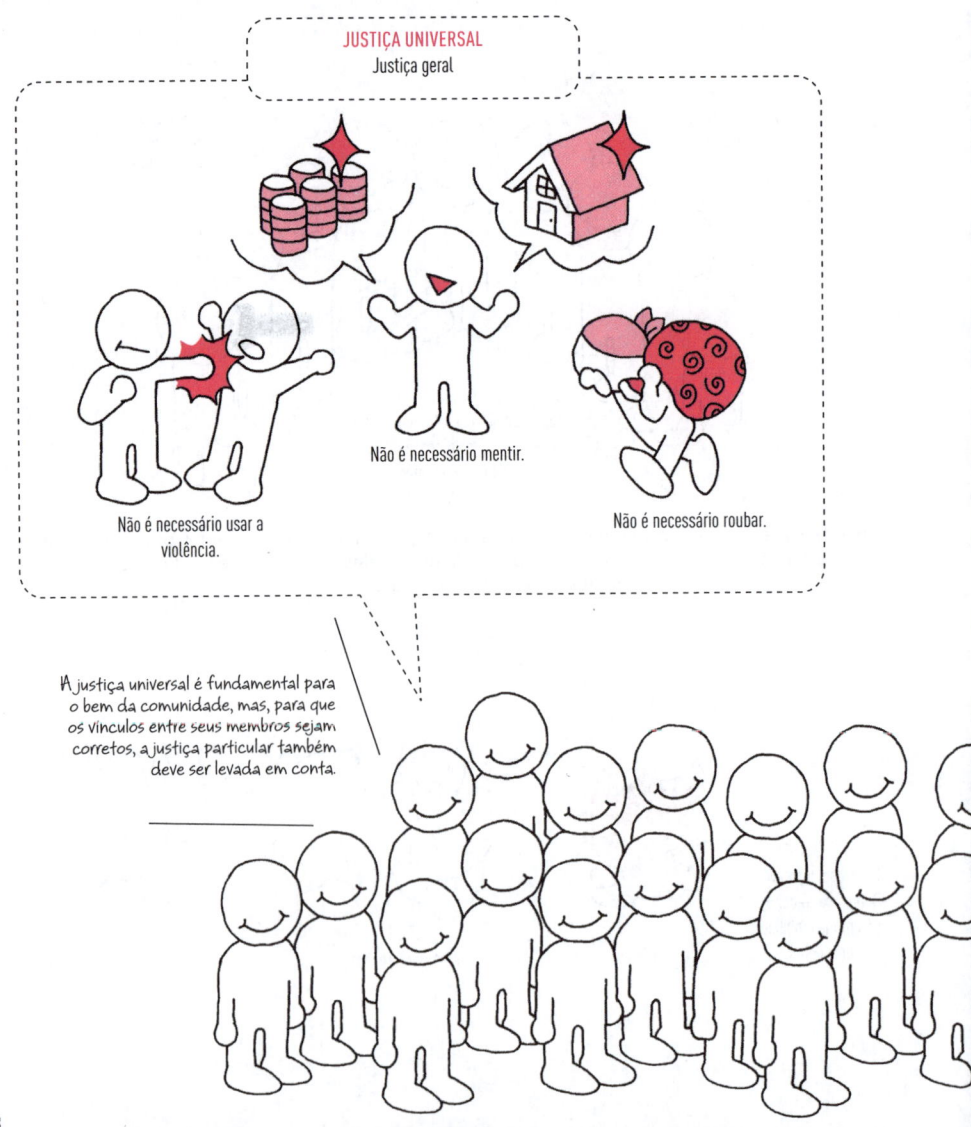

JUSTIÇA UNIVERSAL
Justiça geral

Não é necessário usar a violência.

Não é necessário mentir.

Não é necessário roubar.

A justiça universal é fundamental para o bem da comunidade, mas, para que os vínculos entre seus membros sejam corretos, a justiça particular também deve ser levada em conta.

JUSTIÇA PARTICULAR
Regras internas da comunidade

JUSTIÇA DISTRIBUTIVA
Estabelecer uma retribuição com base na quantidade e na qualidade do trabalho. Segundo Aristóteles, é nisso que consiste a justiça:

Tem muitas ideias; por isso, terá uma porção grande.

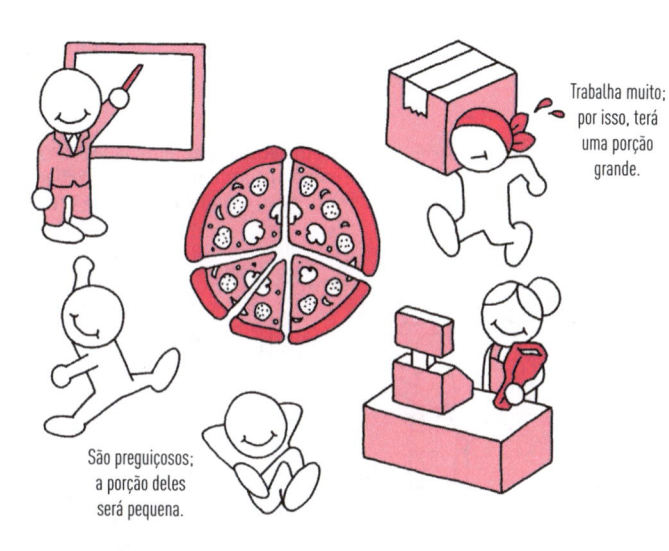

Trabalha muito; por isso, terá uma porção grande.

São preguiçosos; a porção deles será pequena.

JUSTIÇA CORRETIVA (RESTAURATIVA)
Para manter a equidade, a vítima é compensada, e quem cometeu o crime é castigado.

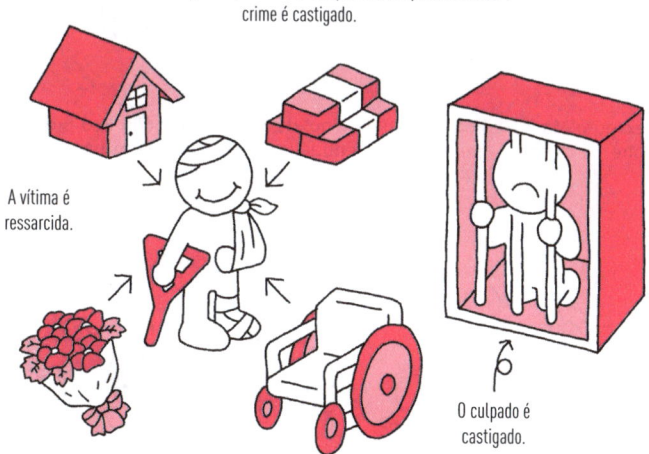

A vítima é ressarcida.

O culpado é castigado.

Aristóteles afirma que, para o bem da comunidade, é necessário satisfazer tanto a justiça distributiva como a justiça reguladora/comutativa.

ESTOICISMO

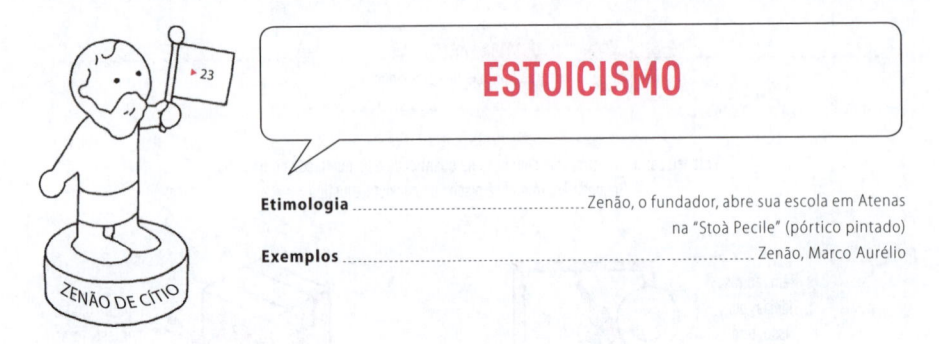

ZENÃO DE CÍTIO

Etimologia .... Zenão, o fundador, abre sua escola em Atenas na "Stoà Pecile" (pórtico pintado)
Exemplos .... Zenão, Marco Aurélio

A Grécia que viu a filosofia nascer dividia-se em pequenas comunidades chamadas pólis, como **Atenas** e **Esparta**, cujas normas eram decididas de maneira autônoma e podiam variar de uma cidade para outra. Os habitantes de cada comunidade estavam muito orgulhosos da pólis a que pertenciam.

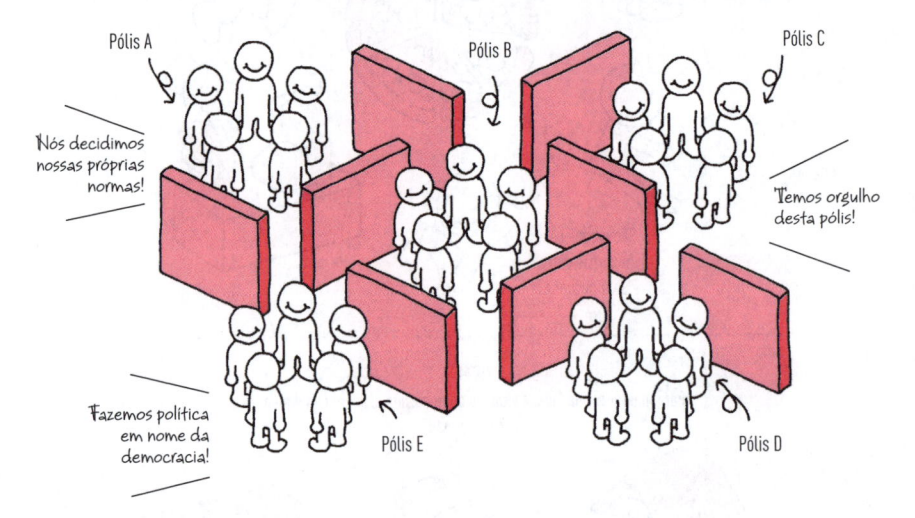

Pólis A — *Nós decidimos nossas próprias normas!*
Pólis B
Pólis C — *Temos orgulho desta pólis!*
Pólis E — *Fazemos política em nome da democracia!*
Pólis D

Quando Alexandre Magno completa seu império, desmantela as pólis. Isso provoca um grande desconcerto entre os cidadãos gregos, cuja identidade é construída com base na comunidade a que pertencem.

Entram também pessoas que não são cidadãos gregos.
Onde está minha pólis?
Para onde poderei ir?
Não há mais muros!

Derrubam-se os muros que separam uma pólis da outra e cria-se um único império.

Por essa razão, o tema central da **filosofia da época helenística** – isto é, durante o reinado de Alexandre Magno e do Império Romano – é "como livrar-se da inquietude da alma". Entre os primeiros a desenvolvê-lo, encontramos o **estoicismo** predicado por **Zenão**. O estoicismo propõe um modelo de vida cujo objetivo é alcançar o estado de **apatia** no qual não somos dominados pelas paixões **(pathos)**.

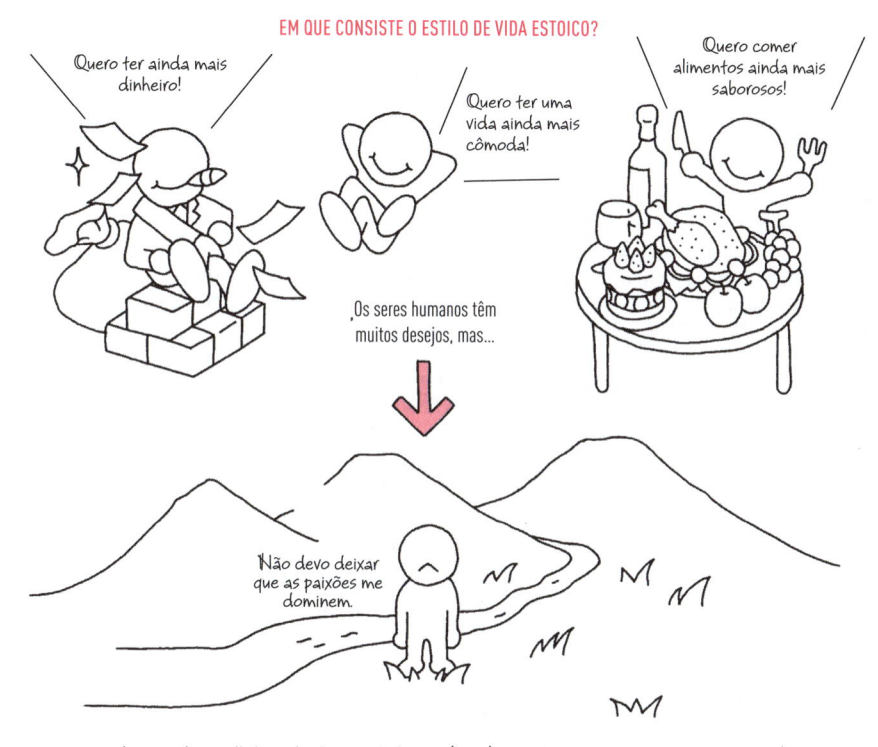

EM QUE CONSISTE O ESTILO DE VIDA ESTOICO?

Quero ter ainda mais dinheiro!

Quero ter uma vida ainda mais cômoda!

Quero comer alimentos ainda mais saborosos!

Os seres humanos têm muitos desejos, mas...

Não devo deixar que as paixões me dominem.

... se eles aprenderem a limitar o desejo por meio da razão (logos) e se esforçarem para viver de forma ascética (à maneira estoica), alcançarão a harmonia com a natureza.

É possível conseguir um estado de apatia no qual nos livramos do desejo. Zenão acredita que a felicidade máxima consiste precisamente nisso, pois assim evitamos qualquer preocupação.

EPICURISMO

Exemplos .... Epicuro, Lucrécio
Nota .... ao contrário do estoicismo, que vinha sendo reconhecido como a moral oficial do Império Romano, o epicurismo é combatido tanto pelo estoicismo como pelo cristianismo, e deixa de ter seguidores com a expansão do poder de Roma

EPICURO

Um pouco depois do **estoicismo** (p. 70), surge o **epicurismo**. A forma epicurista de alcançar o estado de tranquilidade da alma não é por meio da abstinência, como no estoicismo, e sim por meio do prazer. No entanto, o prazer dos epicuristas não é algo a que se entregar sem freio, mas uma condição na qual a alma não padece de agitação alguma.

O prazer epicurista não consiste nisto.

Segundo o **epicurismo**, as condições para alcançar o **estado mental de tranquilidade** (ataraxia) são três: **1. Livrar-se do medo da morte; 2. Satisfazer os desejos básicos; 3. Cultivar a amizade**.

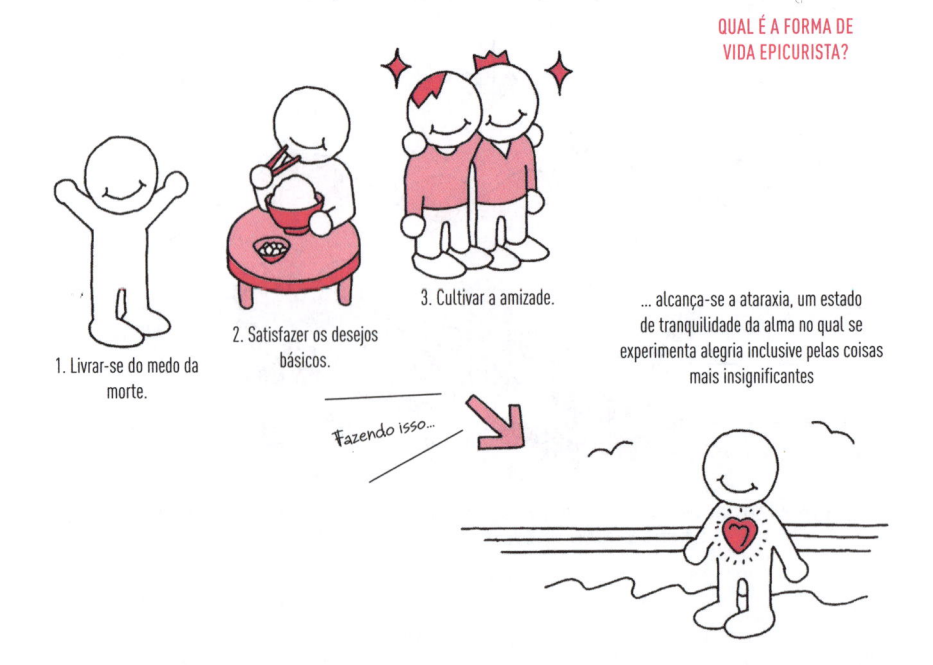

QUAL É A FORMA DE VIDA EPICURISTA?

1. Livrar-se do medo da morte.

2. Satisfazer os desejos básicos.

3. Cultivar a amizade.

... alcança-se a ataraxia, um estado de tranquilidade da alma no qual se experimenta alegria inclusive pelas coisas mais insignificantes

Fazendo isso...

O ponto **1** é fundamental. **Epicuro** afirma que, quando a morte está, nós não estamos; portanto, não devemos temer a morte e devemos nos livrar desse medo.

Enquanto estamos vivos, a morte não existe.

Quando morremos, deixamos de existir.

Não devemos ter medo da morte.

Depois vem o ponto **2**. Epicuro afirma que os desejos básicos são três: não ter fome, não ter frio e não ter sede. Basta satisfazer essas necessidades, sem ir em busca de outros bens materiais.

Não estou com fome.

Não estou com sede.

Não estou com frio.

As pessoas podem viver felizes se satisfizerem essas três necessidades.

No entanto, a vida está cheia de tentações. **Epicuro** sugere retirar-se do barulho da política e da vida social e, cultivando a amizade com os companheiros, viver na tranquilidade do campo. **Epicuro** utiliza o lema **"viva ocultamente"** para designar esse modelo de existência.

VIVA OCULTAMENTE

No jardim de Epicuro, há uma escala de valores diferente da do resto da sociedade.

Epicuro crê que viver longe do mundo nos faz felizes.

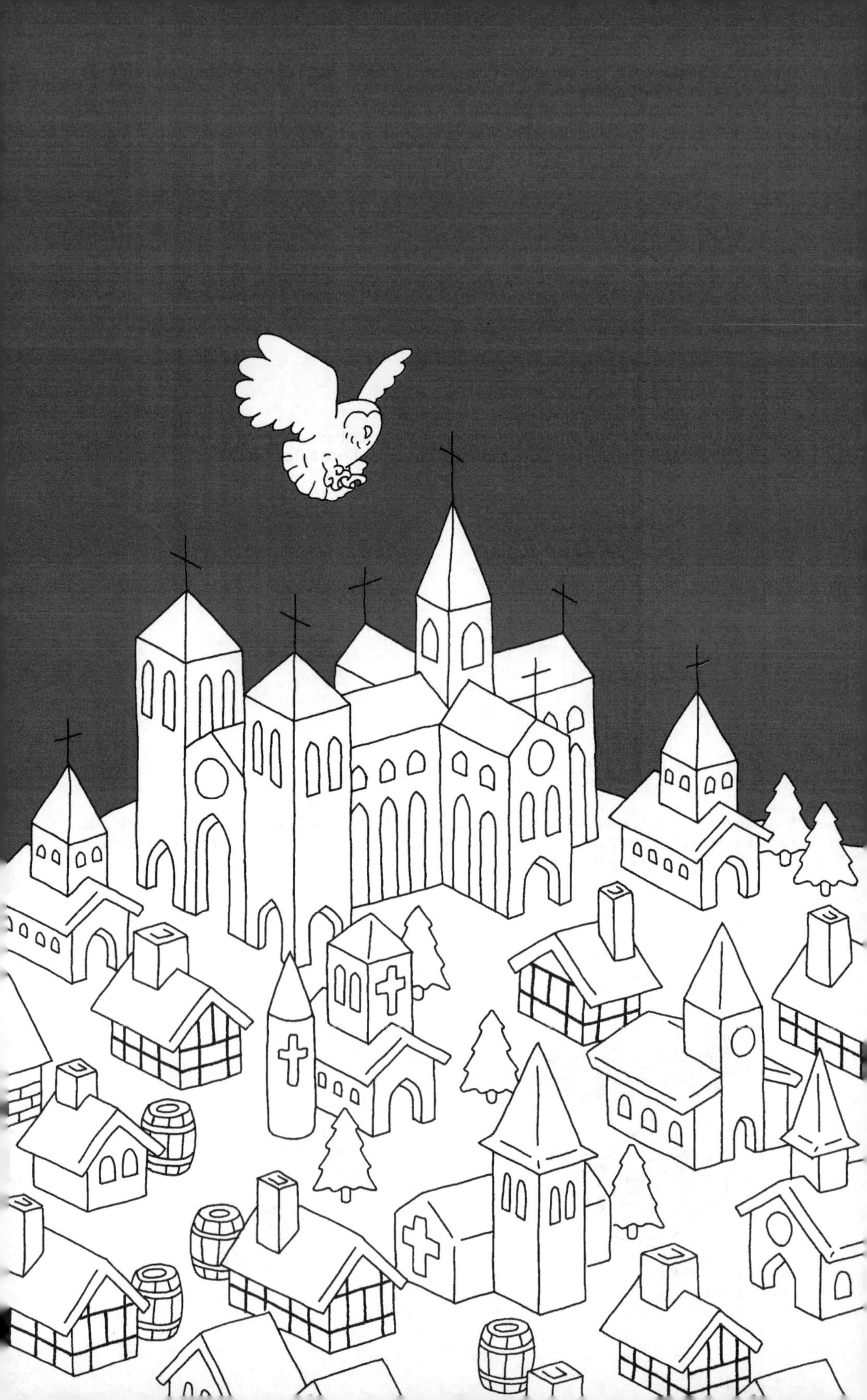

A FILOSOFIA MEDIEVAL

Os filósofos medievais

Jesus Cristo
conceitos p. 80

Paulo
conceitos p. 82

Filosofia patrística

Agostinho
conceitos p. 82

1 d.C. — 100 — 200 — 300 — 400 — 500 — 600

- [27 a.C.] Fundação do Império Romano
- [313] O Império Romano reconhece oficialmente a religião cristã
- [375] Início das invasões bárbaras
- [395] Divisão entre o Império Romano do Oriente e o Império Romano do Ocidente
- [476] Queda do Império Romano do Ocidente

> **Controvérsia sobre os universais**
>
> > **Realismo**
> >
> > **Anselmo de Aosta** p. 78
> > conceitos p. 86
> >
> > **Nominalismo**
> >
> > **Roscelino**
> > conceitos p. 87

> **Filosofia escolástica**
>
> **Tomás de Aquino** p. 79
> conceitos p. 84
>
> **Guilherme de Ockham** p. 79
> conceitos p. 88

700 — 800 — 900 — 1000 — 1100 — 1200 — 1300 — 1400

- [962] Fundação do Sacro-Império Romano
- [1096] Início das Cruzadas
- [1215] Promulgação da Carta Magna
- Início do Renascimento

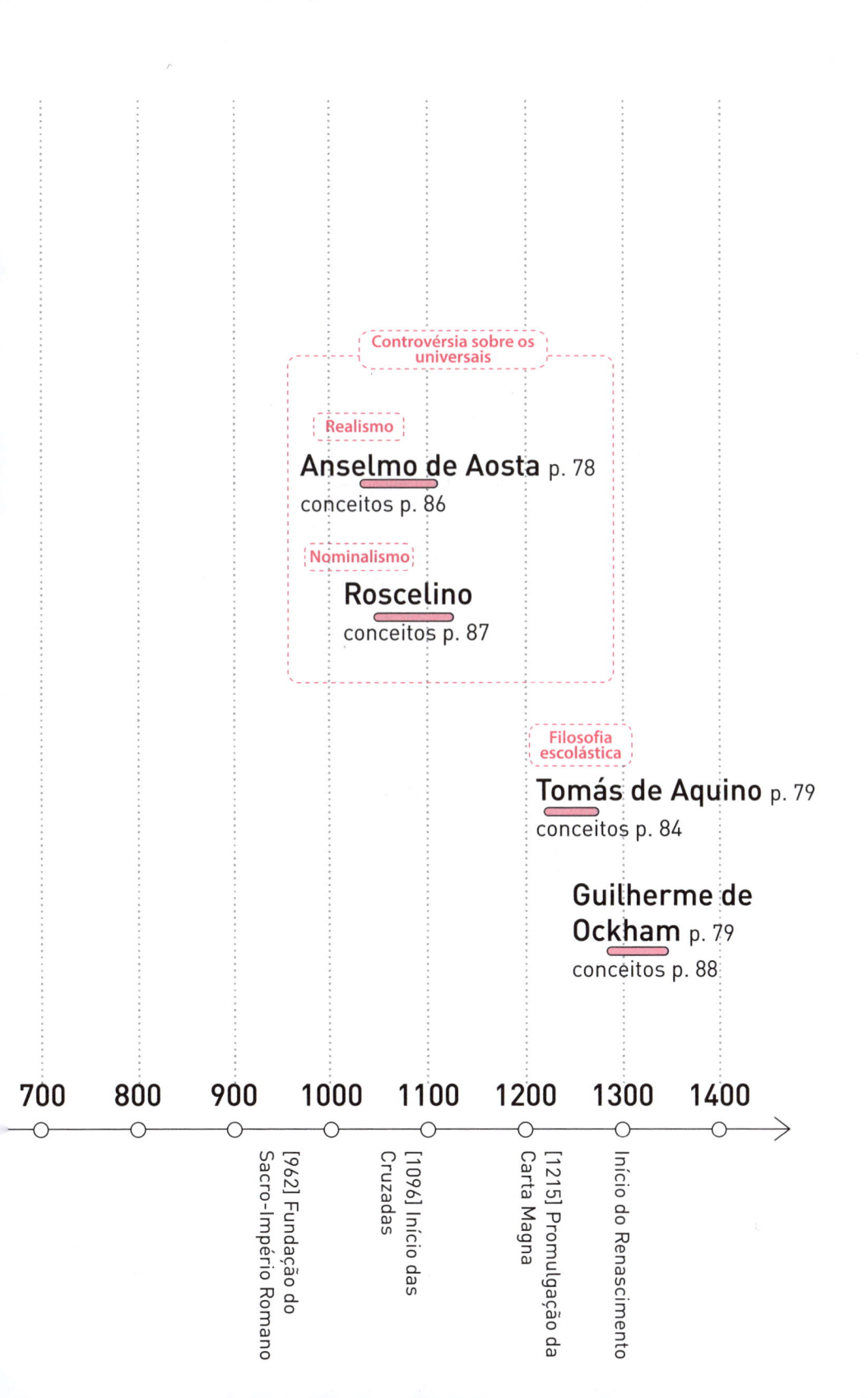

O neoplatonismo que influenciou Agostinho é um pensamento místico que, baseando-se na teoria das ideias, afirma que todas as coisas são emanações do Uno, isto é, de Deus.

Confissões, A cidade de Deus, A trindade

> O MAL É A PRIVAÇÃO DO BEM.

Segundo Agostinho, Deus criou somente o bem; o mal existe como um bem incompleto.

354-430

AGOSTINHO ▶ P. 82

Considerado um dos mais importantes padres da Igreja, Agostinho nasceu na Numídia, um território romano da África setentrional, e, na juventude, dedicou-se a cultivar as relações amorosas e o teatro. Mais tarde, descreveu aqueles anos como anos dissolutos nos quais vivera à mercê do desejo. Durante esse período, aderiu ao maneirismo, mas posteriormente experimentou a influência do neoplatonismo e se converteu ao cristianismo. Em uma polêmica contra as heresias, escreveu diversas obras, como *A cidade de Deus* e *Confissões*, e dedicou-se a consolidar a doutrina cristã.

Influenciado pelo neoplatonismo, Anselmo defende um realismo que afirma a existência do conceito universal de "ser humano".

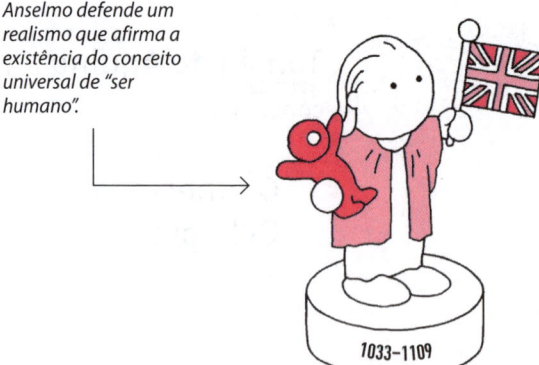

Monológio, Proslógio, A verdade

> CREIO PARA ENTENDER.

Propõe uma teoria que busca demonstrar racionalmente a correção da fé partindo da própria fé.

1033-1109

ANSELMO DE AOSTA ▶ P. 86

Conhecido também com o Anselmo da Cantuária, é considerado um dos maiores expoentes da escolástica. Nasceu em Aosta e estudou perto da abadia de Notre-Dame du Bec, chegando a ostentar o cargo de abade. Mais tarde, apesar de seu envolvimento na luta pelas investiduras eclesiásticas, foi nomeado arcebispo da Cantuária. Opondo-se aos reis Guilherme II e Henrique I, rechaçou com firmeza a interferência do poder real nas questões da Igreja. Suas demonstrações da existência de Deus influenciam notavelmente a filosofia posterior.

Por meio de um exaustivo debate com a filosofia aristotélica, Tomás de Aquino aperfeiçoa o sistema da teologia cristã.

> A GRAÇA APERFEIÇOA A NATUREZA.

Suma teológica, Comentário às sentenças de Pedro Lombardo, Suma contra os gentios

Para aperfeiçoar a fé, não basta a razão (a natureza); é necessária a graça de Deus.

1225-1274

TOMÁS DE AQUINO ▶ P. 84

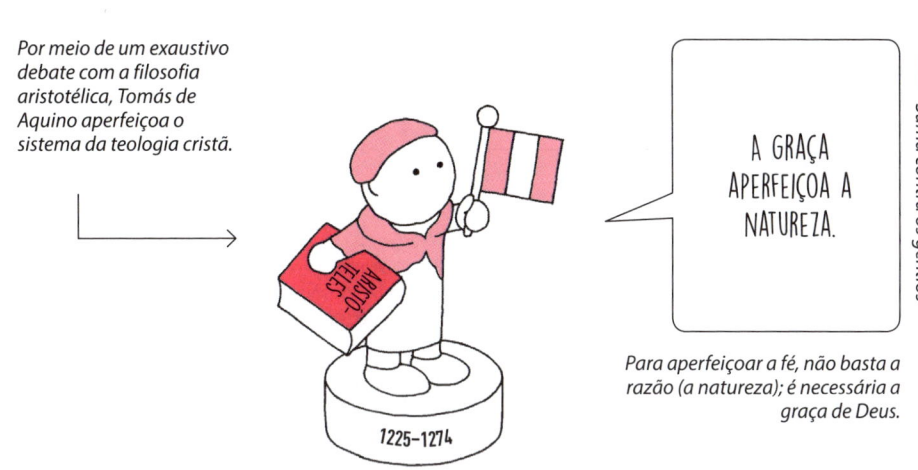

Nascido em uma família da nobreza italiana, ingressou na ordem dos dominicanos e, em Paris e na Itália, dedicou-se à docência e à escrita. No século XIII, interpretando em chave teológica a filosofia aristotélica (que havia chegado ao mundo islâmico após as Cruzadas), tentou harmonizar teologia e filosofia de maneira orgânica. Por ter aperfeiçoado a filosofia escolástica, muitas vezes é chamado de "rei da escolástica" ou "doutor angélico". Sua filosofia exerce uma profunda influência também sobre as gerações posteriores.

A expressão "navalha de Ockham" designa a tese de Ockham de que, no processo cognoscitivo, deve-se descartar qualquer explicação desnecessária.

> NÃO DEVEMOS MULTIPLICAR OS ENTES SEM NECESSIDADE.

Ockham não aceita a existência dos universais "ser humano" e "animal".

1285-1347

GUILHERME DE OCKHAM ▶ P. 88

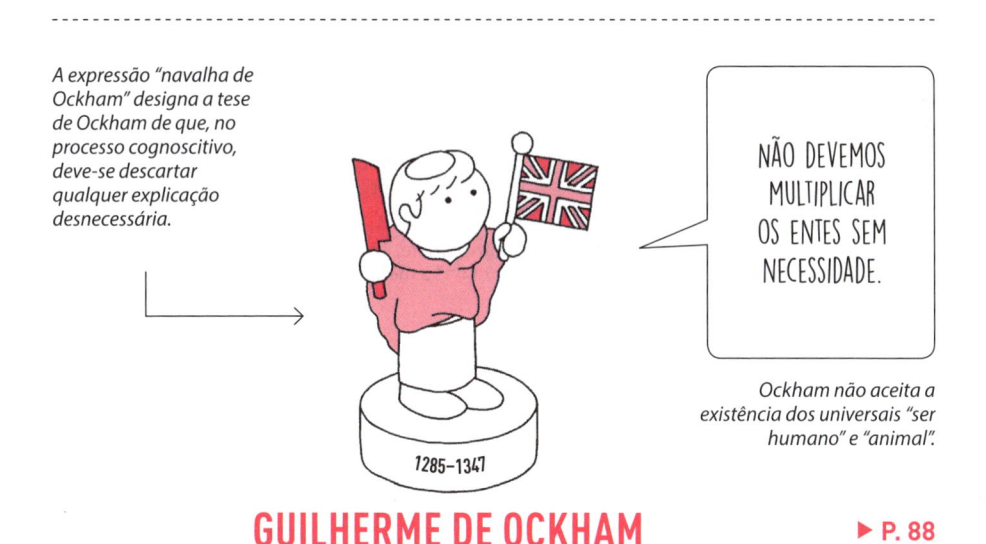

Expoente da escolástica inglesa, entrou para a ordem dos franciscanos e dedicou a vida ao estudo. Rapidamente se destacou por sua capacidade argumentativa, tanto que recebeu a alcunha de "doutor invencível" entre seus contemporâneos. Além de afirmar a separação entre fé e razão, formulou um nominalismo que nega a existência dos universais e sofreu a excomunhão da Igreja. Sua filosofia – que atribui uma grande importância ao conhecimento empírico – é considerada precursora do empirismo inglês. Inspirou o personagem protagonista do romance de Umberto Eco, *O nome da rosa*.

ÁGAPE

JESUS CRISTO

Significado	"amor de Deus" no cristianismo
Obra representativa	Novo Testamento
Nota	a teologia medieval e também a filosofia posterior frequentemente enfrentam o problema da existência do mal neste mundo, apesar da presença do amor de Deus

Jesus afirma que Deus salva os bons, os maus e inclusive os que desobedecem ou se mostram indiferentes, sem distinção. **Ágape** é o **amor desinteressado** de Deus pelos humanos.

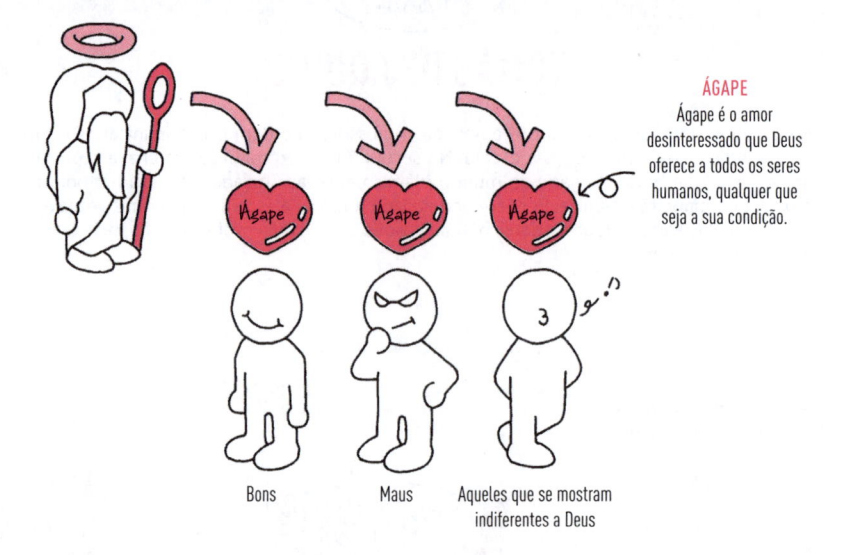

ÁGAPE
Ágape é o amor desinteressado que Deus oferece a todos os seres humanos, qualquer que seja a sua condição.

Bons | Maus | Aqueles que se mostram indiferentes a Deus

Além disso, Jesus predica o amor desinteressado entre os seres humanos. Como mostra o preceito: "Se alguém lhe bater numa face, ofereça-lhe também a outra", a moral cristã é diferente da lei de Talião, do "olho por olho, dente por dente".

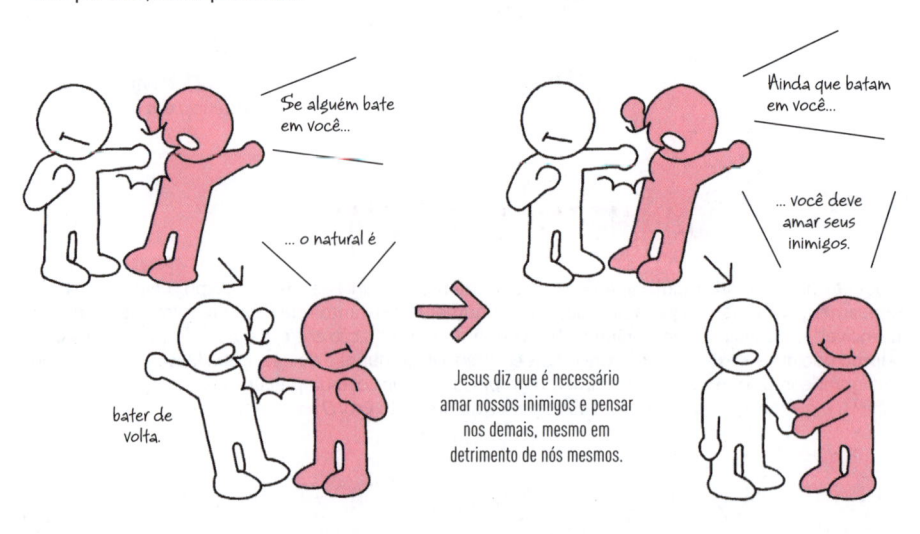

Se alguém bate em você...
... o natural é bater de volta.

Jesus diz que é necessário amar nossos inimigos e pensar nos demais, mesmo em detrimento de nós mesmos.

Ainda que batam em você...
... você deve amar seus inimigos.

Existem outros termos que se traduzem por "amor": o **Eros** de **Platão** (p. 51) e a **philia** de **Aristóteles** (p. 67), mas de que maneira **ágape** se diferencia destes? Podemos encontrar a resposta nas palavras de **Jesus**.

Jesus diz: "Qual de vós, tendo cem ovelhas e perdendo uma, não abandona as noventa e nove no deserto e vai em busca daquela que se perdeu, até encontrá-la?".

Dirigindo-se aos que estão a ponto de apedrejar uma pecadora, Jesus diz: "Quem dentre vós estiver sem pecado, seja o primeiro a lhe atirar uma pedra".

Jesus é judeu, mas muitas vezes entra em conflito com a doutrina judaica, visto que antepõe a ágape ao respeito dos preceitos religiosos, colocando-a em prática em primeira pessoa.

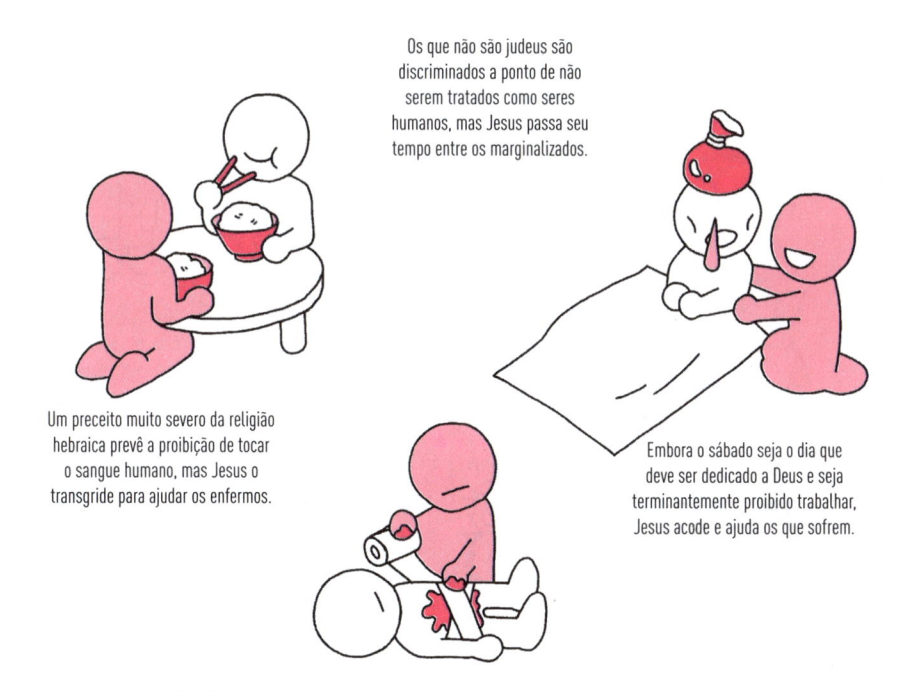

Os que não são judeus são discriminados a ponto de não serem tratados como seres humanos, mas Jesus passa seu tempo entre os marginalizados.

Um preceito muito severo da religião hebraica prevê a proibição de tocar o sangue humano, mas Jesus o transgride para ajudar os enfermos.

Embora o sábado seja o dia que deve ser dedicado a Deus e seja terminantemente proibido trabalhar, Jesus acode e ajuda os que sofrem.

Jesus morreu crucificado por haver transgredido o poder religioso e político, mas seus ensinamentos foram difundidos até os territórios do Império Romano por obra de **Paulo** (-65?).

FILOSOFIA PATRÍSTICA

Obras representativas .... *A cidade de Deus* de Agostinho e outras
Nota .... os Padres da Igreja são escritores que viveram nos primeiros oito séculos da cristandade, cujas doutrinas sobre a fé foram oficialmente reconhecidas como legítimas e cuja vida se considera exemplar

Após a morte de **Jesus**, seus discípulos – entre eles, **Paulo** e outros – mantiveram uma incessante atividade de evangelização e de reflexão teológica e, depois de quase trezentos anos, o cristianismo se tornou a religião oficial do Império Romano. Os escritores eclesiásticos que se dedicaram a estabelecer a doutrina correta do cristianismo são chamados de **Padres da Igreja**.

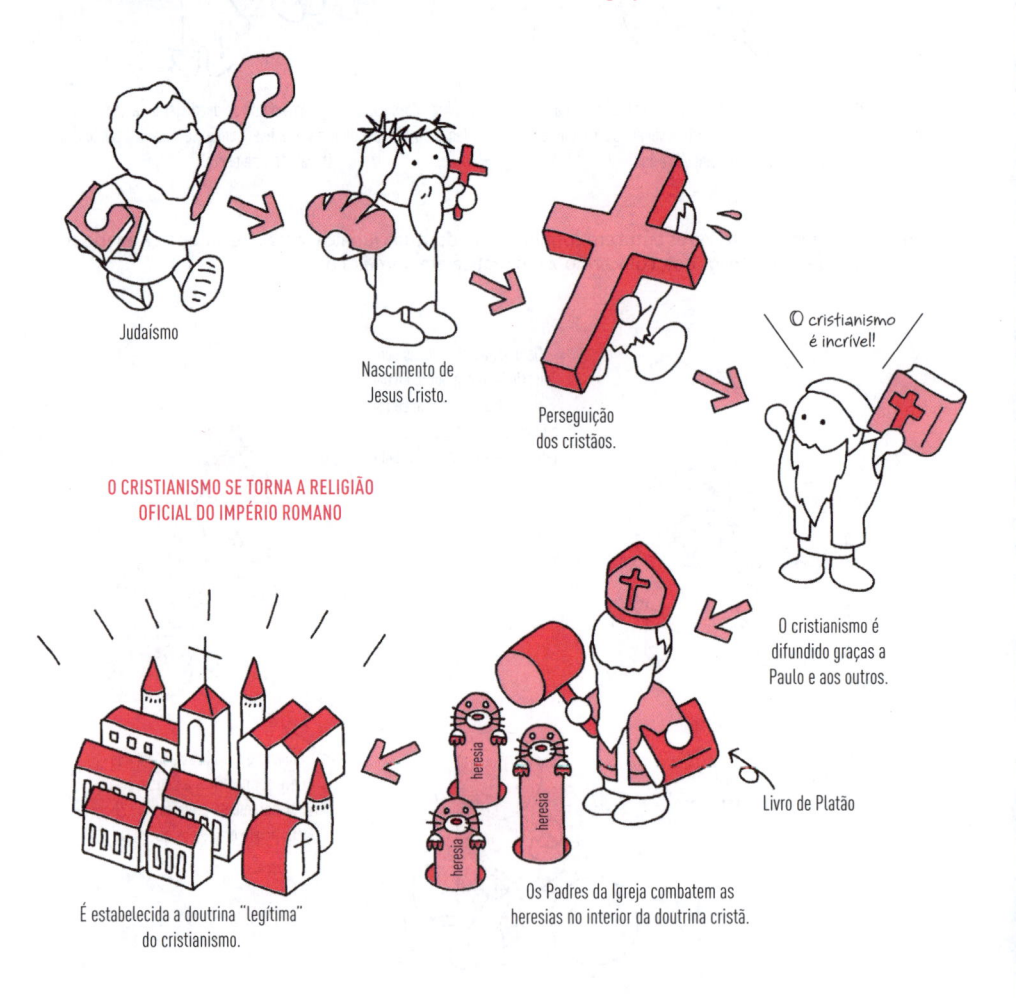

Judaísmo

Nascimento de Jesus Cristo.

Perseguição dos cristãos.

O cristianismo é incrível!

O CRISTIANISMO SE TORNA A RELIGIÃO OFICIAL DO IMPÉRIO ROMANO

O cristianismo é difundido graças a Paulo e aos outros.

Livro de Platão

É estabelecida a doutrina "legítima" do cristianismo.

Os Padres da Igreja combatem as heresias no interior da doutrina cristã.

A doutrina elaborada pelos Padres da Igreja é chamada **patrística**. **Agostinho** – designado como o mais importante dos **Padres da Igreja** – é famoso sobretudo por duas ideias.

A **primeira** tem a ver com o papel da graça de Deus e da Igreja. Sem a **graça de Deus**, o pecado original que os homens carregam desde o nascimento não pode ser redimido. Segundo essa teoria, só a Igreja pode mediar essa intervenção divina.

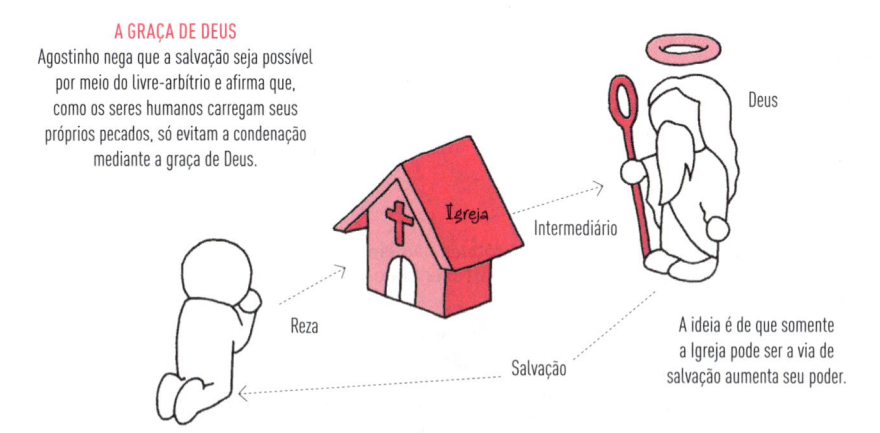

A GRAÇA DE DEUS

Agostinho nega que a salvação seja possível por meio do livre-arbítrio e afirma que, como os seres humanos carregam seus próprios pecados, só evitam a condenação mediante a graça de Deus.

A ideia é de que somente a Igreja pode ser a via de salvação aumenta seu poder.

A **segunda** trata da superioridade das virtudes teologais. A teoria afirma que as três virtudes teologais cristãs valem mais que as **quatro virtudes cardeais (p. 55)** platônicas.

A SUPERIORIDADE DAS VIRTUDES TEOLOGAIS

Agostinho situa as três virtudes teologais cristãs – fé, esperança e caridade – acima das quatro virtudes cardeais (p. 55) platônicas – sabedoria, coragem, temperança e justiça.

Acima, as três virtudes teologais cristãs.

Abaixo, as quatro virtudes cardeais platônicas.

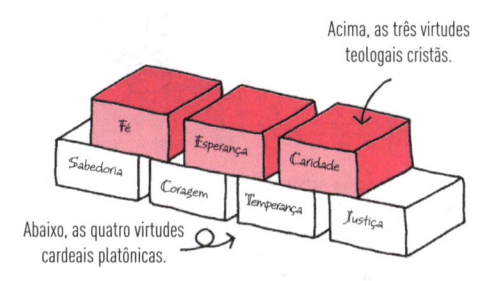

Essas duas ideias sustentam a difusão do cristianismo. Além disso, **Agostinho** formula claramente a doutrina da Trindade, que afirma que Deus, **Jesus** e o Espírito Santo são uma só pessoa, teorizando-a como um dogma da religião cristã.

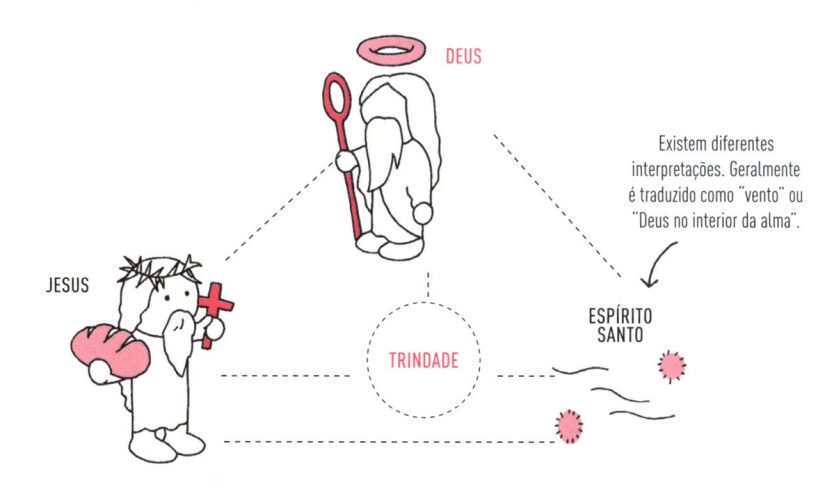

Existem diferentes interpretações. Geralmente é traduzido como "vento" ou "Deus no interior da alma".

FILOSOFIA ESCOLÁSTICA

Significado .... teologia acadêmica medieval
Obra representativa .... *Suma teológica*
Nota .... "escolástica" vem do grego scholé, "tempo livre", "ócio".
Antigamente, scholé era o tempo livre dedicado ao debate

No início da Idade Média, a filosofia de **Aristóteles** não era estudada na Europa, embora no mundo islâmico fosse objeto de uma reflexão profunda. No entanto, em meados desse período, ela retornou à Europa graças às Cruzadas.

Nossa! Aqui há ideias extraordinárias!

Será possível demonstrar que não haverá um Juízo Universal?

Como conciliar a fé e a razão?

O fato de a razão não poder demonstrar a fé cristã é um problema!

A recepção da filosofia aristotélica levanta o problema da aparente contradição entre razão e fé que num primeiro momento ocupa a Igreja. No entanto, Tomás de Aquino defende que é possível demonstrar a compatibilidade entre fé e razão precisamente usando os instrumentos que as obras de Aristóteles oferecem. Esse tipo de filosofia baseada na teologia é chamado **filosofia escolástica**. Um dos temas da escolástica são as provas da existência de Deus.

AS PROVAS DA EXISTÊNCIA DE DEUS DE TOMÁS DE AQUINO

Aristóteles afirma que cada coisa é efeito de uma causa. Mas, então, quem criou a primeira causa? Não outro, senão Deus. Por isso, o mundo não pode existir se Deus não existir.

Causa primeira

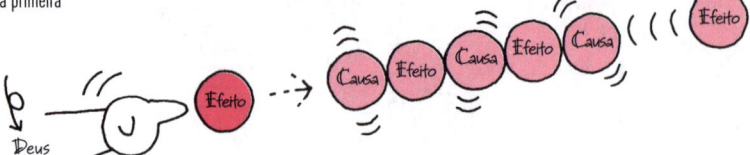

Deus → Efeito → Causa Efeito Causa Efeito Causa Efeito

Tomás de Aquino defende que a **filosofia aristotélica** não pode afrontar questões como "a vida após a morte" ou "o que há além do universo" e distingue entre "verdades acessíveis" e "verdades inacessíveis" à razão: quem se ocupa destas últimas é a **teologia**, que ele considera uma ciência.

A RELAÇÃO ENTRE TEOLOGIA E FILOSOFIA ELABORADA POR TOMÁS DE AQUINO

A LUZ DA GRAÇA
Ilumina o campo da teologia.

Os problemas que a razão não pode resolver, como a vida após a morte ou o que há além do universo, são atribuídos à teologia.

A partir daqui, não posso seguir avançando.

A LUZ DA NATUREZA
Ilumina o campo da filosofia.

Os problemas acessíveis à razão humana, como os da biologia ou da antropologia, são atribuídos à filosofia.

Deus / Anjos / Teologia / Seres humanos / Criaturas viventes / Objetos inanimados / Filosofia (aristotélica)

Desse modo, Tomás de Aquino estabelece uma clara relação de subordinação da filosofia à teologia. Na filosofia escolástica medieval, essa relação se expressa na frase "philosophia ancilla theologiae".

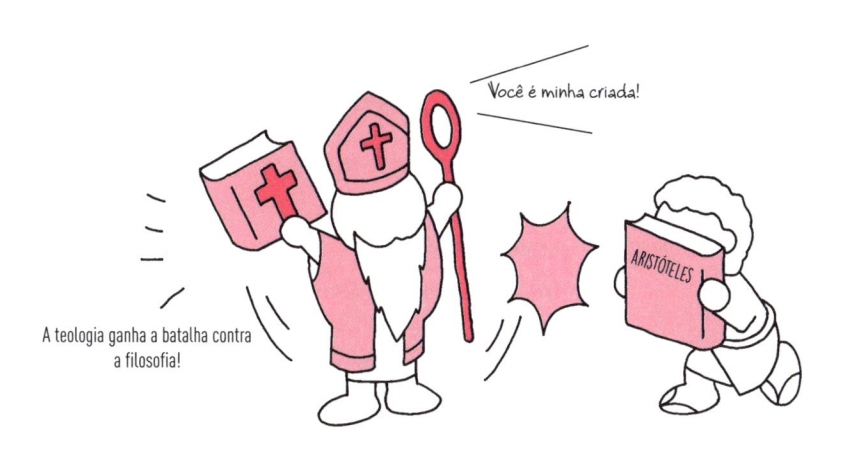

Você é minha criada!

A teologia ganha a batalha contra a filosofia!

ARISTÓTELES

O DEBATE SOBRE OS UNIVERSAIS

▶ 78

ANSELMO E OUTROS

Significado .... disputa teológica medieval sobre a existência de termos universais
Conceito relacionado .... filosofia escolástica (p. 84)
Nota .... nesta disputa, Tomás de Aquino se situa como mediador, mas o nominalismo proposto por Ockham reaviva o debate

A categoria dos "animais da fazenda", aos quais damos os nomes genéricos de "ovelha", "vaca" e "galinha", é um **conceito** que nós, seres humanos, inventamos. E a categoria geral dos "animais"? O **universal** de "animal" existe desde a origem do mundo como forma ideal dos indivíduos particulares ou se trata unicamente de uma palavra que nós criamos por comodidade?

EXISTE O UNIVERSAL DE "ANIMAL"?

Existe o universal de "animal"? Ou é só uma palavra inventada por nós?

A categoria dos "animais da fazenda" parece algo inventado por nós...

Existe o universal de "mamífero"? Ou é apenas uma palavra inventada por nós?

Animais
Animais da fazenda
Mamíferos

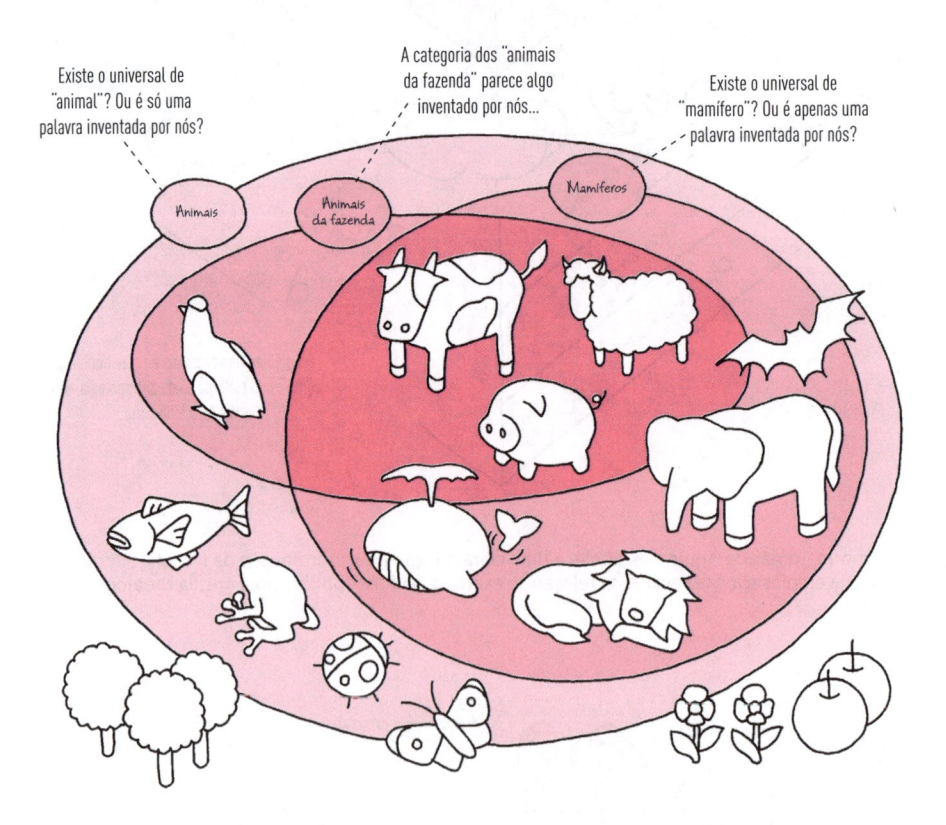

E existe o universal de "ser humano"? **Essa controvérsia sobre a existência dos universais (debate sobre os universais)** caracteriza grande parte da filosofia medieval. A teoria que afirma a existência dos universais é denominada **realismo**; e a teoria que os considera conceitos gerais inventados por nós é o **nominalismo**.

REALISMO

Ser humano

Primeiro existe o universal de "ser humano" e, depois, os indivíduos concretos.

NOMINALISMO

Ana, Pedro, João, Maria

A categoria dos "humanos" não passa de um termo inventado por nós para agrupar os diversos indivíduos, como Pedro, Maria e os demais. Por isso, o universal de "ser humano" só existe em nossa mente.

Segundo a doutrina cristã, nós, humanos, carregamos desde o nascimento o peso do pecado cometido pelo primeiro homem, Adão, ou seja, o peso do "pecado original". Mas, se não existe o universal do "ser humano", é impossível que todos os humanos enquanto tais apresentem essa característica. Por conseguinte, o papel da Igreja na salvação desaparece.

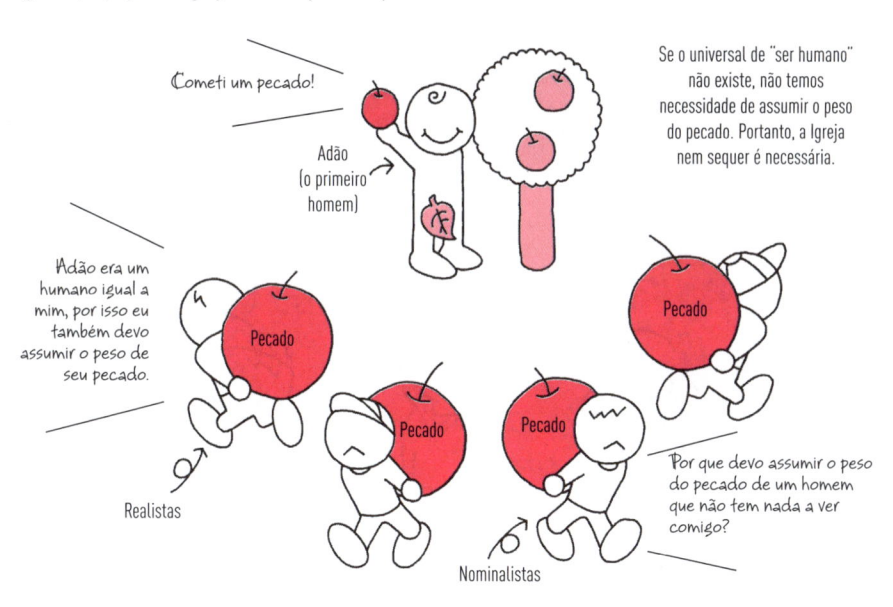

Cometi um pecado!

Adão (o primeiro homem)

Se o universal de "ser humano" não existe, não temos necessidade de assumir o peso do pecado. Portanto, a Igreja nem sequer é necessária.

Adão era um humano igual a mim, por isso eu também devo assumir o peso de seu pecado.

Pecado

Realistas

Pecado

Pecado

Pecado

Por que devo assumir o peso do pecado de um homem que não tem nada a ver comigo?

Nominalistas

Por essa razão, a disputa sobre a existência dos universais é uma questão de grande importância para a Igreja.

Entre os defensores do realismo está Anselmo, ao passo que o expoente mais destacado dos nominalistas é Roscelino (1050-1125).

Os universais não existem!

CONTRA

Os universais existem!

Roscelino

Anselmo

A NAVALHA DE OCKHAM

Significado .... teoria que afirma que é melhor explicar as coisas do modo mais simples possível ("corta-se" toda explicação desnecessária)
Influenciou .... a disputa sobre os universais
Nota .... por ser um método firmemente defendido por Ockham, leva seu nome

Um pensador do fim da Idade Média que nega a existência dos **universais** (disputa sobre os universais, p. 86) é **Ockham**. Ele considera que existem os indivíduos singulares – Maria, Pedro e outros – e que o universal "ser humano" é só um ente abstrato.

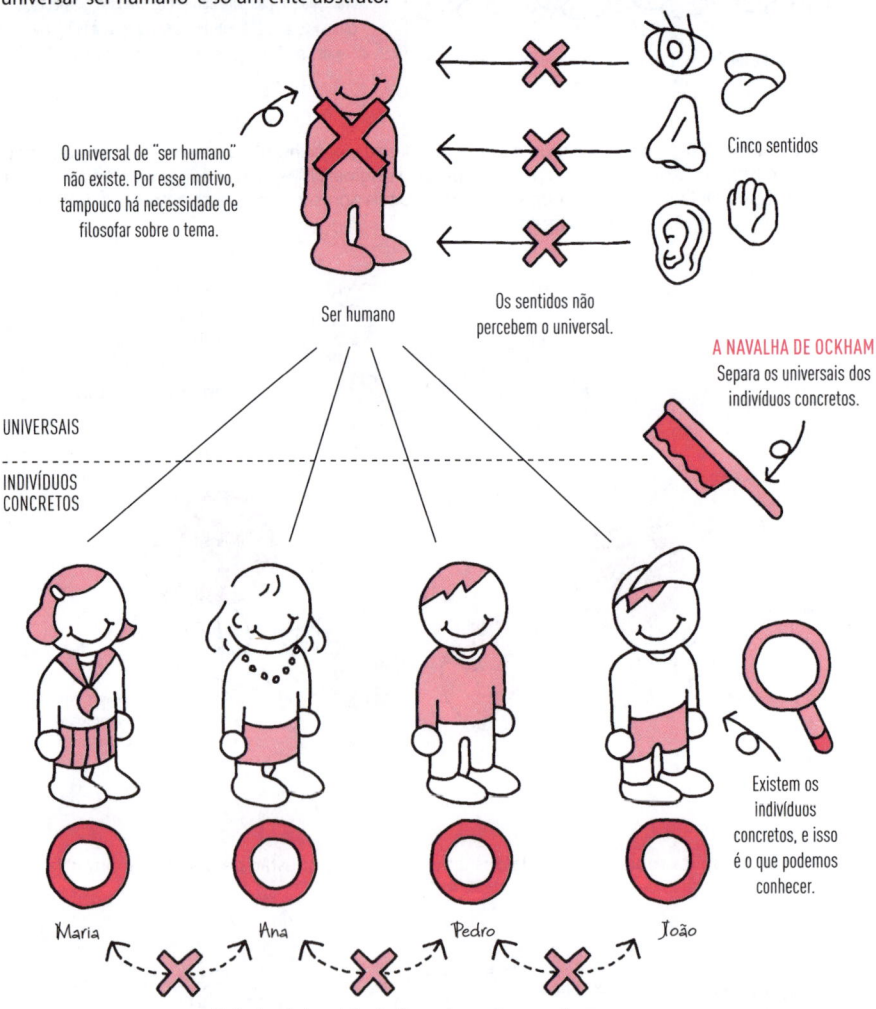

O universal de "ser humano" não existe. Por esse motivo, tampouco há necessidade de filosofar sobre o tema.

Ser humano

Cinco sentidos

Os sentidos não percebem o universal.

A NAVALHA DE OCKHAM
Separa os universais dos indivíduos concretos.

UNIVERSAIS

INDIVÍDUOS CONCRETOS

Existem os indivíduos concretos, e isso é o que podemos conhecer.

Maria   Ana   Pedro   João

Maria, Ana, Pedro e João não têm pontos em comum recíprocos.

Ockham afirma que, para conhecer, deve haver experiência sensível dos indivíduos um a um e que é inútil ir em busca de entes abstratos, que são **termos** gerais inventados por nós, como "ser humano" ou "animal". Esse princípio de economia aplicado ao conhecimento recebe o nome de **"navalha de Ockham"**.

Durante muito tempo, a filosofia foi considerada a "criada da teologia" ("filosofia ancilla teologiae", p. 85), isto é, a primeira estava subordinada à segunda. No entanto, Ockham (que, com sua navalha, eliminou os universais) defendia a necessidade de separar a filosofia – sempre racional – da teologia, que baseia seu saber na existência dos universais.

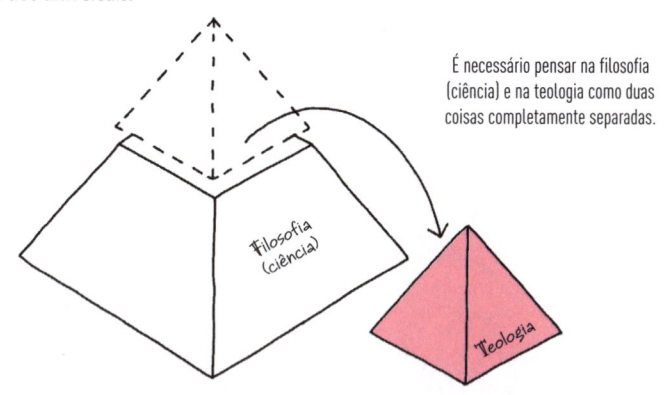

É necessário pensar na filosofia (ciência) e na teologia como duas coisas completamente separadas.

Filosofia (ciência)

Teologia

O ponto de vista da "navalha de Ockham" deu origem a uma nova forma, racional, de entender o conhecimento.

Devo ir em busca somente das coisas das quais consigo tomar consciência?

Além disso, abriu caminho para a filosofia moderna, na qual o eu pensante, ou seja, o sujeito, torna-se o núcleo da consciência.

Renascimento

Cogito ergo sum

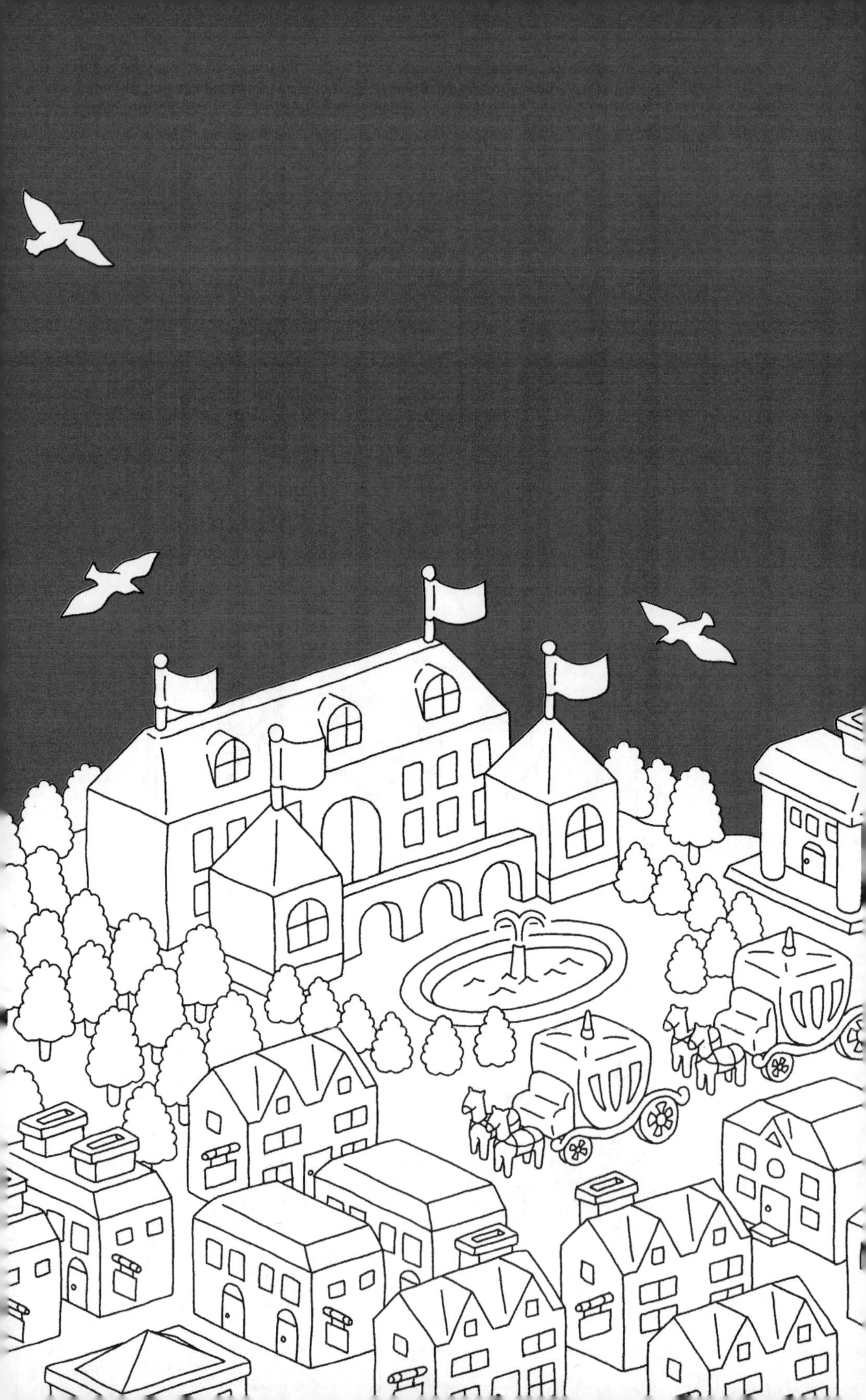

A FILOSOFIA PRÉ-MODERNA

Os filósofos pré-modernos

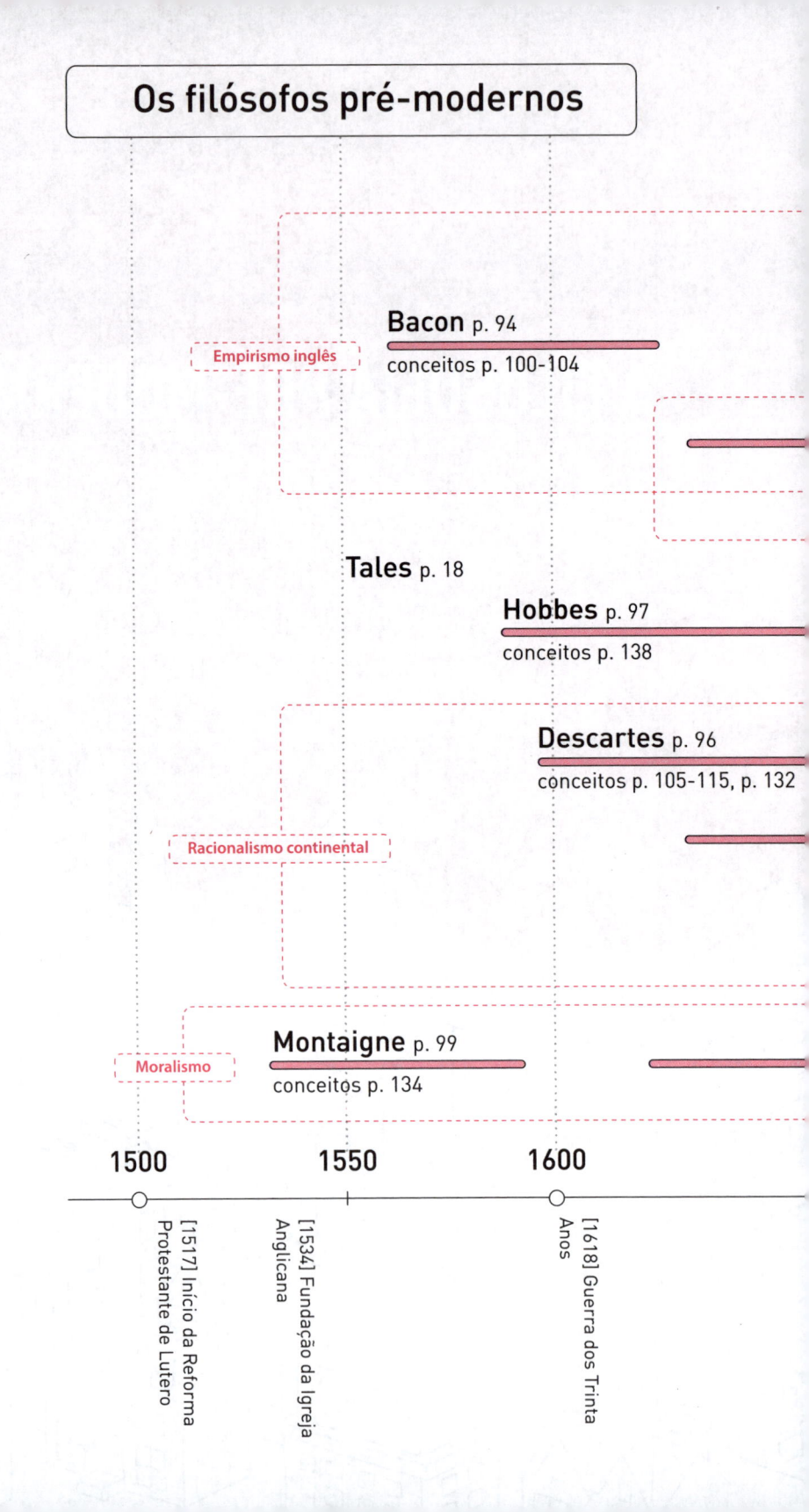

Empirismo inglês

Bacon p. 94
conceitos p. 100-104

Tales p. 18

Hobbes p. 97
conceitos p. 138

Descartes p. 96
conceitos p. 105-115, p. 132

Racionalismo continental

Moralismo

Montaigne p. 99
conceitos p. 134

1500　1550　1600

[1517] Início da Reforma Protestante de Lutero

[1534] Fundação da Igreja Anglicana

[1618] Guerra dos Trinta Anos

Berkeley p. 95
conceitos p. 126

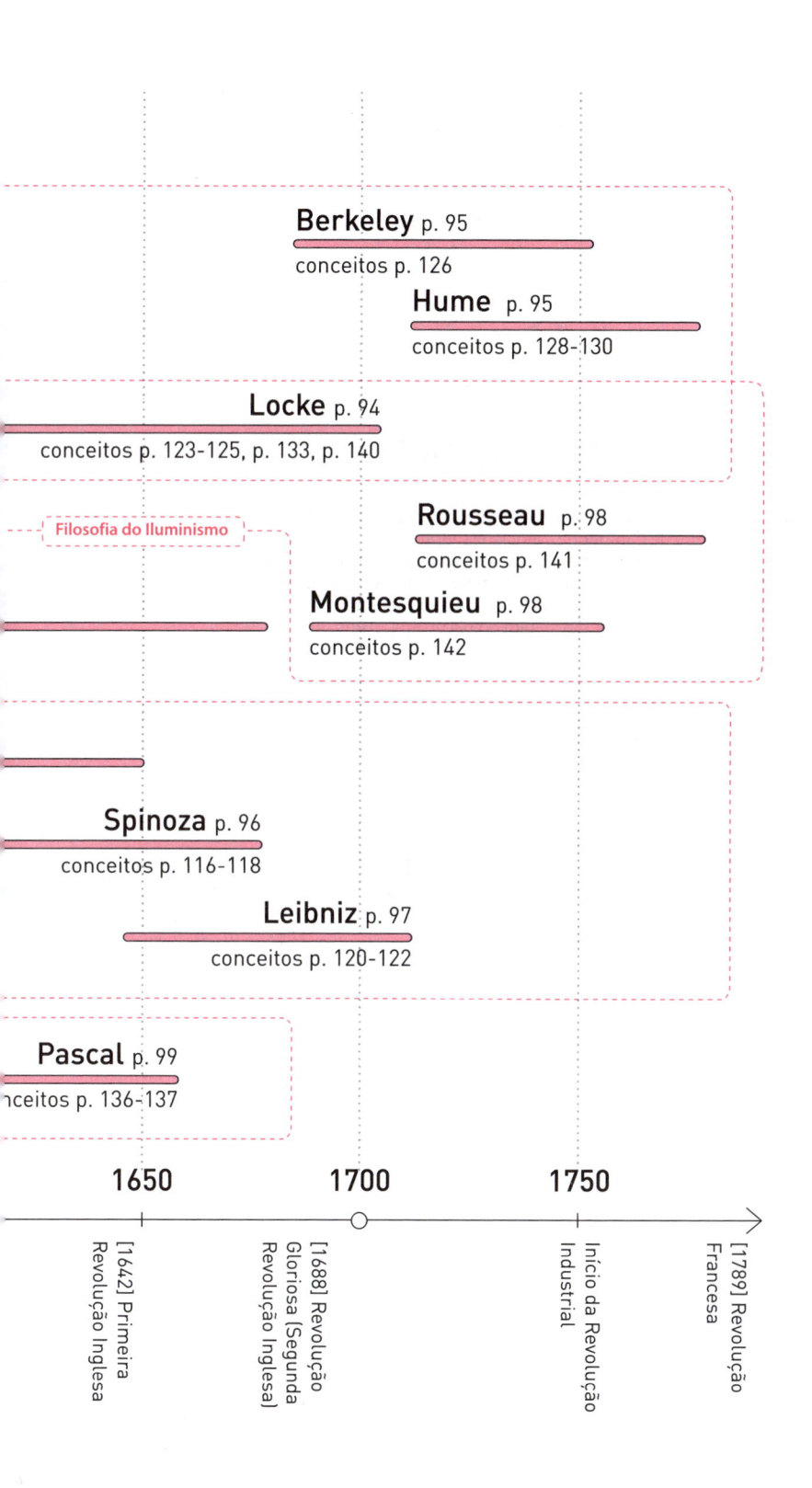

Hume p. 95
conceitos p. 128-130

Locke p. 94
conceitos p. 123-125, p. 133, p. 140

Filosofia do Iluminismo

Rousseau p. 98
conceitos p. 141

Montesquieu p. 98
conceitos p. 142

Spinoza p. 96
conceitos p. 116-118

Leibniz p. 97
conceitos p. 120-122

Pascal p. 99
conceitos p. 136-137

1650   1700   1750

[1642] Primeira Revolução Inglesa
[1688] Revolução Gloriosa (Segunda Revolução Inglesa)
Início da Revolução Industrial
[1789] Revolução Francesa

Novum organum, O progresso do conhecimento

Na tentativa de verificar a hipótese que afirma que a neve é eficaz para conservar a carne de frango, Bacon adoece e morre de pneumonia, demonstrando assim sua fidelidade, até as últimas consequências, à própria concepção experimental da ciência.

CONHECIMENTO É PODER.

Bacon considera que o conhecimento científico tem o poder de melhorar a vida das pessoas.

1561-1626

FRANCIS BACON

▶ P. 100-104

Filósofo e político inglês, Bacon nasceu em uma família de altos funcionários do governo. Aos 12 anos, ingressou na Universidade de Cambridge. Depois, estudou direito e se tornou advogado. Com 23 anos, tornou-se membro do Parlamento e, aos 45, casou-se com uma menina de 14 anos. Após obter o cargo de lorde chanceler, foi processado por suborno e prevaricação e preso por um breve período. Sua crítica à natureza exclusivamente especulativa da escolástica e sua reflexão sobre a importância científica dos experimentos e da observação o transformaram no pai do empirismo inglês.

Ensaio sobre o entendimento humano, Dois tratados sobre o governo

Considera que a mente humana é uma "folha em branco" em que, no princípio, não há nada escrito, além de fundar a corrente filosófica do empirismo, que afirma que o conhecimento é obtido por meio da experiência.

OS CIDADÃOS TÊM O DIREITO DE SE REBELAR.

Defende que os cidadãos têm o direito de protestar (direito à rebelião) contra o poder quando o governo o exerce injustamente.

1632-1704

JOHN LOCKE

▶ P. 123-125, P. 133, P. 140

Filósofo e político, fundador do empirismo inglês, nasceu em uma família puritana e estudou filosofia e medicina na Universidade de Oxford. Depois de um exílio voluntário nos Países Baixos, retornou a seu país após a vitória da "Revolução Gloriosa". Enquanto o *Ensaio sobre o entendimento humano* assenta as bases do empirismo, em *Dois tratados sobre o governo*, além de declarar seu apoio à "Revolução Gloriosa", Locke elaborou a teoria do contrato social que, posteriormente, exerceria uma notável influência sobre a Revolução Francesa e a Revolução Americana.

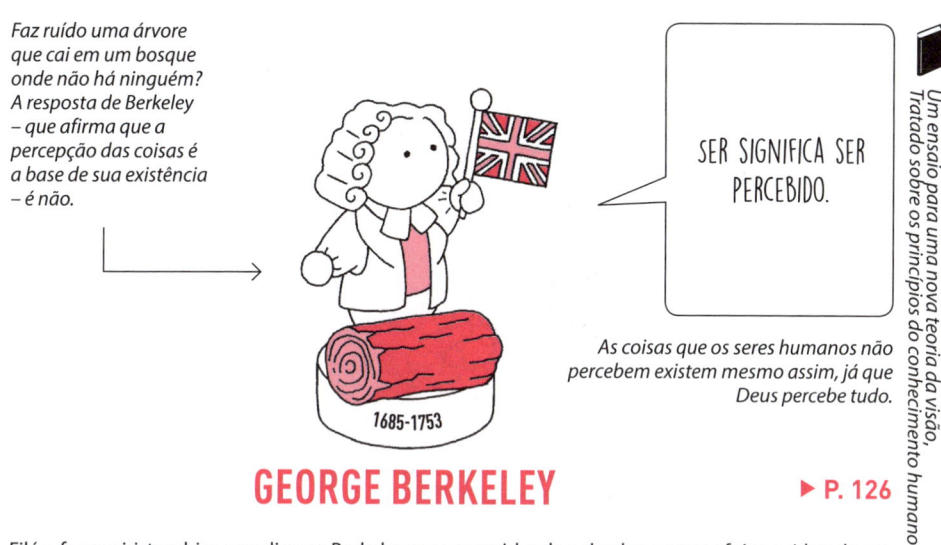

Faz ruído uma árvore que cai em um bosque onde não há ninguém? A resposta de Berkeley – que afirma que a percepção das coisas é a base de sua existência – é não.

SER SIGNIFICA SER PERCEBIDO.

As coisas que os seres humanos não percebem existem mesmo assim, já que Deus percebe tudo.

1685-1753

GEORGE BERKELEY

▶ P. 126

Um ensaio para uma nova teoria da visão, Tratado sobre os princípios do conhecimento humano

Filósofo empirista e bispo anglicano, Berkeley nasceu na Irlanda e desde pequeno foi considerado um menino prodígio. Estudou no Trinity College de Dublin e, muito jovem, tornou-se professor. Escreveu *Um ensaio para uma nova teoria da visão* e o *Tratado sobre os princípios do conhecimento humano* com pouco mais de 20 anos. Embarcou na fundação de uma escola nas ilhas Bermudas, mas, ao chegar à América, o projeto foi interrompido por falta de fundos. A cidade californiana de Berkeley deve seu nome a ele.

A relação de causa e efeito que afirma que "percebemos o calor porque nos aproximamos de uma chama" não passa de uma convicção que deriva do costume de uma experiência repetida inúmeras vezes.

O SER HUMANO É UM FEIXE DE PERCEPÇÕES.

Ele também diz que a mente humana é apenas um conjunto de percepções recolhidas pela experiência.

1711-1776

DAVID HUME

▶ P. 128-130

Tratado sobre a natureza humana, Investigação sobre o entendimento humano

Filósofo e historiador britânico, Hume nasceu na Escócia, estudou direito na Universidade de Edimburgo e, depois de graduado, instalou-se na França, onde escreveu e publicou o *Tratado sobre a natureza humana*. Tentou obter uma cátedra na universidade, mas sua reputação de cético o impediu e frustrou suas pretensões. A *História da Inglaterra* – escrita durante a época em que exercia a função de bibliotecário em Edimburgo – conferiu-lhe fama e lhe permitiu desenvolver também um importante papel como secretário do embaixador inglês na França.

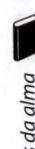

Discurso do método, Meditações metafísicas, As paixões da alma

Nega a concepção teleológica da natureza, dominante desde a filosofia de Aristóteles, e defende uma concepção mecanicista da natureza, que parte da convicção de que todas as coisas são matéria e se movem seguindo leis matemáticas.

COGITO ERGO SUM.

Segundo Descartes, este é o "primeiro princípio da filosofia". Aqui começa a filosofia moderna.

1596-1650

RENÉ DESCARTES

▶ P. 105-115, P. 132

Filósofo francês e estudioso da ciência, Descartes é considerado o "pai da filosofia moderna". Depois de receber uma educação de caráter escolástico no colégio da Flèche, alistou-se no Exército. Em 10 de novembro de 1619, durante o inverno alemão, descobriu em um acampamento os "fundamentos de uma ciência admirável". Ao deixar o Exército, viajou pela Europa e se estabeleceu na Holanda. Convidado pela rainha, mudou-se para a Suécia, mas adoeceu e faleceu um ano depois de sua chegada. Seu crânio atualmente é exibido no Museu do Homem de Paris.

Ética, Tratado teológico-político

O polimento de lentes é uma das técnicas mais avançadas do século XVII. Spinoza não se limita a desempenhar esse ofício para se sustentar: ele também realiza sofisticados estudos de óptica.

DEUS SIVE NATURA.

Definido como "o filósofo ébrio de Deus", Spinoza professa um panteísmo que pressupõe Deus como única substância.

1632-1677

BARUCH SPINOZA

▶ P. 116-118

Filósofo holandês, Spinoza nasceu em uma família de comerciantes judeus que emigraram de Portugal para a Holanda. Foi educado na escola da comunidade judaica, mas se interessava pelo pensamento europeu. Em 1656, foi excomungado e expulso da comunidade judaica por tendências hereges e, desse momento em diante, continuou escrevendo enquanto dava aulas e polia lentes para ganhar a vida. Faleceu aos 44 anos, vítima de uma doença pulmonar crônica. Sua vida foi a de um pensador solitário totalmente imerso na filosofia.

Leibniz deve sua fama também à invenção, em 1694, de uma calculadora mecânica capaz de resolver as quatro operações.

AS MÔNADAS NÃO TÊM JANELAS.

Discurso de metafísica, A monadologia, Novos ensaios sobre o entendimento humano

Inaugura uma filosofia monista que afirma que a natureza se constitui de inúmeras mônadas (átomos).

1646-1716

GOTTFRIED WILHELM VON LEIBNIZ

▶ P. 120-122

Filósofo e matemático alemão, quando pequeno aprendeu latim de forma autodidata e leu muitos livros de filosofia. Finalizou seus estudos de Filosofia, Direito e Matemática nas Universidades de Leipzig e Jena. Gênio precoce, demonstrou ter múltiplos talentos: desempenhou um papel ativo como político e diplomata e elaborou o cálculo infinitesimal. Também cultivou relações intelectuais muito intensas e, ao longo da vida, manteve correspondência com mais de mil pessoas.

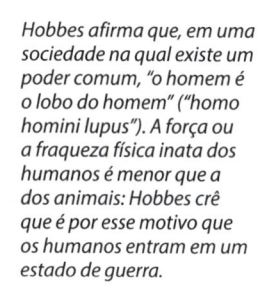

Hobbes afirma que, em uma sociedade na qual existe um poder comum, "o homem é o lobo do homem" ("homo homini lupus"). A força ou a fraqueza física inata dos humanos é menor que a dos animais: Hobbes crê que é por esse motivo que os humanos entram em um estado de guerra.

BELLUM OMNIUM CONTRA OMNES.

Leviatã, Elementos filosóficos a respeito do cidadão

Hobbes considera que o estado de natureza dos humanos é aquele em que todos lutam por poder e riqueza.

1588-1679

THOMAS HOBBES

▶ P. 138

Filósofo e político britânico, Hobbes era filho de um pároco anglicano. Estudou na Universidade de Oxford e, depois de graduado, trabalhou como mentor para famílias nobres, enquanto prosseguia suas investigações. Viajou pela França e pela Itália e estabeleceu relação com Bacon, Descartes e Galileu. Devido à agitação política e social em seu país, refugiou-se na França durante um tempo. Sua obra principal, *Leviatã*, foi acusada de ateísmo, e sua venda foi proibida.

A separação entre os três poderes se torna o conceito teórico que está na base da Constituição dos Estados Unidos da América e na Declaração dos Direitos do Homem e do Cidadão.

O espírito das leis, Cartas persas, Considerações sobre as causas da grandeza dos romanos e de sua decadência

> EM UM ESTADO COM UM REGIME DESPÓTICO, O TERROR É NECESSÁRIO.

1689-1755

MONTESQUIEU ▶ P. 142

Montesquieu – que idealiza o sistema parlamentar inglês – critica o absolutismo francês.

Iluminista e político francês, nasceu em uma família de ilustres juristas. Depois de ter estudado direito, tornou-se conselheiro do Parlamento de Bordeaux. Durante sua carreira, escreveu a obra satírica *Cartas persas* – em que critica a política e a sociedade francesa –, com a qual obteve certa notoriedade. Posteriormente, viajou por vários países da Europa e, sob a influência do pensamento de Locke, começou a escrever *O espírito das leis*. Sua defesa da separação dos três poderes torna-se o fundamento das democracias constitucionais da atualidade.

A concepção de democracia de Rousseau exerce uma importante influência sobre a Revolução Francesa, embora também venha a ser a artéria principal do pensamento revolucionário de Robespierre, que pratica uma política do terror.

Discurso sobre a origem da desigualdade entre os homens, O contrato social, Emílio ou Da educação

> VOLTAI À NATUREZA.

1712-1778

JEAN-JACQUES ROUSSEAU ▶ P. 141

Rousseau – que idealiza o estado de natureza – antepõe a sensibilidade à razão e abre caminho para o romantismo.

Filósofo iluminista radical no alvorecer da Revolução Francesa, Rousseau nasceu na República de Genebra e, depois de trabalhar como aprendiz, perambulou por distintos lugares estudando de forma independente. Aos 30 anos, foi a Paris e estabeleceu relação com Diderot e os demais intelectuais que participaram da realização da *Enciclopédia*, para a qual redigiu o verbete "Música". Em 1750, sua obra *Discurso sobre as ciências e as artes* recebeu o primeiro prêmio da Academia de Dijon, o que lhe conferiu celebridade imediata. Em seus últimos anos, viveu imerso em profundas inquietudes, as quais descreve nas obras autobiográficas *Confissões* e *Diálogos*.

Os Ensaios, escritos em plena guerra de religião, são exemplos de tolerância, moderação e racionalismo. Essa filosofia de vida exerce uma importante influência também sobre os intelectuais de gerações posteriores.

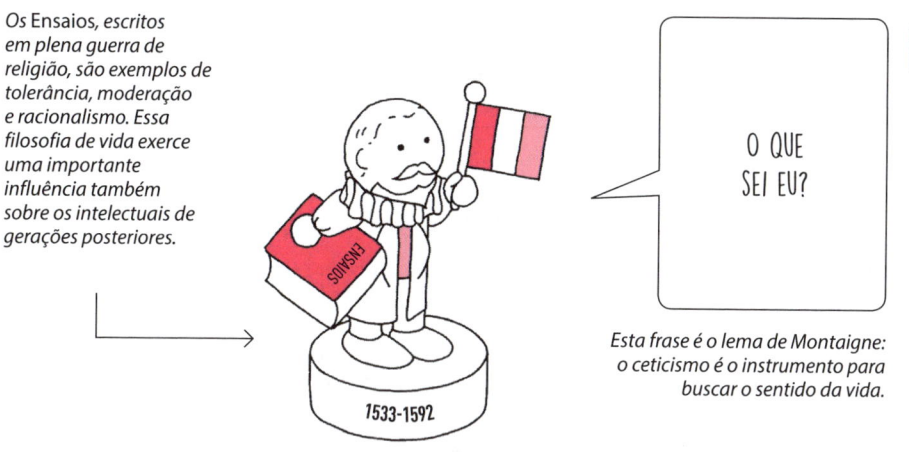

O QUE SEI EU?

Os ensaios

Esta frase é o lema de Montaigne: o ceticismo é o instrumento para buscar o sentido da vida.

1533-1592

MICHEL DE MONTAIGNE ▶ P. 134

Moralista francês, Montaigne nasceu em uma família da nova nobreza. Estudou direito e foi nomeado conselheiro do Parlamento de Bordeaux. Aos 38 anos, retirou-se da vida pública para se dedicar aos estudos, mas depois a retomou para ser prefeito de Bordeaux nos últimos anos das guerras de religião, alternando o desempenho dessa função com longos períodos de solidão imerso na leitura, na meditação e na redação dos *Ensaios*. De uma posição cética, rechaça o dogmatismo e os preconceitos e prega a moderação e a tolerância. Suas crônicas agudas e ao mesmo tempo repletas de calidez representam a culminação da literatura moralista.

Pascal inventou o ônibus puxado por cavalos, considerado a origem do transporte coletivo.

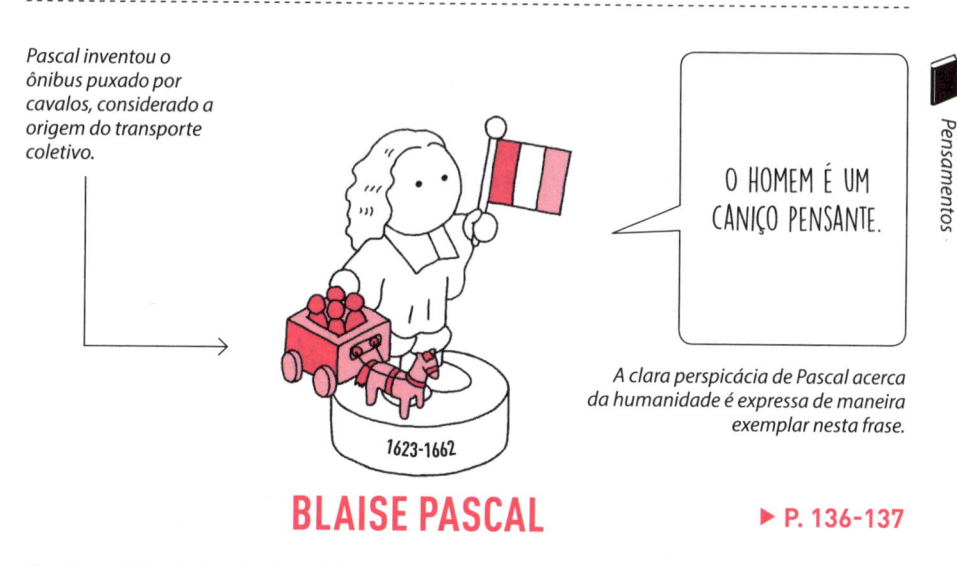

O HOMEM É UM CANIÇO PENSANTE.

Pensamentos

A clara perspicácia de Pascal acerca da humanidade é expressa de maneira exemplar nesta frase.

1623-1662

BLAISE PASCAL ▶ P. 136-137

Cientista e filósofo francês, Pascal foi um gênio precoce. Aos 16 anos, elaborou um tratado sobre seções cônicas que, por sua perspicácia, surpreendeu Descartes. Além de descobrir o princípio hidrodinâmico que leva seu nome, obteve resultados excepcionais em campos como o da teoria da probabilidade, do cálculo integral etc. Aos 31 anos, passou por uma conversão religiosa que o tornou membro laico do mosteiro de Port-Royal e iniciou sua vida de crente. Morreu por doença aos 39 anos. Sua obra póstuma, *Pensamentos*, antecipa os temas do existencialismo.

CONHECIMENTO É PODER

Fonte .... *Novum organum*
Conceitos relacionados .... empirismo inglês (p. 101), raciocínio indutivo (p. 102), ídolos (p. 102)
Nota .... Bacon afirma que a ciência, ao descobrir as leis que regulam a natureza, tem o poder de dominá-la por meio dessas mesmas leis

Bacon considera que com a filosofia escolástica (p. 84) não é possível assentar as bases do conhecimento científico e separa claramente o papel da filosofia naturalista do da escolástica.

FILOSOFIA MEDIEVAL...

Quando se acredita em Deus, pode-se ser feliz!

Quem sabe se a ciência tem outra utilidade...

Bacon considera a escolástica inútil (p. 84).

FILOSOFIA MODERNA!

Conhecimento é poder!

Compreender os mecanismos da natureza leva à felicidade!

Bacon opina que a felicidade não provém da escolástica, e sim do saber obtido pela prática.

Bacon afirma que o progresso da humanidade não deriva do estudo da doutrina, e sim da compreensão do funcionamento da natureza (e, portanto, do domínio de suas forças) por meio da prática e dos experimentos. Tal concepção é sintetizada na frase "conhecimento é poder". Nascido na Inglaterra, esse filósofo, que dá a máxima importância à experiência, propõe um método oposto aos da filosofia e da teologia medievais, que pretendiam explicar o mundo com base em especulações teóricas.

EMPIRISMO INGLÊS

Exemplos .... Bacon, Locke, Berkeley, Hume
Conceito antônimo .... racionalismo continental
Nota .... o francês Condillac (1714-1780) – influenciado pela filosofia de Locke – também desenvolve uma filosofia de índole empirista

BACON E OUTROS

Na Inglaterra, diferentes filósofos desenvolvem uma corrente de pensamento que afirma que o conhecimento e as ideias têm sua origem na **experiência** adquirida por meio dos cinco sentidos (audição, visão, tato, paladar e olfato), e que não existem ideias e conceitos inatos. Essa corrente é o denominado **empirismo inglês**, cuja tese principal é a de que o conhecimento válido pode ser obtido principalmente mediante o **raciocínio indutivo** (p. 104).

MODO DE PENSAR DO EMPIRISMO INGLÊS

No nascimento, os seres humanos carecem de razão e de conhecimento.

Experimentamos com os cinco sentidos e analisamos com o raciocínio indutivo (p. 104).

Todos os meus conhecimentos provêm da experiência.

Aquisição do conhecimento válido.

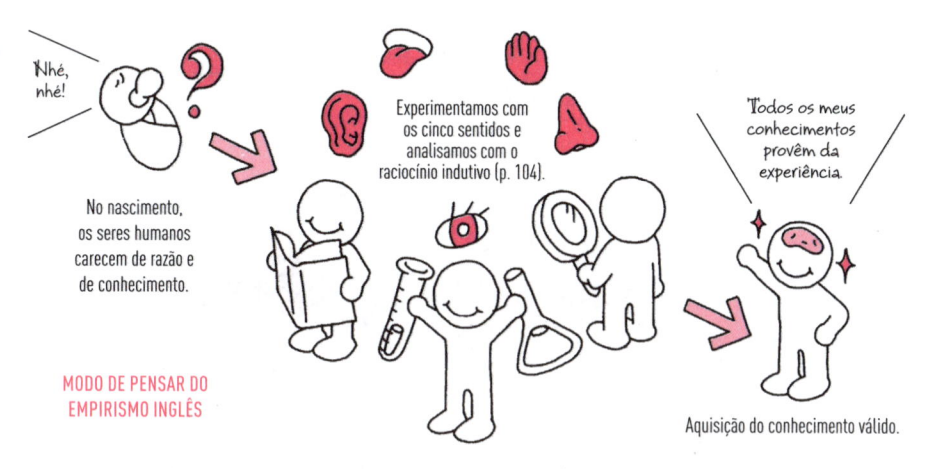

Esse modo de pensar é oposto ao do racionalismo continental (p. 107), que afirma que as pessoas possuem conhecimentos e ideias desde o nascimento.

RACIONALISMO CONTINENTAL

Os seres humanos possuem conhecimentos e ideias inatas.

Ideias inatas — Descartes

Spinoza

Leibniz

Adquirimos conhecimento pelo método dedutivo.

CONTRA

EMPIRISMO INGLÊS

O conhecimento tem sua origem na experiência.

Tábula rasa — Locke

Adquirimos conhecimento pelo método indutivo.

Berkeley

Hume

IDOLA

Significado .... em latim, significa "ídolos"
Obra representativa .... *Novum Organum*
Conceitos relacionados .... conhecimento é poder (p. 100), empirismo inglês (p. 101), raciocínio indutivo (p. 104)

Bacon afirma que todo tipo de conhecimento pode ser obtido por meio da experiência; no entanto, as percepções ilusórias e os preconceitos podem impedir a aquisição correta. **Bacon** chama de **idola** (ou ídolos) tais impressões e preconceitos, dividindo-os em quatro categorias: **1. Idola tribus (ídolos da tribo), 2. Idola specus (ídolos da caverna), 3. Idola fori (ídolos do mercado), 4. Idola theatri (ídolos do teatro).**

OS QUATRO ÍDOLOS QUE IMPEDEM O CONHECIMENTO CORRETO

1. IDOLA TRIBUS
2. IDOLA SPECUS
3. IDOLA FORI
4. IDOLA THEATRI

Conhecimento correto

Não vejo o conhecimento válido.

1. IDOLA TRIBUS (ÍDOLOS DA TRIBO)
Preconceitos derivados dos sentidos, comuns a todo o gênero humano

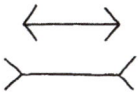

Ilusão de que o céu se move

Ilusões de óptica

Antropomorfismo

---

2. IDOLA SPECUS (ÍDOLOS DA CAVERNA)
Preconceitos que se originam de costumes e do ambiente em que uma pessoa vive

Um gato me arranhou faz tempo e, desde então, os gatos me dão medo!

Ambiente familiar e condições sociais

Experiência pessoal

Influência exercida pela educação

---

3. IDOLA FORI (ÍDOLOS DO MERCADO)
Preconceitos gerados por palavras mal-entendidas ou falsas

Informação obtida na internet

Rumores

Erros de compreensão

---

4. IDOLA THEATRI (ÍDOLOS DO TEATRO)
Preconceitos derivados das palavras de personagens famosos ou importantes

Informação obtida de programas famosos

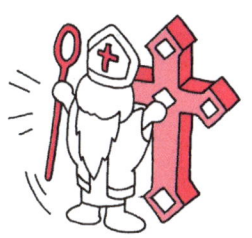

Frases ditas por pessoas importantes

RACIOCÍNIO INDUTIVO

▶ 94

BACON E OUTROS

Significado..método para obter uma regra geral a partir de um feito ou de uma experiência pessoal
Obra representativa..*Novum Organum*
Conceito antônimo...raciocínio dedutivo
Conceito relacionado...empirismo inglês (p. 101)

Expoentes do **empirismo inglês** (p. 101) como **Bacon** consideram que, para obter o conhecimento adequado, o **raciocínio indutivo** é eficaz. Por **raciocínio indutivo** se entende um método que reúne tantas amostras quantas forem possíveis por meio da experiência (experimentos) e, a partir delas, obtém uma teoria geral. O conhecimento obtido pelo método indutivo não é dogmático, mas assenta suas bases na experiência e nos experimentos. No entanto, se no início as amostras obtidas são poucas ou errôneas, corre-se o risco de se obter conclusões também equivocadas.

O RACIOCÍNIO INDUTIVO

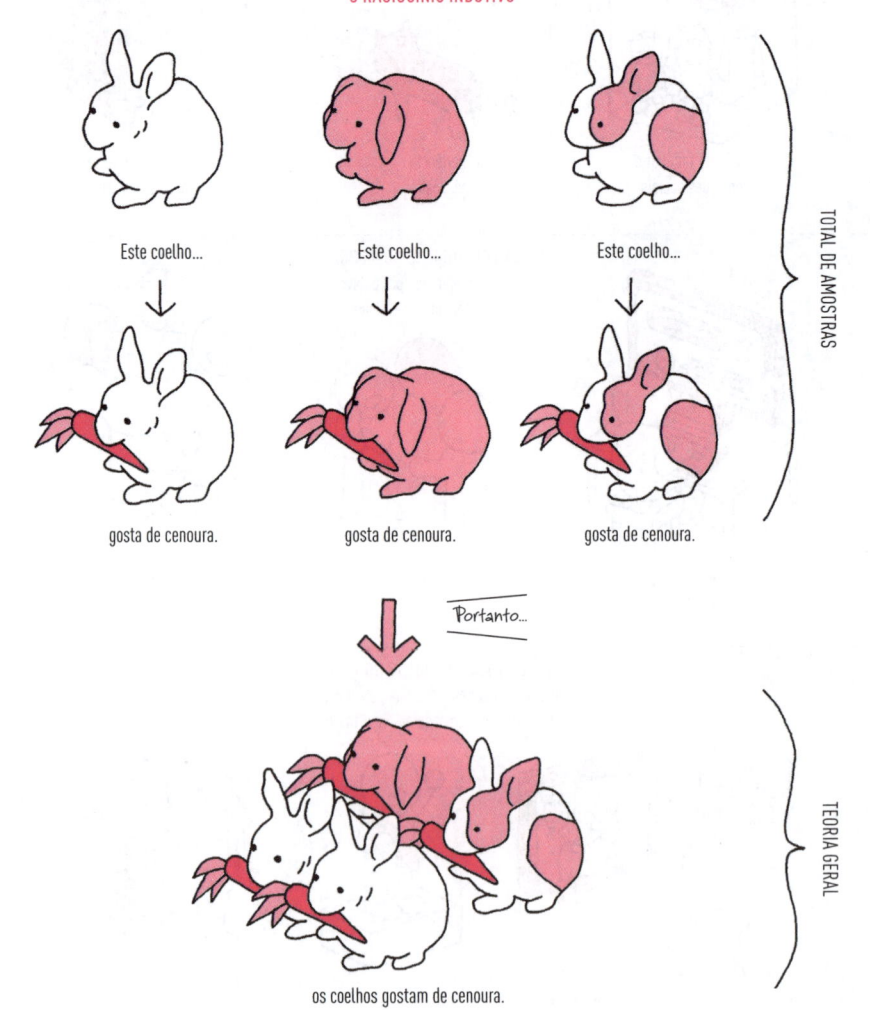

Este coelho... Este coelho... Este coelho...

gosta de cenoura. gosta de cenoura. gosta de cenoura.

TOTAL DE AMOSTRAS

Portanto...

os coelhos gostam de cenoura.

TEORIA GERAL

RACIOCÍNIO DEDUTIVO

Significado..aplicar uma lei ou um princípio geral a um fato particular
Obra representativa..*Discurso do método*
Conceito antônimo..raciocínio indutivo
Conceito relacionado..racionalismo continental (p. 106)

Os representantes do **racionalismo continental** (p. 107), como **Descartes**, consideram que o conhecimento válido é obtido por meio do raciocínio dedutivo. Por **raciocínio dedutivo** entende-se um método que descobre a necessidade de uma verdade a partir de outra verdade. No raciocínio dedutivo, se as premissas são verdadeiras e o raciocínio é correto, a conclusão é necessariamente verdadeira. Se as premissas não são verdadeiras ou o raciocínio é incorreto, a conclusão é incerta.

O RACIOCÍNIO DEDUTIVO

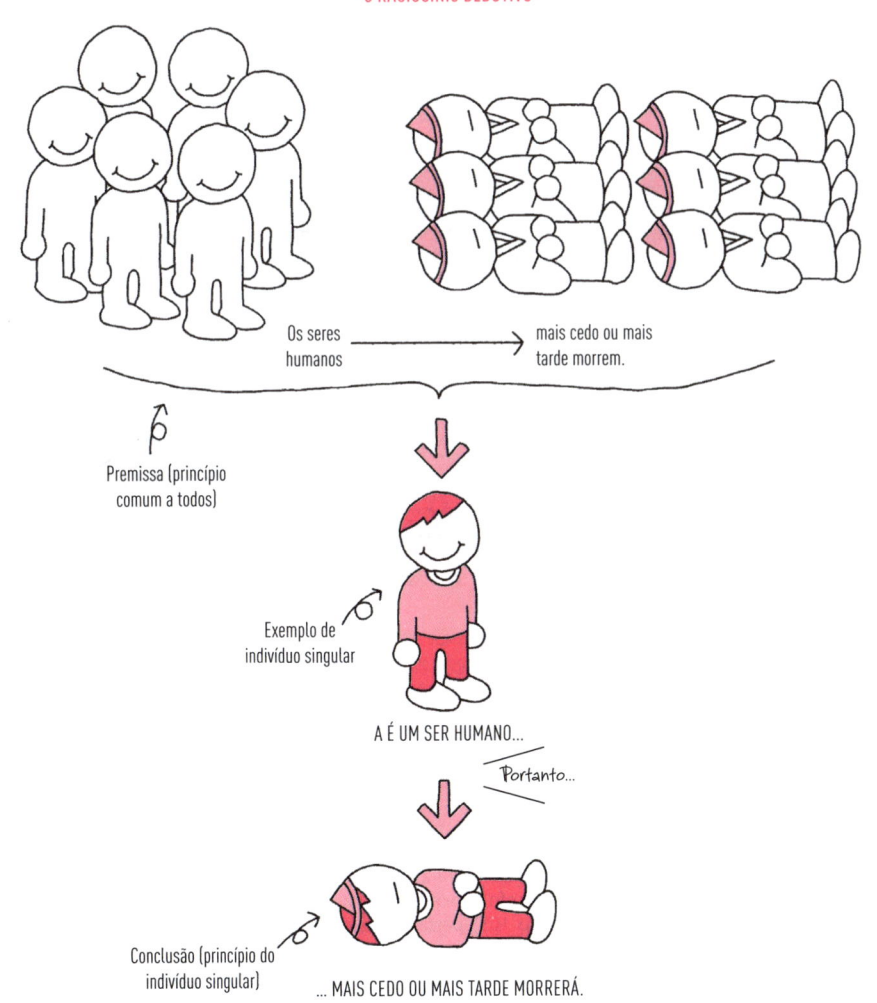

Os seres humanos → mais cedo ou mais tarde morrem.

Premissa (princípio comum a todos)

Exemplo de indivíduo singular

A É UM SER HUMANO...

Portanto...

Conclusão (princípio do indivíduo singular)

... MAIS CEDO OU MAIS TARDE MORRERÁ.

RACIONALISMO CONTINENTAL

▶ 96

Exemplos concretos	Descartes, Spinoza, Leibniz
Conceito antônimo	empirismo inglês
Conceito relacionado	raciocínio dedutivo (p. 105)
Nota	Kant elaborou posteriormente uma síntese entre o racionalismo continental e o empirismo inglês

Os filósofos da Europa continental – como **Descartes**, **Spinoza** e **Leibniz** – têm uma concepção do conhecimento diferente da dos empiristas ingleses (p. 101).

A experiência não é confiável. — Ideias inatas — **CONTRA** — O conhecimento é adquirido por meio da experiência.

Descartes   Bacon

Afirmam que é fácil cometer erros de apreciação ou se equivocar nos resultados dos experimentos e que a experiência que deriva dos cinco sentidos (audição, visão, tato, paladar, olfato) não é confiável.

Posso me equivocar nos resultados dos experimentos.

O cachorro é um animal assustador.

As experiências passadas podem gerar equívocos.

É fácil incorrer em erros de apreciação.

A EXPERIÊNCIA NÃO É CONFIÁVEL

Descartes considera que noções como a de Deus ou as do bem e do mal estão presentes nos seres humanos no momento do nascimento e reconhece a existência de **ideias inatas** (p. 112). Essa concepção pode ser entendida como uma continuação da filosofia de **Platão**, que afirma que as pessoas conhecem as ideias (p. 46) desde o nascimento. O filósofo francês pensa que o conhecimento válido pode ser adquirido por meio do **raciocínio dedutivo** (p. 105), partindo de **ideias inatas**.

A FORMA DE PENSAR DO RACIONALISMO CONTINENTAL

Duas linhas paralelas não se encontram em nenhum ponto: essa é uma verdade que não deriva da experiência

Que 1 + 1 = 2 não se sabe por experiência

A diferença entre bem e mal e o conceito de moralidade são conhecidos desde o nascimento

Sabemos distinguir uma coisa perfeita de uma coisa imperfeita desde o nascimento

Ideias inatas

Os conhecimentos desse tipo, que as pessoas têm desde o nascimento, são chamados de ideias inatas.

Que B = C quando A = B e A = C não se sabe por experiência

Partindo das ideias inatas, julgamos com clareza.

Raciocinar por dedução (p. 105)

Raciocinar por dedução (p. 105)

Raciocinar por dedução (p. 105)

Raciocinar por dedução (p. 105)

Conhecimento válido

Conhecimento válido

Conhecimento válido

Conhecimento válido

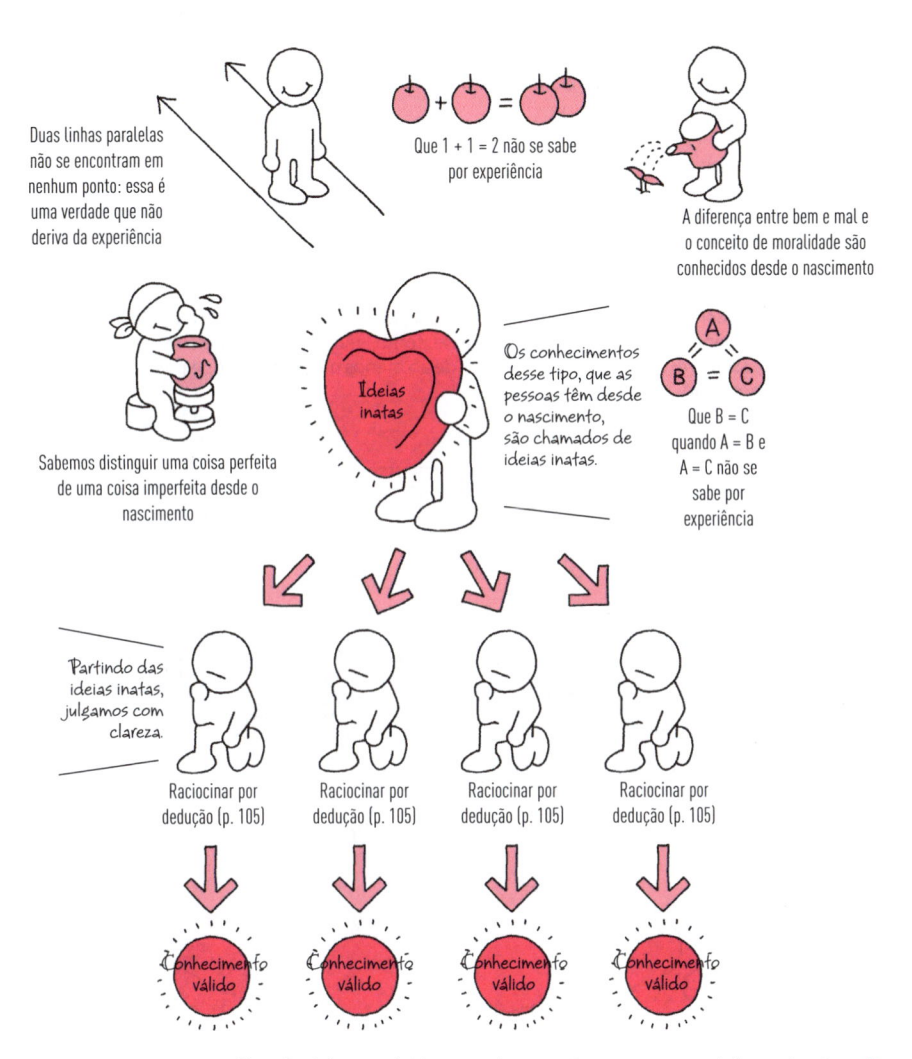

Considerando que essa filosofia é desenvolvida em todo o continente europeu, é denominada **racionalismo continental**. O **racionalismo continental** se opõe ao empirismo inglês, que afirma que as **ideias inatas** não existem.

As ideias inatas existem.

RACIONALISMO CONTINENTAL

EMPIRISMO INGLÊS

As ideias inatas não existem.

CONTRA

TABULA RASA

Leibniz   Spinoza   Descartes   Locke   Berkeley   Hume

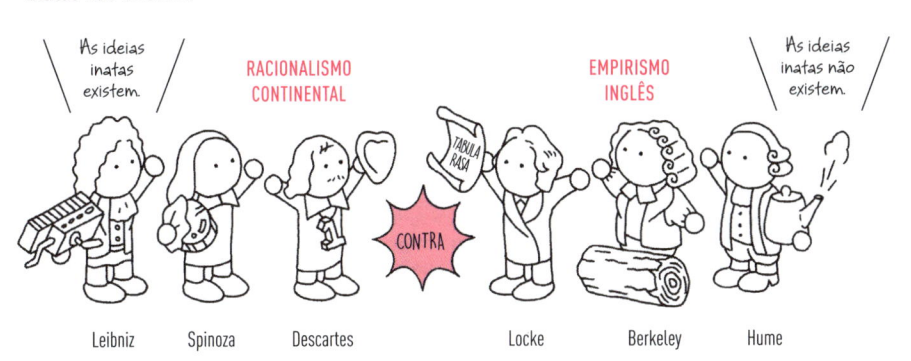

COGITO ERGO SUM (PENSO, LOGO EXISTO)

Fonte...*Discurso do método*
Conceitos relacionados........................demonstrações da existência de Deus (p. 110)
Nota...a filosofia moderna se inicia com esta afirmação

Suponhamos que alguém nos revele uma grande verdade, mas que em seguida digam: "Não importa, pois este mundo é apenas um sonho". Ao chegar a esse ponto, não podemos mais contra-argumentar. Para que não seja assim, **Descartes** se lança na busca de ao menos um **princípio** que possa ser considerado **absolutamente certo**.

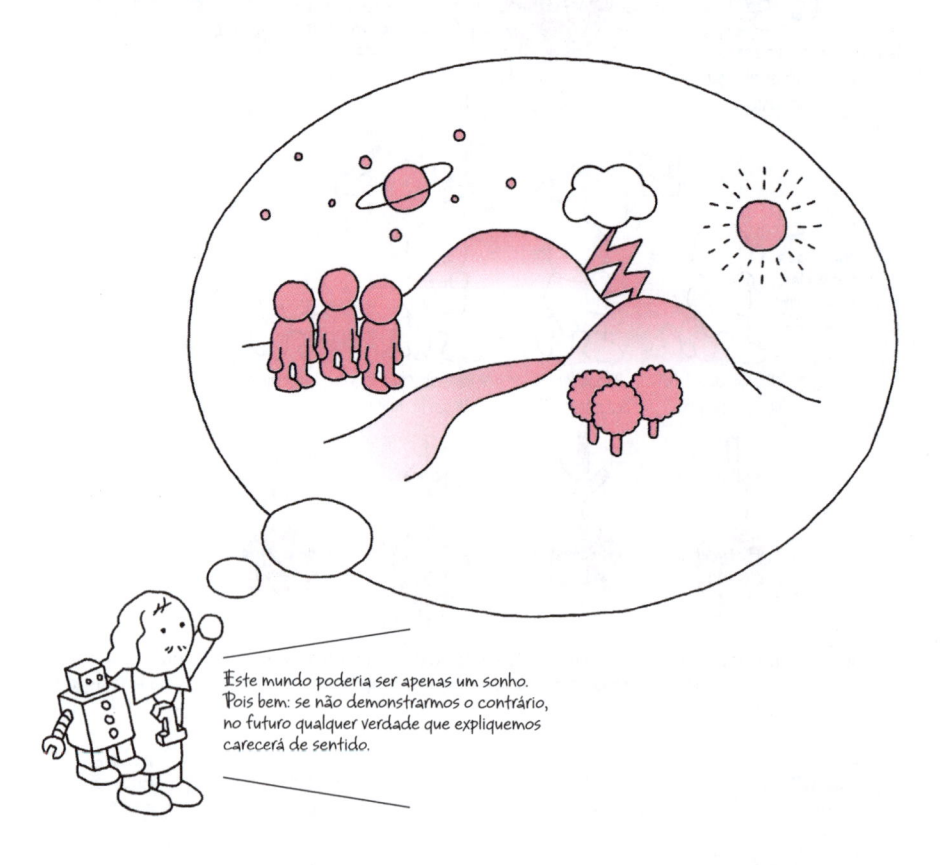

> Este mundo poderia ser apenas um sonho. Pois bem: se não demonstrarmos o contrário, no futuro qualquer verdade que expliquemos carecerá de sentido.

Por isso, **Descartes** decide duvidar intencionalmente de tudo, inclusive da realidade do mundo (**dúvida metódica**). Se tudo fosse um sonho, a paisagem que se estende diante de nossos olhos, o que está escrito nos livros, a matemática e inclusive a existência de nosso corpo se tornariam incertos. Só ficaria uma coisa da qual não poderíamos duvidar: a existência de nossa consciência que duvida. Com efeito, ainda que duvidemos de nós mesmos, enquanto "duvidamos que este mundo pode ser um sonho", nossa consciência continua sendo evidente.

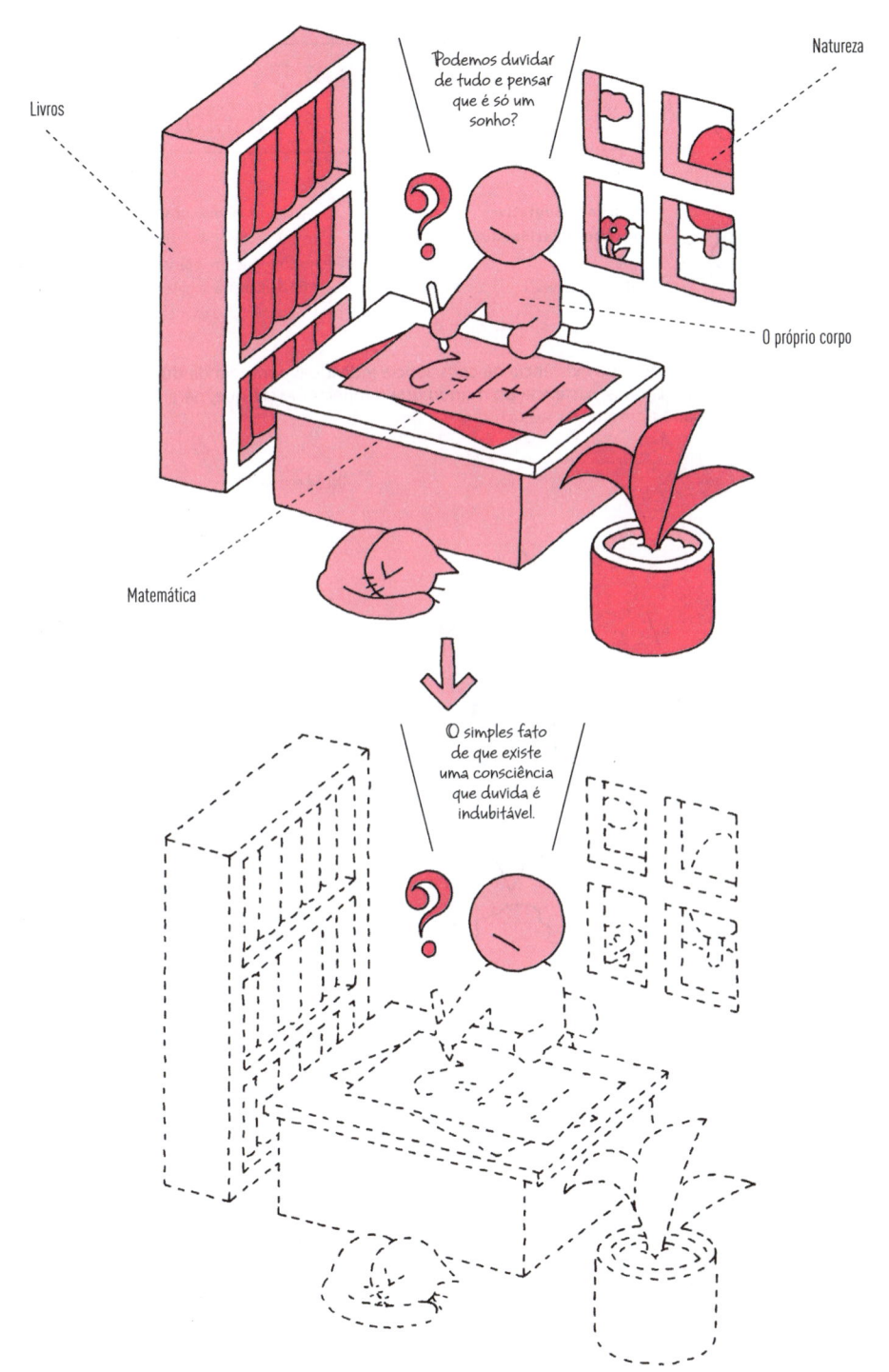

Descartes descobre que não é possível duvidar da existência da própria consciência e expressa essa certeza com a frase Cogito ergo sum ("Penso, logo existo"). A determinação da existência do eu é, para a filosofia cartesiana, o que 1 + 1 = 2 é para a matemática, razão pela qual é considerada o **primeiro princípio** da **filosofia cartesiana**.

DEMONSTRAÇÕES DA EXISTÊNCIA DE DEUS

Obras representativas .... *Discurso do método, Meditações metafísicas*
Conceitos relacionados .... racionalismo continental (p. 106), Cogito ergo sum (p. 108), ideias inatas (p. 112)
Nota .... a existência de Deus já foi demonstrada pela teologia medieval, mas não para fundamentar a validez do conhecimento

Descartes demonstra a certeza da existência da consciência individual por meio da **dúvida metódica** (p. 108). Mas como demonstrar a existência do mundo que a rodeia? Ele crê que, para esse propósito, antes de tudo é necessário **demonstrar a existência de Deus**.

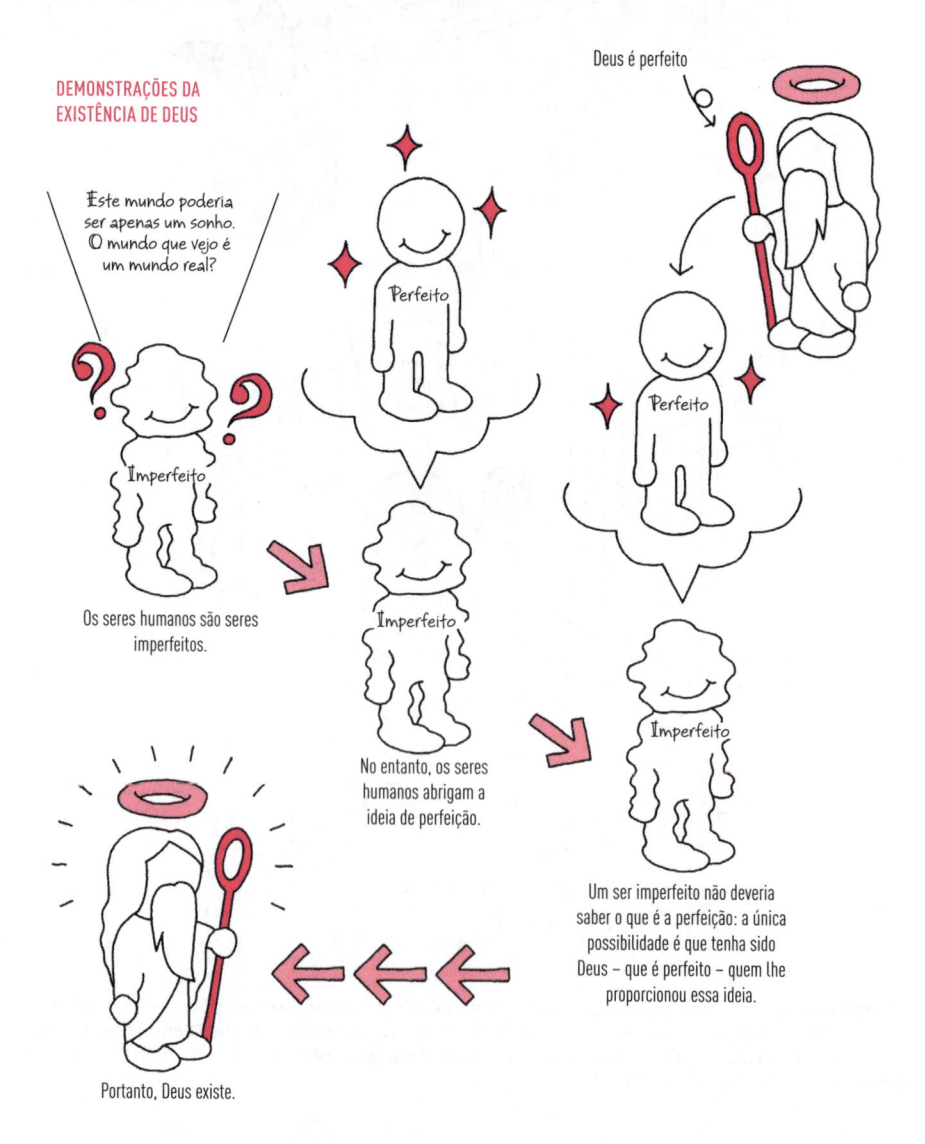

DEMONSTRAÇÕES DA EXISTÊNCIA DE DEUS

Este mundo poderia ser apenas um sonho. O mundo que vejo é um mundo real?

Os seres humanos são seres imperfeitos.

No entanto, os seres humanos abrigam a ideia de perfeição.

Deus é perfeito

Um ser imperfeito não deveria saber o que é a perfeição: a única possibilidade é que tenha sido Deus – que é perfeito – quem lhe proporcionou essa ideia.

Portanto, Deus existe.

Os seres humanos são seres imperfeitos. Teoricamente, um ser imperfeito não pode saber o que é a perfeição, e ainda assim temos essa ideia. Descartes afirma que a única explicação é que ela deriva de Deus, que é perfeito.

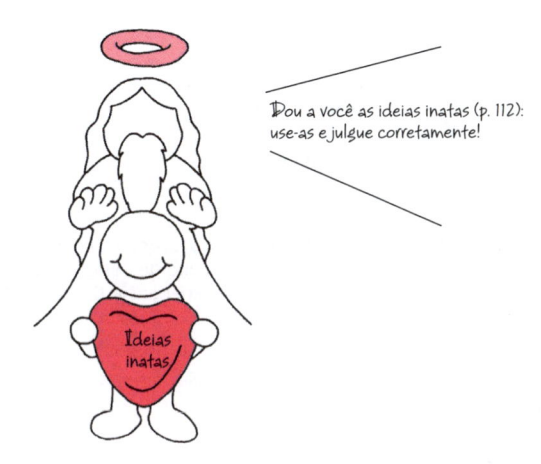

Dou a você as ideias inatas (p. 112): use-as e julgue corretamente!

Considerando que Deus existe, a capacidade de discernimento dos seres humanos deve ser correta, pois Deus jamais nos enganaria (lealdade de Deus). Descartes chega à conclusão de que, se conseguíssemos usar corretamente a razão que Deus nos deu, seríamos capazes de conhecer a verdade.

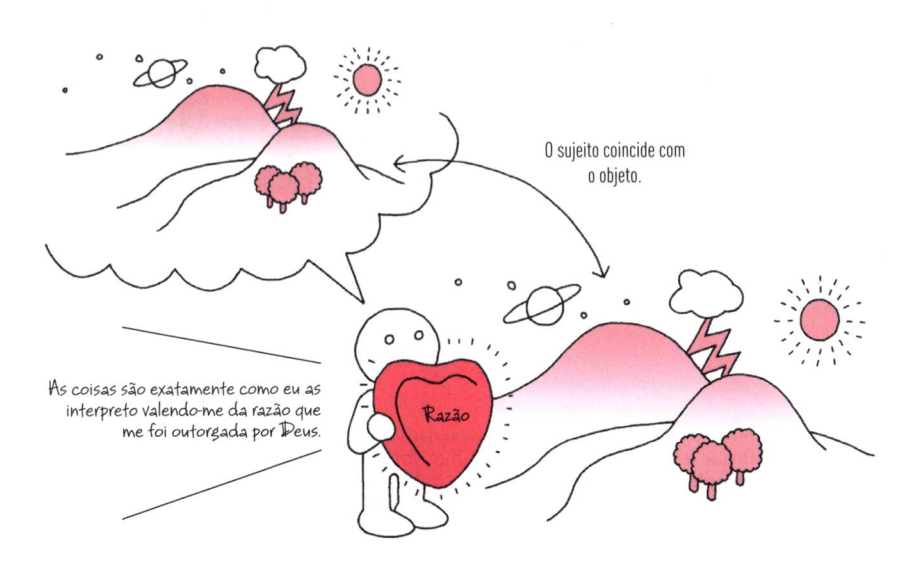

O sujeito coincide com o objeto.

As coisas são exatamente como eu as interpreto valendo-me da razão que me foi outorgada por Deus.

Quando Descartes parte de Deus para fundamentar a validez do nosso conhecimento, caberia pensar que conseguiu encontrar um atalho. No entanto, na realidade é teoricamente muito questionável que se possa demonstrar que este mundo é real ou é um sonho (ou seja, é teoricamente problemático demonstrar que aquilo que o sujeito representa para si corresponde ao objeto). Muitos filósofos tentaram demonstrar isso por outras vias e enfrentaram outras tantas dificuldades.

IDEIAS INATAS

Significado .... Ideias que possuímos desde o nascimento
Obras representativas .... *Discurso do método, Meditações metafísicas*
Conceitos relacionados .... racionalismo continental (p. 106),
demonstrações da existência de Deus (p. 110)
Conceito antônimo .... ideias adquiridas

Descartes considera que as **ideias** fundamentais são inatas. Por exemplo, ele afirma que algumas coisas, como a diferença entre o bem e o mal, o conceito de perfeição ou o fato de que duas retas paralelas nunca se encontram, não se aprendem com a experiência. Descartes denomina **ideias inatas** esses conceitos comuns aos seres humanos.

EXEMPLOS DE IDEIAS INATAS

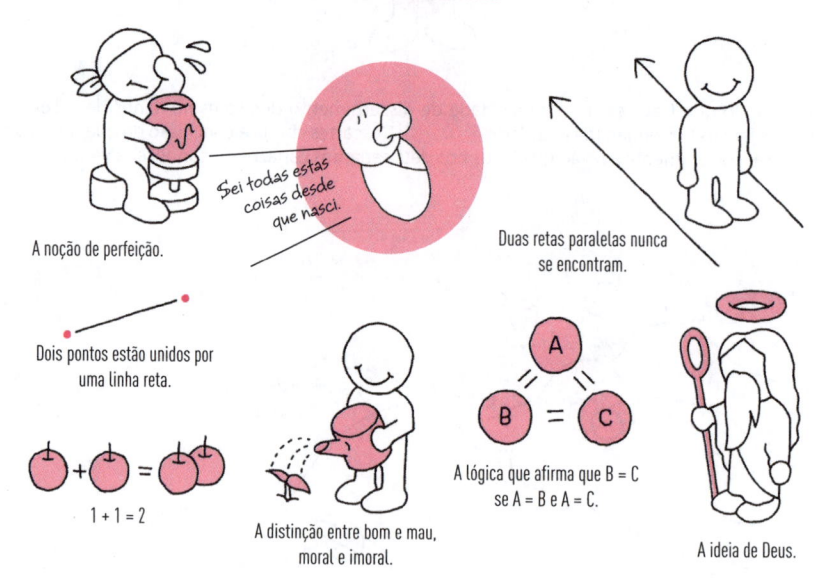

A noção de perfeição.

Sei todas estas coisas desde que nasci.

Duas retas paralelas nunca se encontram.

Dois pontos estão unidos por uma linha reta.

1 + 1 = 2

A distinção entre bom e mau, moral e imoral.

A lógica que afirma que B = C se A = B e A = C.

A ideia de Deus.

Partindo das **ideias inatas**, todos os seres humanos deveriam ter uma igual capacidade de compreensão. Porém, é evidente que não é assim. Esse é um dos motivos pelos quais o **racionalismo continental** (p. 107) e o **empirismo inglês** (p. 101) se opõem.

| As ideias inatas existem. | RACIONALISMO CONTINENTAL | | | CONTRA | EMPIRISMO INGLÊS | | | As ideias inatas não existem. |

Leibniz — Spinoza — Descartes — Locke — Berkeley — Hume

SUJEITO E OBJETO

Conceitos relacionados..................................... dualismo (p. 114), res extensa (p. 115)

Descartes descobre a existência da consciência humana ("penso, logo existo", p. 109). A partir desse momento, separa **o que toma consciência** do mundo externo **(sujeito)** daquilo **de que se toma consciência (objeto)**. Dessa forma, Descartes inaugura a filosofia moderna, na qual a consciência do *eu* se torna o sujeito da reflexão.

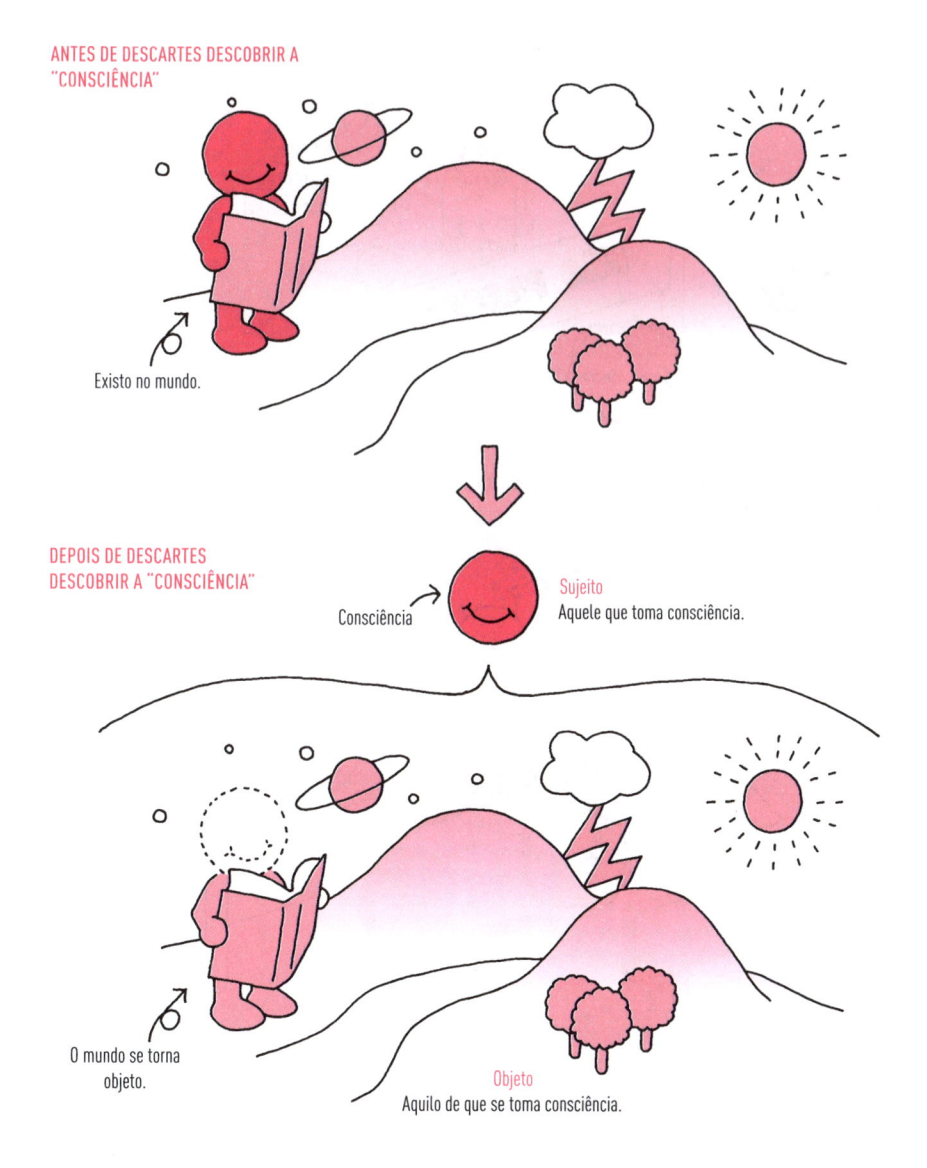

ANTES DE DESCARTES DESCOBRIR A "CONSCIÊNCIA"

Existo no mundo.

DEPOIS DE DESCARTES DESCOBRIR A "CONSCIÊNCIA"

Consciência

Sujeito
Aquele que toma consciência.

O mundo se torna objeto.

Objeto
Aquilo de que se toma consciência.

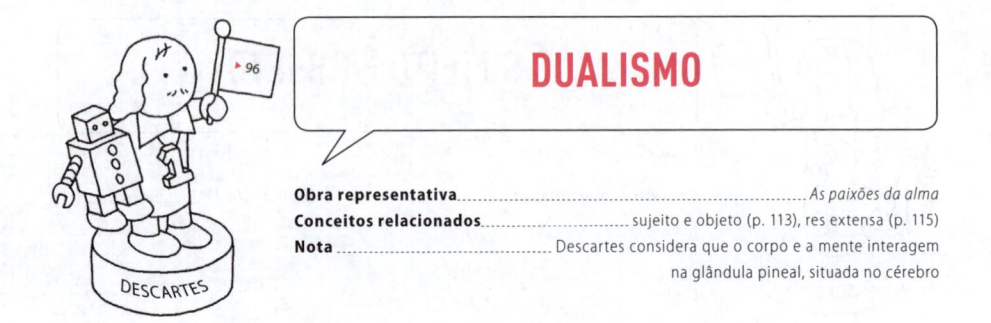

DUALISMO

Obra representativa .... *As paixões da alma*
Conceitos relacionados .... sujeito e objeto (p. 113), res extensa (p. 115)
Nota .... Descartes considera que o corpo e a mente interagem na glândula pineal, situada no cérebro

Descartes afirma que a realidade física e a realidade mental têm existência separada e são duas substâncias diferentes ("penso, logo existo", p. 109). Também considera que o corpo é um elemento mecânico como qualquer objeto. Isso se denomina **dualismo mente-corpo**.

DUALISMO MENTE-CORPO

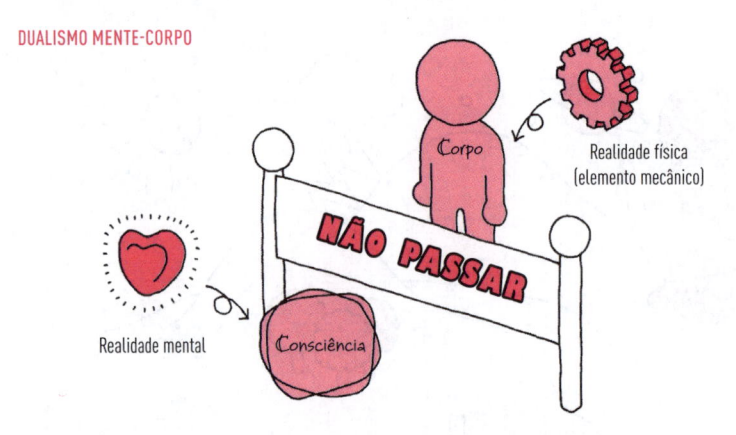

- Corpo — Realidade física (elemento mecânico)
- Consciência — Realidade mental
- NÃO PASSAR

Descartes amplia essa interpretação, elaborando uma forma de **dualismo**: concepção que divide o mundo em duas partes.

DUALISMO

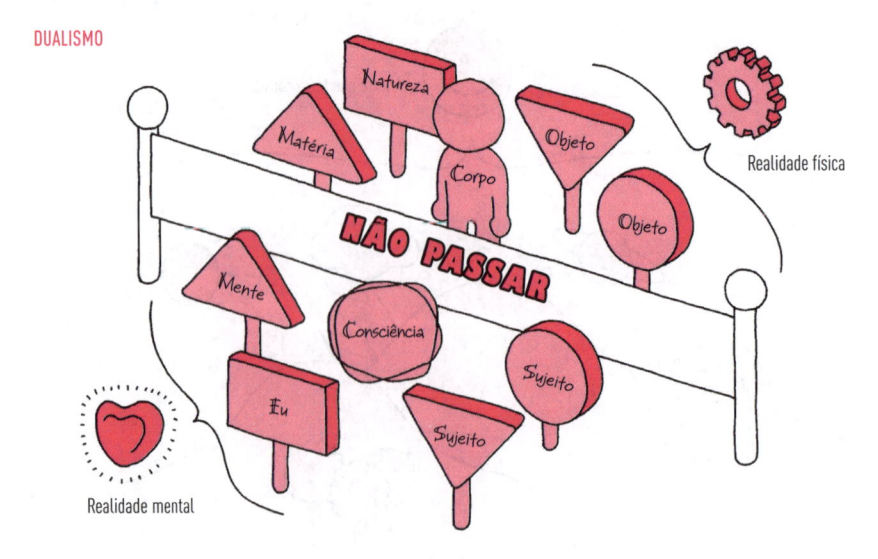

- Natureza, Matéria, Corpo, Objeto — Realidade física
- Mente, Eu, Consciência, Sujeito — Realidade mental
- NÃO PASSAR

RES EXTENSA

Obra representativa..*Meditações metafísicas*
Conceito relacionado..dualismo (p. 114)
Nota..na terminologia cartesiana, a res extensa é a substância corpórea cuja "propriedade essencial" é a extensão (ou tridimensionalidade)

Portanto, por **res extensa** entende-se a substância que se estende no espaço. De uma coisa que se estende no espaço podemos medir **fisicamente** a altura, a longitude e a profundidade.

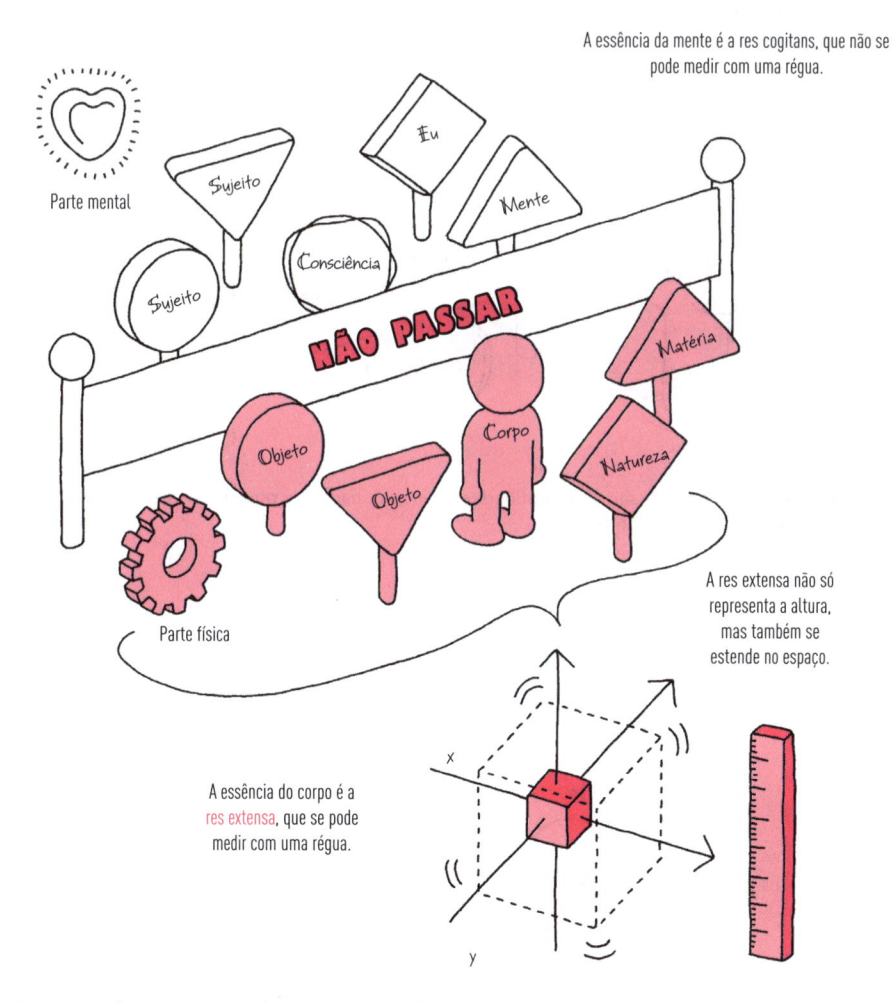

A essência da mente é a res cogitans, que não se pode medir com uma régua.

Parte mental

Parte física

A essência do corpo é a res extensa, que se pode medir com uma régua.

A res extensa não só representa a altura, mas também se estende no espaço.

Descartes afirma que o mundo é constituído por duas **substâncias** (p. 132), o **corpo** e a mente (dualismo, p. 114). Além disso, estabelece que a mente é a **res cogitans** – uma substância pensante – e que o corpo é a **res extensa**, isto é, uma substância material e extensa.

PANTEÍSMO

Significado .... ponto de vista que afirma que tudo o que há no universo, inclusive o corpo e a mente, são atributos ou aspectos de Deus
Obra representativa .... *Ética*
Conceito relacionado .... dualismo (p. 114)

Depois de ter descoberto a **consciência** ("penso, logo existo", p. 109), **Descartes** afirma que o corpo e a consciência têm existência separada (dualismo mente-corpo, p. 114). No entanto, **Spinoza** tem dúvidas a respeito.

Isso não é possível; corpo e consciência deveriam estar unidos. — Spinoza

Descartes crê que a consciência e o corpo têm existência separada.

Se a consciência e o corpo fossem duas entidades separadas, não seria possível explicar, por exemplo, por que choramos quando estamos tristes.

A CONSCIÊNCIA E O CORPO FUNCIONAM EM SINCRONIA

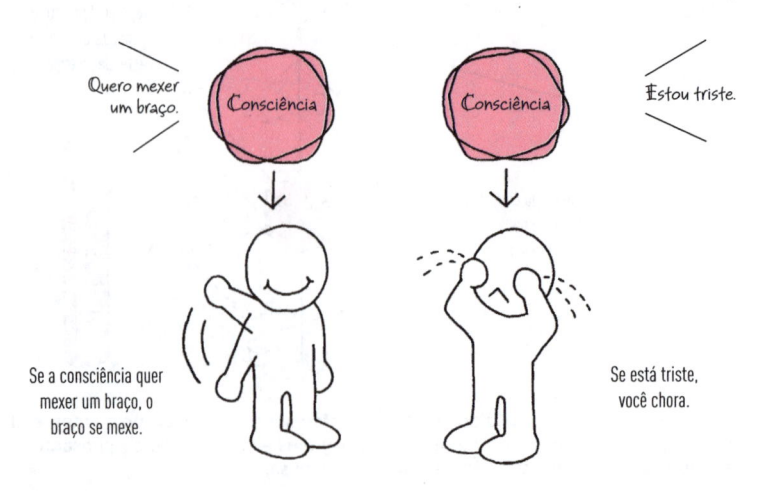

Quero mexer um braço. — Se a consciência quer mexer um braço, o braço se mexe.

Estou triste. — Se está triste, você chora.

Para superar o dualismo, **Spinoza** concebe uma só substância, **Deus**, que inclui nossa consciência, nosso corpo e a natureza.

Segundo **Spinoza**, somos parte da natureza. A natureza não é só algo que Deus criou, e sim o próprio Deus (panteísmo). Em outras palavras, nosso corpo e nossa mente também são parte de Deus. Se pensamos dessa forma, considerando que o corpo e a mente estão unidos, não surge contradição alguma no fato de que choramos quando estamos tristes.

PANTEÍSMO

Natureza = Deus
Nosso corpo e nossa mente também são parte de Deus.

Portanto, a consciência e o corpo estão unidos.

Panteísmo designa a tese que afirma que Deus e o mundo são o mesmo.

VISÃO CRISTÃ DO MUNDO

Deus criou o mundo

PANTEÍSMO DE SPINOZA

Deus = Natureza

Contraposto ao **dualismo cartesiano**, que entende o corpo e a mente como duas substâncias separadas, **Spinoza** prega um monismo que afirma que tudo é um único Deus. Como esse pensamento é incompatível com a existência de um Deus individual afirmada pelo cristianismo, foi intensamente combatido por este último.

SUB SPECIE AETERNITATIS

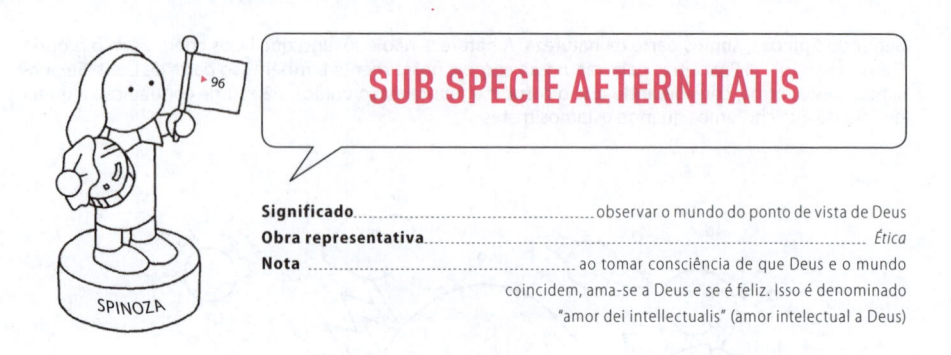

Significado..observar o mundo do ponto de vista de Deus
Obra representativa.. *Ética*
Nota .... ao tomar consciência de que Deus e o mundo coincidem, ama-se a Deus e se é feliz. Isso é denominado "amor dei intellectualis" (amor intelectual a Deus)

SPINOZA

Spinoza afirma que nós, seres humanos, não somos dotados de livre-arbítrio. Por sermos parte de Deus (panteísmo, p. 117), agimos como uma manifestação dele sem consciência disso.

Engatinhar

Chorar

Tomar leite

Estas ações não dependem da nossa vontade.

SUB SPECIE AETERNITATIS
Nossas ações não dependem da nossa vontade.

E estas outras ações que são realizadas quando crescemos um pouco mais?

Escovar os dentes

Vestir-se

Apaixonar-se

Pessoa que trabalha muito

Pessoa sem nada para fazer

Fazer atividade física

A partir daqui, é nossa vontade a que age? Não, todas as nossas ações são o efeito de uma causa.

Tampouco essas situações dependem da nossa vontade. As causas das ações são complexas e escapam à nossa compreensão.

Spinoza considera que pensar que nossas ações dependem da nossa vontade equivale a se convencer de que uma pedra lançada por alguém se move porque queremos.

Na realidade, foi lançada, mas crê que voa por si só.

A noção de que a consciência faz sua aparição depois das ações, em geral, também é reconhecida pela neurociência mais recente.

Todo acontecimento é um fenômeno natural entre outros, um simples fotograma de uma ordem necessária. Portanto, é necessário que você, e somente você, esteja presente nessa cena. Spinoza denomina **sub specie aeternitatis** esse ponto de vista absoluto.

O Deus no qual pensa Spinoza deixa o seu espaço vazio para que você o preencha.

Por essa razão, podemos dizer que Deus está lhe garantindo um papel no interior dessa ordem, mas qual? Segundo Spinoza, Deus faz o ser humano capaz de encontrá-lo.

O que Deus me levará a fazer? Qual será o meu papel?

Talvez seja isto! Dedico-me à ópera. A partir de agora, tentarei fazer isso.

Deus outorgou a todos os seres humanos um lugar na natureza e os fez capazes de intuir que lugar é esse.

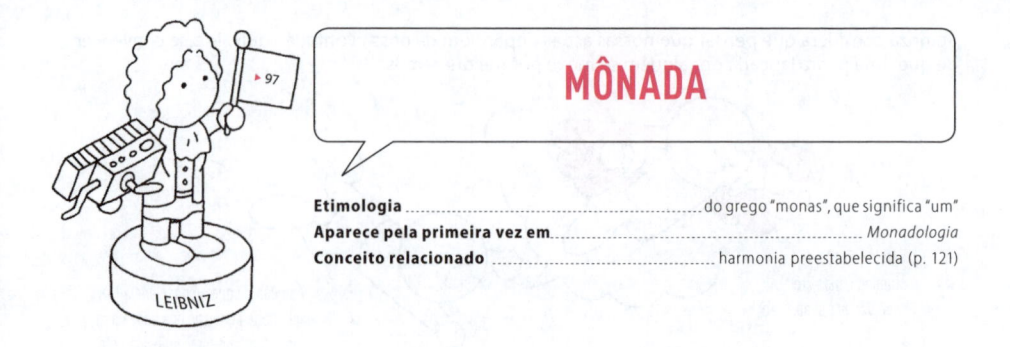

MÔNADA

▶ 97

Etimologia	do grego "monas", que significa "um"
Aparece pela primeira vez em	*Monadologia*
Conceito relacionado	harmonia preestabelecida (p. 121)

Se consideramos que o universo é um ente intelectual, podemos dividi-lo em muitas partes. **Leibniz** chama de mônadas tais "átomos espirituais" e defende a tese de que todas as coisas se constituem de **mônadas** que coexistem em **harmonia**, "programadas" ad hoc por **Deus** de maneira que todas juntas são a expressão da máxima perfeição possível. Esse ponto de vista, que se opõe ao **monismo** (p. 117), é denominado pluralismo.

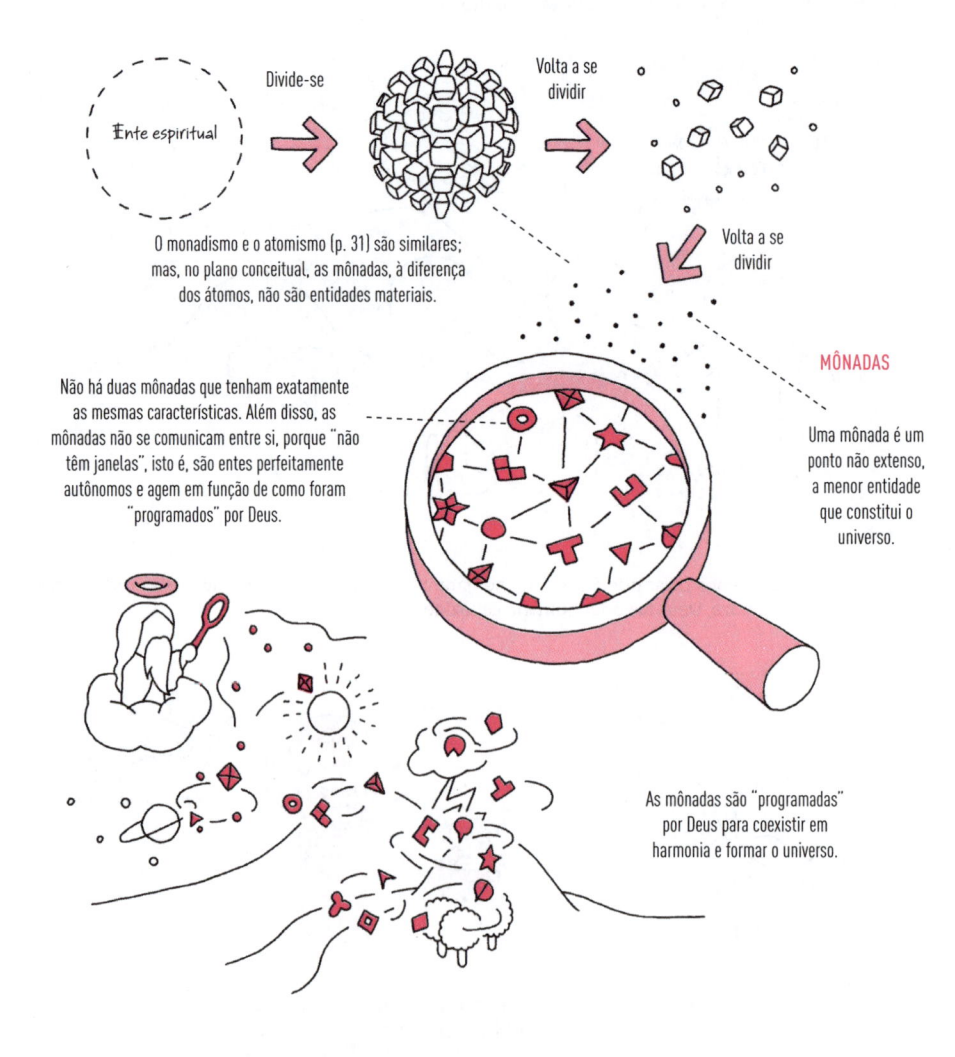

Ente espiritual → Divide-se → Volta a se dividir → Volta a se dividir

O monadismo e o atomismo (p. 31) são similares; mas, no plano conceitual, as mônadas, à diferença dos átomos, não são entidades materiais.

MÔNADAS

Uma mônada é um ponto não extenso, a menor entidade que constitui o universo.

Não há duas mônadas que tenham exatamente as mesmas características. Além disso, as mônadas não se comunicam entre si, porque "não têm janelas", isto é, são entes perfeitamente autônomos e agem em função de como foram "programados" por Deus.

As mônadas são "programadas" por Deus para coexistir em harmonia e formar o universo.

HARMONIA PREESTABELECIDA

Nota .... Leibniz explica o conceito de harmonia preestabelecida usando a "metáfora dos dois relógios". Existem três métodos para sincronizar a hora de dois relógios: conectar um ao outro, sincronizá-los continuamente ou construí-los de forma tão perfeita que marquem exatamente a mesma hora. Leibniz defende o terceiro método, que é o que representa a harmonia preestabelecida.

Segundo **Leibniz**, Deus programa previamente as **mônadas** (p. 120) para que apresentem a **melhor** expressão do mundo a partir de determinado ponto de vista. Além disso, segundo o estabelecido, as **mônadas** coexistem em harmonia, criando, assim, o "melhor dos mundos possíveis". Isso se denomina harmonia preestabelecida. Segundo **Leibniz**, o universo não é fruto do azar.

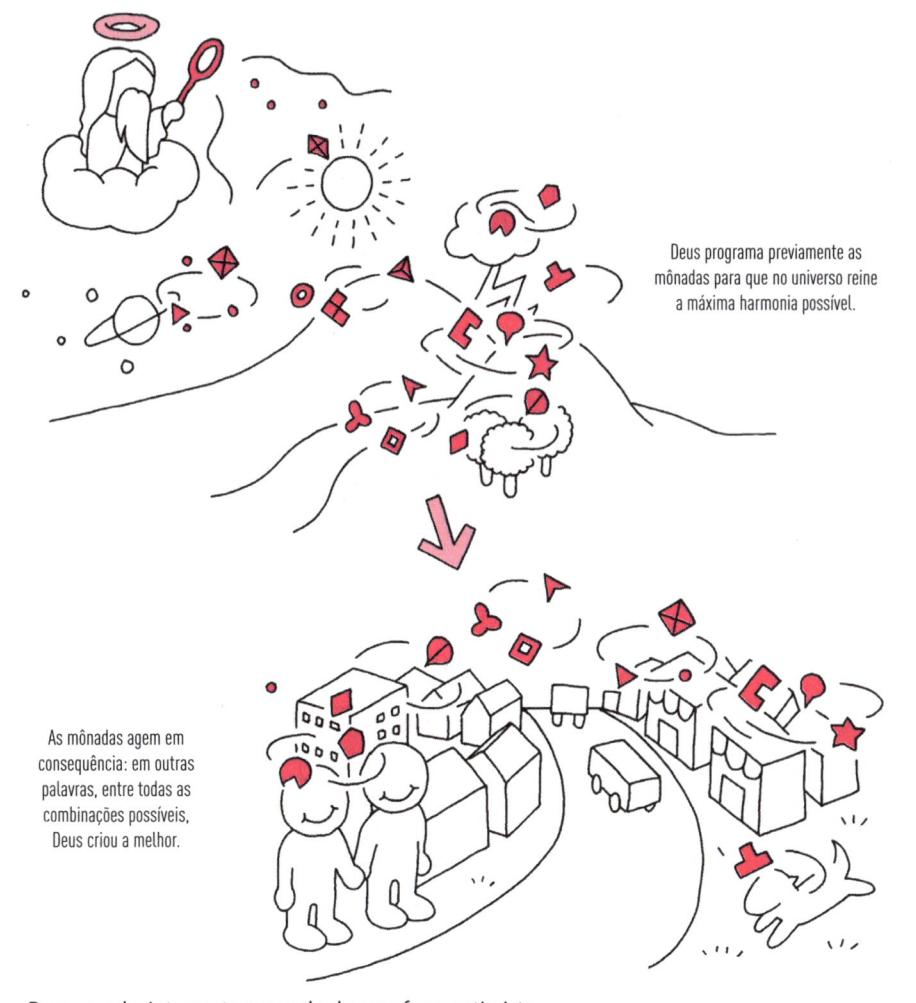

Deus programa previamente as mônadas para que no universo reine a máxima harmonia possível.

As mônadas agem em consequência: em outras palavras, entre todas as combinações possíveis, Deus criou a melhor.

Desse modo, interpreta o mundo de uma forma otimista.

PRINCÍPIO DE RAZÃO SUFICIENTE

Significado .... princípio que afirma que para todo acontecimento deve existir uma razão suficiente que explique seu porquê
Obra representativa .... *Monadologia*
Conceito relacionado .... harmonia preestabelecida (p. 121)

O mundo atual se assemelha mais ou menos à imagem 1.

Imagem 1

Por que não foi como na imagem 2?

Imagem 2

Para Leibniz, é assim porque a situação da imagem 1 representa o melhor mundo possível.

Segundo **Leibniz**, não simplesmente "existe" um mundo, mas existem diferentes combinações possíveis de mônadas, entre as quais Deus escolheu a melhor. Pensar que as coisas não simplesmente "existem", e sim que há um motivo pelo qual existem de certo modo e não de outro se denomina **princípio de razão suficiente**.

TABULA RASA

Significado .... "tábua em que não há nada escrito"
Obra representativa .... *Ensaio sobre o entendimento humano*
Conceitos relacionados .... ideias simples e ideias complexas (p. 124)

Do ponto de vista do **empirismo inglês** (p. 101), Locke tem dúvidas sobre as **ideias inatas** (p. 112) do racionalismo continental (p. 107). Com efeito, pensa que o ser humano não pode ter **noções** desde o momento em que nasce.

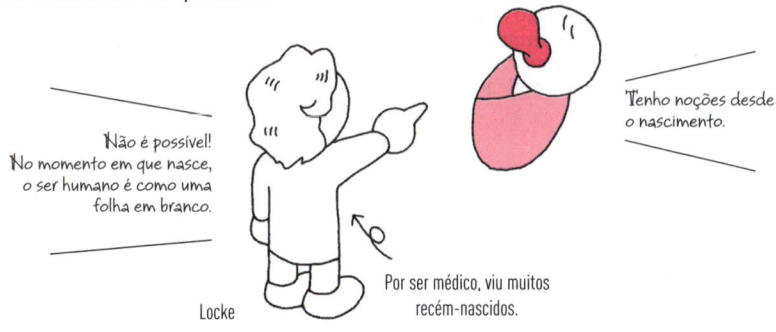

Não é possível! No momento em que nasce, o ser humano é como uma folha em branco. — Locke

Por ser médico, viu muitos recém-nascidos.

Tenho noções desde o nascimento.

Locke acredita que a mente de uma pessoa recém-nascida é como uma **folha em branco (tabula rasa)** sobre a qual não há nada escrito. Além disso, defende que a **experiência** se imprime sobre essa folha, transformando-se em conhecimentos e noções.

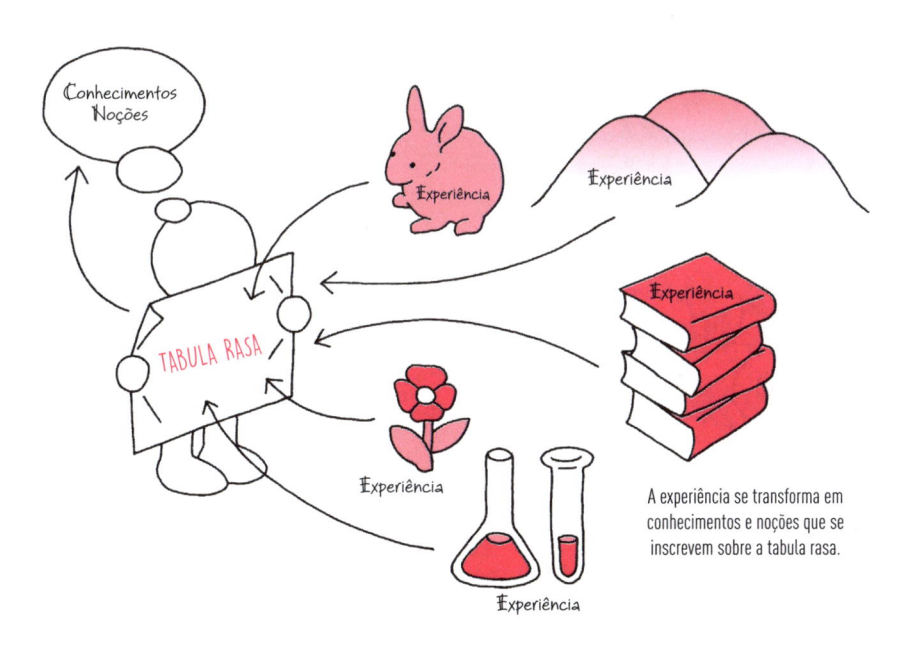

A experiência se transforma em conhecimentos e noções que se inscrevem sobre a tabula rasa.

IDEIAS SIMPLES E IDEIAS COMPLEXAS

▶ 94

Obra representativa.................................... *Ensaio sobre o entendimento humano*
Nota.. Locke divide a experiência em sensações e reflexões. Afirma que os seres humanos adquirem as "ideias simples" por meio dos cinco sentidos e criam as "ideias complexas" por meio da "reflexão"

Locke nega que existam **ideias inatas** (p. 112) e considera que os seres humanos não têm conhecimento desde o nascimento, mas que tudo é fruto da experiência. Do seu ponto de vista, ao unir as informações recolhidas pela própria experiência até esse momento – "é vermelha", "é dura", "é amarga" –, é possível dar-se conta de que o objeto em questão é uma maçã. As impressões obtidas por meio dos cinco sentidos, como "é vermelha", "é dura", "é amarga", são denominadas **ideias simples**. Por sua vez, o conhecimento que deriva de uma combinação destas últimas, que nos leva a afirmar que um objeto é "uma maçã", é denominado **ideia complexa**.

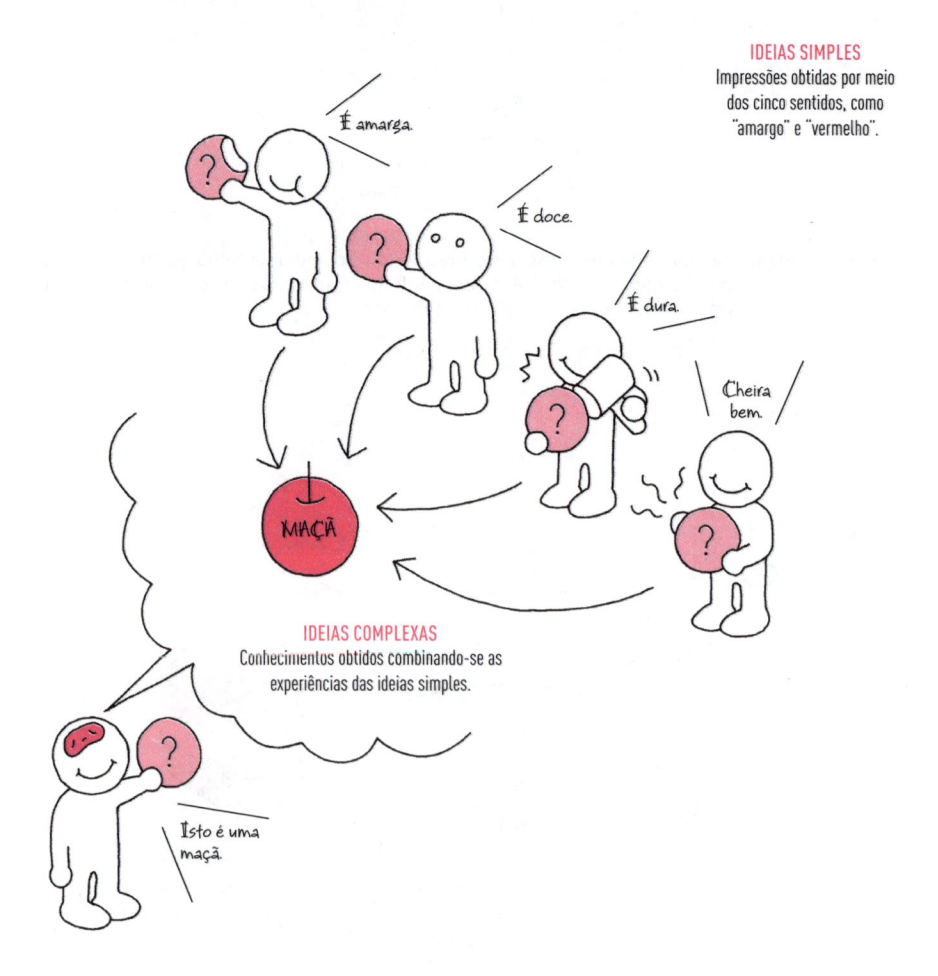

IDEIAS SIMPLES
Impressões obtidas por meio dos cinco sentidos, como "amargo" e "vermelho".

IDEIAS COMPLEXAS
Conhecimentos obtidos combinando-se as experiências das ideias simples.

PROPRIEDADES PRIMÁRIAS E PROPRIEDADES SECUNDÁRIAS

LOCKE ▶ 94

Significado .... as qualidades primárias são propriedades objetivas e quantitativas. As qualidades secundárias são propriedades subjetivas atribuídas aos objetos pelo sujeito conhecedor, como a cor ou o cheiro
Obra representativa .... *Ensaio sobre o entendimento humano*
Nota .... o conceito de qualidade primária é similar ao de res extensa de Descartes

Locke considera que as qualidades dos objetos podem pertencer a duas categorias. O cheiro e o sabor de uma maçã são percebidos apenas pelos órgãos sensoriais humanos e não são qualidades intrínsecas à própria maçã. Portanto, trata-se de **qualidades secundárias**. Antes delas, existem as **qualidades primárias**, próprias da maçã, como sua forma e tamanho, que não têm nada a ver com os cinco sentidos.

QUALIDADES PRIMÁRIAS
Qualidades intrínsecas do objeto que não dependem da percepção de um sujeito. Em outras palavras, existem de forma independente dos sentidos humanos.

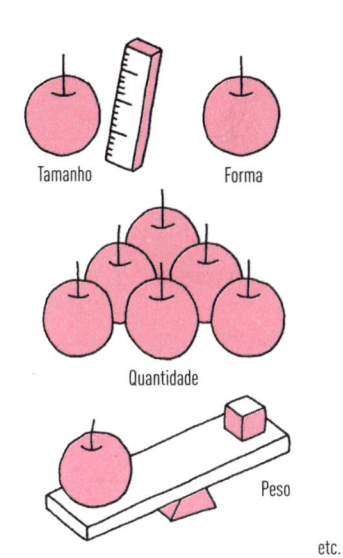

- Tamanho
- Forma
- Quantidade
- Peso

etc.

QUALIDADES SECUNDÁRIAS
Qualidades percebidas pelos cinco sentidos humanos. Se os seres humanos não existissem, elas não existiriam.

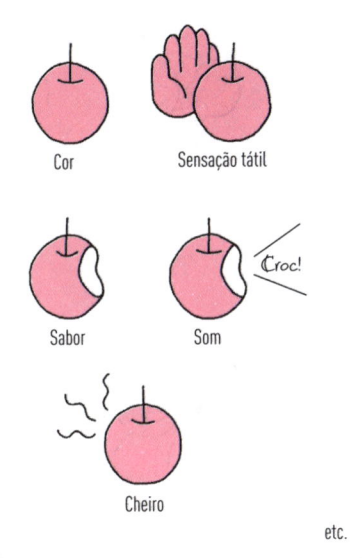

- Cor
- Sensação tátil
- Sabor
- Som (Croc!)
- Cheiro

etc.

Posteriormente, Berkeley (p. 95) dirá que também as qualidades primárias dependem dos órgãos sensoriais humanos. Ser capaz de se dar conta da existência de uma maçã depende da diferença de cor em relação ao fundo e da sensação experimentada pelo tato (qualidade secundária). Em outras palavras, Berkeley crê que, se não existisse uma mente que a percebesse, a maçã não existiria.

SER SIGNIFICA SER PERCEBIDO

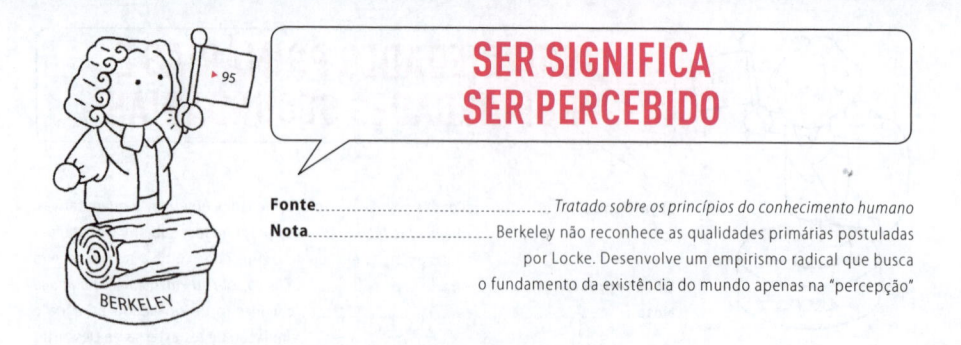

Fonte.. *Tratado sobre os princípios do conhecimento humano*
Nota...................................... Berkeley não reconhece as qualidades primárias postuladas por Locke. Desenvolve um empirismo radical que busca o fundamento da existência do mundo apenas na "percepção"

Os seres humanos tendem a pensar que, considerando que uma maçã existe, podem vê-la e tocá-la (isto é, **percebê-la**). Na realidade, se ninguém experimenta a maçã, não é possível afirmar que exista. Antes da maçã, existe nossa percepção. **Berkeley** afirma que não vemos as coisas porque elas existem; mas que elas existem porque as vemos.

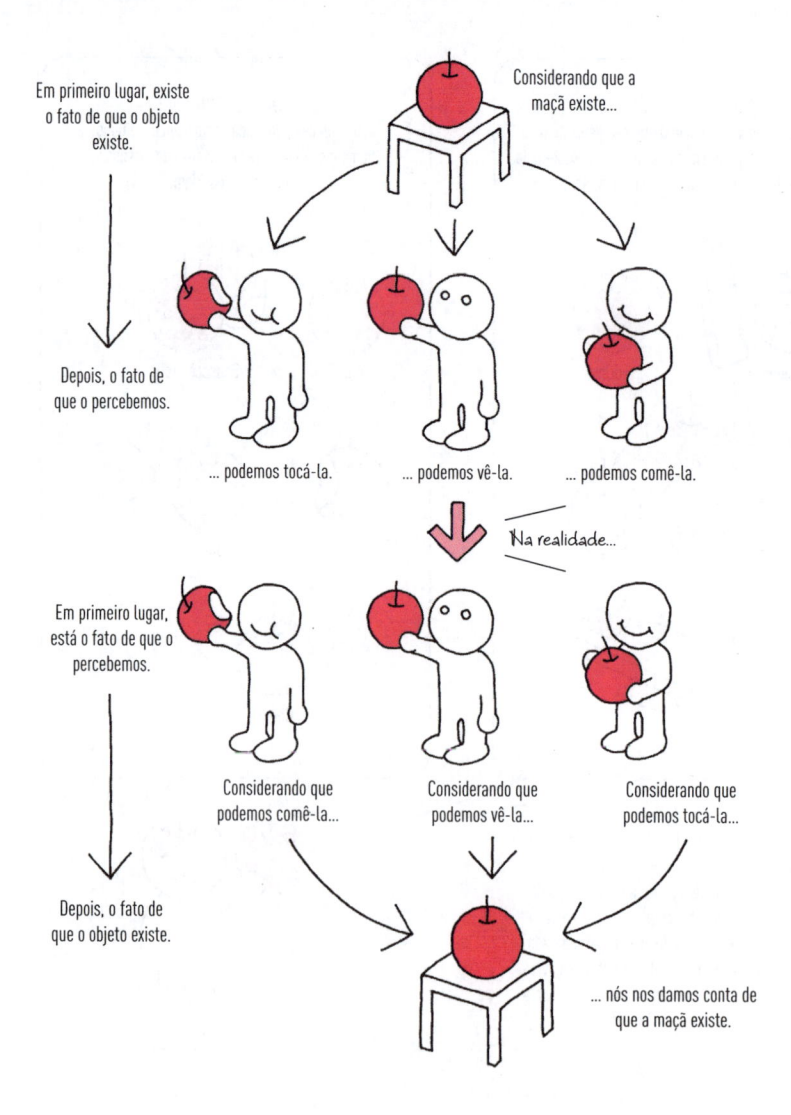

Em primeiro lugar, existe o fato de que o objeto existe.

Considerando que a maçã existe...

Depois, o fato de que o percebemos.

... podemos tocá-la.   ... podemos vê-la.   ... podemos comê-la.

Na realidade...

Em primeiro lugar, está o fato de que o percebemos.

Considerando que podemos comê-la...   Considerando que podemos vê-la...   Considerando que podemos tocá-la...

Depois, o fato de que o objeto existe.

... nós nos damos conta de que a maçã existe.

Segundo a teoria de Berkeley, se nós não existíssemos para perceber um objeto, ele não existiria. Berkeley expressa essa ideia com a frase **"ser significa ser percebido"**. Em sua filosofia, o mundo não existe enquanto matéria, mas depende de nossa consciência.

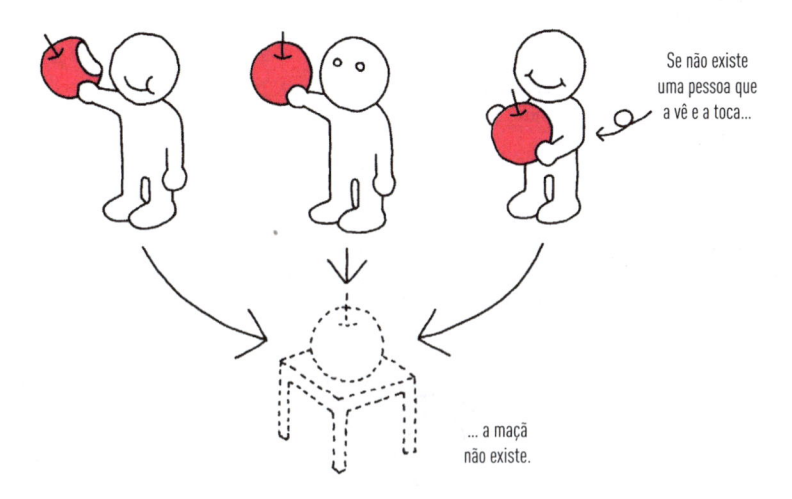

Se não existe uma pessoa que a vê e a toca...

... a maçã não existe.

Segundo Berkeley, a maçã existe na consciência da pessoa que a percebe. Mas o que ocorre com a maçã quando ninguém a vê? Berkeley, como clérigo que era, afirma que, ainda que os seres humanos não a vejam, a maçã pode existir porque existe Deus para percebê-la.

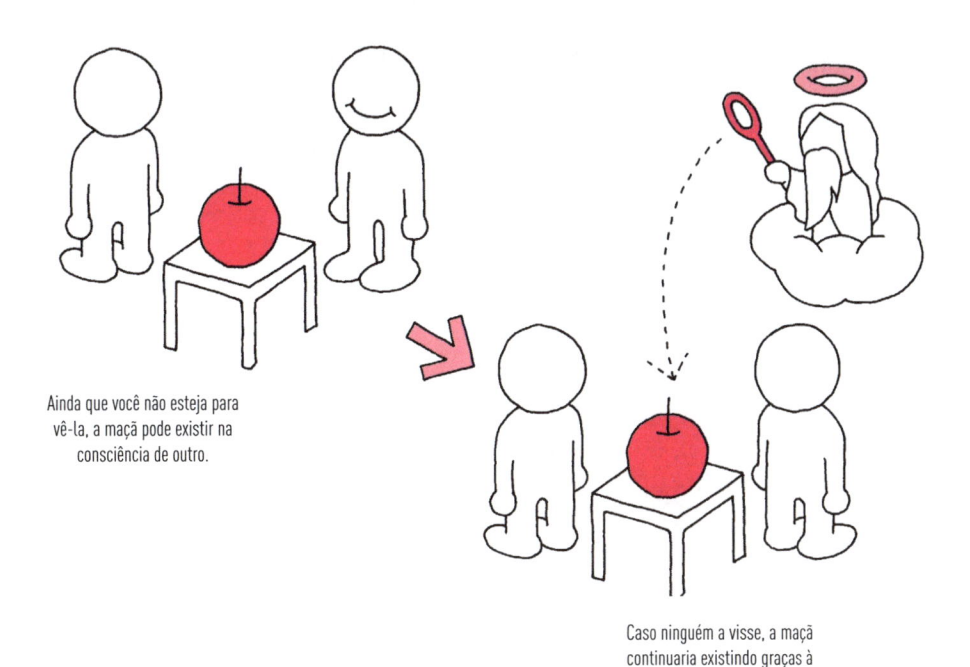

Ainda que você não esteja para vê-la, a maçã pode existir na consciência de outro.

Caso ninguém a visse, a maçã continuaria existindo graças à percepção de Deus.

UM FEIXE DE PERCEPÇÕES

▶ 95

Obra representativa .... *Tratado sobre a natureza humana*
Conceitos relacionados .... a relação de causa e efeito (p. 130)
Nota .... Hume nega inclusive a existência de Deus.
Considera que a mente é um conjunto de "impressões" e "ideias".

Locke considera que a cor, o sabor e o cheiro da maçã não existem (qualidade secundária, p. 125). **Berkeley** nega a existência da própria maçã ("ser significa ser percebido", p. 127). No entanto, nenhum dos dois duvida da existência do eu que observa a maçã. **Hume**, por sua vez, duvida inclusive disso.

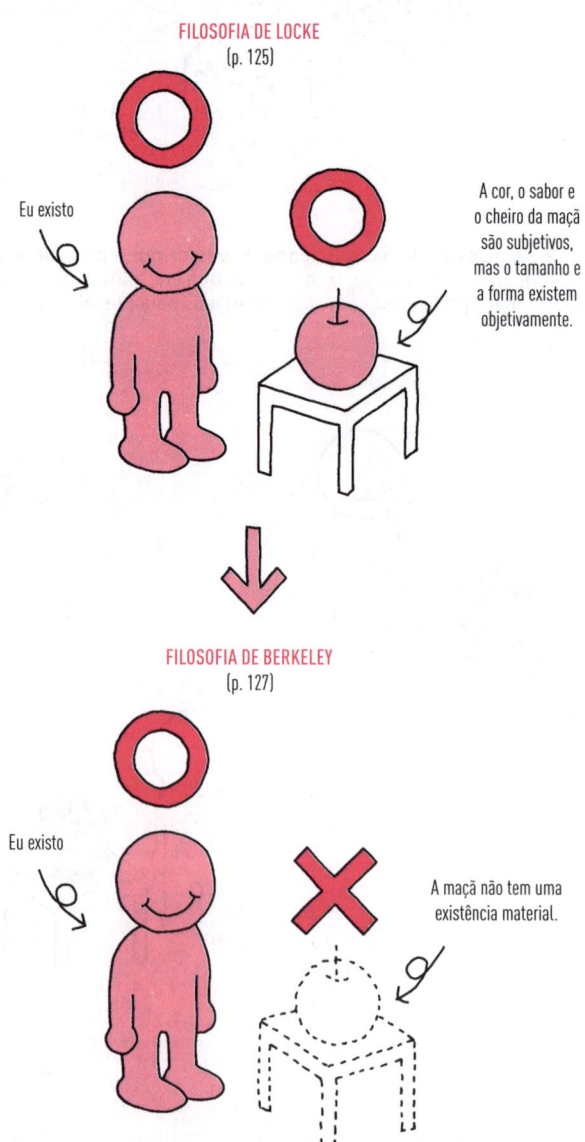

FILOSOFIA DE LOCKE
(p. 125)

Eu existo

A cor, o sabor e o cheiro da maçã são subjetivos, mas o tamanho e a forma existem objetivamente.

FILOSOFIA DE BERKELEY
(p. 127)

Eu existo

A maçã não tem uma existência material.

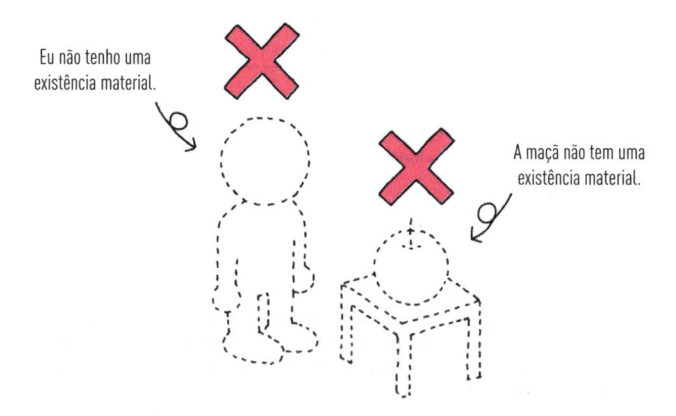

FILOSOFIA DE HUME

Eu não tenho uma existência material.

A maçã não tem uma existência material.

Sendo assim, em que consiste o **eu** concebido por **Hume**? Neste exato momento, uma pessoa está experimentando uma **sensação (percepção)** por meio dos cinco sentidos (audição, visão, tato, paladar, olfato), que pode ser de frio, bem-estar, mal-estar etc. Hume considera que o eu é apenas o conjunto de sensações **(percepções)** que se experimentam em determinado momento, ideia que ele expressa com a frase "o ser humano é um feixe ou uma coleção de percepções".

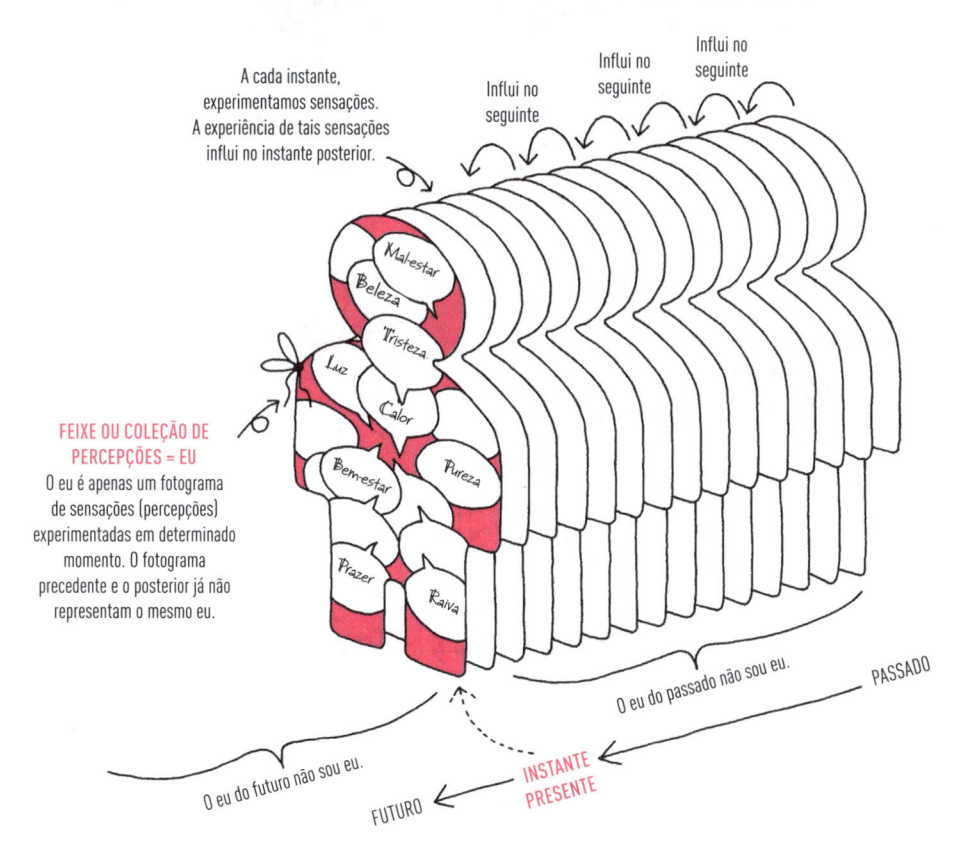

A cada instante, experimentamos sensações. A experiência de tais sensações influi no instante posterior.

Influi no seguinte

FEIXE OU COLEÇÃO DE PERCEPÇÕES = EU

O eu é apenas um fotograma de sensações (percepções) experimentadas em determinado momento. O fotograma precedente e o posterior já não representam o mesmo eu.

Mal-estar, Beleza, Tristeza, Luz, Calor, Bem-estar, Pureza, Prazer, Raiva

O eu do passado não sou eu. — PASSADO

O eu do futuro não sou eu. — FUTURO

INSTANTE PRESENTE

Considerando que segundo Hume só existem as sensações (percepções), não existe uma substância (p. 132) que ele designe como "eu".

RELAÇÃO DE CAUSA E EFEITO

Obra representativa.. *Tratado sobre a natureza humana*
Conceito relacionado..um feixe ou uma coleção de
diferentes percepções (p. 128)
Nota.. Kant dirá que a filosofia de Hume o
despertou do "sono dogmático"

Chegou-se a acreditar que no mundo da natureza existe uma relação de **causa e efeito** (princípio de causa e efeito). Por exemplo, considerando que, quando toco uma barra de ferro, ela deixa um cheiro na minha mão, percebo a relação de causa e efeito que se estabelece entre o ferro e o cheiro que emana dele. Mas, na verdade, o ferro é inodoro.

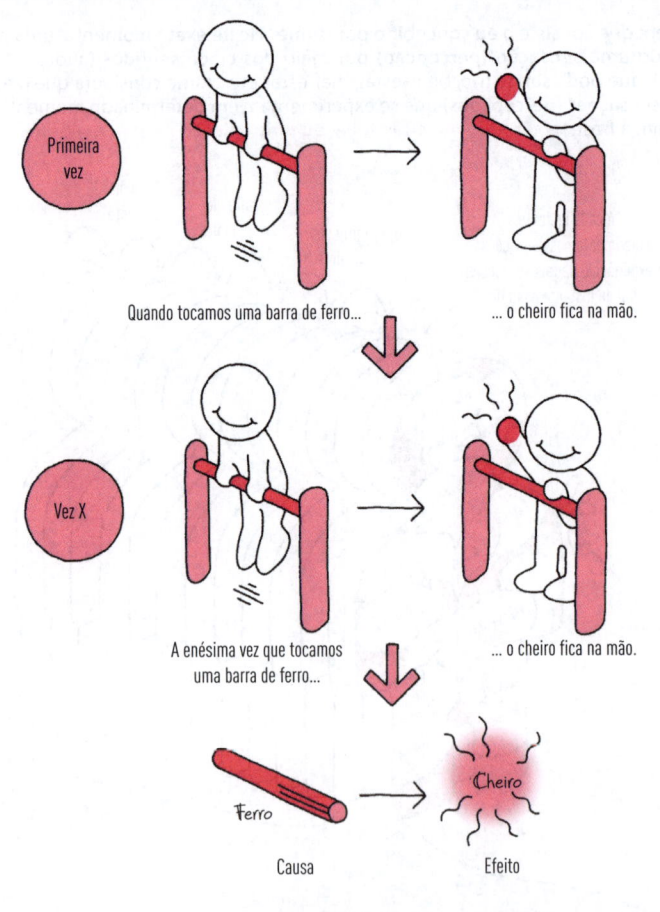

Primeira vez

Quando tocamos uma barra de ferro... ... o cheiro fica na mão.

Vez X

A enésima vez que tocamos uma barra de ferro... ... o cheiro fica na mão.

Ferro → Cheiro
Causa   Efeito

PERCEBEMOS A RELAÇÃO DE CAUSA E EFEITO QUE SE ESTABELECE ENTRE O FERRO E DETERMINADO CHEIRO. MAS...

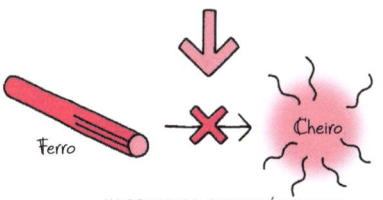

NA REALIDADE, O FERRO É INODORO!
A relação de causa e efeito entre o ferro e "seu" cheiro é uma impressão advinda do costume!

Com a **relação de causa e efeito** que afirma que "o fogo emana calor" poderia acontecer o mesmo. Hume considera que **a relação de causa e efeito** é uma impressão dada na experiência (costume) e que não existe no mundo da natureza. Ao negar uma **relação de causa e efeito necessária**, Hume vê as ciências naturais com ceticismo. Com efeito, ele afirma que, embora ao tocar o fogo noventa e nove vezes nos queimamos, a centésima vez poderia não ser assim.

Primeira vez — Quando tocamos o fogo... ... nos queimamos!

Vez X — A enésima vez que tocamos o fogo... ... nos queimamos!

Causa — Efeito

PERCEBEMOS A RELAÇÃO DE CAUSA E EFEITO QUE SE ESTABELECE ENTRE O FOGO E O CALOR QUE EMANA DELE.
Mas será que essa não é uma impressão advinda do costume, como na relação de causa e efeito que se estabelece entre o ferro e "seu" cheiro?

SUBSTÂNCIA

▶ 96

Significado .... aquilo que para existir se basta a si mesmo
Nota .... a filosofia contemporânea critica o recurso ao
conceito de "substância" apelando ao "relativismo", que afirma
que o valor de algo sempre é definido em relação a outra coisa

DESCARTES E OUTROS

Define-se como **substância aquilo que não depende de outra coisa para existir, mas que existe em si e por si mesmo**. O conceito também é traduzido com as expressões "forma verdadeira" ou "verdadeira natureza" das coisas. Todos os filósofos se perguntaram [alguma vez]: "Mas, concretamente, o que [ou que coisa] é a **substância**?".

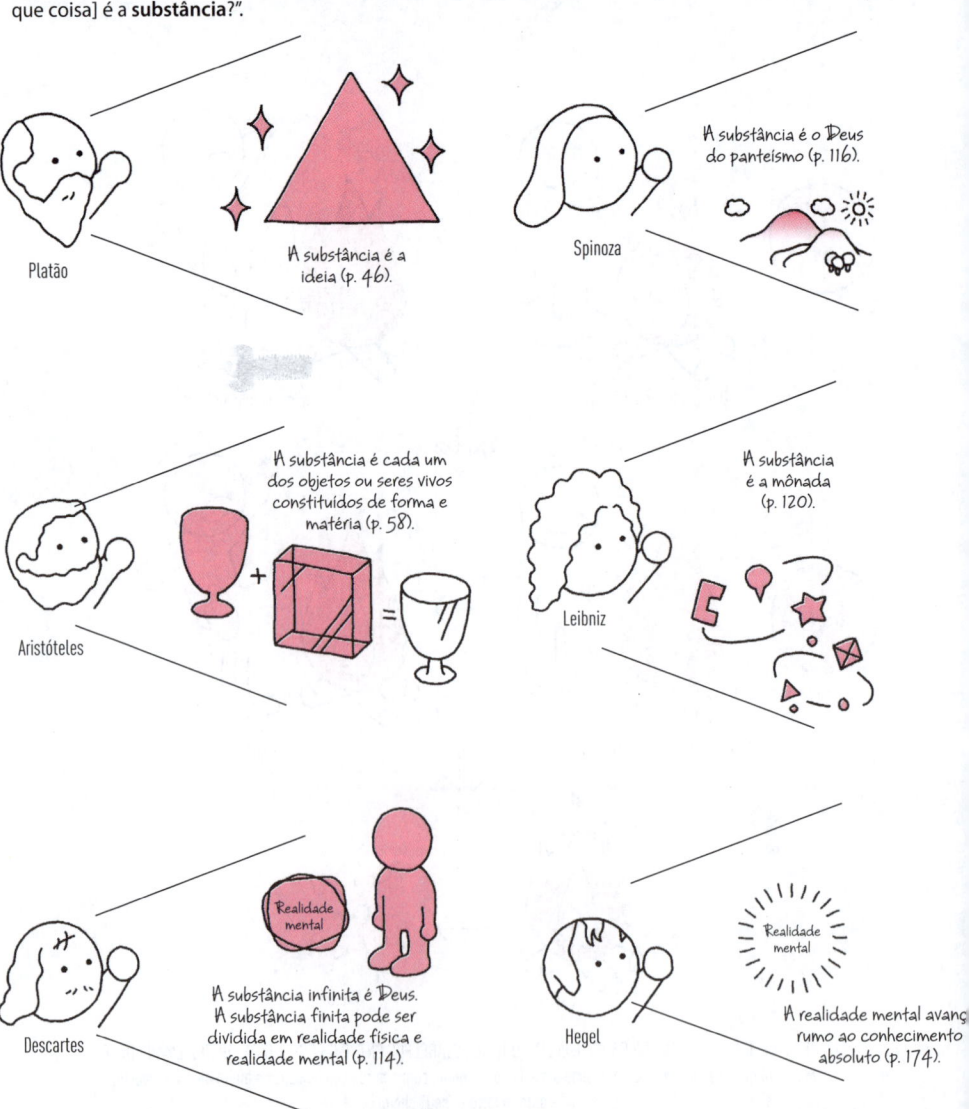

Platão — A substância é a ideia (p. 46).

Spinoza — A substância é o Deus do panteísmo (p. 116).

Aristóteles — A substância é cada um dos objetos ou seres vivos constituídos de forma e matéria (p. 58).

Leibniz — A substância é a mônada (p. 120).

Descartes — A substância infinita é Deus. A substância finita pode ser dividida em realidade física e realidade mental (p. 114).

Hegel — A realidade mental avança rumo ao conhecimento absoluto (p. 174).

EPISTEMOLOGIA

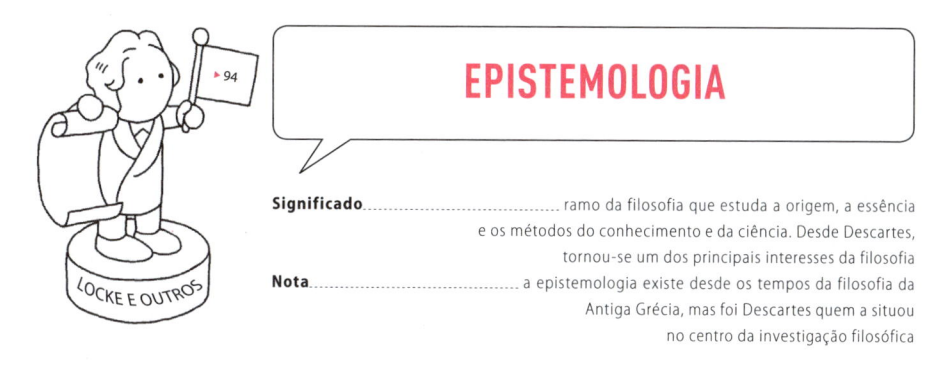

Significado .... ramo da filosofia que estuda a origem, a essência e os métodos do conhecimento e da ciência. Desde Descartes, tornou-se um dos principais interesses da filosofia

Nota .... a epistemologia existe desde os tempos da filosofia da Antiga Grécia, mas foi Descartes quem a situou no centro da investigação filosófica

LOCKE E OUTROS

▶ 94

A **epistemologia** parte da seguinte pergunta: "como os seres humanos conseguem conhecer as coisas?".

Os seres humanos possuem noções básicas desde o nascimento.

Ideias inatas

CONTRA

Tabula rasa

Não é verdade. Não as possuem.

RACIONALISMO CONTINENTAL (p. 107)
Descartes

EMPIRISMO INGLÊS (p. 101)
Locke

Posteriormente, passa-se à controvérsia sobre a existência, ou não, das **ideias inatas** (p. 112).

A forma, o peso e a quantidade podem ser captados objetivamente.

CONTRA

Forma, peso e quantidade são apenas noções subjetivas.

Locke

Berkeley

Também dentro do **empirismo inglês** (p. 101), encontramos pontos de vista opostos: dos que reconhecem a existência objetiva das coisas e dos que não a reconhecem. Mas, em geral, o problema se reduz a: **o conhecimento do sujeito e o objeto coincidem?**

B — A — C

A, B e C coincidem?

OS MORALISTAS

▶ 99

Significado .... grupo de pensadores que, entre os séculos XVI e XVII, analisam a mentalidade, os costumes e a forma de vida dos seres humanos
Exemplos concretos .... Montaigne, Pascal, La Rochefoucauld
Nota .... uso de formas de expressão livre, como o ensaio não argumentativo, a máxima ou o aforismo

Em 1492, **Cristóvão Colombo** desembarca no Novo Mundo. A maior parte dos espanhóis da época define os habitantes do Novo Mundo como selvagens.

NOVO MUNDO

Santa Maria

Submissão à escravidão

Destruição da cultura local

Genocídio

Saques

Imposição da própria forma de pensar

Imposição da cultura ocidental

Montaigne se aflige profundamente com os saques, as imposições culturais e o genocídio que os espanhóis cometem no Novo Mundo.

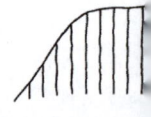

Durante o mesmo período, na Europa eclodem guerras religiosas que a alteram profundamente.

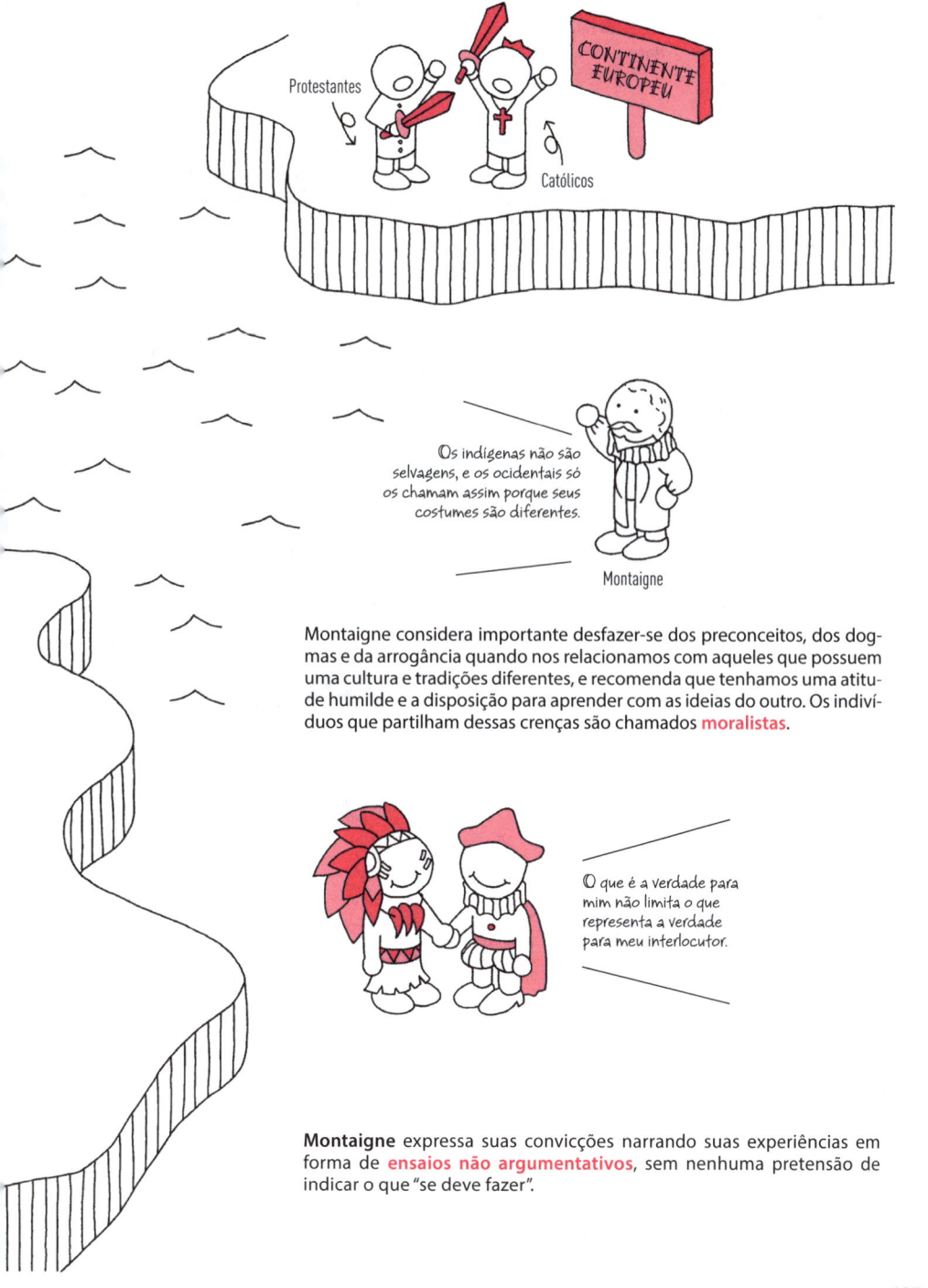

CONTINENTE EUROPEU

Protestantes
Católicos

Os indígenas não são selvagens, e os ocidentais só os chamam assim porque seus costumes são diferentes.

Montaigne

Montaigne considera importante desfazer-se dos preconceitos, dos dogmas e da arrogância quando nos relacionamos com aqueles que possuem uma cultura e tradições diferentes, e recomenda que tenhamos uma atitude humilde e a disposição para aprender com as ideias do outro. Os indivíduos que partilham dessas crenças são chamados **moralistas**.

O que é a verdade para mim não limita o que representa a verdade para meu interlocutor.

Montaigne expressa suas convicções narrando suas experiências em forma de **ensaios não argumentativos**, sem nenhuma pretensão de indicar o que "se deve fazer".

O SER HUMANO É UM CANIÇO PENSANTE

Fonte... *Pensamentos*
Conceito relacionado.. moralistas (p. 134)
Nota.. a frase "Se o nariz de Cleópatra tivesse sido mais curto, toda a face da Terra teria mudado" é um fragmento de *Pensamentos*

A partir da filosofia pré-moderna, o racionalismo se difunde, em conjunto com a ideia de que a razão humana é quase onipotente. **Pascal** é consciente do perigo de tal atitude. Na imensidão do universo, o ser humano é fraco como um caniço. É fundamental que tenhamos plena consciência de nossos próprios limites.

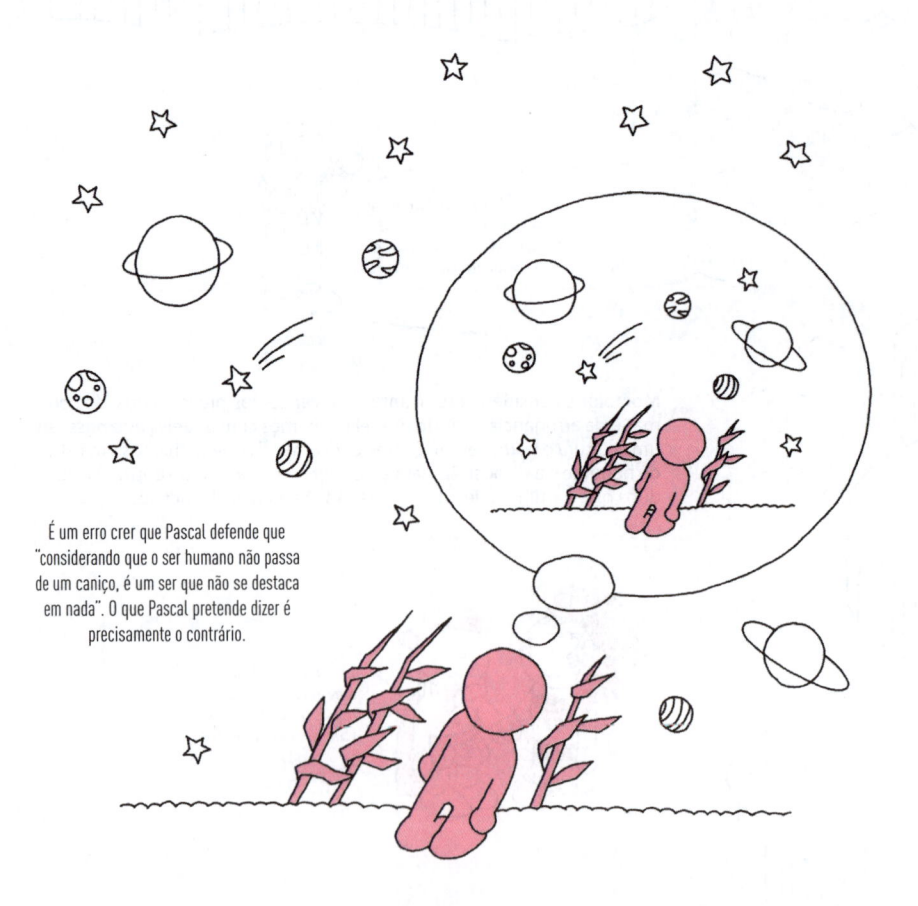

É um erro crer que Pascal defende que "considerando que o ser humano não passa de um caniço, é um ser que não se destaca em nada". O que Pascal pretende dizer é precisamente o contrário.

O ser humano consegue tomar consciência dos limites de seu próprio conhecimento e de sua própria razão. Segundo **Pascal**, essa tomada de consciência confere nobreza ao ser humano, que ele define como **"um caniço pensante"**. Assim como **Montaigne** (p. 99), **Pascal** é um dos **moralistas** (p. 135) que criticaram a pretensão de controle por parte do intelecto humano.

ESPÍRITO DE FINURA

▶ 99

Significado .... mentalidade flexível que entende intuitivamente uma totalidade de fenômenos complexos
Fonte .... *Pensamentos*
Conceito antônimo .... espírito de geometria
Conceito relacionado .... moralistas (p. 134)

PASCAL

Sendo também matemático, **Descartes** faz da matemática um modelo para construir a filosofia e a moral. Utilizando o **raciocínio dedutivo** (p. 105) e valendo-se de termos como "axioma", "definição" e "demonstração", reflete sobre as coisas de maneira sistemática.

ESPÍRITO DE GEOMETRIA DE DESCARTES

Roubar é incorreto.

Os ladrões são pessoas más.　　A cometeu um roubo.　　A é uma pessoa má.

Descartes considera que com um raciocínio desse tipo é possível demonstrar tudo, inclusive a existência de Deus. **Pascal** também é matemático, mas crê que as coisas não podem ser julgadas somente conforme a mesma **lógica** utilizada na matemática.

ESPÍRITO DE FINURA DE PASCAL

A não é uma pessoa má...

Considerando que o coração de um ser humano está cheio de contradições, avaliar cada situação de forma intuitiva é sempre um modo de usar a razão.

O significado das coisas e o coração das pessoas estão cheios de contradições. **Pascal** considera que julgá-los em sua complexidade utilizando o **instinto** é um modo de usar a **razão**. É o que ele denomina **espírito de finura** em oposição ao **espírito de geometria**.

LEVIATÃ

Posição de Hobbes sobre o contrato social

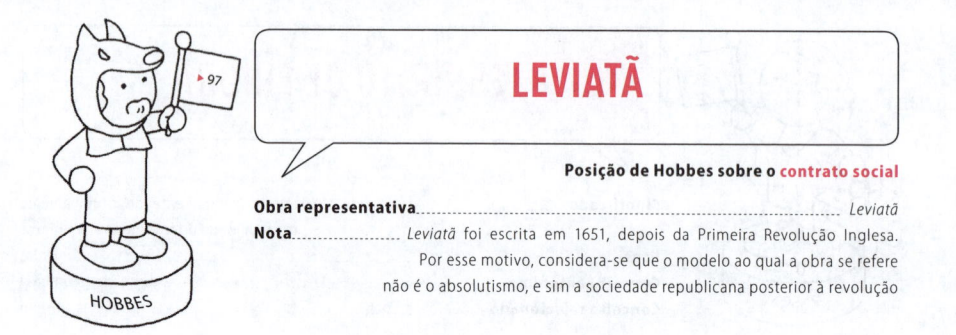

Obra representativa.. *Leviatã*
Nota.................... *Leviatã* foi escrita em 1651, depois da Primeira Revolução Inglesa. Por esse motivo, considera-se que o modelo ao qual a obra se refere não é o absolutismo, e sim a sociedade republicana posterior à revolução

Na época da filosofia pré-moderna, considera-se que a autoridade do rei é outorgada por Deus **(direito divino do rei)** e sob ela se forma o Estado.

A autoridade do soberano foi conferida por Deus.

Em oposição a isso, **Hobbes** pretende entender a estrutura do Estado de um modo racional. Em primeiro lugar, imagina como seria uma sociedade na **ausência de um poder público** (estado de natureza). Depois, afirma que em um estado de natureza se geraria uma situação de "bellum omnium contra omnes" na qual os seres humanos lutariam entre si para afirmar sua própria liberdade.

Do estado de natureza ao "bellum omnium contra omnes".

Desse modo, não se pode manter a liberdade individual: isso explica a necessidade de estipular um acordo para não entrar em guerra.

> Estipulamos o acordo de não entrar em guerra.

> Estipulamos o acordo de não entrar em guerra.

> Estipulamos o acordo de não entrar em guerra.

Para castigar aqueles que não respeitam esse acordo, são necessárias instituições públicas dotadas de um poder absoluto e, por conseguinte, a presença de um rei. Hobbes compara essas instituições com o Leviatã, monstro marinho aterrorizante que aparece no Livro de Jó, no Antigo Testamento. Um Estado não pode funcionar sem um soberano com um poder forte como o do Leviatã.

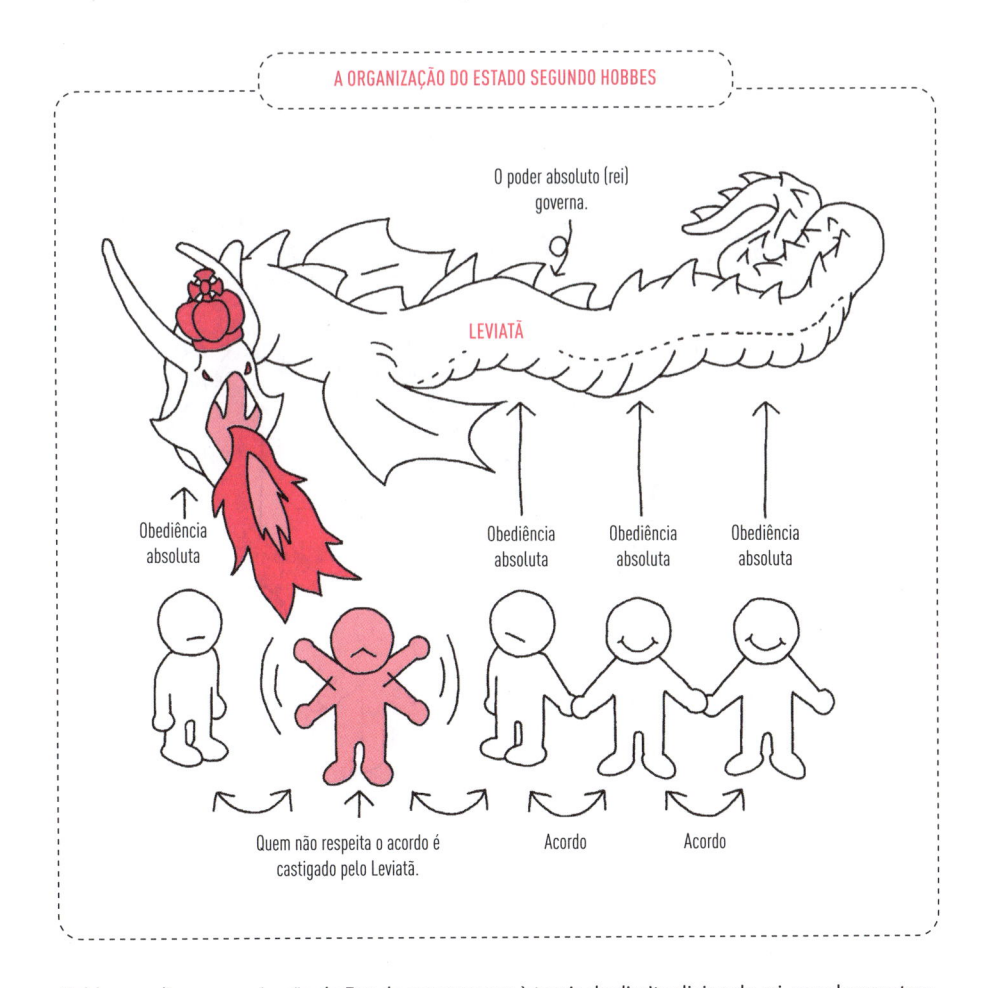

A ORGANIZAÇÃO DO ESTADO SEGUNDO HOBBES

O poder absoluto (rei) governa.

LEVIATÃ

Obediência absoluta

Obediência absoluta

Obediência absoluta

Obediência absoluta

Quem não respeita o acordo é castigado pelo Leviatã.

Acordo

Acordo

Hobbes explica a organização do Estado sem recorrer à teoria do direito divino do rei, mas demonstrando racionalmente a necessidade da monarquia absoluta.

DIREITO DE RESISTÊNCIA

Posição de Locke sobre o contrato social

Significado............o direito dos cidadãos de se opor a um uso injusto do poder
Obra representativa............*Dois tratados sobre o governo*
Nota............o direito de resistência compreende também o "direito de revolução", isto é, o direito de instaurar um novo governo, construindo assim uma base teórica para as revoluções francesas e americana

Em contraposição ao pensamento de **Hobbes** (Leviatã, p. 139), **Locke** consente à autoridade o poder de castigar os criminosos e de proteger o povo, mas considera que, em última instância, a soberania pertence ao **povo** (soberania popular). Além disso, caso o poder prejudique os direitos dos cidadãos, estes têm o direito de resistência, isto é, de fazer uma revolução e instaurar um novo Estado.

A ORGANIZAÇÃO DO ESTADO SEGUNDO LOCKE

Para que o poder público não se transforme em ditadura, divide-se em três partes: "federativo (diplomacia)", "legislativo" e "executivo". Posteriormente, Montesquieu (p. 98) transformará essas três atividades da política nos poderes executivo, legislativo e judiciário, tal como conhecemos hoje em dia.

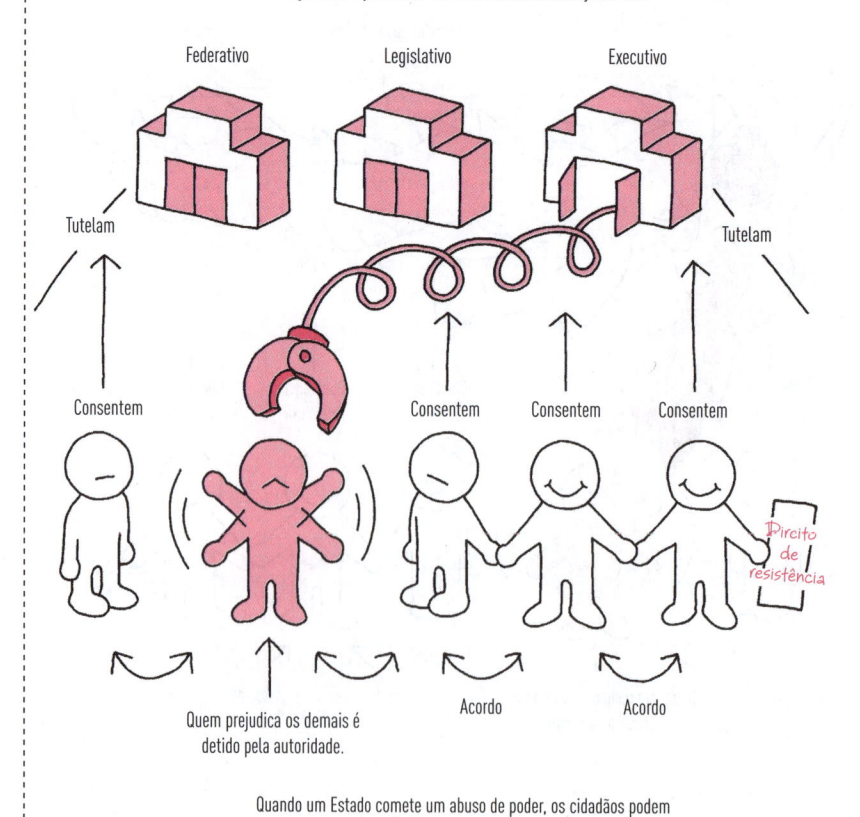

Federativo Legislativo Executivo

Tutelam Tutelam

Consentem Consentem Consentem Consentem

Direito de resistência

Quem prejudica os demais é detido pela autoridade.

Acordo Acordo

Quando um Estado comete um abuso de poder, os cidadãos podem alegar o "direito de resistência" e o "direito de revolução".

VONTADE GERAL

Posição de Rousseau sobre o contrato social

Obra representativa .... *O contrato social*

Nota .... Rousseau denomina "vontade geral" a vontade do povo dirigida ao bem comum, à diferença da "vontade de todos", entendida como a soma das "vontades particulares", isto é, dos interesses individuais

Em oposição ao pensamento de **Hobbes** (Leviatã, p. 139), **Rousseau** considera que **o estado de natureza** (p. 138) é a condição ideal para os seres humanos, e deseja um **"retorno à natureza"**. Por natureza, os seres humanos têm uma disposição para a colaboração recíproca **(vontade geral)**, sem que seja necessária a intervenção de uma autoridade. Por conseguinte, a forma ideal de Estado é uma democracia direta.

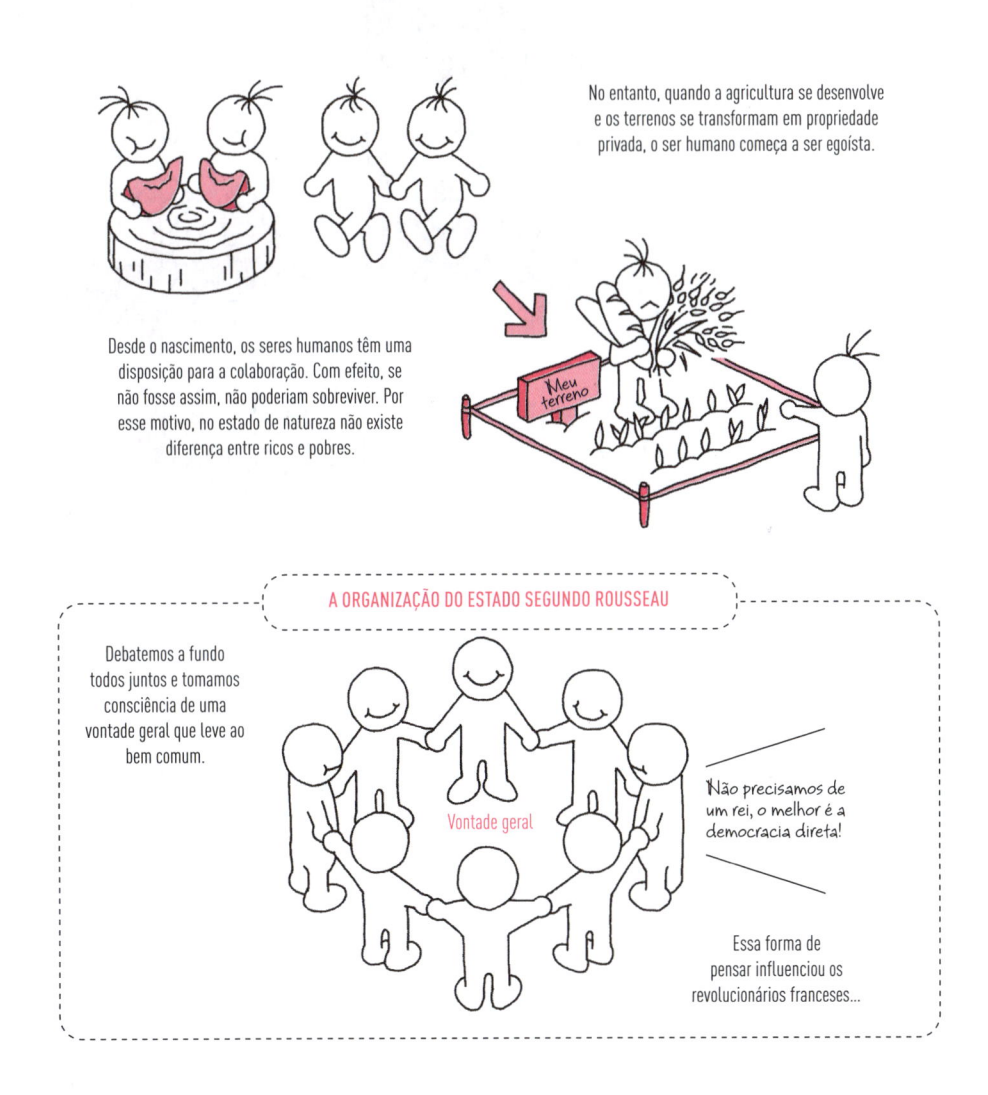

Desde o nascimento, os seres humanos têm uma disposição para a colaboração. Com efeito, se não fosse assim, não poderiam sobreviver. Por esse motivo, no estado de natureza não existe diferença entre ricos e pobres.

No entanto, quando a agricultura se desenvolve e os terrenos se transformam em propriedade privada, o ser humano começa a ser egoísta.

A ORGANIZAÇÃO DO ESTADO SEGUNDO ROUSSEAU

Debatemos a fundo todos juntos e tomamos consciência de uma vontade geral que leve ao bem comum.

Vontade geral

Não precisamos de um rei, o melhor é a democracia direta!

Essa forma de pensar influenciou os revolucionários franceses...

ILUMINISMO

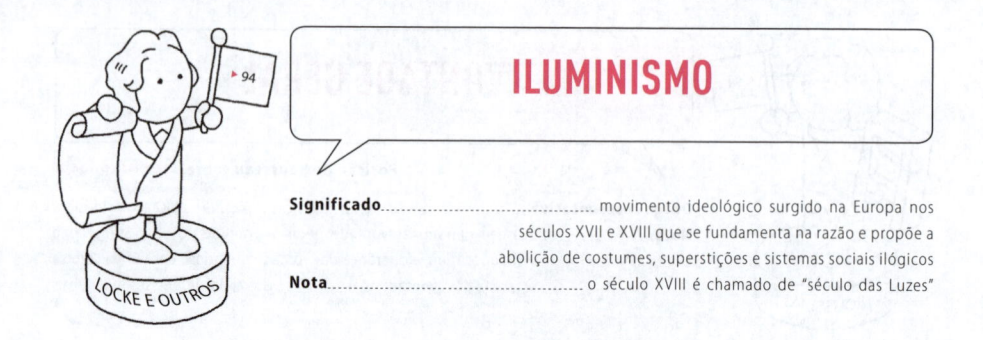

Significado .... movimento ideológico surgido na Europa nos séculos XVII e XVIII que se fundamenta na razão e propõe a abolição de costumes, superstições e sistemas sociais ilógicos

Nota .... o século XVIII é chamado de "século das Luzes"

LOCKE E OUTROS ▶ 94

Da segunda metade do século XVII à primeira metade do século XVIII, a autoridade da Igreja na Europa ainda é muito importante, e o regime monárquico é absoluto.

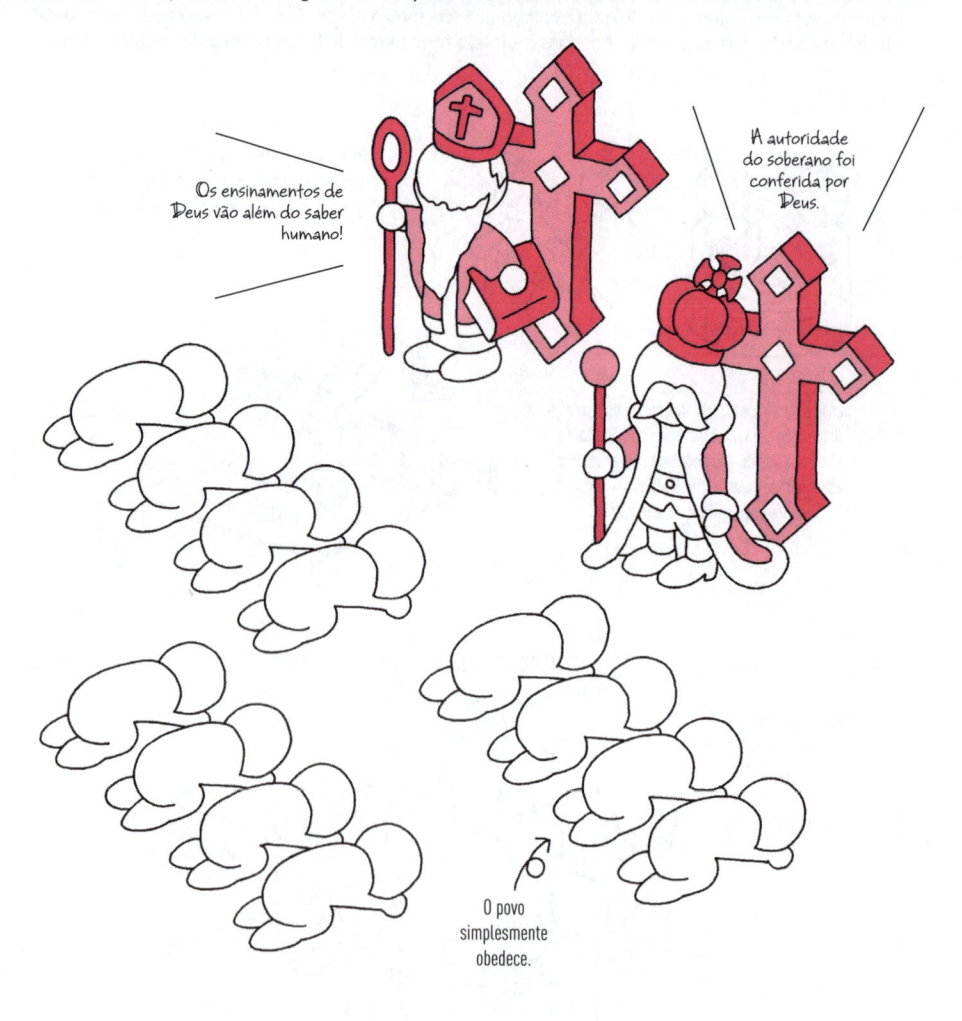

Os ensinamentos de Deus vão além do saber humano!

A autoridade do soberano foi conferida por Deus.

O povo simplesmente obedece.

Locke, Rousseau (p. 98) e **Montesquieu** (p. 98) criticam duramente essa concepção.

Os iluministas querem compreender de maneira mais lógica como deveriam ser o Estado e a sociedade, e afirmam que desejam transformar essas duas coisas em entes mais racionais.

OS ILUMINISTAS

Locke Rousseau Montesquieu

Além disso, promovem a teoria do contrato social que elaboraram e proporcionam apoio teórico para as revoluções populares. Esse é o **pensamento iluminista**.

Os seres humanos são livres e iguais. Rebelemo-nos!

Sim!

Na época, existe também uma burguesia que começa a ganhar poder econômico.

Iluminista

Ao considerar infalível o pensamento racional, o iluminismo não carece de aspectos problemáticos sobre os quais refletir. Contudo, é inegável a contribuição teórica que tem para as revoluções modernas e para o fim do absolutismo.

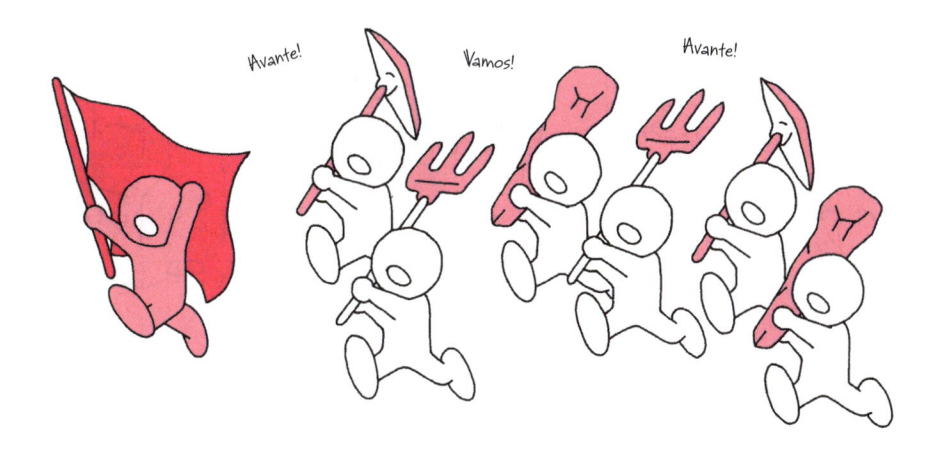

Avante! Vamos! Avante!

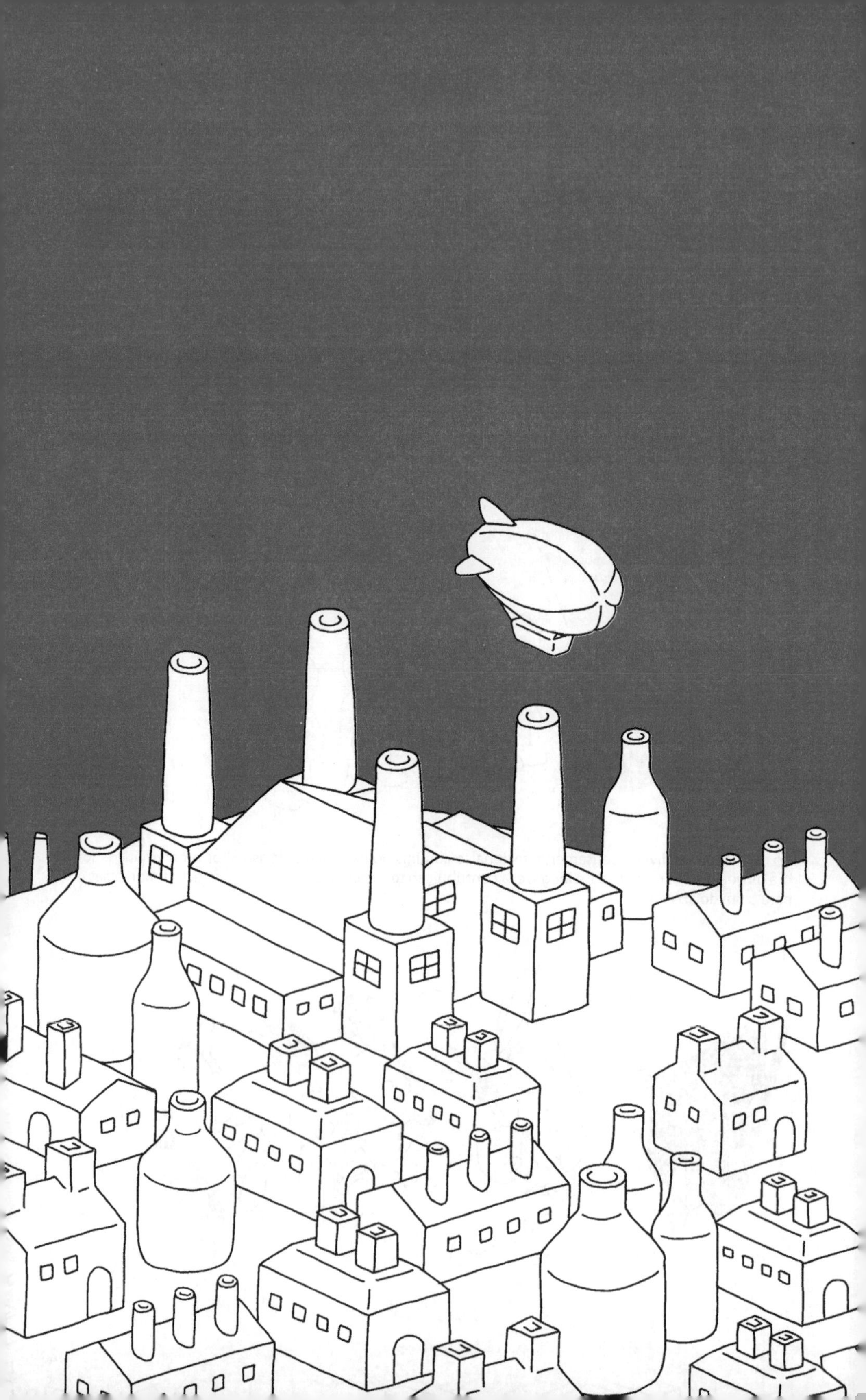

A FILOSOFIA MODERNA

Os filósofos modernos

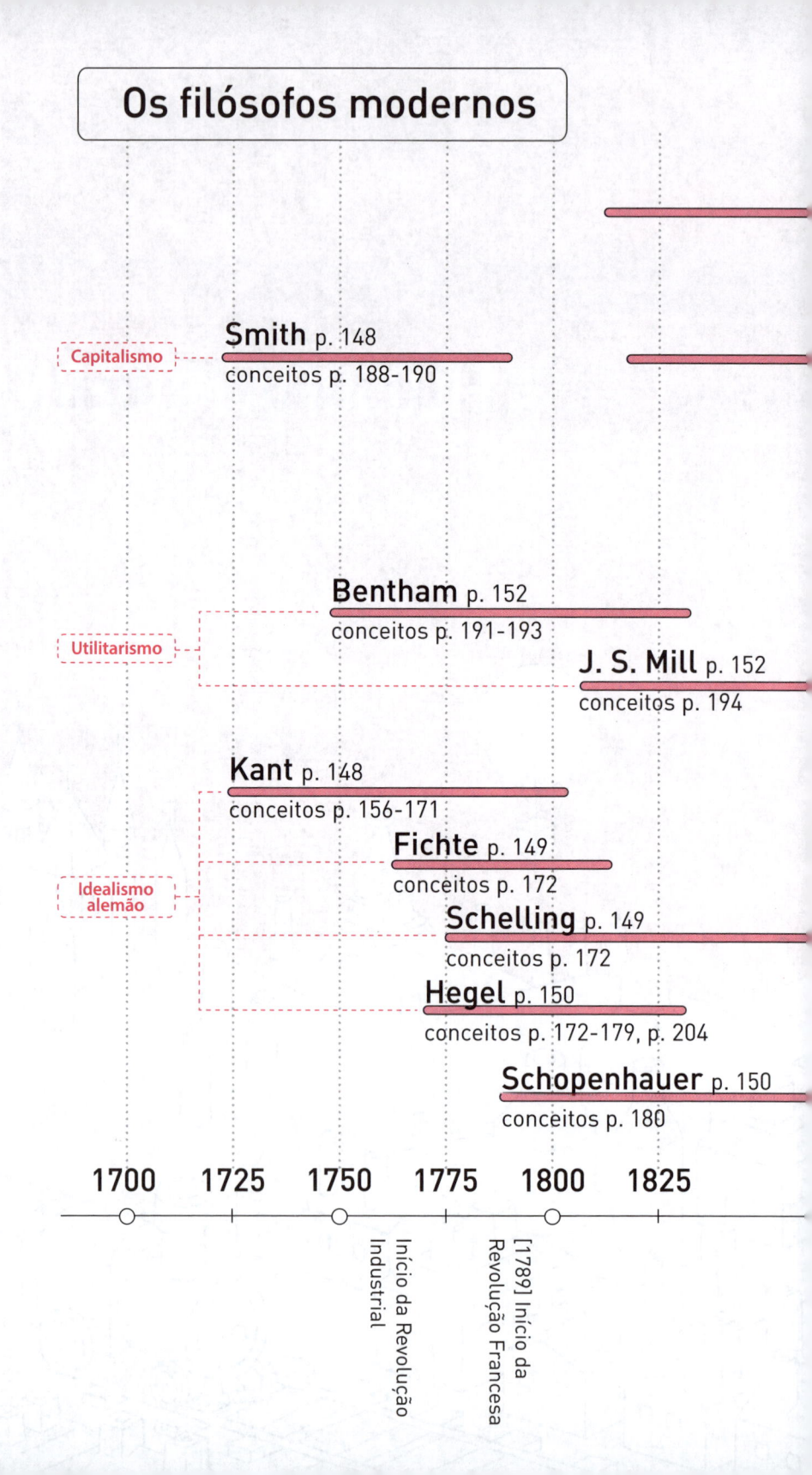

Capitalismo
- **Smith** p. 148 — conceitos p. 188-190

Utilitarismo
- **Bentham** p. 152 — conceitos p. 191-193
- **J. S. Mill** p. 152 — conceitos p. 194

Idealismo alemão
- **Kant** p. 148 — conceitos p. 156-171
- **Fichte** p. 149 — conceitos p. 172
- **Schelling** p. 149 — conceitos p. 172
- **Hegel** p. 150 — conceitos p. 172-179, p. 204
- **Schopenhauer** p. 150 — conceitos p. 180

1700 — 1725 — 1750 — 1775 — 1800 — 1825

- Início da Revolução Industrial
- [1789] Início da Revolução Francesa

ierkegaard p. 152
conceitos p. 182-186

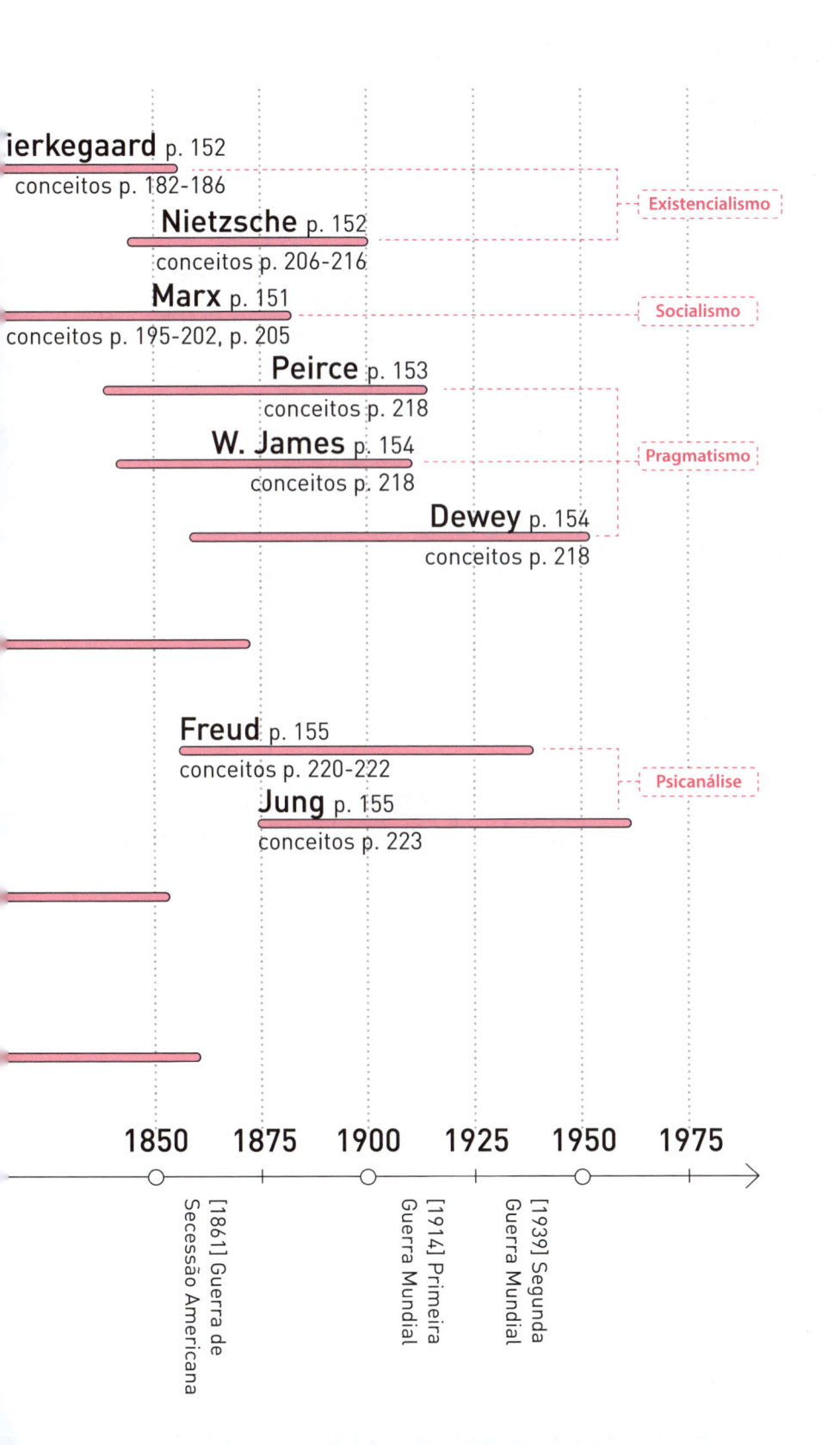

Nietzsche p. 152
conceitos p. 206-216 --- Existencialismo

Marx p. 151
conceitos p. 195-202, p. 205 --- Socialismo

Peirce p. 153
conceitos p. 218

W. James p. 154
conceitos p. 218 --- Pragmatismo

Dewey p. 154
conceitos p. 218

Freud p. 155
conceitos p. 220-222 --- Psicanálise

Jung p. 155
conceitos p. 223

1850   1875   1900   1925   1950   1975

[1861] Guerra de Secessão Americana
[1914] Primeira Guerra Mundial
[1939] Segunda Guerra Mundial

147

Teoria dos sentimentos morais, A riqueza das nações

Defende um liberalismo que afirma que as ações baseadas no egoísmo individual são guiadas pela mão invisível (divina) e dessa maneira aumentam o benefício da sociedade como um todo.

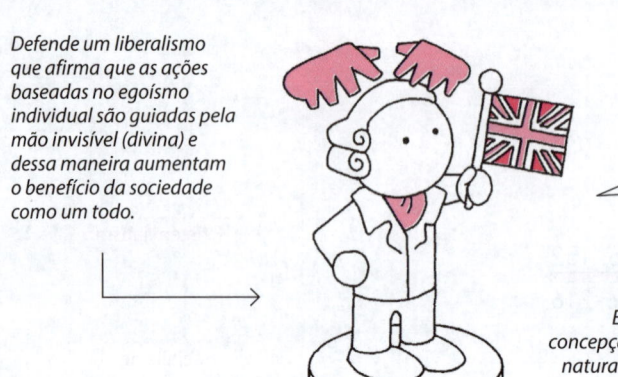

> LAISSEZ-FAIRE.

Expressão com a qual designa sua concepção do liberalismo. Os homens são naturalmente levados a buscar e obter a simpatia dos demais e, por conseguinte, a felicidade e o bem-estar de todos.

1723-1790

ADAM SMITH ▶ P. 188-190

Economista e filósofo escocês, estudou nas universidades de Glasgow e Oxford e com apenas 20 anos obteve uma cátedra na primeira delas. Durante seus anos de formação, publicou sua *Teoria dos sentimentos morais*, que lhe conferiu certo reconhecimento. Abandonou a docência e partiu para a Europa, onde se tornaria mentor de algumas famílias nobres; ao voltar à Escócia, escreveu *A riqueza das nações*, uma tentativa de sistematizar a economia, na qual expõe sua teoria sobre a livre troca e sobre a política liberal.

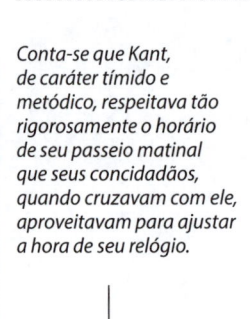

Crítica da razão pura, Crítica da razão prática, Crítica da faculdade de julgar

Conta-se que Kant, de caráter tímido e metódico, respeitava tão rigorosamente o horário de seu passeio matinal que seus concidadãos, quando cruzavam com ele, aproveitavam para ajustar a hora de seu relógio.

> A PAZ NO MUNDO É A MISSÃO QUE NOS FOI ATRIBUÍDA.

Frase extraída do ensaio A paz perpétua, em que prevê uma comunidade política que possa garantir as relações entre os Estados e que, de algum modo, antecipa a Organização das Nações Unidas.

1724-1804

IMMANUEL KANT ▶ P. 156-171

Filósofo alemão, nasceu em Königsberg, cidade prussiana hoje conhecida como Kaliningrado, pertencente ao território russo. Filho de um seleiro, depois de graduado ganhou a vida durante nove anos como tutor particular e posteriormente tornou-se professor, decano da faculdade e reitor da Universidade de Königsberg. É famoso por ter levado uma vida regida por ritmos extremamente regulares. Sua filosofia sintetiza o racionalismo continental com o empirismo inglês.

Com os Discursos à nação alemã – *uma série de discursos feitos em Berlim sob o controle do Exército napoleônico francês –, reivindica o espírito e a cultura nacionais e exalta os sentimentos patrióticos para com a nação.*

O EU PÕE A SI MESMO.

Fundamentos da doutrina da ciência completa, Discursos à nação alemã

O eu põe a si mesmo: Fichte concebe um "eu" que une prática e conhecimento.

1762-1814

JOHANN GOTTLIEB FICHTE ▶ P. 172

Filósofo e idealista alemão, nasceu em uma família modesta em uma cidadezinha perto de Dresden. Durante a juventude, estudou a filosofia de Kant, que exerceria grande influência em seu pensamento. Ocupou uma cátedra de filosofia na Universidade de Jena e depois na Universidade de Berlim, da qual se tornou o primeiro reitor. Aprofundou-se na filosofia de Kant e levou até as últimas consequências a ideia da superioridade da razão prática. Depois de sua morte, aos 50 anos, Hegel o substituiu na Universidade de Berlim. Fichte está enterrado junto à tumba deste último.

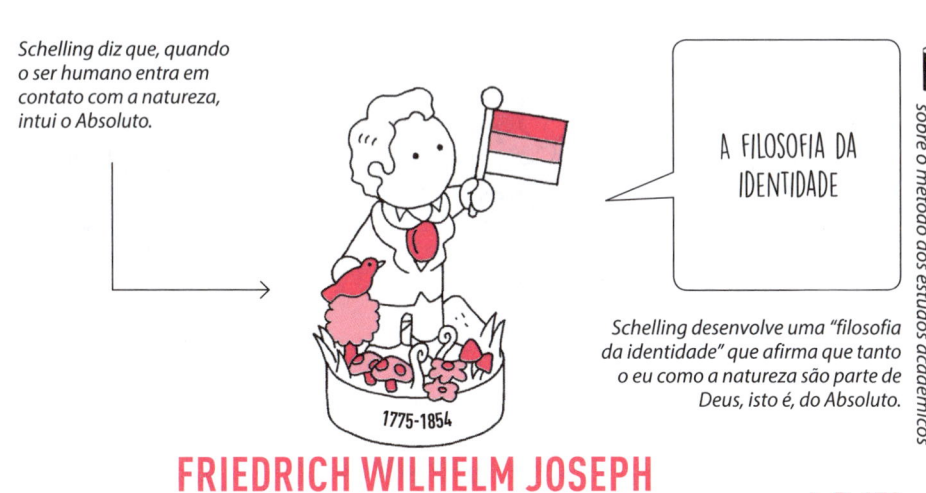

Schelling diz que, quando o ser humano entra em contato com a natureza, intui o Absoluto.

A FILOSOFIA DA IDENTIDADE

Investigação filosófica sobre a essência da liberdade humana, Lições sobre o método dos estudos acadêmicos

Schelling desenvolve uma "filosofia da identidade" que afirma que tanto o eu como a natureza são parte de Deus, isto é, do Absoluto.

1775-1854

FRIEDRICH WILHELM JOSEPH VON SCHELLING ▶ P. 172

Filósofo e idealista alemão, revelou-se um gênio precoce e, por vias excepcionais, aos 15 anos ingressou no seminário teológico de Tubinga (segundo as regras, não era permitido o ingresso de alunos menores de 20 anos), onde fez amizade com Hegel e Hölderlin, cinco anos mais velhos que ele. Após a expulsão de Fichte da Universidade de Jena, foi nomeado professor de filosofia nessa mesma universidade. Relacionou-se com os artistas românticos e encontrou na arte a união de natureza e espírito. Depois da morte de Hegel, ensinou filosofia na Universidade de Berlim.

Fenomenologia do espírito, Princípios da filosofia do direito, Ciência da lógica

São muito célebres estas palavras que se encontram na introdução a Princípios da filosofia do direito: "a coruja de Minerva inicia seu voo no crepúsculo", querendo dizer, com essa metáfora, que a filosofia sempre vai um passo atrás da história e só chega a entender o significado de uma época ao término de seu desenvolvimento.

> TUDO QUE É RACIONAL É REAL, TUDO QUE É REAL É RACIONAL.

Hegel afirma que tudo que existe no mundo é uma manifestação do espírito (da razão).

1770-1831

GEORG WILHELM FRIEDRICH HEGEL

▶ P. 172-179, P. 204

Originário de Stuttgart, Hegel levou a filosofia moderna a seu auge. Apesar de ser um professor muito popular na Universidade de Jena, em decorrência da conquista da Prússia por parte de Napoleão, a universidade foi fechada, e Hegel abandonou a cidade. Mais tarde, foi redator-chefe de um jornal, diretor e professor do liceu de Nuremberg, e professor de filosofia, primeiro na Universidade de Heidelberg e depois na de Berlim, da qual também chegaria a ser reitor. Exerceu uma notável influência no mundo intelectual da época. Morreu aos 61 anos, de cólera.

O mundo como vontade e representação

Batizou seu cachorro com o nome de Atma (que significa "espírito do mundo"), mas conta-se que, quando se irritava, ele gritava ao cão: "Você por acaso é humano?".

> É A VONTADE CEGA E IRRACIONAL QUE DÁ ORIGEM A ESTE MUNDO.

Desesperado pela cega cobiça humana, Schopenhauer busca a salvação na arte.

1788-1860

ARTHUR SCHOPENHAUER

▶ P. 180

Filósofo alemão, nascido em Danzig, frequentou a Faculdade de Medicina da Universidade de Göttingen, mas por fim se inscreveu na Faculdade de Filosofia. Tornou-se professor da Universidade de Berlim, mas, graças à fama de Hegel (cujas aulas eram dadas ao mesmo tempo que as suas), os estudantes abandonaram seu curso, que foi interrompido ao cabo de seis meses. Depois, viveu os anos seguintes como escritor livre. O pessimismo e a misantropia desenvolvidos em sua obra principal, *O mundo como vontade e representação*, exerceram grande influência sobre Nietzsche.

O tema central da reflexão de Kierkegaard é a dimensão existencial do cristianismo.

O DESESPERO É A DOENÇA MORTAL.

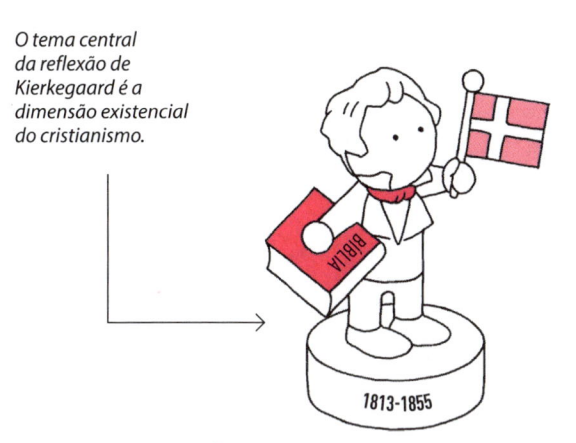

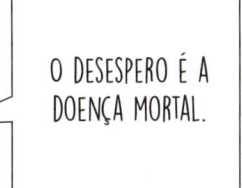

O desespero humano, Ou-ou: um fragmento de vida

Em sua obra O desespero humano, *reflete sobre o significado de "desespero". Descobre a possibilidade de viver na fé.*

1813-1855

SØREN AABYE KIERKEGAARD

▶ P. 182-186

Filósofo dinamarquês, nasceu em Copenhague e é considerado o pai da filosofia existencialista. Depois de estudar teologia, aos 21 anos experimentou uma profunda crise que lhe provocou uma espécie de despertar existencial. Cresceu em uma família marcada por numerosos lutos e por uma educação extremamente rígida que o tornaria uma pessoa introvertida e melancólica. Aos 27 anos, apaixonou-se por Regina, uma jovem de 17 anos, mas ele mesmo romperia o compromisso de casamento. Seu pensamento se nutre da inquietude que o acompanhou durante toda a vida.

Com o apoio financeiro de seu amigo Engels, consolida o pensamento comunista e escreve O capital, *sua obra mais importante.*

PROLETÁRIOS DE TODO O MUNDO, UNI-VOS!

O capital, Manuscritos econômico-filosóficos de 1844, Manifesto do partido comunista

Exortação que aparece em Manifesto do partido comunista, *de Marx e Engels. É o slogan comunista mais famoso.*

1818-1883

KARL HEINRICH MARX

▶ P. 195-202, P. 205

Filósofo e economista alemão, nasceu em Tréveris e estudou direito, filosofia e história na Universidade de Bonn e na Universidade de Berlim, unindo-se a um grupo intelectual da esquerda hegeliana. Tornou-se redator-chefe da *Gazeta Renana*, mas, por causa da censura do governo, ficou sem trabalho e se mudou para Paris. Depois se refugiou na Bélgica, de novo em Paris, na Alemanha e, em 1849, na Inglaterra, onde viveria até o fim de seus dias. Frequentou a sala de leitura da biblioteca do Museu Britânico de Londres para estudar economia.

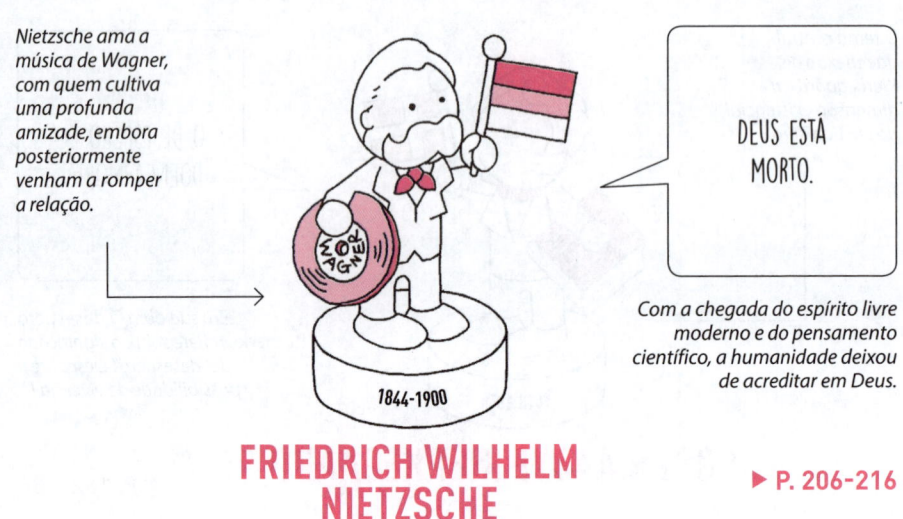

Assim falou Zaratustra, A genealogia da moral, Além do bem e do mal

Nietzsche ama a música de Wagner, com quem cultiva uma profunda amizade, embora posteriormente venham a romper a relação.

> DEUS ESTÁ MORTO.

Com a chegada do espírito livre moderno e do pensamento científico, a humanidade deixou de acreditar em Deus.

FRIEDRICH WILHELM NIETZSCHE

1844-1900

▶ P. 206-216

Filósofo alemão, nasceu na Prússia, na província da Saxônia, e ficou muitíssimo impressionado com a obra *O mundo como vontade e representação*, de Schopenhauer. Obteve qualificações tão brilhantes que, com 25 anos, foi-lhe oferecida uma cátedra na Universidade de Basileia, embora o mundo acadêmico tenha dado as costas à sua primeira obra madura, *O nascimento da tragédia*. Sua condição física e mental piorou e ele abandonou a carreira universitária para se dedicar a escrever, mantendo-se sempre celibatário. Afetado por crises psicológicas recorrentes, morreu aos 56 anos.

Uma introdução aos princípios da moral e da legislação

Inventa o panóptico (um sistema para vigiar todos os presos ao mesmo tempo) com o objetivo de tornar mais eficaz a gestão das prisões e de melhorar as condições dos presos.

> A MÁXIMA FELICIDADE PARA O MAIOR NÚMERO DE PESSOAS.

Bentham considera que o aumento do prazer e a diminuição da dor de toda a sociedade é o fundamento da legislação.

JEREMY BENTHAM

1748-1832

▶ P. 191-193

Filósofo e jurista inglês, fundador do utilitarismo. Nasceu em Londres em uma rica família de advogados e, aos 12 anos, ingressou na Universidade de Oxford, onde, ao concluir os estudos, obteve a habilitação como advogado, embora não tenha demonstrado qualquer interesse pela profissão: centrou toda sua atenção nos aspectos teóricos e nos princípios do direito. Posteriormente, ocupou-se da lei eleitoral para defender o sufrágio universal, concentrando sua energia em reformas políticas que permitissem colocar em prática os princípios do liberalismo.

Mill dá grande importância à qualidade dos prazeres intelectuais. De fato, afirma que é mais importante estar intelectualmente satisfeito do que de barriga cheia.

É MELHOR SER UM SER HUMANO INSATISFEITO DO QUE UM PORCO SATISFEITO.

Sobre a liberdade, Utilitarismo

Isto é, como ratifica a seguinte frase: "é melhor ser um Sócrates insatisfeito do que um tolo satisfeito".

1806-1873

JOHN STUART MILL ▶ P. 194

Filósofo e político inglês, recebeu do pai (grande amigo de Bentham) uma formação dirigida a torná-lo um gênio precoce. Aos 16 anos, fundou a Sociedade Utilitarista e, aos 17, entrou na Companhia Britânica das Índias Orientais, onde seu pai trabalhava. Ainda sendo um seguidor fervoroso dos princípios de Bentham, aos 20 anos elaborou um distanciamento crítico de seu pensamento e desenvolveu uma versão diferente do utilitarismo. Como político, impulsionou diferentes reformas democráticas e propôs, pela primeira vez na Câmara dos Comuns, o sufrágio das mulheres.

Peirce afirma que os conceitos que podem ser identificados têm um significado científico. Por exemplo, a respeito do conceito de "dureza", pode-se verificar se é possível ou não riscar uma coisa raspando-a com um mineral.

A ABDUÇÃO É O PROCESSO DE FORMAR HIPÓTESES EXPLICATIVAS; É A ÚNICA OPERAÇÃO LÓGICA QUE INTRODUZ NOVAS IDEIAS.

Como tornar claras nossas ideias

Peirce propõe um método de argumentação para descobrir hipóteses chamado "abdução".

1839-1914

CHARLES SANDERS PEIRCE ▶ P. 208

Filósofo estadunidense fundador do pragmatismo. Nascido em Cambridge, Massachusetts, e filho de um professor universitário, estudou matemática e física em Harvard. Depois de se graduar, desenvolveu um papel importante como engenheiro no Observatório de Harvard e no Serviço Geológico dos Estados Unidos. Fundou o "Círculo metafísico" e publicou artigos sobre matemática e filosofia. Perdeu o emprego na universidade após o escândalo provocado por seu divórcio e viveu na pobreza até o fim de seus dias.

Princípios de psicologia, Pragmatismo, As variedades da experiência religiosa, Ensaios em empirismo radical

Em sua obra Pragmatismo, James explica que o método pragmático permite resolver disputas metafísicas mostrando as consequências práticas de cada uma das ideias alternativas.

> NÃO CHORAMOS PORQUE FICAMOS TRISTES, FICAMOS TRISTES PORQUE CHORAMOS.

Famosa frase que explica de que modo chega em primeiro lugar a reação fisiológica e depois se experimenta a emoção ligada a ela.

1842-1910

WILLIAM JAMES ▶ P. 218

Filósofo e psicólogo estadunidense que desenvolveu o pragmatismo. James estudou medicina em Harvard, onde obteve o doutorado. Depois, criou um dos primeiros laboratórios de psicologia experimental dos Estados Unidos, no qual se ocupava de psicologia e filosofia. Participou ativamente do "Círculo metafísico" com Peirce e, sobre a base do pensamento deste último, consolidou o pragmatismo.

Reconstrução em filosofia, Democracia e educação

Dewey propõe a teoria do instrumentalismo, que afirma que as ideias são "instrumentos" úteis para afrontar problemas de todo tipo.

> APRENDER FAZENDO.

Frase que guia sua proposta educativa dirigida a atribuir uma grande importância à aprendizagem por meio da experiência. Dewey afirma que a aprendizagem espontânea está na base da democracia.

1859-1952

JOHN DEWEY ▶ P. 218

Filósofo e pedagogo estadunidense que consolidou o pragmatismo. Nascido em Vermont, depois de se graduar pela universidade homônima, trabalhou dois anos como professor do liceu e um ano como professor de escola. Matriculou-se na Universidade Johns Hopkins, onde se graduou novamente. Depois, ensinou Filosofia na Universidade de Chicago e na Universidade de Columbia. Muitos aspectos de seu pensamento pedagógico, como a fundação da "escola-laboratório" e a prática da aprendizagem por resolução de problemas, exercerão uma profunda influência sobre seus sucessores.

O terapeuta pede que os pacientes que sofrem de neurose se deitem em um divã e utiliza o método da "livre associação" para que expressem seus próprios pensamentos sem o controle da consciência.

TODO SONHO TEM UM SIGNIFICADO.

Na obra A interpretação dos sonhos, Freud elabora uma teoria psicológica sobre a profundidade do inconsciente e os modos como este se expressa.

1856-1939

SIGMUND FREUD   ▶ P. 220-222

A interpretação dos sonhos, Conferências introdutórias à psicanálise

Psiquiatra austríaco, Freud nasceu em Freiberg, na região da Morávia-Silésia do Império Austríaco (situada na atual República Tcheca). Depois de se graduar pela Faculdade de Medicina da Universidade de Viena, estudou na França, onde teve a possibilidade de se dedicar à hipnose sob orientação de Charcot, grande mestre do estudo da neurose. Focando-se na existência do inconsciente, fundou a psicanálise. Designou Jung como seu sucessor, mas posteriormente houve uma ruptura entre os dois. Seus últimos anos de vida transcorreram em Londres, para onde emigrou fugindo da perseguição nazista.

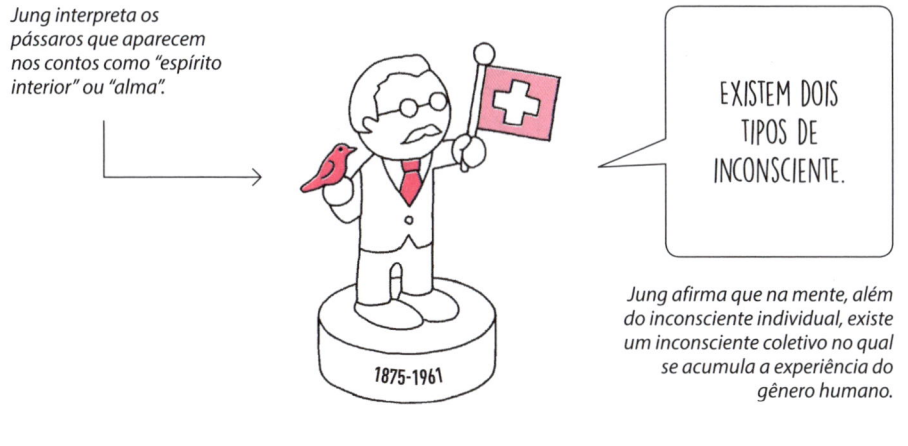

Jung interpreta os pássaros que aparecem nos contos como "espírito interior" ou "alma".

EXISTEM DOIS TIPOS DE INCONSCIENTE.

Jung afirma que na mente, além do inconsciente individual, existe um inconsciente coletivo no qual se acumula a experiência do gênero humano.

1875-1961

CARL GUSTAV JUNG   ▶ P. 223

Tipos psicológicos, Psicologia e alquimia

Psicólogo e psiquiatra suíço. Filho de um pastor luterano e de uma mãe com problemas de saúde mental, graduou-se em Medicina pela Universidade da Basileia, onde começou a trabalhar como professor universitário em 1943. Dedicou-se ao desenvolvimento da psicanálise como colaborador de Freud, mas, por causa de suas diferenças teóricas, os dois se distanciaram. É famoso por ter classificado as tipologias psicológicas "introvertidos" e "extrovertidos".

A PRIORI

KANT

Significado .... "o que precede a experiência"
Conceito antônimo .... a posteriori (o que se obtém com a experiência)
Conceito relacionado .... categoria (p. 160)

▶ 148

Assim como os **empiristas ingleses** (p. 101), **Kant** considera que o conhecimento deriva da experiência. Mas então, por que, sem que todos compartilhem a mesma experiência, conseguimos nos entender reciprocamente?

Isto não é possível.

Isto é uma caneca. Sei disso desde o nascimento.

É uma ferramenta útil.

O conhecimento é obtido por meio da experiência.

Blá, blá, blá!

Sim, sim, entendi, entendi.

Mas então por que nos entendemos se não compartilhamos a mesma experiência?

Kant acredita que isso é possível porque as condições para termos experiência de algo e entendermos este algo são predisposições que formam nossa natureza. O que se estabelece antes da experiência se chama **a priori**.

A PRIORI
O modo como temos experiência do mundo e o compreendemos é comum a todos nós, como se estivéssemos programados previamente.

A capacidade de ter experiência sensível, comum a todo o gênero humano e a priori, é a sensibilidade, ao passo que a faculdade cognoscitiva é o entendimento. Kant considera que o aspecto peculiar da sensibilidade é sempre situar o que se percebe no espaço e no tempo. Por sua vez, o entendimento estabelece a relação de causa e efeito. O ser humano, segundo Kant, vai sempre em busca das causas daquilo que lhe acontece.

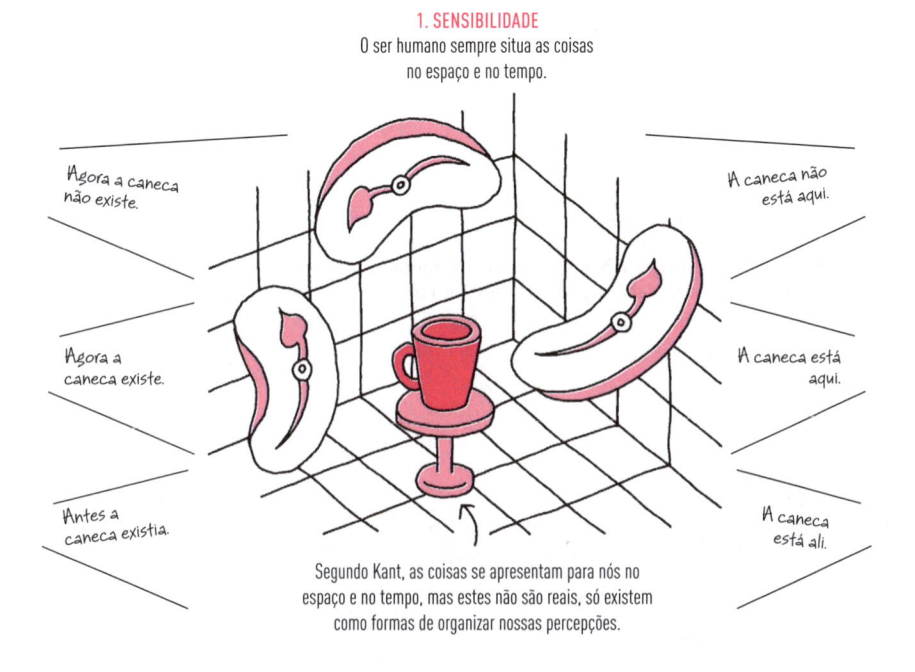

1. SENSIBILIDADE
O ser humano sempre situa as coisas no espaço e no tempo.

"Agora a caneca não existe."

"A caneca não está aqui."

"Agora a caneca existe."

"A caneca está aqui."

"Antes a caneca existia."

"A caneca está ali."

Segundo Kant, as coisas se apresentam para nós no espaço e no tempo, mas estes não são reais, só existem como formas de organizar nossas percepções.

2. ENTENDIMENTO
Kant considera que os modos como conhecemos as coisas se agrupam em doze categorias. Este exemplo se refere à relação de causa e efeito:

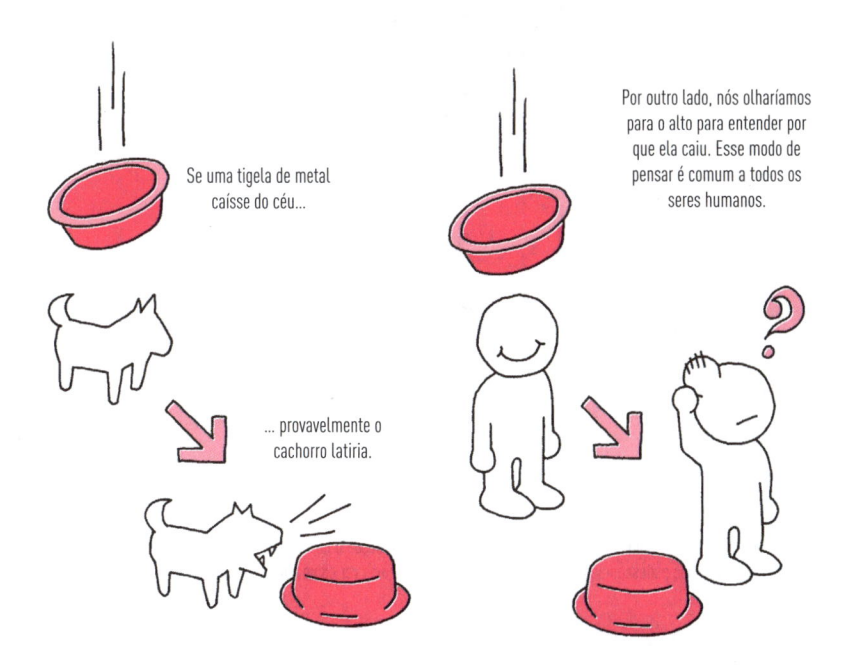

Se uma tigela de metal caísse do céu...

... provavelmente o cachorro latiria.

Por outro lado, nós olharíamos para o alto para entender por que ela caiu. Esse modo de pensar é comum a todos os seres humanos.

A COISA EM SI

Obra representativa .... *Crítica da razão pura*
Conceitos relacionados .... categorias (p. 160), Revolução Copernicana (p. 162), mundo dos fenômenos e mundo do entendimento (p. 166)
Conceito antônimo .... fenômeno (p. 161)
Nota .... a coisa em si pode ser intuída, mas não pode ser percebida

Se colocamos óculos com lentes vermelhas, tudo (no mundo) se tinge de vermelho. Se nossos olhos assumem aquela estrutura desde o nascimento, não podemos ver como são as coisas (o mundo) realmente. A configuração de nossos olhos só nos permite captar que as maçãs são vermelhas e os limões são verdes, mas não podemos saber de que cor são – em si – as maçãs e os limões reais.

O SER HUMANO NÃO PODE VER O MUNDO REAL

Lentes vermelhas

Se colocamos óculos com lentes vermelhas, o mundo se tinge de vermelho.
Esse mundo vermelho não é o mundo "verdadeiro". É como se desde o nascimento usássemos óculos de sol que não pudéssemos tirar. Por conseguinte, não podemos ver como é o mundo na realidade.

Obviamente, não é só uma questão de cores: acontece o mesmo com as formas. Se estamos embriagados, as formas podem parecer deformadas. Se a faculdade cognitiva normal dos humanos correspondesse à condição de embriaguez, não seríamos capazes de ver as coisas sem esse filtro deformante. Nossos sentidos, incluindo o tato, não poderiam percebê-las de outro modo.

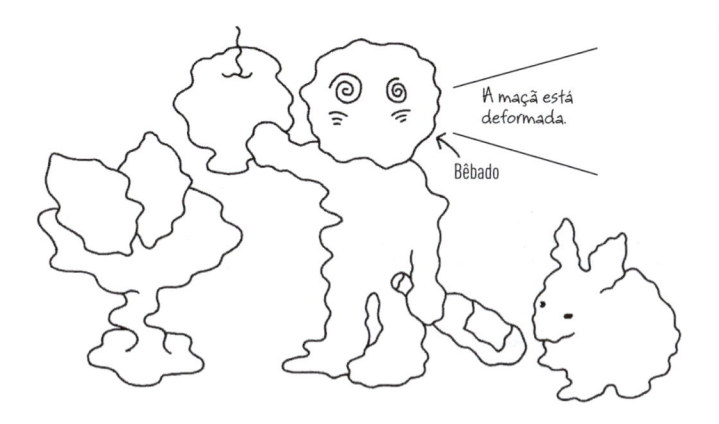

Se a sobriedade fosse uma anomalia e a embriaguez fosse a condição normal das faculdades cognitivas humanas...

Confiando na informação que nossos órgãos sensoriais percebem, damos forma às coisas (ao mundo) em nossa consciência; portanto, não podemos saber como são as coisas em si. **Kant** afirma que os homens não podem alcançar a coisa em si.

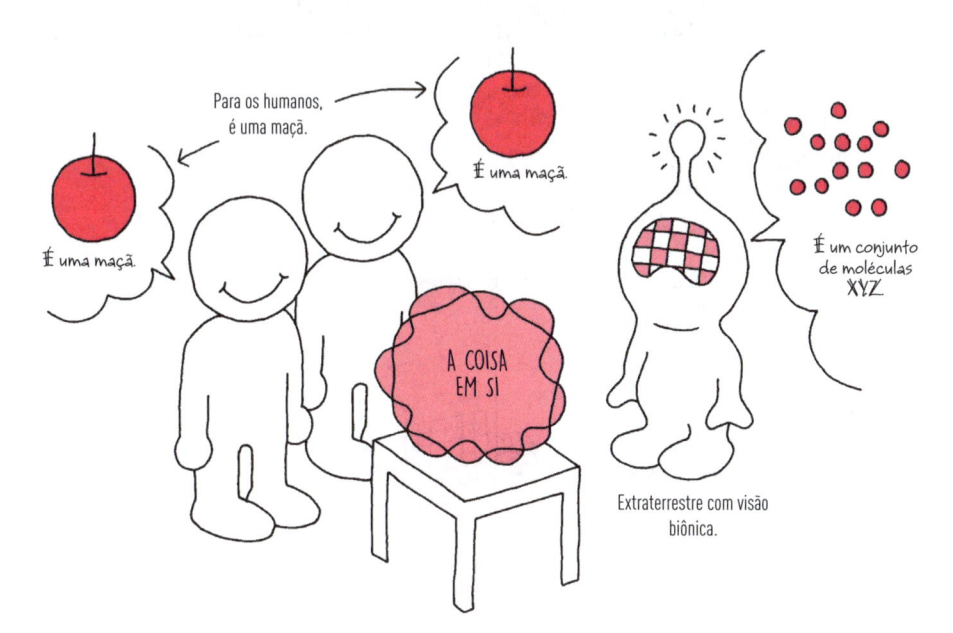

Ainda que um objeto nos pareça uma maçã, não sabemos o que poderia parecer a um extraterrestre. Além disso, considerando que são inatos em nós, os conceitos de espaço e tempo não têm nada a ver com a coisa em si.

CATEGORIAS

▶ 148

Obra representativa .... *Crítica da razão pura*
Conceito relacionado .... a priori (p. 156)
Nota .... Kant enumera doze categorias que
pertencem ao entendimento

Observemos o processo que nos leva a afirmar que um objeto é uma caneca. Em primeiro lugar, a **sensibilidade** (p. 157) situa o objeto percebido **no espaço e no tempo**. Em seguida, as categorias do entendimento (p. 157) nos permitem perceber o objeto de maneira consciente.

O PROCESSO QUE NOS LEVA A DIZER QUE UM OBJETO É UMA CANECA

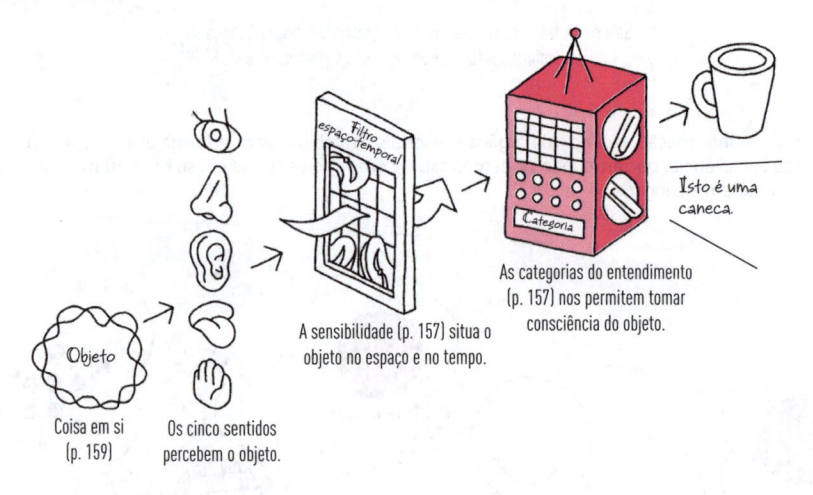

Objeto — Coisa em si (p. 159) — Os cinco sentidos percebem o objeto. — A sensibilidade (p. 157) situa o objeto no espaço e no tempo. — As categorias do entendimento (p. 157) nos permitem tomar consciência do objeto. — Isto é uma caneca.

Kant afirma que existem doze **categorias** inatas nos seres humanos: uma delas é o modo de pensar a relação denominada "**causa e efeito**".

"Tenho disponíveis doze categorias: qual usarei para a próxima análise?"

Kant denomina "**razão**" esse sistema de princípios (uso teórico da razão, p. 167) e afirma que é **inato** nos seres humanos (a priori, p. 156).

FENÔMENO

▶ 148

KANT

Obra representativa .... *Crítica da razão pura*
Conceito antônimo .... coisa em si (p. 158)
Nota .... a pretensão de Kant de limitar o
conhecimento apenas ao fenômeno deriva do empirismo inglês

Kant denomina fenômeno a forma de um objeto uma vez que este foi situado no tempo e no espaço e analisado pelas categorias (p. 160).

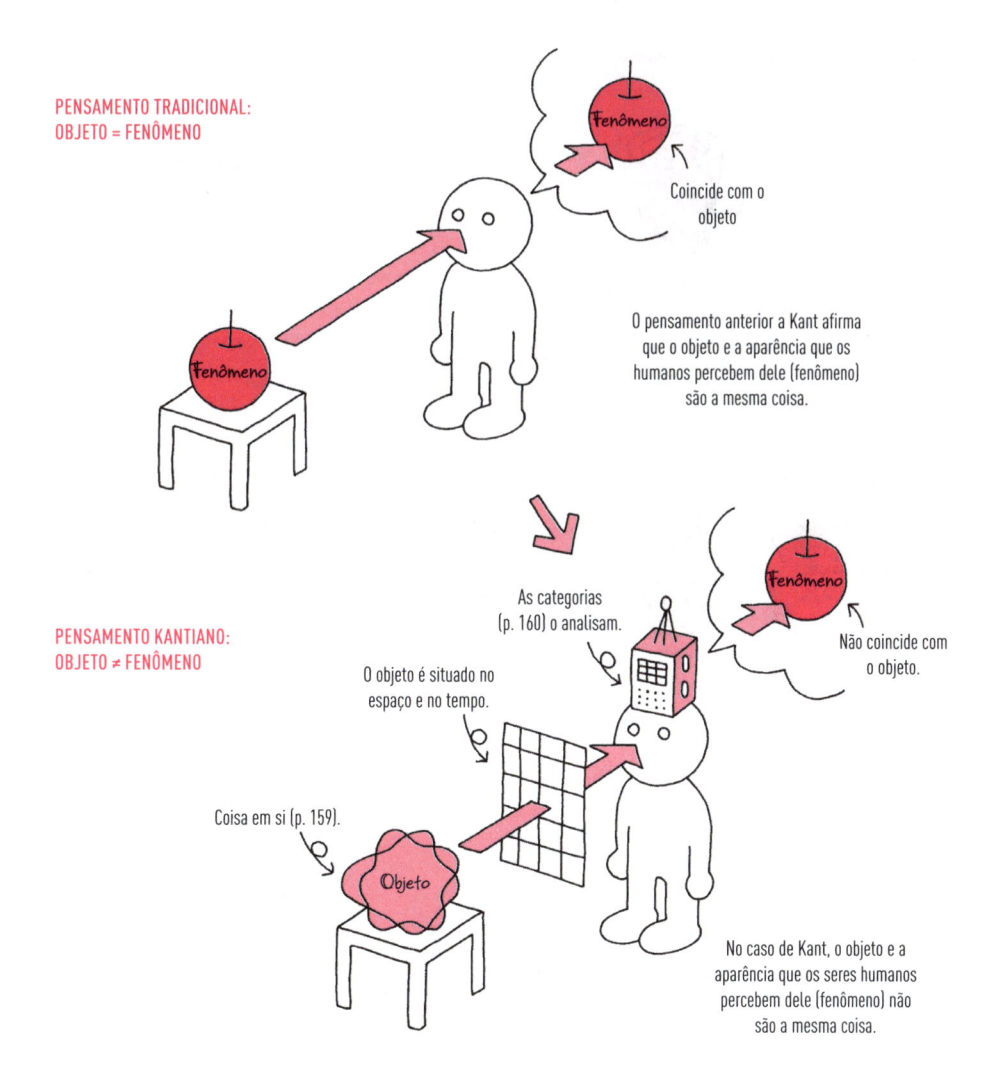

PENSAMENTO TRADICIONAL:
OBJETO = FENÔMENO

Coincide com o objeto

O pensamento anterior a Kant afirma que o objeto e a aparência que os humanos percebem dele (fenômeno) são a mesma coisa.

PENSAMENTO KANTIANO:
OBJETO ≠ FENÔMENO

As categorias (p. 160) o analisam.

Não coincide com o objeto.

O objeto é situado no espaço e no tempo.

Coisa em si (p. 159).

No caso de Kant, o objeto e a aparência que os seres humanos percebem dele (fenômeno) não são a mesma coisa.

REVOLUÇÃO COPERNICANA

▶ 148

KANT

Obra representativa	*Crítica da razão pura*
Conceitos relacionados	a priori (p. 156), categorias (p. 160)
Nota	o pensamento tradicional sobre o conhecimento muda radicalmente de perspectiva

Os seres humanos não captam que o que está diante deles é uma caneca porque a percebem como tal: são os mecanismos da sensibilidade e da razão que dão forma ao objeto e nos predispõem para o reconhecimento da caneca (categorias, p. 160).

PENSAMENTO TRADICIONAL (o reconhecimento é determinado pelo objeto)

Objeto → Reproduzir o objeto tal como é → Reconhecimento

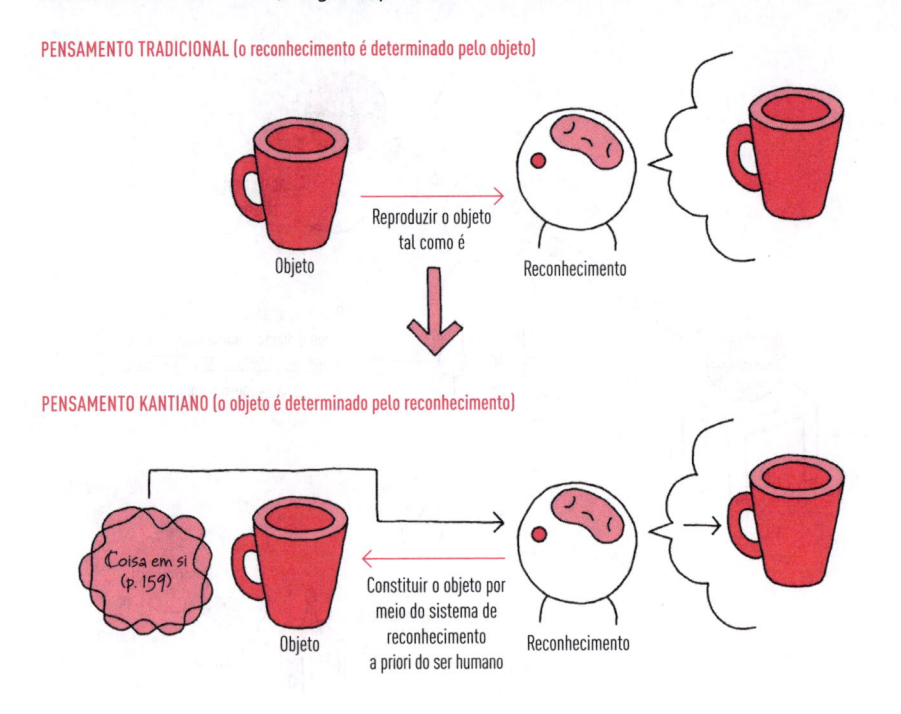

PENSAMENTO KANTIANO (o objeto é determinado pelo reconhecimento)

Coisa em si (p. 159) — Objeto ← Constituir o objeto por meio do sistema de reconhecimento a priori do ser humano ← Reconhecimento

Kant expressa essa ideia com o conceito **"o reconhecimento não é determinado pelo objeto; o objeto é determinado pelo reconhecimento"** e o equipara à **Revolução Copernicana**.

REVOLUÇÃO COPERNICANA

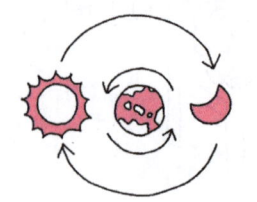

Kant equipara a relação entre o objeto e seu reconhecimento por parte do sujeito à teoria heliocêntrica copernicana que revolucionou a relação, até o momento considerada verdadeira, entre o Sol e a Terra.

ANTINOMIAS DA RAZÃO

Obra representativa .... *Crítica da razão pura*
Nota .... as antinomias kantianas têm como objeto uma crítica da metafísica tradicional. Em outras palavras, demonstram que é possível afirmar teses antitéticas sobre a infinitude do universo e a existência de Deus

Em geral, não podemos dizer que x é "verdadeiro e falso ao mesmo tempo". No entanto, Kant considera que, no que se refere a questões que vão além de toda experiência sensível – como determinar se o universo é finito ou infinito –, teses contraditórias se revelam racionalmente demonstráveis, gerando o que Kant chama de **antinomias da razão**, um tipo de conflito da razão consigo mesma.

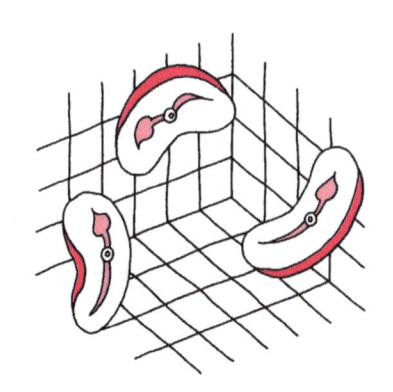

ANTINOMIAS DA RAZÃO

[TESE 1] O MUNDO É FINITO
[TESE 2] O MUNDO É INFINITO

Kant prova que ambas as teses são demonstráveis. Considerando que duas teses diametralmente opostas podem ser afirmadas ao mesmo tempo, tal questão não pode ser resolvida de uma forma racional.

Além dessa, **Kant** enuncia outras **três antinomias**:

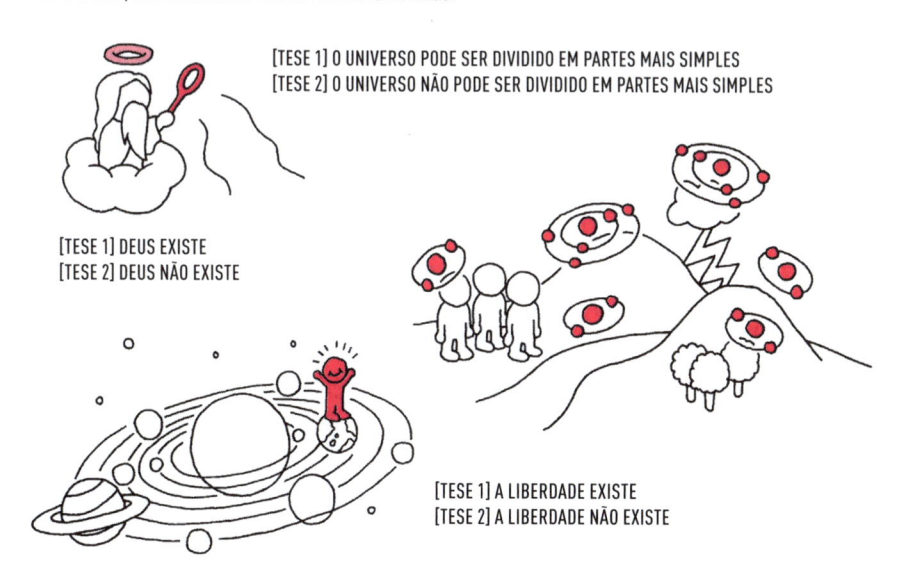

[TESE 1] O UNIVERSO PODE SER DIVIDIDO EM PARTES MAIS SIMPLES
[TESE 2] O UNIVERSO NÃO PODE SER DIVIDIDO EM PARTES MAIS SIMPLES

[TESE 1] DEUS EXISTE
[TESE 2] DEUS NÃO EXISTE

[TESE 1] A LIBERDADE EXISTE
[TESE 2] A LIBERDADE NÃO EXISTE

LEI MORAL

Obra representativa .... *Crítica da razão prática*
Conceito relacionado .... imperativo categórico (p. 165)
Nota .... segundo Kant, mais que as consequências de uma ação, o que importa são as intenções que a originam

KANT ▶148

Kant afirma que, assim como no mundo da natureza existe uma **relação de causa e efeito (princípio de causa e efeito)**, no mundo dos homens existe uma lei moral que deve ser cumprida. As pessoas, com efeito, possuem uma razão inata capaz de reconhecer certas ações como morais. A **lei moral** nos diz "**Você deve fazer isso**" mediante a voz da consciência.

LEI MORAL

Faça isso

As pessoas podem ouvir a voz da consciência.

A **lei moral** inclui ações sobre as quais todos podemos concordar e não se aplica apenas a um indivíduo. Segundo Kant, o conceito de moral é universal.

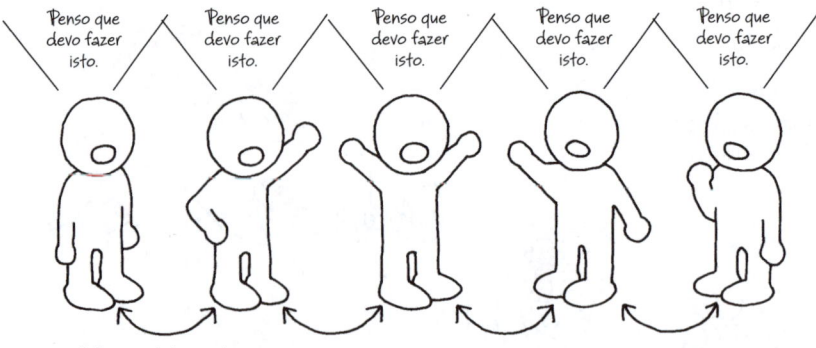

Penso que devo fazer isto.

Aplica-se pelo bem recíproco.

Além disso, Kant defende que agir de acordo com a lei moral não deve ser um meio, mas um **fim**: tratar bem os demais para obter algum benefício carece de valor moral, porque desse modo a moral se torna um meio para alcançar um fim específico.

IMPERATIVO CATEGÓRICO

Significado	a obrigação de agir de acordo com a lei universal da razão
Obra representativa	*Crítica da razão prática*
Conceito antônimo	imperativo hipotético
Conceito relacionado	lei moral (p. 164)

Kant afirma que a **lei moral** (p. 164) não deve ser entendida como um meio para se alcançar um fim, mas que deve ser um fim em si mesma.

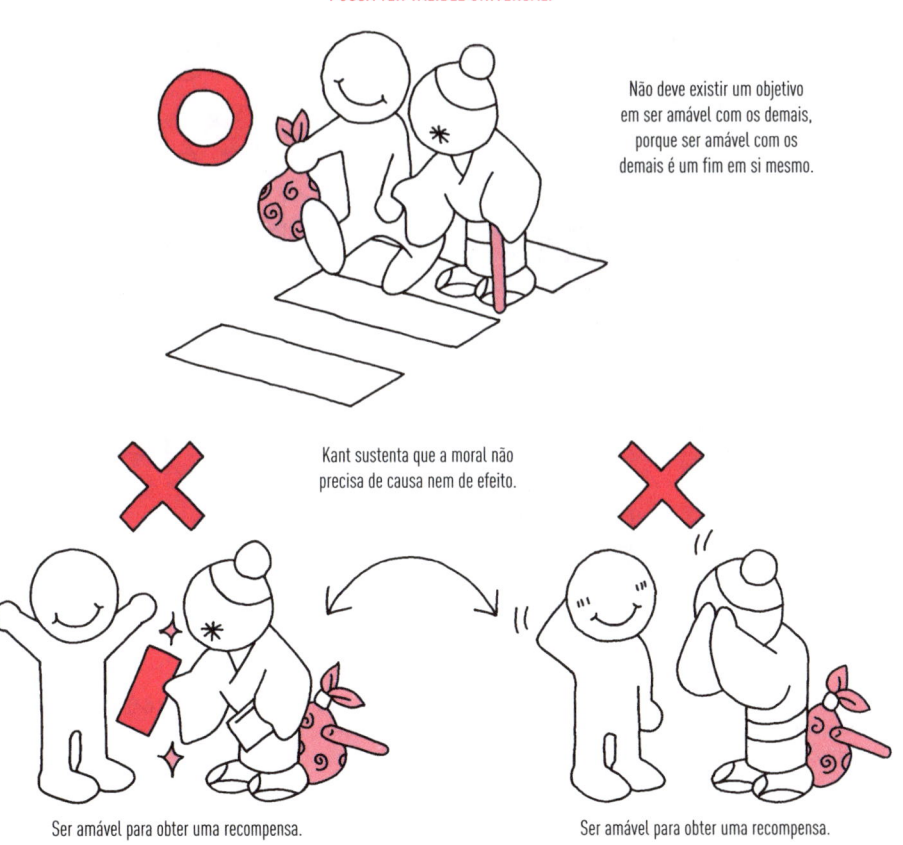

A LEI MORAL NÃO PRESCREVE AÇÕES PARA SE OBTER ALGUMA OUTRA COISA, E SIM EXPRESSA O IMPERATIVO CATEGÓRICO DE MODO QUE POSSA TER VALIDEZ UNIVERSAL.

Não deve existir um objetivo em ser amável com os demais, porque ser amável com os demais é um fim em si mesmo.

Kant sustenta que a moral não precisa de causa nem de efeito.

Ser amável para obter uma recompensa.

Ser amável para obter uma recompensa.

Em outras palavras, a moral deveria nos fazer dizer que **"algo será feito"**, e não que **"algo será feito porque se quer outra coisa"**. Não existe um motivo para cumprir uma ação moral. O mandato incondicional de "agir conforme a lei da razão" se chama imperativo categórico.

MUNDO DOS FENÔMENOS E MUNDO INTELIGÍVEL

▶ 148

KANT

Obra representativa .... *Crítica da razão prática*
Conceitos relacionados .... coisa em si (p. 158), lei moral (p. 164)
Nota .... o que se pode conhecer por meio da razão
teórica é o "mundo dos fenômenos", e não o "mundo inteligível"

Kant chama de **mundo dos fenômenos** o mundo que percebemos e, em oposição a este, define as ideias das coisas em si como o **mundo inteligível** (p. 158). Com os instrumentos cognoscitivos que nos são próprios, não podemos ir além dos fenômenos.

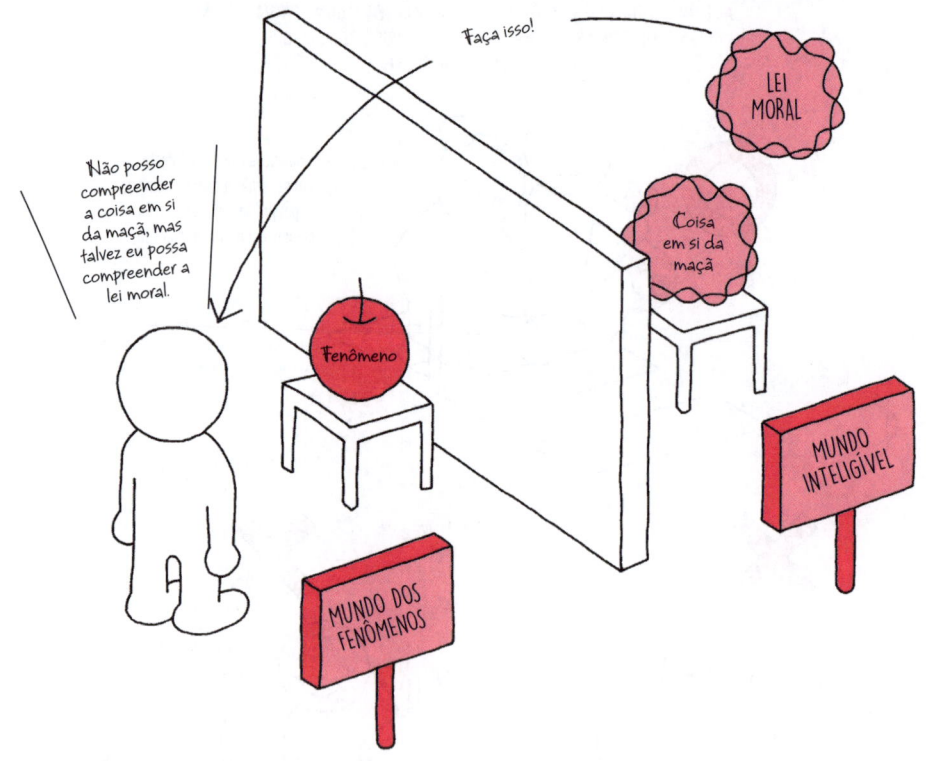

Faça isso!

LEI MORAL

Não posso compreender a coisa em si da maçã, mas talvez eu possa compreender a lei moral.

Coisa em si da maçã

Fenômeno

MUNDO INTELIGÍVEL

MUNDO DOS FENÔMENOS

Kant afirma que, além das coisas em si, no mundo Inteligível habita a lei moral (p. 164). Sustenta que podemos entender essa lei porque é a voz da consciência (p. 164) que se dirige a nós e nos indica como devemos nos comportar. Essa voz pode ser ouvida pela razão.

LEI MORAL (p. 164)

Ouça com a voz da mente: Faça isso!

RAZÃO TEÓRICA E RAZÃO PRÁTICA

Conceitos relacionados .... mundo dos fenômenos e mundo inteligível (p. 166)

Nota .... a razão teórica não consegue conhecer a ideia da moral e da liberdade; a razão prática consegue. A diferença entre os dois tipos de razão coincide com o mundo dos fenômenos e o mundo das coisas em si

Kant divide a razão humana em **razão teórica** e **razão prática**. Chama de **razão teórica** a capacidade de compreender as coisas mediante as categorias (p. 160) e de **razão prática** a capacidade que permite às pessoas realizar ações moralmente corretas. Kant afirma que ambas são inatas aos seres humanos.

RAZÃO TEÓRICA Capacidade de conhecer o fenômeno.

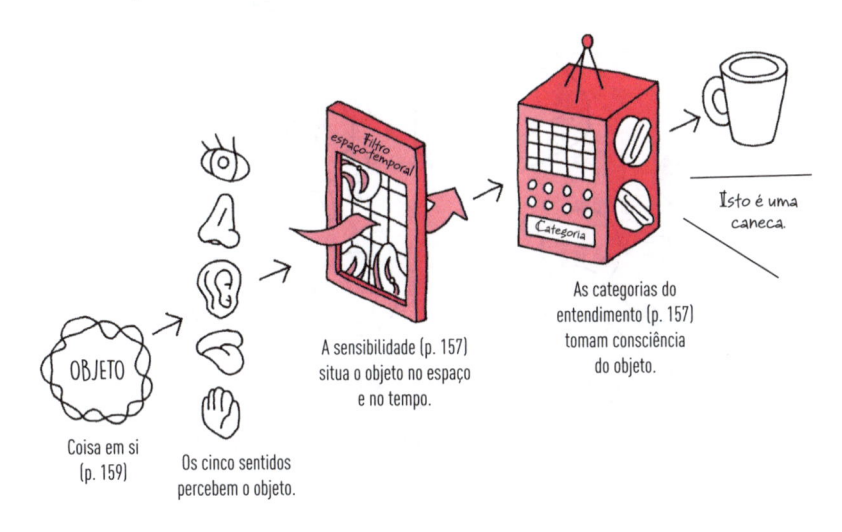

OBJETO
Coisa em si (p. 159)

Os cinco sentidos percebem o objeto.

A sensibilidade (p. 157) situa o objeto no espaço e no tempo.

As categorias do entendimento (p. 157) tomam consciência do objeto.

Isto é uma caneca.

RAZÃO PRÁTICA Razão que leva a realizar ações morais.

LEI MORAL (p. 164)

Seja amável com as pessoas!

A voz da consciência chama, do mundo inteligível (p. 166), pedindo que determinada coisa seja feita. Os seres humanos conseguem ouvir essa voz graças à razão.

MÁXIMA

▶ 148

Significado .... norma de comportamento
Obra representativa .... *Metafísica dos costumes*
Conceitos relacionados .... lei moral (p. 164), imperativo categórico (p. 165)
Nota .... Kant usa a expressão com o sentido
de "princípio pessoal, subjetivo"

Kant chama de **máxima** uma regra de comportamento que a pessoa estabelece para si mesma. A máxima também poderia ser definida como "resolução".

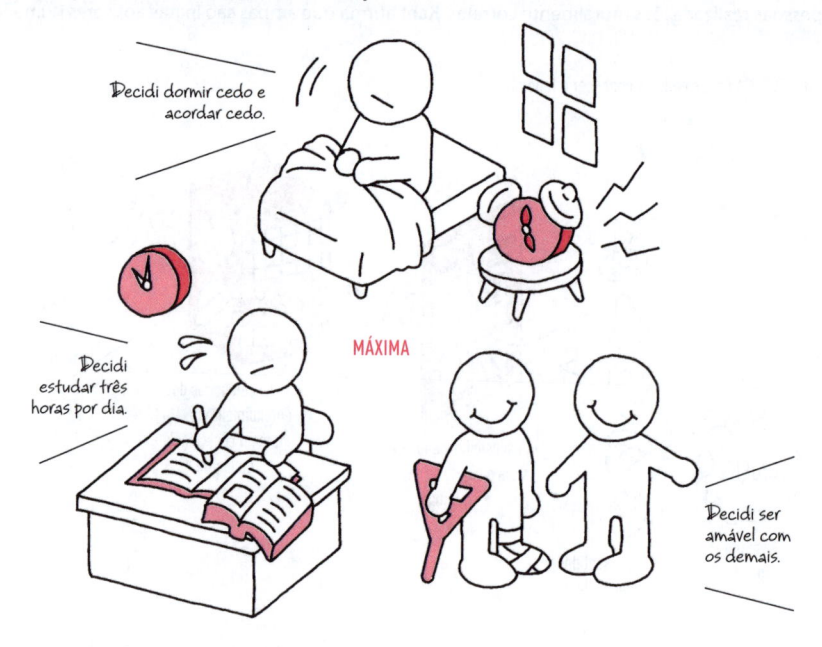

Decidi dormir cedo e acordar cedo.

Decidi estudar três horas por dia.

MÁXIMA

Decidi ser amável com os demais.

A **máxima** é uma regra de conduta que uma pessoa estabelece porque considera apropriada para si mesma e é diferente da **lei moral** (p. 164). No entanto, ao conseguir que a **máxima** subjetiva e a **moral** universal coincidam, a moral se cumprirá espontaneamente. **Kant** afirma que a liberdade dos seres humanos consiste nessa união.

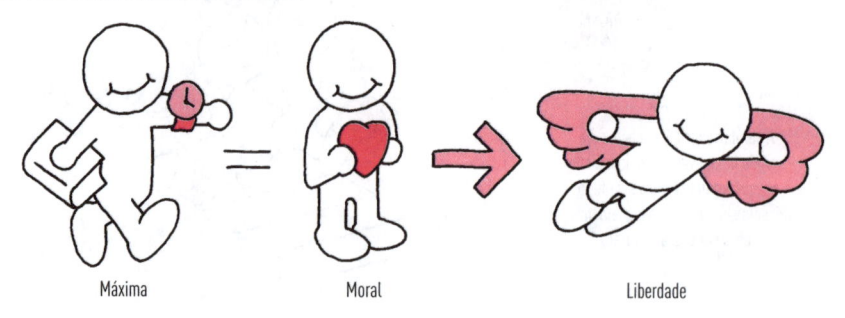

Máxima   Moral   Liberdade

Kant expressa essa ideia com o imperativo categórico (p. 165) de **"agir sempre de modo que a máxima da própria vontade seja ao mesmo tempo um princípio universal"**.

AUTONOMIA

Significado .... realizar um processo de tomada de decisão livre e incondicionado e em conformidade com o imperativo categórico
Obra representativa .... *Metafísica dos costumes*
Conceitos relacionados .... lei moral (p. 164), máxima (p. 168), imperativo categórico (p. 165)

Comportar-se de acordo com a **lei moral** (p. 164) equivale a seguir a própria razão. Isso representa a condição na qual a máxima (p. 168) e a **lei moral** coincidem.

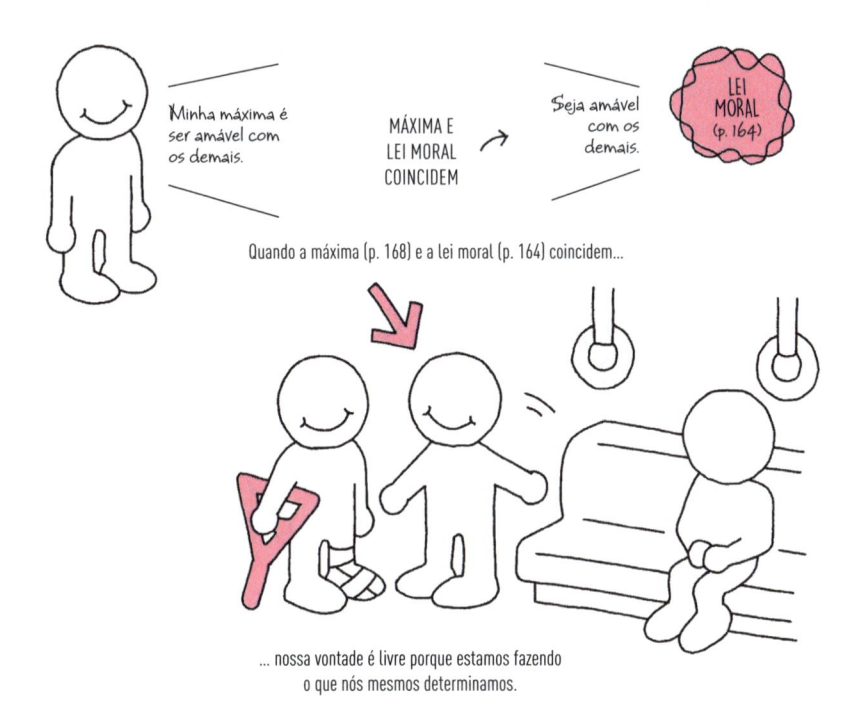

Minha máxima é ser amável com os demais.

MÁXIMA E LEI MORAL COINCIDEM

Seja amável com os demais.

LEI MORAL (p. 164)

Quando a máxima (p. 168) e a lei moral (p. 164) coincidem...

... nossa vontade é livre porque estamos fazendo o que nós mesmos determinamos.

Em outras palavras, quando realizamos ações moralmente justas, a moral não é **heterônoma** – não depende de uma lei divina ou externa às pessoas –, e sim **autônoma, porque se fundamenta na razão humana**.

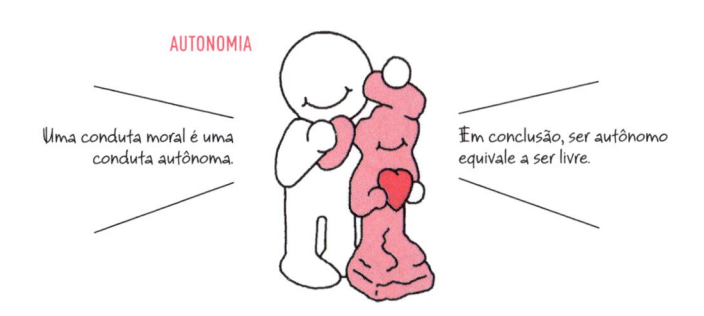

AUTONOMIA

Uma conduta moral é uma conduta autônoma.

Em conclusão, ser autônomo equivale a ser livre.

REINO DOS FINS

▶ 148

KANT

Obra representativa .... *Metafísica dos costumes*
Conceitos relacionados .... lei moral (p. 164), máxima (p. 168), autonomia (p. 169)
Nota .... em oposição ao reino dos fins, Kant chama de "reino da natureza" o universo governado pelo princípio da causalidade

Kant defende que a **moral** não deve ser o meio para se obter uma recompensa, mas o **fim** deve ser a própria ação realizada (lei moral, p. 164). Chama de **personalidade** a propriedade dos seres humanos que possuem a **autonomia** (p. 169) de conseguir realizar tais ações.

PERSONALIDADE
A propriedade dos seres humanos que são autônomos (p. 169) para os quais a máxima (p. 168) = a lei moral (p. 164).

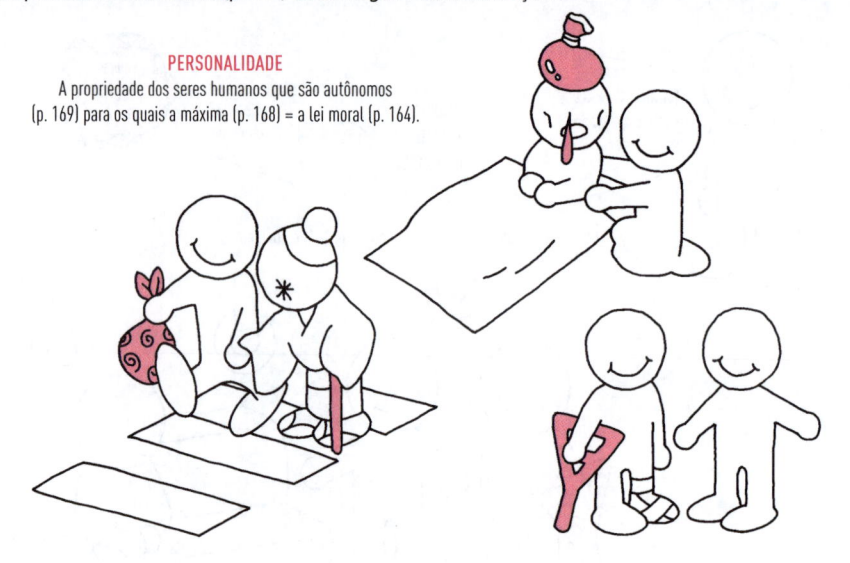

Ele também representa o **reino dos fins** como um mundo onde o objetivo recíproco é respeitar ao máximo a **personalidade** dos outros, afirmando que nisso consiste a sociedade ideal.

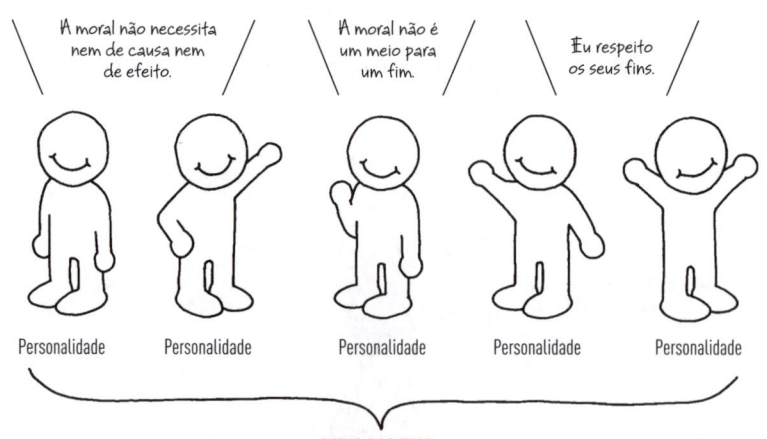

"A moral não necessita nem de causa nem de efeito."

"A moral não é um meio para um fim."

"Eu respeito os seus fins."

Personalidade   Personalidade   Personalidade   Personalidade   Personalidade

REINO DOS FINS

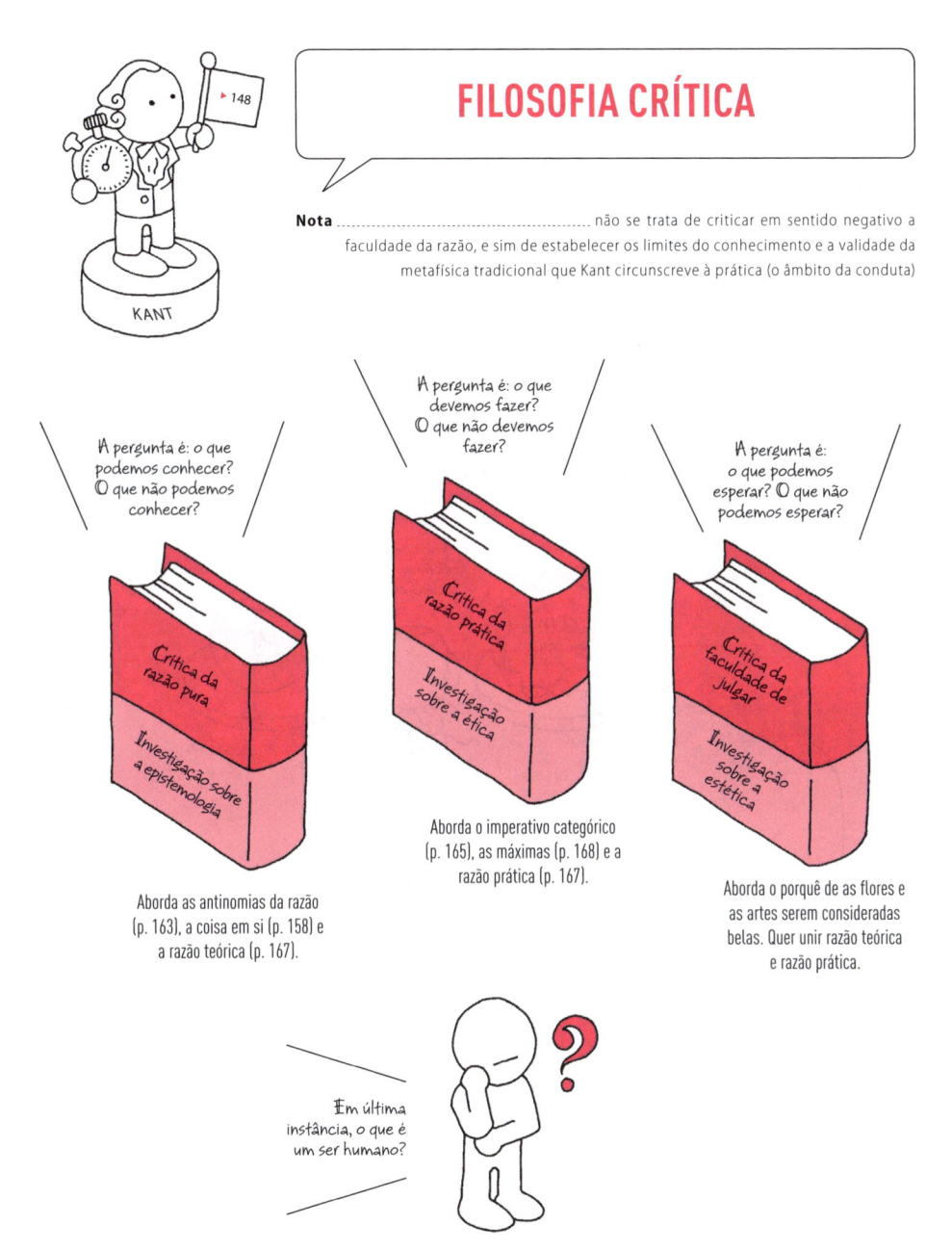

FILOSOFIA CRÍTICA

Nota .... não se trata de criticar em sentido negativo a faculdade da razão, e sim de estabelecer os limites do conhecimento e a validade da metafísica tradicional que Kant circunscreve à prática (o âmbito da conduta)

▶ 148

KANT

A pergunta é: o que podemos conhecer? O que não podemos conhecer?

Crítica da razão pura
Investigação sobre a epistemologia

Aborda as antinomias da razão (p. 163), a coisa em si (p. 158) e a razão teórica (p. 167).

A pergunta é: o que devemos fazer? O que não devemos fazer?

Crítica da razão prática
Investigação sobre a ética

Aborda o imperativo categórico (p. 165), as máximas (p. 168) e a razão prática (p. 167).

A pergunta é: o que podemos esperar? O que não podemos esperar?

Crítica da faculdade de julgar
Investigação sobre a estética

Aborda o porquê de as flores e as artes serem consideradas belas. Quer unir razão teórica e razão prática.

Em última instância, o que é um ser humano?

Na filosofia, a "crítica" não é negativa.
Querer compreender qualquer coisa exige que sejam colocados em discussão os conceitos básicos.

As três obras principais de **Kant** são a *Crítica da razão pura*, a *Crítica da razão prática* e a *Crítica da faculdade de julgar*. Considerando que as três apresentam no título a palavra "crítica", sua filosofia se denomina **filosofia crítica**. No entanto, o termo "crítica" não é usado em sentido negativo, mas no sentido de uma análise radical dos conceitos tratados.

IDEALISMO ALEMÃO

▶ 150

HEGEL E OUTROS

Exemplos .... Kant, Fichte, Schelling, Hegel
Conceito antônimo .... materialismo (p. 205)
Conceitos relacionados .... racionalismo continental (p. 106), empirismo inglês (p. 101)
Nota .... nasce no período em que a Alemanha acelera sua modernização e desenvolvimento

A filosofia de Kant distingue o fenômeno (p. 161) da coisa em si (p. 158) e a razão teórica (p. 167), que se ocupa do conhecimento dos fenômenos, da razão prática (p. 167), que se ocupa da conduta e chega a compreender a coisa em si. Em outras palavras, nas pessoas coexistem duas formas de razão, uma para o conhecimento e outra para a moral. No entanto, tal distinção é necessária? Fichte, Schelling e Hegel defendem que não. A filosofia do espírito que se inicia com Kant e culmina em Hegel é denominada **idealismo alemão**.

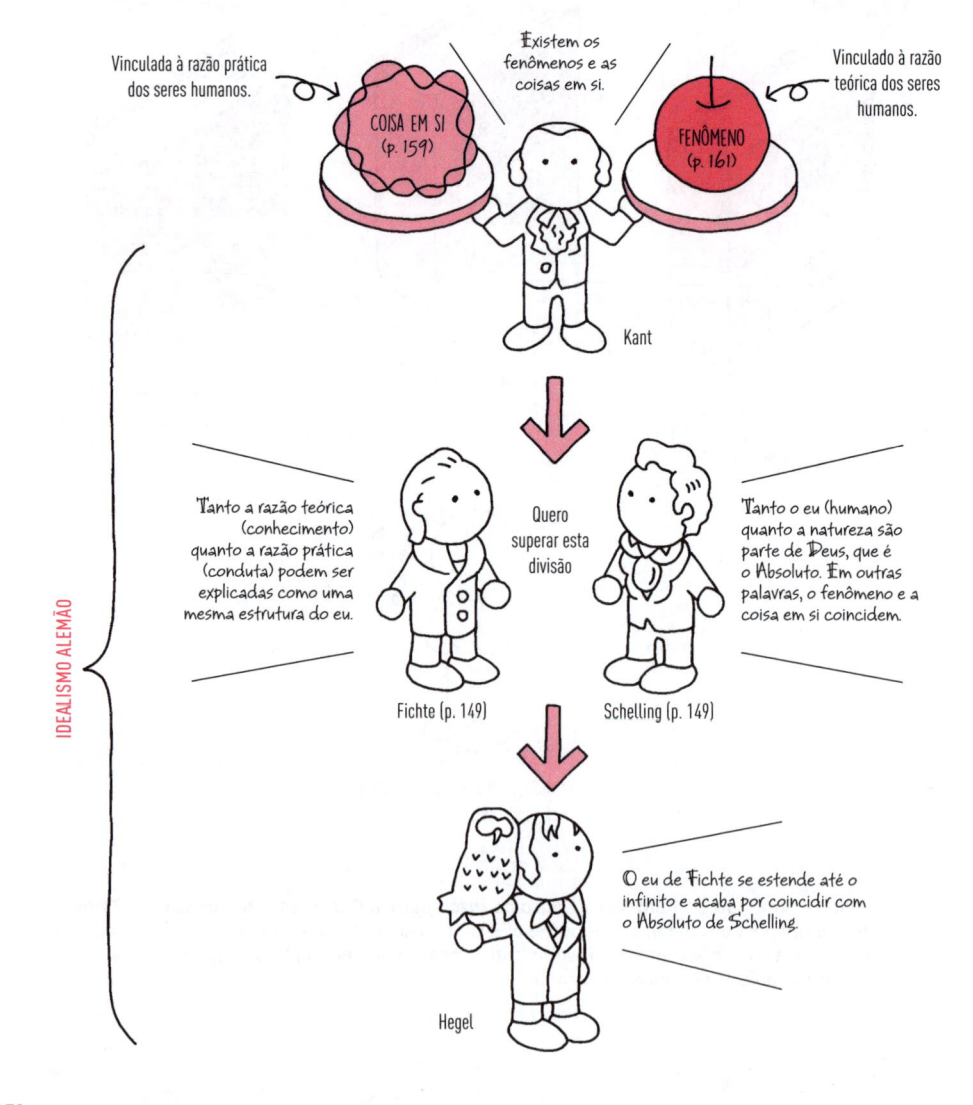

IDEALISMO ALEMÃO

Vinculada à razão prática dos seres humanos.

COISA EM SI (p. 159)

Existem os fenômenos e as coisas em si.

FENÔMENO (p. 161)

Vinculado à razão teórica dos seres humanos.

Kant

Tanto a razão teórica (conhecimento) quanto a razão prática (conduta) podem ser explicadas como uma mesma estrutura do eu.

Quero superar esta divisão

Tanto o eu (humano) quanto a natureza são parte de Deus, que é o Absoluto. Em outras palavras, o fenômeno e a coisa em si coincidem.

Fichte (p. 149)   Schelling (p. 149)

O eu de Fichte se estende até o infinito e acaba por coincidir com o Absoluto de Schelling.

Hegel

ESPÍRITO ABSOLUTO

Obras representativas .... *Fenomenologia do espírito,*
Enciclopédia das ciências filosóficas em compêndio
Conceito relacionado .... história (p. 176)
Nota .... na filosofia do espírito de Hegel, o espírito
progride de subjetivo a objetivo e absoluto

Kant afirma que os seres humanos não podem conhecer **a coisa em si** (p. 158). No entanto, a faculdade cognoscitiva concebida por **Hegel** não tem uma função fixa como a pensada por **Kant**. Por meio de um processo dialético que acontece dentro de si em relação com a história e a sociedade, a consciência se desenvolve até chegar a compreender perfeitamente o objeto em todos os seus detalhes. A essa capacidade cognitiva tão perfeita **Hegel** dá o nome de **espírito absoluto**.

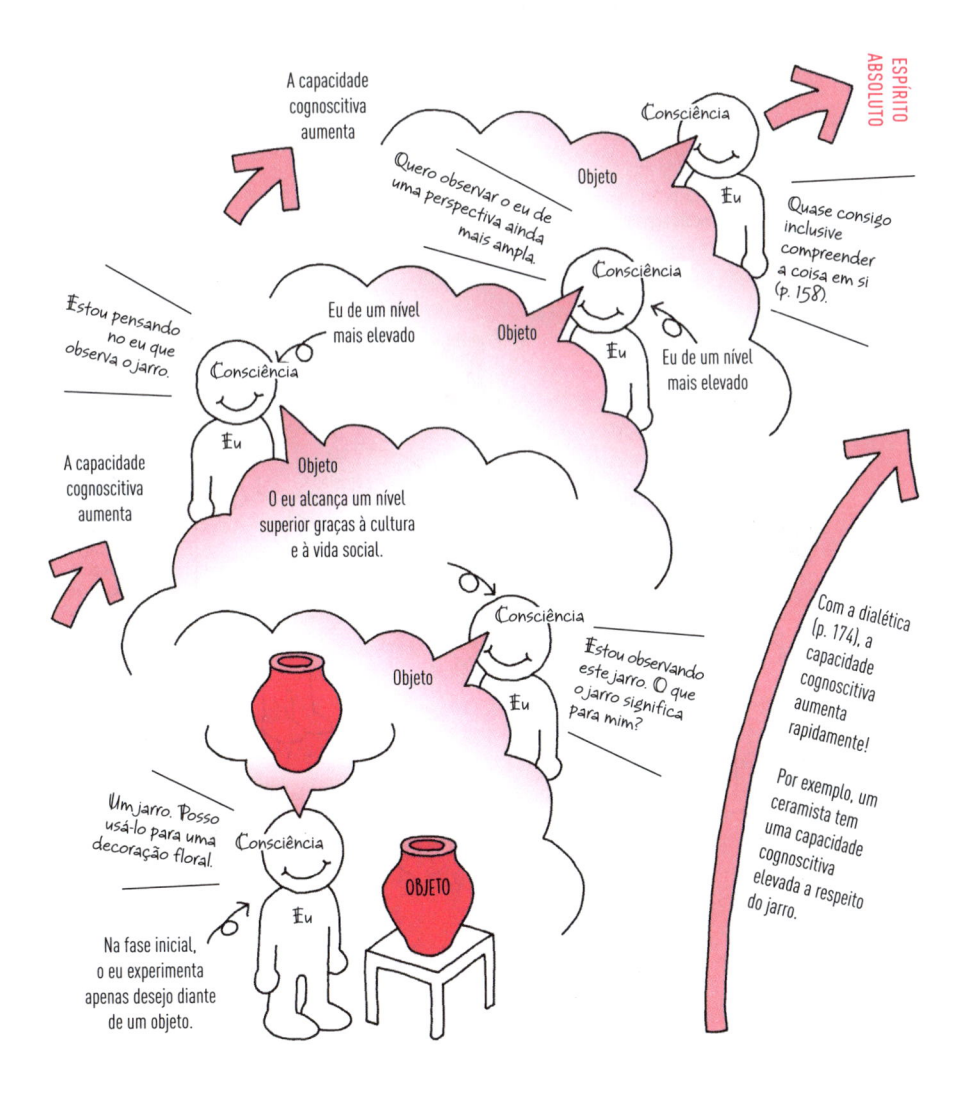

ESPÍRITO ABSOLUTO

A capacidade cognoscitiva aumenta

Quero observar o eu de uma perspectiva ainda mais ampla.

Consciência — Objeto — Eu

Quase consigo inclusive compreender a coisa em si (p. 158).

Estou pensando no eu que observa o jarro.

Eu de um nível mais elevado

Consciência — Objeto — Eu

Eu de um nível mais elevado

A capacidade cognoscitiva aumenta

Objeto
O eu alcança um nível superior graças à cultura e à vida social.

Consciência

Estou observando este jarro. O que o jarro significa para mim?

Objeto — Eu

Com a dialética (p. 174), a capacidade cognoscitiva aumenta rapidamente!

Por exemplo, um ceramista tem uma capacidade cognoscitiva elevada a respeito do jarro.

Um jarro. Posso usá-lo para uma decoração floral.

Consciência — Eu — OBJETO

Na fase inicial, o eu experimenta apenas desejo diante de um objeto.

DIALÉTICA

HEGEL

Significado .... método argumentativo que leva a uma conclusão superior por meio da síntese de dois princípios contrapostos
Obra representativa .... *Fenomenologia do espírito*
Nota .... atenção ao fato de que a dialética não é uma simples conciliação acomodada de duas teses opostas

Hegel pensa que, se os seres humanos continuarem desenvolvendo o método **dialético**, poderão captar a **verdade** absoluta e universal. Quando se afirma qualquer coisa – concretamente, uma tese –, deve obrigatoriamente existir uma opinião contrária a ela. Se não é refutada e é criado um pensamento que une os aspectos positivos de ambas, o conhecimento é aperfeiçoado e alcança um nível superior. Hegel afirma que, repetindo tudo isso, mais cedo ou mais tarde os seres humanos conseguirão alcançar um **conhecimento absoluto** que lhes permitirá conhecer a verdade.

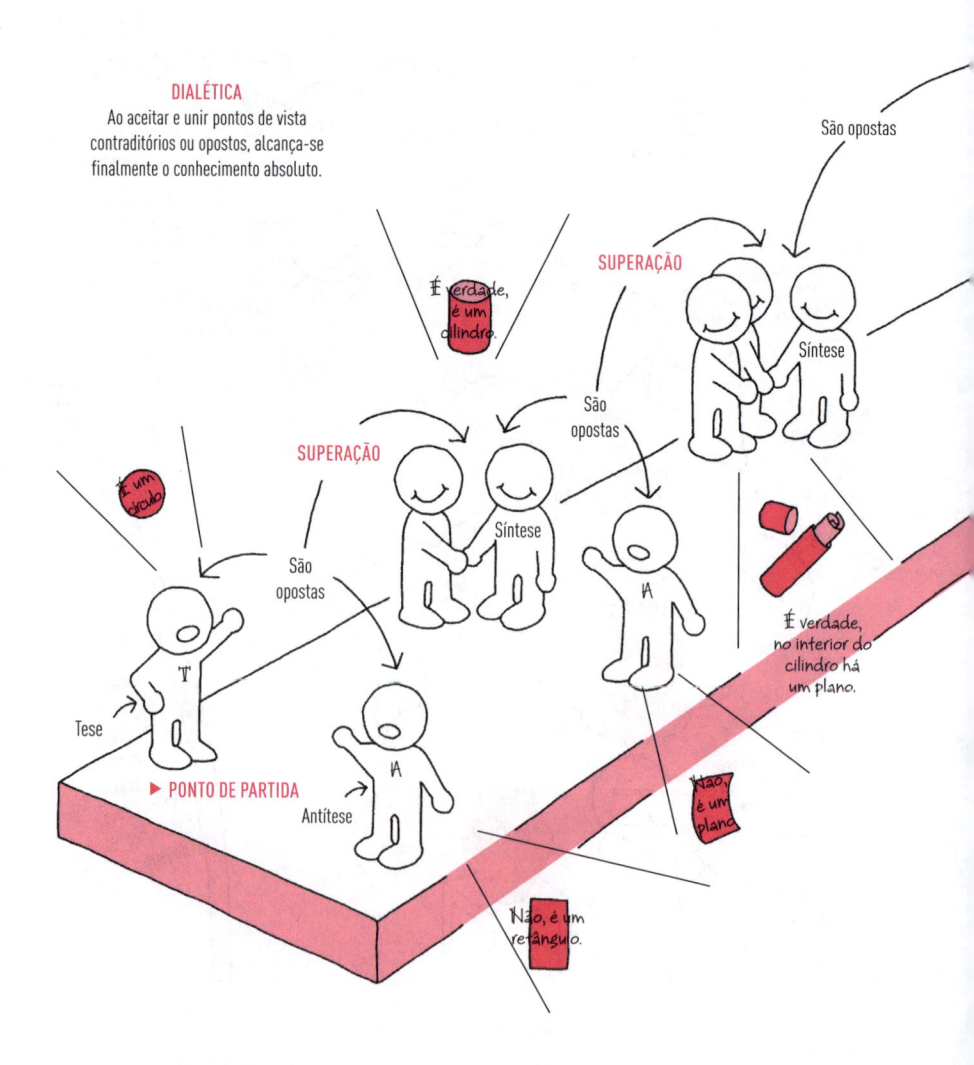

DIALÉTICA
Ao aceitar e unir pontos de vista contraditórios ou opostos, alcança-se finalmente o conhecimento absoluto.

- É um círculo.
- Tese
- ▶ PONTO DE PARTIDA
- Antítese
- São opostas
- SUPERAÇÃO
- Síntese
- É verdade, é um cilindro.
- São opostas
- SUPERAÇÃO
- Síntese
- São opostas
- Não, é um retângulo.
- É verdade, no interior do cilindro há um plano.
- Não, é um plano.

A opinião defendida no início é denominada tese (*an sich*), e o ponto de vista que se opõe à tese é a antítese (*für sich*). A união das duas origina um pensamento mais elevado, que se obtém por meio da superação (*Aufhebung*) dos dois momentos precedentes, e que se define como síntese (*an und für sich*).

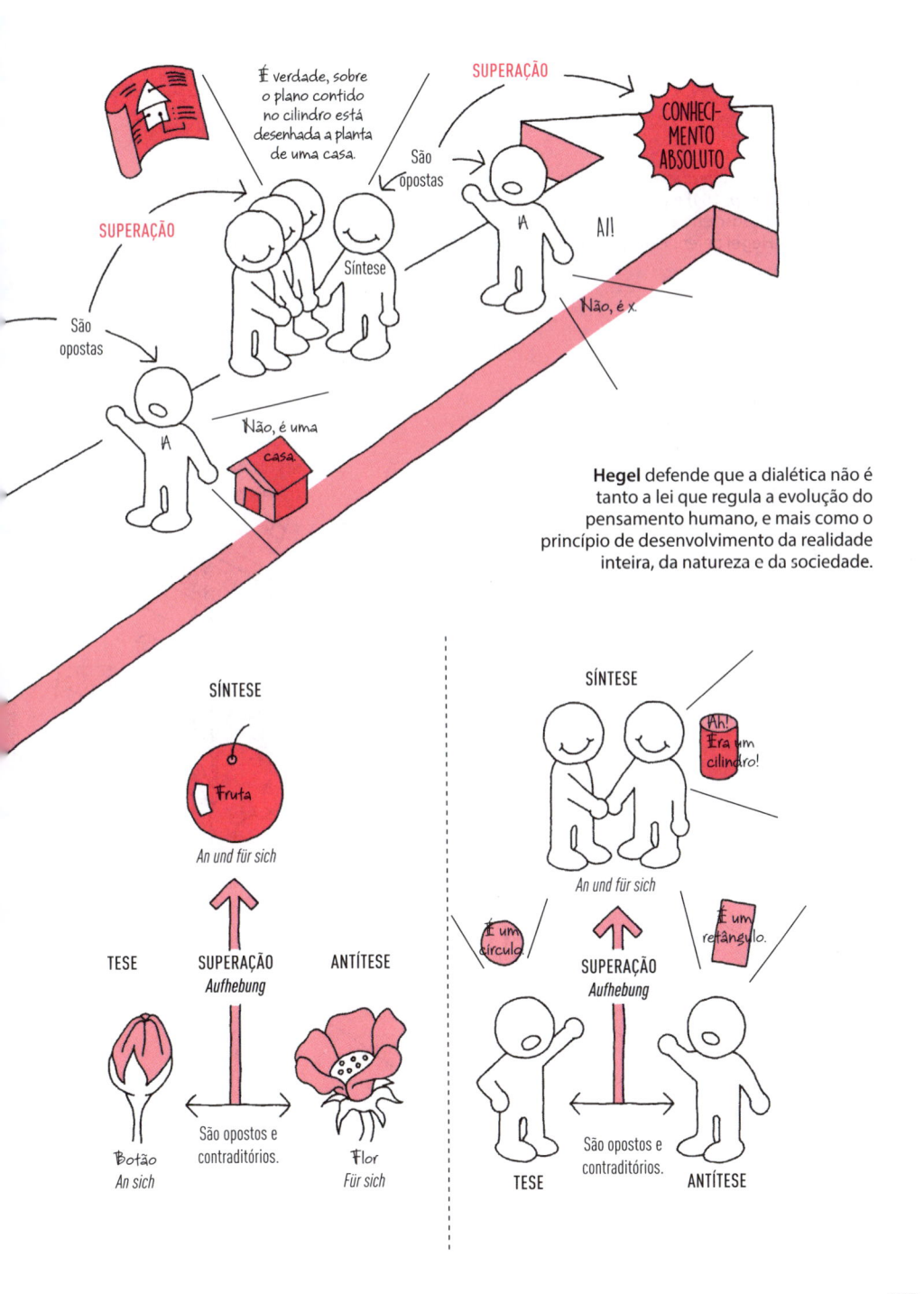

Hegel defende que a dialética não é tanto a lei que regula a evolução do pensamento humano, e mais como o princípio de desenvolvimento da realidade inteira, da natureza e da sociedade.

HISTÓRIA

HEGEL E OUTROS

Obra representativa .... *Filosofia da história*
Nota .... segundo Hegel, as três etapas da realização da liberdade humana são o mundo oriental, o mundo greco-romano e o mundo alemão, que é a fase concludente

Kant afirma que a liberdade (autonomia, p. 169) consiste em fazer a própria **máxima** (p. 168) coincidir com a **lei moral** (p. 164) e colocá-la em prática. No entanto, segundo **Hegel**, a liberdade não tem a ver apenas com a consciência individual e, se não se realiza concretamente em uma comunidade real, não tem sentido. **Hegel** defende que o processo **dialético** (p. 174) pelo qual a liberdade se realiza é a história.

A HISTÓRIA SEGUNDO HEGEL
Hegel afirma que a "história" é o processo de desenvolvimento que conduz os seres humanos à liberdade.

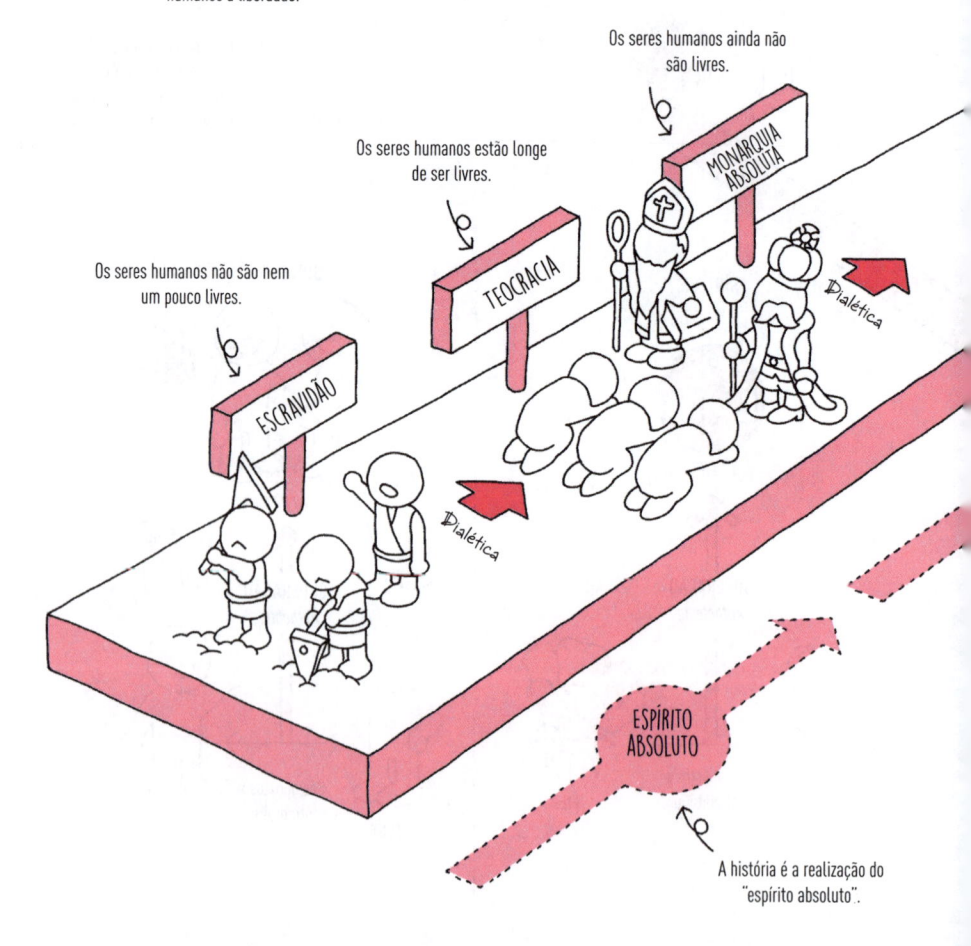

Os seres humanos não são nem um pouco livres.
ESCRAVIDÃO

Os seres humanos estão longe de ser livres.
TEOCRACIA

Os seres humanos ainda não são livres.
MONARQUIA ABSOLUTA

Dialética

ESPÍRITO ABSOLUTO

A história é a realização do "espírito absoluto".

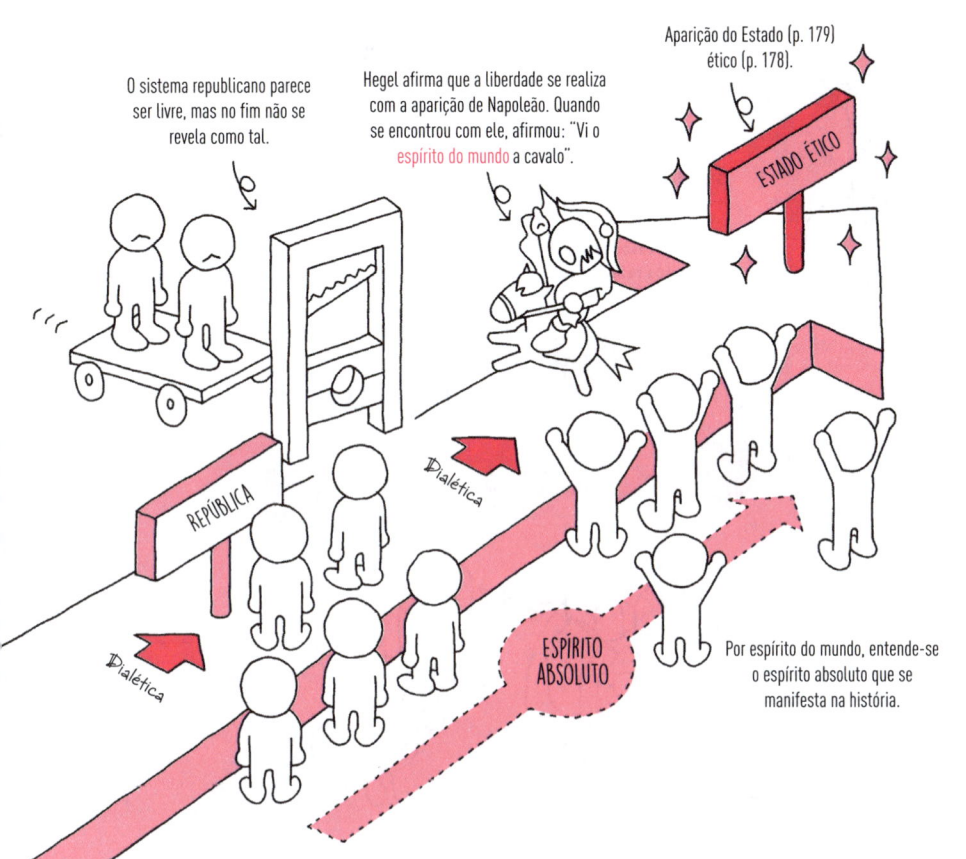

O sistema republicano parece ser livre, mas no fim não se revela como tal.

Hegel afirma que a liberdade se realiza com a aparição de Napoleão. Quando se encontrou com ele, afirmou: "Vi o espírito do mundo a cavalo".

Aparição do Estado (p. 179) ético (p. 178).

ESTADO ÉTICO

REPÚBLICA

Dialética

Dialética

ESPÍRITO ABSOLUTO

Por espírito do mundo, entende-se o espírito absoluto que se manifesta na história.

Hegel afirma que o princípio de desenvolvimento da história é a consciência que os seres humanos têm de sua liberdade e, portanto, a realização do espírito absoluto (p. 173). Além disso, afirma que essa consciência abre caminho através da história – desde a época em que apenas poucos seres humanos são livres até quando todos o são – e, finalmente, dará origem instituições sociais que poderão encarnar a eticidade (p. 178).

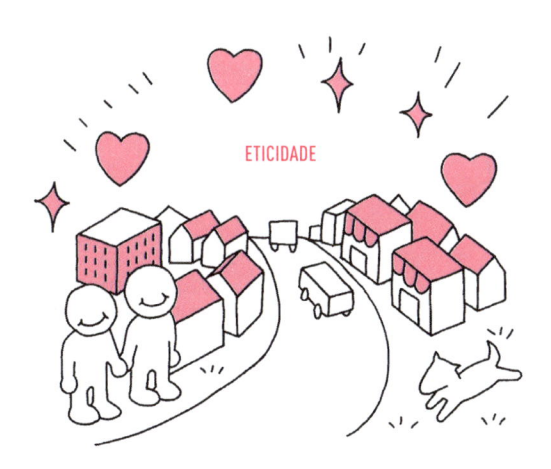

ETICIDADE

ETICIDADE

Significado .... na vida social, recompõe-se dialeticamente a separação entre a subjetividade da moral e a exterioridade do direito abstrato
Obra representativa .... *Princípios da filosofia do direito*
Conceitos relacionados .... dialética (p. 174), família, sociedade civil e Estado (p. 179)

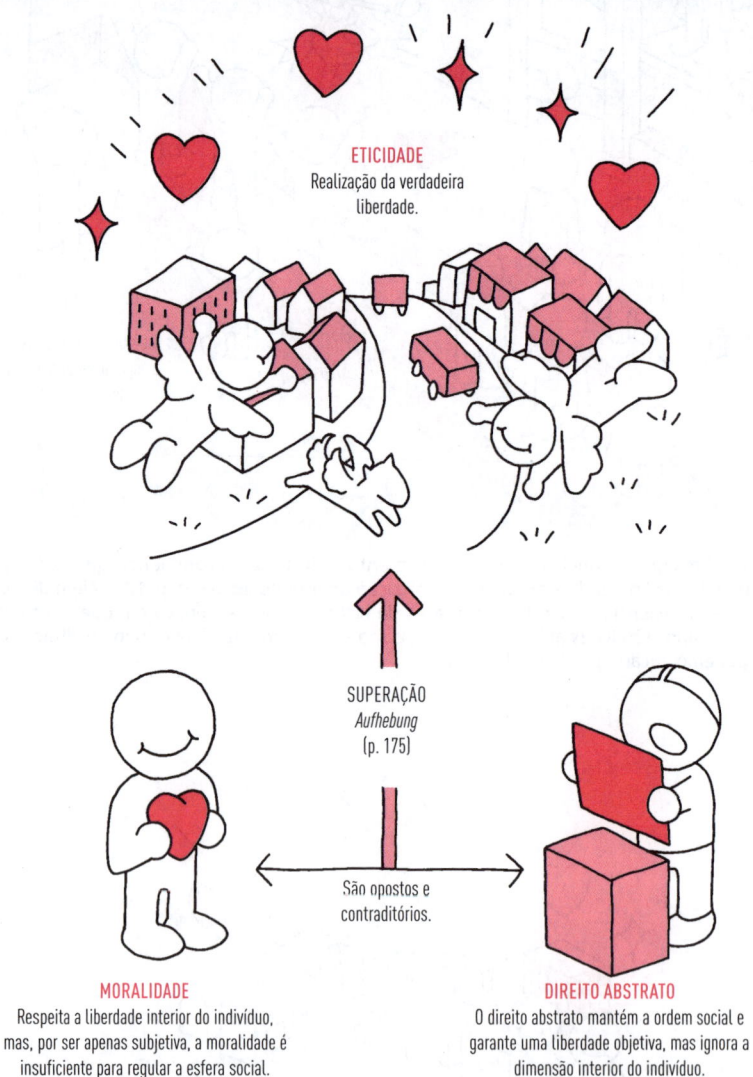

HEGEL ▶ 150

ETICIDADE
Realização da verdadeira liberdade.

SUPERAÇÃO
Aufhebung
(p. 175)

São opostos e contraditórios.

MORALIDADE
Respeita a liberdade interior do indivíduo, mas, por ser apenas subjetiva, a moralidade é insuficiente para regular a esfera social.

DIREITO ABSTRATO
O direito abstrato mantém a ordem social e garante uma liberdade objetiva, mas ignora a dimensão interior do indivíduo.

Hegel chama de **eticidade** as instituições sociais nas quais o **direito abstrato** que cria a ordem em toda a sociedade coexiste com a moral do indivíduo. A eticidade é a característica de uma sociedade na qual se realiza a verdadeira liberdade. A **subjetividade** da moral e a objetividade do direito abstrato permanecem incompatíveis, mas **Hegel** considera que por meio da **dialética** (p. 174) é possível resolver tal contradição.

FAMÍLIA, SOCIEDADE CIVIL E ESTADO

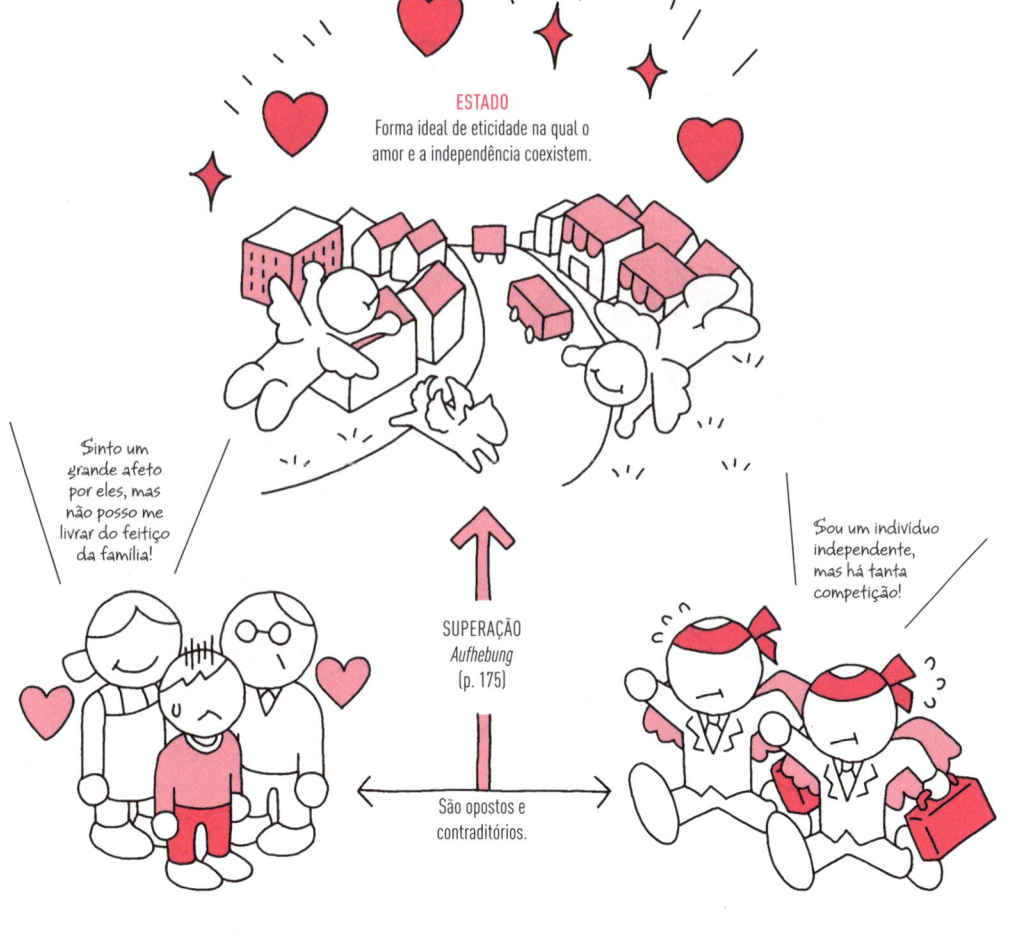

Obra representativa .... *Princípios da filosofia do direito*
Conceitos relacionados .... dialética (p. 174), eticidade (p. 178)
Nota .... o Estado real ao qual Hegel se refere é a Prússia

ESTADO
Forma ideal de eticidade na qual o amor e a independência coexistem.

Sinto um grande afeto por eles, mas não posso me livrar do feitiço da família!

Sou um indivíduo independente, mas há tanta competição!

SUPERAÇÃO
Aufhebung (p. 175)

São opostos e contraditórios.

FAMÍLIA
É uma instituição na qual não existem conflitos e cujos membros se unem pelo amor, mas na qual a consciência individual não pode ser independente.

SOCIEDADE CIVIL
A consciência individual é independente, mas não se pode evitar a competição gerada pelos interesses particulares.

A **família** é uma instituição baseada no amor e na confiança, mas na qual a consciência individual não pode ser independente. Mais cedo ou mais tarde, os filhos se tornam personalidades autônomas e membros da **sociedade civil**, lugar de enfrentamento competitivo dos interesses particulares. **Hegel** considera que, por meio da superação operada pela **dialética** (p. 174), os vínculos afetivos da **família** e a autonomia da consciência individual da **sociedade civil** se realizam no **Estado**, isto é, no momento culminante da **eticidade** (p. 178).

PESSIMISMO

Obra representativa .... *O mundo como vontade e representação*
Nota .... Platão, Kant e o pessimismo hindu exerceram uma grande influência na obra de Schopenhauer, cuja filosofia, por sua vez, inspirou a Nietzsche

Hegel considera que o progresso da **história** (p. 176) é o processo pelo qual os seres humanos tomam consciência da própria liberdade. Em contraposição a esse modo de pensar, **Schopenhauer** afirma que não há nenhum significado particular nas mudanças históricas provocadas por acontecimentos ou ações concretas.

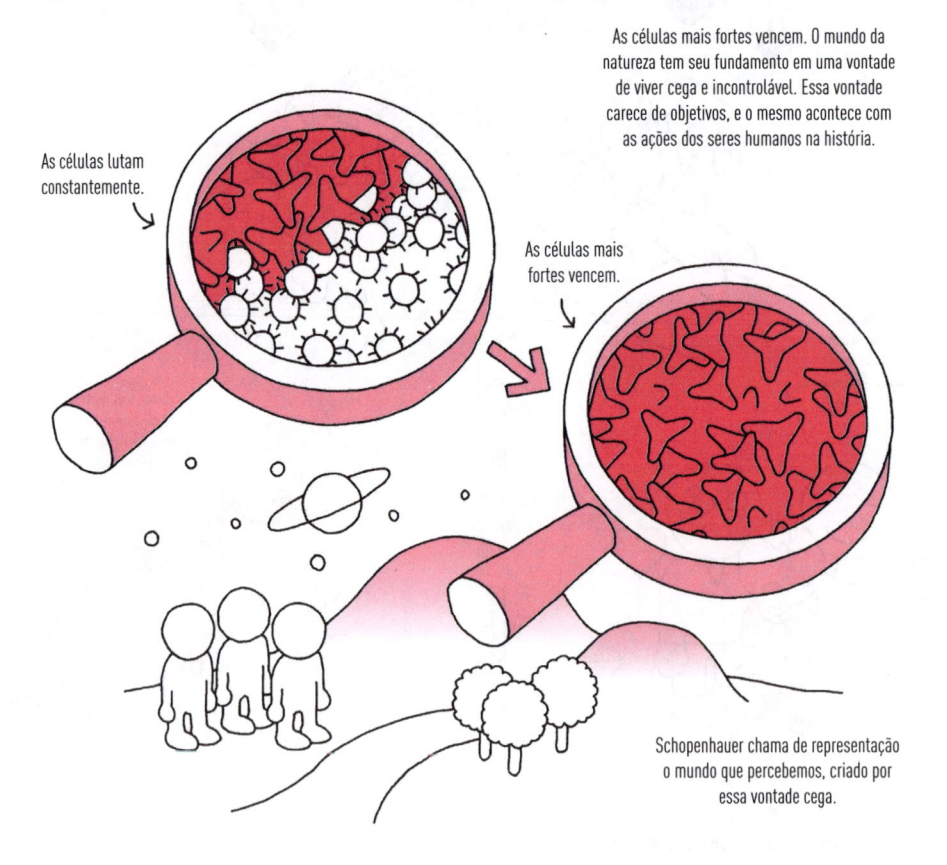

As células lutam constantemente.

As células mais fortes vencem. O mundo da natureza tem seu fundamento em uma vontade de viver cega e incontrolável. Essa vontade carece de objetivos, e o mesmo acontece com as ações dos seres humanos na história.

As células mais fortes vencem.

Schopenhauer chama de representação o mundo que percebemos, criado por essa vontade cega.

Schopenhauer considera que a realidade do mundo é uma **vontade cega de viver**. Por exemplo, as células sobrevivem destruindo constantemente as células mais fracas. Nessa ação, não existe outro significado ou objetivo senão o mero desejo de existir. Os seres seguem simplesmente as leis da natureza. **Schopenhauer** considera que as ações dos seres humanos respondem ao **impulso** incontrolável de "querer existir" causado pela **vontade**.

A dor que a **vontade cega** gera nessa batalha é eterna e inesgotável: ainda que mudássemos a sociedade, o sofrimento do indivíduo não desapareceria. Essa concepção de **Schopenhauer** recebe o nome de pessimismo.

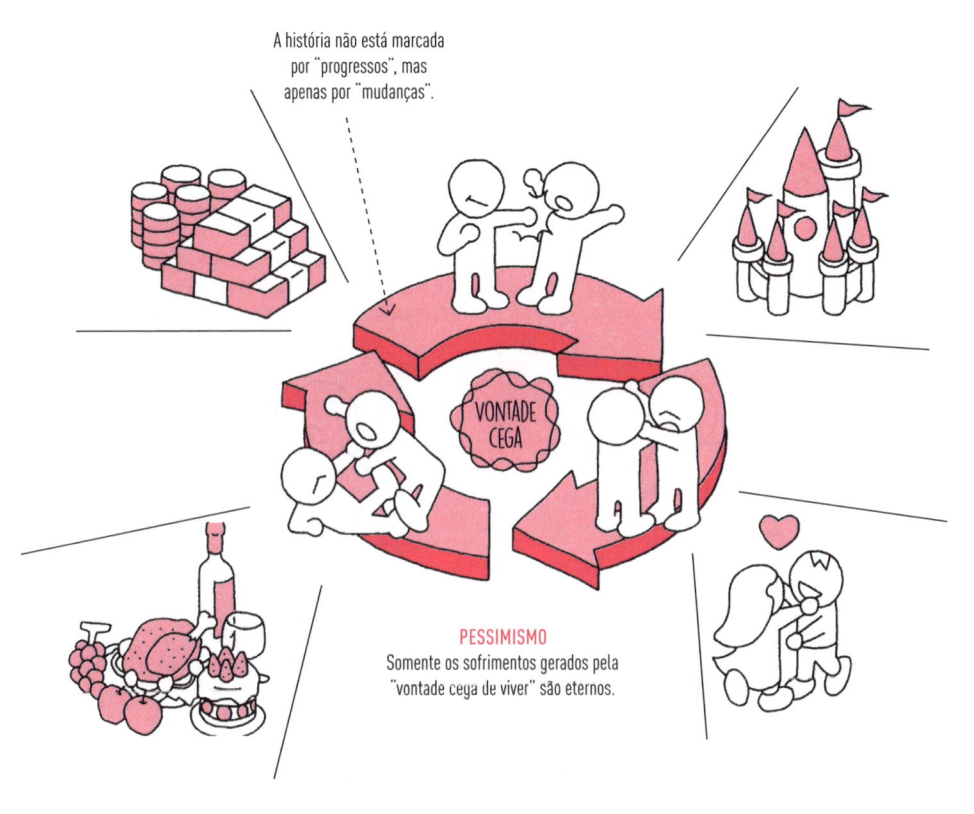

A história não está marcada por "progressos", mas apenas por "mudanças".

VONTADE CEGA

PESSIMISMO
Somente os sofrimentos gerados pela "vontade cega de viver" são eternos.

Schopenhauer considera que a **arte** proporciona uma via para escapar temporariamente dessa vontade cega e irracional. Mas, para evitá-la por completo, devemos partilhar esses sofrimentos com os demais por meio da compaixão ou nos livrar das paixões terrenas por meio do ascetismo.

Música
Pintura
Literatura
Comer bem
Compaixão
Budismo

A arte é o principal instrumento de que os seres humanos dispõem para evitar o sofrimento deste mundo. Mas o prazer que pode nos proporcionar é apenas temporário. A liberação definitiva chega com a compaixão e o budismo.

OU UM, OU OUTRO

KIERKEGAARD ▶151

Obras representativas	*Ou-ou: um fragmento de vida, Migalhas filosóficas*
Conceitos relacionados	verdade subjetiva (p. 183), os três estágios da existência (p. 186)
Nota	crítica à dialética de Hegel, que pretende conciliar graus opostos de desenvolvimento

UM E OUTRO
A dialética de Hegel busca a verdade universal por meio da síntese de possibilidades opostas.

A! Eu B!

Qual das duas será? Qual das duas será?

Que seja !AB!

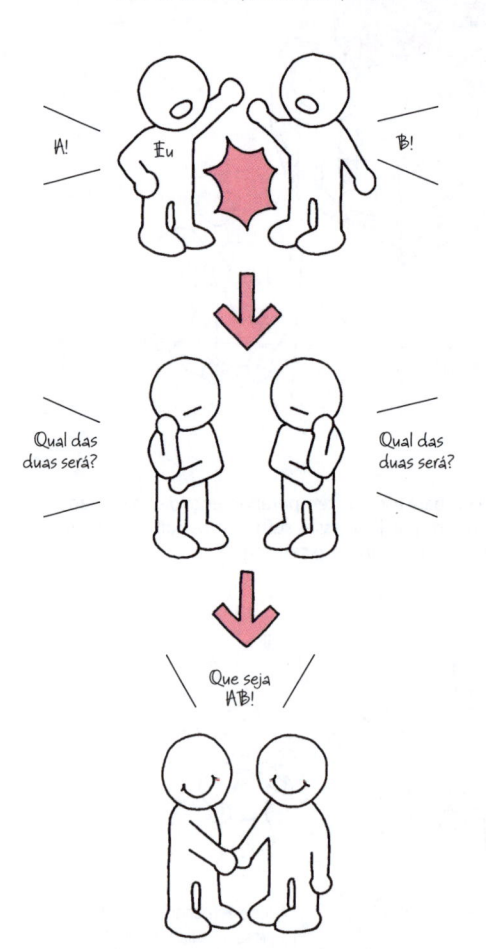

OU UM, OU OUTRO
O pensamento de Kierkegaard afirma que as possibilidades opostas são alternativas entre as quais devemos escolher segundo nossa própria verdade.

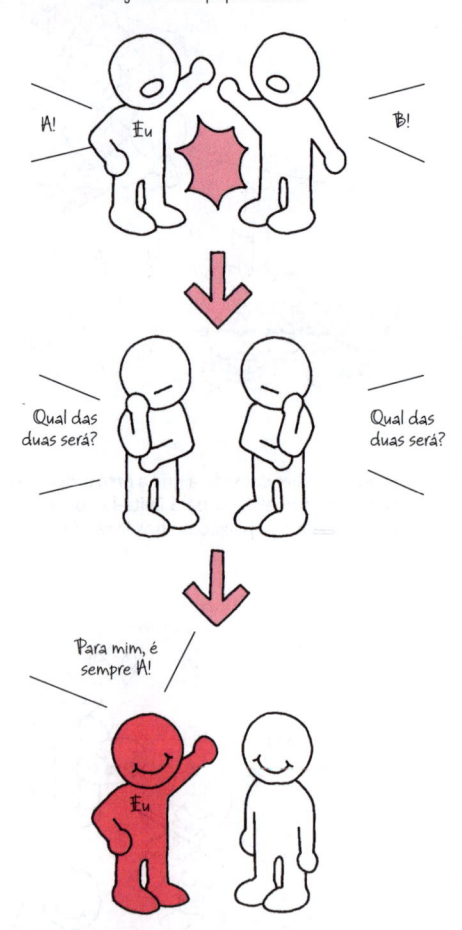

A! Eu B!

Qual das duas será? Qual das duas será?

Para mim, é sempre !A!

Segundo **Hegel**, a **verdade** é uma ideia universal com a qual todos estão de acordo. Já para **Kierkegaard**, a verdade que importa é *"o que o indivíduo singular considera sua verdade"*. Afirma, com efeito, que não faz nenhum sentido tentar conhecer qual é a verdade que vale para todos. Em vez de obter a verdade universal da síntese das possibilidades opostas, como acontece na **dialética** (p. 174), **Kierkegaard** coloca o ser humano frente a **um ou outro** de dois tipos de existência inconciliáveis, entre os quais se pode escolher livremente *"ou isso, ou aquilo"*.

VERDADE SUBJETIVA

▶ 151

Obras representativas .... *Diario de Gilleleje, Pós-escrito às Migalhas filosóficas*
Nota .... na época em que Kierkegaard vive, a filosofia de Hegel goza de uma imensa popularidade

VERDADE OBJETIVA
É uma festa agitada da qual participam mais de cem pessoas.

VERDADE SUBJETIVA
Não importa quantas pessoas estejam aqui, para mim continua sendo uma festa monótona sem "ele".

Ele não veio...

Eu

Eu

Segundo **Hegel**, a **verdade** é um conceito universal. Já para **Kierkegaard**, a verdade é **"o que o indivíduo singular considera sua verdade"**, isto é, algo subjetivo. A primeira é denominada **verdade objetiva**; a segunda, *verdade subjetiva*.

A EXCEÇÃO

Obra representativa .... *O desespero humano*
Conceitos relacionados .... verdade subjetiva (p. 183),
os três estágios da existência (p. 186)
Nota .... nos três estágios da existência, o estágio religioso
é o que corresponde ao "indivíduo singular"

Hegel considera inevitável que, para realizar um valor comum a todos os seres humanos (universal), deva-se sacrificar um valor excepcional. Essa ideia se expressa na frase **"para fazer a história avançar, o grande Napoleão não pode evitar pisotear as flores que encontra em seu caminho"**. Por sua vez, **Kierkegaard** considera que o verdadeiro valor é levar uma existência consciente de ser uma **exceção** que não se deixa incluir em um valor universal.

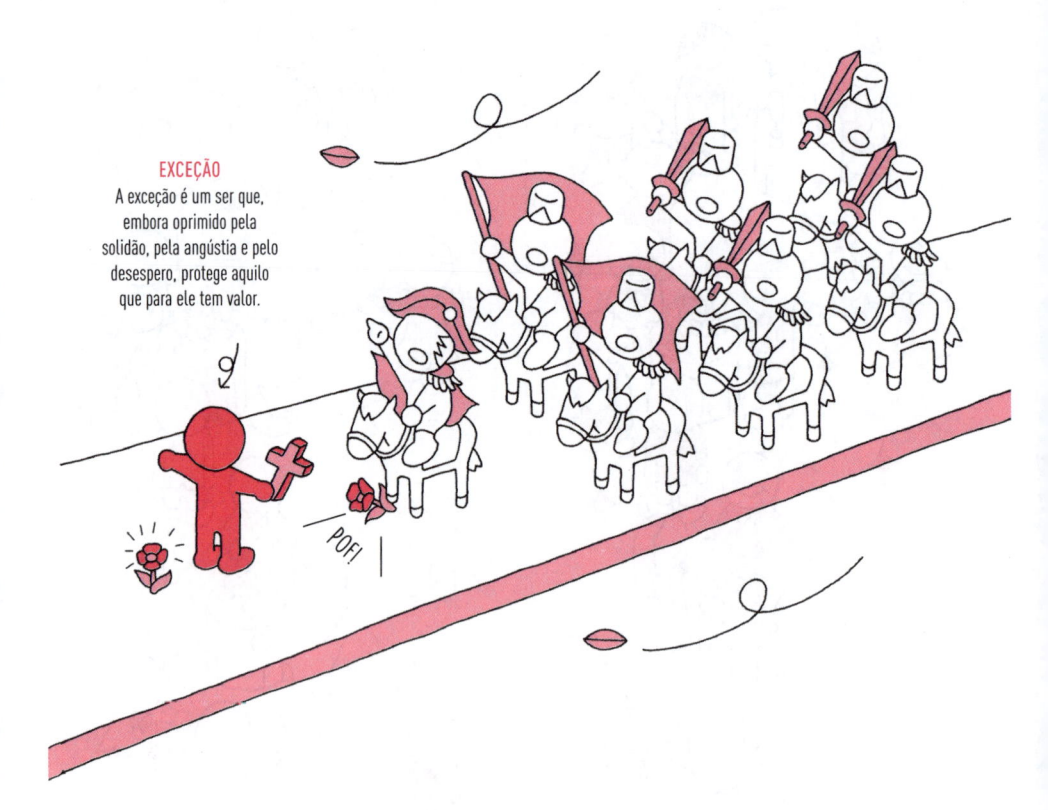

EXCEÇÃO
A exceção é um ser que, embora oprimido pela solidão, pela angústia e pelo desespero, protege aquilo que para ele tem valor.

Para **Kierkegaard**, viver como uma **exceção** significa ser o **indivíduo singular** (*den Enkelte*) que se mantém firme naquilo em que crê (em seu caso, Deus).

EXISTENCIALISMO

▶ 151

Significado .... pensamento que analisa o modo de ser do eu existente
Exemplos .... Kierkegaard, Heidegger, Jaspers, Sartre
Nota .... Dostoiévski, Kafka e Camus são exemplos da literatura
de escritores considerados existencialistas

KIERKEGAARD

Para **Kierkegaard**, o mais importante não é o que tradicionalmente foi objeto da investigação filosófica – a verdade universal –, e sim **"o que o indivíduo singular considera sua verdade"** (ou um, ou outro, p. 182). Os pensadores que, como ele, querem analisar a vida como condição subjetiva e ancorada na realidade presente, com independência de um pensamento universal, são chamados **existencialistas**, e a corrente de pensamento que se questiona sobre "o que é verdadeiro para um indivíduo", sem recorrer a valores universais, como faz a metafísica tradicional, é denominada **existencialismo**.

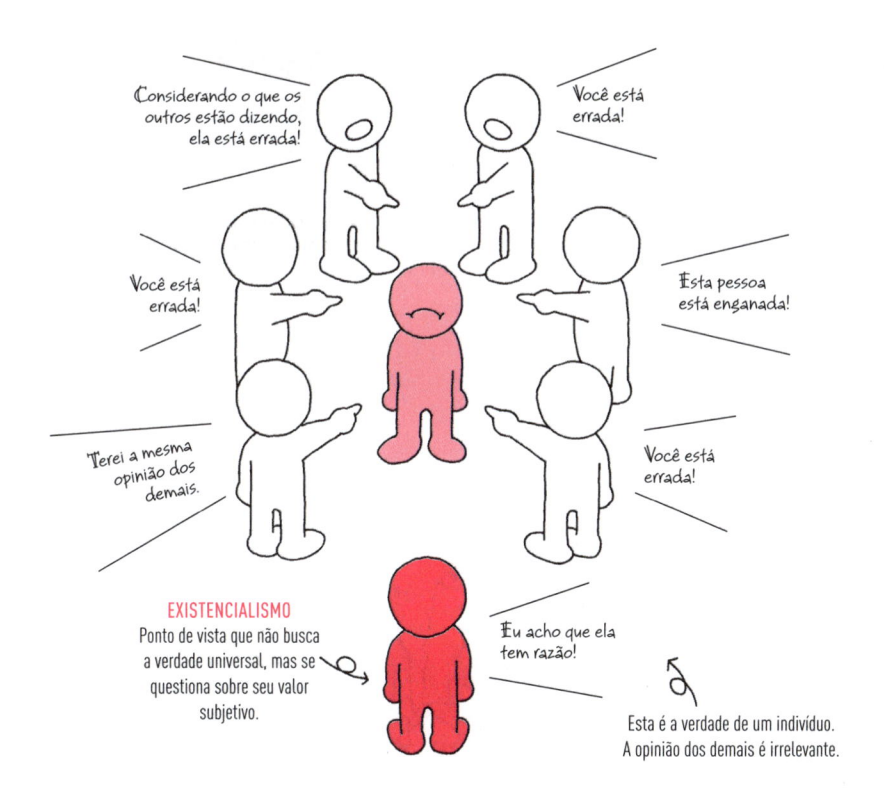

Considerando o que os outros estão dizendo, ela está errada!

Você está errada!

Você está errada!

Esta pessoa está enganada.

Terei a mesma opinião dos demais.

Você está errada!

EXISTENCIALISMO
Ponto de vista que não busca a verdade universal, mas se questiona sobre seu valor subjetivo.

Eu acho que ela tem razão!

Esta é a verdade de um indivíduo. A opinião dos demais é irrelevante.

O **existencialismo** se divide em **existencialismo teísta** (**Kierkegaard** e **Jaspers**) – aberto à possibilidade de transcendência – e **existencialismo ateu** (**Nietzsche**, **Heidegger** e **Sartre**) – que nega a existência de Deus.

OS TRÊS ESTÁGIOS DA EXISTÊNCIA

▶151

Obras representativas .... *Ou-ou: um fragmento de vida, Pós-escrito às Migalhas filosóficas*
Conceitos relacionados .... ou um, ou outro (p. 182), exceção (p. 184)
Nota .... os três estágios da existência constituem diferentes momentos de uma "dialética qualitativa"

Kierkegaard distingue três fases no caminho que os seres humanos devem percorrer para chegar a uma **existência** verdadeira (p. 185) e as denomina os **três estágios da existência**.

O **primeiro estágio** é um estilo de vida à mercê do desejo, orientado exclusivamente para a busca do prazer: é a **vida estética**. Como o desejo nunca é satisfeito, o esteta perde de vista a si mesmo, e a fadiga física e mental e a sensação de vazio levam-no ao sofrimento.

1. A VIDA ESTÉTICA

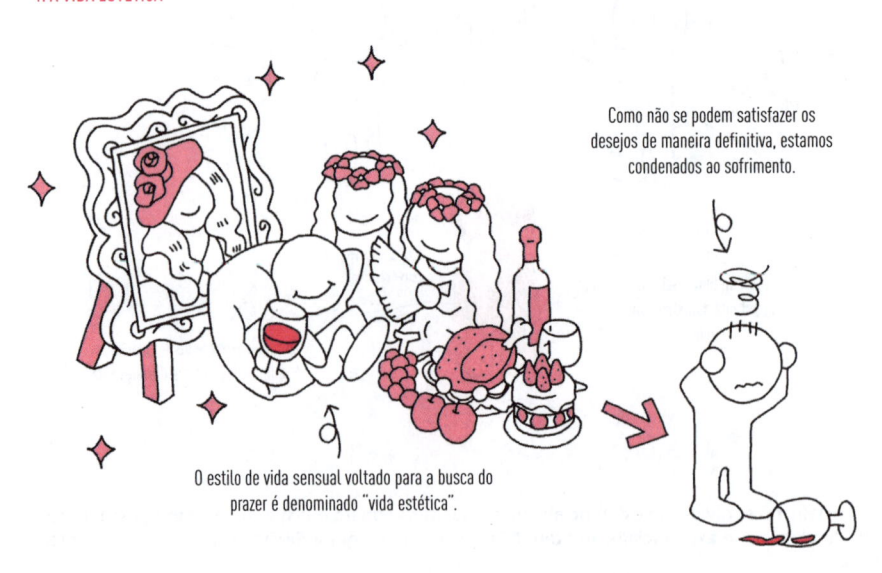

O estilo de vida sensual voltado para a busca do prazer é denominado "vida estética".

Como não se podem satisfazer os desejos de maneira definitiva, estamos condenados ao sofrimento.

O **segundo estágio** é um estilo de vida no qual aquele que experimentou a dispersão escolhe se afirmar por meio do dever e da contribuição que pode ter à sociedade. Esse estágio é denominado **vida ética**. No entanto, como não são perfeitos, ao se afirmarem, os seres humanos afirmam também suas piores características, como o egoísmo, e novamente entram em desespero.

2. A VIDA ÉTICA

O estilo de vida no qual o indivíduo oferece sua contribuição à sociedade é denominado "vida ética".

Torna-se egoísta ou entra em desespero.

No entanto, graças a esse desespero, os seres humanos podem alcançar o estágio final, da **vida religiosa**, que identifica o **indivíduo singular** (p. 184) em sua relação excepcional com Deus; perante Deus, nós nos tornamos verdadeiros indivíduos.

3. A VIDA RELIGIOSA

O estilo de vida do indivíduo singular, que vive...

... a verdadeira existência!

Kierkegaard afirma que, na solidão (às vezes angustiante) que acompanha o estágio religioso, o homem pode, pela primeira vez, reencontrar-se com sua verdadeira natureza.

A MÃO INVISÍVEL (DIVINA)

▶ 148

Obra representativa .... *A riqueza das nações*
Conceito relacionado .... laissez-faire (p. 190)
Nota .... na obra de Smith, o adjetivo "divina" não aparece

SMITH

Com o início da Revolução Industrial na Inglaterra, a economia capitalista começa a se expandir pela Europa. A busca do benefício individual mediante o livre mercado aumentará realmente o bem-estar de todos?

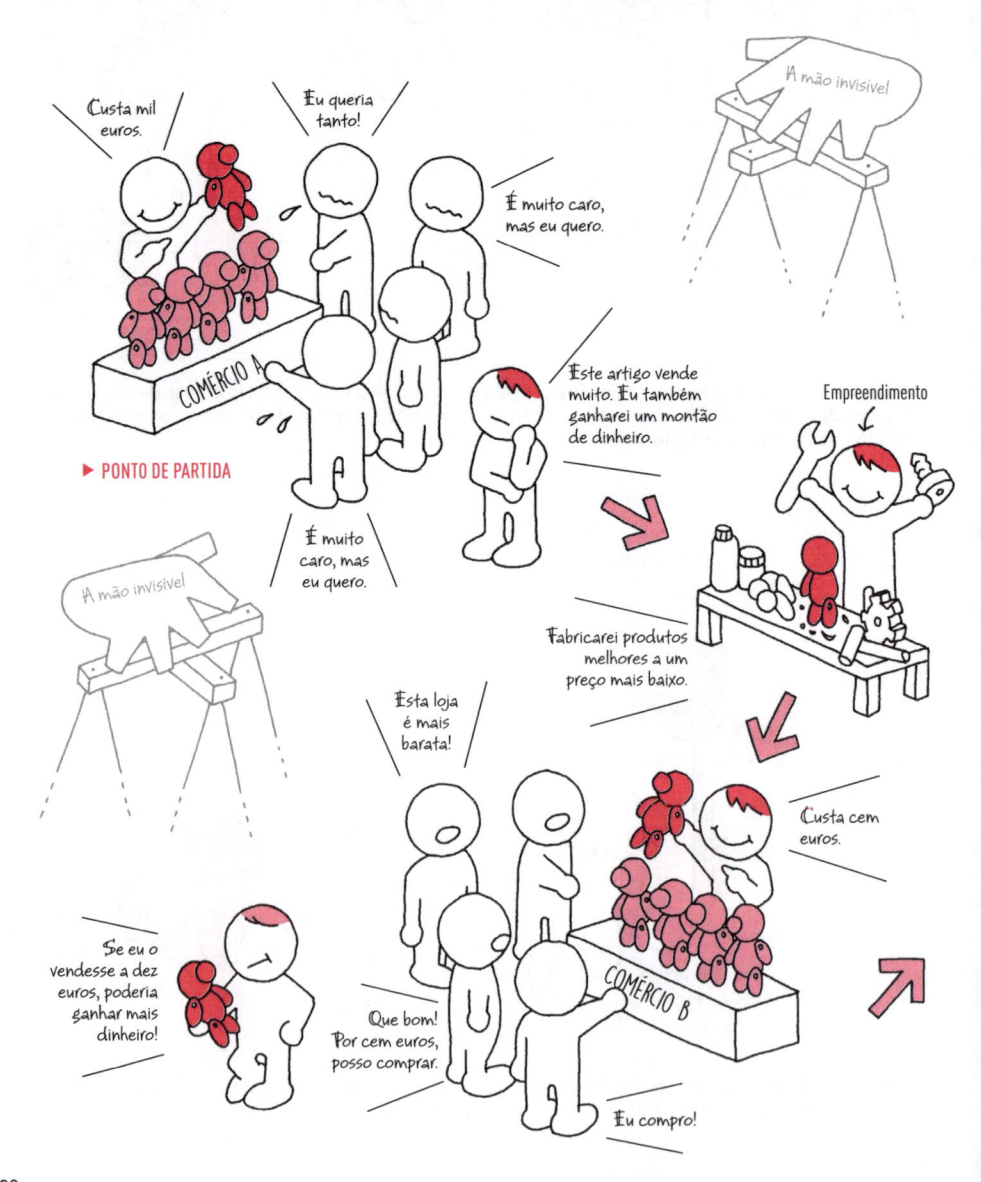

▶ **PONTO DE PARTIDA**

"A mão invisível"

Custa mil euros.

Eu queria tanto!

É muito caro, mas eu quero.

COMÉRCIO A

É muito caro, mas eu quero.

Este artigo vende muito. Eu também ganharei um montão de dinheiro.

Empreendimento

Fabricarei produtos melhores a um preço mais baixo.

"A mão invisível"

Se eu o vendesse a dez euros, poderia ganhar mais dinheiro!

Esta loja é mais barata!

Que bom! Por cem euros, posso comprar.

Custa cem euros.

COMÉRCIO B

Eu compro!

Segundo Adam Smith, a busca pelo benefício individual é coordenada por uma **mão invisível (divina)** e leva naturalmente ao benefício de todos. Por esse motivo, o Estado não deve intervir no mercado.

LAISSEZ-FAIRE

Obra representativa .... *A riqueza das nações*
Nota .... o liberalismo de Smith não ignora a moral em favor do benefício individual. Por essa razão, não se trata de um simples fundamentalismo de mercado

▶ 148

SMITH

Adam Smith considera que, quando os indivíduos perseguem os próprios interesses em um contexto de livre concorrência econômica, são guiados por uma **mão invisível (divina)**. Por isso, mesmo que o Estado não intervenha na regulação do mercado, o benefício dos indivíduos levará naturalmente ao bem-estar da sociedade como um todo. Isso é o que se denomina **liberalismo econômico (laissez-faire)**.

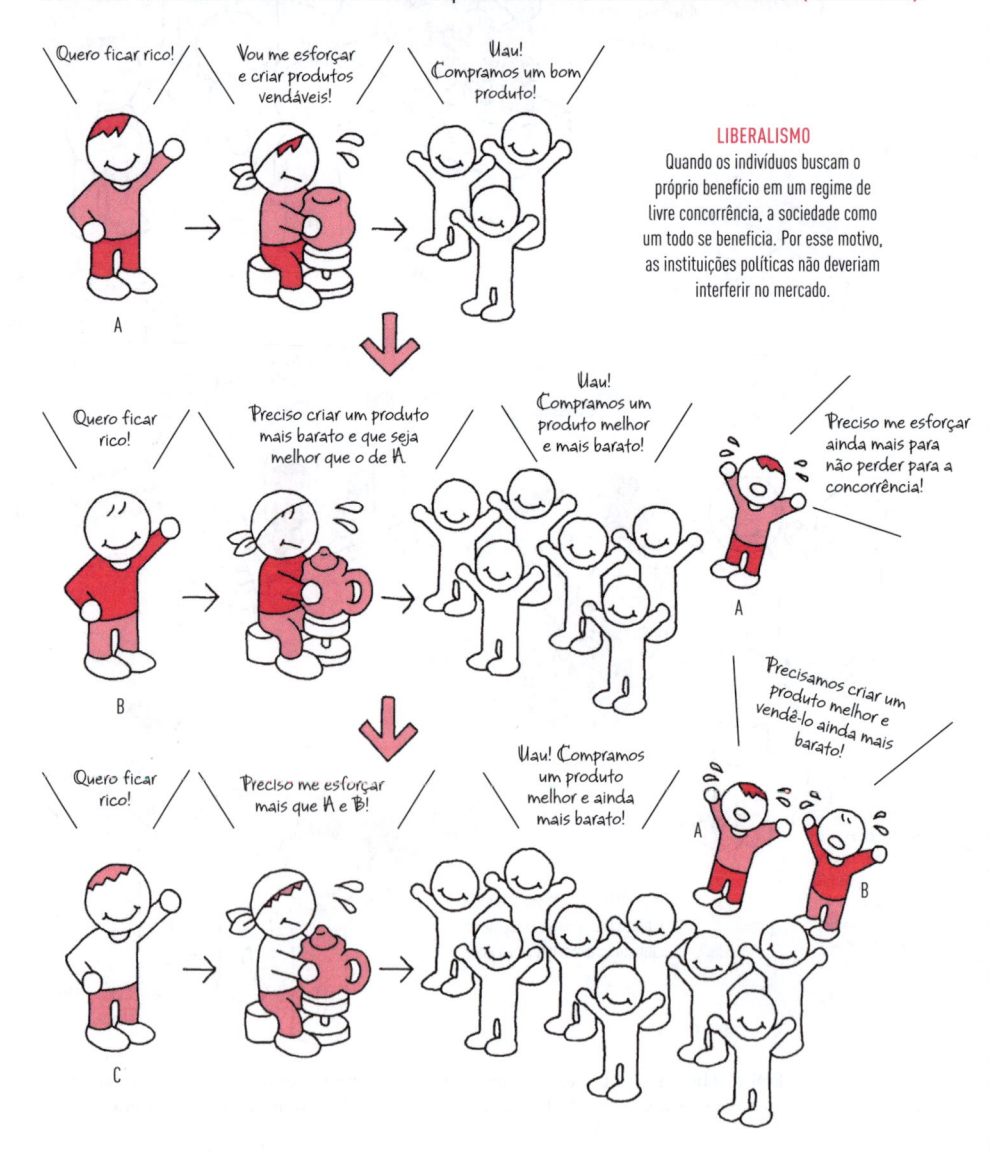

LIBERALISMO

Quando os indivíduos buscam o próprio benefício em um regime de livre concorrência, a sociedade como um todo se beneficia. Por esse motivo, as instituições políticas não deveriam interferir no mercado.

A
- Quero ficar rico!
- Vou me esforçar e criar produtos vendáveis!
- Uau! Compramos um bom produto!

B
- Quero ficar rico!
- Preciso criar um produto mais barato e que seja melhor que o de A.
- Uau! Compramos um produto melhor e mais barato!
- A: Preciso me esforçar ainda mais para não perder para a concorrência!

C
- Quero ficar rico!
- Preciso me esforçar mais que A e B!
- Uau! Compramos um produto melhor e ainda mais barato!
- A e B: Precisamos criar um produto melhor e vendê-lo ainda mais barato!

UTILITARISMO

Significado .... doutrina que situa o fundamento da moral e da legislação no aumento do prazer e na diminuição da dor de todos os membros da sociedade
Exemplos .... Bentham, Mill
Nota .... é definido como "ética consequencialista" porque atribui grande importância às consequências das ações

Bentham afirma que os humanos são seres que buscam o prazer e evitam a dor.

Por essa razão, Bentham identifica o **bem** com as ações relacionadas ao **prazer** das pessoas e o **mal** com aquelas relacionadas à sua **dor**. O pensamento que estabelece tal critério é definido como **utilitarismo**.

UTILITARISMO

Ações relacionadas ao prazer das pessoas.
BEM

Ações relacionadas à dor das pessoas.
MAL

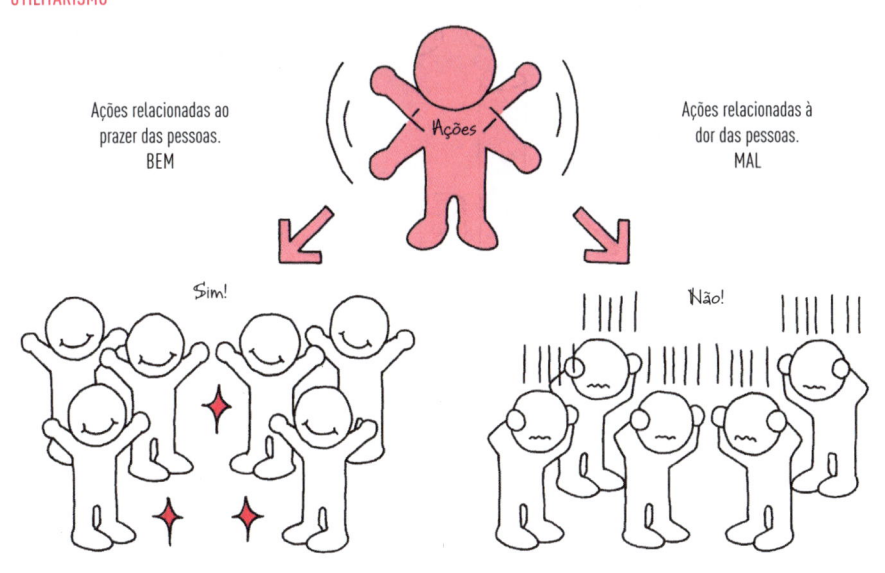

O **utilitarismo** – que se propõe a avaliar objetivamente o bem e o mal – exerce, ainda hoje, uma influência notável na esfera ética e política.

O CÁLCULO DO PRAZER

▶ 152

Obra representativa .... *Uma introdução aos princípios da moral e da legislação*
Conceitos relacionados .... a maior felicidade para o maior número de pessoas (p. 193), utilitarismo qualitativo (p. 194)
Nota .... Bentham calcula o prazer com base em sete parâmetros: intensidade, duração, certeza, proximidade, fecundidade, pureza e extensão

Bentham considera que a busca do prazer e a fuga da dor formam parte da natureza humana. Por conseguinte, tenta determinar critérios de valoração que se baseiam, entre outros, na duração, na intensidade e na certeza dos prazeres e concebe a deliberação moral como um **cálculo do prazer**.

CÁLCULO DO PRAZER
Método para quantificar o prazer que utiliza alguns critérios como a duração, a intensidade e a certeza.

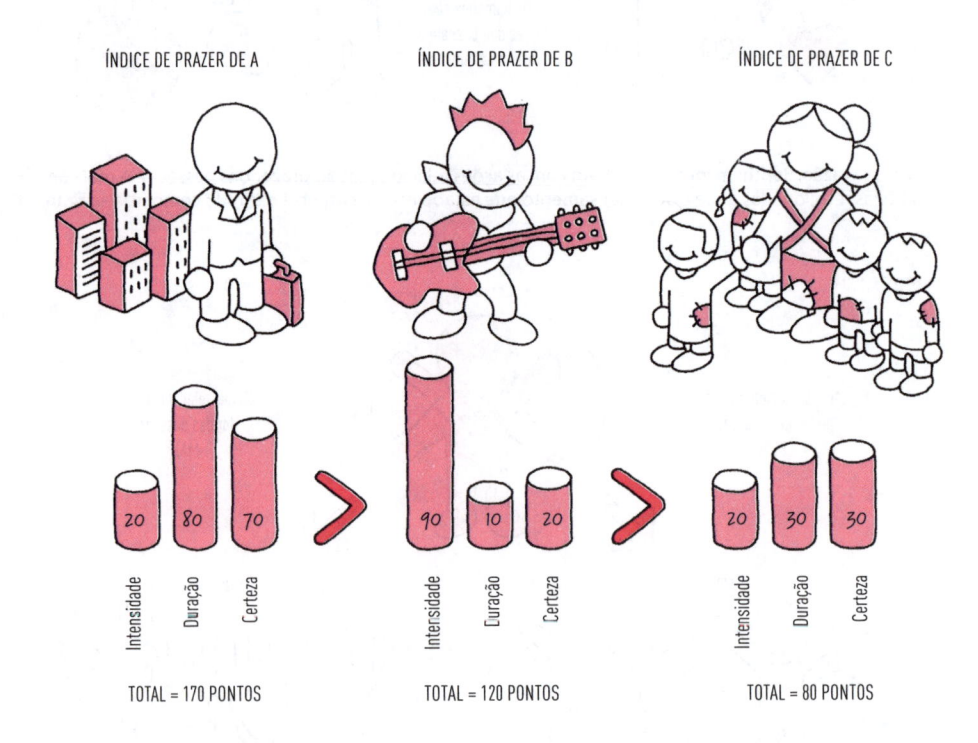

ÍNDICE DE PRAZER DE A

Intensidade	Duração	Certeza
20	80	70

TOTAL = 170 PONTOS

>

ÍNDICE DE PRAZER DE B

Intensidade	Duração	Certeza
90	10	20

TOTAL = 120 PONTOS

>

ÍNDICE DE PRAZER DE C

Intensidade	Duração	Certeza
20	30	30

TOTAL = 80 PONTOS

Bentham afirma que uma sociedade feliz é aquela em que um grande número de pessoas obtém uma pontuação alta no cálculo do prazer. Ao utilizar os mesmos critérios para calcular a pontuação tanto das pessoas que pertencem a um meio social humilde quanto das que fazem parte das classes mais favorecidas, o utilitarismo contribuiu enormemente para o desenvolvimento da democracia: Bentham, com efeito, afirma que **"cada um conta como um, e ninguém como mais de um"**.

A MÁXIMA FELICIDADE PARA O MAIOR NÚMERO DE PESSOAS

Obra representativa .... *Uma introdução aos princípios da moral e da legislação*
Conceitos relacionados .... utilitarismo (p. 191), o cálculo do prazer (p. 192)
Nota .... o original diz *"the greatest happiness for the greater number"*

Bentham considera que é feliz a sociedade que obtém uma alta pontuação no **cálculo do prazer**.

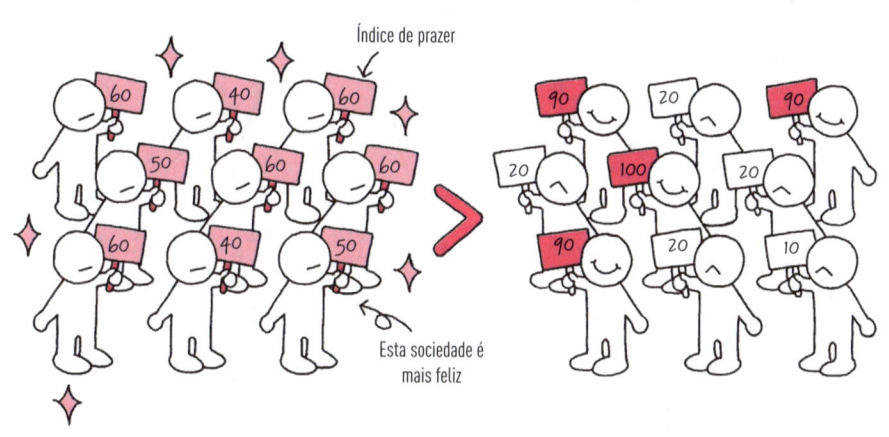

Índice de prazer

Esta sociedade é mais feliz

Total do índice de prazer de todos os membros
480 PONTOS

Total do índice de prazer de todos os membros
460 PONTOS

Ele define o conceito de *"a máxima felicidade para o maior número de pessoas"* e considera que esse deve ser o fundamento de toda legislação.

Nas sociedades como as que caracterizavam as monarquias absolutas, o grau de felicidade só é elevado entre as pessoas que estão no topo, e o total do índice de prazer é baixo.

Esta é uma sociedade mais feliz.

Total do índice de prazer na sociedade feudal
460 PONTOS

Total do índice de prazer na sociedade democrática
710 PONTOS

UTILITARISMO QUALITATIVO

▶ 153

Significado .... doutrina que afirma que existe uma diferença qualitativa entre os aspectos mais importantes e os menos importantes do prazer
Obra representativa .... *O utilitarismo*
Conceito relacionado .... a máxima felicidade para o maior número de pessoas (p. 193)

MILL

Mill tem dúvidas a respeito da pretensão de **Bentham** de **quantificar o prazer** (cálculo do prazer, p. 192), pois afirma que no prazer existem diferenças **qualitativas**, além das **quantitativas**. **Mill** dá muito mais importância à qualidade dos prazeres; por isso, sua versão do utilitarismo se caracteriza como **utilitarismo qualitativo**.

A felicidade da abundância.
A felicidade de ampliar a própria bagagem de conhecimentos.
A felicidade de ajudar os outros.

Índice qualitativo do prazer < Índice qualitativo do prazer <

ÍNDICE QUANTITATIVO DO PRAZER: 90 PONTOS
ÍNDICE QUANTITATIVO DO PRAZER: 90 PONTOS
ÍNDICE QUANTITATIVO DO PRAZER: 90 PONTOS

Mesma pontuação — Mesma pontuação

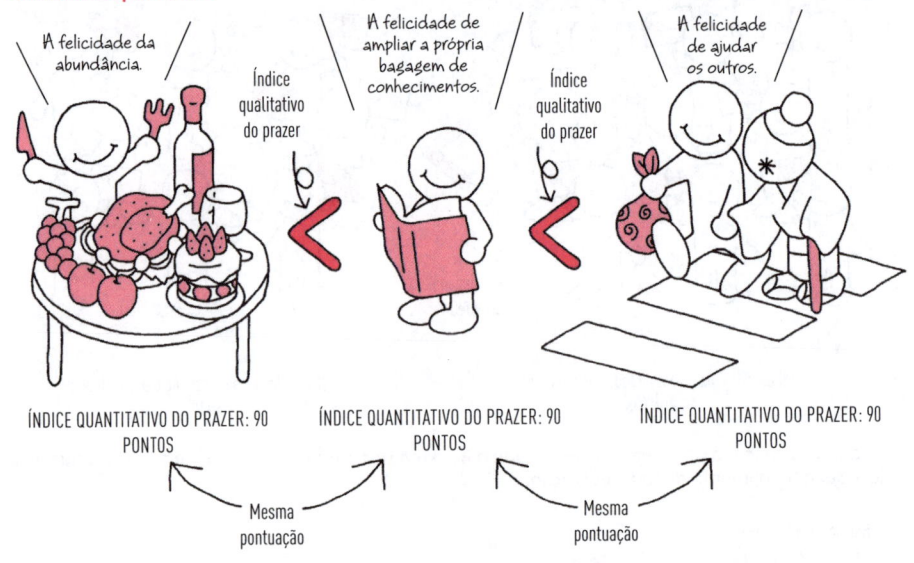

No cálculo de Bentham, o valor numérico só considera a quantidade de prazer, sem levar em conta as diferenças a respeito da qualidade dos prazeres.

Mill afirma que os prazeres espirituais apresentam uma qualidade superior à dos prazeres materiais e que podem ser obtidos da felicidade alheia. Com o lema **"é melhor ser um ser humano insatisfeito do que um porco satisfeito"**, Mill aperfeiçoa o utilitarismo (p. 191).

Mill
É melhor ser um ser humano insatisfeito do que um porco satisfeito; é melhor ser um Sócrates insatisfeito do que um tolo satisfeito.

BURGUESIA E PROLETARIADO

▶ 151

Obra representativa .... *Manifesto do partido comunista*
Conceitos relacionados .... relações de produção (p. 196), alienação da força de trabalho (p. 198), luta de classes (p. 199)
Nota .... Lenin respalda a ditadura do proletariado na Rússia e nasce a União Soviética

Adam Smith afirma que a livre busca dos benefícios próprios por parte dos indivíduos está regulada por uma **mão invisível** (p. 189) que gera um benefício para a sociedade inteira. **Marx** afirma, ao contrário, que a livre concorrência econômica cria uma **divisão entre ricos e pobres**, encarnada na diferença entre a classe capitalista (burguesia) e a classe trabalhadora (proletariado).

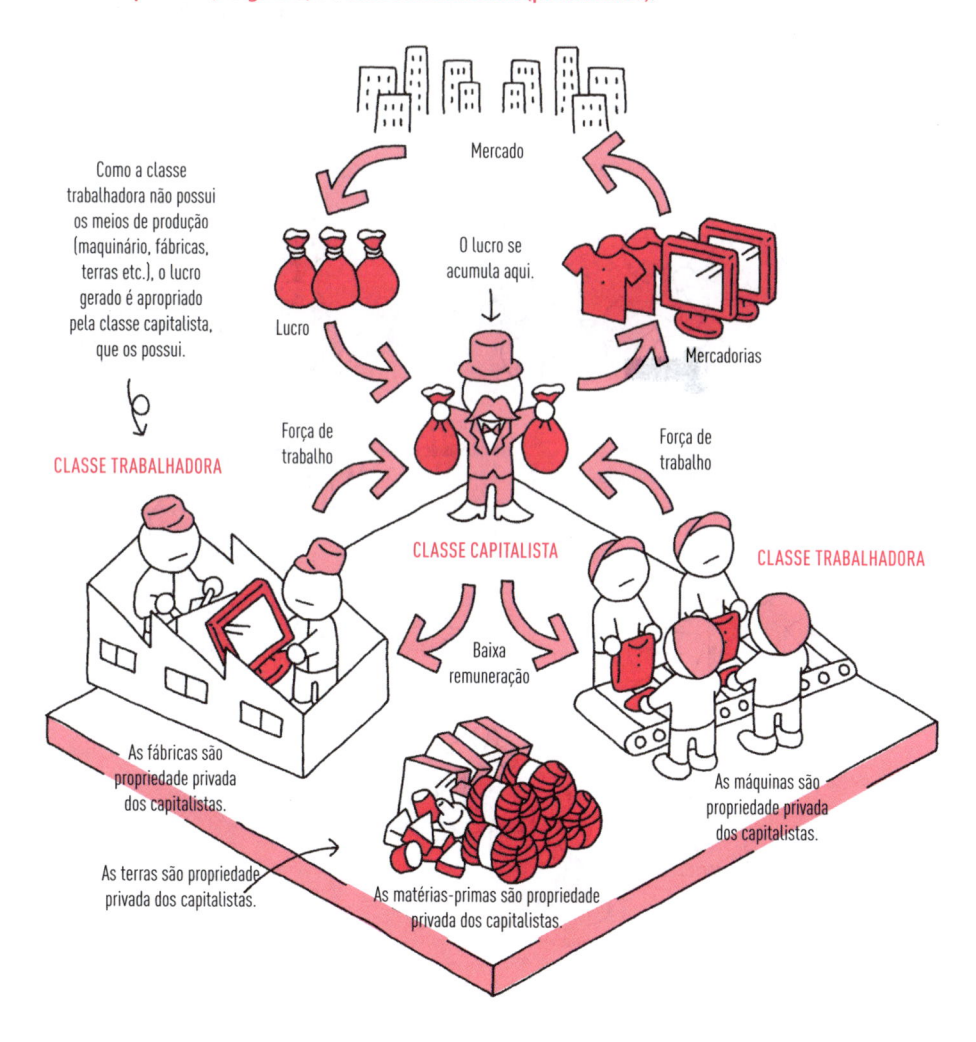

Como a classe trabalhadora não possui os meios de produção (maquinário, fábricas, terras etc.), o lucro gerado é apropriado pela classe capitalista, que os possui.

CLASSE TRABALHADORA

Mercado

O lucro se acumula aqui.

Lucro

Mercadorias

Força de trabalho

Força de trabalho

CLASSE CAPITALISTA

CLASSE TRABALHADORA

Baixa remuneração

As fábricas são propriedade privada dos capitalistas.

As máquinas são propriedade privada dos capitalistas.

As terras são propriedade privada dos capitalistas.

As matérias-primas são propriedade privada dos capitalistas.

Marx defende que, para evitar essa divisão, os **meios de produção** (p. 196) não devem ser **propriedade privada**, e sim **propriedade pública**.

RELAÇÕES DE PRODUÇÃO

Obra representativa .... *Manuscritos econômico-filosóficos de 1844*
Conceitos relacionados .... luta de classes (p. 199), materialismo histórico (p. 202), estrutura e superestrutura (p. 200)
Nota .... a estrutura dada das relações de produção determina a forma da consciência social (= superestrutura)

Os seres humanos precisam de alimentos, roupas e de um teto. O **maquinário**, o **terreno** no qual as fábricas se instalam e do qual as **matérias-primas** são obtidas para produzir os bens de primeira necessidade são denominados "meios de **produção**". Como no caso dos **senhores feudais** com os **servos** e dos **capitalistas** com os **trabalhadores**, quem possui os **meios de produção** torna-se a **classe dominante**. A hierarquia entre os que possuem e os que não possuem **meios de produção** determina as **relações de produção**.

AS RELAÇÕES DE PRODUÇÃO AO LONGO DO TEMPO

ESCRAVISMO
Classe dominante = os amos
Classe dominada = os escravos

Desenvolvimento das ferramentas agrícolas de ferro.

FEUDALISMO
Classe dominante = os senhores feudais
Classe dominada = os servos

Industrialização

CAPITALISMO
Classe dominante = capitalistas
Classe dominada = trabalhadores

As **relações de produção** vêm determinadas pelo nível técnico da época. No entanto, se depois de um avanço tecnológico é possível aumentar a produção, a **classe dominada** melhora seu status e pode se emancipar da **classe dominante**, indicando a mudança para uma época posterior, caracterizada por outras **relações de produção**.

COMO SE DÁ A TRANSIÇÃO DE UMA ÉPOCA A OUTRA

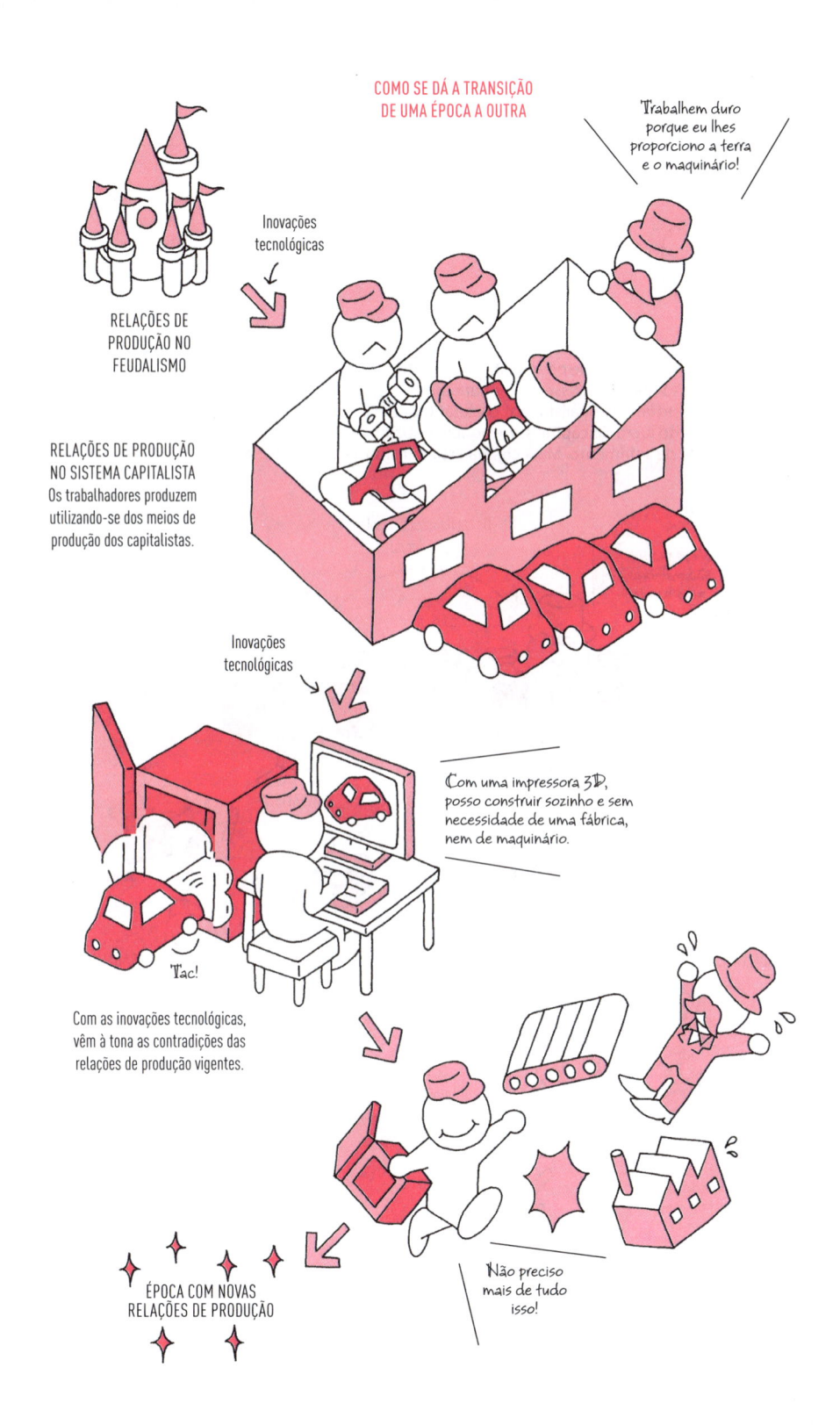

RELAÇÕES DE PRODUÇÃO NO FEUDALISMO

Inovações tecnológicas

Trabalhem duro porque eu lhes proporciono a terra e o maquinário!

RELAÇÕES DE PRODUÇÃO NO SISTEMA CAPITALISTA
Os trabalhadores produzem utilizando-se dos meios de produção dos capitalistas.

Inovações tecnológicas

Com uma impressora 3D, posso construir sozinho e sem necessidade de uma fábrica, nem de maquinário.

Tac!

Com as inovações tecnológicas, vêm à tona as contradições das relações de produção vigentes.

ÉPOCA COM NOVAS RELAÇÕES DE PRODUÇÃO

Não preciso mais de tudo isso!

A ALIENAÇÃO DA FORÇA DE TRABALHO

Obra representativa .... *Manuscritos econômico-filosóficos de 1844*
Nota .... Marx distingue quatro tipos de alienação: alienação do produto do próprio trabalho, alienação da própria atividade laboral, alienação da própria essência e alienação do próximo

Para sobreviver, os seres humanos devem continuar produzindo. Em outras palavras, **Marx** afirma que a **essência** do ser humano reside no trabalho. O trabalho, não sendo apenas um meio de sustento, deveria ser algo prazeroso que permitisse ao ser humano expressar-se na vida social com o resto das pessoas. No entanto, no sistema capitalista, um proletário que não possui **meios de produção** (p. 196) está à mercê da busca do lucro do capitalista, e aquele trabalho que naturalmente deveria ser a expressão de si torna-se fonte de sofrimento. Marx chama essa transformação de alienação (da força de trabalho).

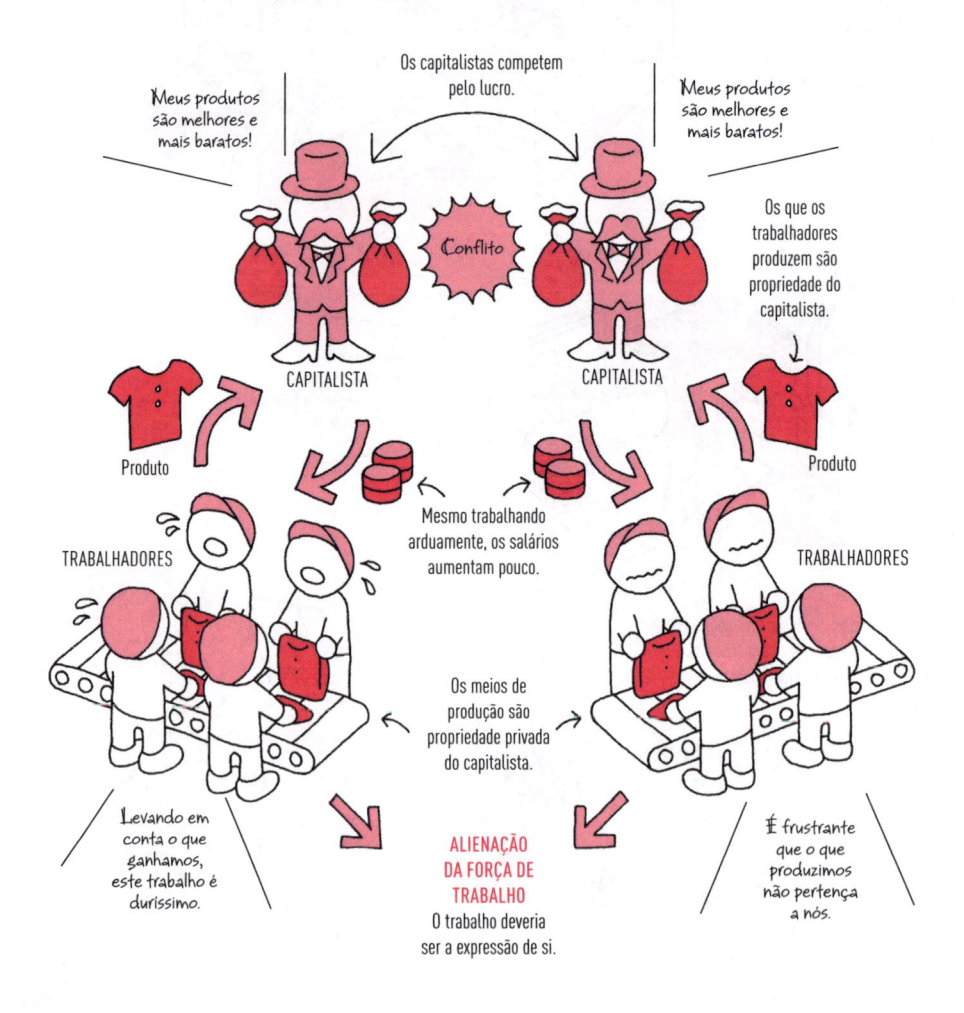

Os capitalistas competem pelo lucro.

Meus produtos são melhores e mais baratos!

Meus produtos são melhores e mais baratos!

Conflito

CAPITALISTA   CAPITALISTA

Os que os trabalhadores produzem são propriedade do capitalista.

Produto   Produto

Mesmo trabalhando arduamente, os salários aumentam pouco.

TRABALHADORES   TRABALHADORES

Os meios de produção são propriedade privada do capitalista.

Levando em conta o que ganhamos, este trabalho é duríssimo.

ALIENAÇÃO DA FORÇA DE TRABALHO
O trabalho deveria ser a expressão de si.

É frustrante que o que produzimos não pertença a nós.

LUTA DE CLASSES

Obras representativas .... *Manifesto do partido comunista* e outras
Conceitos relacionados .... burguesia e proletariado (p. 195), relações de produção (p. 196), materialismo histórico (p. 202)
Nota .... como no socialismo não existem classes sociais, não haverá luta de classes

Uma vez estabelecidas as **relações de produção** (p. 196), a classe dominante imobiliza o sistema a fim de manter o controle. No entanto, com as inovações, as **forças de produção** (a capacidade de produzir o produto) crescem constantemente. As relações de produção tentam frear o desenvolvimento das forças de produção, e é nesse momento que, segundo **Marx**, a tensão entre as **forças de produção** e as **relações de produção** pode dar lugar a uma **luta de classes (revolução social)** e abrir caminho para uma época de novas **relações de produção**.

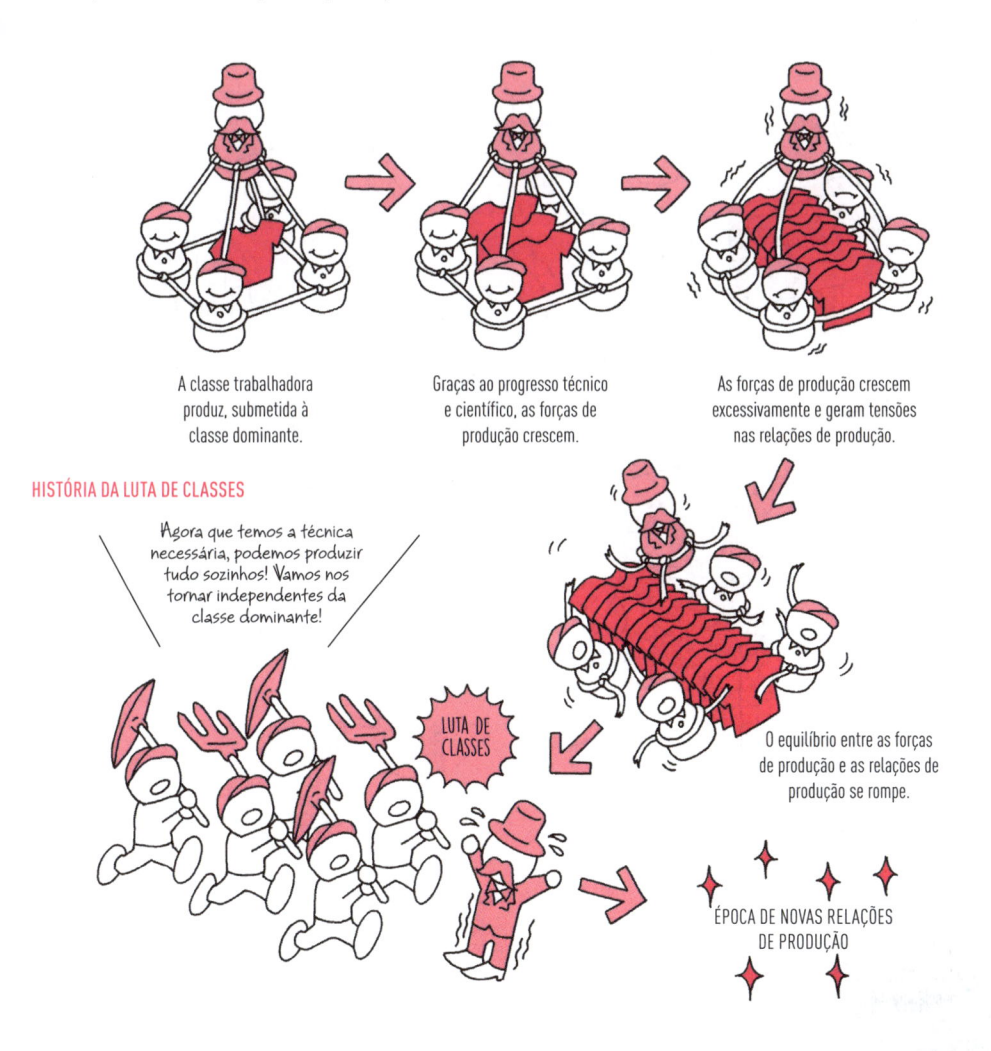

A classe trabalhadora produz, submetida à classe dominante.

Graças ao progresso técnico e científico, as forças de produção crescem.

As forças de produção crescem excessivamente e geram tensões nas relações de produção.

HISTÓRIA DA LUTA DE CLASSES

"Agora que temos a técnica necessária, podemos produzir tudo sozinhos! Vamos nos tornar independentes da classe dominante!"

LUTA DE CLASSES

O equilíbrio entre as forças de produção e as relações de produção se rompe.

ÉPOCA DE NOVAS RELAÇÕES DE PRODUÇÃO

ESTRUTURA E SUPERESTRUTURA

Obra representativa .... *Contribuição à crítica da economia política*
Conceitos relacionados .... relações de produção (p. 196), ideologia (p. 201), materialismo histórico (p. 202)
Nota .... por exemplo, a estrutura do Brasil é capitalista e sua superestrutura é democrática

Marx chama de **estrutura** a base econômica estabelecida pelas **relações de produção** (p. 196) de cada época, e de **superestrutura** os aspectos culturais de uma sociedade, tais como as leis, o sistema político, a religião, a arte e a ciência. Também afirma que a **superestrutura**, que representa a forma da consciência social, se edifica sobre uma **estrutura** material.

SUPERESTRUTURA (aspecto espiritual)
Conceitos como o direito e o sistema político, ou aspectos culturais, como a religião ou a arte, constituem a "superestrutura".

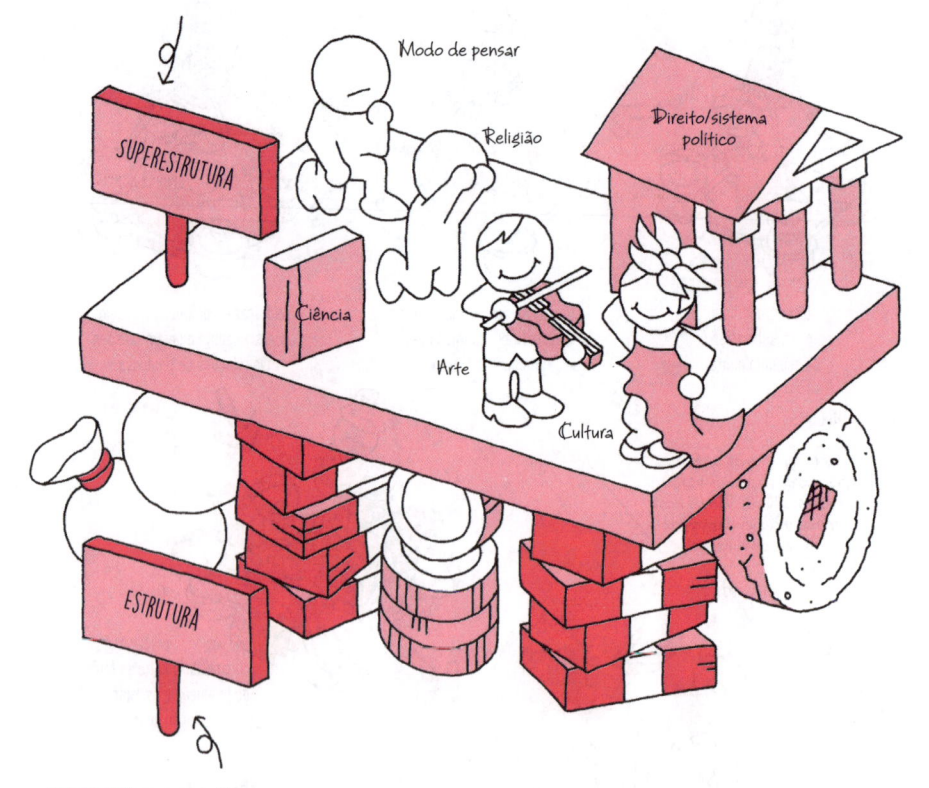

ESTRUTURA (aspecto material)
A base econômica dada pelas relações de produção (p. 196) de cada época representa a "estrutura".
A "estrutura" do sistema de uma época – seja feudal, capitalista ou socialista, e, no caso de uma pessoa, o fato de ser rica ou pobre – reflete-se em uma mentalidade, uma "superestrutura". Por exemplo, em um sistema socialista, o "luxo" é visto como algo que corrompe a igualdade; em um sistema capitalista, por sua vez, é visto como algo que melhora o estado de ânimo. Em outras palavras, não é a consciência das pessoas que cria a base econômica, e sim a base econômica que cria a consciência das pessoas.

IDEOLOGIA

Obras representativas .... *A ideologia alemã*,
Contribuição à crítica da economia política
Conceitos relacionados .... relações de produção (p. 196), estrutura
e superestrutura (p. 200)
Nota .... em sentido geral, significa "pensamento ou
crença que apoia um certo ponto de vista"

Marx afirma que as ideias das pessoas não dependem de sua vontade, mas são consequência da **estrutura** (p. 200) da época em que vivem. Por exemplo, no feudalismo medieval, acumular dinheiro era considerado um pecado contra Deus. Em oposição, no capitalismo, isso não é julgado de forma negativa.

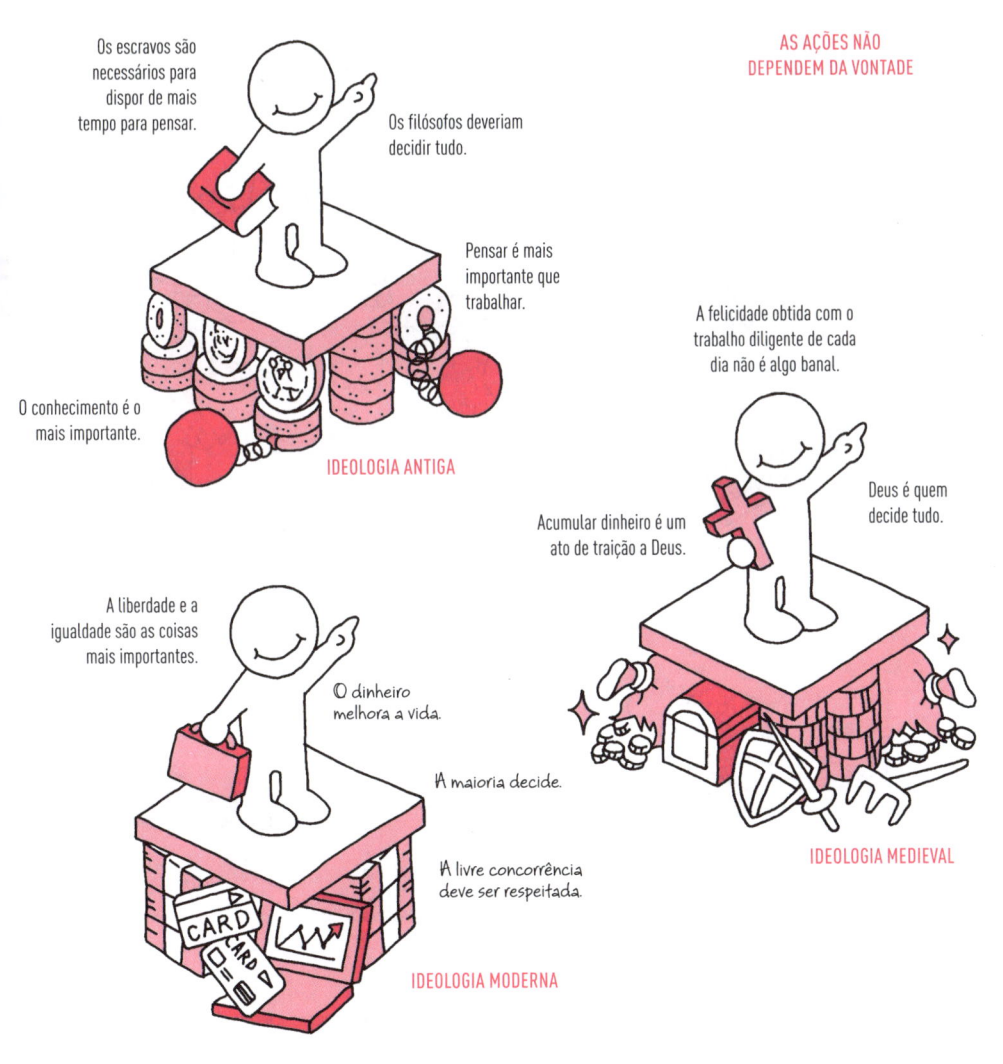

AS AÇÕES NÃO DEPENDEM DA VONTADE

IDEOLOGIA ANTIGA
- Os escravos são necessários para dispor de mais tempo para pensar.
- Os filósofos deveriam decidir tudo.
- Pensar é mais importante que trabalhar.
- O conhecimento é o mais importante.

IDEOLOGIA MEDIEVAL
- A felicidade obtida com o trabalho diligente de cada dia não é algo banal.
- Deus é quem decide tudo.
- Acumular dinheiro é um ato de traição a Deus.

IDEOLOGIA MODERNA
- A liberdade e a igualdade são as coisas mais importantes.
- O dinheiro melhora a vida.
- A maioria decide.
- A livre concorrência deve ser respeitada.

Marx denomina **ideologia** o modo de pensar que o indivíduo considera fruto da própria opinião, mas que na realidade está inconscientemente vinculado às relações de produção (p. 196) da época em que vive.

MATERIALISMO HISTÓRICO

Obra representativa .... *Contribuição à crítica da economia política*
Conceitos relacionados .... relações de produção (p. 196), estrutura e superestrutura (p. 200), ideologia (p. 201)
Nota .... segundo o pensamento marxista, uma revolução comunista só pode ocorrer num país em que o capitalismo tenha se desenvolvido; no entanto, ocorreu num país economicamente subdesenvolvido como a Rússia

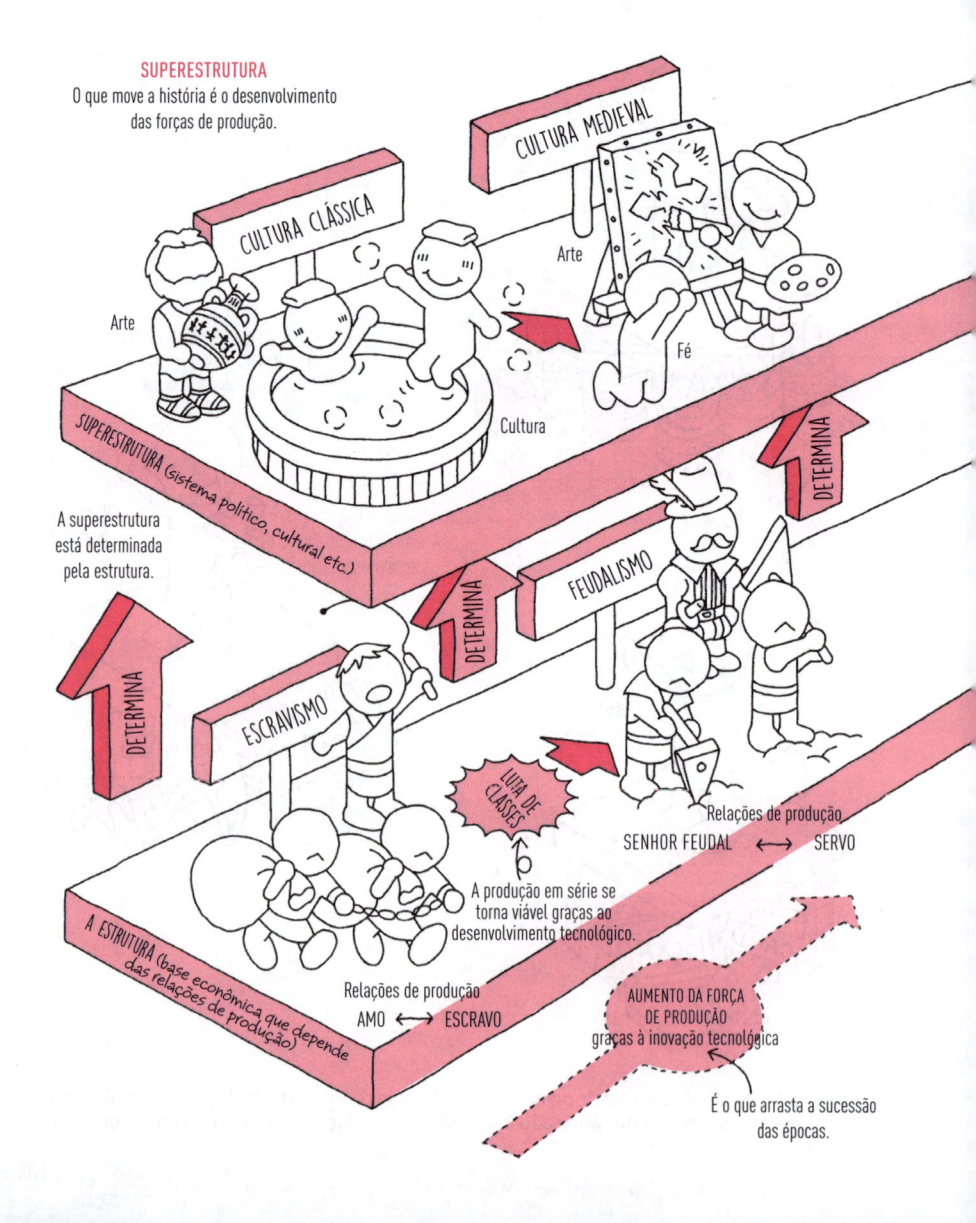

MARX ▶151

SUPERESTRUTURA
O que move a história é o desenvolvimento das forças de produção.

CULTURA CLÁSSICA
CULTURA MEDIEVAL
Arte
Arte
Fé
Cultura

SUPERESTRUTURA (sistema político, cultural etc.)

A superestrutura está determinada pela estrutura.

DETERMINA
DETERMINA
DETERMINA

ESCRAVISMO
FEUDALISMO

LUTA DE CLASSES

Relações de produção
SENHOR FEUDAL ⟷ SERVO

A produção em série se torna viável graças ao desenvolvimento tecnológico.

A ESTRUTURA (base econômica que depende das relações de produção)

Relações de produção
AMO ⟷ ESCRAVO

AUMENTO DA FORÇA DE PRODUÇÃO graças à inovação tecnológica

É o que arrasta a sucessão das épocas.

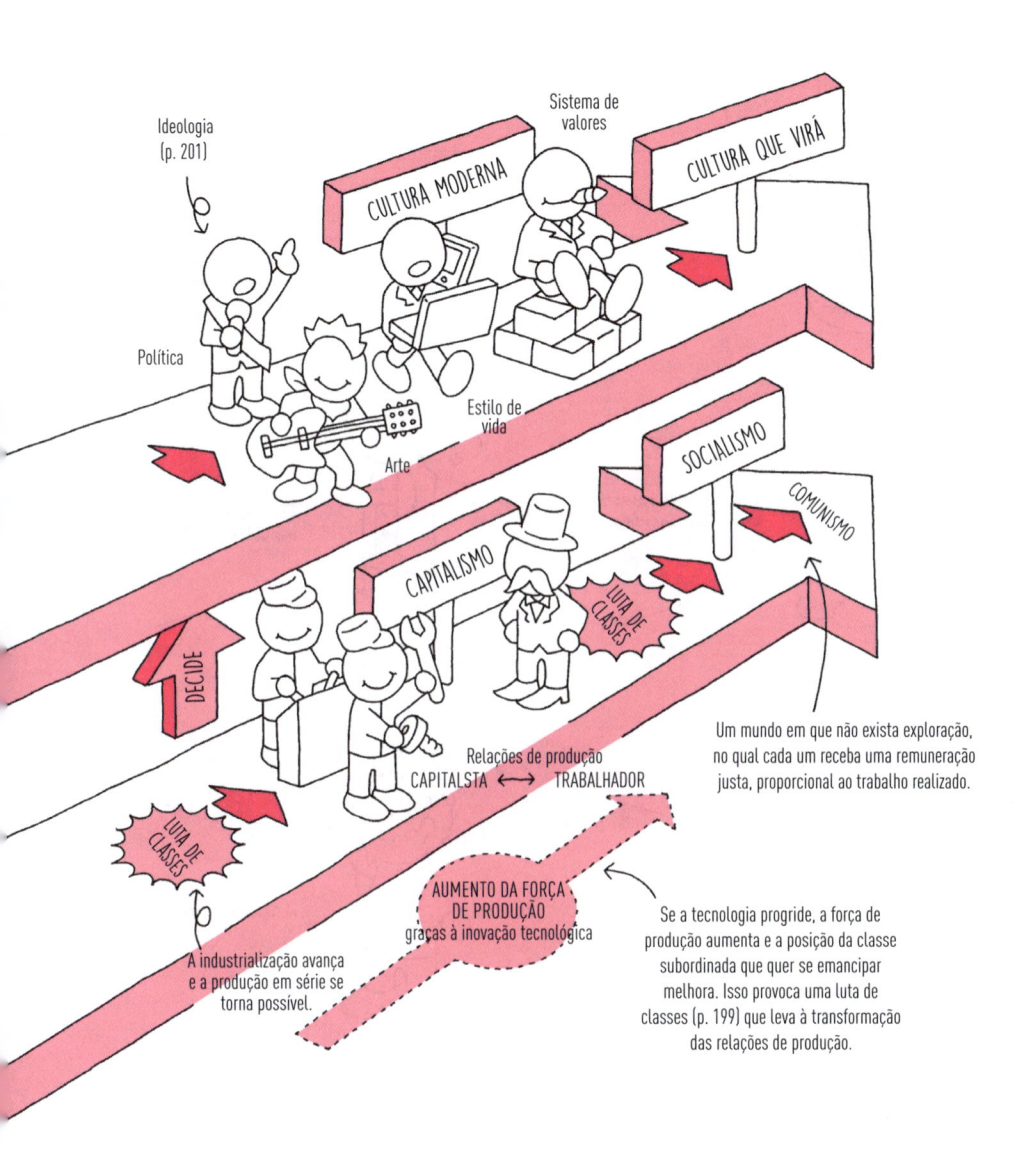

Hegel afirma que a consciência do ser humano é o motor da **história** (p. 177), ao passo que, segundo Marx, o que a move não é um fator espiritual, e sim material **(materialismo histórico)**. Os humanos devem produzir coisas para seu próprio sustento e, para isso, estabelecem **relações de produção** (p. 196) em consonância com o nível técnico de sua época. Sobre essa base econômica (estrutura, p. 200) criam também um **sistema político** e uma **cultura** (superestrutura, p. 200). Quando, mais tarde, as forças de produção aumentam graças ao progresso tecnológico, as relações de produção entram em crise e eclode a **luta de classes** (p. 199). **Marx** afirma que as épocas transcorrem nesta ordem: **escravismo – feudalismo – capitalismo – socialismo – comunismo**.

IDEALISMO

HEGEL E OUTROS ▶ 150

Nota .... no seio do idealismo distinguem-se várias correntes: segundo alguns, é necessário admitir a existência de coisas que o ser humano não pode conhecer diretamente, como no caso das ideias platônicas, e outros, como Berkeley, afirmam que só existem as sensações e aquilo que pode ser percebido

Platão (p. 22) — O mundo não passa de um reflexo das ideias (p. 46).

Leibniz (p. 97) — O mundo é formado por mônadas (p. 120).

Berkeley (p. 95) — O mundo é o que é percebido (p. 126).

Schelling (p. 149) — O universo é uma vida que abriga um espírito.

Hume (p. 95) — Sou um feixe de percepções. A substância não existe (p. 128).

Hegel (p. 150) — O espírito absoluto move a história (p. 177).

Afirmar que a origem do que constitui o mundo não é material, e sim espiritual, é denominado **idealismo**. Os **idealistas** mais representativos são **Platão** e **Hegel**.

MATERIALISMO

Nota .... o materialismo defende que a alma e a consciência podem ser explicadas pela fisiologia do cérebro. No entanto, na filosofia e no pensamento moderno, no que concerne ao questionamento sobre "o que é a alma" e "o que é a consciência", a controvérsia continua e a questão permanece aberta

O princípio de tudo é a água (p. 27).

Tales (p. 18)

Os Estados são criados artificialmente (p. 138).

Hobbes (p. 97)

O universo é composto de átomos (p. 31).

Demócrito (p. 21)

As relações de produção movem a história (p. 202).

Marx (p. 151)

Para mim também, tudo é feito de átomos.

Epicuro (p. 23)

É óbvio que o universo é feito de matéria.

Ciência moderna (p. 151)

Entende-se por **materialismo** o pensamento que afirma que na origem do universo não há nada espiritual, apenas matéria. Alguns dos **materialistas** mais representativos são **Demócrito** e **Marx**.

NIILISMO

▶ 152

Significado .... ponto de vista que repudia os valores existentes
Obra representativa .... *Vontade de potência*
Conceito relacionado .... vontade de potência (p. 212)

NIETZSCHE

Com a Revolução Industrial surgiram novos problemas, como a contaminação atmosférica, a deterioração do meio ambiente e as condições de trabalho desumanas. Até aquele momento, pensava-se que o progresso levaria os seres humanos à felicidade, mas rapidamente começa a se difundir a ideia de que não é isso que ocorre.

O PROGRESSO REALMENTE TRARÁ FELICIDADE AOS SERES HUMANOS?

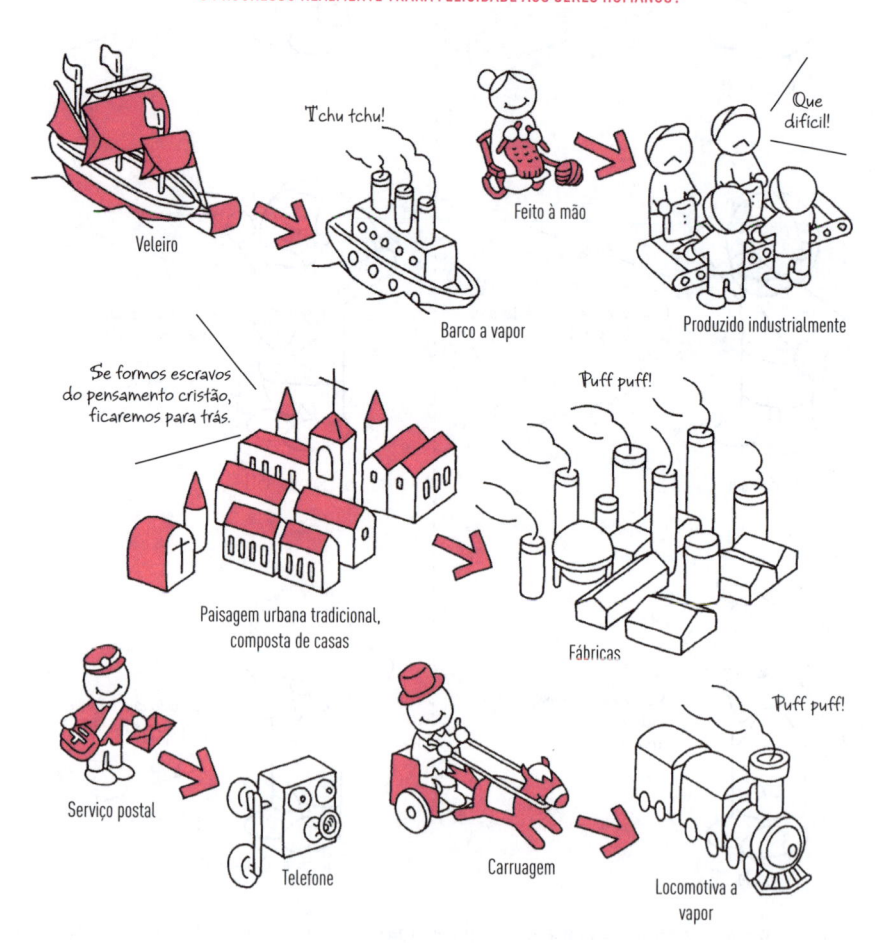

Veleiro → Tchu tchu! Barco a vapor → Feito à mão → Que difícil! Produzido industrialmente

Se formos escravos do pensamento cristão, ficaremos para trás.

Paisagem urbana tradicional, composta de casas → Puff puff! Fábricas

Serviço postal → Telefone → Carruagem → Puff puff! Locomotiva a vapor

206

Por sua vez, os valores do cristianismo também se mostram incompatíveis com o progresso racional moderno, e a religião perde sua influência. A crise dos valores tradicionais leva aqueles que baseiam sua moral no cristianismo a perderem seu objetivo na vida.

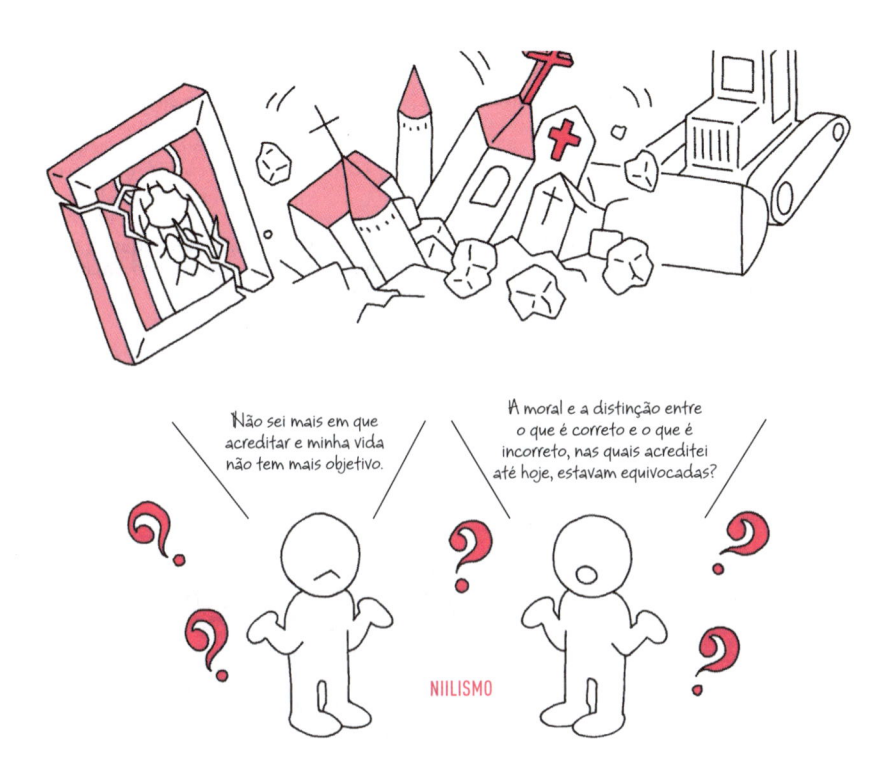

Não sei mais em que acreditar e minha vida não tem mais objetivo.

A moral e a distinção entre o que é correto e o que é incorreto, nas quais acreditei até hoje, estavam equivocadas?

NIILISMO

Nietzsche afirma que a época do **niilismo** chegou, na qual os seres humanos perdem de vista o propósito de suas ações, e afirma que **"Deus está morto"**. Em uma época como essa, há duas maneiras de viver: o **niilismo ativo**, daqueles que criam novos valores por conta própria, e o **niilismo passivo**, daqueles que perderam a vontade de viver porque os valores até então existentes desapareceram.

Tudo aquilo em que acreditei até agora estava errado! Nada mais me importa!

Se os valores que me guiaram até agora estão equivocados, preciso inventar novos valores!

NIILISMO PASSIVO

NIILISMO ATIVO

RESSENTIMENT

Obra representativa .... *Genealogia da moral*
Conceito relacionado .... moral do escravo (p. 210)
Significado .... palavra francesa que, literalmente, significa "ressentimento", "rancor". Nietzsche a usa para caracterizar a psicologia do fraco que odeia o forte

NIETZSCHE ▶ 152

Nietzsche denomina **ressentiment** a psicologia de quem, ao se dar conta de sua fraqueza, se convence de que quem é forte é mau. Por exemplo, quando um pobre declara que um rico é mau, o que ele diz, na realidade, é que se concebe moralmente superior ao rico.

RESSENTIMENT
Quando uma pessoa fraca se considera boa e julga alguém forte como mau, pensa que é moralmente superior a ele. Por sua natureza "fraca", o cristianismo foi amplamente difundido.

Sou uma pobre vítima. Estou sofrendo, mas, quando morrer, poderei ir ao Paraíso. Está escrito na Bíblia.

É mais fácil um camelo passar pelo buraco da agulha do que um rico entrar no Reino de Deus.

Nietzsche afirma que o cristianismo justifica e transforma em uma **moral** o **ressentimento** presente no ânimo das pessoas. Por esse motivo, é uma religião acolhida com grande entusiasmo.

COMO O CRISTIANISMO CONSEGUIU SE DIFUNDIR, SEGUNDO NIETZSCHE

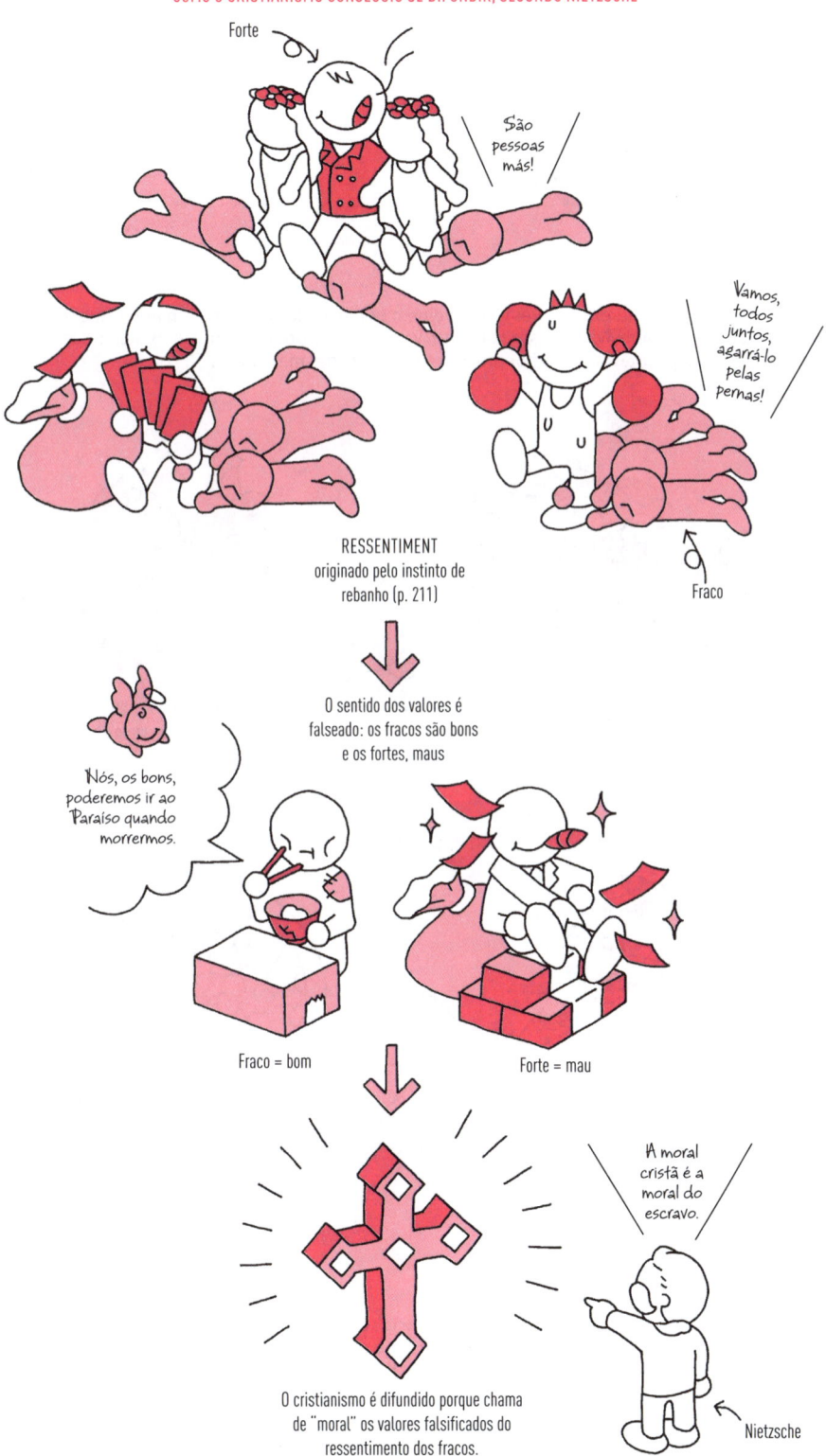

Forte

São pessoas más!

Vamos, todos juntos, agarrá-lo pelas pernas!

Fraco

RESSENTIMENT
originado pelo instinto de rebanho (p. 211)

O sentido dos valores é falseado: os fracos são bons e os fortes, maus

Nós, os bons, poderemos ir ao Paraíso quando morrermos.

Fraco = bom

Forte = mau

A moral cristã é a moral do escravo.

← Nietzsche

O cristianismo é difundido porque chama de "moral" os valores falsificados do ressentimento dos fracos.

MORAL DO ESCRAVO

▶ 152

NIETZSCHE

Obra representativa .... *Genealogia da moral*
Conceito relacionado .... ressentiment (p. 208)
Nota .... Nietzsche convida a uma "moral do senhor",
de tipo aristocrático, em oposição à moral do escravo

Segundo Darwin, na natureza os seres vivos evoluem por meio de uma seleção natural, que só permite que os mais fortes sobrevivam. Nesse contexto, valores como bom e mau não existem. Não se pode dizer que as plantas fortes são más por proliferarem à custa das mais fracas.

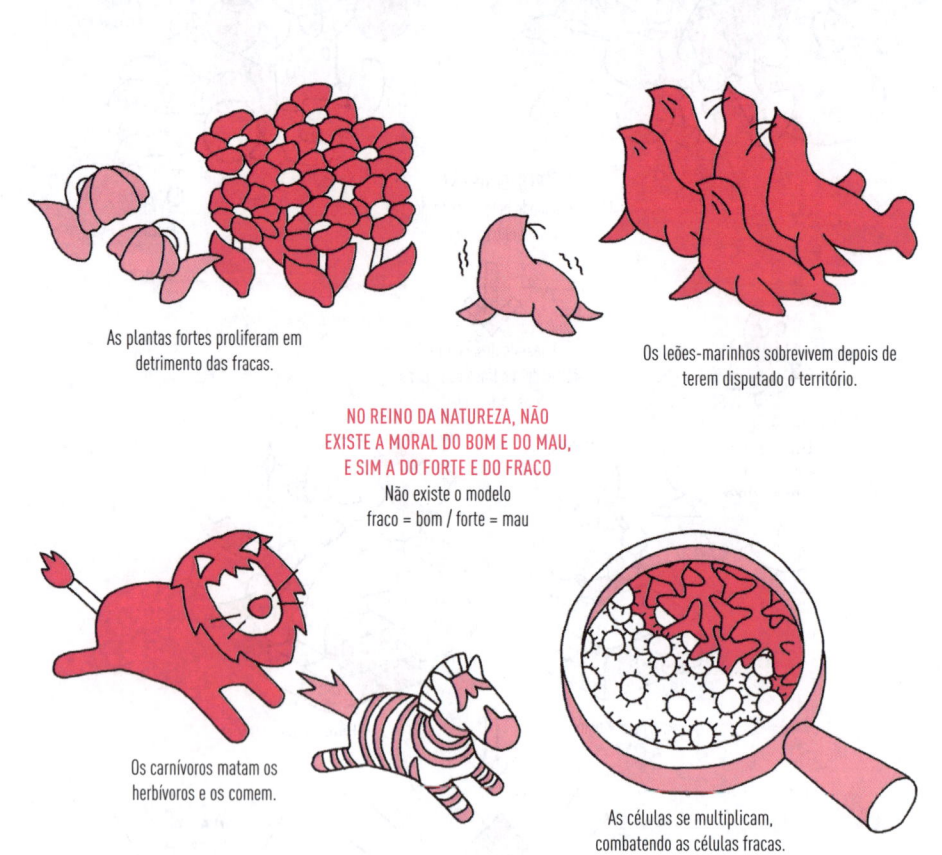

As plantas fortes proliferam em detrimento das fracas.

Os leões-marinhos sobrevivem depois de terem disputado o território.

NO REINO DA NATUREZA, NÃO EXISTE A MORAL DO BOM E DO MAU, E SIM A DO FORTE E DO FRACO

Não existe o modelo
fraco = bom / forte = mau

Os carnívoros matam os herbívoros e os comem.

As células se multiplicam, combatendo as células fracas.

No entanto, no mundo dos humanos, com frequência se aplica a moral que afirma que um ser humano forte, são e dotado de talento é considerado mau, e um ser humano fraco é considerado bom. Por que esse sistema de valores só existe entre os seres humanos?

210

Segundo Nietzsche, os fracos se unem e acusam de "cruéis" e "ambiciosos" os fortes com os quais não conseguem se igualar, a fim de se sentirem pelo menos moralmente superiores (ressentiment, p. 208). Nietzsche afirma que o denominado **instinto de rebanho** falsificou os valores chamados "morais".

MORAL DO ESCRAVO
Quem é forte é mau, quem é fraco é bom

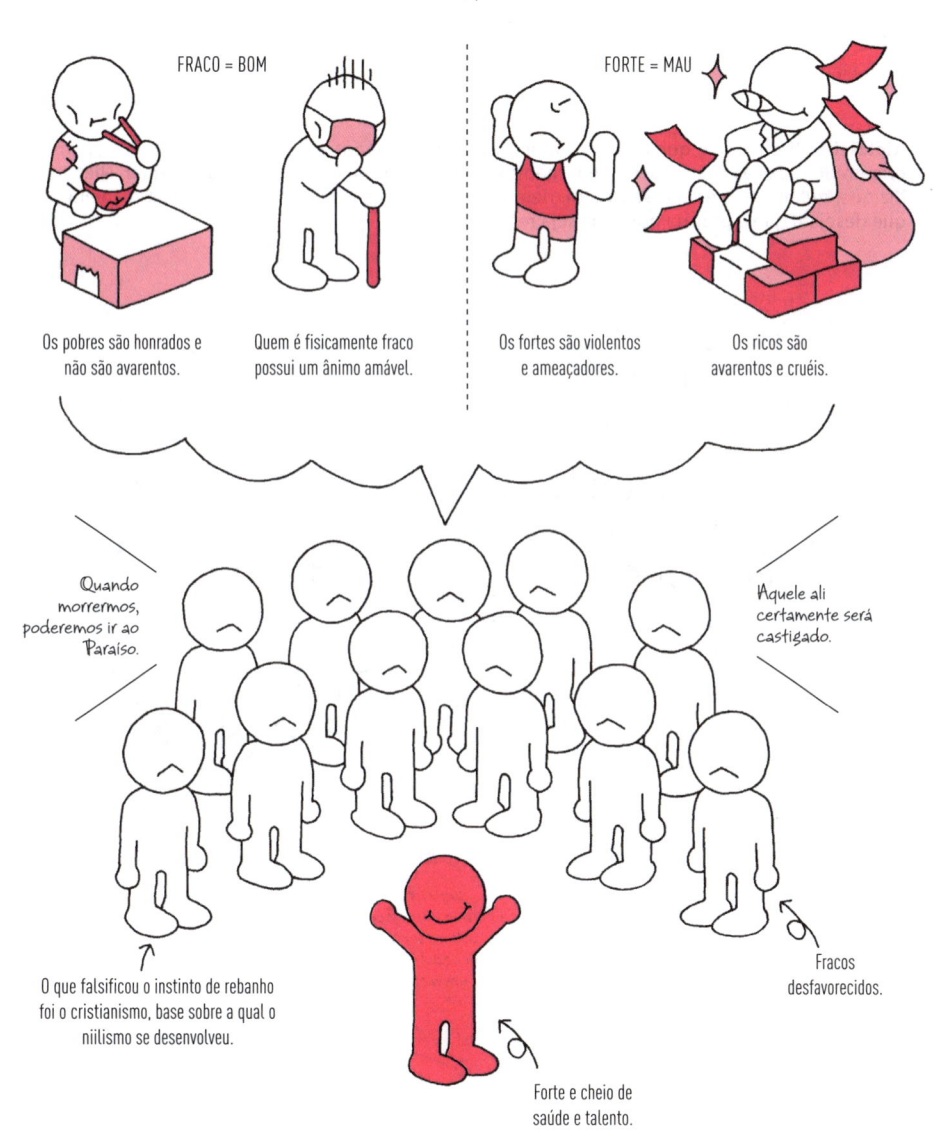

FRACO = BOM

Os pobres são honrados e não são avarentos.

Quem é fisicamente fraco possui um ânimo amável.

FORTE = MAU

Os fortes são violentos e ameaçadores.

Os ricos são avarentos e cruéis.

Quando morrermos, poderemos ir ao Paraíso.

Aquele ali certamente será castigado.

O que falsificou o instinto de rebanho foi o cristianismo, base sobre a qual o niilismo se desenvolveu.

Fracos desfavorecidos.

Forte e cheio de saúde e talento.

Em suma, a moral é o instinto de sobrevivência dos fracos, que se opõe à potência dos fortes. Além disso, **Nietzsche** afirma que tal falsificação se difunde graças ao cristianismo, e que a **moral do escravo** não é meramente uma moral distorcida, mas, com efeito, chega a inverter os valores originais que o cristianismo prega.

VONTADE DE POTÊNCIA

Obra representativa .... *Vontade de potência*
Conceitos relacionados .... niilismo (p. 206), perspectivismo (p. 213), super-homem (p. 216)
Nota .... na filosofia nietzschiana da "vontade de potência", pode-se encontrar a influência de Schopenhauer

Nietzsche afirma que o que rege a conduta dos seres humanos é a **vontade de potência**, isto é, a origem de todas as suas ações e sentimentos se encontra no desejo de se autoafirmar. **Nietzsche** diz que, quando as pessoas se irritam, riem ou se entristecem, comportam-se dessa maneira porque desejam que a própria potência seja reconhecida.

Ei, espere um pouco!

VONTADE DE POTÊNCIA
Ainda que só se sinta incomodado por ter sido ignorado, apela à moral e à justiça para afirmar o próprio poder.

Por que não dizer simplesmente "Não me ignore... me cumprimente!"?

Nietzsche

Você poderia, pelo menos, cumprimentar o seu superior! O que foi que lhe ensinaram? Tenha um pouco de bom senso! Você não tem educação! Não é digno de ser um membro da sociedade!

Quando um subordinado não lhe retribui o cumprimento, o chefe diz que ele não tem educação e se aborrece. **Nietzsche** afirma, por sua vez, que ele não se irrita por causa da falta de educação do outro, e sim por causa do incômodo de se sentir ignorado. Muito provavelmente, por trás da apelação aos valores da justiça e da moral, esconde-se a **vontade de potência** de afirmar a própria superioridade.

PERSPECTIVISMO

Significado .... teoria que afirma que não existe um ponto de vista objetivo e que o método para determinar o que é verdadeiro ou falso depende da perspectiva ou das circunstâncias
Obra representativa .... *Vontade de potência*
Conceito relacionado .... vontade de potência (p. 212)

▶ 152

NIETZSCHE

Uma paisagem é vista de maneira distinta por um gato e por um ser humano. Pode parecer que, em relação ao gato, o ser humano tem uma compreensão do mundo "mais sofisticada", mas o próprio conceito de "mais sofisticado" pertence unicamente ao ser humano. Se nós não existíssemos, nem sequer haveria o conceito de "sofisticado" ou "básico". **Nietzsche** afirma que não existem realidades ou fatos objetivos, apenas as interpretações que os seres humanos oferecem deles.

PERSPECTIVISMO
Para cada uma das pessoas que observam uma mesma paisagem, existem outras tantas linhas de fuga (e interpretações).

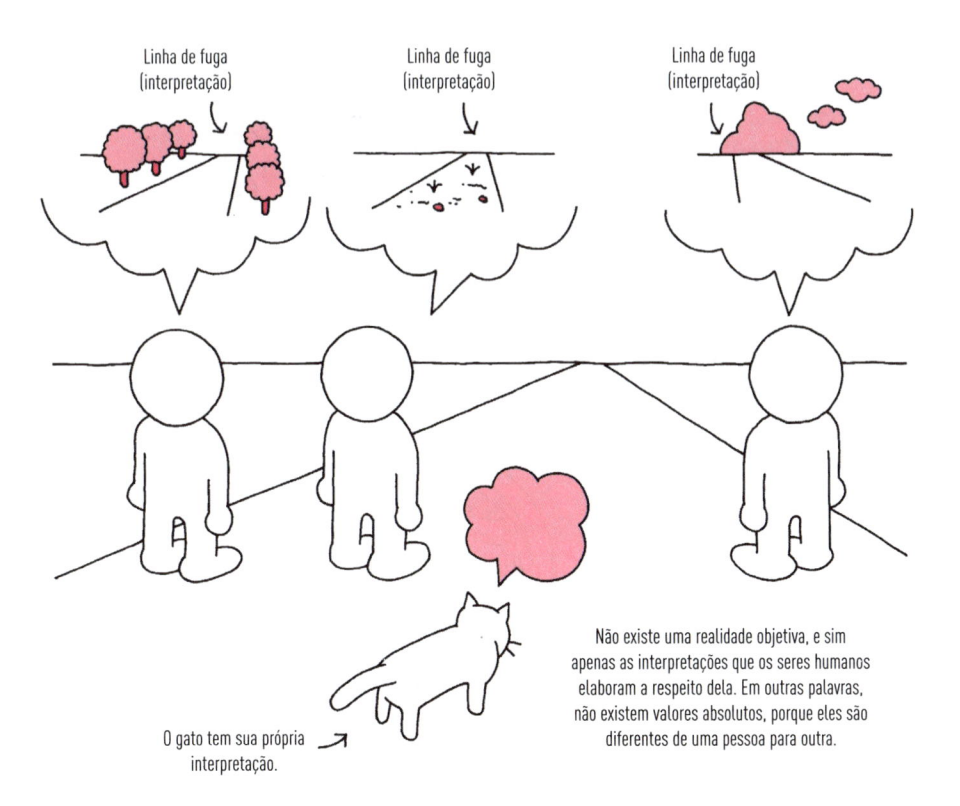

Linha de fuga (interpretação)
Linha de fuga (interpretação)
Linha de fuga (interpretação)

O gato tem sua própria interpretação.

Não existe uma realidade objetiva, e sim apenas as interpretações que os seres humanos elaboram a respeito dela. Em outras palavras, não existem valores absolutos, porque eles são diferentes de uma pessoa para outra.

Não existem valores universais. Assim como para a mesma paisagem há uma **linha de fuga** diferente para cada pessoa que a observa, os valores também mudam de uma pessoa para outra. Essa concepção é denominada **perspectivismo**.

ETERNO RETORNO

▶ 152

Obra representativa .... *Assim falou Zaratustra*
Conceitos relacionados .... niilismo (p. 206), super-homem (p. 216)
Nota .... acredita-se que a ideia do eterno retorno
veio à mente de Nietzsche enquanto ele passeava
ao redor do lago de Silvaplana, na Suíça

NIETZSCHE

Se uma pessoa repetir em inúmeras ocasiões o ato de pegar algumas pedras e jogá-las no chão, em um dado momento as pedras se encontrarão na disposição original.

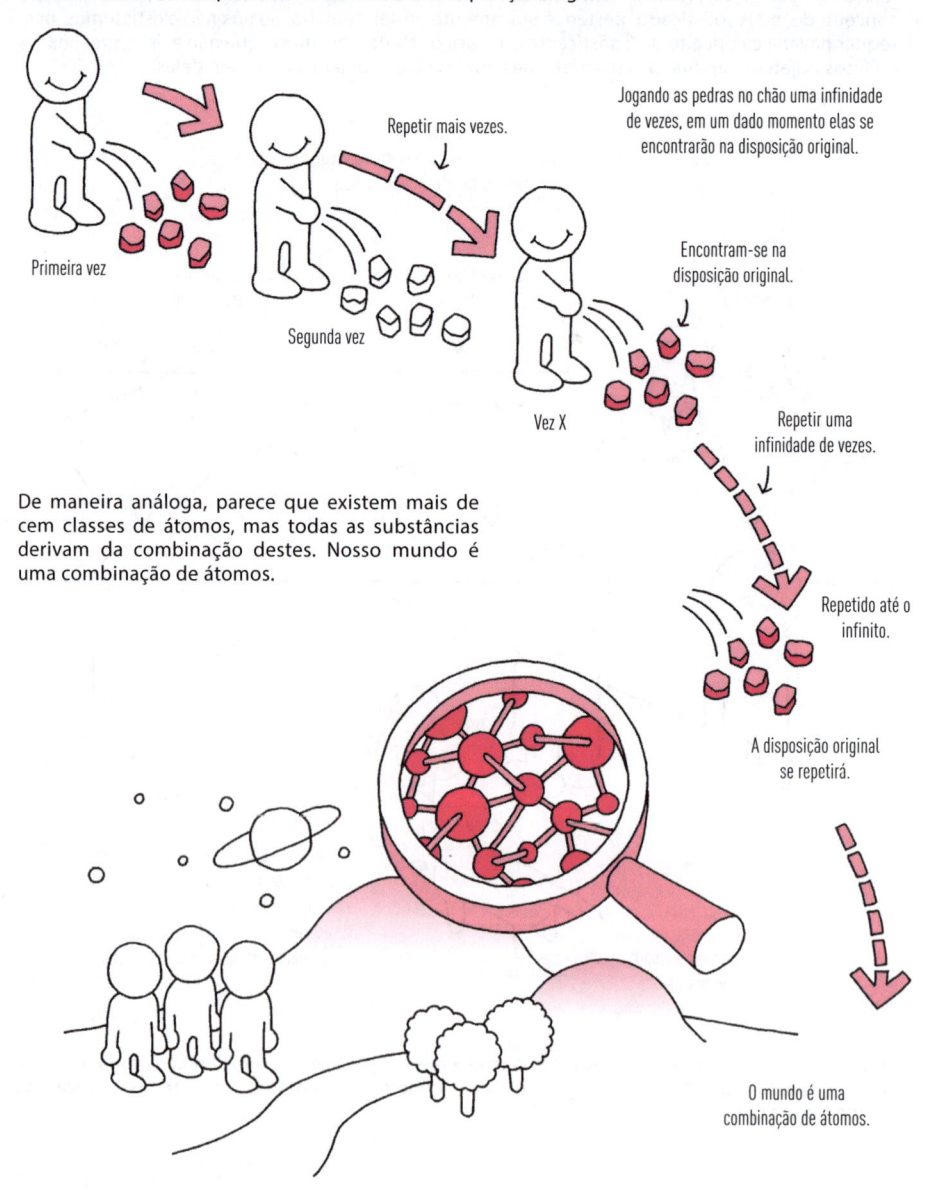

Primeira vez

Segunda vez

Repetir mais vezes.

Vez X

Jogando as pedras no chão uma infinidade de vezes, em um dado momento elas se encontrarão na disposição original.

Encontram-se na disposição original.

Repetir uma infinidade de vezes.

Repetido até o infinito.

A disposição original se repetirá.

De maneira análoga, parece que existem mais de cem classes de átomos, mas todas as substâncias derivam da combinação destes. Nosso mundo é uma combinação de átomos.

O mundo é uma combinação de átomos.

Se acreditamos que o tempo é infinito e que as coisas mudam sem que mudem o número e o tipo de átomos que as compõem, como no exemplo da pedra, uma combinação de átomos exatamente igual à do mundo em que agora vivemos continuará se repetindo, assim como no passado se repetiu uma infinidade de vezes, em um lapso de tempo infinito.

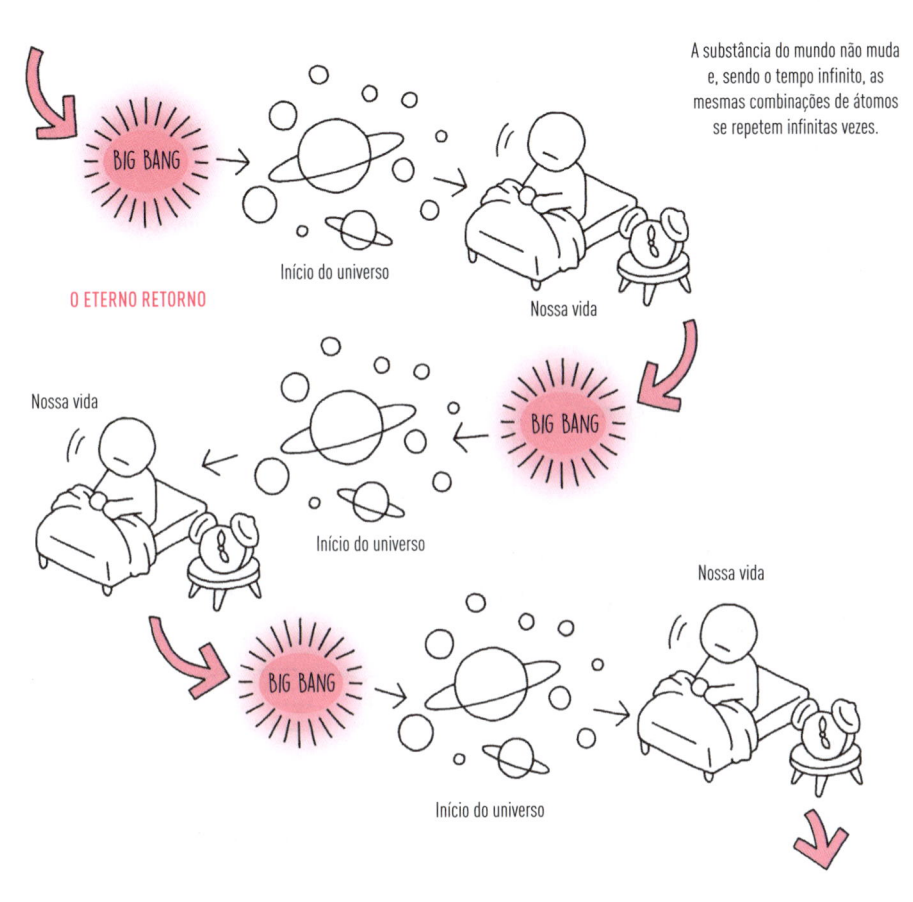

O ETERNO RETORNO

A substância do mundo não muda e, sendo o tempo infinito, as mesmas combinações de átomos se repetem infinitas vezes.

BIG BANG → Início do universo → Nossa vida

BIG BANG → Início do universo → Nossa vida

BIG BANG → Início do universo → Nossa vida

Se raciocinamos desse modo, o tempo cumpre um eterno retorno sem que existam nem progresso nem avanço: na história, só existe a mudança. Nietzsche ilustra essa ausência de progresso com a expressão **eterno retorno**.

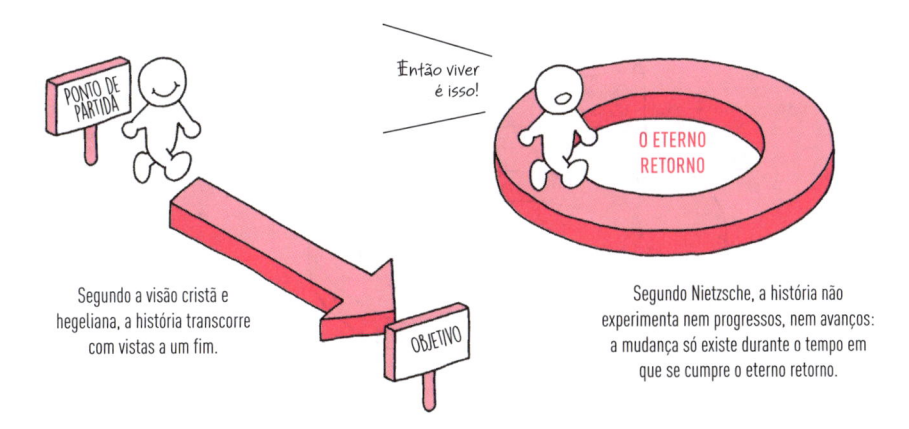

PONTO DE PARTIDA → OBJETIVO

Segundo a visão cristã e hegeliana, a história transcorre com vistas a um fim.

Então viver é isso!

O ETERNO RETORNO

Segundo Nietzsche, a história não experimenta nem progressos, nem avanços: a mudança só existe durante o tempo em que se cumpre o eterno retorno.

SUPER-HOMEM

Obra representativa .... *Assim falou Zaratustra*
Conceitos relacionados .... niilismo (p. 206), eterno retorno (p. 214)
Nota .... em contraste com o super-homem, Nietzsche, sem
um esforço especial de imaginação, chama de "último homem"
quem busca na vida simplesmente o bem-estar

Segundo a filosofia de **Hegel** (p. 150), o gênero humano tem um objetivo comum, rumo ao qual a **história** (p. 176) avança. No entanto, no mundo do **niilismo** (p. 206) em que Deus está morto, o homem não tem objetivos e se limita a viver, deixando-se levar distraidamente dia após dia.

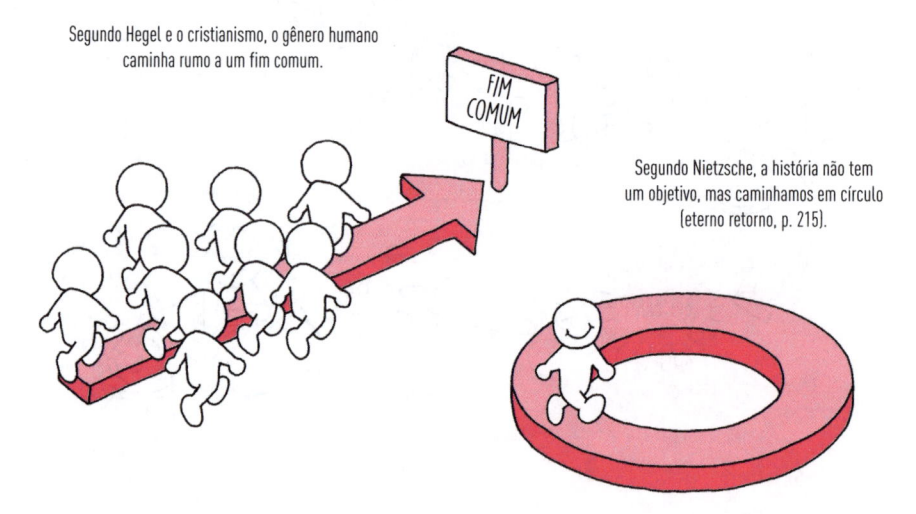

Segundo Hegel e o cristianismo, o gênero humano caminha rumo a um fim comum.

Segundo Nietzsche, a história não tem um objetivo, mas caminhamos em círculo (eterno retorno, p. 215).

No entanto, o eterno retorno (p. 214) não é algo negativo, pois dizer que a história não tem um fim absoluto significa que os seres humanos podem viver de acordo com seus próprios valores.

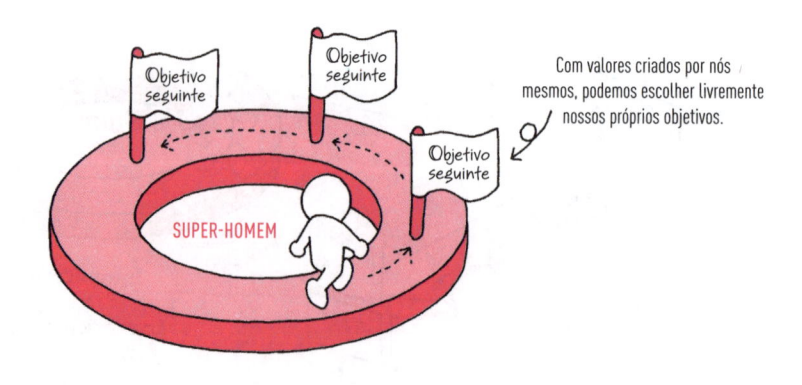

Com valores criados por nós mesmos, podemos escolher livremente nossos próprios objetivos.

Nietzsche chama de super-homem quem aceita positivamente o **eterno retorno** e não se frustra se lhe anunciam que *"Esta vida, como você a está vivendo e já viveu, terá de ser vivida mais uma vez e por incontáveis vezes"* (amor fati), porque, não sendo escravo dos valores existentes, ele cria para si novos valores. Segundo Nietzsche, o verdadeiro significado de **super-homem** é o de ser livre.

O super-homem cria novos valores com uma ideia original (Jesus Cristo é um exemplo de super-homem que soube infringir os preceitos do judaísmo e seguir sua própria fé: Nietzsche critica duramente o cristianismo, mas não a figura de Jesus Cristo).

O **super-homem**, segundo **Nietzsche**, não é imediatamente compreendido por aqueles que seguem a **moral do escravo** (p. 210), mas com sua ideia original abre um novo horizonte no mundo opressivo do **niilismo** (p. 206), onde os velhos valores entraram em crise.

Que pessoa estranha!

Que pessoa esquisita!

O super-homem, a princípio, não é compreendido, mas com suas ideias abre um novo horizonte.

Livres da moral do ressentiment (p. 208), os super-homens poderão viver com alegria e inocência, como as crianças.

No mundo que virá, não existirá o ressentiment.

Cada um cria seus próprios valores.

▶ 153

PRAGMATISMO

Significado .... corrente filosófica que julga se algo é verdadeiro ou não em função de suas consequências práticas ou efeitos experimentais
Exemplos .... Peirce, James, Dewey
Nota .... está na origem da corrente contemporânea do neopragmatismo

Segundo Peirce, por "conhecimento de algo" entende-se o "conhecimento de como se pode agir a respeito desse algo e do resultado que se segue". Por exemplo, dizer que se "conhece" o "gelo" não é "conhecer" o "gelo em si", e sim "saber" que "se o tocarmos, ele estará frio" ou que "se o expusermos ao calor, ele derreterá". E se uma coisa tiver a forma de gelo ou for feita do mesmo material, mas se a tocarmos e não estiver fria, ela não é "gelo".

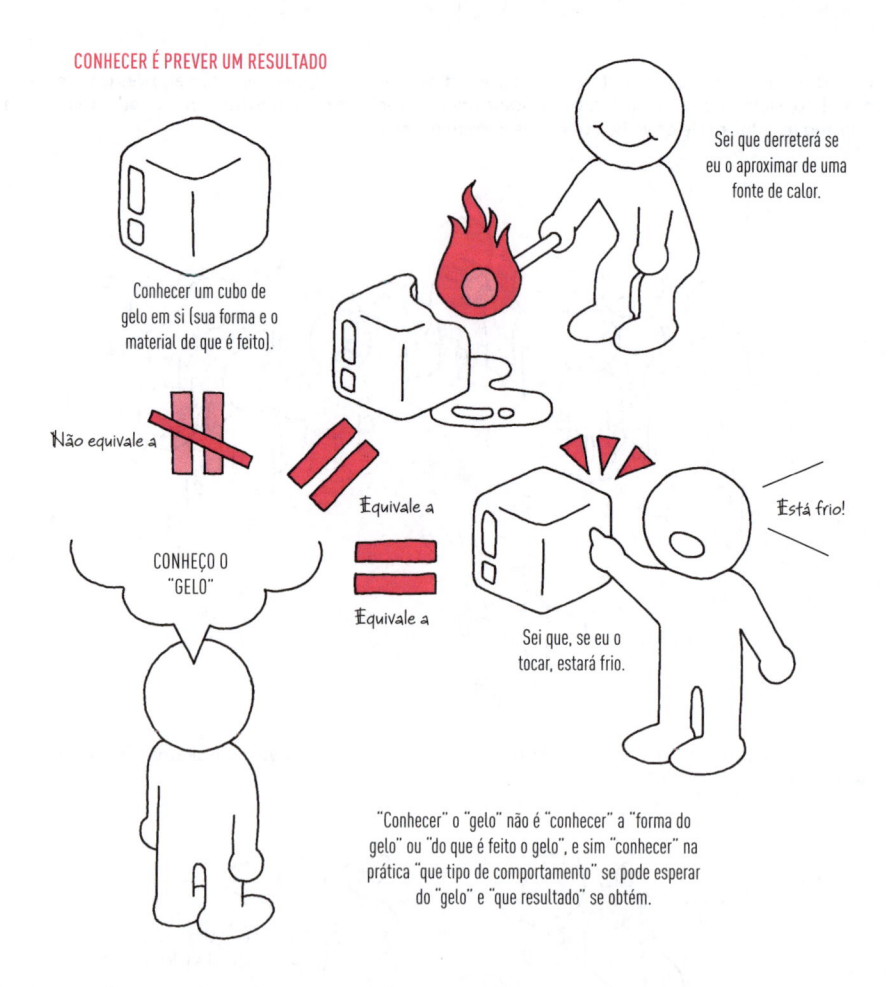

CONHECER É PREVER UM RESULTADO

Conhecer um cubo de gelo em si (sua forma e o material de que é feito).

Sei que derreterá se eu o aproximar de uma fonte de calor.

Não equivale a

CONHEÇO O "GELO"

Equivale a

Equivale a

Está frio!

Sei que, se eu o tocar, estará frio.

"Conhecer" o "gelo" não é "conhecer" a "forma do gelo" ou "do que é feito o gelo", e sim "conhecer" na prática "que tipo de comportamento" se pode esperar do "gelo" e "que resultado" se obtém.

Em outras palavras, pode-se dizer que o conhecimento de uma coisa equivale a **prever os resultados de uma ação** a respeito daquela coisa (ou, dito de outro modo, a comprovar seu valor prático).

A filosofia de **Peirce**, que liga o conhecimento ao resultado de uma **ação**, é posteriormente desenvolvida por seu amigo **James** (p. 154), que afirma que, se o resultado obtido a partir de determinado conhecimento é útil, então esse conhecimento é verdade.

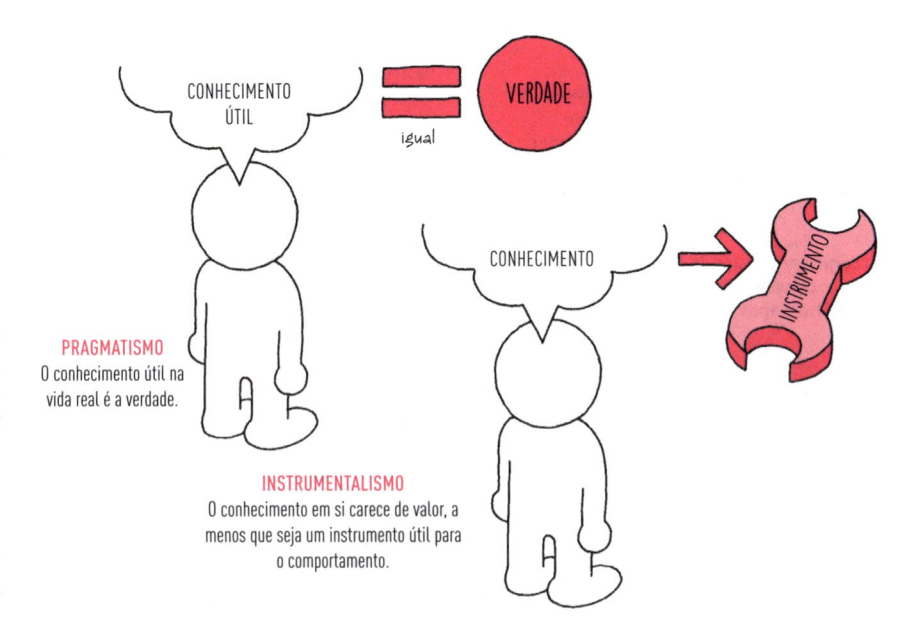

CONHECIMENTO ÚTIL = VERDADE
igual

CONHECIMENTO → INSTRUMENTO

PRAGMATISMO
O conhecimento útil na vida real é a verdade.

INSTRUMENTALISMO
O conhecimento em si carece de valor, a menos que seja um instrumento útil para o comportamento.

O **pragmatismo** é definido como a corrente filosófica que afirma que o conhecimento é a previsão dos efeitos práticos, e a verdade é a utilidade desse mesmo conhecimento para os seres humanos.

PRAGMATISMO

Por conhecimento de um certo objeto, entende-se a previsão dos efeitos que se poderiam derivar de tal objeto.

Peirce

A verdade é a utilidade. Se crer em Deus leva à felicidade, então a crença que afirma que Deus existe é verdadeira.

Pragmatismo — James

O conhecimento deve ser um instrumento útil. As pessoas utilizam ferramentas, e o conhecimento é a ferramenta mais formidável que temos à nossa disposição.

Instrumentalismo — Dewey

INCONSCIENTE

▶155

Obras representativas	*Conferências introdutórias à psicanálise* e outras
Conceito antônimo	consciência
Conceitos relacionados	id, ego e superego (p. 221), inconsciente coletivo (p. 223)
Nota	o conceito de inconsciente foi criticado como "não científico"

A partir do **cogito ergo sum** de **Descartes** (p. 108), na filosofia se toma como certo que o eu é a própria consciência e a **consciência** pode ser controlada pela **razão**. Freud afirma, ao contrário, que a maior parte das ações humanas é governada pelo **inconsciente**, sobre o qual a razão não exerce poder algum.

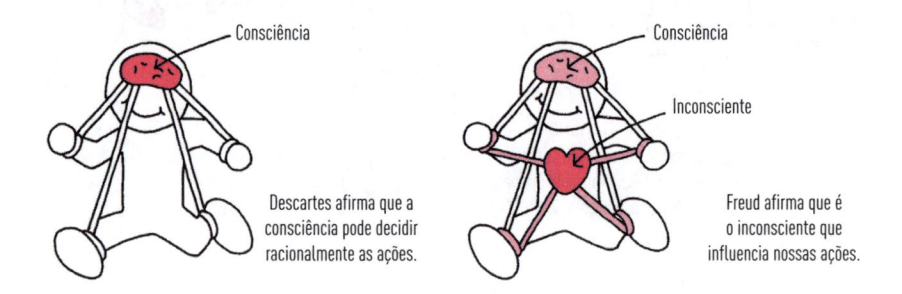

Descartes afirma que a consciência pode decidir racionalmente as ações.

Freud afirma que é o inconsciente que influencia nossas ações.

As lembranças que queremos esquecer são "afastadas" para a parte da nossa mente da qual não somos conscientes. Essas lembranças podem provocar neurose ou ansiedade, entre outras manifestações.

AS AÇÕES DOS SERES HUMANOS SÃO INFLUENCIADAS PELO INCONSCIENTE

Comprarei esta.

Inconscientemente, evitamos as lembranças que queremos esquecer.

Inconscientemente, fazemos as mesmas coisas que nossos pais fizeram.

ID, EGO E SUPEREGO

Obra representativa .... *O eu e o id*
Conceitos relacionados .... inconsciente (p. 220), Eros e Tânatos (p. 222)
Nota .... o processo do ego para manter seu equilíbrio é denominado "mecanismo de defesa"

FREUD ▶155

O **eu** (ego) concebido por **Freud** nasce a posteriori para equilibrar o **id**, que é o **desejo** instintivo (**libido**) dos humanos, e o **superego**, que o reprime. O eu freudiano não é uma entidade resoluta como aquela em que pensava Descartes, e sim um equilíbrio instável que compreende os recantos do **inconsciente** (p. 220).

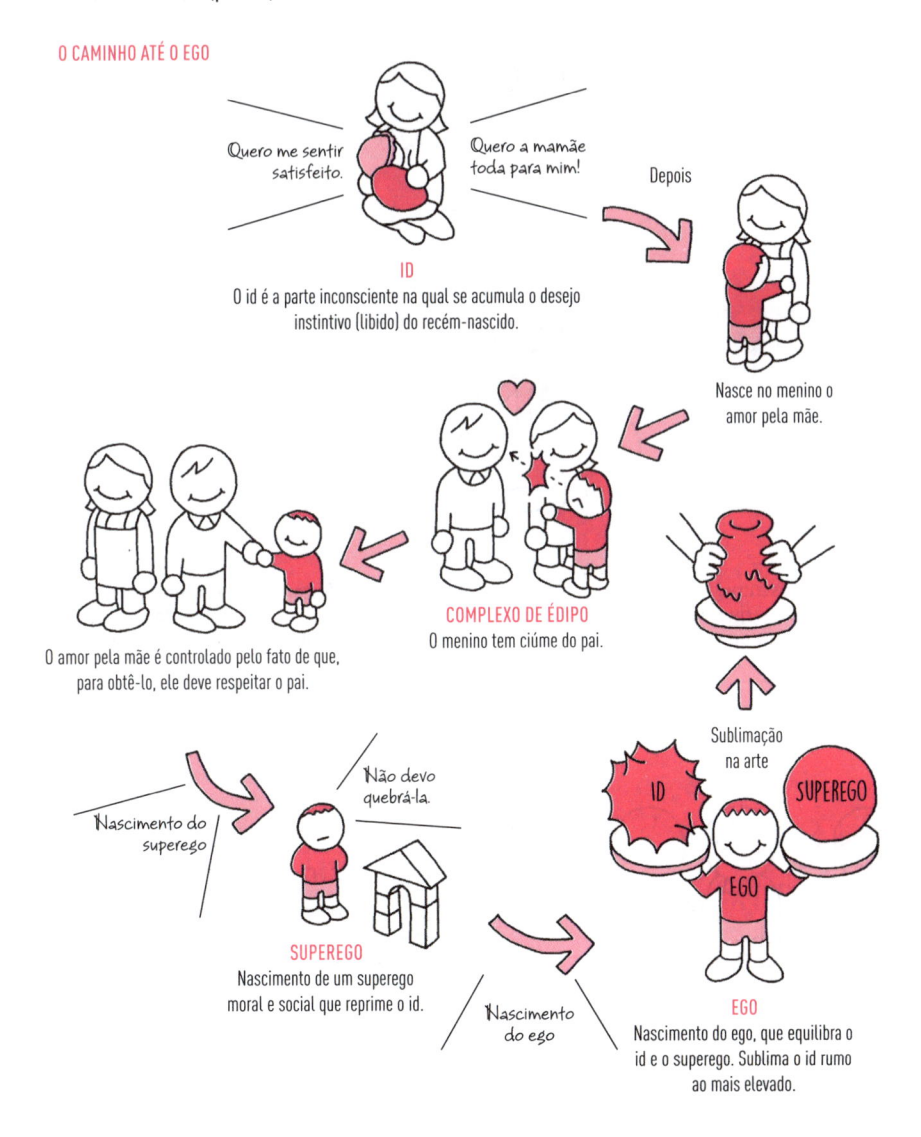

O CAMINHO ATÉ O EGO

Quero me sentir satisfeito.
Quero a mamãe toda para mim!

ID
O id é a parte inconsciente na qual se acumula o desejo instintivo (libido) do recém-nascido.

Depois

Nasce no menino o amor pela mãe.

COMPLEXO DE ÉDIPO
O menino tem ciúme do pai.

O amor pela mãe é controlado pelo fato de que, para obtê-lo, ele deve respeitar o pai.

Nascimento do superego

Não devo quebrá-la.

SUPEREGO
Nascimento de um superego moral e social que reprime o id.

Nascimento do ego

Sublimação na arte

ID — SUPEREGO — EGO

EGO
Nascimento do ego, que equilibra o id e o superego. Sublima o id rumo ao mais elevado.

EROS E TÂNATOS

Obra representativa .... *Além do princípio do prazer*
Conceitos relacionados .... inconsciente (p. 220), id, ego e superego (p. 221)
Nota .... o conceito de Tânatos é proposto como hipótese para explicar as condutas que não podem ser derivadas nem do princípio do prazer, nem do princípio da realidade

Freud afirma que no inconsciente (p. 220), ou melhor, no id (p. 221), encontra-se apenas a **libido** (p. 221), o impulso para o prazer sexual. Considerando que o id está voltado para a satisfação de seus desejos, Freud afirma que ele se guia pelo **princípio do prazer**. A este último contrapõe-se o **princípio de realidade**, que caracteriza o **ego** (p. 221) e o **superego** (p. 221), ou seja, a razão, que nos permite viver em sociedade.

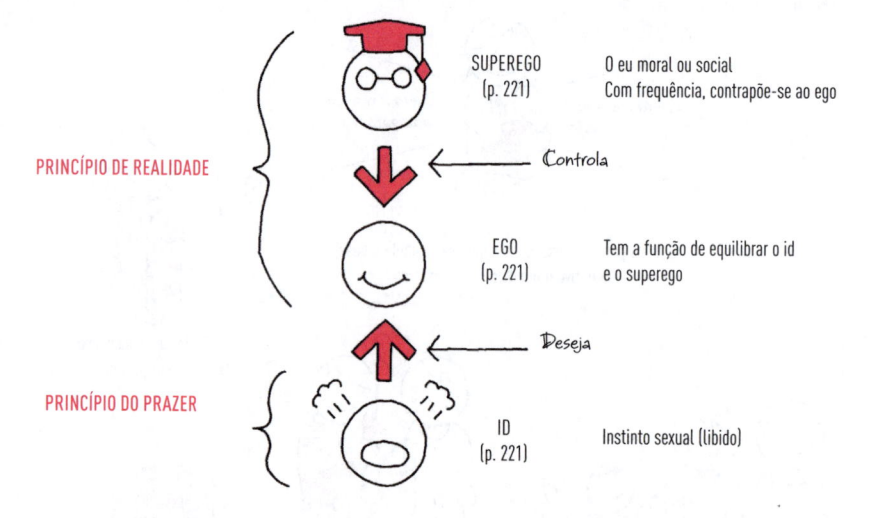

PRINCÍPIO DE REALIDADE

SUPEREGO (p. 221) — O eu moral ou social. Com frequência, contrapõe-se ao ego

Controla

EGO (p. 221) — Tem a função de equilibrar o id e o superego

Deseja

PRINCÍPIO DO PRAZER

ID (p. 221) — Instinto sexual (libido)

Em seus últimos escritos, Freud afirma que os seres humanos manifestam também um desejo inconsciente de morte, que denomina **Tânatos (pulsão de morte)**. Em oposição, chama de **Eros (pulsão de vida)** o desejo de avançar rumo ao futuro, que se expressa nas pulsões sexuais e no desejo de autopreservação.

EROS (PULSÃO DE VIDA)
Desejo de viver

O desejo de viver se expressa nas pulsões sexuais e no desejo de autopreservação.

TÂNATOS (PULSÃO DE MORTE)
Desejo que impulsiona para a morte

Desejo de morte como aniquilação.

INCONSCIENTE COLETIVO

Obra representativa .... *O eu e o inconsciente*
Nota .... visto que Freud considera que o inconsciente é algo exclusivamente individual, o conceito junguiano de inconsciente coletivo provoca uma ruptura entre os dois psicanalistas

A partir do fato de que uma imagem desenhada casualmente por um paciente seu se assemelha a uma mandala, o psiquiatra Jung começa a estudar a cultura oriental. Ele observa, então, que em todos os países existem figuras que se parecem, e que entre as mitologias de diversas culturas há muitos pontos em comum.

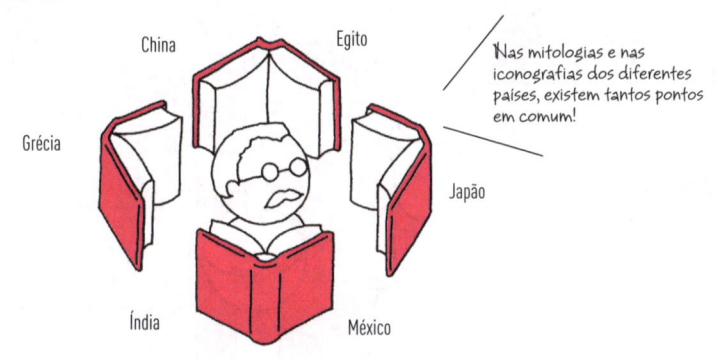

Nas mitologias e nas iconografias dos diferentes países, existem tantos pontos em comum!

Assim, **Jung** considera que nas profundezas mais recônditas do **inconsciente** (p. 220) individual, os seres humanos apresentam vestígios de um **inconsciente coletivo** (**inconsciente universal**), comum a todas as culturas.

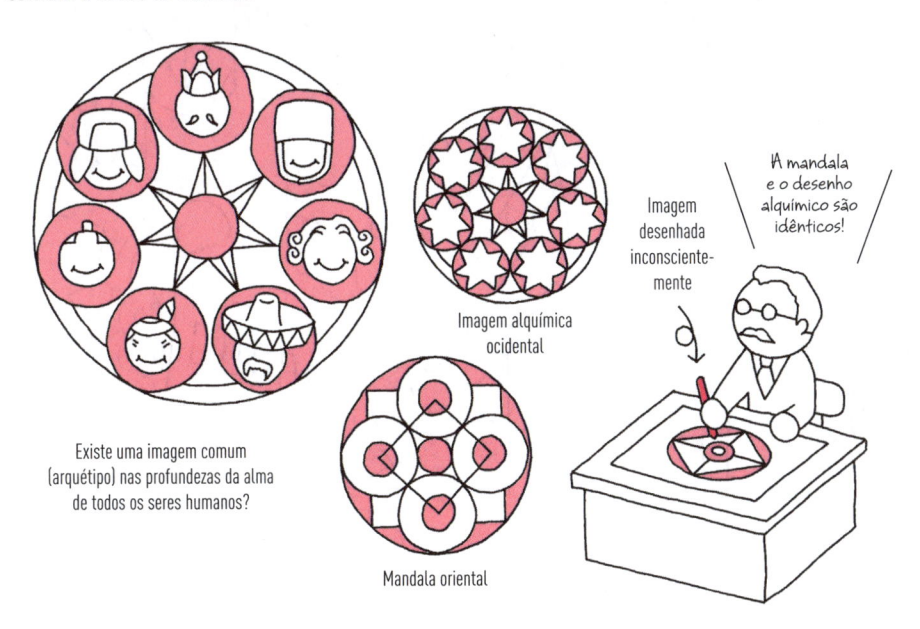

Existe uma imagem comum (arquétipo) nas profundezas da alma de todos os seres humanos?

Imagem alquímica ocidental

Mandala oriental

Imagem desenhada inconscientemente

A mandala e o desenho alquímico são idênticos!

223

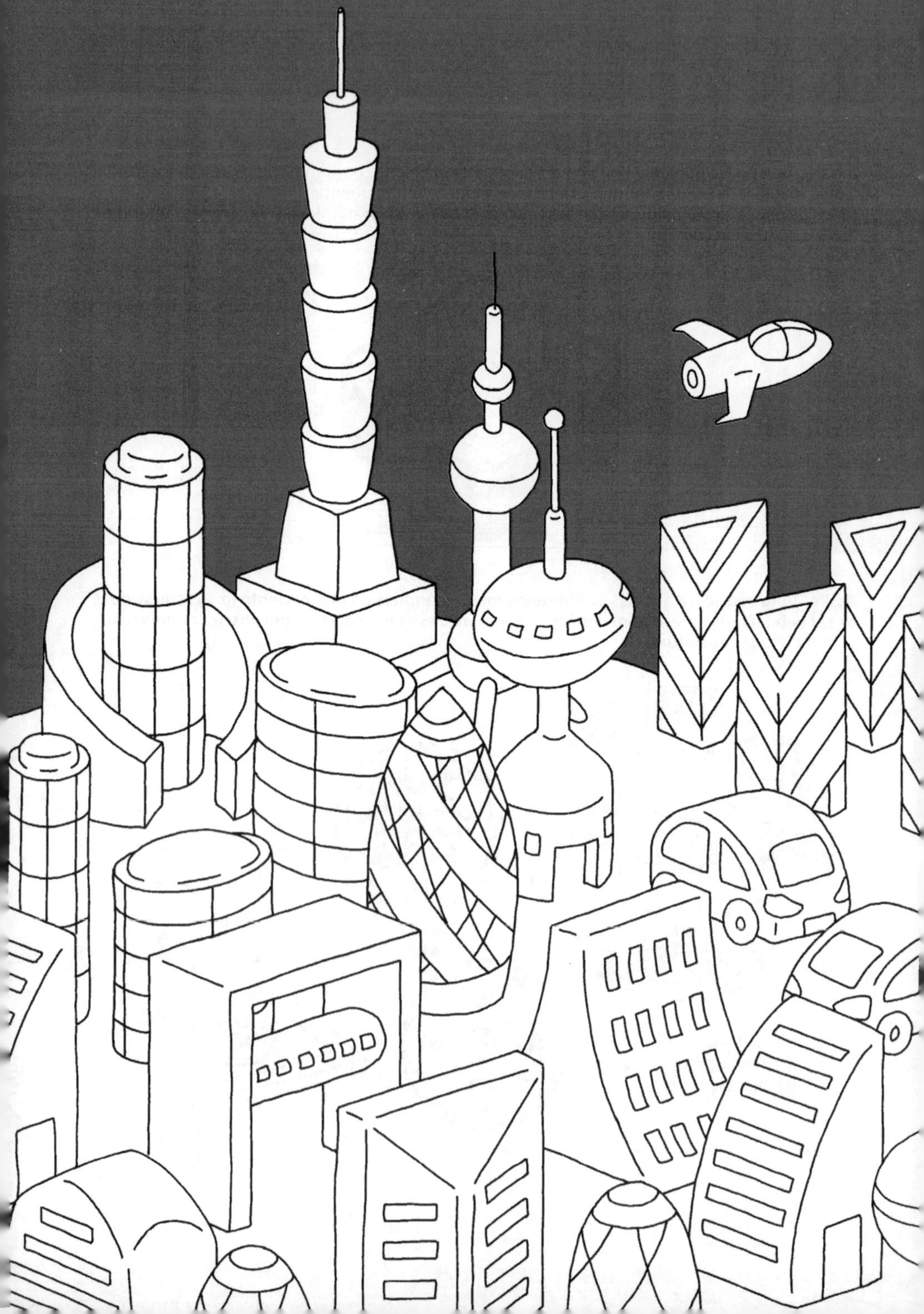

A FILOSOFIA CONTEMPORÂNEA

Frege conceitos p. 277

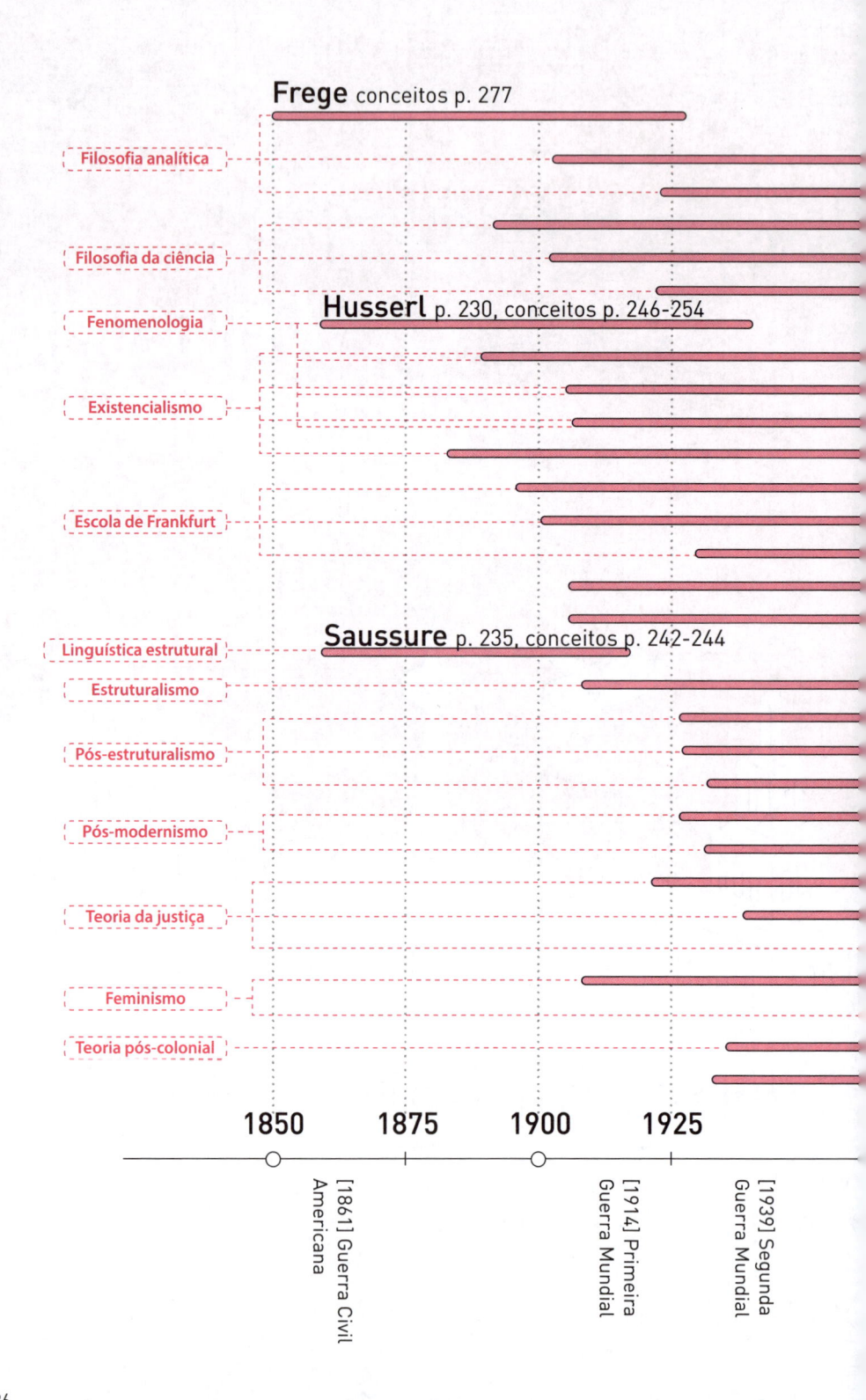

- Filosofia analítica
- Filosofia da ciência

Husserl p. 230, conceitos p. 246-254

- Fenomenologia
- Existencialismo
- Escola de Frankfurt

Saussure p. 235, conceitos p. 242-244

- Linguística estrutural
- Estruturalismo
- Pós-estruturalismo
- Pós-modernismo
- Teoria da justiça
- Feminismo
- Teoria pós-colonial

1850 — 1875 — 1900 — 1925

[1861] Guerra Civil Americana
[1914] Primeira Guerra Mundial
[1939] Segunda Guerra Mundial

Os filósofos contemporâneos

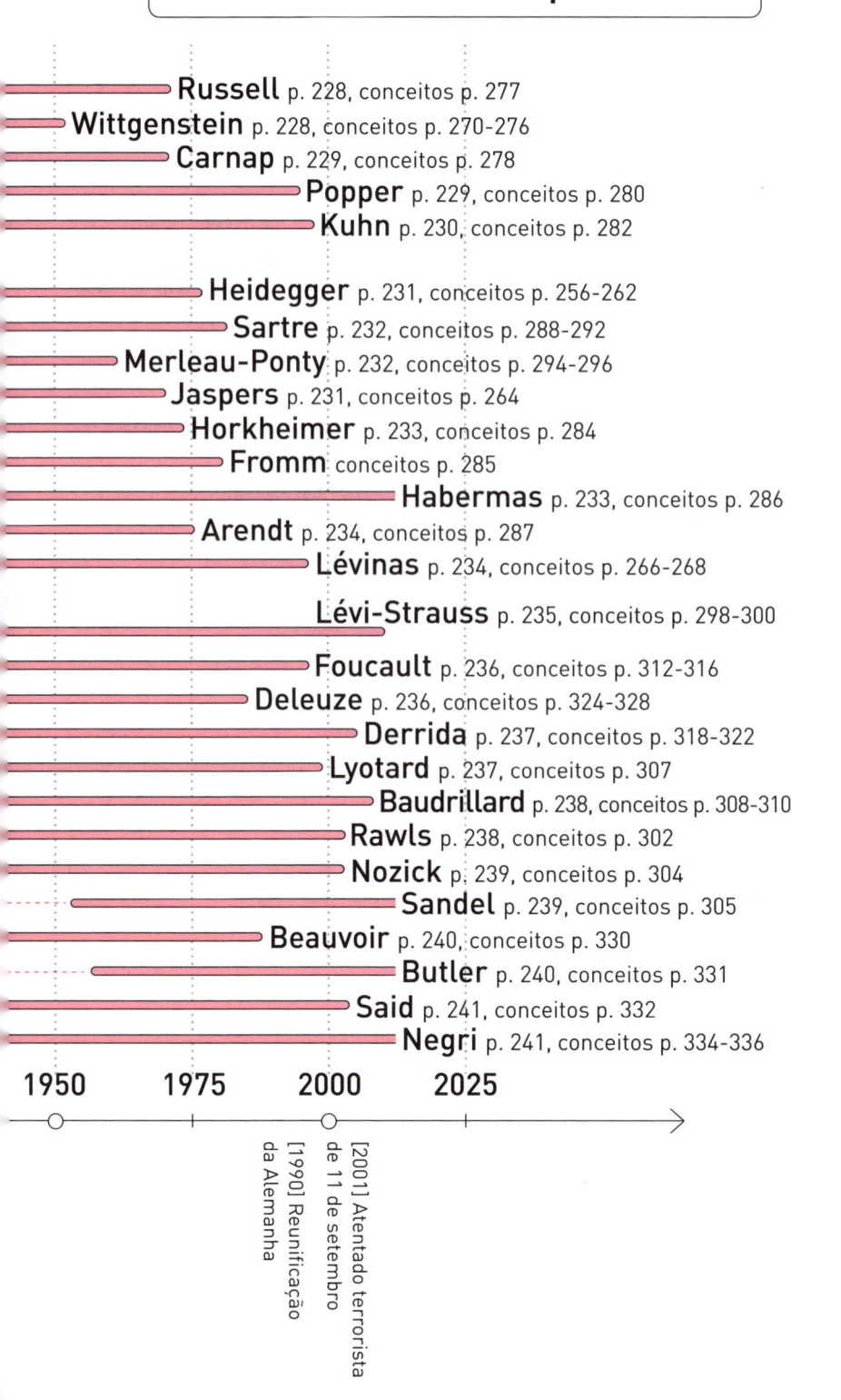

- **Russell** p. 228, conceitos p. 277
- **Wittgenstein** p. 228, conceitos p. 270-276
- **Carnap** p. 229, conceitos p. 278
- **Popper** p. 229, conceitos p. 280
- **Kuhn** p. 230, conceitos p. 282
- **Heidegger** p. 231, conceitos p. 256-262
- **Sartre** p. 232, conceitos p. 288-292
- **Merleau-Ponty** p. 232, conceitos p. 294-296
- **Jaspers** p. 231, conceitos p. 264
- **Horkheimer** p. 233, conceitos p. 284
- **Fromm** conceitos p. 285
- **Habermas** p. 233, conceitos p. 286
- **Arendt** p. 234, conceitos p. 287
- **Lévinas** p. 234, conceitos p. 266-268
- **Lévi-Strauss** p. 235, conceitos p. 298-300
- **Foucault** p. 236, conceitos p. 312-316
- **Deleuze** p. 236, conceitos p. 324-328
- **Derrida** p. 237, conceitos p. 318-322
- **Lyotard** p. 237, conceitos p. 307
- **Baudrillard** p. 238, conceitos p. 308-310
- **Rawls** p. 238, conceitos p. 302
- **Nozick** p. 239, conceitos p. 304
- **Sandel** p. 239, conceitos p. 305
- **Beauvoir** p. 240, conceitos p. 330
- **Butler** p. 240, conceitos p. 331
- **Said** p. 241, conceitos p. 332
- **Negri** p. 241, conceitos p. 334-336

1950 — 1975 — 2000 — 2025

[1990] Reunificação da Alemanha
[2001] Atentado terrorista de 11 de setembro

Princípios da reconstrução social, História da filosofia ocidental, O homem tem futuro?

Depois da Segunda Guerra Mundial, milita como ativista no movimento contra as armas nucleares e a Guerra do Vietnã.

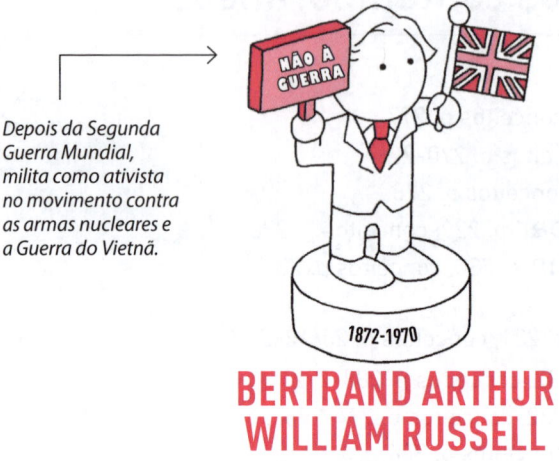

> O SER HUMANO QUE RECEBE AFETO É, EM GERAL, AQUELE QUE O DÁ.

Escreve numerosas obras de caráter divulgador e moral, como Casamento e moral e A conquista da felicidade.

1872-1970

BERTRAND ARTHUR WILLIAM RUSSELL

▶ P. 277

Estudioso da filosofia antiga, matemático e lógico. Nascido em uma prestigiosa família aristocrática, por sua posição pacifista durante a Primeira Guerra Mundial foi expulso do Trinity College de Cambridge e preso. Seus escritos abarcam diferentes temas, entre os quais se destacam a religião, o pensamento social e a educação. Em 1950, recebeu o Prêmio Nobel de Literatura por suas obras de denúncia, liberais e pacifistas. De um ponto de vista estritamente filosófico, contribuiu para assentar as bases do logicismo, concretamente da reconstrução da matemática em termos lógicos.

Tractatus logico-philosophicus, Investigações filosóficas

Na primeira fase de sua filosofia, que coincide com seu Tractatus logico-philosophicus, Wittgenstein declara: "Todas as questões filosóficas foram resolvidas definitivamente".

> SOBRE O QUE NÃO SE PODE FALAR, É MELHOR CALAR-SE.

O "primeiro Wittgenstein" afirma que os limites da linguagem são os limites do mundo.

1889-1951

LUDWIG WITTGENSTEIN

▶ P. 270-276

Filósofo austríaco, exerceu uma notável influência na formação e no desenvolvimento da filosofia analítica e na filosofia da linguagem. Seu pai era um magnata da indústria siderúrgica do Império Austro-Húngaro. Estudou engenharia aeronáutica em Berlim, mas o que verdadeiramente lhe interessava eram a lógica e a matemática. Mudou-se para Cambridge, onde estudou com Russell no Trinity College. Marcado pelos trágicos acontecimentos que afetaram sua família (três de seus quatros irmãos homens se suicidaram), teve uma vida agitada, que o levou a se alistar no exército como soldado voluntário, a ser professor de uma escola rural e a trabalhar como jardineiro em um mosteiro.

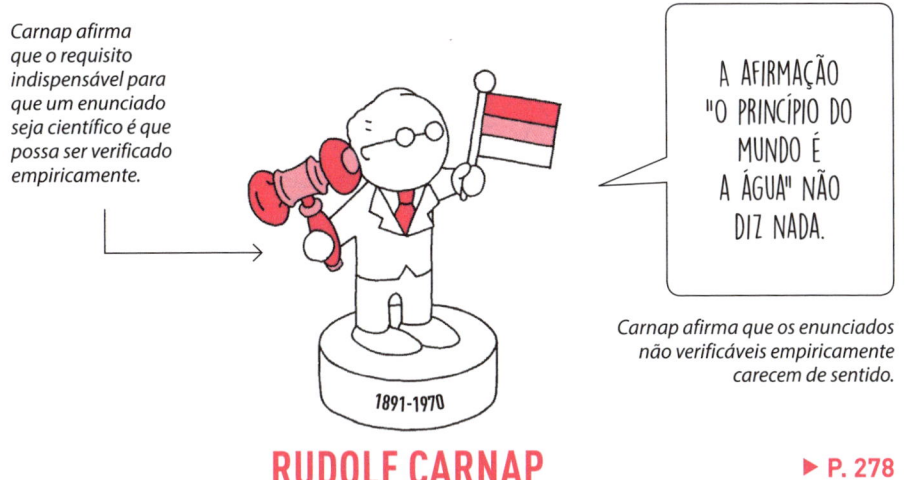

Carnap afirma que o requisito indispensável para que um enunciado seja científico é que possa ser verificado empiricamente.

A AFIRMAÇÃO "O PRINCÍPIO DO MUNDO É A ÁGUA" NÃO DIZ NADA.

Carnap afirma que os enunciados não verificáveis empiricamente carecem de sentido.

1891-1970

RUDOLF CARNAP ▶ P. 278

Filósofo alemão, é considerado um dos principais expoentes do positivismo lógico ou neopositivismo. Estudou filosofia, matemática e física na Universidade de Friburgo e na Universidade de Jena. Entre 1926 e 1930, enquanto dava aulas como professor assistente na Universidade de Viena, passou a fazer parte do Círculo de Viena, berço do neopositivismo. Posteriormente, fugindo da perseguição nazista, emigrou para os Estados Unidos, onde veio a ser professor na Universidade de Chicago e, depois, na Universidade da Califórnia.

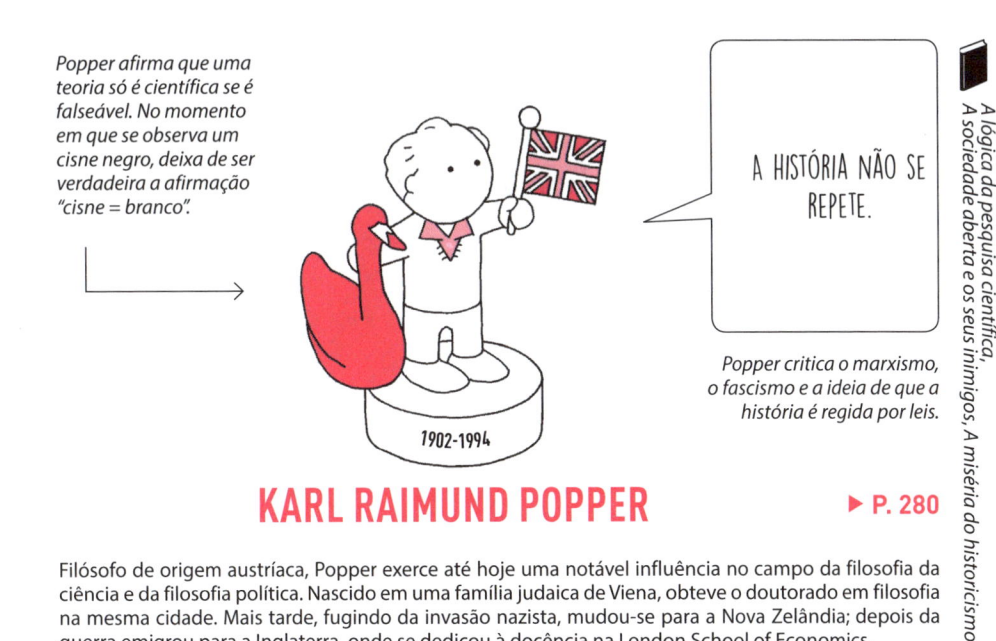

A sintaxe lógica da linguagem; Significado e necessidade

Popper afirma que uma teoria só é científica se é falseável. No momento em que se observa um cisne negro, deixa de ser verdadeira a afirmação "cisne = branco".

A HISTÓRIA NÃO SE REPETE.

Popper critica o marxismo, o fascismo e a ideia de que a história é regida por leis.

1902-1994

KARL RAIMUND POPPER ▶ P. 280

Filósofo de origem austríaca, Popper exerce até hoje uma notável influência no campo da filosofia da ciência e da filosofia política. Nascido em uma família judaica de Viena, obteve o doutorado em filosofia na mesma cidade. Mais tarde, fugindo da invasão nazista, mudou-se para a Nova Zelândia; depois da guerra emigrou para a Inglaterra, onde se dedicou à docência na London School of Economics.

A lógica da pesquisa científica; A sociedade aberta e os seus inimigos; A miséria do historicismo

A estrutura das revoluções científicas

Kuhn introduz a expressão paradigm shift *(mudança de paradigma)* para indicar uma mudança revolucionária, que põe em crise o modelo científico compartilhado até o momento.

REVOLUÇÃO CIENTÍFICA!

Kuhn denomina "revolução científica" a renovação da estrutura da teoria e das regras do pensamento.

1922-1996

THOMAS SAMUEL KUHN ▶ P. 282

Nasceu em Ohio, nos Estados Unidos, filho de um engenheiro civil judeu de origem alemã. Estudou física na Universidade de Harvard, onde obteve o doutorado. Depois de ter trabalhado na Universidade de Harvard, da Califórnia e de Princeton, em 1979 tornou-se professor de história e filosofia da ciência no Massachusetts Institute of Technology (MIT). O conceito de paradigma desenvolvido por Kuhn se popularizou para além da história da ciência, sendo amplamente utilizado também em outras áreas.

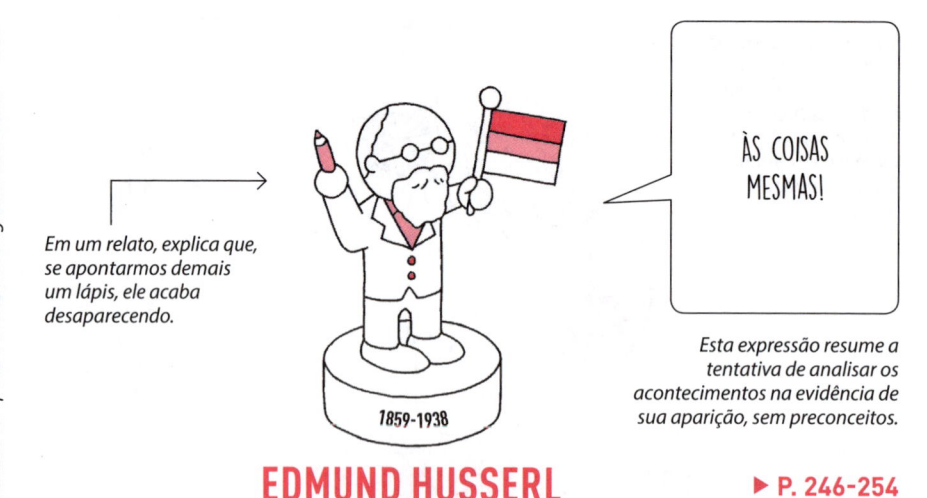

Ideias para uma fenomenologia pura e para uma filosofia fenomenológica, A crise das ciências europeias e a fenomenologia transcendental

Em um relato, explica que, se apontarmos demais um lápis, ele acaba desaparecendo.

ÀS COISAS MESMAS!

Esta expressão resume a tentativa de analisar os acontecimentos na evidência de sua aparição, sem preconceitos.

1859-1938

EDMUND HUSSERL ▶ P. 246-254

Filósofo alemão, pai da fenomenologia. Nascido em uma família austríaca (na atual República Tcheca), matriculou-se na Universidade de Viena, onde se transferiu do curso de matemática para o de filosofia. Obrigado a abandonar a docência, nomeia Heidegger seu sucessor. Sob o regime hitleriano, perde o cargo de professor, não pode entrar na universidade nem publicar livros; mas, felizmente, uma grande quantidade de seus escritos escapou da censura nazista.

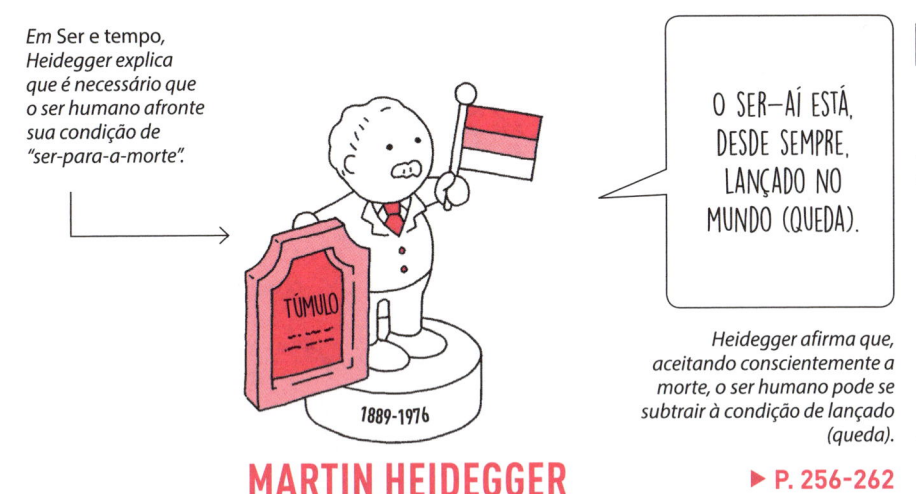

Em Ser e tempo, Heidegger explica que é necessário que o ser humano afronte sua condição de "ser-para-a-morte".

> O SER-AÍ ESTÁ, DESDE SEMPRE, LANÇADO NO MUNDO (QUEDA).

Heidegger afirma que, aceitando conscientemente a morte, o ser humano pode se subtrair à condição de lançado (queda).

MARTIN HEIDEGGER

▶ P. 256-262

1889-1976

Filósofo alemão, foi o filho mais velho de um mestre tanoeiro e sacristão da igreja de Messkirch. Em Friburgo, estudou teologia e filosofia, profundamente influenciado pela fenomenologia de Husserl. Em Marburgo, iniciou uma relação amorosa com Hannah Arendt, sua aluna na época. Em 1933, foi nomeado reitor da Universidade de Friburgo, mas depois da guerra foi destituído de qualquer cargo universitário por causa de seu apoio anterior ao nazismo.

Por causa de seu casamento com uma mulher judia, de quem se recusou a se divorciar, Jaspers se viu obrigado a abandonar a docência.

> O CENTRO DO ESFORÇO FILOSÓFICO SE ENCONTRA NO "COMBATE AMOROSO".

Jaspers se pergunta de que modo a filosofia possibilita uma comunhão existencial entre os seres humanos.

KARL JASPERS

▶ P. 264

1883-1969

Psiquiatra e filósofo alemão. Nasceu no seio de uma família abastada; seu pai era diretor de um banco. Matriculou-se inicialmente na Faculdade de Direito, e, depois, se transferiu para a de Medicina. Ao terminar a graduação, começou a trabalhar no hospital psiquiátrico de Heidelberg. Em 1914, depois de ter sido professor de psicologia, voltou para a filosofia e, em 1921, obteve uma cátedra dessa disciplina. Sob o regime nazista, foi proibido de exercer a docência. Após a guerra, recuperou seu cargo na Universidade de Heidelberg, mas em 1948 se mudou para a Suíça para lecionar na Universidade da Basileia.

O ser e o nada, O existencialismo é um humanismo

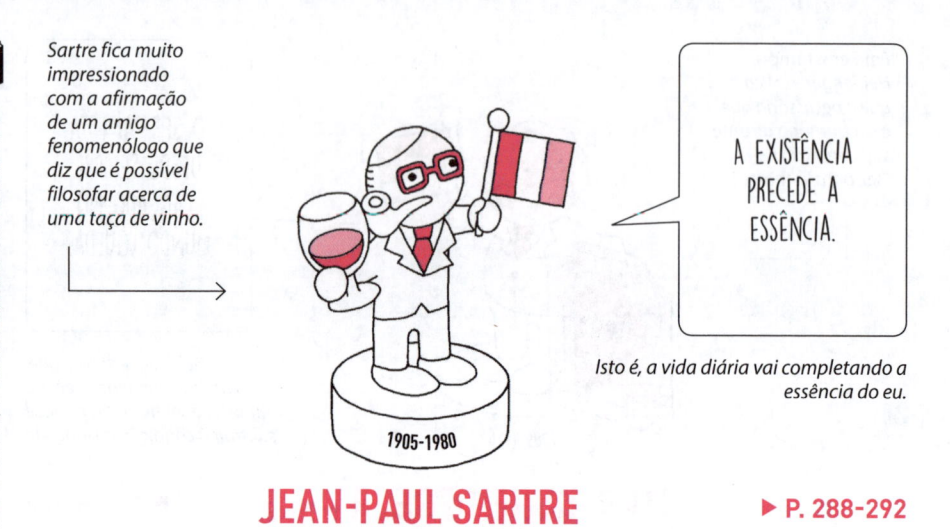

> Sartre fica muito impressionado com a afirmação de um amigo fenomenólogo que diz que é possível filosofar acerca de uma taça de vinho.

> A EXISTÊNCIA PRECEDE A ESSÊNCIA.

Isto é, a vida diária vai completando a essência do eu.

1905-1980

JEAN-PAUL SARTRE

▶ P. 288-292

Filósofo e literato francês. Estudou filosofia na École Normale Supérieure de Paris. Durante a Segunda Guerra Mundial, fugiu de um campo de concentração alemão e participou ativamente da Resistência. Seu ensaio *O ser e o nada* e seu romance *A náusea* suscitaram um verdadeiro crescimento vertiginoso do existencialismo, primeiro na França e depois internacionalmente, embora mais tarde, a partir dos anos 1960, o estruturalismo tenha redimensionado sua influência na esfera cultural.

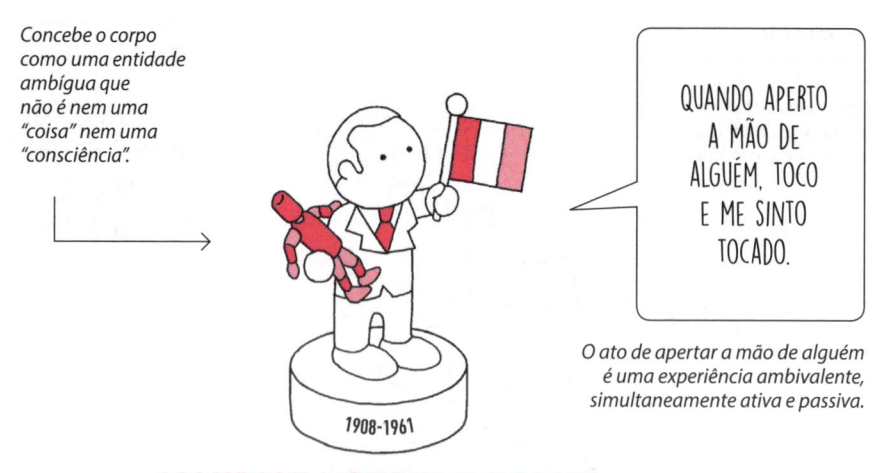

A estrutura do comportamento, Fenomenologia da percepção

> Concebe o corpo como uma entidade ambígua que não é nem uma "coisa" nem uma "consciência".

> QUANDO APERTO A MÃO DE ALGUÉM, TOCO E ME SINTO TOCADO.

O ato de apertar a mão de alguém é uma experiência ambivalente, simultaneamente ativa e passiva.

1908-1961

MAURICE MERLEAU-PONTY

▶ P. 294-296

Filósofo francês nascido em Rochefort-Sur-Mer, estudou na École Normale Supérieure de Paris na mesma época em que Sartre, Beauvoir e Lévi-Strauss. Fundou e dirigiu, com Sartre, a revista *Tempos modernos* para depois enfrentá-lo por questões políticas. De um ponto de vista filosófico, elaborou, sob forte influência de Husserl, uma fenomenologia que vê no corpo o principal campo de estudo.

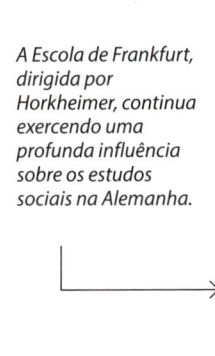

A Escola de Frankfurt, dirigida por Horkheimer, continua exercendo uma profunda influência sobre os estudos sociais na Alemanha.

POR QUE A HUMANIDADE AFUNDA EM UM NOVO TIPO DE BARBÁRIE?

Por que a razão e o pensamento ilustrado geraram violência? Essa pergunta representa o núcleo temático sobre o qual Horkheimer se questiona.

1895-1973

MAX HORKHEIMER ▶ P. 284

Dialética do esclarecimento (em coautoria com Theodor Adorno)

Filósofo e sociólogo judeu, foi um expoente destacado da denominada Escola de Frankfurt. Nascido em Stuttgart, no sudoeste da Alemanha, em 1931 foi o primeiro diretor do Instituto de Pesquisa Social de Frankfurt. Posteriormente, quando os nazistas proibiram os judeus de exercerem a função pública, emigrou para os Estados Unidos. Durante a guerra, escreveu, em coautoria com Theodor Adorno, a *Dialética do esclarecimento*. Ao final do conflito, voltou a Frankfurt e reabriu o Instituto.

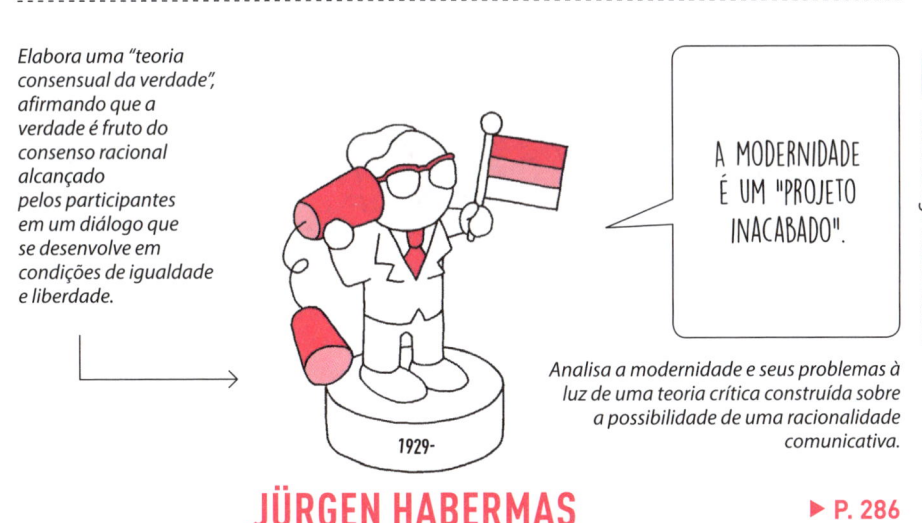

Elabora uma "teoria consensual da verdade", afirmando que a verdade é fruto do consenso racional alcançado pelos participantes em um diálogo que se desenvolve em condições de igualdade e liberdade.

A MODERNIDADE É UM "PROJETO INACABADO".

Analisa a modernidade e seus problemas à luz de uma teoria crítica construída sobre a possibilidade de uma racionalidade comunicativa.

1929-

JÜRGEN HABERMAS ▶ P. 286

História e crítica da opinião pública, Teoria do agir comunicativo

Sociólogo e filósofo alemão nascido em Düsseldorf. Em 1956, tornou-se membro do Instituto de Pesquisa Social de Frankfurt, mas suas ideias radicais se chocavam com as do diretor da instituição, Max Horkheimer, de quem acabou se distanciando em 1959. Desde 1961, exerce a docência na Universidade de Heidelberg. Faz parte da segunda geração da Escola de Frankfurt e mantém intensos diálogos com importantes filósofos estrangeiros. Contribuiu para popularizar o conceito de patriotismo constitucional.

Origens do totalitarismo, Vita activa, A condição humana

Célebre pelas crônicas que publicou na revista *The New Yorker* sobre o julgamento de Adolf Eichmann, um dos maiores responsáveis pela chamada solução final da questão judaica.

> A BANALIDADE DO MAL.

Os responsáveis pelo genocídio dos judeus não passavam de seres humanos medíocres e executores acríticos das ordens que recebiam.

1906-1975

HANNAH ARENDT ▶ P. 287

Nasceu em uma família judaica em Hannover, Alemanha. Em 1924, ingressou na Universidade de Marburgo, onde conheceu Heidegger, com quem iniciou uma relação amorosa. Fugiu para a França para evitar a perseguição nazista, mas depois que o país se rendeu à Alemanha, emigrou para os Estados Unidos, onde, após a guerra, trabalharia como professora. Obteve reconhecimento internacional com sua obra *Origens do totalitarismo*, publicada em 1951.

Totalidade e infinito, Difícil liberdade, De outro modo que ser ou para lá da essência

O "rosto" é o conceito fundamental da reflexão de Levinas. Simboliza o outro que não conhecemos, mas reconhecemos.

> SOU RESPONSÁVEL PELAS PERSEGUIÇÕES QUE SOFRO.

Assumir a própria responsabilidade em nossa relação com os demais é o núcleo de uma ética baseada no reconhecimento do outro.

1906-1995

EMMANUEL LEVINAS ▶ P. 266-268

Filósofo francês de origem judaico-lituana, aos 18 anos, depois de estudar filosofia na França, frequentou a Universidade de Friburgo, onde acompanhou as aulas de Heidegger. Durante a Segunda Guerra Mundial, foi feito prisioneiro do Exército alemão e perdeu a maioria de seus parentes e familiares próximos, que foram assassinados pelos nazistas ou morreram em campos de concentração. Com o fim da guerra, trabalhou como professor universitário na França e continuou sua pesquisa sobre o Talmude, um dos textos sagrados do judaísmo.

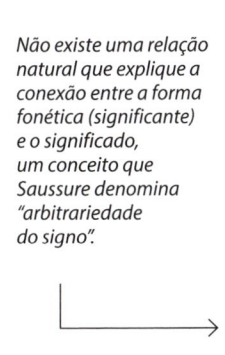

Não existe uma relação natural que explique a conexão entre a forma fonética (significante) e o significado, um conceito que Saussure denomina "arbitrariedade do signo".

> A LÍNGUA NÃO É UMA LISTA DE PALAVRAS.

Curso de linguística geral

1857-1913

Saussure afirma que a linguagem é o que dá forma ao mundo e que, por isso, as diferentes línguas dão origem a mundos diferentes.

FERDINAND DE SAUSSURE

▶ P. 242-244

Linguista suíço considerado o fundador da linguística moderna. Nasceu em Genebra no seio de uma prestigiosa família burguesa. Revelou-se desde cedo uma criança prodígio, e aos 21 anos iniciou uma carreira precoce de linguística com a publicação de um ensaio revolucionário sobre as vogais do idioma protoindo-europeu. Um ano depois, finalizou sua tese de doutorado sobre o sânscrito. Durante os últimos anos de vida, ministrou uma série de cursos e conferências, que seus alunos reuniram em uma publicação póstuma com o título *Curso de linguística geral*. Essa obra passou a influenciar notavelmente não só a linguística, como também o conjunto da corrente cultural conhecido como "estruturalismo".

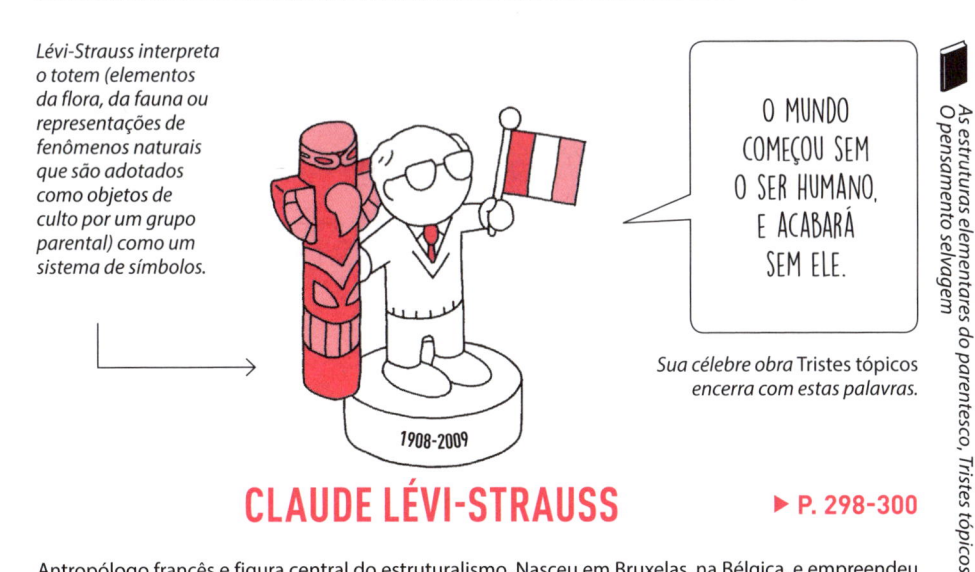

Lévi-Strauss interpreta o totem (elementos da flora, da fauna ou representações de fenômenos naturais que são adotados como objetos de culto por um grupo parental) como um sistema de símbolos.

> O MUNDO COMEÇOU SEM O SER HUMANO, E ACABARÁ SEM ELE.

As estruturas elementares do parentesco, Tristes tópicos, O pensamento selvagem

1908-2009

Sua célebre obra *Tristes tópicos* encerra com estas palavras.

CLAUDE LÉVI-STRAUSS

▶ P. 298-300

Antropólogo francês e figura central do estruturalismo. Nasceu em Bruxelas, na Bélgica, e empreendeu estudos do direito antes de passar à filosofia. A cátedra de sociologia que obteve na Universidade de São Paulo, no Brasil, proporcionou-lhe a ocasião para aprofundar e desenvolver sua antropologia e entrar em contato com as populações nativas do Amazonas. Em 1960, criticou o existencialismo de Sartre, considerado mundialmente uma espécie de herói do pensamento, e inaugurou a época do estruturalismo.

Deleuze (com Guattari) aconselha o ser humano a pensar de uma forma "nômade", não "sedentária".

O anti-Édipo, Mil platôs (com Guattari), Diferença e repetição

> A FILOSOFIA É A DISCIPLINA QUE CONSISTE EM INVENTAR CONCEITOS.

Fiel a esta afirmação, Deleuze alcunhou diversos conceitos relacionados entre si.

1925-1995

GILLES DELEUZE ▶ P. 324-328

Filósofo francês nascido em Paris. Graduou-se em filosofia pela Universidade de Sorbonne e, a partir de 1948, foi professor em várias cidades de províncias. Depois de anos de docência no Liceu Carnot, desde 1969 até se aposentar, lecionou na Universidade Paris VIII. Interpretou de um modo independente e original o pensamento de Hume, Spinoza, Bergson e Nietzsche. Seu livro *Diferença e repetição* tem um importante impacto internacional. Em 1995, cometeu suicídio, atirando-se de seu apartamento em Paris.

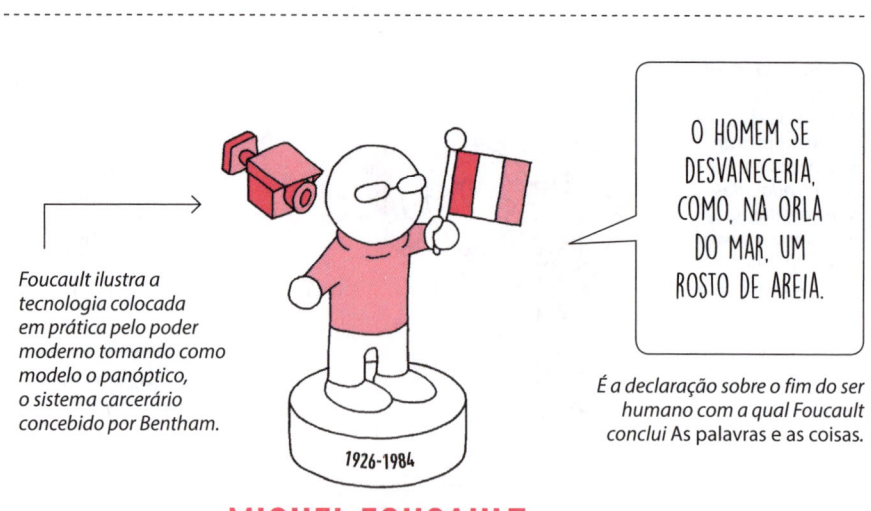

As palavras e as coisas, A arqueologia do saber, História da loucura, O nascimento da clínica

Foucault ilustra a tecnologia colocada em prática pelo poder moderno tomando como modelo o panóptico, o sistema carcerário concebido por Bentham.

> O HOMEM SE DESVANECERIA, COMO, NA ORLA DO MAR, UM ROSTO DE AREIA.

É a declaração sobre o fim do ser humano com a qual Foucault conclui As palavras e as coisas.

1926-1984

MICHEL FOUCAULT ▶ P. 312-316

Filósofo francês nascido em Poitiers. Participou da liberação de Paris pelas forças aliadas e, em 1946, foi admitido na École Normale Supérieure, onde obteve resultados brilhantes. Durante a juventude, tentou cometer suicídio em várias ocasiões, possivelmente por causa de uma vivência conflitiva de sua homossexualidade. Em 1966, seu livro *As palavras e as coisas* foi um sucesso de vendas e imediatamente o transformou no estandarte do estruturalismo. Morreu por complicações da aids em 1984.

Derrida pretende repensar a filosofia europeia mediante um método chamado "desconstrução".

A DEMOCRACIA POR VIR.

Frase que exemplifica o "último Derrida". É necessário conceber a democracia para além de toda a soberania estatal como hospitalidade incondicional.

1930-2004

JACQUES DERRIDA

▶ P. 306, P. 318-322

A voz e o fenômeno, A escritura e a diferença, Espectros de Marx, Força de lei

Filósofo francês. Nasceu na Argélia, no seio de uma família judaica francesa. Ingressou na École Normale Supérieure. Depois de ter sido professor de filosofia na mesma escola, lecionou no Instituto de Ciências Sociais. Em 1967, publicou três obras que o situam na vanguarda do pensamento francês contemporâneo. A partir dos anos 1980, emergiu claramente sua faceta de pensador comprometido ao se ocupar de temas políticos e jurídicos.

A princípio, a expressão "condição pós-moderna" nasce no seio da arquitetura e das artes decorativas para denominar a tendência a recuperar o heterogêneo e o diverso.

OS GRANDES RELATOS ACABARAM.

Os "grandes relatos" são os sistemas de pensamento e as ideologias que pretendem indicar um objetivo ao conjunto da sociedade.

1924-1998

JEAN-FRANÇOIS LYOTARD

▶ P. 307

A condição pós-moderna, O pós-moderno explicado às crianças

Filósofo francês nascido em Versalhes, estudou na Sorbonne. Nos anos 1950, comprometeu-se ativamente com o marxismo radical, mas na segunda metade dos anos 1960 se afastou da cena política. Posteriormente, depois de ter dado aulas na Universidade de Paris VIII, tornou-se diretor da Academia Internacional de Filosofia. A difusão do termo "pós-moderno" se deve à sua obra mais célebre, *A condição pós-moderna*.

O sistema dos objetos, A sociedade de consumo, Simulacros e simulação

Segundo Baudrillard, os artigos de marca não são comprados por sua função, e sim para consumir símbolos, isto é, bens com um significado social.

O CONSUMO É UMA ATIVIDADE LINGUÍSTICA.

Se os objetos são símbolos, então inclusive o consumo é uma atividade similar à linguagem.

1929-2001

JEAN BAUDRILLARD ▶ P. 308-310

Sociólogo e crítico francês. Estudou na Sorbonne e trabalhou como professor na Universidade Paris Nanterre. Desenvolveu uma teoria original sobre a sociedade de consumo e dedicou-se a vários campos, como a economia, a teoria do design e a crítica literária. Sua obra *Simulacros e simulação* inspirou o filme *Matrix*.

Uma teoria da justiça, Justiça como equidade

Rawls propôs um experimento mental para especificar os princípios da justiça: imagine que devemos acordar os princípios básicos da sociedade sob o "véu da ignorância", que nos impede de conhecer nossos interesses pessoais.

O JUSTO É INDEPENDENTE DO BOM E TEM PRIMAZIA SOBRE ESTE.

A noção de "justiça" deve ser concebida de modo neutro e independente da noção de "bem", que difere de uma pessoa para outra.

1921-2002

JOHN BORDLEY RAWLS ▶ P. 302

Filósofo político estadunidense, originário de Maryland. Logo depois de se graduar em Princeton, em plena Segunda Guerra Mundial, alistou-se no exército e combateu na Nova Guiné, nas Filipinas e no Japão. Depois da guerra, obteve o doutorado em Princeton e, posteriormente, dedicou-se à docência em diferentes universidades, até que foi contratado em Harvard, onde lecionaria de 1962 até se aposentar em 1995. Publicada em 1971, sua obra *Uma teoria da justiça* foi muito bem recebida por parte do público e traduzida para diferentes idiomas.

Os libertários como Nozick são muito numerosos entre as classes abastadas estadunidenses.

O ESTADO MÍNIMO.

Afirma que a única forma de Estado legítima é o "Estado mínimo", que se limita a proteger os cidadãos e suas propriedades.

ROBERT NOZICK ▶ P. 304

Anarquia, estado e utopia, Explicações filosóficas

Filósofo estadunidense nascido no Brooklyn, Nova York, em uma família de imigrantes judeus russos. Graduou-se em Columbia e, em seguida, obteve uma prestigiosa bolsa de estudos Fullbright. Em 1969, tornou-se professor de filosofia em Harvard. Sua obra inaugural, *Anarquia, estado e utopia*, na qual critica Rawls a partir de uma perspectiva libertária, subitamente o transformou em um autor influente. Mais tarde, publicou também muitos escritos de filosofia analítica.

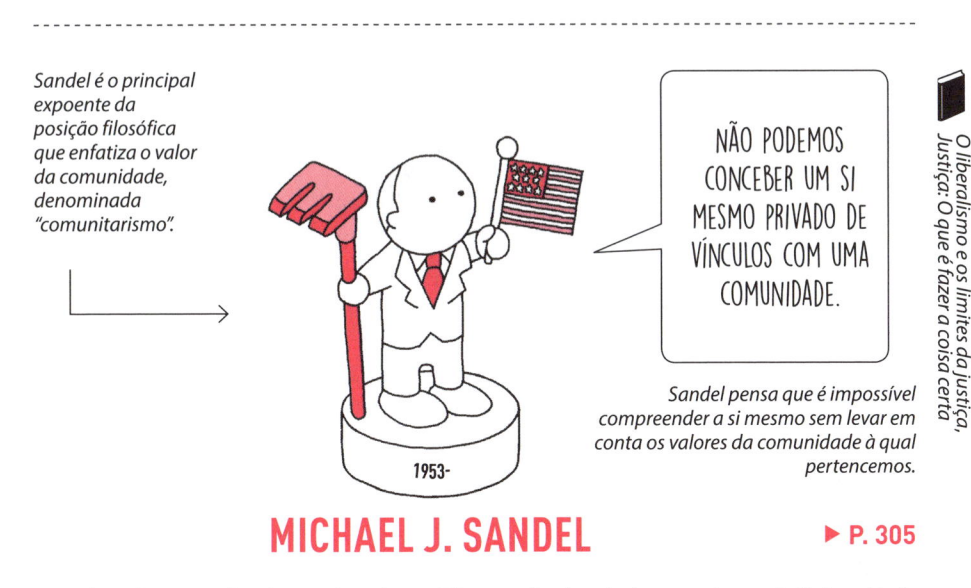

Sandel é o principal expoente da posição filosófica que enfatiza o valor da comunidade, denominada "comunitarismo".

NÃO PODEMOS CONCEBER UM SI MESMO PRIVADO DE VÍNCULOS COM UMA COMUNIDADE.

Sandel pensa que é impossível compreender a si mesmo sem levar em conta os valores da comunidade à qual pertencemos.

MICHAEL J. SANDEL ▶ P. 305

O liberalismo e os limites da justiça, Justiça: O que é fazer a coisa certa

Filósofo político estadunidense. Nascido em Minneapolis, depois de se graduar pela Universidade Brandeis obteve o doutorado na Universidade de Oxford. Desde 1980 é professor em Harvard. Tem grande popularidade também como conferencista, sobretudo graças a seu curso universitário intitulado *Justiça*, com mais de quatrocentos mil alunos.

Afirma que a "feminilidade" é uma construção social.

NÃO SE NASCE MULHER, TORNA-SE MULHER.

A visão de "mulher inferior ao homem" foi imposta pela cultura machista.

1908-1986

SIMONE DE BEAUVOIR ▶ P. 330

Literata e filósofa francesa. Nascida no seio de uma família da alta burguesia de Paris, estudou filosofia na Sorbonne. Depois de se graduar, trabalhou como professora em diferentes liceus até 1943, quando decidiu se dedicar exclusivamente a escrever. No fim dos anos 1970, sua obra fez importantes contribuições ao movimento feminista. Foi companheira de vida de Sartre, com quem se implicou em uma atividade frenética contra a guerra e a favor dos direitos humanos.

Se a distinção de gênero é construída pela sociedade, pode-se questioná-la de maneira radical.

O SEXO É, DESDE SEMPRE, GÊNERO.

Butler afirma que até mesmo o sexo biológico é um produto cultural.

1956-

JUDITH P. BUTLER ▶ P. 331

Estudiosa da questão de gênero e filósofa estadunidense. Professora na Universidade de Berkeley, nasceu em Cleveland, Ohio, e se especializou em Hegel na Universidade de Yale. Em sua tese de doutorado, ocupou-se da relação entre a filosofia hegeliana e o pensamento francês do século XX. Declarou publicamente sua homossexualidade e desenvolve uma filosofia feminista de uma perspectiva pós-estruturalista.

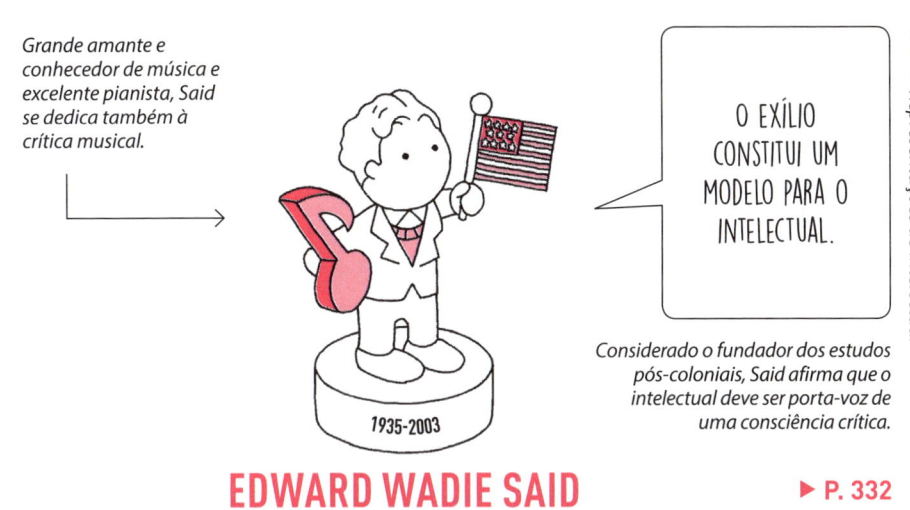

Grande amante e conhecedor de música e excelente pianista, Said se dedica também à crítica musical.

> O EXÍLIO CONSTITUI UM MODELO PARA O INTELECTUAL.

Considerado o fundador dos estudos pós-coloniais, Said afirma que o intelectual deve ser porta-voz de uma consciência crítica.

1935-2003

EDWARD WADIE SAID ▶ P. 332

Orientalismo, Covering Islam [A cobertura do Islã], Representações do intelectual

Filósofo e crítico literário palestino nacionalizado estadunidense. Nasceu em Jerusalém, partiu do território do Mandato Britânico da Palestina. Graduou-se em Princeton e obteve o doutorado em Harvard. Posteriormente, ensinou literatura comparada na Universidade de Columbia e em outras universidades. Também foi membro do Conselho Nacional Palestino durante catorze anos, paralelamente à sua atividade como intelectual e especialista em temas do Oriente Médio nos Estados Unidos.

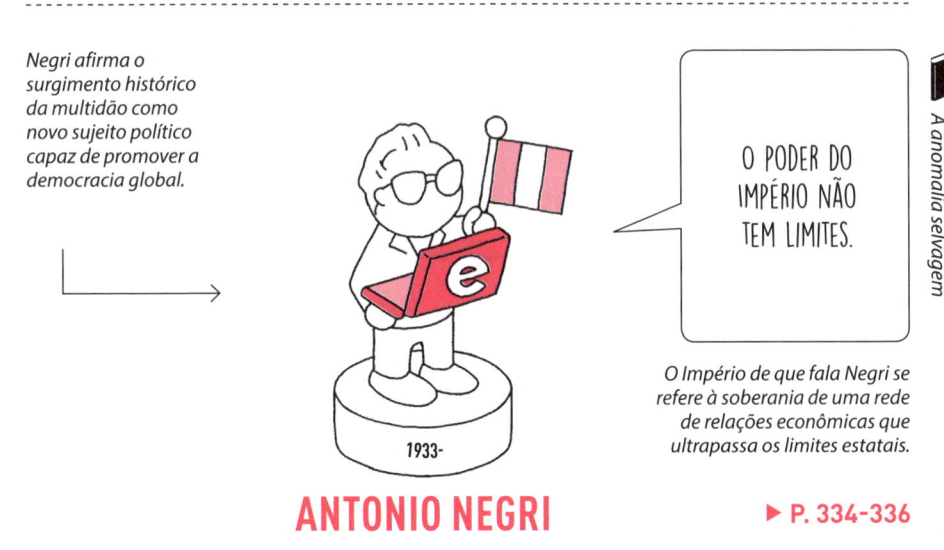

Negri afirma o surgimento histórico da multidão como novo sujeito político capaz de promover a democracia global.

> O PODER DO IMPÉRIO NÃO TEM LIMITES.

O Império de que fala Negri se refere à soberania de uma rede de relações econômicas que ultrapassa os limites estatais.

1933-

ANTONIO NEGRI ▶ P. 334-336

Império, Multidão (ambos em coautoria com Michael Hardt), A anomalia selvagem

Filósofo político e ativista italiano nascido em Pádua. Depois de se graduar em filosofia pela Universidade de Pádua, ampliou seus estudos em diversas universidades estrangeiras e, em seguida, ocupou uma cátedra na Faculdade de Ciências Políticas de Pádua. No final da década de 1970, apareceu como um dos principais membros e ideólogo do movimento Autonomia Operária; aos 46 anos, foi detido e preso injustamente por suposta colaboração terrorista. Após seu exílio na França, em 1997 regressou à Itália para cumprir o resto de sua pena. Em 2003, recuperou oficialmente a liberdade e retomou sua atividade intelectual.

LANGUE/PAROLE

Obra representativa .... *Curso de linguística geral*
Nota .... "langue" e "parole" constituem a linguagem

Saussure distingue dois aspectos na **linguagem**: a **langue** (língua) e a **parole** (fala). "Langue" se refere às regras e à gramática de uma língua, ao passo que "parole" representa o ato de expressão individual de quem fala. A atividade linguística em seu conjunto, gerada pela combinação de **langue e parole**, constitui a **langage** (linguagem). A linguística de **Saussure** centra-se na análise da **langue**.

A "LÍNGUA" COMPREENDE TRÊS ASPECTOS

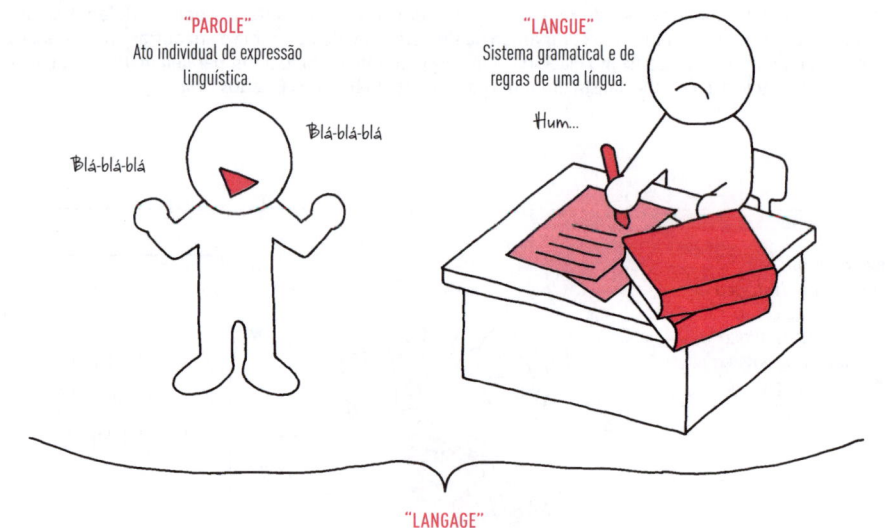

"PAROLE"
Ato individual de expressão linguística.

Blá-blá-blá
Blá-blá-blá

"LANGUE"
Sistema gramatical e de regras de uma língua.

Hum...

"LANGAGE"
Conjunto formado pela langue e pela parole.

A linguagem é a união da langue e da parole.

O que é que você está dizendo?

SIGNIFICANTE/SIGNIFICADO

Obra representativa .... *Curso de linguística geral*
Nota .... o "significante" é a forma do signo linguístico e o "significado" é o conceito que o expressa

Saussure denomina significante as letras e os sons (fonemas), ao passo que significado refere-se à imagem, ao conceito que expressa; a união de *significante e significado* constitui o signo. Por meio dessas distinções, Saussure salienta que a união entre o significante e o significado é convencional (arbitrariedade do signo: p. 244).

SAUSSURE CONSIDERA A PALAVRA UM "SIGNO"

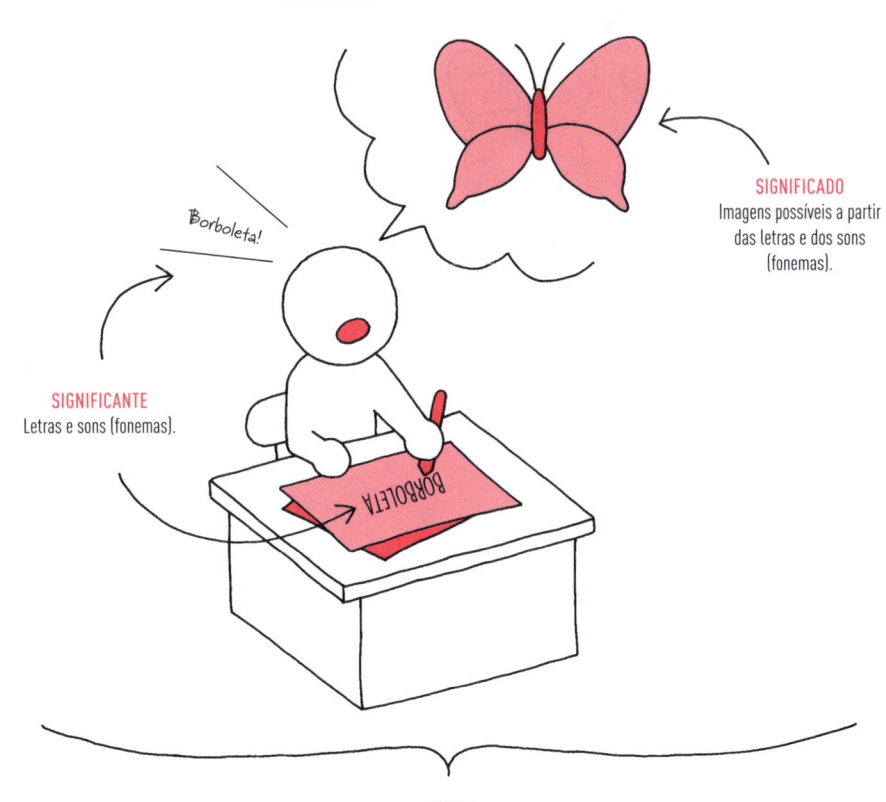

SIGNIFICADO
Imagens possíveis a partir das letras e dos sons (fonemas).

SIGNIFICANTE
Letras e sons (fonemas).

SIGNO
União do significante e do significado.

Repensar a linguagem como um conjunto de signos comporta um novo modo de conceber o mundo.

↓

Arbitrariedade do signo (p. 244).

ARBITRARIEDADE DO SIGNO

Significado .... não há necessidade alguma de correspondência entre coisas e palavras (sons)
Obra representativa .... *Curso de linguística geral*
Nota .... nas palavras de Saussure, não existe nenhuma necessidade de que à estrutura de um significante corresponda determinado significado

Os franceses utilizam "papillon" para se referir tanto às borboletas como às mariposas. Isto é, o significante "papillon" denota dois animais diferentes. Disso se deduz que não atribuímos o nome "papillon" à mariposa porque reflete as características específicas desse inseto. O fato de não existir uma correspondência natural entre as palavras e as coisas é denominado **arbitrariedade do signo**.

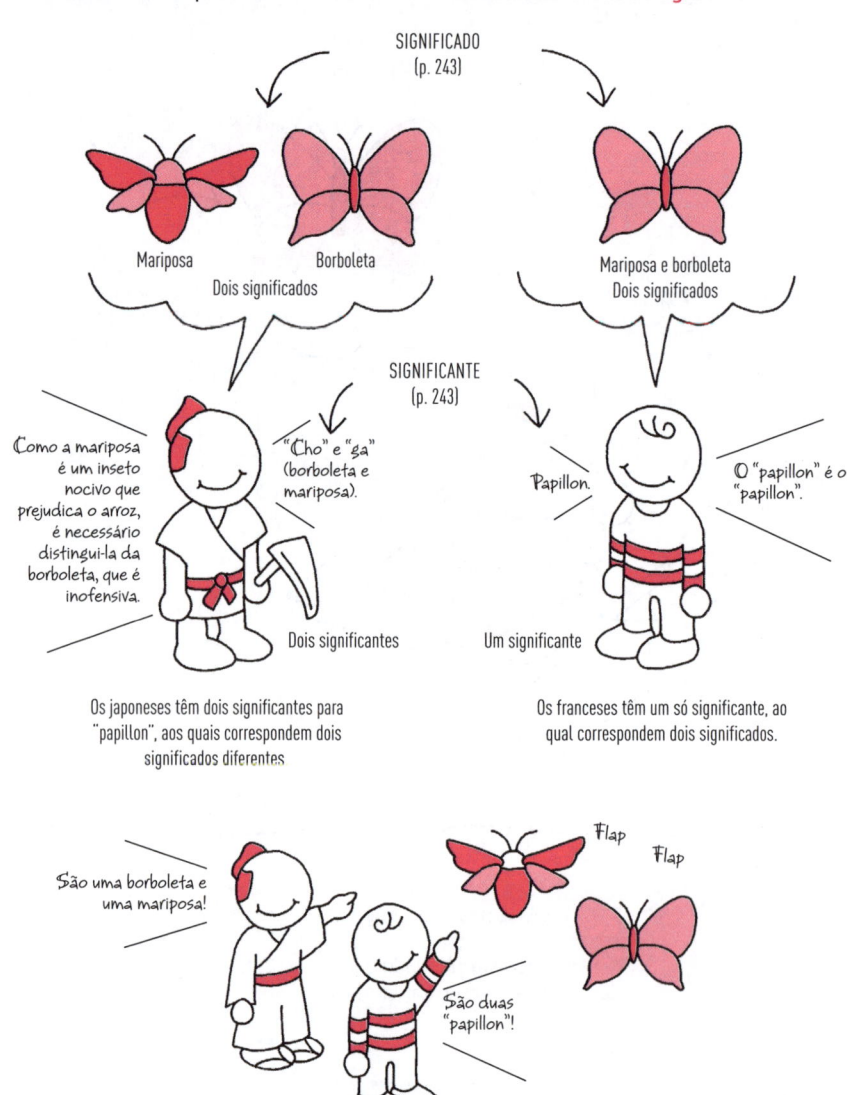

SIGNIFICADO
(p. 243)

Mariposa — Borboleta
Dois significados

Mariposa e borboleta
Dois significados

SIGNIFICANTE
(p. 243)

Como a mariposa é um inseto nocivo que prejudica o arroz, é necessário distingui-la da borboleta, que é inofensiva.

"Cho" e "ga" (borboleta e mariposa).

Dois significantes

Papillon.

O "papillon" é o "papillon".

Um significante

Os japoneses têm dois significantes para "papillon", aos quais correspondem dois significados diferentes

Os franceses têm um só significante, ao qual correspondem dois significados.

São uma borboleta e uma mariposa!

Flap Flap

São duas "papillon"!

244

Existem muitos outros exemplos.

Japoneses: No arco-íris, há muitas cores. Distingo sete.

Alemães: No arco-íris, há muitas cores. Distingo cinco.

Japoneses: Em relação ao "amor" (ai), a "paixão" (kai) indica uma sensação de maior despreocupação. Ai e kai

Estadunidenses: Tanto o "amor" como a "paixão" são denominados do mesmo modo (love). Love

Japoneses: Um coelho é sempre um coelho, seja selvagem, seja doméstico. Usagi

Ingleses: Chama-se de maneira distinta um coelho selvagem e um doméstico. Rabbit ou hare

Em primeiro lugar, a realidade é um contínuo, e não um conjunto de entidades com nome atribuído. Somos nós que, ao nomeá-los, damos existência a cada um dos elementos, delimitando o mundo por meio das palavras. Também pensamos aplicando esse mesmo método. A língua não é só um meio para comunicar o pensamento; é o que determina o pensamento.

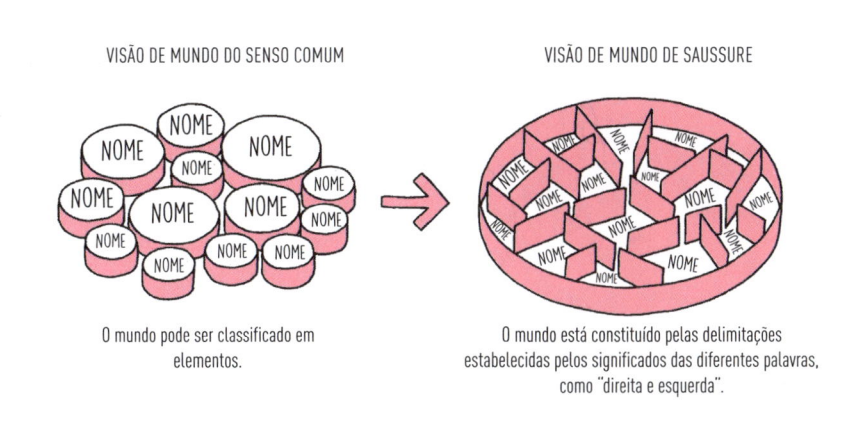

VISÃO DE MUNDO DO SENSO COMUM

O mundo pode ser classificado em elementos.

VISÃO DE MUNDO DE SAUSSURE

O mundo está constituído pelas delimitações estabelecidas pelos significados das diferentes palavras, como "direita e esquerda".

FENOMENOLOGIA

▶ 230

Obras representativas .... *Ideias para uma fenomenologia pura e para uma filosofia fenomenológica, A ideia da fenomenologia, Meditações cartesianas*
Conceitos relacionados .... redução fenomenológica (p. 248), epoché (p. 250), intencionalidade (p. 252), noesis/noema (p. 253), intersubjetividade (p. 254)

HUSSERL

Se temos uma maçã diante dos olhos, não duvidamos de que ela existe. Mas **Husserl**, ao refletir sobre essa evidência, percebe que a única certeza que podemos ter é a de que a maçã é visível para mim (a maçã se revela para a minha consciência).

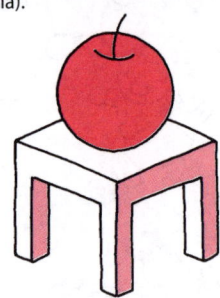

Se vemos uma maçã, pensamos que uma maçã existe.

⬇

Mas na realidade...
A maçã apenas se revela para a nossa consciência.

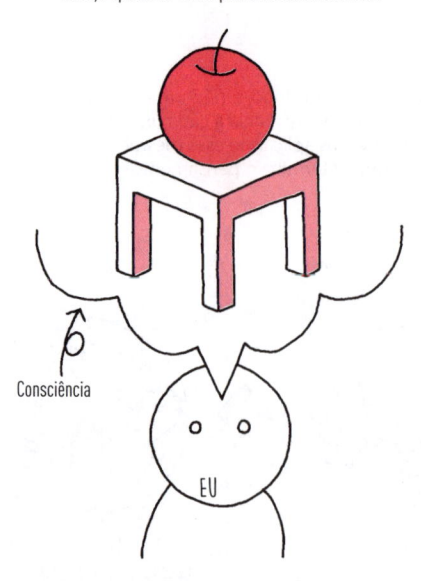

Consciência

EU

No entanto, temos a convicção de que a maçã é algo que está fora de nossa subjetividade e acreditamos que ela aparece em nossa consciência porque a estamos vendo (percepções).

ⓐ Consciência

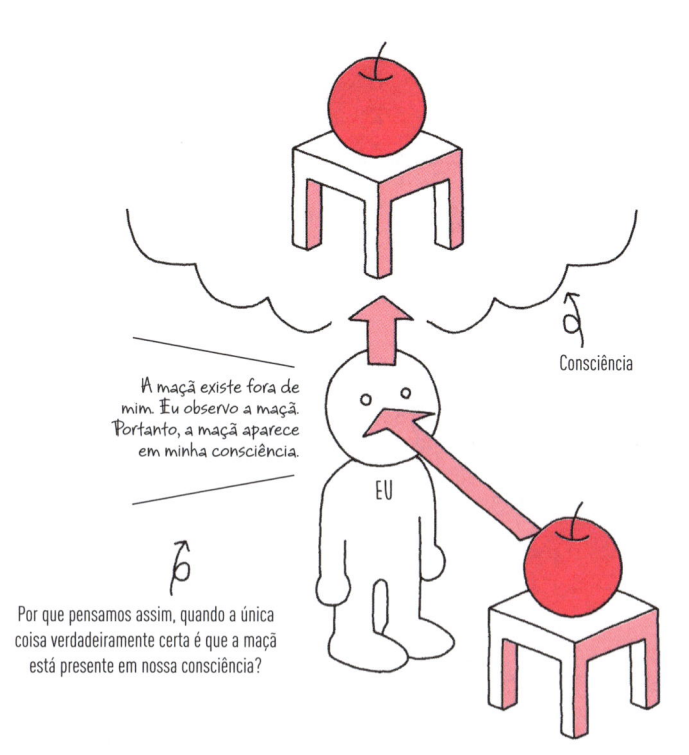

"A maçã existe fora de mim. Eu observo a maçã. Portanto, a maçã aparece em minha consciência."

ⓑ Por que pensamos assim, quando a única coisa verdadeiramente certa é que a maçã está presente em nossa consciência?

Além da maçã, as outras coisas, nosso próprio corpo e as lembranças do passado também se encontram em nossa consciência e, fora dela, poderia não existir nada. O mundo existe em nossa subjetividade, e não fora dela. No entanto, damos por certo que o mundo existe fora de nós. Essa é a razão, por exemplo, pela qual não nos jogamos de um precipício.

O mundo existe na consciência

No entanto, inesperadamente, não nos jogamos do precipício. Isso se explica porque acreditamos que o mundo existe fora de nós. Mas em que nos baseamos para formar essa crença? Para esclarecer isso, é necessária a fenomenologia.

ⓑ Consciência

Que alto! Tenho medo!

Por que estamos **convencidos** da real existência do mundo? De onde vem essa convicção? Cabe à **fenomenologia** indagar a origem dessa crença.

247

REDUÇÃO FENOMENOLÓGICA

HUSSERL ▶ 230

Obras representativas .... *Ideias para uma fenomenologia pura e para uma filosofia fenomenológica, A ideia da fenomenologia, Meditações cartesianas*
Nota .... a ideia é considerar o mundo como "fenômeno" em vez de "realidade"

"Tudo neste mundo poderia ser um sonho. O mundo existe realmente?" Em outras palavras, não é possível determinar se "o que vemos existe tal como o vemos", dado que não é possível verificar se o eu que observo fora da minha **subjetividade** e o mundo correspondem entre si.

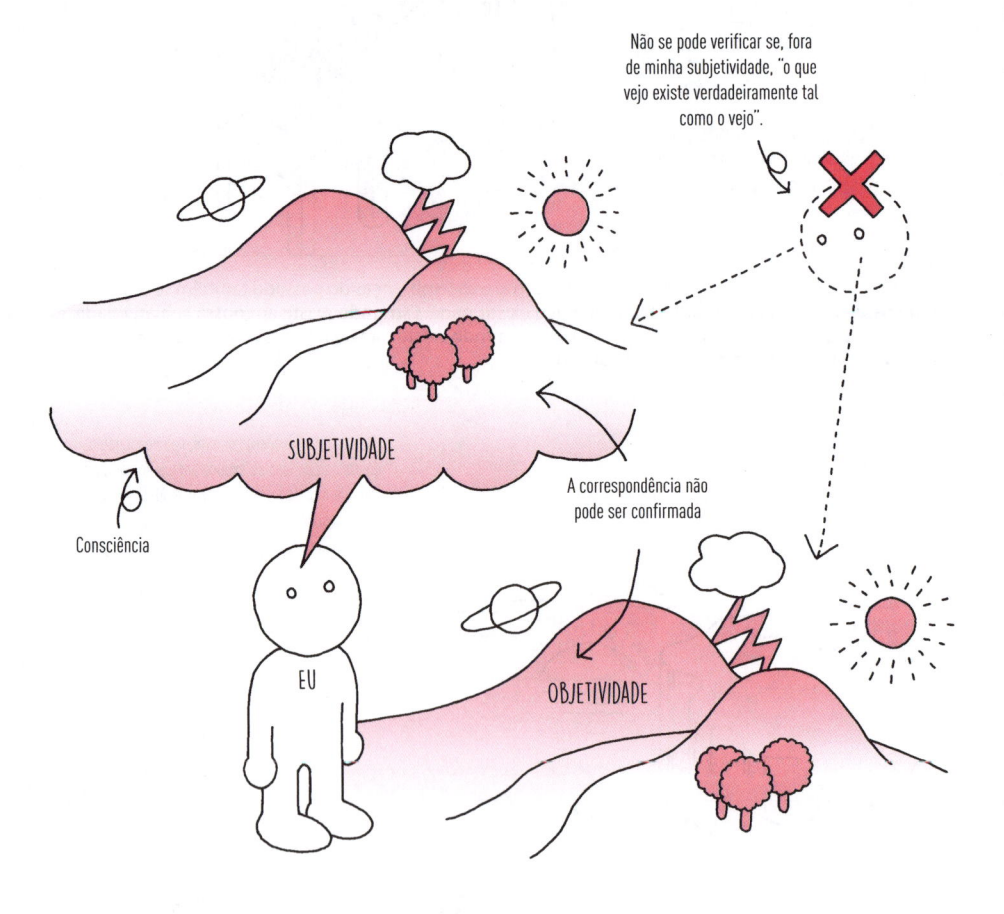

Não se pode verificar se, fora de minha subjetividade, "o que vejo existe verdadeiramente tal como o vejo".

SUBJETIVIDADE

Consciência

EU

A correspondência não pode ser confirmada

OBJETIVIDADE

Não se trata de verificar a correspondência entre o eu **subjetivo** e o mundo **objetivo**. Antes, **Husserl** considera crucial examinar qual é o fundamento da **convicção** (a certeza de que o mundo é real) que nos leva a crer na correspondência entre subjetividade e objetividade. A tarefa de descobrir esse princípio é confiada à **redução fenomenológica**.

Não se pode verificar a correspondência entre subjetividade e objetividade.

Consciência

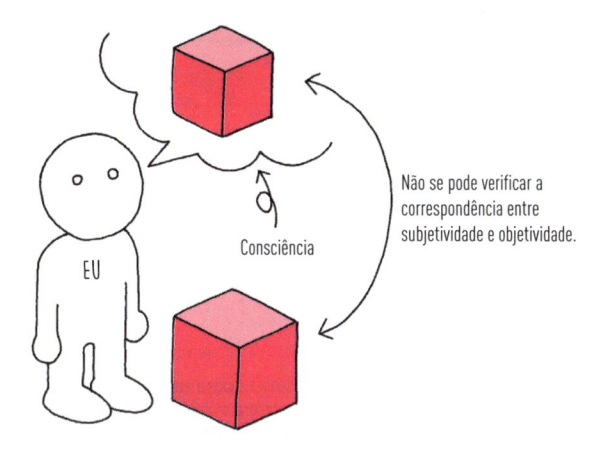

EU

O mundo existe de verdade, ou melhor, o que vejo existe tal como o vejo? Isso não pode ser demonstrado.

Se é assim, então o importante é...

... compreender por que estamos convencidos de que "o que vemos existe tal como o vemos".

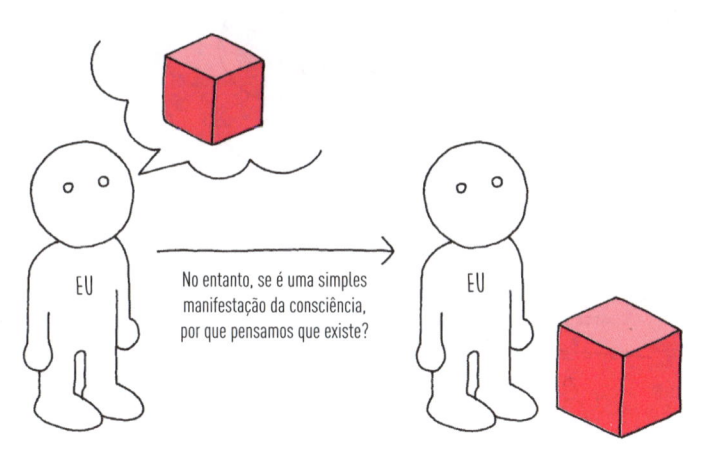

EU

No entanto, se é uma simples manifestação da consciência, por que pensamos que existe?

EU

A **existência** da maçã diante dos nossos olhos é uma crença. Husserl pensa que, realizando uma **redução fenomenológica** pelo método da **epoché** (p. 250), é possível encontrar o que fundamenta tal crença.

Diante dos meus olhos, há uma maçã.

Husserl afirma que, por meio da redução fenomenológica, é possível compreender o fundamento que nos leva a crer que diante dos nossos olhos há realmente uma maçã.

↓

Epoché (p. 250)

EU

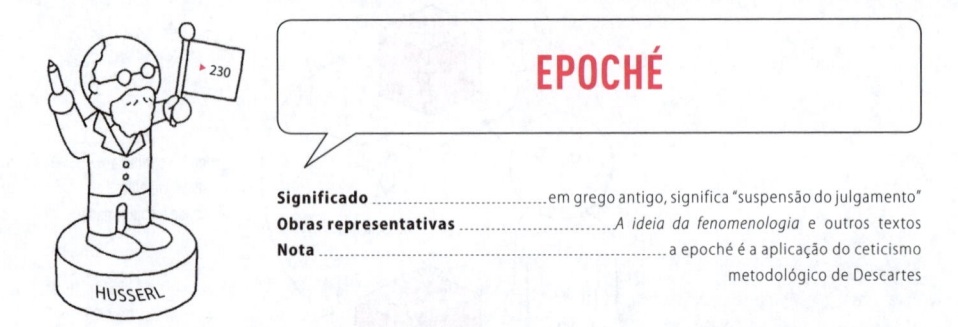

EPOCHÉ

Significado .... em grego antigo, significa "suspensão do julgamento"
Obras representativas .... *A ideia da fenomenologia* e outros textos
Nota .... a epoché é a aplicação do ceticismo metodológico de Descartes

Husserl propõe o método chamado **epoché** para realizar a **redução fenomenológica** (p. 248). A epoché coloca entre parênteses o que se crê sobre a existência do mundo, para tentar questioná-lo. Se há uma maçã diante de nós, temos certeza de que ela existe. Para entender por que estamos convencidos disso, em primeiro lugar tentamos duvidar absolutamente da existência da maçã (aplicando a **epoché**).

EPOCHÉ
Colocamos entre parênteses o "existir" do mundo e tentamos duvidar de sua existência.

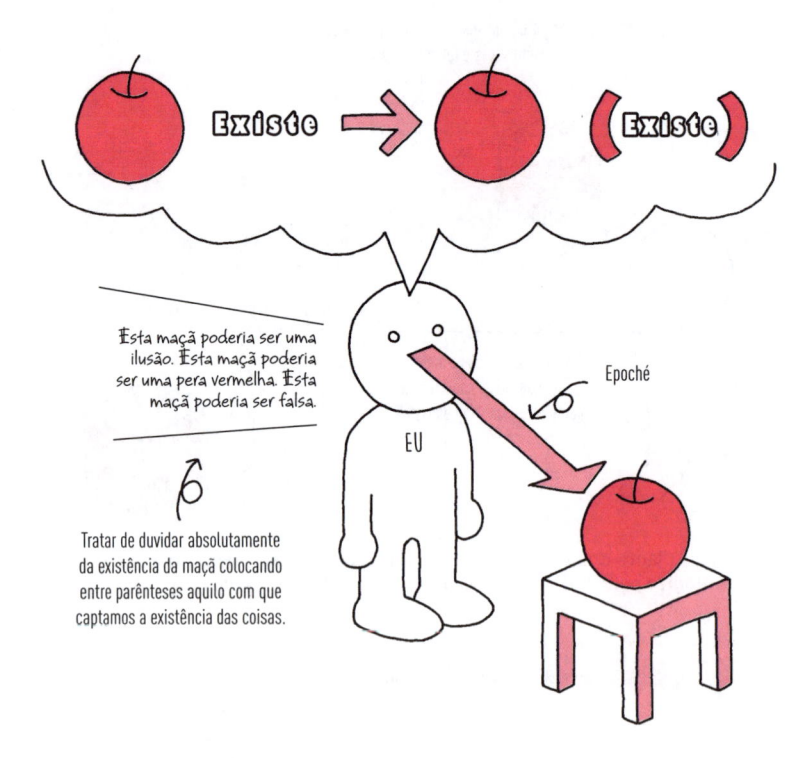

Existe → Existe → (Existe)

Esta maçã poderia ser uma ilusão. Esta maçã poderia ser uma pera vermelha. Esta maçã poderia ser falsa.

EU

Epoché

Tratar de duvidar absolutamente da existência da maçã colocando entre parênteses aquilo com que captamos a existência das coisas.

A maçã que temos à nossa frente poderia ser uma ilusão. No entanto, essa ilusão é algo que existe na consciência, isto é, uma **percepção sensível (intuição empírica)**, como "vermelha", "redonda", "aromática", e uma **percepção que provém do conhecimento (intuição eidética)**, como "parece boa", "parece dura". Ainda que a existência da maçã possa ser questionada, não podemos duvidar da percepção que temos dela. Não podemos dizer da maçã: "Eu a percebo vermelha, mas na realidade é branca".

Essas percepções que se manifestam na consciência são, todas elas, aspectos de uma maçã ("vermelha", "redonda", "parece saborosa"), mas não de todas as maçãs. No entanto, não duvidamos de que a maçã exista.

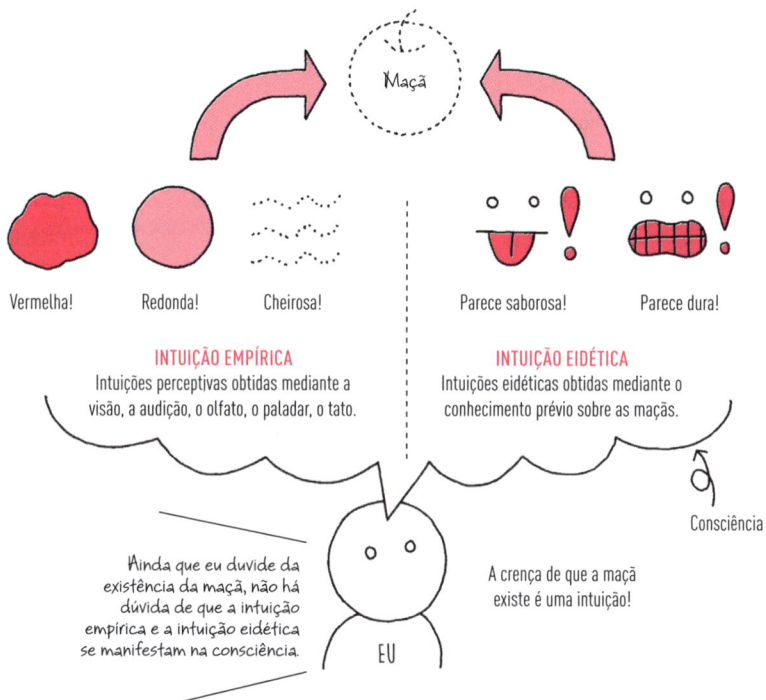

Maçã

Vermelha! Redonda! Cheirosa! Parece saborosa! Parece dura!

INTUIÇÃO EMPÍRICA
Intuições perceptivas obtidas mediante a visão, a audição, o olfato, o paladar, o tato.

INTUIÇÃO EIDÉTICA
Intuições eidéticas obtidas mediante o conhecimento prévio sobre as maçãs.

Consciência

Ainda que eu duvide da existência da maçã, não há dúvida de que a intuição empírica e a intuição eidética se manifestam na consciência.

A crença de que a maçã existe é uma intuição!

EU

O objetivo de aplicar a epoché à maçã é determinar a base da convicção. Isso não vale somente para a maçã, mas também para entes abstratos como a "moral" e a "lei". **Husserl** afirma que é importante reconsiderar as coisas em sua essência mediante a epoché.

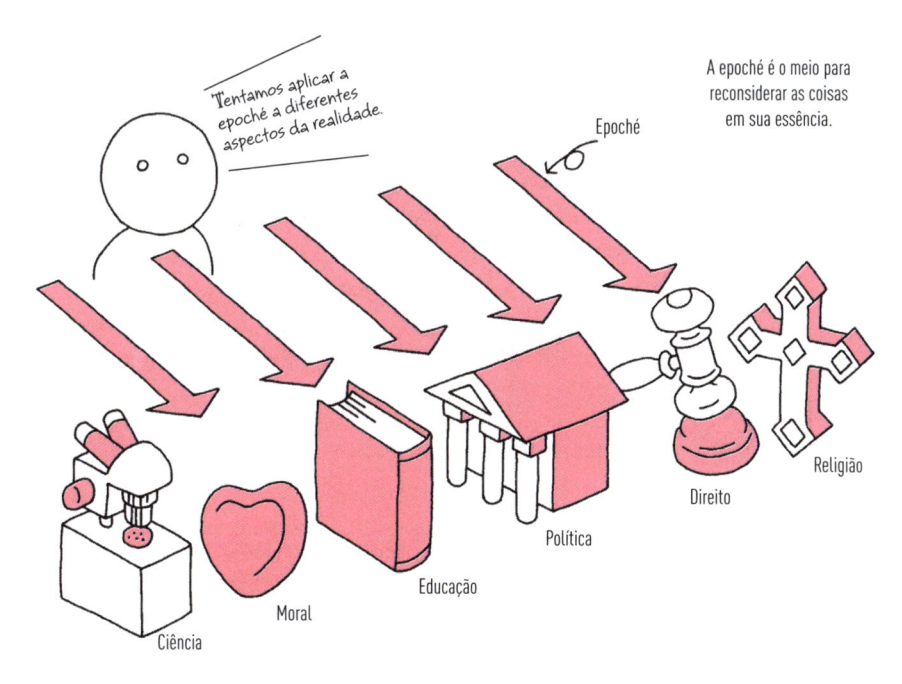

"Tentamos aplicar a epoché a diferentes aspectos da realidade.

Epoché

A epoché é o meio para reconsiderar as coisas em sua essência.

Ciência Moral Educação Política Direito Religião

251

INTENCIONALIDADE

Obras representativas .... *Investigações lógicas, Meditações cartesianas*
Conceitos relacionados .... redução fenomenológica (p. 248), noesis/noema (p. 253)
Nota .... Husserl retoma o conceito de "intencionalidade" do filósofo Franz Brentano, seu professor

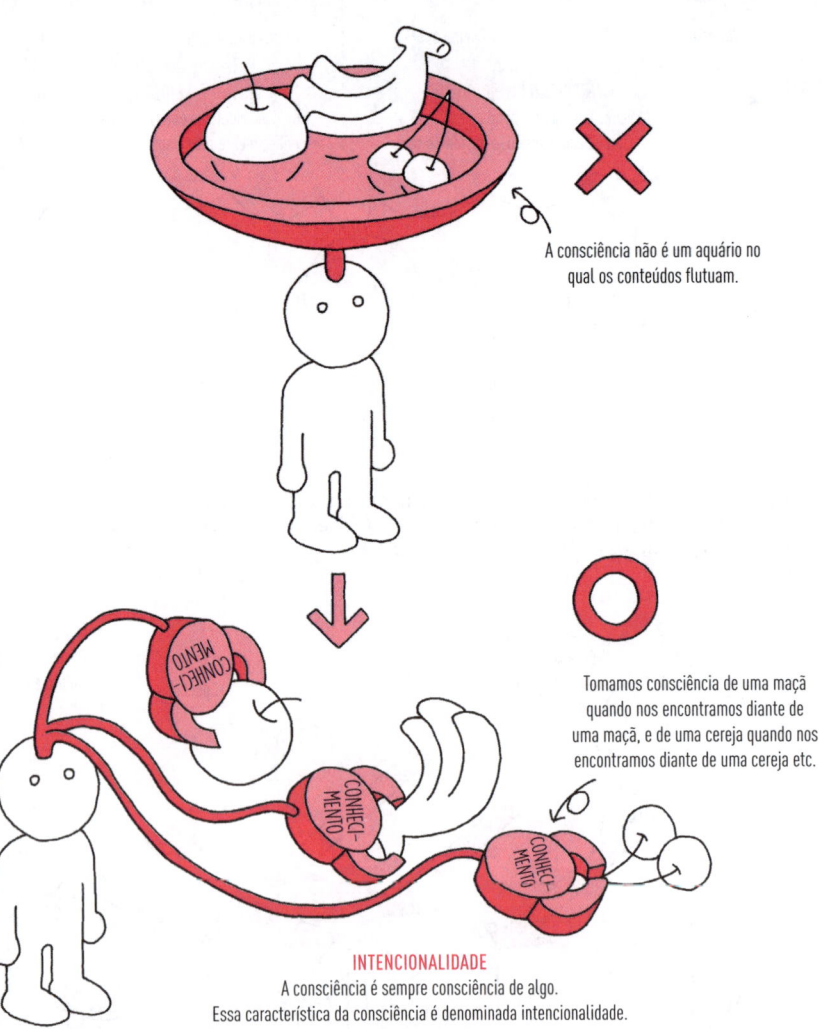

A consciência não é um aquário no qual os conteúdos flutuam.

Tomamos consciência de uma maçã quando nos encontramos diante de uma maçã, e de uma cereja quando nos encontramos diante de uma cereja etc.

INTENCIONALIDADE
A consciência é sempre consciência de algo.
Essa característica da consciência é denominada intencionalidade.

Husserl afirma que a consciência não é como um aquário no qual os diferentes conteúdos flutuam. A consciência não é um recipiente vazio, é sempre consciência de algo (por exemplo, de uma maçã, de uma banana etc.). **Husserl** denomina **intencionalidade** essa característica da consciência.

NOESIS/NOEMA

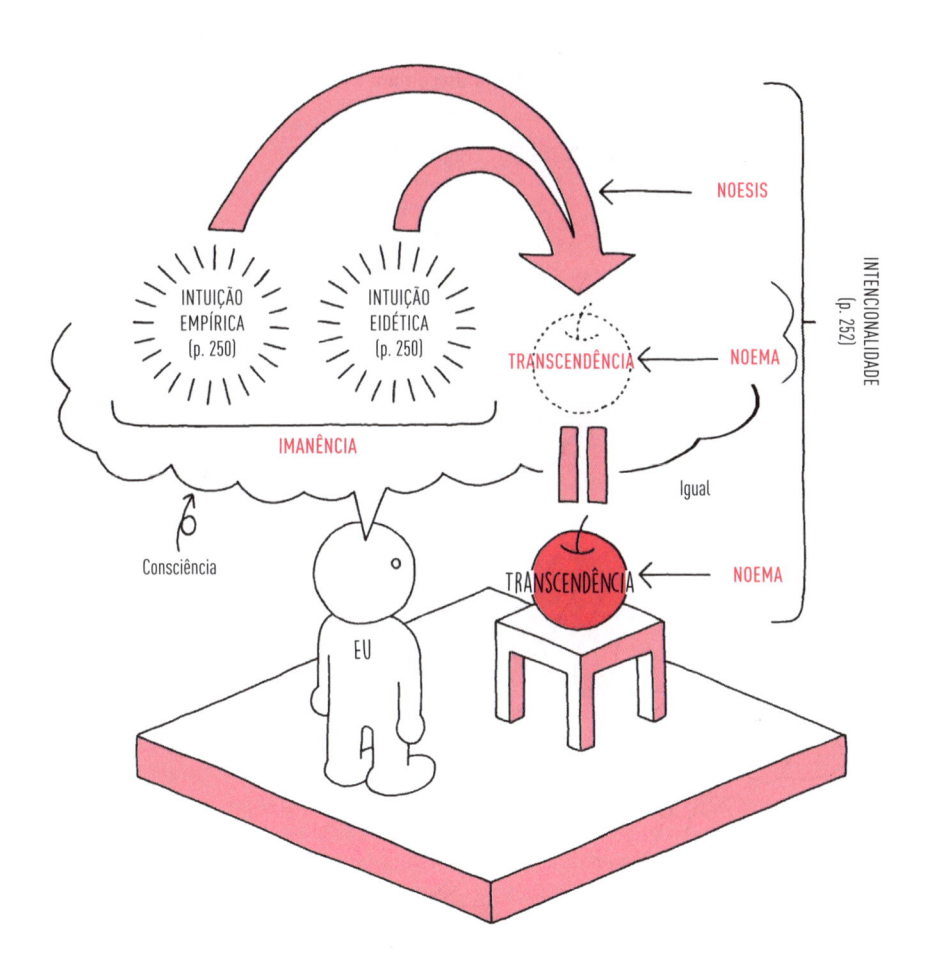

Significado .... noesis = ato da consciência de referir-se ao objeto; noema = "como" se dá o objeto ao que o ato da consciência se refere
Obra representativa .... *A ideia da fenomenologia*
Conceito relacionado .... intencionalidade (p. 252)

Na **intencionalidade** (p. 252) coexistem os conceitos de noesis e noema. A **noesis** é a **operação** estruturada da consciência (o ato mental) ao se deparar com a maçã, ao passo que o **objeto** (maçã) do qual se toma consciência é denominado **noema**; ambos provêm da **intuição empírica** (p. 250) e da **intuição eidética** (p. 250), e a união das duas se denomina "imanência". A **imanência** tem uma natureza que não pode ser posta em dúvida; no entanto, pode-se duvidar do objeto, do conteúdo da consciência (epoché, p. 250). **Husserl** denomina transcendência essa característica do objeto.

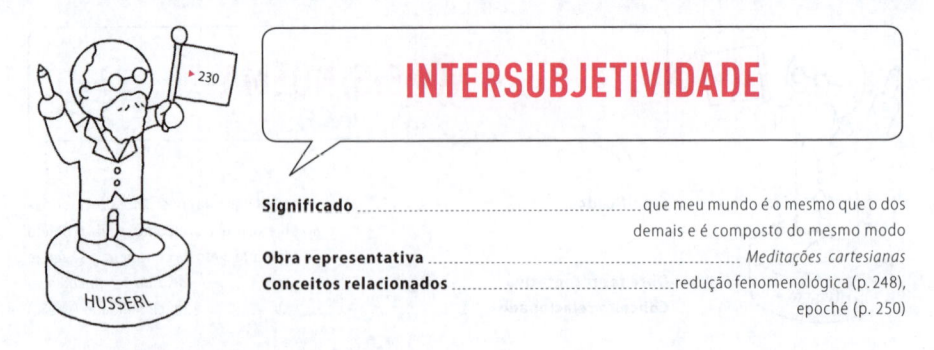

INTERSUBJETIVIDADE

HUSSERL ▶ 230

Significado .... que meu mundo é o mesmo que o dos demais e é composto do mesmo modo
Obra representativa .... *Meditações cartesianas*
Conceitos relacionados .... redução fenomenológica (p. 248), epoché (p. 250)

Não há nenhuma garantia de que **exista** um mundo fora da subjetividade. No entanto, estamos **convencidos** da existência de tal mundo. Por quê? Tratemos de seguir o percurso que, segundo **Husserl**, nos leva a crer na existência de um mundo comum a todos.

1. ATÉ QUE NÃO SE CONSIGA FORMAR UM MUNDO OBJETIVO

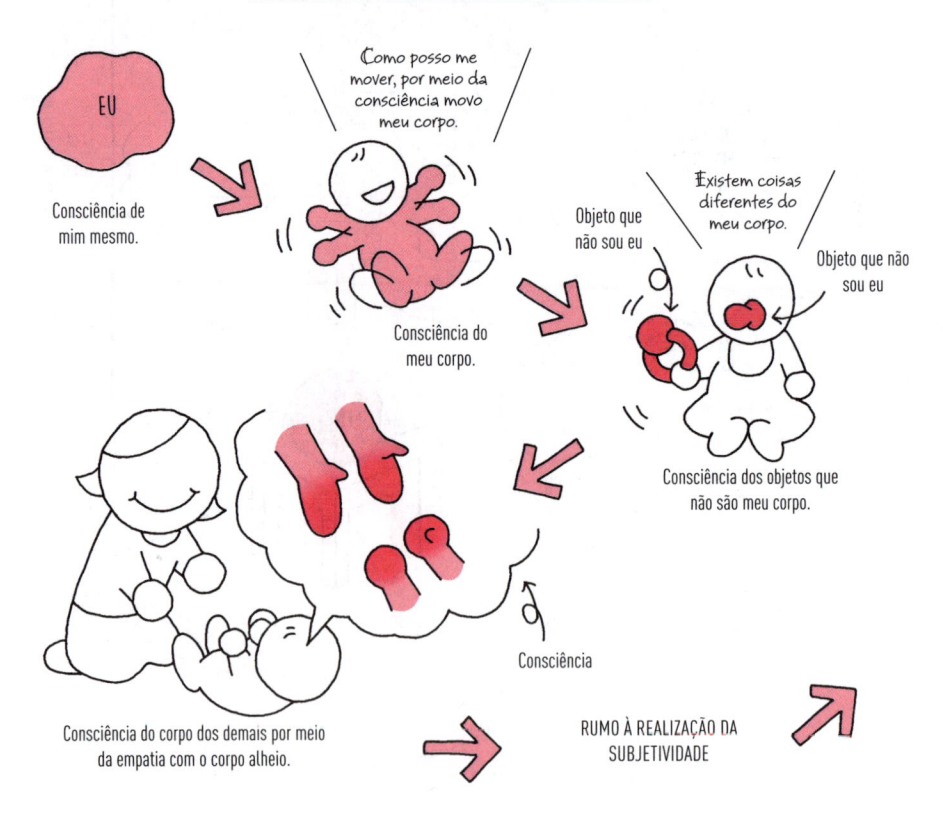

EU — Consciência de mim mesmo.

Como posso me mover, por meio da consciência movo meu corpo. — Consciência do meu corpo.

Existem coisas diferentes do meu corpo. — Objeto que não sou eu — Objeto que não sou eu — Consciência dos objetos que não são meu corpo.

Consciência do corpo dos demais por meio da empatia com o corpo alheio. — Consciência — RUMO À REALIZAÇÃO DA SUBJETIVIDADE

Em primeiro lugar, ocorre a consciência do próprio **eu**. Posteriormente, nos tornamos conscientes do próprio **corpo**, "meu corpo", que podemos mover por meio da nossa consciência. Ao redor, percebemos também a existência de outros **objetos** que não são nosso corpo. Por último, vemos o corpo dos demais, que não percebemos como simples coisas: mediante uma experiência empática, captamos imediatamente que esse corpo parecido com o nosso abriga também uma vida psíquica interior, isto é, a partir da relação que estabelecemos com nosso corpo, por analogia, intuímos no corpo alheio a existência de um eu diferente, e assim tomamos consciência do **outro**.

Husserl denomina **intersubjetividade** essa consciência do outro. Ela torna concebível a existência de um mundo objetivo, igual para todos.

2. ATÉ QUE NÃO SE CONSIGA FORMAR UM MUNDO OBJETIVO

REALIZAÇÕES DA INTERSUBJETIVIDADE
Consciência do "si mesmo" dos outros mediante o reconhecimento de seu corpo.

Consciência de que os objetos percebidos são os mesmos para todos.

CONSCIÊNCIA DO MUNDO OBJETIVO

A consciência de que o mundo existe também para os demais o torna objetivo. Husserl fundamenta a existência do mundo na intersubjetividade.

ONTOLOGIA

▶ 231

Significado .... ramo da filosofia que estuda o ser em geral
Nota .... Aristóteles chama de "filosofia primeira" a investigação que explora os princípios fundamentais do ser e a situa no nível mais alto da ciência

Heidegger distingue entre **ente** (Seiendes) e **ser** (Sein) e afirma que o objetivo original da filosofia não é refletir sobre os entes, e sim sobre o ser.

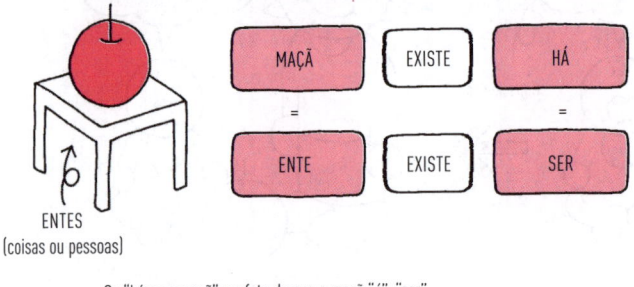

MAÇÃ	EXISTE	HÁ
=		=
ENTE	EXISTE	SER

ENTES
(coisas ou pessoas)

Deve-se pensar sobre o que é o ser antes de pensar sobre os entes.

Se "há uma maçã", no fato de que a maçã "é", "ser" equivale a "existir". Entre os entes, não se incluem apenas as coisas, mas também as pessoas.

A ontologia é o ramo da filosofia que reflete sobre o significado do ser enquanto ser, e não sobre a natureza das coisas individuais. A ontologia nasce na Antiga Grécia de Parmênides (p. 19), mas, com o desenvolvimento da epistemologia, perde sua primazia. Heidegger declara sua intenção de reabilitá-la sob a forma de um existencialismo.

O PROBLEMA DA EXISTÊNCIA OCUPOU A FILOSOFIA DESDE A ANTIGUIDADE

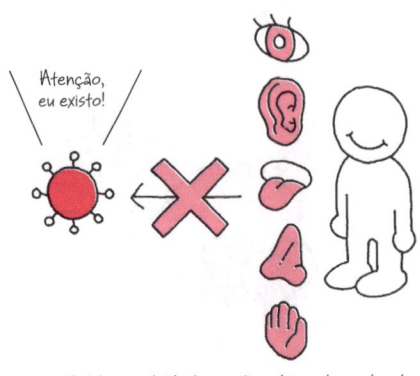

Atenção, eu existo!

☐ EXISTE

Se há uma substância que não pode ser observada pelos seres humanos, podemos dizer que ela "existe"?

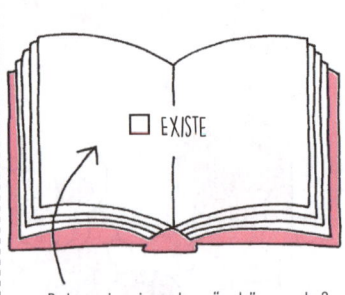

Podemos inserir a palavra "nada" no quadro?

Podemos afirmar que "existe o estado de não existência"? Ou que o nada existe?

TEMPO

▶ 231

Obra representativa	Ser e tempo
Conceitos relacionados	condição de lançado (p. 261), ser-para-a-morte (p. 262)
Nota	segundo Heidegger, a temporalidade é a dimensão fundamental do ser e do ser humano

Heidegger interpreta o tempo como um fenômeno unitário no qual se podem distinguir o **projeto** (o futuro, a realização de nossa autenticidade) e a **condição de lançado no mundo** (o passado e o presente, o fato de que já nos encontramos sempre em determinada situação). Segundo ele, o tempo não é algo que transcorre exterior a nós, nem tampouco algo que careça de relação conosco.

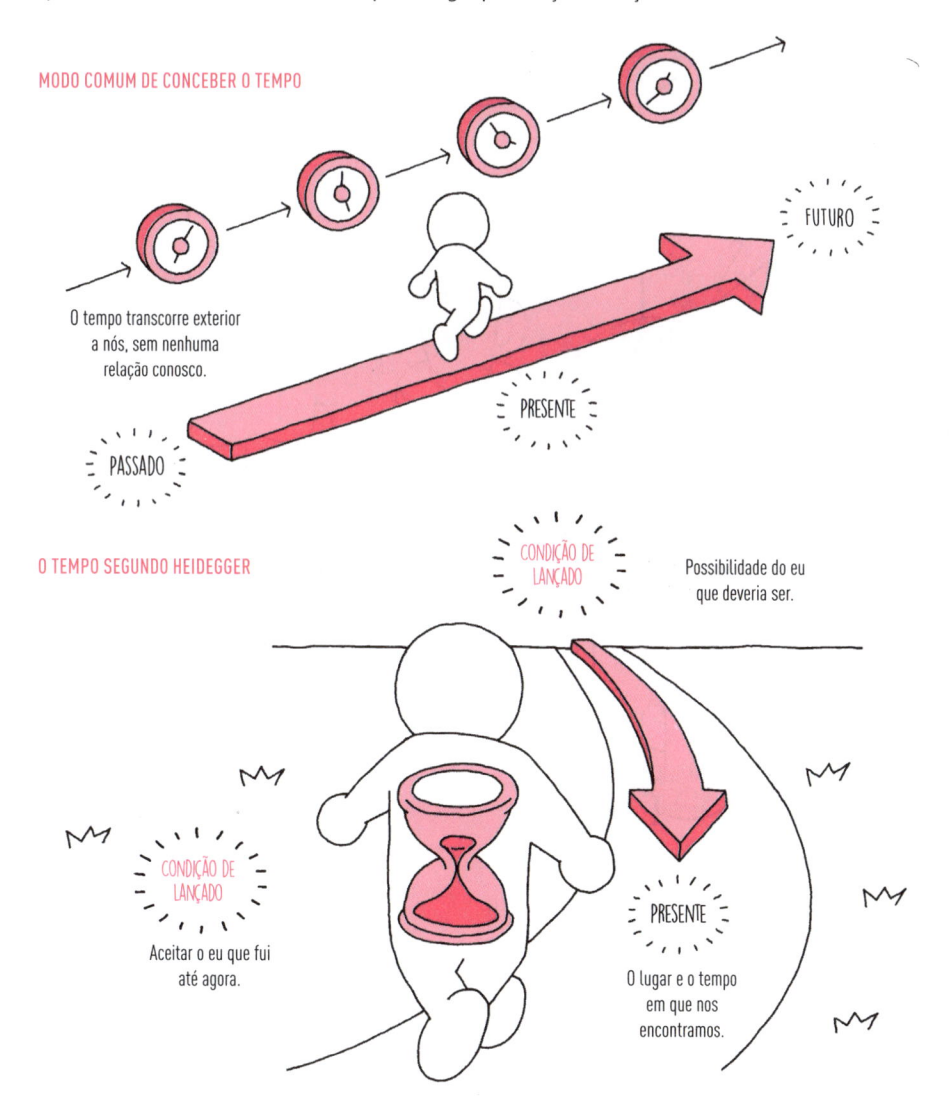

MODO COMUM DE CONCEBER O TEMPO

O tempo transcorre exterior a nós, sem nenhuma relação conosco.

PASSADO • PRESENTE • FUTURO

O TEMPO SEGUNDO HEIDEGGER

CONDIÇÃO DE LANÇADO — Possibilidade do eu que deveria ser.

CONDIÇÃO DE LANÇADO — Aceitar o eu que fui até agora.

PRESENTE — O lugar e o tempo em que nos encontramos.

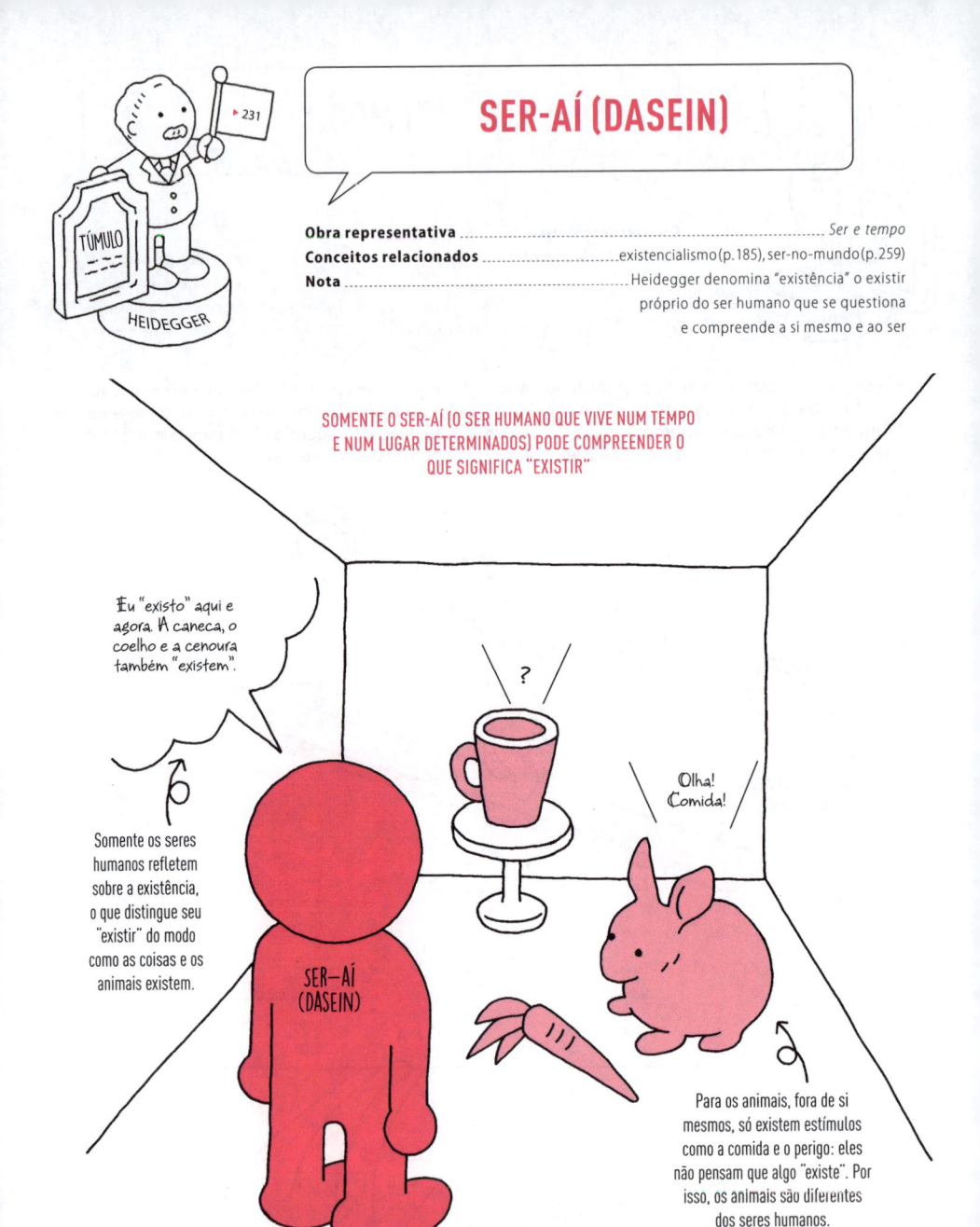

SER-AÍ (DASEIN)

Obra representativa .... *Ser e tempo*
Conceitos relacionados .... existencialismo (p. 185), ser-no-mundo (p. 259)
Nota .... Heidegger denomina "existência" o existir próprio do ser humano que se questiona e compreende a si mesmo e ao ser

SOMENTE O SER-AÍ (O SER HUMANO QUE VIVE NUM TEMPO E NUM LUGAR DETERMINADOS) PODE COMPREENDER O QUE SIGNIFICA "EXISTIR"

Eu "existo" aqui e agora. A caneca, o coelho e a cenoura também "existem".

Somente os seres humanos refletem sobre a existência, o que distingue seu "existir" do modo como as coisas e os animais existem.

SER-AÍ (DASEIN)

Olha! Comida!

Para os animais, fora de si mesmos, só existem estímulos como a comida e o perigo: eles não pensam que algo "existe". Por isso, os animais são diferentes dos seres humanos.

Qual é a diferença entre os seres humanos, os objetos e os animais? Os seres humanos, as coisas e os animais são entes (p. 256). Mas somente os humanos são capazes de refletir sobre o fato de que eles e as coisas existem. **Heidegger** denomina os seres humanos **"ser-aí" (Dasein)**, para ressaltar sua capacidade de compreender o conceito de "existir", em oposição aos demais entes, que se limitam a existir. O advérbio alemão "da" pode ser traduzido como "aí", ao passo que "Sein" indica o verbo "ser". Heidegger chama de "Dasein" o modo específico de existir dos seres humanos, conscientes de seu ser-no-mundo.

SER-NO-MUNDO

Obra representativa .... *Ser e tempo*
Conceito relacionado .... ser-aí (p. 258)
Nota .... a condição do ser-aí (nossa existência, a dos seres
humanos) é entendida como um ser-no-mundo

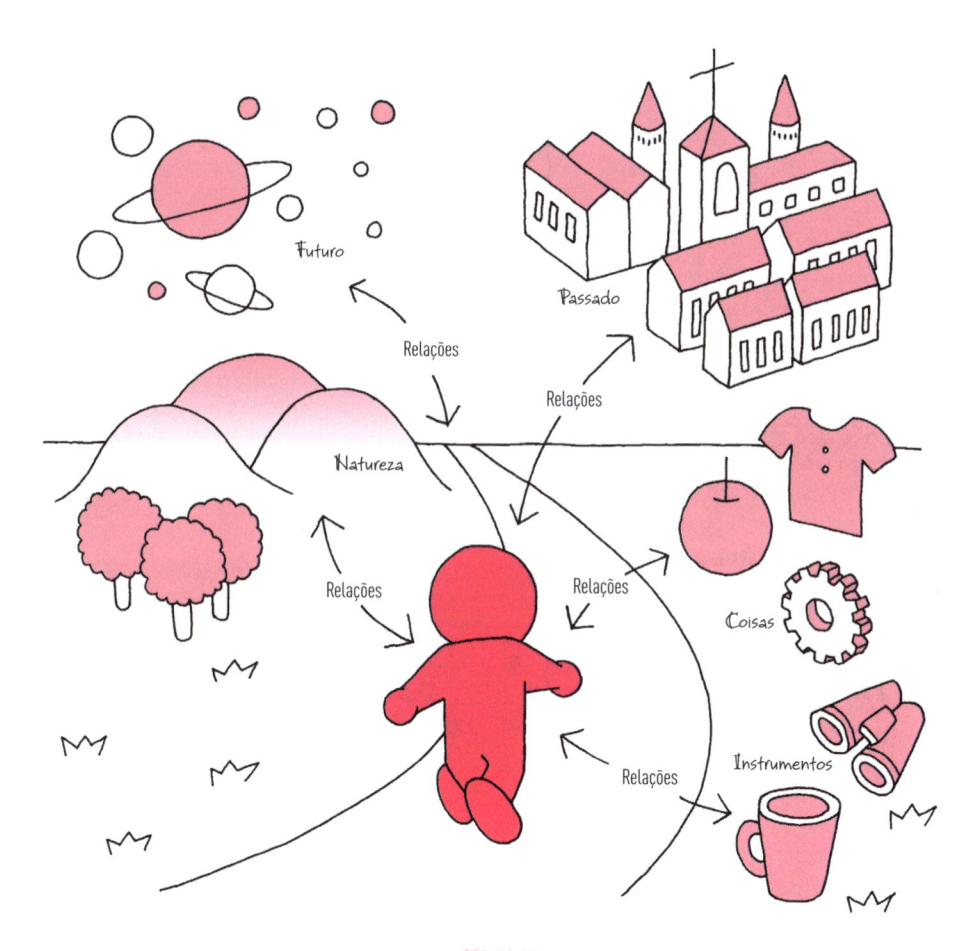

SER-NO-MUNDO
Quando começa a se dar conta da existência das coisas, o ser humano compreende o mundo (instrumentos, natureza, tempo etc.) e existe em relação ao mundo. Heidegger chama de "ser-no-mundo" essa condição da existência exclusiva do ser humano.

Segundo Heidegger, o conceito de "existência" como algo que "é" em relação ao mundo é particular do ser humano (existir, p. 258). O mundo não é outra coisa senão esse conjunto de relações nas quais estamos sempre envolvidos e que constituem um todo significativamente articulado. Os seres humanos vivem interpretando o mundo. Essa modalidade da existência exclusivamente humana é o **ser-no-mundo**.

"O SE" (DAS MAN)

▶ 231

Obra representativa .... *Ser e tempo*
Nota .... Heidegger denomina "condição de lançado" o fato de o ser humano já existir no mundo antes de tomar consciência de si, habitualmente absorto na diversidade de suas ocupações cotidianas, uma esfera impessoal caracterizada pelo "Se" (das Man)

O ser-aí pode viver uma existência autêntica ou inautêntica.

SER-AÍ
(p. 258)

EXISTÊNCIA INAUTÊNTICA
A dimensão do "Se" é a da vida imersa no mundo, na qual "o homem anônimo" expressa opiniões e age como todos os demais ("se diz...", "se faz...").

EXISTÊNCIA AUTÊNTICA
É a existência da pessoa consciente de que um dia morrerá e que, portanto, escolhe viver do modo que lhe é próprio.

Penso o mesmo que você.

Antes de morrer, quero viver plenamente meu tempo!

Morte

EXISTÊNCIA

Penso como você.

Considerando que pensa como todos os demais, é perfeitamente substituível por qualquer outro.

Transita pelo caminho que lhe é próprio.

Heidegger afirma que o ser-aí (p. 258) pode viver segundo a **autenticidade** ou a **inautenticidade**. Define a dimensão do **"Se" (das Man)** como aquela em que a existência é vivida de maneira **inautêntica**, impessoal e condicionada pelas opiniões dos demais; em outras palavras, a dimensão do "Se" é a da escolha anônima.

CONDIÇÃO DE LANÇADO

Significado .... o ser-aí se encontra sempre "lançado" em determinada condição que limita suas possibilidades
Obra representativa .... *Ser e tempo*
Nota .... o ser humano não consegue compreender a fundo seus próprios estados de ânimo e se sente "lançado" em sua condição

CONDIÇÃO DE LANÇADO
Quando o ser humano se dá conta de sua finitude, sente angústia.

PROJETO
A existência se torna um projeto autêntico de si mesmo que se libera do mundo do "se" porque é a aceitação consciente da "própria" morte.

RESOLUÇÃO ANTECIPADORA
Compreendendo-se como um ser-para-a-morte, o ser humano decide viver uma existência autêntica.

"Antes de morrer, quero viver uma existência autêntica."

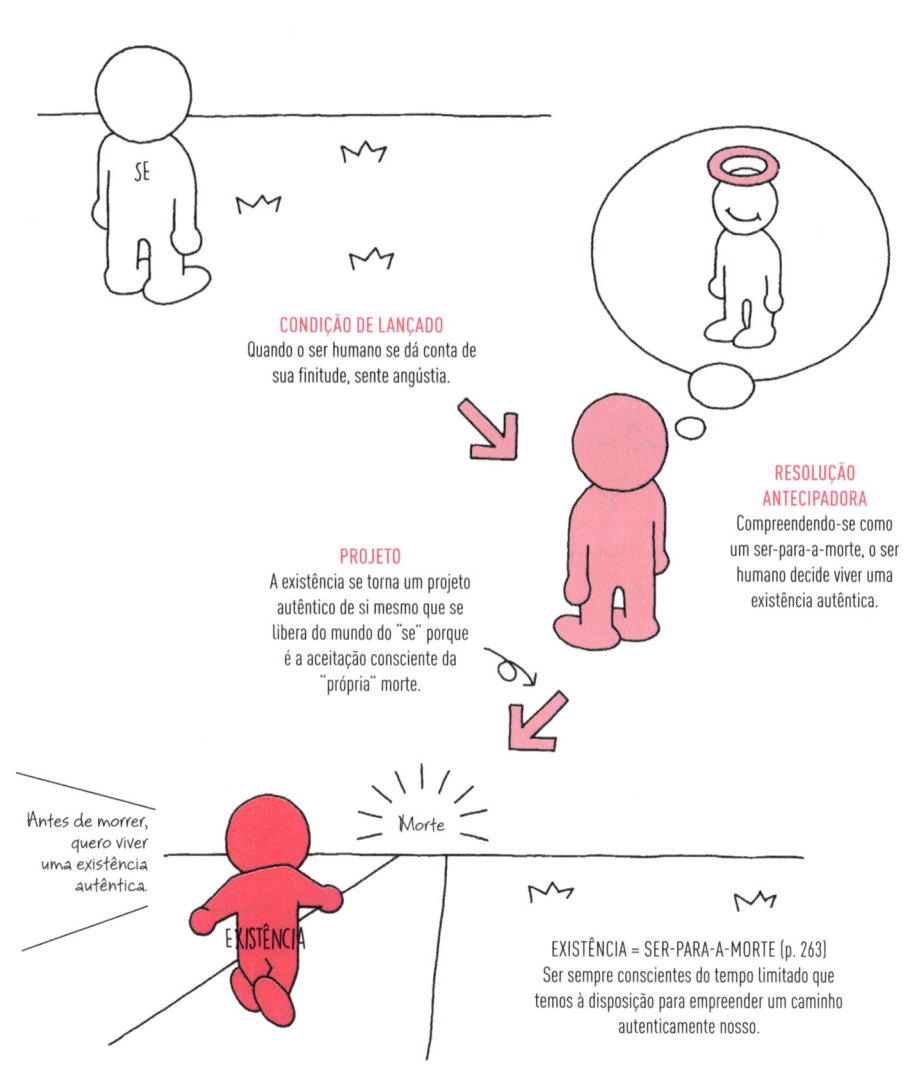

EXISTÊNCIA = SER-PARA-A-MORTE (p. 263)
Ser sempre conscientes do tempo limitado que temos à disposição para empreender um caminho autenticamente nosso.

O ser humano não pode iniciar sua própria **existência**. Quando toma consciência da limitação de suas possibilidades, já se encontra sempre existindo. **Heidegger** chama isso de **"condição de lançado"**. A partir da compreensão de sua finitude, o ser humano sente angústia, mas esse mesmo sentimento lhe permite aceitar a morte na forma de uma **resolução antecipadora** e abrir-se para a existência autêntica. **Heidegger** chama de **projeto** o lançar-se, já não rumo às possibilidades impessoais do "se", mas ao futuro, que nos permite chegar a ser o que somos.

SER-PARA-A-MORTE

Obra representativa .... *Ser e tempo*
Nota .... Heidegger assinala as características da "morte": é singularmente insubstituível (a morte é sempre minha própria morte, não posso experimentar o morrer dos outros), certa, indeterminada (não se sabe quando chegará), única (está em jogo meu próprio ser), inevitável

Os seres humanos não podem fugir da morte e somente eles, entre todos os seres vivos, sabem que morrerão. A morte nos atemoriza, mas imediatamente nos distraímos na cotidianidade e tendemos a encobrir o sentimento de angústia que pensar na morte nos provoca.

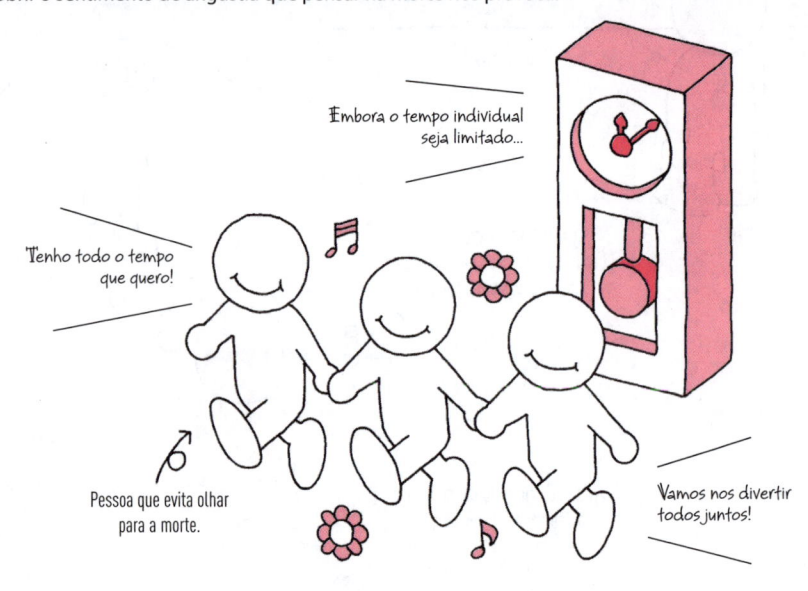

Embora o tempo individual seja limitado...

Tenho todo o tempo que quero!

Pessoa que evita olhar para a morte.

Vamos nos divertir todos juntos!

Heidegger afirma que somente na antecipação da "própria" morte o ser humano consegue descobrir sua verdadeira missão e tomar a resolução de segui-la.

Um dia morrerei. Até chegar esse dia, farei do meu projeto minha missão! Não tenho tempo para me divertir com os outros!

Como os gatos não sabem que um dia morrerão, têm uma concepção diferente da temporalidade.

Percorrendo essas etapas, o ser humano se abre para a autenticidade da **existência** (p. 185). Segundo **Heidegger**, a existência é ser-para-a-morte, isto é, um projeto que se fundamenta na consciência do fim das possibilidades.

EXISTÊNCIA = SER-PARA-A-MORTE
Ser sempre consciente do tempo e da limitação das possibilidades disponíveis e escolher a própria existência autêntica.

Heidegger considera o eu que vai do presente à morte como uma **totalidade**, porque a morte não representa um acontecimento no fim da vida, e sim algo que pertence à própria vida. Heidegger aderiu ao nazismo, mas se distanciou dele depois de um ano; e a questão sobre se alguns aspectos de seu pensamento influenciaram o **totalitarismo** (p. 287) nazista é debatida ainda hoje.

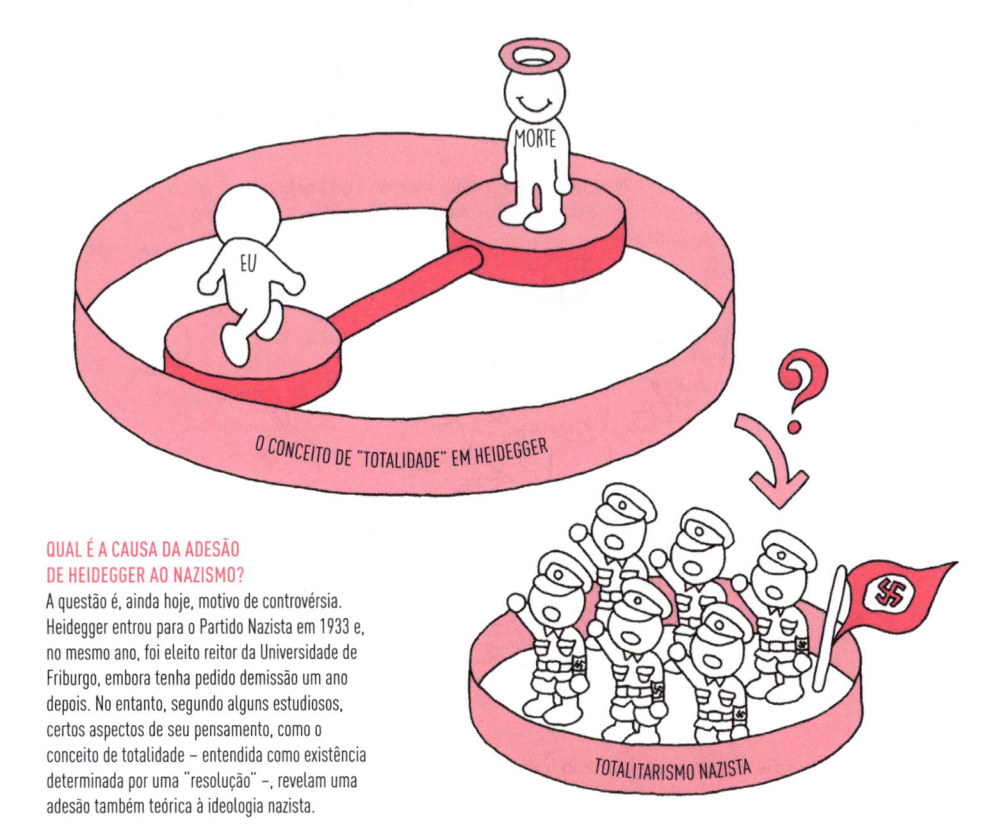

O CONCEITO DE "TOTALIDADE" EM HEIDEGGER

QUAL É A CAUSA DA ADESÃO DE HEIDEGGER AO NAZISMO?
A questão é, ainda hoje, motivo de controvérsia. Heidegger entrou para o Partido Nazista em 1933 e, no mesmo ano, foi eleito reitor da Universidade de Friburgo, embora tenha pedido demissão um ano depois. No entanto, segundo alguns estudiosos, certos aspectos de seu pensamento, como o conceito de totalidade – entendida como existência determinada por uma "resolução" –, revelam uma adesão também teórica à ideologia nazista.

TOTALITARISMO NAZISTA

SITUAÇÕES-LIMITE

Obra representativa .... *Introdução ao pensamento filosófico*
Conceito relacionado .... existencialismo (p. 185)
Nota .... o pensamento de Jaspers presume que a existência pode se abrir para a transcendência e que a filosofia pode estabelecer um diálogo com a religião

Os seres humanos não **existem** do mesmo modo que as coisas, e sim como **existência** (p. 185). **Jaspers** afirma que o sentido da existência se revela ao ser humano sobretudo em determinadas circunstâncias que chama de "situações-limite", como a **morte**, a **culpa** ou a **luta**, nas quais o ser humano descobre sua finitude e impotência.

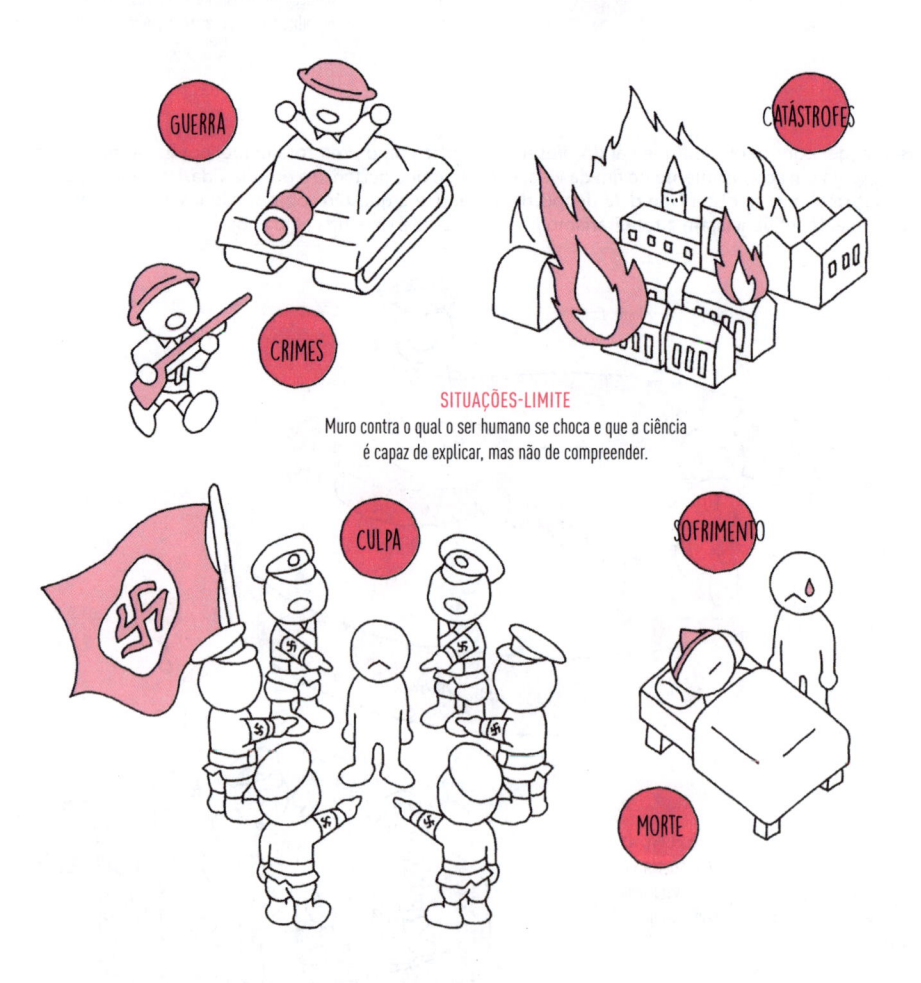

SITUAÇÕES-LIMITE
Muro contra o qual o ser humano se choca e que a ciência é capaz de explicar, mas não de compreender.

GUERRA · CATÁSTROFES · CRIMES · CULPA · SOFRIMENTO · MORTE

Diante das **situações-limite**, o ser humano toma consciência de sua própria **finitude** e se abre ao ser, à transcendência.

Quando, por causa de uma **situação-limite**, vive a experiência de um verdadeiro fracasso, o indivíduo se encontra diante do "naufrágio" de todas as suas possibilidades e se abre à transcendência, a uma existência na qual o ser se manifesta. Pela primeira vez, e graças a esse encontro, o ser humano vive uma **existência** autêntica.

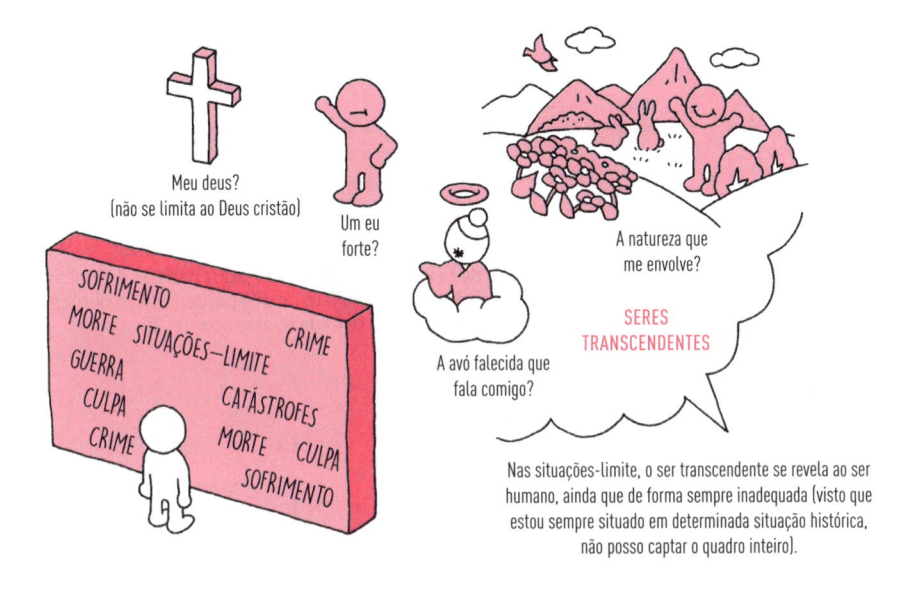

Meu deus?
(não se limita ao Deus cristão)

Um eu forte?

A natureza que me envolve?

SERES TRANSCENDENTES

SOFRIMENTO
MORTE   SITUAÇÕES-LIMITE   CRIME
GUERRA
CULPA   CATÁSTROFES
CRIME   MORTE   CULPA
SOFRIMENTO

A avó falecida que fala comigo?

Nas situações-limite, o ser transcendente se revela ao ser humano, ainda que de forma sempre inadequada (visto que estou sempre situado em determinada situação histórica, não posso captar o quadro inteiro).

O encontro com um ser transcendente não basta para superar a situação-limite. Jaspers afirma que é necessária uma comunicação existencial (uma espécie de combate amoroso) na qual meu eu autêntico luta ao lado de outro eu singular, na mesma situação-limite.

Cada pessoa representa uma existência única e insubstituível, mas é somente por meio de seu "choque" comunicativo mútuo que podem chegar a ser elas mesmas, quando descobrem seu eu autêntico.

Sozinhos não podemos viver uma existência verdadeira.

Juntos, chegamos a ser nós mesmos.
Por Jaspers

Jaspers foi destituído do cargo de professor universitário por causa da origem judaica de sua esposa. Juntos, eles conseguiram evitar a deportação vivendo escondidos, e, quando acreditavam que já não lhes restava outra opção senão o suicídio, a guerra terminou. A vida de **Jaspers** e sua esposa é um exemplo de como uma situação-limite pode ser superada graças a uma **comunicação existencial** recíproca.

Não entregarei minha esposa!

Comunicação existencial em uma situação-limite.

Sabemos que ela é judia!

IL Y A

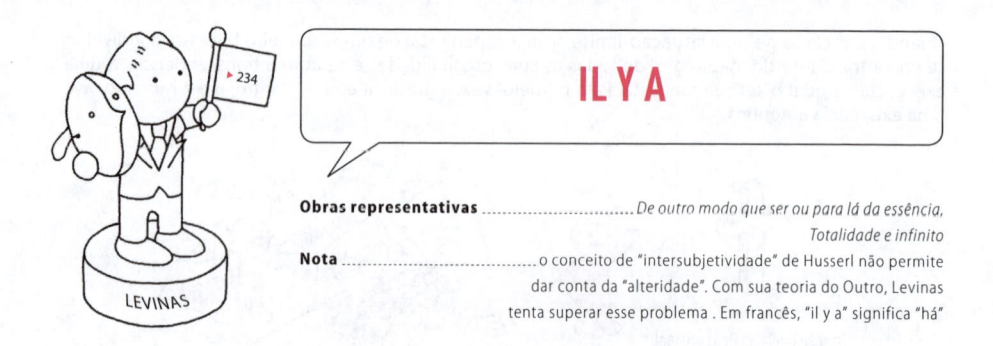

▶ 234

Obras representativas .... *De outro modo que ser ou para lá da essência,*
Totalidade e infinito
Nota .... o conceito de "intersubjetividade" de Husserl não permite
dar conta da "alteridade". Com sua teoria do Outro, Levinas
tenta superar esse problema. Em francês, "il y a" significa "há"

A maior parte dos familiares, parentes e amigos de **Levinas** foi assassinada pelos nazistas. **Levinas** consegue sobreviver ao campo de concentração, mas deve superar o fato de que perdeu tudo e que, apesar da tragédia do nazismo, o mundo continua **estando** aí, como se nada tivesse acontecido.

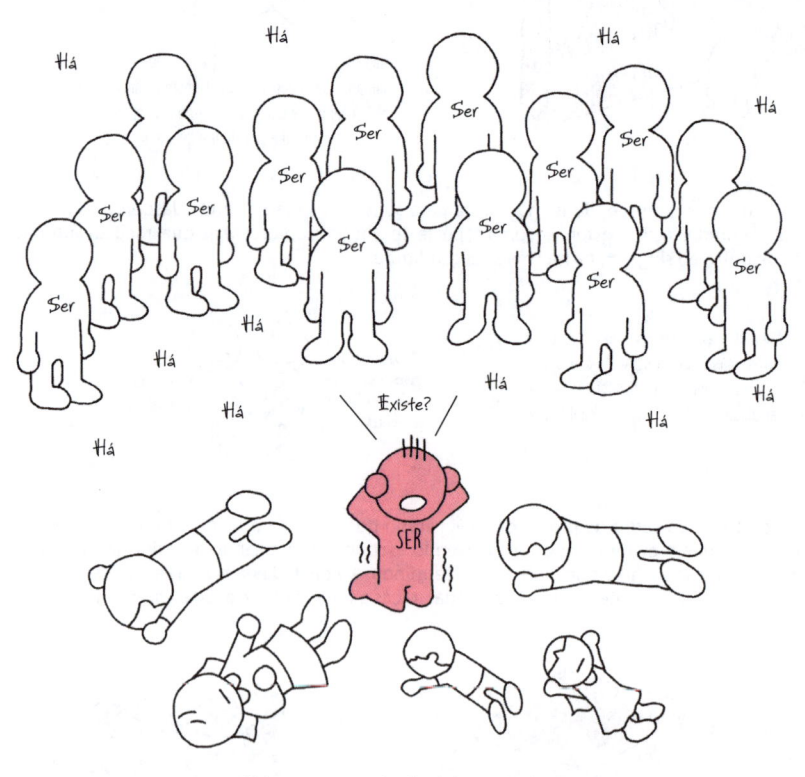

Muitos parentes e conhecidos de Levinas foram assassinados por serem judeus. No entanto, o mundo continua existindo, como se tamanha tragédia não tivesse ocorrido. Para Levinas, é quase impossível sentir que faz parte deste mundo.

Apesar de ter perdido tudo, ele ainda **existe**. Mas em que sentido "**existe**"? Levinas tenta definir o ser impessoal, privado de **sujeito**, com a expressão "il y a" (há).

Se construímos um mundo à nossa volta, podemos escapar da despersonalização do *há*?

Assim poderei fugir do há!

EU

ESTOU NO CENTRO DO MUNDO QUE INTERPRETO

A resposta é não. Ainda que você construa seu próprio mundo, não poderá escapar da solidão do *há* (il y a). Porque, no fim, o mundo que você construiu é um mundo que apenas você pode interpretar.

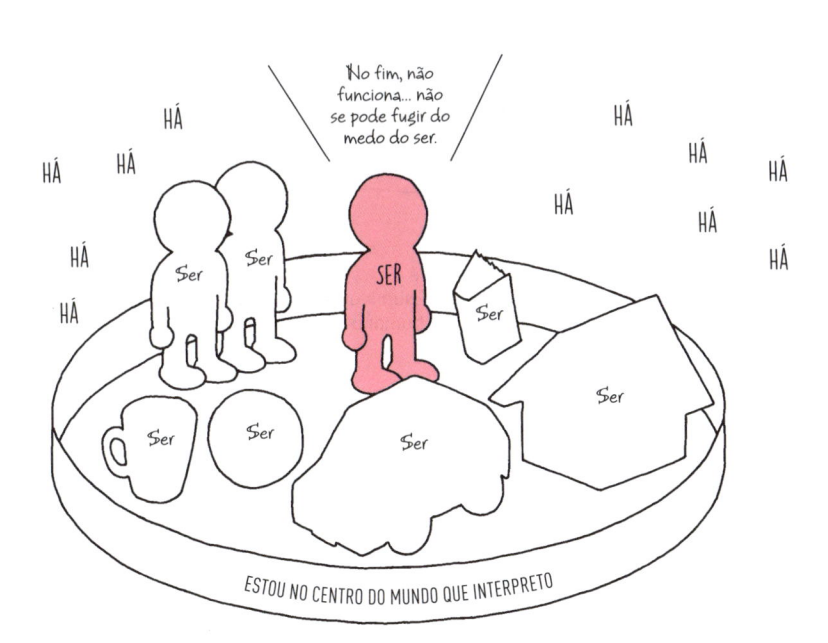

No fim, não funciona... não se pode fugir do medo do ser.

HÁ HÁ HÁ HÁ HÁ HÁ HÁ HÁ HÁ HÁ HÁ

Ser Ser SER Ser Ser Ser Ser Ser

ESTOU NO CENTRO DO MUNDO QUE INTERPRETO

Portanto, é impossível livrar-se do *há* aterrador? **Levinas** encontra uma possível solução no **rosto do Outro** (p. 268).

ROSTO DO OUTRO

▶ 234

LEVINAS

Obras representativas .... *Difícil liberdade, Totalidade e infinito*
Conceito relacionado .... il y a (*há*) (p. 266)
Nota .... Levinas não utiliza a expressão "rosto do outro" para se referir a um rosto concreto, e sim para designar de maneira figurada a alteridade

Ainda que a sua interpretação das coisas englobe tudo e você construa um mundo centrado em si mesmo, você não pode se livrar da angústia que o *há* (*il y a*) lhe provoca (p. 266).

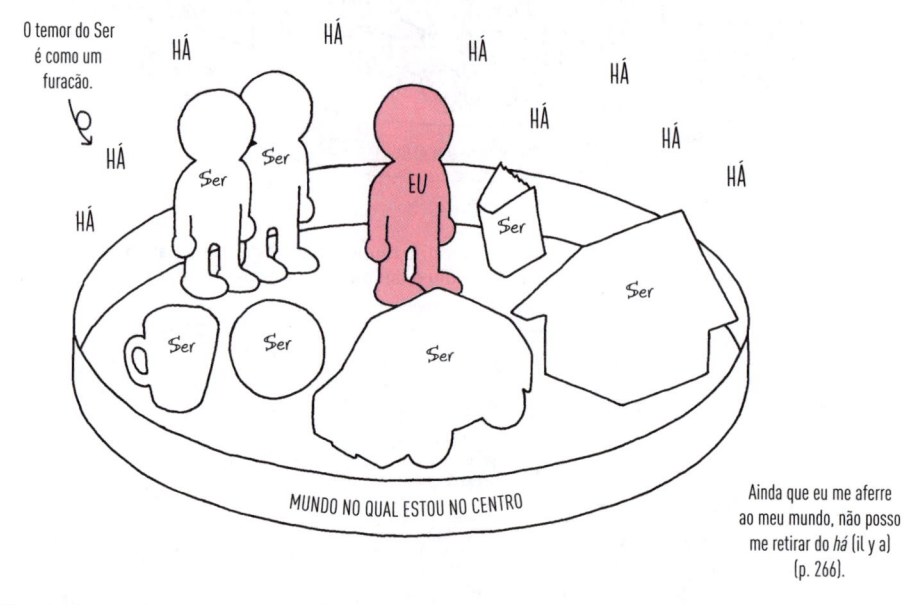

O temor do Ser é como um furacão.

HÁ HÁ HÁ HÁ HÁ HÁ HÁ HÁ HÁ

Ser Ser EU Ser Ser Ser Ser Ser

MUNDO NO QUAL ESTOU NO CENTRO

Ainda que eu me aferre ao meu mundo, não posso me retirar do *há* (*il y a*) (p. 266).

Para **Levinas**, a chave para se retirar do *há* (*il y a*) é o **rosto do Outro**. O **rosto do Outro**, mostrando-se em sua "nudez", manda não matar e nos obriga a assumir uma **responsabilidade** ética para com o Outro de uma forma incondicional, **não abstrata**. O ser humano não pode ter uma **existência independente** (p. 169).

Não existe relação com o Outro enquanto não olho para o seu rosto.

Uma vez que vi seu rosto, não posso deixar de ajudá-lo. Se eu não o ajudasse, teria escolhido não o fazer. De qualquer modo, já estou envolvido.

EU

"Não me mate."

OUTRO

O **Outro** é um ser **infinito**, externo ao mundo interpretado pelo eu, no qual não se está incluído. Quando entra em relação com o **rosto do Outro**, isto é, quando assume a **responsabilidade** por esse rosto, o ser humano vai além do mundo centrado em seu eu, uma **totalidade** circundada pelo temor do *há* (il y a), e consegue ir mais longe, rumo ao **infinito**.

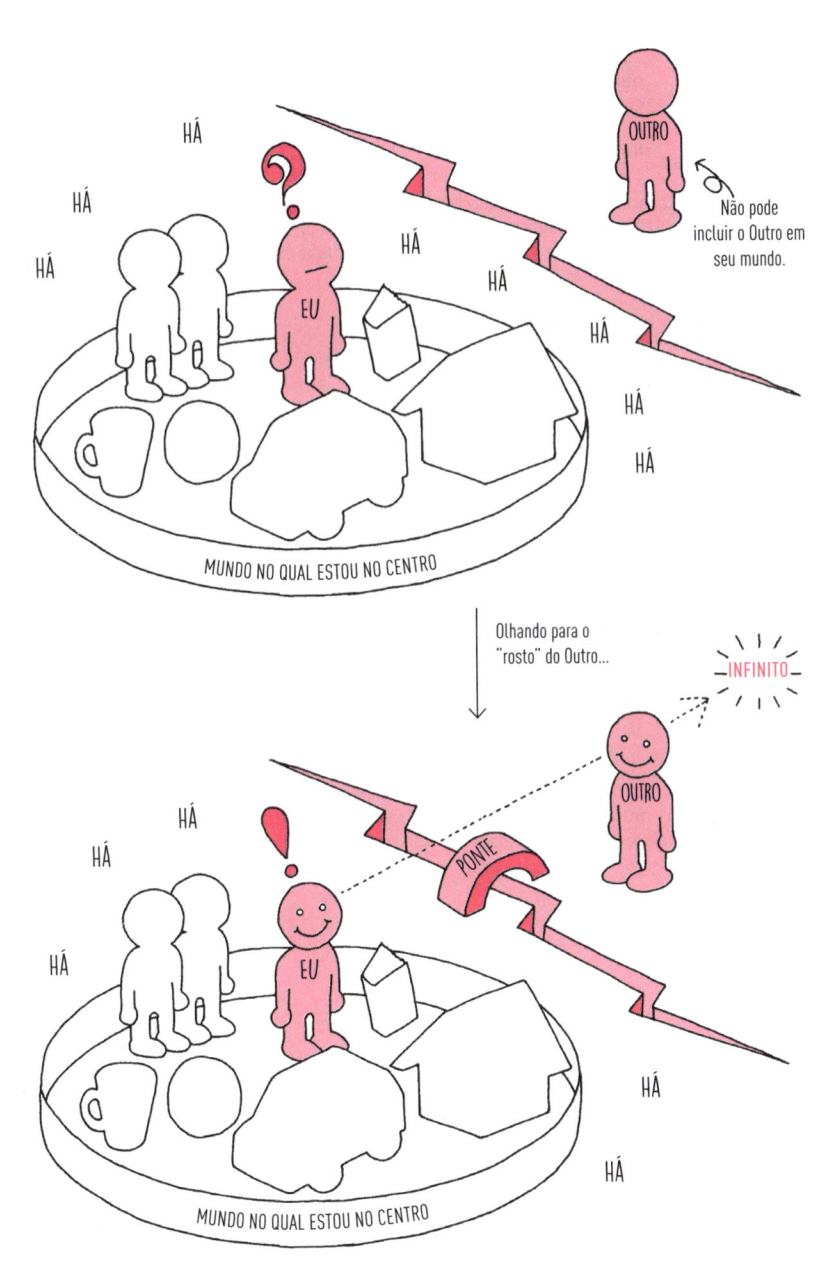

HÁ HÁ HÁ HÁ HÁ HÁ HÁ HÁ

EU

OUTRO

Não pode incluir o Outro em seu mundo.

MUNDO NO QUAL ESTOU NO CENTRO

Olhando para o "rosto" do Outro...

INFINITO

PONTE

OUTRO

EU

HÁ HÁ HÁ HÁ HÁ

MUNDO NO QUAL ESTOU NO CENTRO

O Outro é um ser infinito, que não posso incluir em meu mundo. Ao assumir a responsabilidade no encontro com o "rosto do Outro", abandono meu mundo, oprimido pelo temor do *há* (il y a), e me abro para o infinito.

TEORIA FIGURATIVA DA LINGUAGEM

Significado .... teoria que afirma que a linguagem é uma representação do mundo
Obra representativa .... *Tractatus logico-philosophicus*
Conceitos relacionados .... jogos de linguagem (p. 272), filosofia analítica (p. 276), positivismo lógico (p. 278)
Nota .... concepção característica do primeiro Wittgenstein

Segundo **Wittgenstein**, o **mundo real** é a totalidade dos **fatos** do que acontece. A **linguagem** é uma coleção de **proposições**. Uma **proposição verdadeira** expressa um **fato**, como "o pássaro pousa na árvore". Toda proposição verdadeira corresponde a um fato, por isso existe um igual número de **fatos** e de **proposições verdadeiras**. Isso se chama **teoria figurativa (teoria das imagens)**.

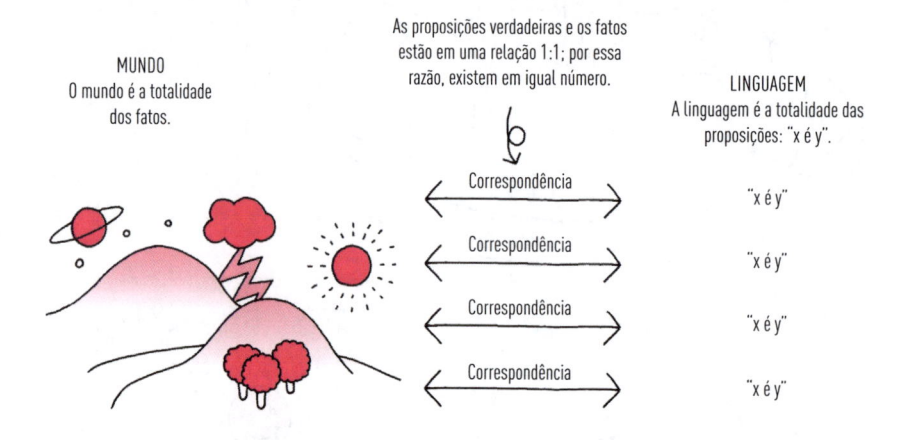

MUNDO
O mundo é a totalidade dos fatos.

As proposições verdadeiras e os fatos estão em uma relação 1:1; por essa razão, existem em igual número.

LINGUAGEM
A linguagem é a totalidade das proposições: "x é y".

Correspondência — "x é y"
Correspondência — "x é y"
Correspondência — "x é y"
Correspondência — "x é y"

As **proposições** copiam o mundo real. Portanto, analisando-se as **proposições**, pode-se analisar o mundo todo. Além disso, deve ser possível dizer se cada **proposição** é verdadeira ou falsa.

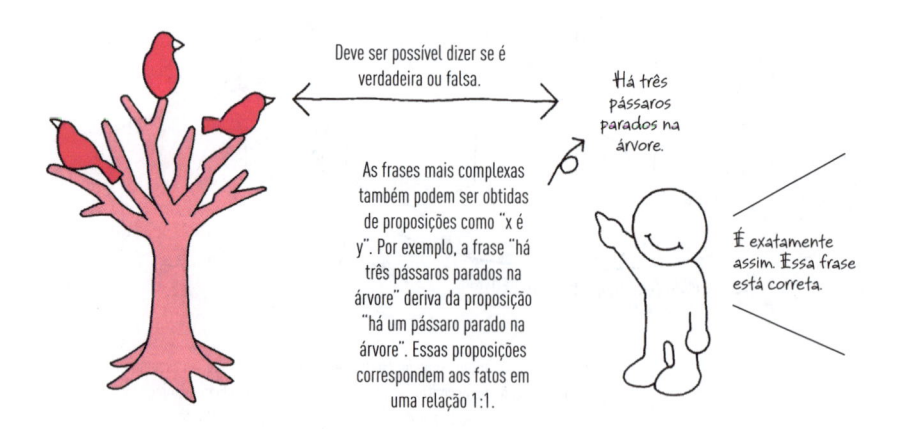

Deve ser possível dizer se é verdadeira ou falsa.

Há três pássaros parados na árvore.

As frases mais complexas também podem ser obtidas de proposições como "x é y". Por exemplo, a frase "há três pássaros parados na árvore" deriva da proposição "há um pássaro parado na árvore". Essas proposições correspondem aos fatos em uma relação 1:1.

É exatamente assim. Essa frase está correta.

Por sua vez, uma frase não verificável é imprecisa em relação a que correspondência mantém com os fatos, e isso não tem a ver com a verdade ou não de seu conteúdo, e sim com o fato de que ela resulta de um uso impróprio da linguagem. Assim, por exemplo, **proposições não verificáveis** como "Deus está morto" ou "virtude é conhecimento" carecem de sentido e só representam um uso incorreto da linguagem.

Podemos dizer se são proposições verdadeiras ou falsas.

O monstro do lago Ness existe.

Hoje o dia está limpo.

Para os seres humanos, a moralidade é importante.

Não devemos sobreviver, e sim viver bem.

Não são verificáveis; portanto, não têm sentido.

Em outras palavras, o que não corresponde a fatos não é verificável. Para **Wittgenstein**, a filosofia tradicional é um discurso acadêmico gerado por um uso incorreto da linguagem.

O ser humano pode alcançar a verdade?

O que é a justiça? E a moral?

Perguntas feitas pela filosofia desde a Antiguidade.

Deus existe?

Essas perguntas tentam verbalizar algo que não pode ser expresso com a linguagem; portanto, não têm resposta.

Wittgenstein pensa que o verdadeiro papel da filosofia é determinar os limites entre o que se pode dizer e o que não pode ser representado pela linguagem. Também afirma que é preciso manter silêncio frente ao que não pode ser expresso com a linguagem.

O papel da filosofia é distinguir o que se pode dizer do que não se pode dizer.

Proposições

FILOSOFIA

Pode-se dizer, não se pode dizer, pode-se dizer...

PROPOSIÇÕES QUE EXPRESSAM FATOS

PROPOSIÇÕES QUE NÃO EXPRESSAM FATOS

É NECESSÁRIO MANTER SILÊNCIO!

Na realidade, Wittgenstein pensa que o mais importante é aquilo que não pode ser colocado em palavras.

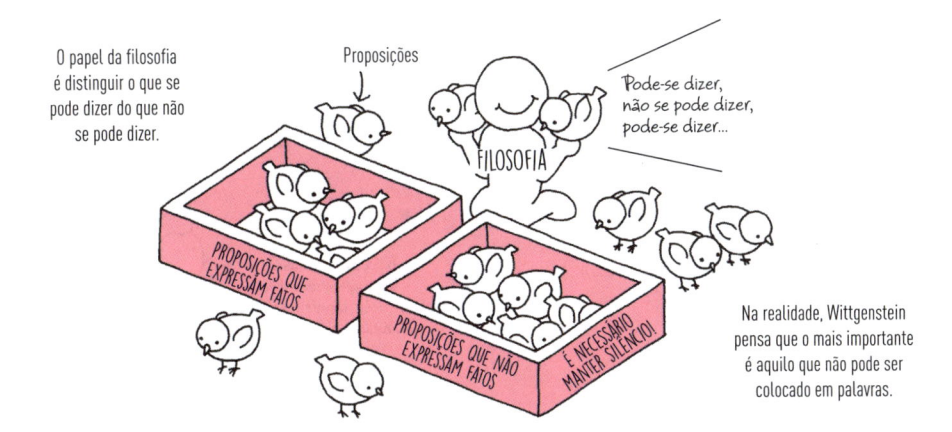

JOGOS DE LINGUAGEM

Obra representativa .... *Investigações filosóficas*
Conceitos relacionados .... teoria figurativa da linguagem (p. 272),
semelhanças de família (p. 274)
Nota .... conceito central do "segundo Wittgenstein".
Trata-se de uma reflexão sobre a teoria figurativa da linguagem

Na primeira etapa de seu pensamento, **Wittgenstein** afirma que, analisando a linguagem e distinguindo as proposições verificáveis das não verificáveis, pode-se analisar o mundo (**teoria figurativa da linguagem**, p. 270). No entanto, ele logo criticará sua própria posição, pois se dá conta de que a **linguagem científica** (suas proposições de fato coincidem com as das ciências naturais) não precede nossa **conversação cotidiana**; na verdade, é o contrário. Em outras palavras, para compreender o mundo, é necessário analisar a linguagem cotidiana, que é a verdadeiramente original.

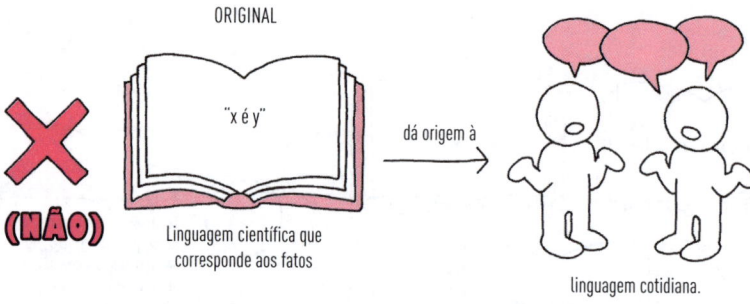

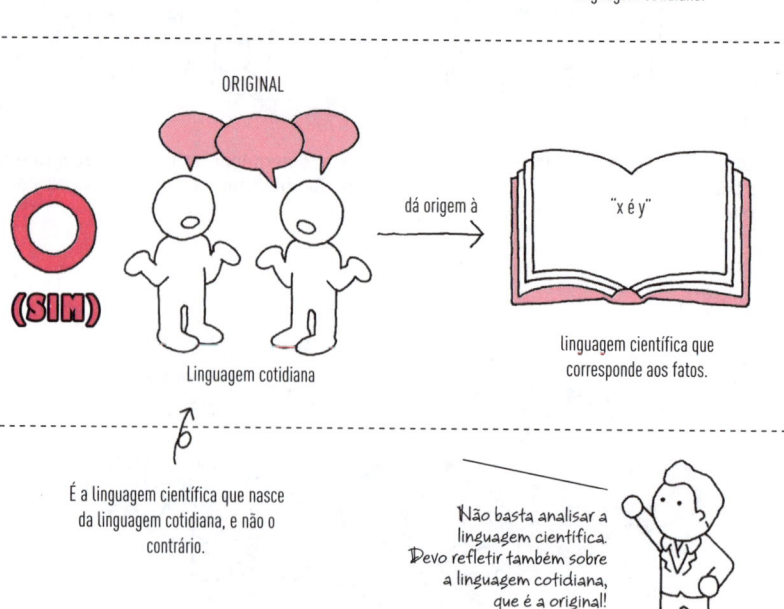

(NÃO) ORIGINAL "x é y" Linguagem científica que corresponde aos fatos → dá origem à → linguagem cotidiana.

(SIM) ORIGINAL Linguagem cotidiana → dá origem à → "x é y" linguagem científica que corresponde aos fatos.

É a linguagem científica que nasce da linguagem cotidiana, e não o contrário.

Não basta analisar a linguagem científica. Devo refletir também sobre a linguagem cotidiana, que é a original!

Além disso, a **linguagem cotidiana** não tem uma correspondência de 1:1 com os fatos, como a **linguagem científica**. "Hoje o tempo está bom" significa coisas diferentes segundo o momento e a situação. Se desconhecemos as normas que regulam esse tipo de conversação, não podemos entender a **linguagem cotidiana**. Wittgenstein chama de "jogos de linguagem" as características desse tipo de conversação cujas regras só podem ser aprendidas na prática cotidiana.

JOGOS DE LINGUAGEM
A linguagem cotidiana emprega proposições que podem mudar de significado em função do momento e das situações. A linguagem é criativa e pode ter regras diversas, como acontece com os jogos.

Podemos deixar o guarda-chuva em casa.

Hoje podemos estender a roupa ao ar livre.

HOJE O TEMPO ESTÁ BOM.

É o dia ideal para ir passear.

Ontem choveu.

Frase em código (início das manobras!).

Eu pensava que a verdadeira linguagem fosse a linguagem científica, mas na realidade é como um jogo que se faz cotidianamente!

Uma frase utilizada na **linguagem cotidiana**, como "Hoje o tempo está bom", pode ser extraída de uma conversa, mas, se a analisarmos de maneira isolada, interpretaremos mal seu significado. Para saber o que a pessoa que pronunciou essa frase realmente quer dizer, é necessário participar do **jogo de linguagem** e contextualizar a frase na vida cotidiana. Infelizmente, por mais que analisemos a **linguagem cotidiana**, não conseguimos captar o quadro geral, visto que nós mesmos fazemos parte dessa estrutura.

SEMELHANÇAS DE FAMÍLIA

Obra representativa .... *Investigações filosóficas*
Conceito relacionado .... jogos de linguagem (p. 272)
Nota .... a ideia das semelhanças de família representa um ponto de inflexão na lógica tradicional

Wittgenstein compara a linguagem cotidiana a um jogo, o **jogo de linguagem** (p. 273), e admite que não existe uma definição clara e unívoca da própria palavra "jogo".

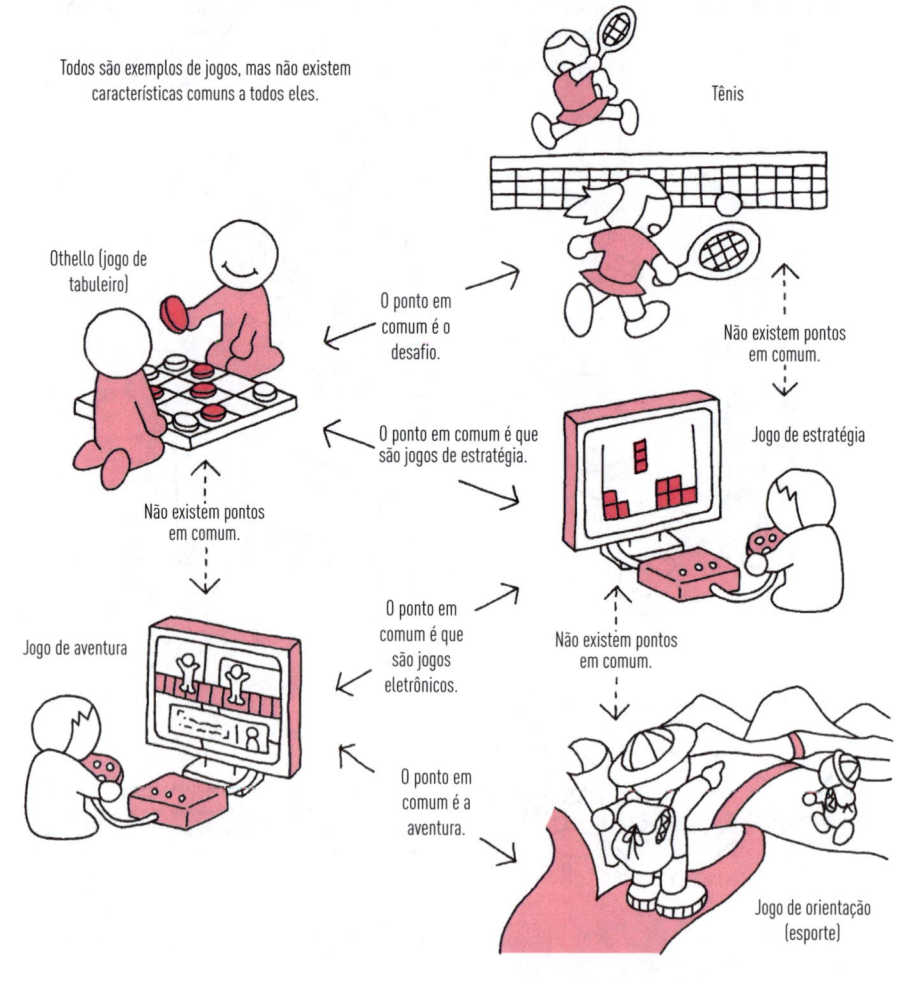

Todos são exemplos de jogos, mas não existem características comuns a todos eles.

Tênis

Othello (jogo de tabuleiro)

O ponto em comum é o desafio.

Não existem pontos em comum.

O ponto em comum é que são jogos de estratégia.

Jogo de estratégia

Não existem pontos em comum.

O ponto em comum é que são jogos eletrônicos.

Não existem pontos em comum.

Jogo de aventura

O ponto em comum é a aventura.

Jogo de orientação (esporte)

A **palavra** "jogo" expressa a existência de uma relação de similaridade entre os diferentes elementos, parecida com a dos membros de uma família: as orelhas do meu irmão se parecem com as do meu pai; os olhos dele, com os da minha mãe etc. Em síntese, esse jogo de referências pode se assemelhar a uma **foto de família** na qual se encontram semelhanças entre todos os membros, as quais, no entanto, não são as mesmas para todos.

Um grupo como este, com vínculos de relações recíprocas, caracteriza-se por uma **semelhança de família**.

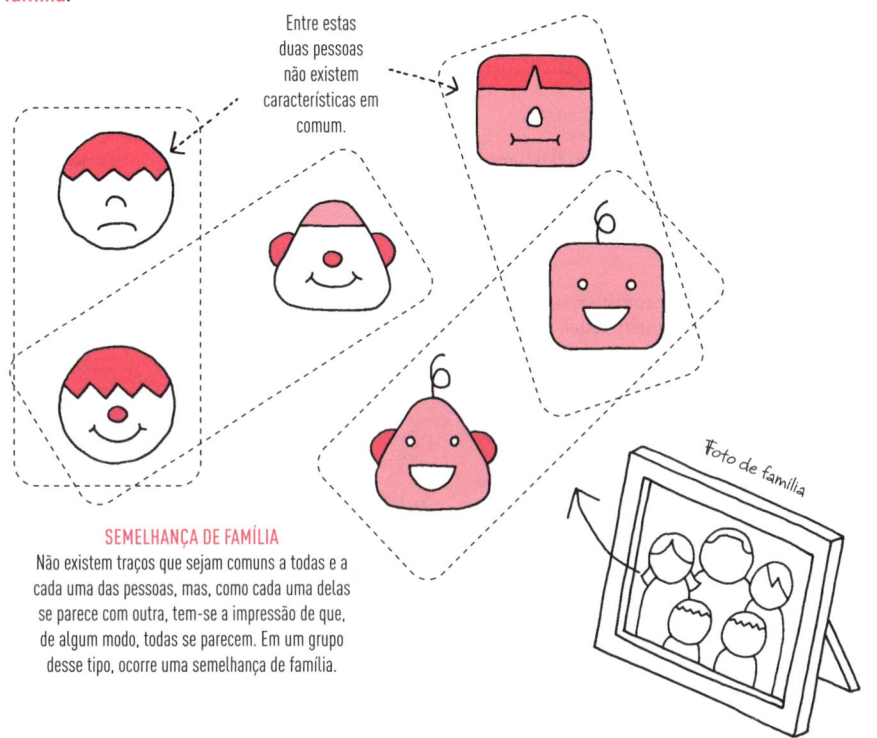

Entre estas duas pessoas não existem características em comum.

Foto de família

SEMELHANÇA DE FAMÍLIA
Não existem traços que sejam comuns a todas e a cada uma das pessoas, mas, como cada uma delas se parece com outra, tem-se a impressão de que, de algum modo, todas se parecem. Em um grupo desse tipo, ocorre uma semelhança de família.

O conceito de **semelhança de família** nos permite entender que as características comuns em um dado grupo não se limitam aos seres viventes. No mundo, por exemplo, existem várias classes de justiça sem que haja uma característica comum a todas elas. Esse conceito implica também a negação da **teoria platônica das ideias** (p. 46).

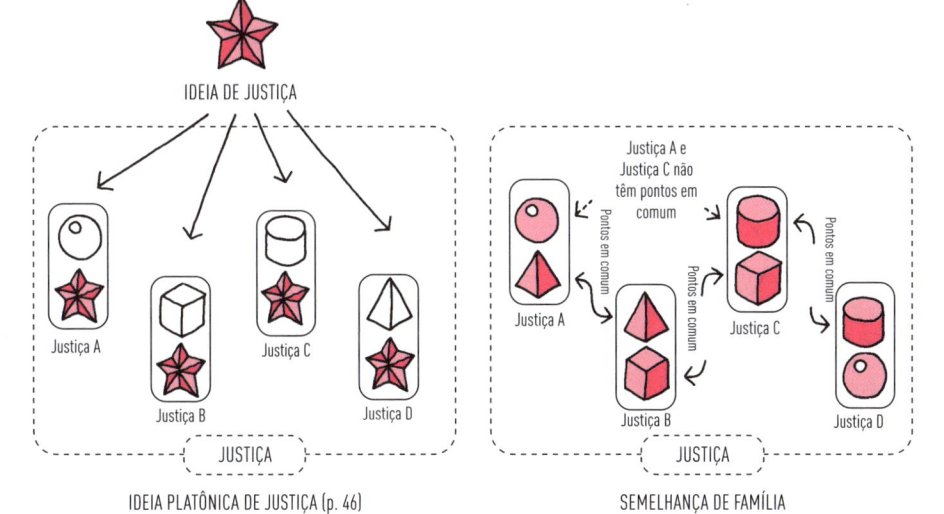

IDEIA DE JUSTIÇA

Justiça A
Justiça B
Justiça C
Justiça D

JUSTIÇA

IDEIA PLATÔNICA DE JUSTIÇA (p. 46)
Todas as justiças, de A até D, têm um elemento em comum.

Justiça A e Justiça C não têm pontos em comum

Pontos em comum

Justiça A
Justiça B
Justiça C
Justiça D

JUSTIÇA

SEMELHANÇA DE FAMÍLIA
A Justiça A e a Justiça C não têm nenhum elemento em comum, mas considerando que tanto A e B quanto B e C têm elementos em comum, podemos aplicar o termo "Justiça" para A e para C.

FILOSOFIA ANALÍTICA

Exemplos .... Wittgenstein, Carnap, Austin
Conceitos relacionados .... teoria figurativa da linguagem (p. 272),
jogos de linguagem (p. 272), positivismo lógico (p. 278)
Nota .... a filosofia analítica se desenvolve a partir da
lógica simbólica e é a principal corrente da
filosofia anglo-saxônica contemporânea

Desde a Antiguidade, a filosofia tem se concentrado em questões como a "verdade", a "justiça" e "deus". Mas todas elas são, em primeiro lugar, **palavras** criadas pelos seres humanos.

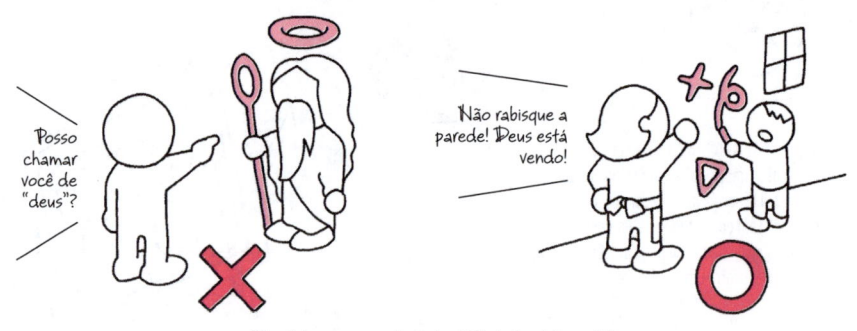

"Deus" é uma consequência da atividade linguística cotidiana.

Em outras palavras, a questão relativa a "deus" se resolve analisando o significado com o qual se usa a palavra "deus", em vez de refletir sobre o tipo de coisa denotada por esse nome. A filosofia analítica é principalmente uma **filosofia da linguagem** que se questiona sobre o significado da **linguagem**, e não sobre "o que é" qualquer coisa.

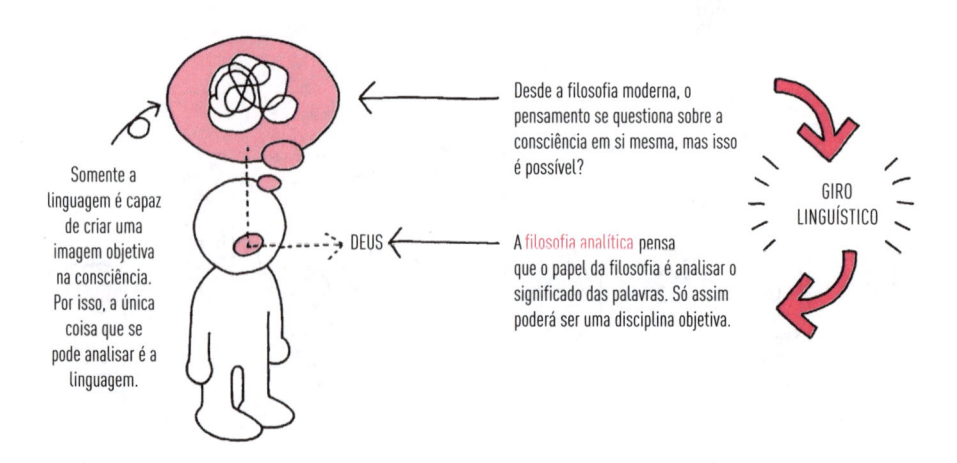

Somente a linguagem é capaz de criar uma imagem objetiva na consciência. Por isso, a única coisa que se pode analisar é a linguagem.

Desde a filosofia moderna, o pensamento se questiona sobre a consciência em si mesma, mas isso é possível?

A filosofia analítica pensa que o papel da filosofia é analisar o significado das palavras. Só assim poderá ser uma disciplina objetiva.

GIRO LINGUÍSTICO

A **filosofia analítica** transformou a filosofia subjetiva em uma questão linguística: é o giro linguístico.

A **filosofia analítica** que se desenvolveu graças ao pensamento de **Frege, Russell, Moore** e **Wittgenstein** é a corrente principal do pensamento anglo-saxônico.

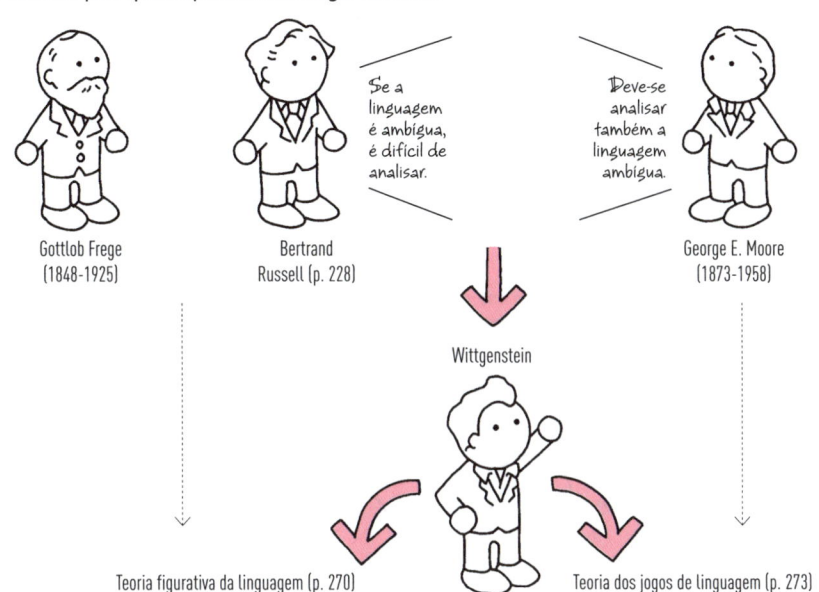

Gottlob Frege (1848-1925)

Bertrand Russell (p. 228) — *Se a linguagem é ambígua, é difícil de analisar.*

George E. Moore (1873-1958) — *Deve-se analisar também a linguagem ambígua.*

Wittgenstein

Teoria figurativa da linguagem (p. 270)

Teoria dos jogos de linguagem (p. 273)

FILOSOFIA DA CIÊNCIA

Ponto de vista que afirma que a linguagem cotidiana não pode ser analisada de um modo científico porque contém uma grande quantidade de expressões ambíguas. Portanto, é necessário criar uma língua rigorosa (artificial e ideal) composta por símbolos que não impliquem contradições. O objetivo é tornar a filosofia uma disciplina objetiva.

Popper (p. 229)

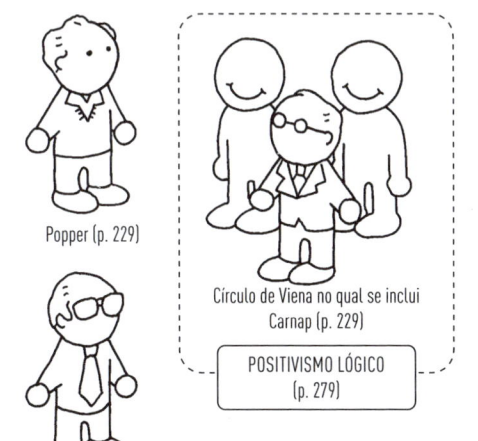

Kuhn (p. 230)

Círculo de Viena no qual se inclui Carnap (p. 229)

POSITIVISMO LÓGICO (p. 279)

LINGUAGEM COTIDIANA

Ponto de vista que afirma que tornar a filosofia uma disciplina científica equivale a reduzi-la a uma simples filosofia da ciência. Na realidade, não tem sentido criar uma linguagem artificial e depois estudá-la. O objetivo é refletir sobre todas as questões filosóficas a partir da linguagem cotidiana.

Analisemos a linguagem cotidiana.

Gilbert Ryle (1900-1976)

John L. Austin (1911-1960)

Desenvolve-se fundamentalmente nos Estados Unidos.

Desenvolve-se principalmente no Reino Unido.

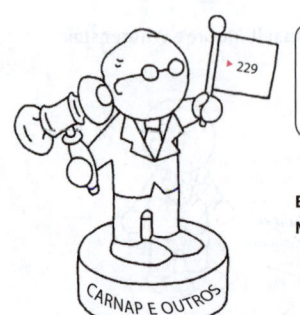

POSITIVISMO LÓGICO

▶ 229

Exemplos .... Schlick, Carnap
Nota .... indica um movimento cultural inovador promovido por um grupo de filósofos e cientistas reunidos no chamado "Círculo de Viena", no final dos anos 1920. Durante a Segunda Guerra Mundial, o centro de sua atividade se muda para o Reino Unido e os Estados Unidos

CARNAP E OUTROS

No início do século XX, as ciências vivem um importante avanço graças ao impulso proporcionado pela formulação da teoria da relatividade e da mecânica quântica. Por sua vez, teorias com um fundamento incerto também reivindicam sua cientificidade, como o **materialismo histórico** de Marx (p. 203) e a psicanálise de Freud baseada na hipótese do **inconsciente** (p. 220).

O comportamento humano é dominado pelo inconsciente!

É uma ciência social; portanto, simplesmente é assim!

O **Círculo de Viena**, composto por físicos e matemáticos como Carnap, adverte, nesse enfoque, certo perigo. Por isso, questiona quais são as características que tornam científica uma teoria e estabelece critérios que distinguem aquilo que pode ser demonstrado por meio de observações e experimentos daquilo que não pode.

POSITIVISMO LÓGICO

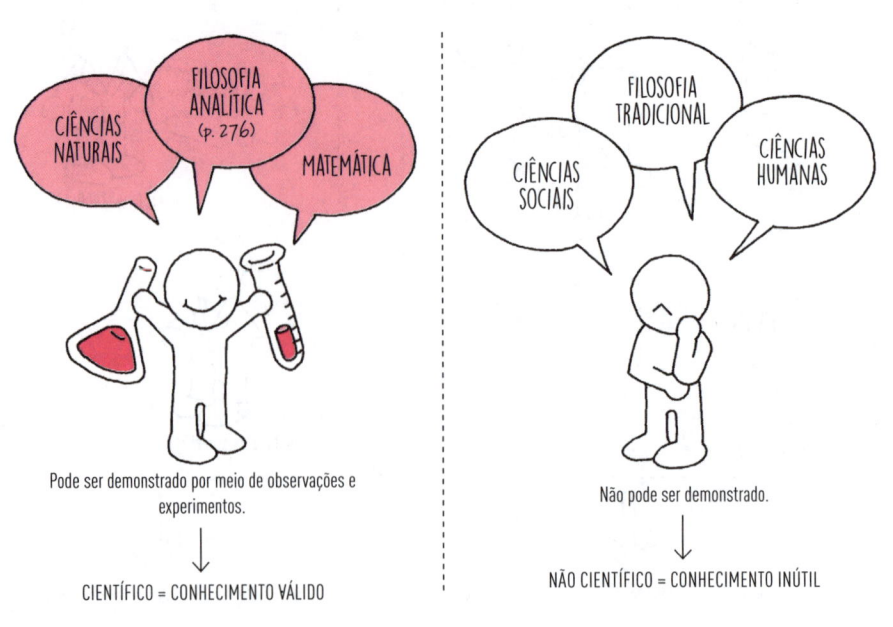

CIÊNCIAS NATURAIS — FILOSOFIA ANALÍTICA (p. 276) — MATEMÁTICA

Pode ser demonstrado por meio de observações e experimentos.

↓

CIENTÍFICO = CONHECIMENTO VÁLIDO

CIÊNCIAS SOCIAIS — FILOSOFIA TRADICIONAL — CIÊNCIAS HUMANAS

Não pode ser demonstrado.

↓

NÃO CIENTÍFICO = CONHECIMENTO INÚTIL

As respostas que a filosofia tradicional oferece a perguntas como "o que é a verdade?" não são científicas porque não podem ser **demonstradas**. Portanto, essa filosofia constitui um conhecimento inútil. Como observou **Wittgenstein**, trata-se apenas de um uso equivocado das palavras (teoria figurativa da linguagem, p. 270). O **Círculo de Viena** propõe o positivismo lógico, que entende como conhecimento válido somente aquele que versa sobre "fatos científicos" demonstráveis, e afirma que o papel da filosofia não é explicar o mundo por meio das palavras, e sim analisá-las (filosofia analítica, p. 276).

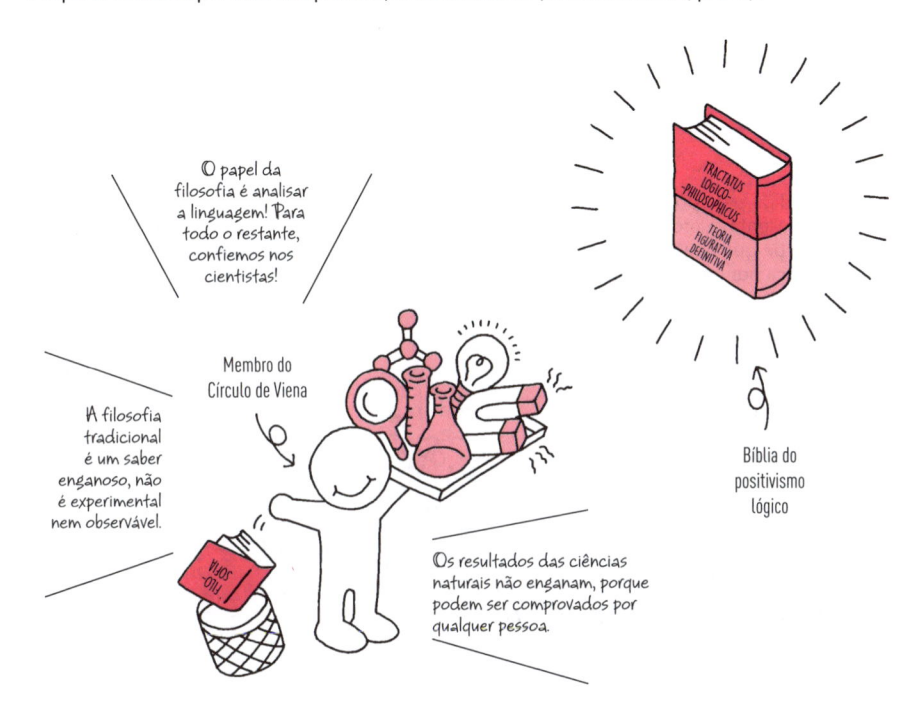

O papel da filosofia é analisar a linguagem! Para todo o restante, confiemos nos cientistas!

Membro do Círculo de Viena

A filosofia tradicional é um saber enganoso, não é experimental nem observável.

Os resultados das ciências naturais não enganam, porque podem ser comprovados por qualquer pessoa.

Bíblia do positivismo lógico

No entanto, não podemos afirmar que as evidências empíricas são a única condição do pensamento científico, visto que sempre existe a possibilidade de novas descobertas que refutem os "fatos científicos" estabelecidos. Com efeito, a maior parte dos "fatos científicos" foi objeto de revisão.

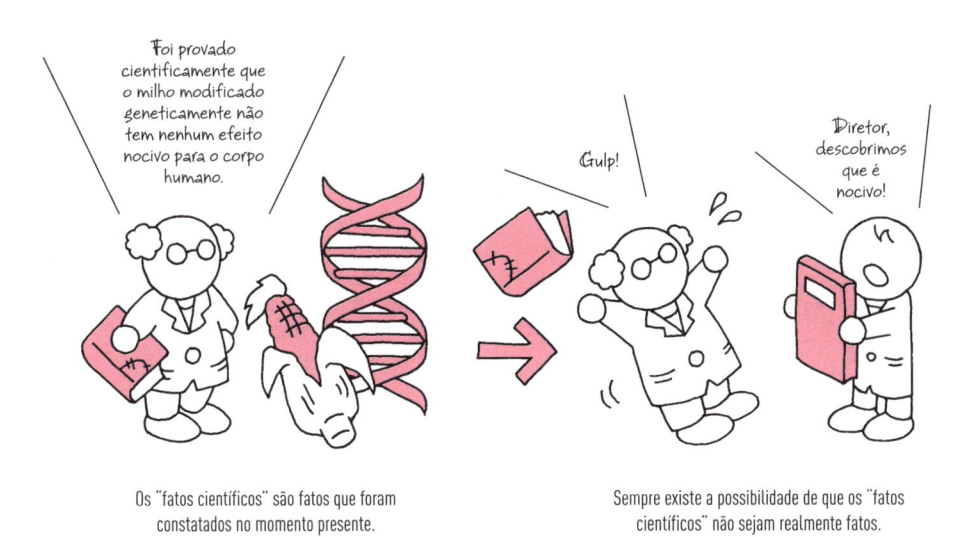

Foi provado cientificamente que o milho modificado geneticamente não tem nenhum efeito nocivo para o corpo humano.

Gulp!

Diretor, descobrimos que é nocivo!

Os "fatos científicos" são fatos que foram constatados no momento presente.

Sempre existe a possibilidade de que os "fatos científicos" não sejam realmente fatos.

FALSEABILIDADE

POPPER

Obra representativa	A lógica da pesquisa científica
Conceito relacionado	positivismo lógico (p. 278)
Nota	a teoria da falseabilidade nasce como alternativa ao método indutivo e ao critério de demarcação do positivismo lógico

A ideia defendida pelo **positivismo lógico** (p. 279), que afirma que somente o que é **verificável** é científico, apresentava problemas importantes. Ainda quando a pesquisa é rigorosa, sempre há a possibilidade de que apareça uma exceção. Portanto, é impossível demonstrar a verdade de uma **teoria científica** por uma simples verificação empírica.

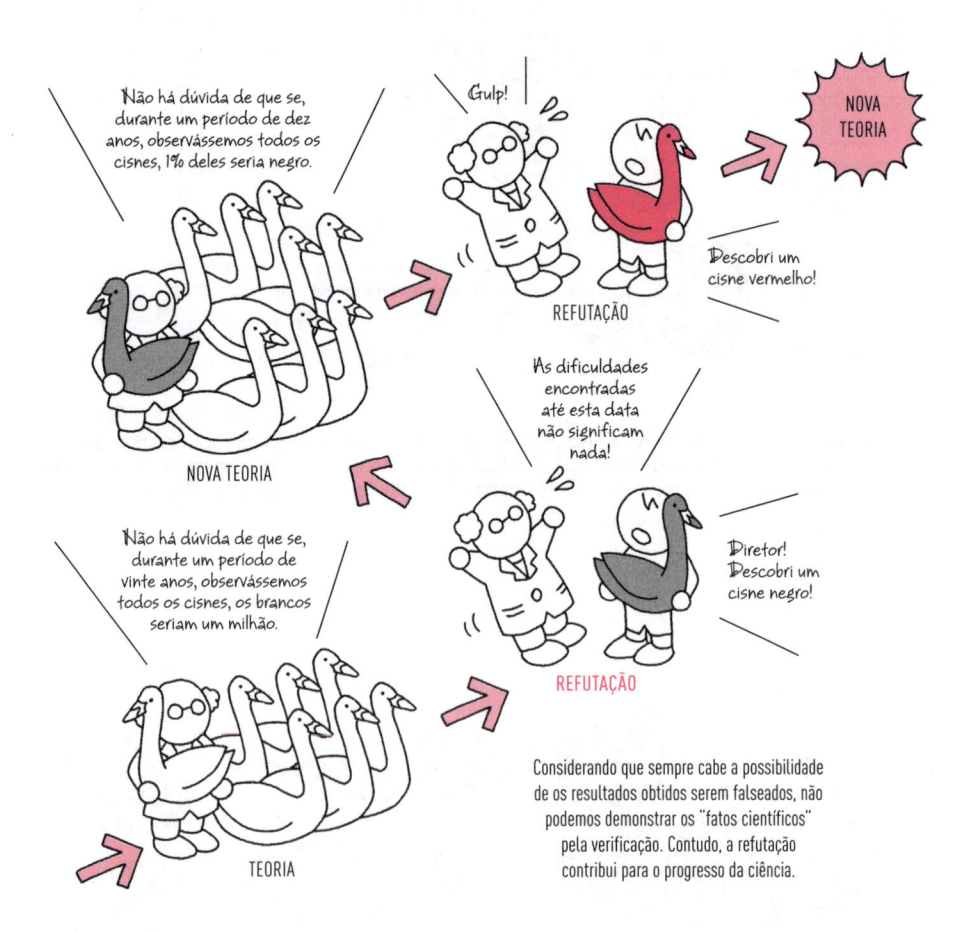

Não há dúvida de que se, durante um período de dez anos, observássemos todos os cisnes, 1% deles seria negro.

Gulp!

Descobri um cisne vermelho!

REFUTAÇÃO

NOVA TEORIA

As dificuldades encontradas até esta data não significam nada!

Diretor! Descobri um cisne negro!

NOVA TEORIA

Não há dúvida de que se, durante um período de vinte anos, observássemos todos os cisnes, os brancos seriam um milhão.

REFUTAÇÃO

TEORIA

Considerando que sempre cabe a possibilidade de os resultados obtidos serem falseados, não podemos demonstrar os "fatos científicos" pela verificação. Contudo, a refutação contribui para o progresso da ciência.

Para distinguir o que é científico do que não é, **Popper** não adota como critério a verificabilidade empírica como **Carnap** (p. 229), mas a **falseabilidade**. Popper afirma que, de fato, a falseabilidade é a condição do conhecimento científico e o que permite o progresso da ciência.

A CIÊNCIA SEGUNDO CARNAP

Quando adotamos a verificabilidade empírica como critério de determinação, as teorias que consideramos científicas deixam de sê-lo.

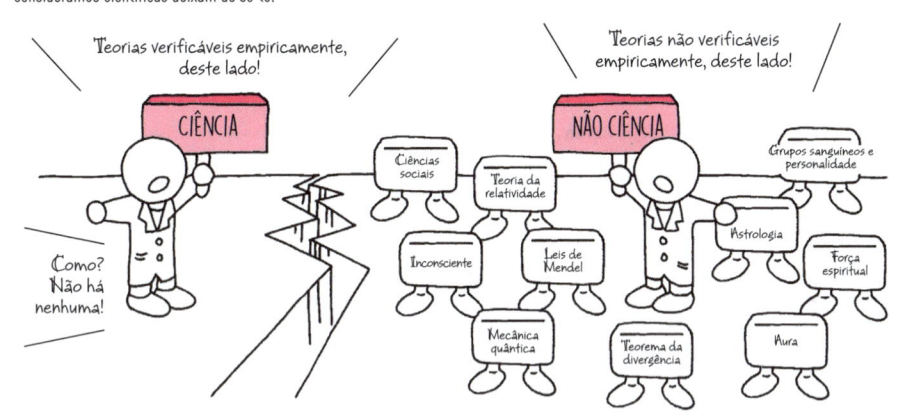

A CIÊNCIA SEGUNDO POPPER

Se assumimos a falseabilidade como critério de demarcação (no que concerne às teorias científicas, cabe ao menos a possibilidade de demonstrar que são errôneas), podem existir teorias que cumprem com o requisito de cientificidade.

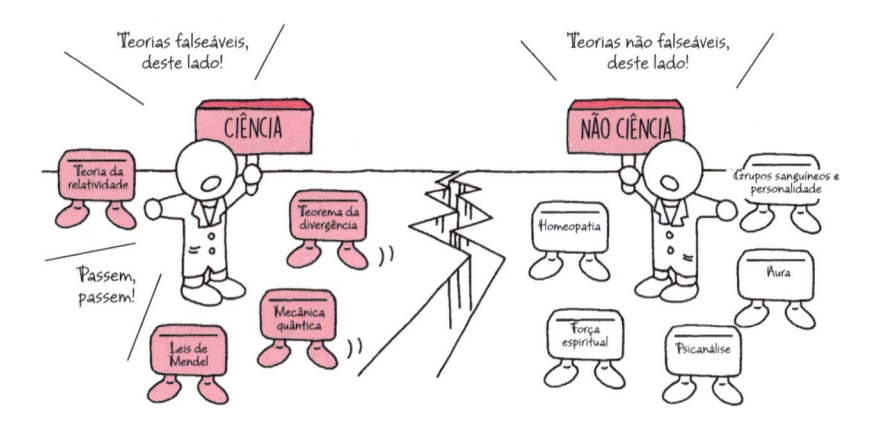

Segundo Popper, uma teoria científica pode ser considerada uma teoria "provisoriamente verdadeira até que seja refutada". A pseudociência, ao contrário, baseia-se em intuições e sensações; portanto, não é falseável.

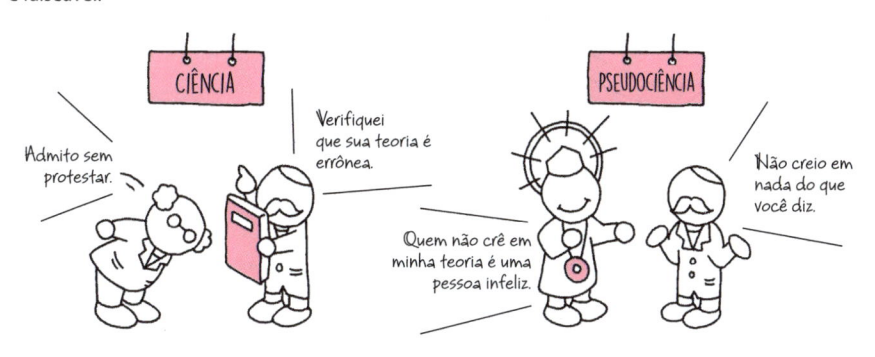

Os cientistas reconhecem espontaneamente seus erros, mas existem muitas escapatórias para as pseudociências.

PARADIGMA

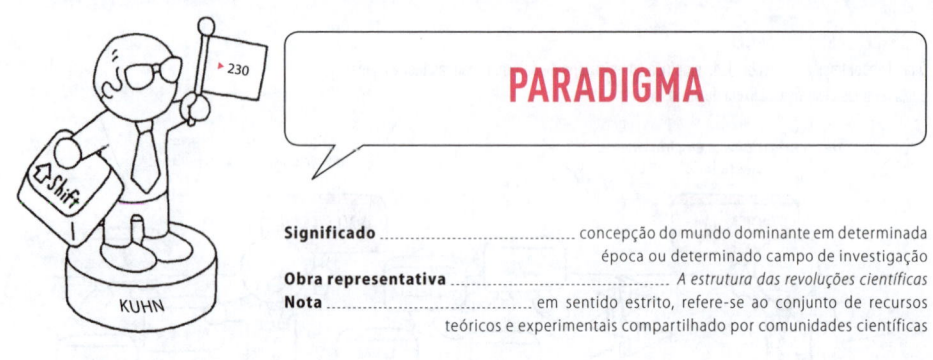

KUHN

Significado .... concepção do mundo dominante em determinada época ou determinado campo de investigação
Obra representativa .... *A estrutura das revoluções científicas*
Nota .... em sentido estrito, refere-se ao conjunto de recursos teóricos e experimentais compartilhado por comunidades científicas

Com frequência, o avanço do conhecimento científico como um processo linear de aproximação da verdade é concebido como sendo determinado por um conjunto de observações, experimentos e demais aspectos similares. No entanto, Kuhn aponta que o conhecimento científico avança de modo intermitente, e não de maneira constante e contínua.

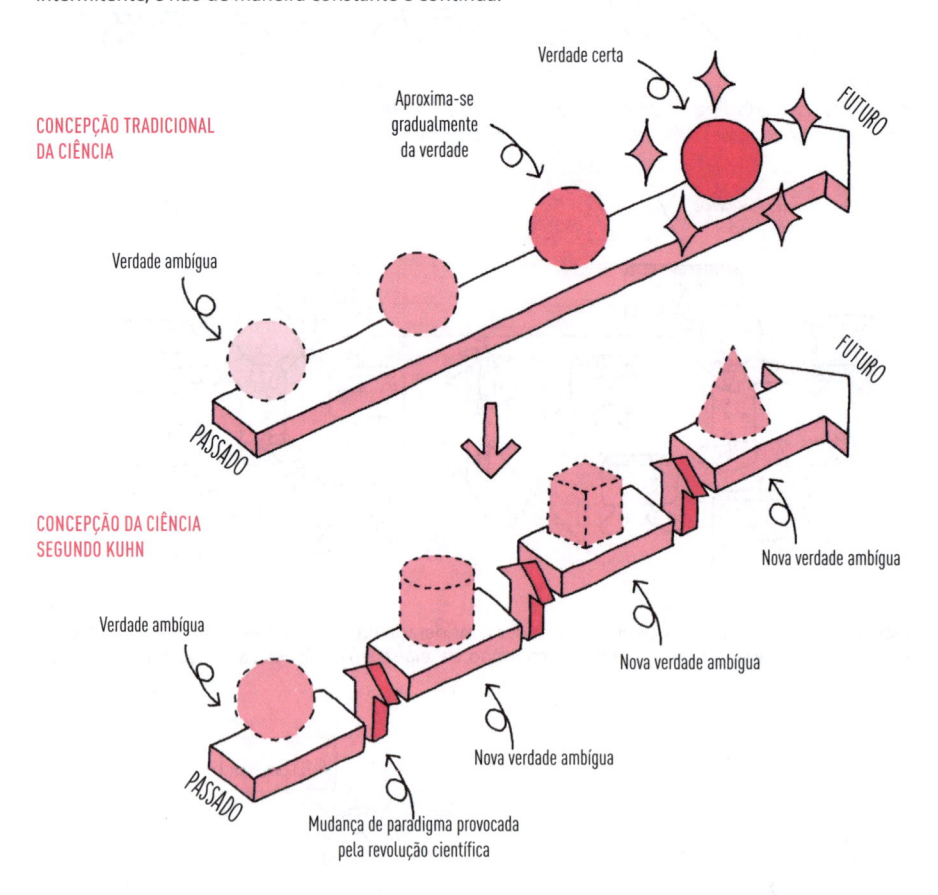

CONCEPÇÃO TRADICIONAL DA CIÊNCIA

Verdade certa
Aproxima-se gradualmente da verdade
Verdade ambígua
PASSADO
FUTURO

CONCEPÇÃO DA CIÊNCIA SEGUNDO KUHN

Verdade ambígua
Nova verdade ambígua
Nova verdade ambígua
Nova verdade ambígua
Mudança de paradigma provocada pela revolução científica
PASSADO
FUTURO

Tomemos os exemplos oferecidos pela teoria geocêntrica e pela mecânica newtoniana, ambas universalmente aceitas durante séculos: diante da aparição de fatos contraditórios, os cientistas começaram a considerar novas teorias, como a heliocêntrica e a da relatividade. Essas novas teorias, por sua vez, posteriormente se tornam casos paradigmáticos de conhecimento. Kuhn denomina "**paradigma**" a **estrutura de pensamento** de determinado período e "**mudança de paradigma**" a passagem de um paradigma a outro.

MUDANÇA DE PARADIGMA
A ciência não se aproxima da verdade de modo constante e contínuo, passo a passo, por meio de observações e experimentos. O que acontece é que o método adotado para compreender o mundo salta de forma intermitente de um paradigma a outro.

As contradições do paradigma antigo são resolvidas e os cientistas devem revisar seus próprios cálculos de acordo com o novo paradigma.

Cientista do futuro

Temos que refazer tudo... e reescrever os manuais!

No interior do paradigma de um período, os cientistas podem encontrar o modo de acomodar seus resultados. Mas pouco a pouco surgem outras contradições...

MUDANÇA DE PARADIGMA

TEORIA HELIOCÊNTRICA COPERNICANA

PARADIGMA

Os resultados são sempre contraditórios.

MUDANÇA DE PARADIGMA

Copérnico

Não é o sol que se move, mas a Terra. Essa ideia é coerente, portanto temos uma mudança de estrutura teórica!

MODELO GEOCÊNTRICO PTOLOMAICO

MUDANÇA DE PARADIGMA

Ptolomeu

PARADIGMA
Estrutura de pensamento comum de determinado período.

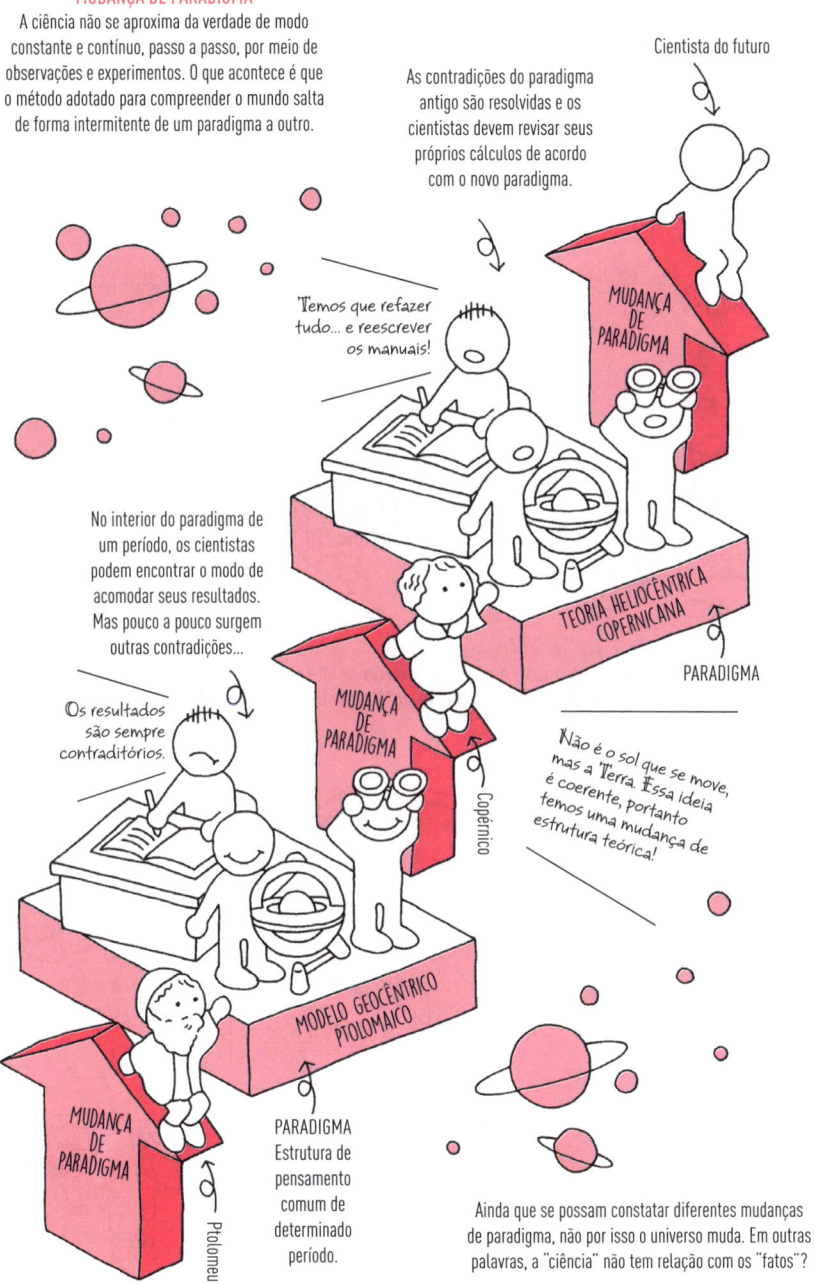

Ainda que se possam constatar diferentes mudanças de paradigma, não por isso o universo muda. Em outras palavras, a "ciência" não tem relação com os "fatos"?

Hoje a expressão **"mudança de paradigma"** é amplamente utilizada também nas ciências sociais e no mundo dos negócios.

RAZÃO INSTRUMENTAL

▶ 233

Significado .... razão que se usa como meio para alcançar determinado objetivo
Obra representativa .... *Dialética do esclarecimento*, (em coautoria com Theodor Adorno)
Conceito relacionado .... razão comunicativa (p. 286)
Nota .... a razão instrumental busca dominar não só a natureza, mas também os seres humanos

HORKHEIMER

Horkheimer e **Adorno**, membros da denominada Escola de Frankfurt, situaram no universalismo racional da era moderna a origem do nazismo e o extermínio dos judeus.

O que é a razão humana?

Além disso, demonstram de que modo a razão moderna se desenvolveu principalmente como "instrumento para realizar o objetivo de dominar a natureza" ("conhecimento e poder", p. 100).

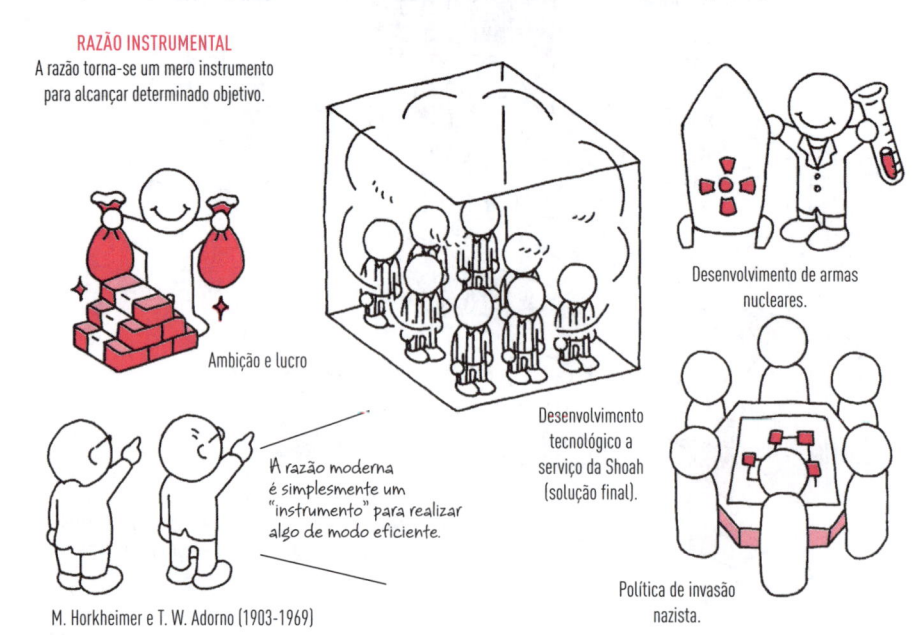

RAZÃO INSTRUMENTAL
A razão torna-se um mero instrumento para alcançar determinado objetivo.

Ambição e lucro

Desenvolvimento de armas nucleares.

A razão moderna é simplesmente um "instrumento" para realizar algo de modo eficiente.

Desenvolvimento tecnológico a serviço da Shoah (solução final).

M. Horkheimer e T. W. Adorno (1903-1969)

Política de invasão nazista.

Os pesquisadores da Escola de Frankfurt consideram que a busca do lucro, o totalitarismo e o desenvolvimento de armas de guerra tornaram-se objetivos da **razão instrumental**.

Por sua vez, **Fromm**, psicólogo da Escola de Frankfurt, considera que, uma vez alcançada a liberdade, as pessoas não suportam a solidão causada por essa mesma liberdade, e examina as atitudes psicológicas implicadas na obediência ao poder nazista.

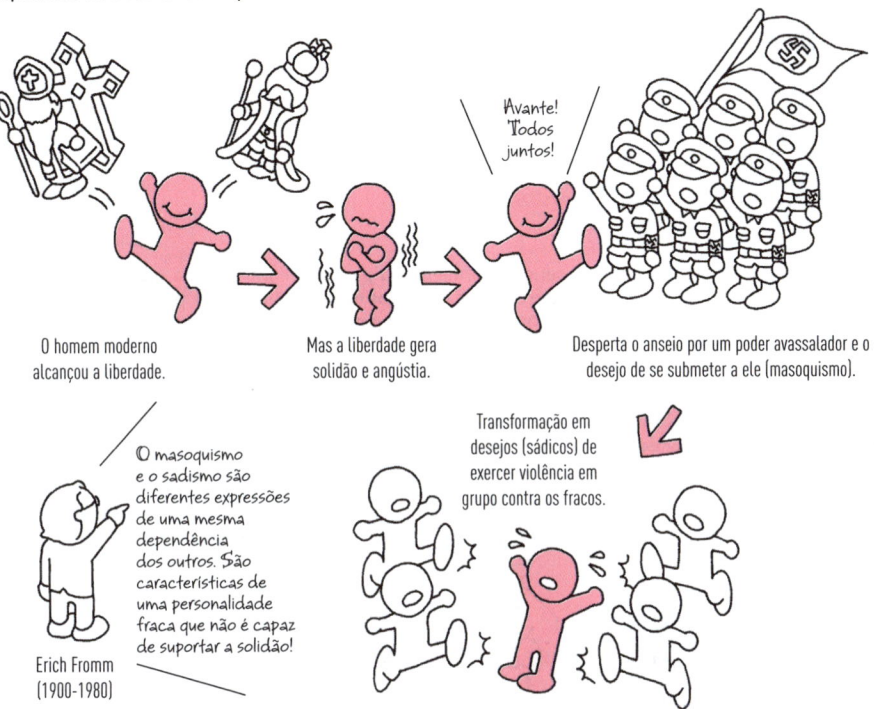

O homem moderno alcançou a liberdade.

Mas a liberdade gera solidão e angústia.

Desperta o anseio por um poder avassalador e o desejo de se submeter a ele (masoquismo).

O masoquismo e o sadismo são diferentes expressões de uma mesma dependência dos outros. São características de uma personalidade fraca que não é capaz de suportar a solidão!

Erich Fromm (1900-1980)

Transformação em desejos (sádicos) de exercer violência em grupo contra os fracos.

Os membros da escola de Frankfurt observam também que o **universalismo científico**, ao priorizar a demonstração, analisa a realidade apenas parcialmente e perde a oportunidade de adotar um ponto de vista mais amplo.

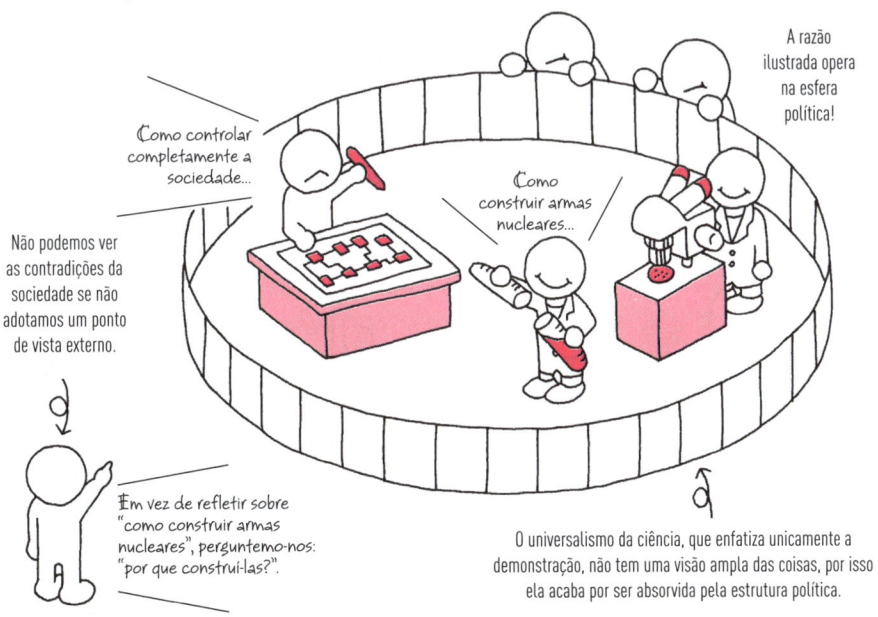

A razão ilustrada opera na esfera política!

Como controlar completamente a sociedade...

Como construir armas nucleares...

Não podemos ver as contradições da sociedade se não adotamos um ponto de vista externo.

Em vez de refletir sobre "como construir armas nucleares", perguntemo-nos: "por que construí-las?".

O universalismo da ciência, que enfatiza unicamente a demonstração, não tem uma visão ampla das coisas, por isso ela acaba por ser absorvida pela estrutura política.

RAZÃO COMUNICATIVA

▶ 233

Obra representativa .... *O discurso filosófico da modernidade*
Conceito relacionado .... razão instrumental (p. 284)
Nota .... Habermas herda a crítica de Horkheimer e Adorno à racionalidade moderna, mas restitui à razão o poder de intervir ativamente

A Escola de Frankfurt do primeiro período afirma que a partir do Iluminismo, a **razão** se tornou um instrumento para dominar a natureza e os seres humanos (razão instrumental, p. 284). Habermas, por sua vez, pertencente à segunda geração de investigadores da escola, introduz e desenvolve o conceito de **razão comunicativa**.

"A razão criou as armas de extermínio."
— Horkheimer

"A razão foi utilizada para a lavagem cerebral."
— Adorno

"Mas eu acredito que a razão comunicativa é importante."
— Habermas

DESACORDO

Habermas pensa que podemos utilizar a razão para modificar nossas crenças por meio do **diálogo**, e não só como um instrumento para nos impormos sobre os demais. Mas o diálogo deve cumprir as condições de respeito recíproco que a discussão pública requer.

"Como dividimos este arroz?"

"Vamos decidir sem brigar."

A razão comunicativa é a razão peculiar do ser humano.

"Miau!"

O ser humano possui uma razão chamada "razão comunicativa". Mas a comunicação não deve veicular relações hierárquicas e deve ser livre para discutir qualquer coisa.

TOTALITARISMO

Obra representativa .... Origens do totalitarismo
Nota .... seu livro *Origens do totalitarismo* se divide em
três partes: "Antissemitismo", "Imperialismo" e "Totalitarismo"

O **totalitarismo** prioriza o **grupo** – a nação, a etnia, a raça – em detrimento do **indivíduo**. Além disso, caracteriza-se pela existência de um único partido político que regula a supremacia do grupo sobre os indivíduos. O nazismo alemão e o estalinismo da antiga União Soviética são alguns exemplos de totalitarismo.

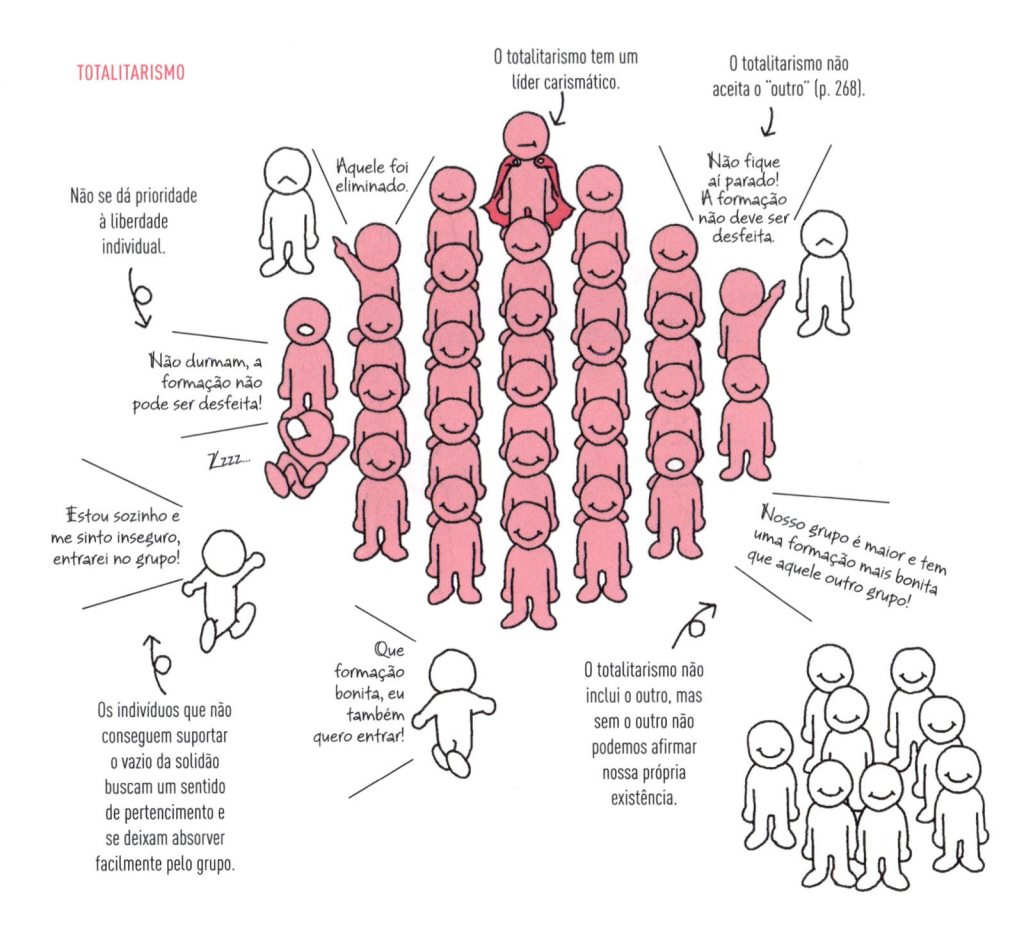

TOTALITARISMO

O totalitarismo tem um líder carismático.

O totalitarismo não aceita o "outro" (p. 268).

Não se dá prioridade à liberdade individual.

"Aquele foi eliminado."

"Não fique aí parado! A formação não deve ser desfeita."

"Não durmam, a formação não pode ser desfeita!"

Zzz...

"Estou sozinho e me sinto inseguro, entrarei no grupo!"

"Que formação bonita, eu também quero entrar!"

"Nosso grupo é maior e tem uma formação mais bonita que aquele outro grupo!"

O totalitarismo não inclui o outro, mas sem o outro não podemos afirmar nossa própria existência.

Os indivíduos que não conseguem suportar o vazio da solidão buscam um sentido de pertencimento e se deixam absorver facilmente pelo grupo.

Arendt crê que o **totalitarismo** é resultado do colapso da sociedade de classes e do surgimento de uma massa amorfa. A angústia e o vazio da solidão levam o ser humano a cultivar diferentes afiliações, visando alcançar um sentido de pertencimento. **Arendt** está convencida de que, se agirmos sem pensar, nos tornamos presa fácil de grupos ideológicos que se baseiam na distinção de etnia e raça.

A EXISTÊNCIA PRECEDE A ESSÊNCIA

SARTRE ▶ 232

Significado .... a essência do eu não é predeterminada, mas é criada pelo modo concreto de viver
Fonte .... *O existencialismo é um humanismo*
Conceitos relacionados .... existencialismo (p. 185), o ser humano está condenado a ser livre (p. 289)

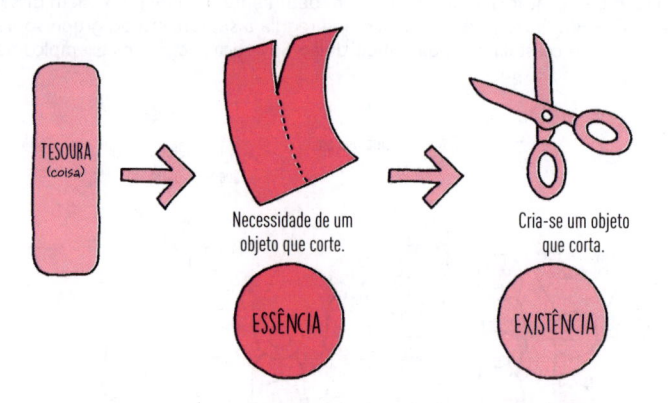

Os objetos têm, diante de tudo, uma essência (razão de existir).

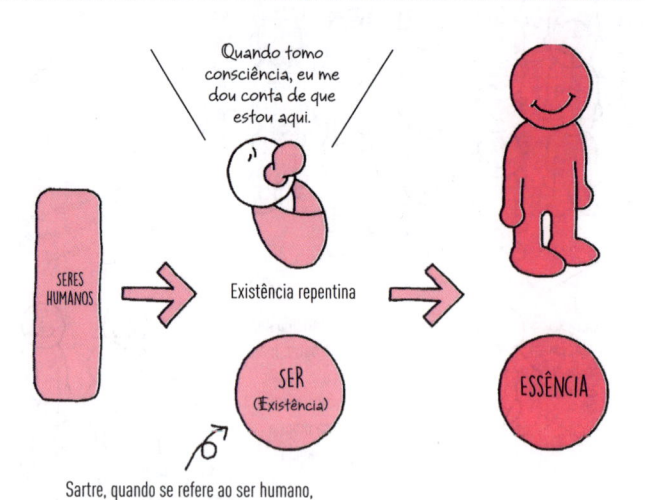

TESOURA (coisa) → Necessidade de um objeto que corte. (**ESSÊNCIA**) → Cria-se um objeto que corta. (**EXISTÊNCIA**)

Quando tomo consciência, eu me dou conta de que estou aqui.

SERES HUMANOS → Existência repentina — **SER** (Existência) → **ESSÊNCIA**

Sartre, quando se refere ao ser humano, chama-o de "existência".

A EXISTÊNCIA PRECEDE A ESSÊNCIA

Ao tomar consciência de si, o ser humano acessa a existência. Em seguida, deve criar por si mesmo sua própria essência. Ou seja, nos seres humanos, a existência precede a essência. Sartre afirma: "No princípio, o ser humano não é ninguém. Posteriormente, chega a se tornar um ser humano por si mesmo".

Sartre resume seu **existencialismo** (p. 185) com a expressão "a existência precede a essência". A existência antes mencionada é a dos seres humanos. Ele afirma também que a **essência** é a condição para que determinada coisa seja realmente uma coisa. Por exemplo, a **essência** da tesoura é "poder cortar". Na ausência dessas condições, a tesoura não teria **razão de ser** (**raison d'être**). As coisas têm em primeiro lugar a **essência** e, depois, a existência. No entanto, o ser humano existe quando toma consciência de sua existência. Por isso, deve criar por si mesmo sua própria essência em um momento posterior.

O SER HUMANO ESTÁ CONDENADO A SER LIVRE

Fonte .... *O existencialismo é um humanismo*
Nota .... o pensamento de Sartre, que situa a "subjetividade" do ser humano no centro da reflexão, perde sua influência com a irrupção do estruturalismo

▶ 232

SARTRE

As coisas não têm liberdade porque sua **razão de ser** (p. 288) é dada de antemão. O ser humano, por sua vez, pode construir livremente sua própria **razão de ser**. A liberdade da pessoa consiste em decidir o que ser ou o que fazer. A angústia e a responsabilidade geradas por essa liberdade impõem, com frequência, um grande fardo. **Sartre** expressa isso quando afirma que "o ser humano está condenado a ser livre".

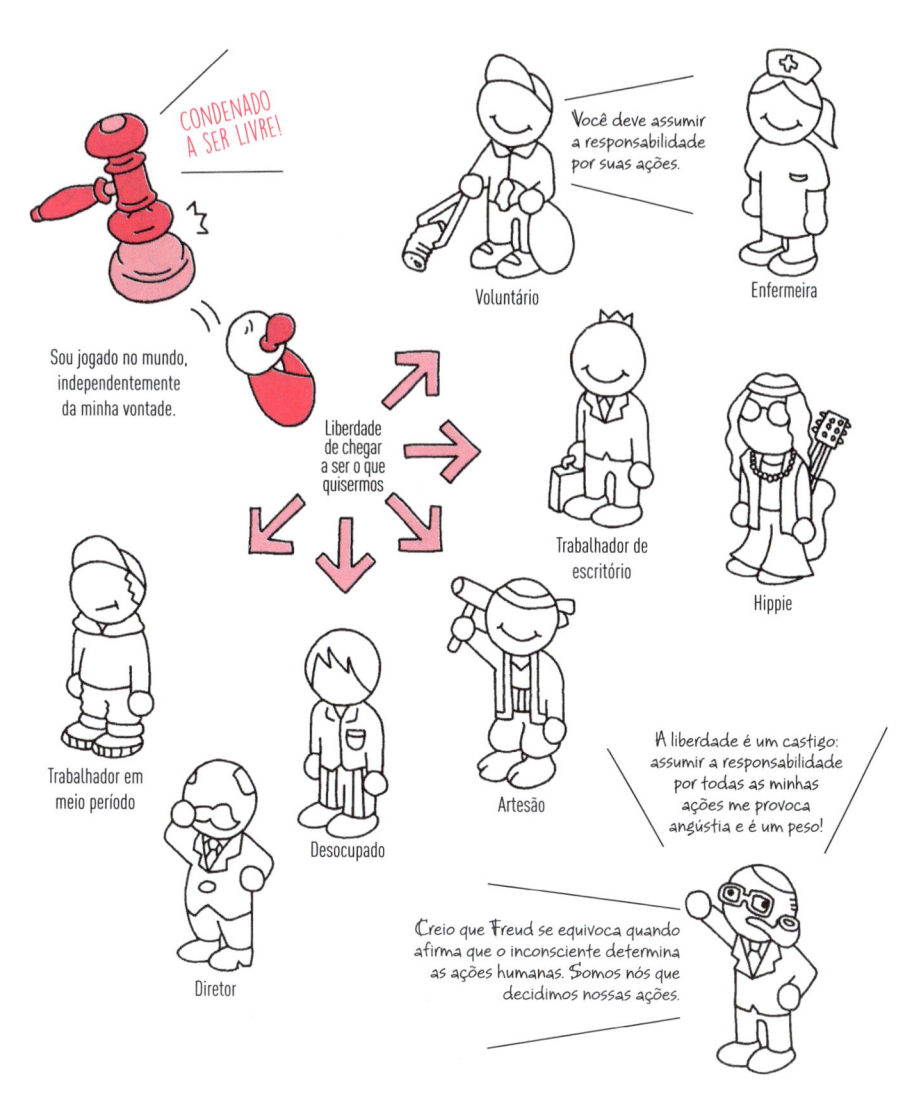

CONDENADO A SER LIVRE!

Sou jogado no mundo, independentemente da minha vontade.

Liberdade de chegar a ser o que quisermos

Você deve assumir a responsabilidade por suas ações.

Voluntário

Enfermeira

Trabalhador de escritório

Hippie

Trabalhador em meio período

Desocupado

Artesão

"A liberdade é um castigo: assumir a responsabilidade por todas as minhas ações me provoca angústia e é um peso!"

Diretor

"Creio que Freud se equivoca quando afirma que o inconsciente determina as ações humanas. Somos nós que decidimos nossas ações."

SER-EM-SI, SER-PARA-SI

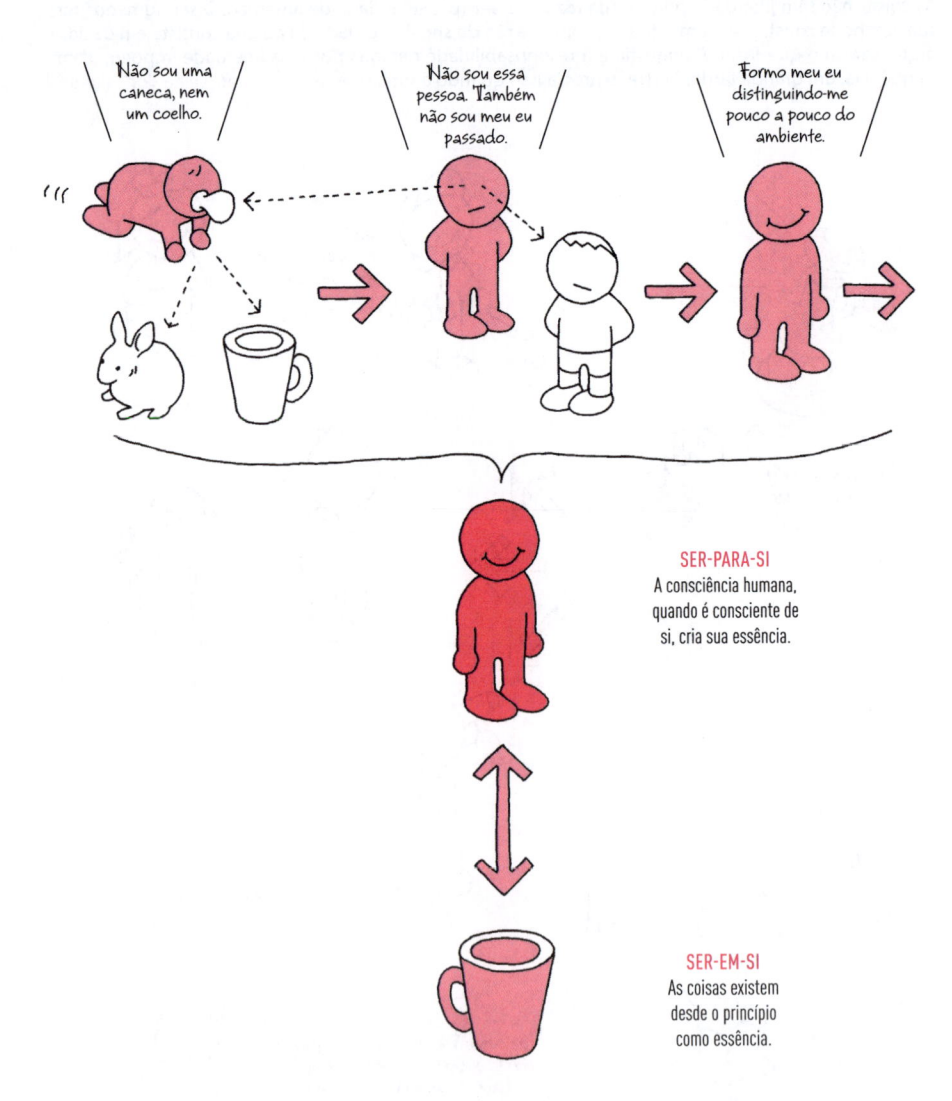

SARTRE ▶ 232

Obra representativa .... *O ser e o nada*
Conceitos relacionados .... método dialético (p. 174), a existência precede a essência (p. 288), *engagement* (p. 292)
Nota .... as expressões "em-si" e "para-si" são próprias do método dialético de Hegel. Sartre as reinterpreta e as aplica à sua reflexão

Não sou uma caneca, nem um coelho.

Não sou essa pessoa. Também não sou meu eu passado.

Formo meu eu distinguindo-me pouco a pouco do ambiente.

SER-PARA-SI
A consciência humana, quando é consciente de si, cria sua essência.

SER-EM-SI
As coisas existem desde o princípio como essência.

Para Sartre, o eu não é algo que existe desde o nascimento. Desde o princípio, existe unicamente a **consciência**. Esta, pouco a pouco, formará o **eu**, distinguindo-o da caneca e do resto dos objetos, do eu do passado e do eu das outras pessoas.

Desse modo, **Sartre** define o ser-para-si como o estado ideal do ser humano ("a existência precede a essência", p. 288), que vai construindo sua essência chamada "eu" enquanto leva em consideração a si mesmo ininterruptamente. Em oposição, chama de "ser-em-si" a existência fixada como essência desde o princípio, como aquela que caracteriza as coisas.

OS SERES HUMANOS (SER-PARA-SI) NÃO EXISTEM EM DETERMINADO LUGAR, E SIM EM OUTRA PARTE

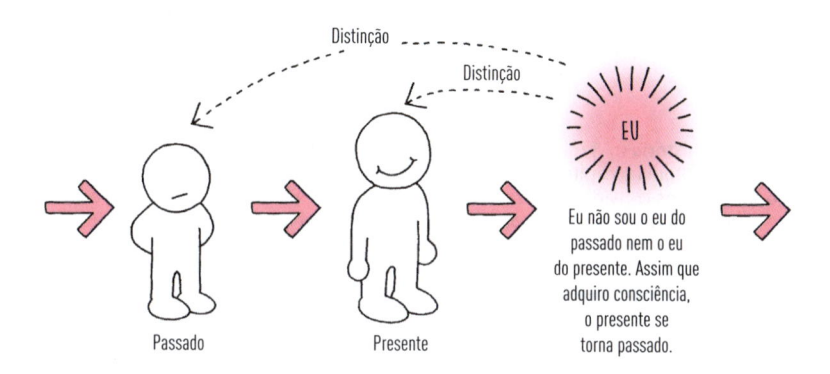

Distinção
Distinção

Passado Presente EU

Eu não sou o eu do passado nem o eu do presente. Assim que adquiro consciência, o presente se torna passado.

Além disso, o ser-para-si se distingue do eu do passado, mas também do eu do presente. Isso acontece porque, quando se adquire consciência de si mesmo, o eu já superou o presente. O ser humano, por viver na esfera do possível, não existe em determinado lugar (do passado ao presente), e sim em outra parte (futuro). A liberdade como possibilidade infinita provoca desassossego no ser humano. Sartre afirma que o ser humano, com frequência, tende a fugir dessa ansiedade encarnando o papel que lhe é atribuído pelos demais.

Sou garçom do Café de Flore.

Você está enganando a si mesmo.

Quando defino quem sou renunciando às minhas próprias possibilidades e encarnando o papel de "garçom" que os demais me impõem, coincido com o ser-em-si, coisificando-me. Além disso, o olhar do outro reforça minha interpretação. Por sua vez, meu olhar reforça também o papel que os demais interpretam.

ENGAGEMENT (ENGAJAMENTO)

▶ 232

Significado .... participação na vida política e social, compromisso ativo
Obra representativa .... *Situações*
Conceito relacionado .... a existência precede a essência (p. 288)
Nota .... costuma ser traduzido para o inglês como "commitment" (compromisso)

Hegel afirmava que a **história** (p. 176) avançava na direção ideal. **Marx** anunciou o nascimento de uma nova história que substituiria o capitalismo. O que aconteceria de fato? **Sartre** participa ativamente da vida política e social, e nos convida a realizar os ideais em primeira pessoa. A participação está condicionada pela sociedade à qual pertencemos, mas Sartre afirma que também somos nós mesmos que transformamos essa sociedade. Ele denomina "engagement" (engajamento) a participação ativa na vida política, na qual ele mesmo se envolve. Sua atividade política teve um grande impacto sobre os movimentos sociais em nível mundial.

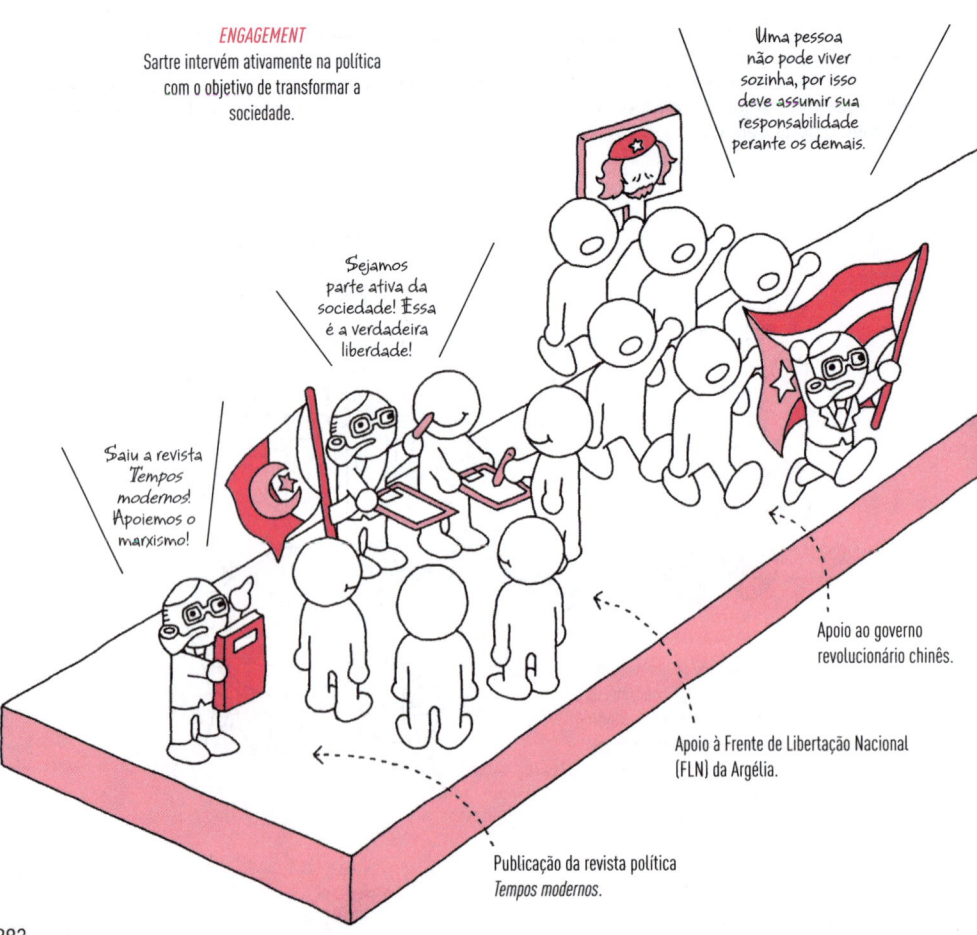

ENGAGEMENT
Sartre intervém ativamente na política com o objetivo de transformar a sociedade.

Uma pessoa não pode viver sozinha, por isso deve assumir sua responsabilidade perante os demais.

Sejamos parte ativa da sociedade! Essa é a verdadeira liberdade!

Saiu a revista Tempos modernos! Apoiemos o marxismo!

Apoio ao governo revolucionário chinês.

Apoio à Frente de Libertação Nacional (FLN) da Argélia.

Publicação da revista política *Tempos modernos*.

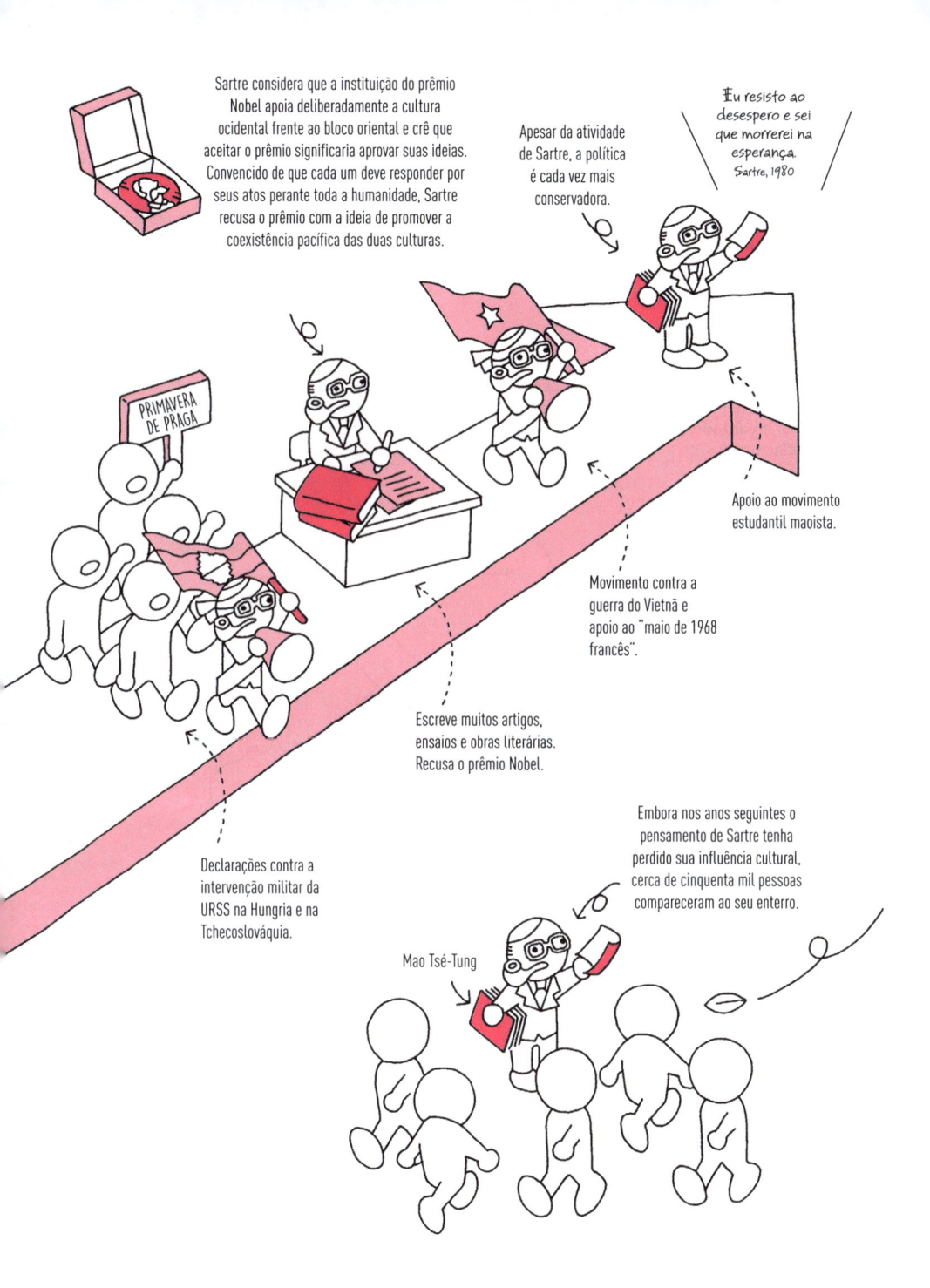

Sartre considera que a instituição do prêmio Nobel apoia deliberadamente a cultura ocidental frente ao bloco oriental e crê que aceitar o prêmio significaria aprovar suas ideias. Convencido de que cada um deve responder por seus atos perante toda a humanidade, Sartre recusa o prêmio com a ideia de promover a coexistência pacífica das duas culturas.

Apesar da atividade de Sartre, a política é cada vez mais conservadora.

Eu resisto ao desespero e sei que morrerei na esperança.
Sartre, 1980

PRIMAVERA DE PRAGA

Apoio ao movimento estudantil maoísta.

Movimento contra a guerra do Vietnã e apoio ao "maio de 1968 francês".

Escreve muitos artigos, ensaios e obras literárias. Recusa o prêmio Nobel.

Declarações contra a intervenção militar da URSS na Hungria e na Tchecoslováquia.

Embora nos anos seguintes o pensamento de Sartre tenha perdido sua influência cultural, cerca de cinquenta mil pessoas compareceram ao seu enterro.

Mao Tsé-Tung

No final de sua vida, com a irrupção do **estruturalismo** (p. 229), seu pensamento é objeto de uma exaustiva revisão crítica. No entanto, **Sartre** continua seu ativismo cultural e político até a morte, talvez porque para ele teria sido um fardo insuportável faltar com sua responsabilidade para com a liberdade dos demais e calar-se diante dos excessos da sociedade.

ESQUEMA CORPORAL

MERLEAU-PONTY ▶232

Significado .... o corpo responde às mudanças que se dão na situação
Obra representativa .... *Fenomenologia da percepção*
Nota .... sua teoria do corpo recebe a influência da fenomenologia de Husserl

Quando andamos de bicicleta, e sem que estejamos conscientes disso, as mãos no guidão e os pés sobre os pedais respondem de maneira autônoma às características do caminho e aos obstáculos com os quais nos deparamos. Segundo Merleau-Ponty, isso é possível porque o corpo e seus membros possuem uma **vontade autônoma**, que é independente da consciência, e porque os membros do corpo, inter-relacionados, criam um esquema do movimento: o **esquema corporal**.

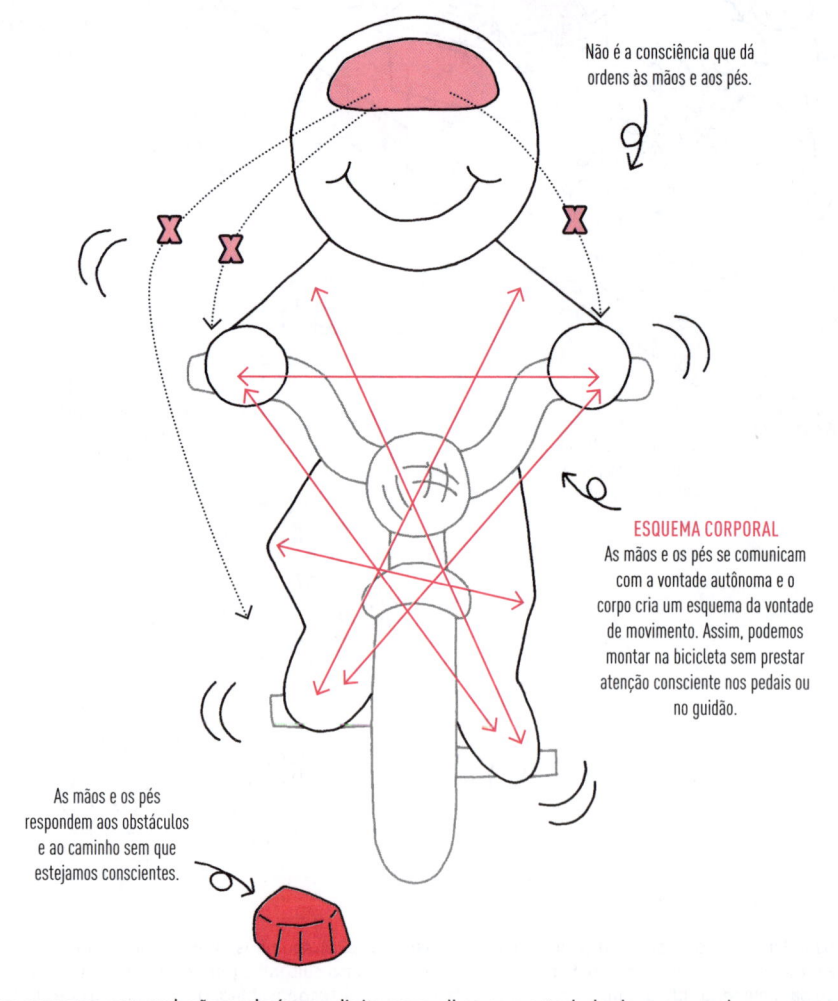

Não é a consciência que dá ordens às mãos e aos pés.

ESQUEMA CORPORAL
As mãos e os pés se comunicam com a vontade autônoma e o corpo cria um esquema da vontade de movimento. Assim, podemos montar na bicicleta sem prestar atenção consciente nos pedais ou no guidão.

As mãos e os pés respondem aos obstáculos e ao caminho sem que estejamos conscientes.

Sem o esquema corporal, não poderíamos digitar sem olhar para o teclado do computador, nem tocar um instrumento musical; nem sequer poderíamos caminhar.

As pessoas que perderam uma perna por causa de um acidente tentam "usá-la" inconscientemente, mesmo tendo consciência de que ela não está mais ali. Isso ocorre porque elas ainda não atualizaram o esquema do próprio corpo. Assim que criarem um esquema que inclua uma muleta, serão capazes de caminhar corretamente.

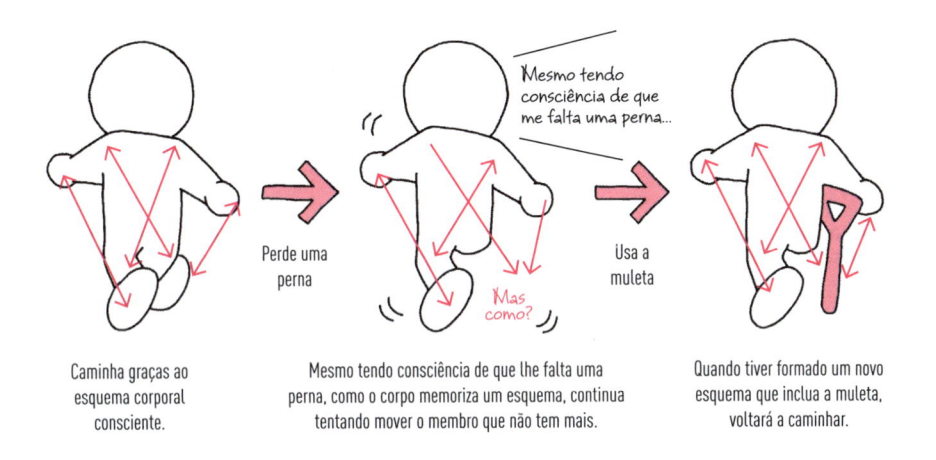

Caminha graças ao esquema corporal consciente.	Mesmo tendo consciência de que lhe falta uma perna, como o corpo memoriza um esquema, continua tentando mover o membro que não tem mais.	Quando tiver formado um novo esquema que inclua a muleta, voltará a caminhar.

Disso se deduz que o esquema corporal inclui não só partes de nosso corpo, como também instrumentos e elementos externos, como as muletas, e tudo que nos rodeia e que utilizamos. Merleau-Ponty afirma que é precisamente por meio do nosso **corpo** que nos conectamos com as coisas e com o mundo; é nosso corpo que nos conecta com os demais.

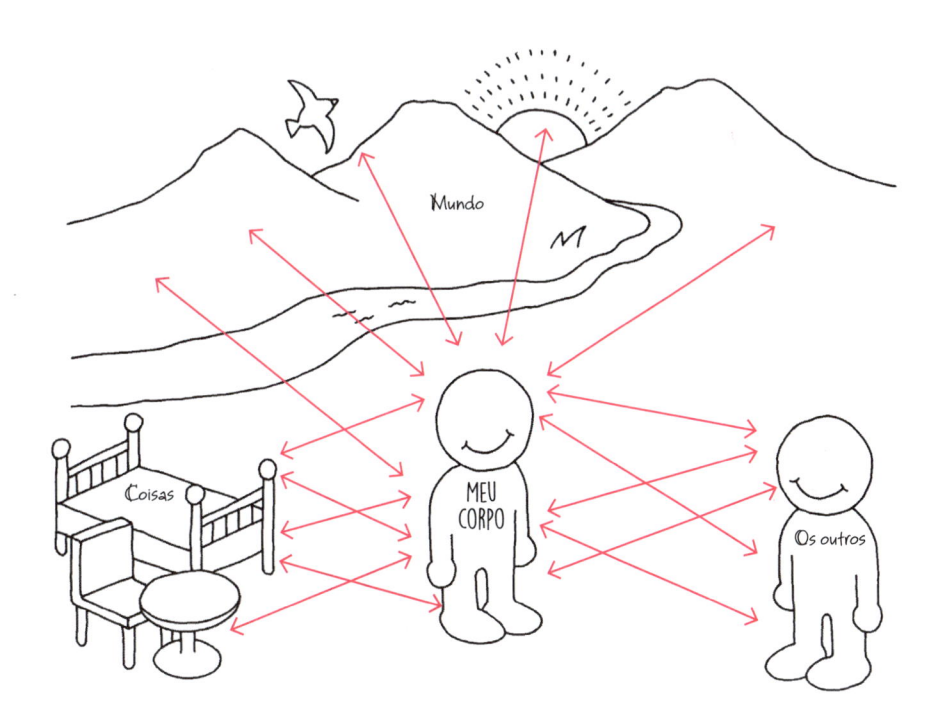

O mundo e eu estamos conectados pelo esquema corporal. Quando perdemos pessoas ou coisas importantes, leva um tempo para reorganizarmos o esquema corporal firme e complexo que existia antes.

O CORPO

Obra representativa .... *O visível e o invisível*
Conceito relacionado .... o esquema corporal (p. 294)
Nota .... conceito central na última fase do pensamento de
Merleau-Ponty, frequentemente condensado na expressão "do corpo à carne"

Eu sou minha **consciência**, meu **corpo** não sou eu e eu o considero um objeto (p. 133) do mundo à minha volta: essa é a ideia da filosofia moderna desde **Descartes** (dualismo mente-corpo, p. 114).

DUALISMO MENTE-CORPO DE DESCARTES

Descartes: eu sou minha consciência, não meu corpo. O corpo é um objeto como os objetos do mundo à minha volta.

Mas a consciência está no corpo. A consciência não vive no céu e não existiria se não existisse o corpo. A partir dessas considerações, **Merleau-Ponty** conclui que o corpo é **dual**: ao mesmo tempo objeto e **sujeito**.

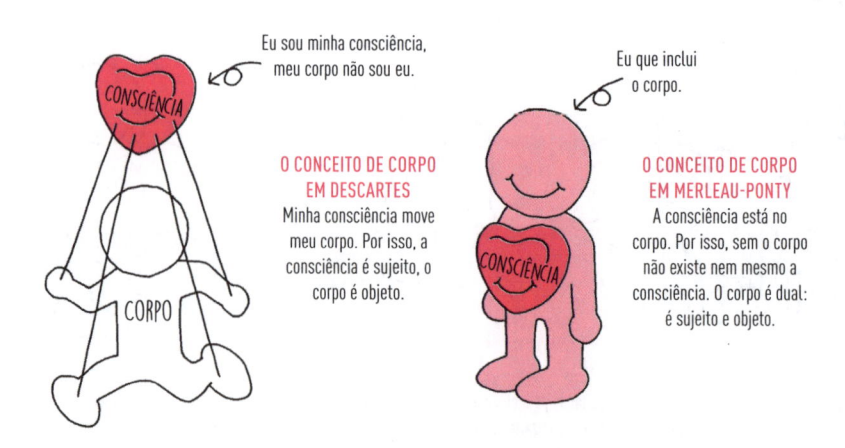

Eu sou minha consciência, meu corpo não sou eu.

O CONCEITO DE CORPO EM DESCARTES

Minha consciência move meu corpo. Por isso, a consciência é sujeito, o corpo é objeto.

Eu que inclui o corpo.

O CONCEITO DE CORPO EM MERLEAU-PONTY

A consciência está no corpo. Por isso, sem o corpo não existe nem mesmo a consciência. O corpo é dual: é sujeito e objeto.

Quando vemos ou tocamos uma maçã, para nós a maçã é um objeto. Mas o olho que vê a maçã e a mão que a toca (o olho e a mão são partes do corpo) não são objetos, e sim sujeitos. Mais que isso, o olho que vê os outros é, ao mesmo tempo, visto por eles; e, quando damos a mão a alguém, apertamos a mão do outro e ao mesmo tempo o outro aperta a nossa mão.

DESDE QUE COMEÇA A EXISTIR, O CORPO É AO MESMO TEMPO SUJEITO E OBJETO

Quando vemos ou tocamos uma maçã, ela é um objeto; no entanto, o olho e a mão são sujeitos do meu eu.

Meu olho vê e ao mesmo tempo é visto. Do mesmo modo, esta mão aperta e é apertada. O corpo é tanto objeto como sujeito.

Merleau-Ponty descreve o corpo como algo que **"sente como um sujeito e é sentido como um objeto"**. Precisamente por existir o corpo podemos tocar o mundo e ser tocados. Nossa consciência se une ao mundo por meio do corpo. Merleau-Ponty chama de "corpo" aquilo que nos conecta com o mundo.

JÁ QUE MEU CORPO EXISTE, POSSO ENTRAR EM CONTATO COM O "CORPO" DO MUNDO

Quando meu corpo toca o outro, é ao mesmo tempo tocado pelo outro.

Quando meu corpo põe um pé na terra, é ao mesmo tempo acolhido pela terra.

Quando meus olhos veem o mundo, sou ao mesmo tempo visto pelo mundo.

ESTRUTURALISMO

▶ 235

Significado .... corrente de pensamento que afirma que o comportamento dos seres humanos é determinado pela estrutura da sociedade e pela cultura à qual pertencem

Exemplos .... Lévi-Strauss, Roland Barthes, o "primeiro Foucault"

Sartre afirmava que o ser humano, sendo livre, deveria agir por iniciativa própria. No entanto, **Lévi-Strauss** pensa diferente.

"Agimos por iniciativa própria!" — Sartre

"O ser humano pode agir por iniciativa própria?" — Lévi-Strauss

Lévi-Strauss crê que tanto o pensamento como as ações dos seres humanos são governados pela **estrutura** social e cultural que está na base da sociedade à qual pertencem. Ele chega a essa convicção aplicando a **linguística** de **Saussure** (a arbitrariedade do signo, p. 244) à antropologia.

LINGUÍSTICA DE SAUSSURE (p. 244)

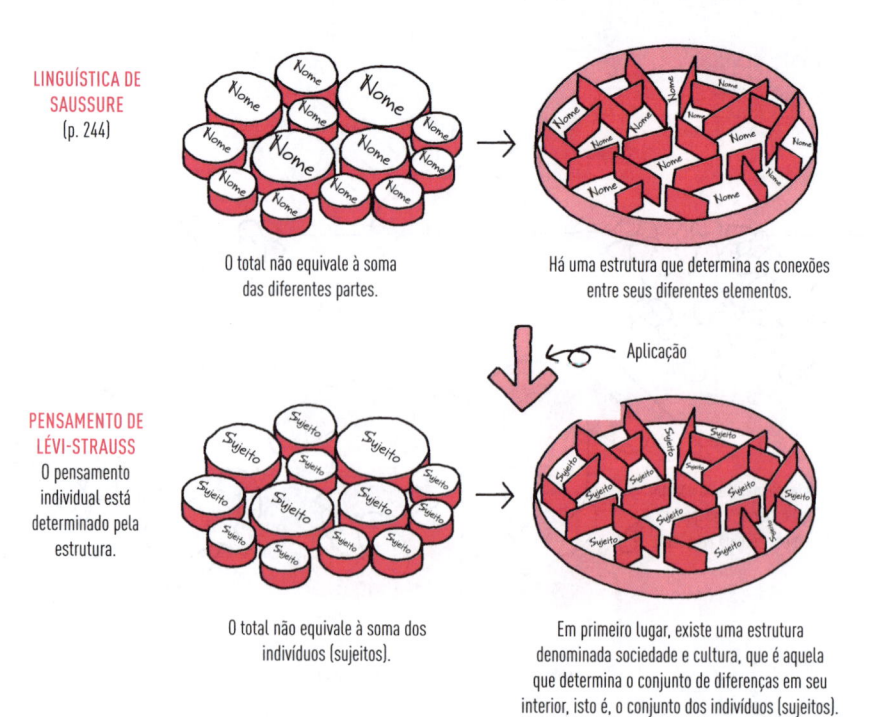

O total não equivale à soma das diferentes partes.

Há uma estrutura que determina as conexões entre seus diferentes elementos.

Aplicação

PENSAMENTO DE LÉVI-STRAUSS
O pensamento individual está determinado pela estrutura.

O total não equivale à soma dos indivíduos (sujeitos).

Em primeiro lugar, existe uma estrutura denominada sociedade e cultura, que é aquela que determina o conjunto de diferenças em seu interior, isto é, o conjunto dos indivíduos (sujeitos).

Desse modo, a subjetividade humana é determinada pela **estrutura**. **Lévi-Strauss** criticou o conceito de subjetividade elaborado por Sartre, qualificando-o como um exemplo da mentalidade antropocêntrica ocidental.

Lévi-Strauss entrou em contato direto com uma tribo selvagem para estudar a relação entre os seres humanos e a estrutura social.

Como antropólogo cultural, estudou a estrutura que regula o comportamento humano convivendo com diferentes tribos. Assim, por exemplo, na prática comum do intercâmbio de mulheres entre diferentes populações, Lévi-Strauss localiza uma **estrutura** comum a toda a humanidade: **a proibição do casamento entre consanguíneos**.

O comportamento humano é governado pela estrutura. Se o observamos de uma única perspectiva (sociedade A), não somos conscientes disso. Existem costumes relativos ao casamento tanto no Ocidente como no Oriente, mas não somos plenamente conscientes de seu significado autêntico.

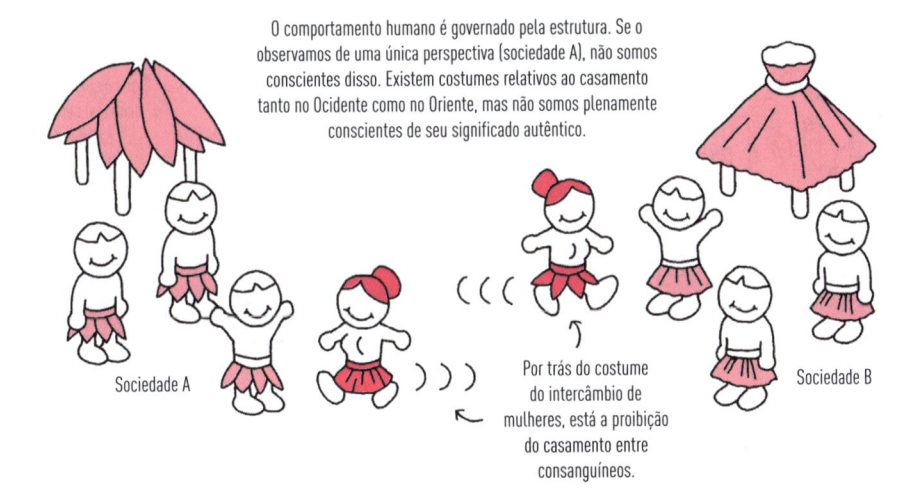

Sociedade A

Por trás do costume do intercâmbio de mulheres, está a proibição do casamento entre consanguíneos.

Sociedade B

Os membros de cada sociedade desconhecem o significado do costume de intercambiar mulheres porque o consideram exclusivamente a partir do seu ponto de vista. **Lévi-Strauss** insiste na necessidade de analisarmos as coisas sempre com uma **lógica binária** (p. 318). Denomina **"estruturalismo"** o pensamento que interpreta o significado dos fenômenos a partir da **estrutura** (social e cultural) a que pertencem.

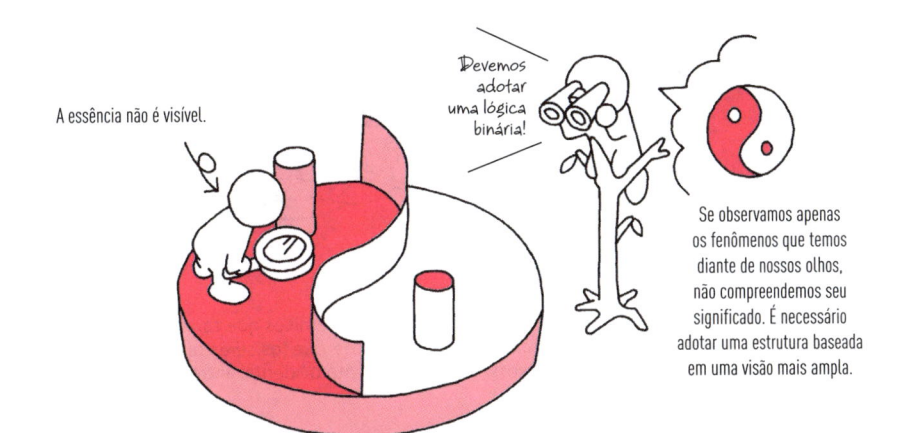

A essência não é visível.

Devemos adotar uma lógica binária!

Se observamos apenas os fenômenos que temos diante de nossos olhos, não compreendemos seu significado. É necessário adotar uma estrutura baseada em uma visão mais ampla.

PENSAMENTO SELVAGEM

▶ 235

Significado .... lógica inconsciente presente nas sociedades iletradas
Obra representativa .... *O pensamento selvagem*
Conceito relacionado .... estruturalismo (p. 298)
Conceitos antônimos .... pensamento educado e culto, pensamento civilizado, pensamento científico

LÉVI-STRAUSS

Sartre evidencia a importância de ser parte ativa da sociedade e de fazer a história avançar (*engagement*, p. 292). Mas **Lévi-Strauss** não tem a mesma opinião.

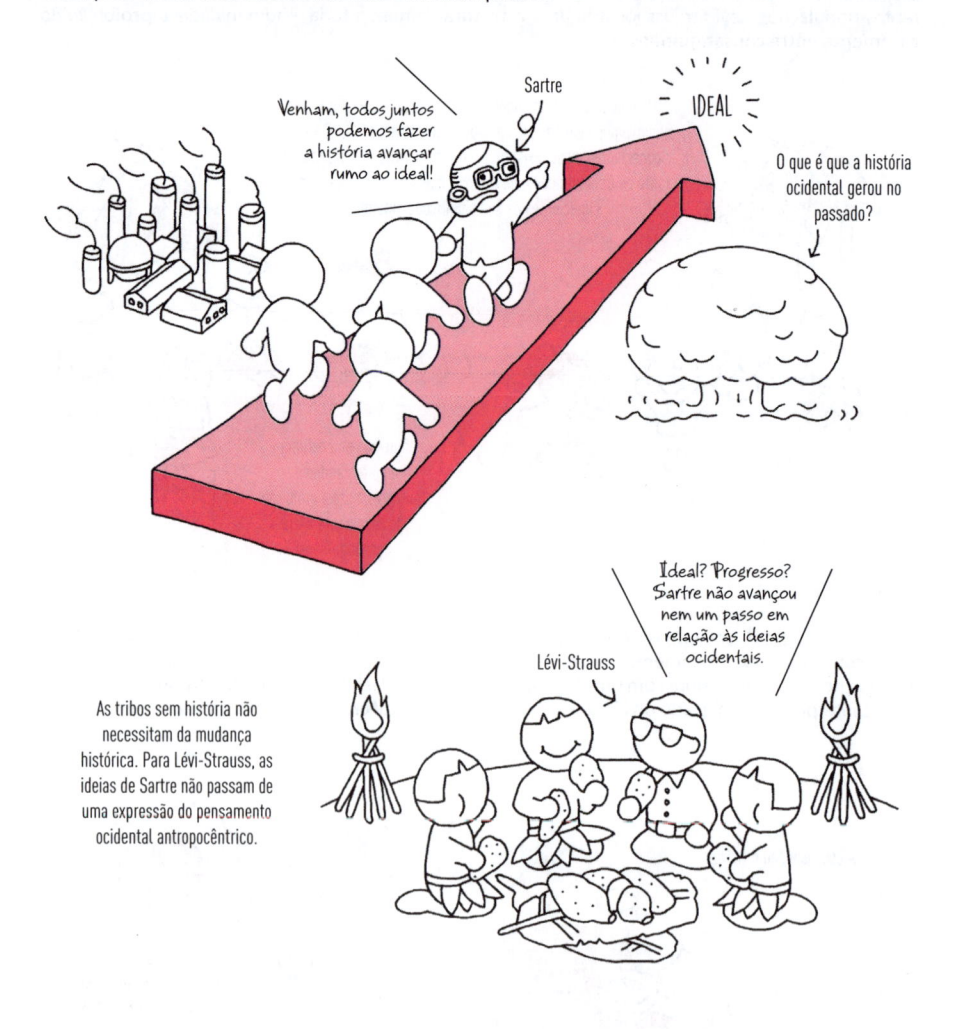

Venham, todos juntos podemos fazer a história avançar rumo ao ideal!

Sartre

IDEAL

O que é que a história ocidental gerou no passado?

As tribos sem história não necessitam da mudança histórica. Para Lévi-Strauss, as ideias de Sartre não passam de uma expressão do pensamento ocidental antropocêntrico.

Ideal? Progresso? Sartre não avançou nem um passo em relação às ideias ocidentais.

Lévi-Strauss

Para **Lévi-Strauss**, antropólogo cultural que viveu com grupos étnicos que carecem da noção de "história", como os Bororo e os Kariera, a afirmação de Sartre de que "os seres humanos progridem na direção correta" se revela como uma expressão do pensamento ocidental antropocêntrico.

Lévi-Strauss afirma que, enquanto os ocidentais constroem objetos baseando-se em projetos predefinidos, as tribos selvagens o fazem colocando em prática uma atividade de **bricolagem**, que utiliza materiais ao alcance da mão com a intenção de criar algo novo. A bricolagem não é, de maneira alguma, uma ideia infantil, e sim um modo muito lógico e razoável de manter a sustentabilidade ambiental e a estabilidade social. **Lévi-Strauss** denomina "**pensamento selvagem**" essa concepção, em contraposição ao **pensamento da civilização ocidental (pensamento científico)**.

PENSAMENTO CIVILIZADO
Pensamento ocidental equiparável ao trabalho de um engenheiro que constrói um sistema seguindo um projeto. Considerando que age em função do futuro, a história muda (progride?) continuamente.

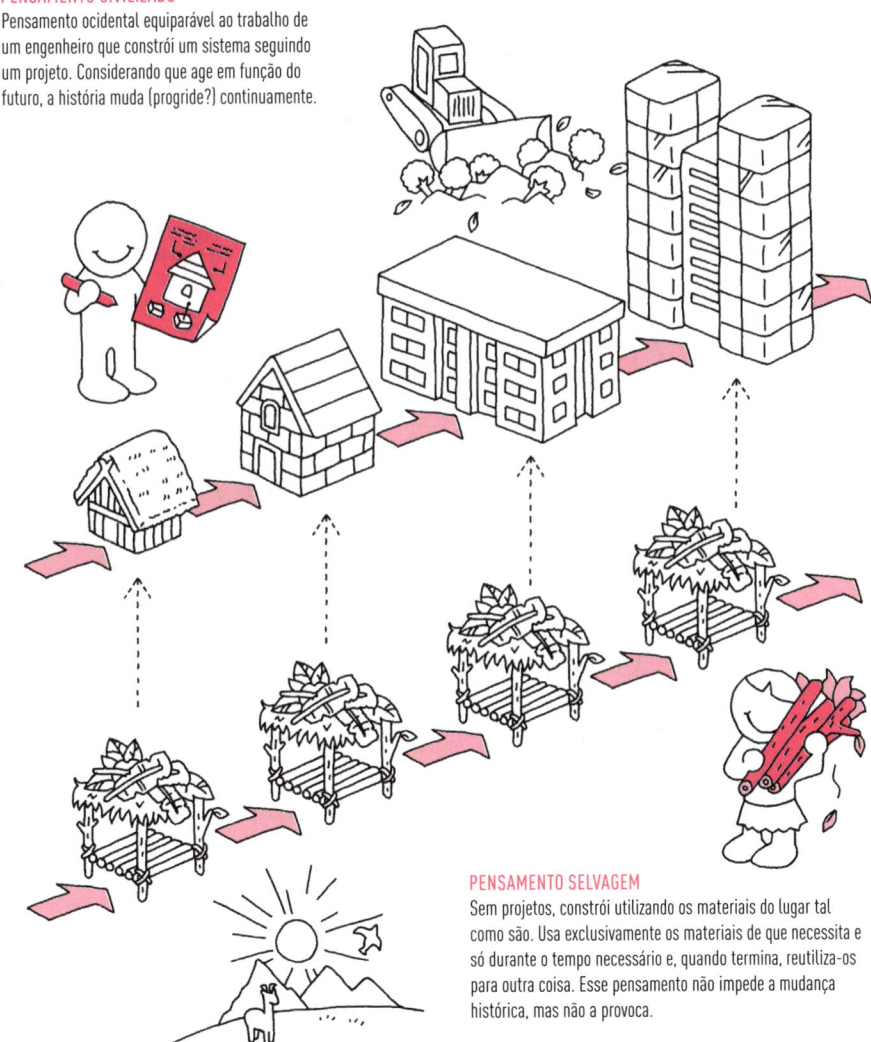

PENSAMENTO SELVAGEM
Sem projetos, constrói utilizando os materiais do lugar tal como são. Usa exclusivamente os materiais de que necessita e só durante o tempo necessário e, quando termina, reutiliza-os para outra coisa. Esse pensamento não impede a mudança histórica, mas não a provoca.

O **pensamento civilizado** causa hoje enormes danos ambientais e produziu as armas nucleares. É importante para o **pensamento selvagem** rechaçar inconscientemente o progresso da civilização (história) por meio da ideia de bricolagem. Segundo **Lévi-Strauss**, quando pensamos em qualquer coisa sem adotar uma única perspectiva, mas aplicando um método estrutural (estruturalismo, p. 299), torna-se evidente que o **pensamento selvagem** e o **pensamento civilizado** devem se complementar.

LIBERALISMO

▶ 238

RAWLS

Nota .... o termo "liberalismo" poderia facilmente ser mal-interpretado. Hoje em dia, nos Estados Unidos, o pensamento liberal é o que se preocupa em promover políticas públicas em favor do bem-estar das classes mais desfavorecidas por meio da redistribuição da riqueza

Da posição **liberal** defendida por **Rawls**, o **utilitarismo** (p. 191), que contempla a possibilidade de que os indivíduos devam se sacrificar pelo bem da sociedade, não representa uma concepção adequada da **justiça**. Precisamente, para evitar o problema ético do **utilitarismo** (sua indiferença para com a individualidade), todos deveríamos nos colocar sob o **véu da ignorância**, entendido como um requisito que serve para ocultar as características pessoais – desconheço se sou homem ou mulher, branco, negro ou asiático, se tenho um corpo saudável ou se sou vulnerável –, para refletir de maneira imparcial, a partir de considerações gerais, sobre qual sociedade devemos construir para que ela seja justa.

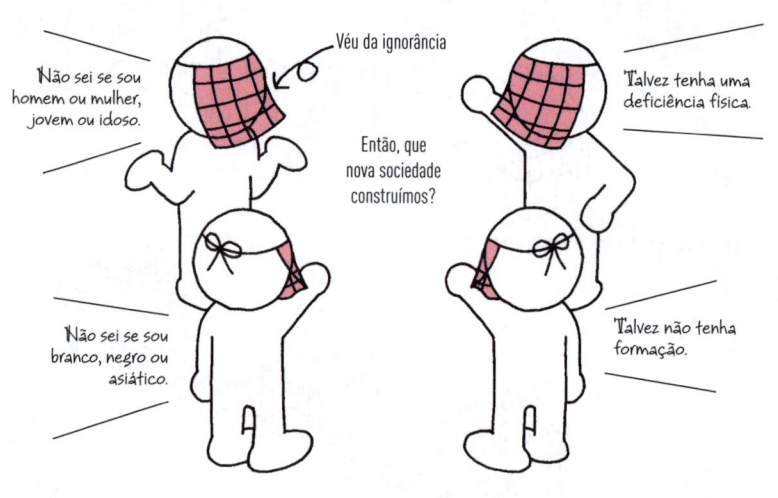

Véu da ignorância

Não sei se sou homem ou mulher, jovem ou idoso.

Talvez tenha uma deficiência física.

Então, que nova sociedade construímos?

Não sei se sou branco, negro ou asiático.

Talvez não tenha formação.

Devemos nos cobrir com o véu da ignorância, isto é, deixar de lado nossas particularidades pessoais e entrar em acordo para criar uma sociedade na qual todos possamos desenvolver nossa própria autoestima.

Rawls afirma que são três os princípios que devemos seguir para estabelecer uma verdadeira justiça social. O primeiro é **o princípio das liberdades fundamentais**: as liberdades pessoais devem ser garantidas sempre.

1. PRINCÍPIO DAS LIBERDADES FUNDAMENTAIS
A liberdade de consciência, de pensamento e de opinião é garantida a todos por igual.

O segundo é **o princípio da igualdade de oportunidades**. Embora existam desigualdades econômicas, deve-se garantir que a competição pelas posições sociais ocorra em condições de igualdade de oportunidades.

2. PRINCÍPIO DA IGUALDADE DE OPORTUNIDADES

Embora existam desigualdades econômicas, é necessário garantir uma competição social com igualdade de oportunidades.

Contudo, quem tem deficiência física, sofre discriminação ou se encontra em situação de desvantagem pode participar da mesma maneira na livre competição social? Rawls introduz como terceiro princípio **o princípio da diferença**, de que as desigualdades geradas pela competição social devem ser reguladas com o objetivo de melhorar a vida das pessoas menos favorecidas.

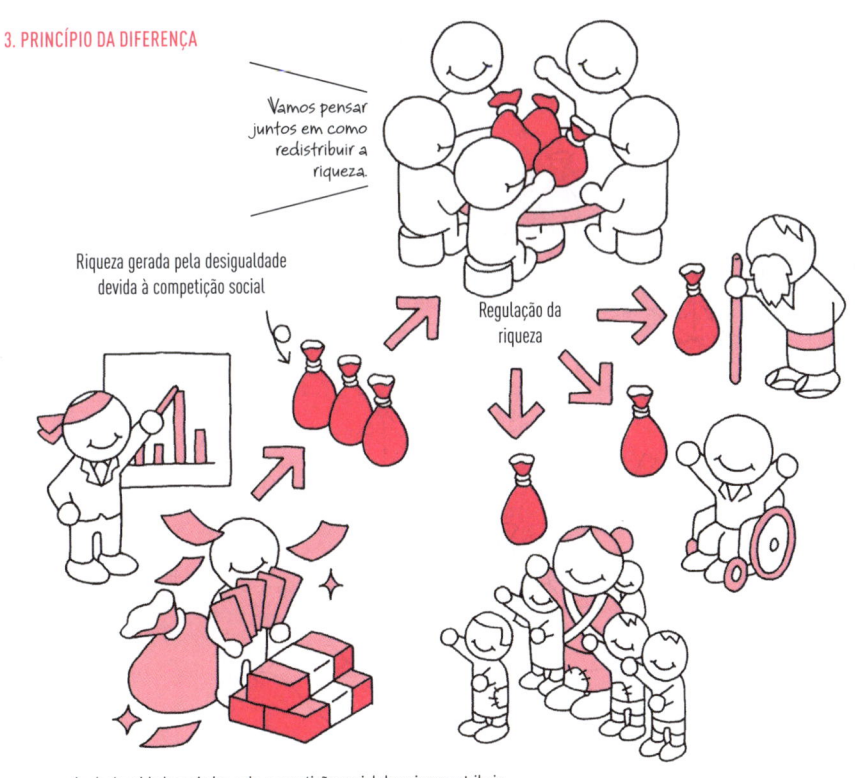

3. PRINCÍPIO DA DIFERENÇA

Vamos pensar juntos em como redistribuir a riqueza.

Riqueza gerada pela desigualdade devida à competição social

Regulação da riqueza

As desigualdades criadas pela competição social deveriam contribuir para melhorar a vida das pessoas menos favorecidas.

LIBERTARISMO

▶239

NOZICK

Significado .... posição que considera a liberdade espiritual e econômica do indivíduo como suprema
Exemplos .... Nozick, von Hayek, Friedman
Nota .... muitos aspectos dessa teoria coincidem com o neoliberalismo

Nozick critica o **liberalismo** (p. 302) por defender a redistribuição da riqueza, já que esta confere ao Estado um poder excessivo. Para Nozick, a única forma de Estado legítima é o **Estado mínimo**, que se limita a impedir os atos de agressão e de violência. Sua sociedade ideal é a que garante o bem-estar por meio dos serviços ao cidadão. Essa teoria política é denominada "**libertarismo**" (concepção radical do liberalismo econômico).

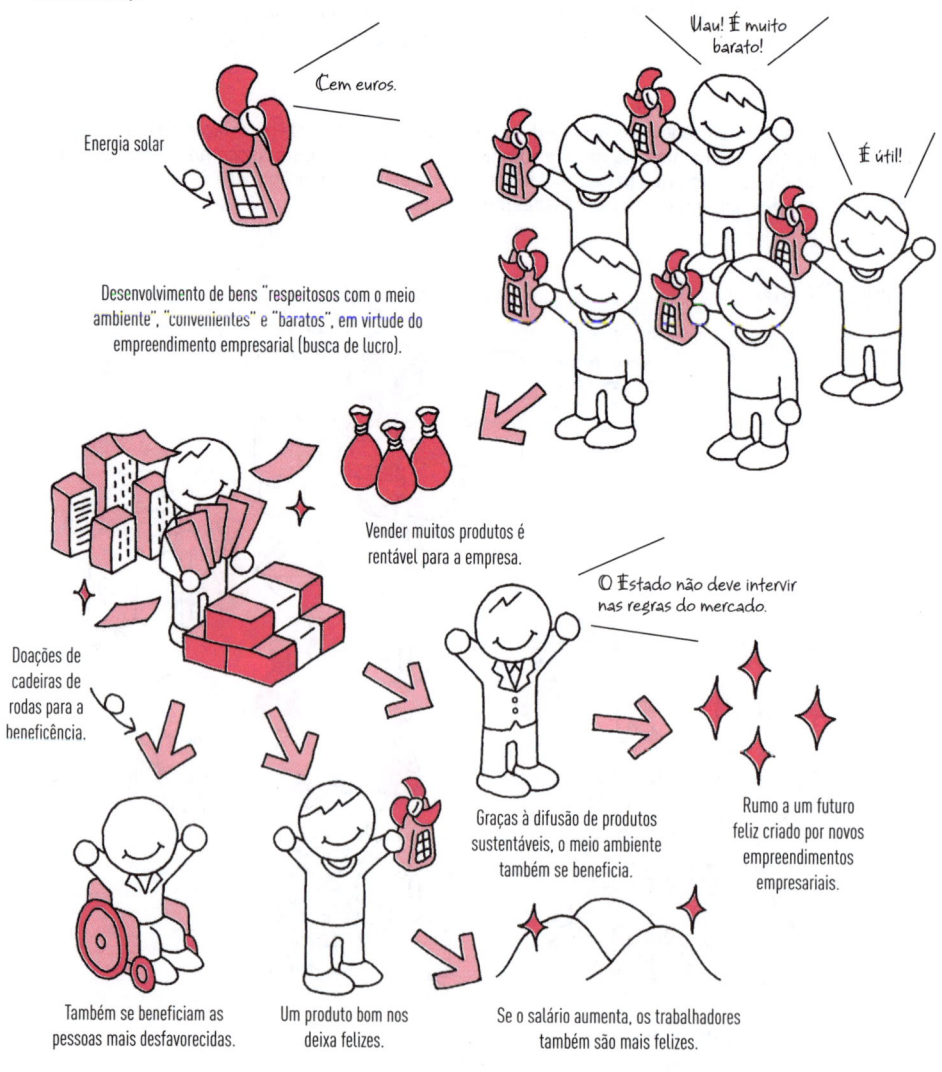

Energia solar

Cem euros.

Uau! É muito barato!

É útil!

Desenvolvimento de bens "respeitosos com o meio ambiente", "convenientes" e "baratos", em virtude do empreendimento empresarial (busca de lucro).

Vender muitos produtos é rentável para a empresa.

O Estado não deve intervir nas regras do mercado.

Doações de cadeiras de rodas para a beneficência.

Graças à difusão de produtos sustentáveis, o meio ambiente também se beneficia.

Rumo a um futuro feliz criado por novos empreendimentos empresariais.

Também se beneficiam as pessoas mais desfavorecidas.

Um produto bom nos deixa felizes.

Se o salário aumenta, os trabalhadores também são mais felizes.

COMUNITARISMO

Significado .... posição que ressalta a importância da identidade e dos valores de uma comunidade
Exemplos .... McIntyre, Sandel
Nota .... o comunitarismo

O pensamento de **Sandel** se associa ao comunitarismo, uma corrente filosófica que se opõe ao **liberalismo** (p. 302) e ao **libertarismo** (p. 304). O comunitarismo considera que a ética e os costumes (éthos p. 66) são os elementos fundamentais de uma comunidade. Os seres humanos desenvolvem a própria individualidade sob influência do ambiente e das pessoas junto às quais crescem. Segundo Sandel, a proposta de **Rawls** de ignorar a história e as circunstâncias pessoais de cada indivíduo para buscar os princípios da justiça por meio do **véu da ignorância** (p. 302) é uma ideia abstrata demais.

"Poderia também não ser branco, nem ser endinheirado. O que mais amo no mundo é o lugar em que nasci e as pessoas que me rodeiam!"

Valores que não podem ser abstraídos com o véu da ignorância (p. 302).

Sandel considera que devemos viver valorizando a ética e os costumes da própria comunidade. Não podemos pensar que a identidade seja algo separado do ambiente no qual crescemos e das pessoas com as quais vivemos.

Regras para a coleta seletiva.

Instruções para as tarefas de limpeza.

Regras que proíbem o uso de calçado.

Nos centros de acolhimento para os evacuados do grande terremoto da cidade japonesa de Tohoku, todos agiram respeitando as regras da própria comunidade. Sandel viu nessa circunstância um exemplo concreto do espírito comunitário.

PÓS-ESTRUTURALISMO

▶ 237

Significado .... corrente filosófica que surge depois do estruturalismo francês
Exemplos .... Derrida, Deleuze, "o último Foucault"
Nota .... o pós-estruturalismo não é uma corrente homogênea; acolhe pensadores muito diferentes entre si

DERRIDA

A filosofia ocidental, desde o pensamento da Antiga Grécia até o **estruturalismo** (p. 299), caracterizou-se por um único método: "A essência de x consiste em…". A reflexão sobre esse ponto de vista, considerado rígido – unida ao pensamento do "último **Foucault**", de **Derrida** e de **Deleuze**, que exploram uma nova forma de filosofia –, é chamada **pós-estruturalismo** (em que "pós" não indica apenas uma sucessão cronológica em relação ao estruturalismo, mas também sua superação teórica).

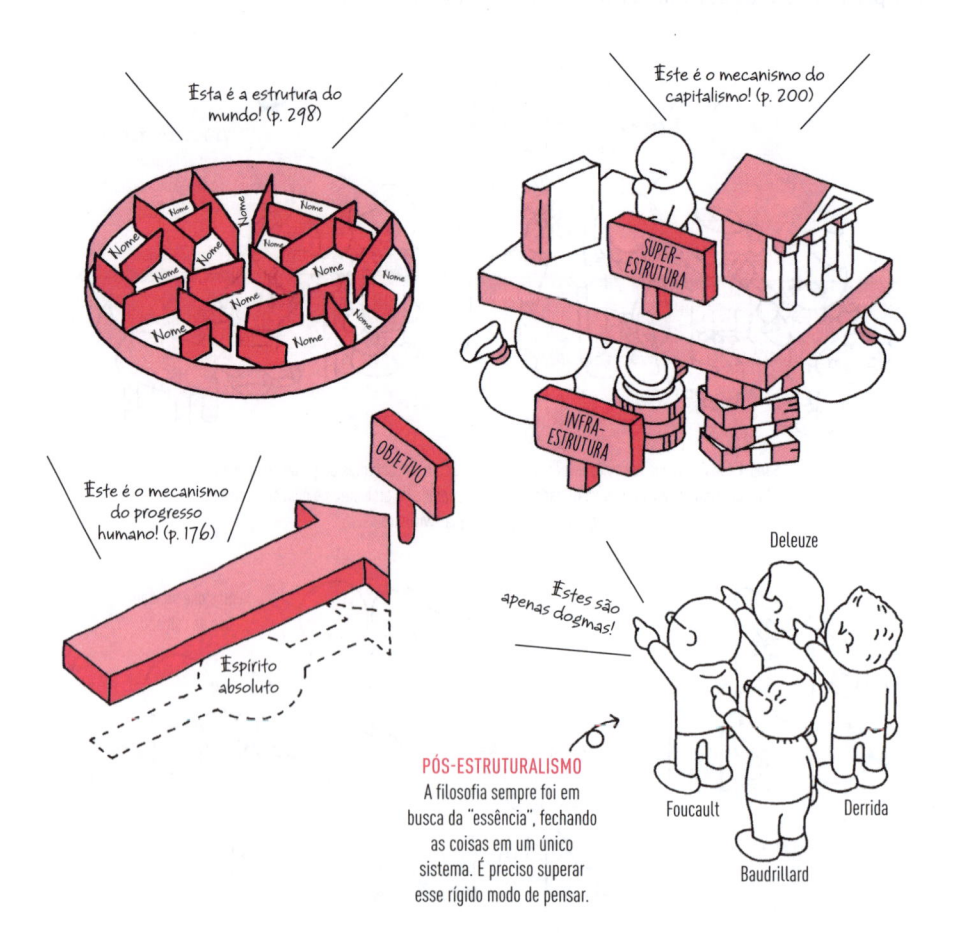

Esta é a estrutura do mundo! (p. 298)

Este é o mecanismo do capitalismo! (p. 200)

SUPER-ESTRUTURA

INFRA-ESTRUTURA

Este é o mecanismo do progresso humano! (p. 176)

OBJETIVO

Espírito absoluto

Estes são apenas dogmas!

Deleuze

Foucault

Derrida

Baudrillard

PÓS-ESTRUTURALISMO
A filosofia sempre foi em busca da "essência", fechando as coisas em um único sistema. É preciso superar esse rígido modo de pensar.

Não existe uma única versão do **pós-estruturalismo**, mas diferentes perspectivas unidas na tentativa de superar a filosofia ocidental.

PÓS-MODERNO

Obra representativa .... *A condição pós-moderna*
Nota .... o termo "pós-moderno" nasce no contexto da arquitetura. Em contraposição ao modernismo, orientado para a racionalidade e a funcionalidade, a arquitetura pós-moderna insiste na recuperação da ornamentação e da variedade

A modernidade, que encontra sua máxima expressão teórica no pensamento totalizante de **Hegel** e de **Marx** (história, p. 176; materialismo histórico, p. 203), baseia-se na ideia de progresso dos seres humanos em seu conjunto. Lyotard define a modernidade como a época dos **grandes relatos**.

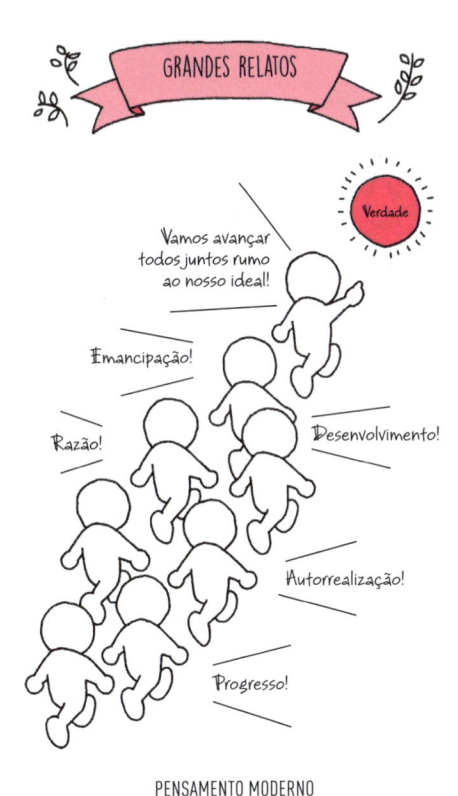

PENSAMENTO MODERNO
A era moderna desenvolveu e difundiu um "grande relato": o homem alcança a felicidade com o desenvolvimento da ciência e da tecnologia.

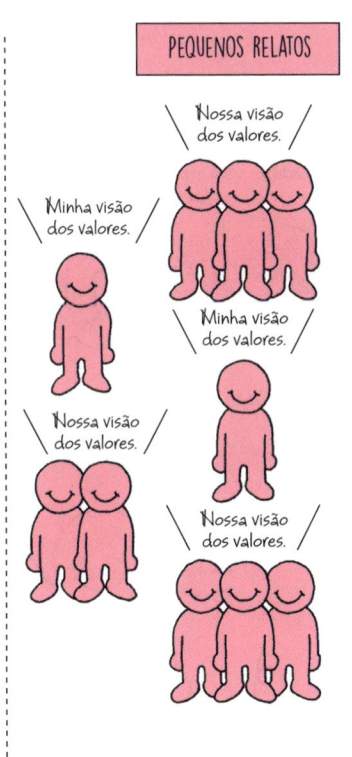

PENSAMENTO PÓS-MODERNO
Na era contemporânea, não existe um "grande relato" universal: devemos coexistir reconhecendo a existência de valores diversos.

No entanto, agora que foram descobertos os erros da civilização moderna, como o desenvolvimento das armas nucleares e a destruição ambiental em grande escala, o tempo dos **grandes relatos** está chegando ao fim. A era contemporânea reconhece a existência de uma pluralidade de valores com a qual aspira a conviver. **Lyotard** denomina esse período de **"pós-modernidade"**.

307

LÓGICA DA DIFERENCIAÇÃO

▶ 238

BAUDRILLARD

Obra representativa .... *A sociedade de consumo*
Conceitos relacionados .... pós-modernidade (p. 307), simulacro (p. 310)
Nota .... *A sociedade de consumo*, de Baudrillard, é uma obra muito lida também pelos especialistas em marketing

Baudrillard ressalta de que modo, nas sociedades consumistas dos países desenvolvidos, as pessoas escolhem os bens (não só os objetos, mas também a cultura, os serviços etc.) como **símbolos** (informações) que estabelecem uma **diferenciação** entre si mesmas e os demais.

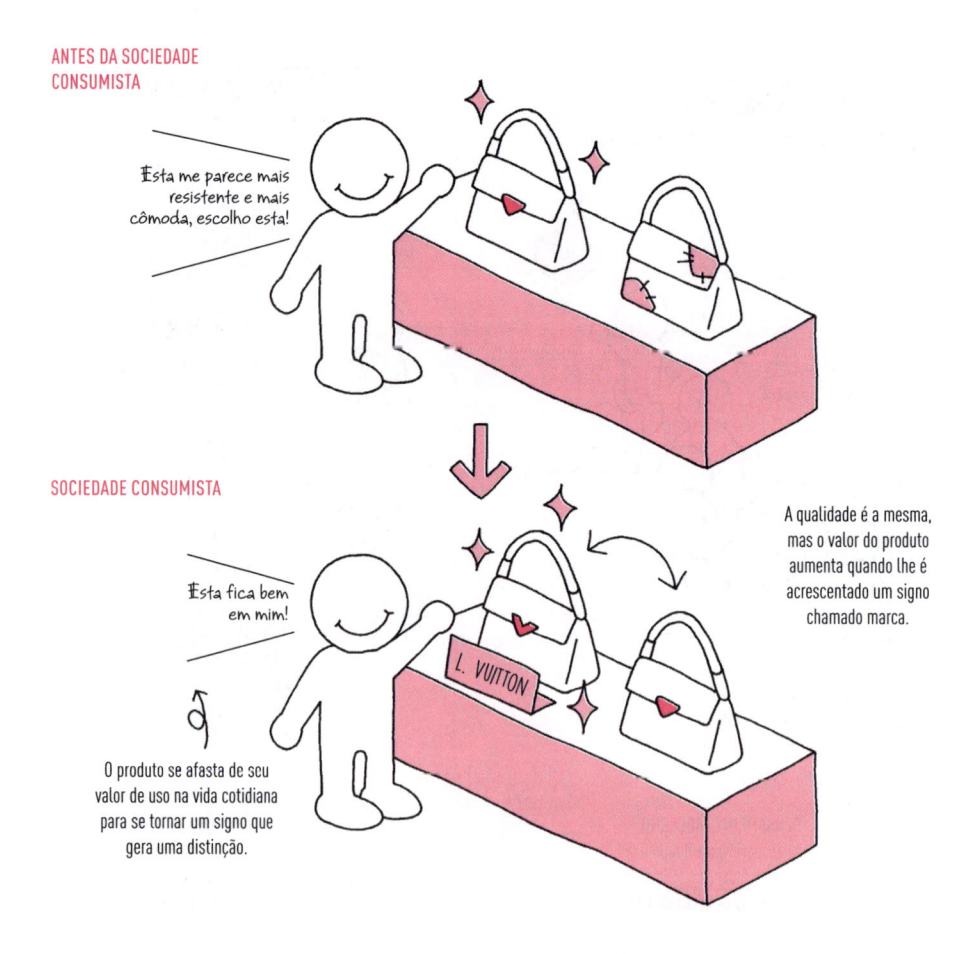

ANTES DA SOCIEDADE CONSUMISTA

Esta me parece mais resistente e mais cômoda, escolho esta!

SOCIEDADE CONSUMISTA

Esta fica bem em mim!

O produto se afasta de seu valor de uso na vida cotidiana para se tornar um signo que gera uma distinção.

A qualidade é a mesma, mas o valor do produto aumenta quando lhe é acrescentado um signo chamado marca.

L. VUITTON

Uma vez satisfeitas as necessidades primárias, os produtos já não são mais vendidos por suas funções. Na sociedade consumista, o papel do produto é o de marcar a diferença entre a nossa personalidade e a dos demais. A sociedade consumista cria novos produtos ligeiramente diferentes para alimentar até o infinito os desejos dos consumidores. E as pessoas acabam absorvidas por esse **sistema** regido por aquilo que **Baudrillard** denomina "**lógica da diferenciação**".

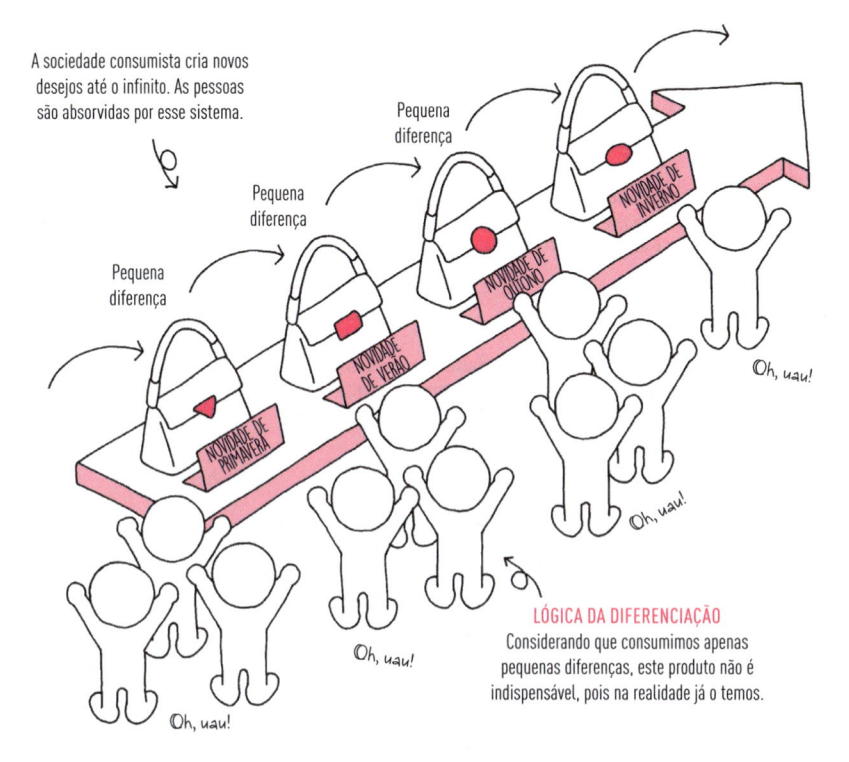

A sociedade consumista cria novos desejos até o infinito. As pessoas são absorvidas por esse sistema.

Pequena diferença

Pequena diferença

Pequena diferença

Pequena diferença

NOVIDADE DE PRIMAVERA
NOVIDADE DE VERÃO
NOVIDADE DE OUTONO
NOVIDADE DE INVERNO

Oh, uau!
Oh, uau!
Oh, uau!
Oh, uau!

LÓGICA DA DIFERENCIAÇÃO
Considerando que consumimos apenas pequenas diferenças, este produto não é indispensável, pois na realidade já o temos.

Os símbolos que produzem distinção não incluem unicamente marcas de moda, mas também "produtos saudáveis", "raridades", "produtos ecossustentáveis", "artigos preferidos pelos famosos", "vintage", "produtos de primeira linha ou exclusivos", "artigos que explicam uma história ou uma experiência" e outros similares. O **indivíduo** (p. 132) na sociedade consumista tende a desejar essas diferenciações.

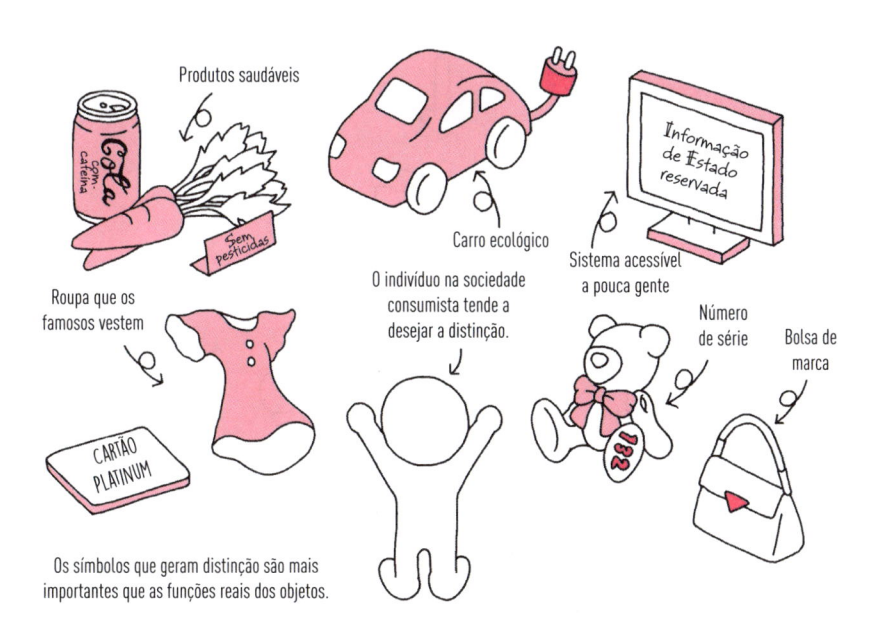

Produtos saudáveis

Carro ecológico

Sistema acessível a pouca gente

Roupa que os famosos vestem

O indivíduo na sociedade consumista tende a desejar a distinção.

Número de série

Bolsa de marca

Os símbolos que geram distinção são mais importantes que as funções reais dos objetos.

SIMULACRO

▶ 238

Significado .... anula-se a distinção entre original e cópia
Obra representativa .... *Simulacros e simulação*
Conceitos relacionados .... pós-modernidade (p. 307),
lógica da diferenciação (p. 308)
Nota .... em francês, o termo "simulacre" também é
usado para indicar uma "ficção", uma "montagem"

O **símbolo imita o original**. No entanto, na sociedade consumista, o símbolo, isto é, a **imitação** (lógica da diferenciação, p. 308), é mais importante que o original e acaba substituindo-o. **Baudrillard** declara que todo objeto real acaba sendo uma imitação, ou seja, um "simulacro".

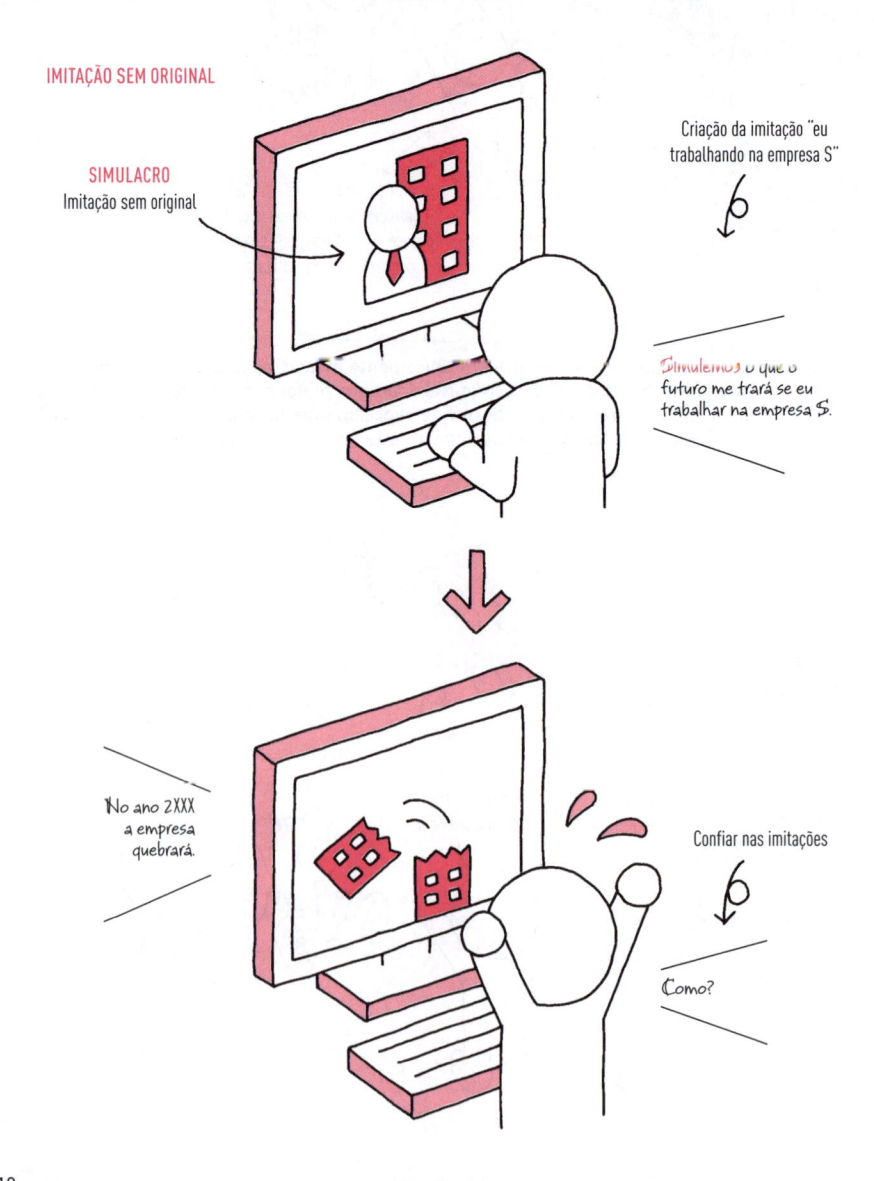

IMITAÇÃO SEM ORIGINAL

SIMULACRO
Imitação sem original

Criação da imitação "eu trabalhando na empresa S"

Simulemos o que o futuro me trará se eu trabalhar na empresa S.

No ano 2XXX a empresa quebrará.

Confiar nas imitações

Como?

Para a pintura paisagística, o original é a paisagem real.

Não existe um original para a simulação.

A imitação nasce como cópia de um original – por exemplo, as *vedute* são representações de uma paisagem real pintadas sobre uma tela. No entanto, os desenhos que realizamos atualmente pelo computador não têm um original. **Baudrillard** denomina "simulação" a realização de um simulacro, isto é, de uma imitação que carece de um original de partida. Como o original não existe, a imitação se torna a entidade substancial (p. 132). **Baudrillard** denomina "hiper-realidade" a condição contemporânea na qual não se distingue o original (realidade) do imaginário (irrealidade).

311

EPISTEME

▶ 236

FOUCAULT

Significado .... as diferentes estruturas de conhecimento em cada época
Obra representativa .... *As palavras e as coisas*
Conceito relacionado .... a morte do homem (p. 314)
Nota .... em grego antigo, significa "conhecimento científico"

Para **Foucault**, o pensamento humano não progrediu de forma contínua desde a Antiguidade até hoje, mas é algo único e diferente em cada época. Por exemplo, a ideia de "loucura" mudou drasticamente na época moderna.

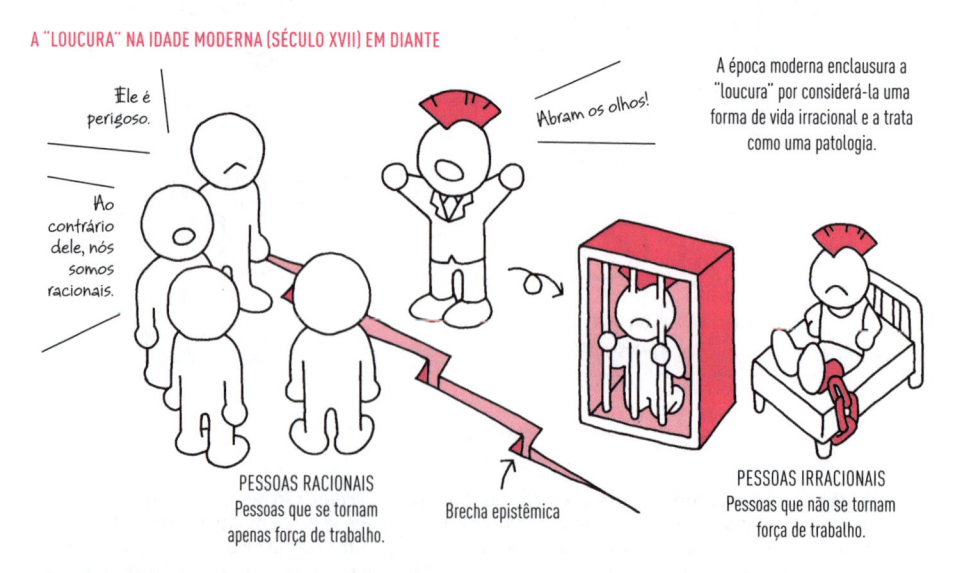

A "LOUCURA" NA IDADE MÉDIA (ATÉ O SÉCULO XVI)

Vamos escutar o que ele diz, talvez seja um gênio.

O mundo está equivocado. Abram os olhos!

Na Idade Média, a "loucura" era aceita e interpretada como um modo de pensar mais próximo da verdade divina do que o modo de pensar das pessoas comuns.

A "LOUCURA" NA IDADE MODERNA (SÉCULO XVII) EM DIANTE

Ele é perigoso.

Ao contrário dele, nós somos racionais.

Abram os olhos!

A época moderna enclausura a "loucura" por considerá-la uma forma de vida irracional e a trata como uma patologia.

PESSOAS RACIONAIS
Pessoas que se tornam apenas força de trabalho.

Brecha epistêmica

PESSOAS IRRACIONAIS
Pessoas que não se tornam força de trabalho.

Na Idade Média, o "louco" é o que pode contar a verdade, considerado uma pessoa sagrada que pode conviver com as pessoas comuns. No entanto, quando se constitui a estrutura social moderna, a "loucura" é claramente rechaçada, e o louco é enclausurado por não se deixar transformar em força de trabalho.

Foucault denomina "**episteme**" o conjunto de ideias que mudam segundo a época em que são elaboradas. Foucault distingue três epistemes que correspondem aos três períodos nos quais ele subdivide a história da cultura ocidental: até o século XVI, os séculos XVII e XVIII, e do século XIX em diante.

QUAL SERÁ A EPISTEME DA PRÓXIMA ÉPOCA?

EPISTEME DO SÉCULO XIX EM DIANTE
Presta-se atenção aos órgãos de animais e plantas: nascem os conceitos de "vida" e "ser humano". De agora em diante, é importante refletir sobre o "ser humano".

O que é o ser humano?

Ciências humanas
Psicologia
História
Linguística
Economia

EPISTEME DO SÉCULO XVII AO SÉCULO XVIII
O mundo pode ser representado: é importante distinguir e classificar os animais e as plantas segundo seu aspecto.

Esta e aquela pertencem ao mesmo grupo.

Brecha epistêmica

EPISTEME ATÉ O SÉCULO XVI
Alimenta-se o interesse pelo significado da existência de animais e plantas: é importante conhecer as lendas e decifrar os "códigos".

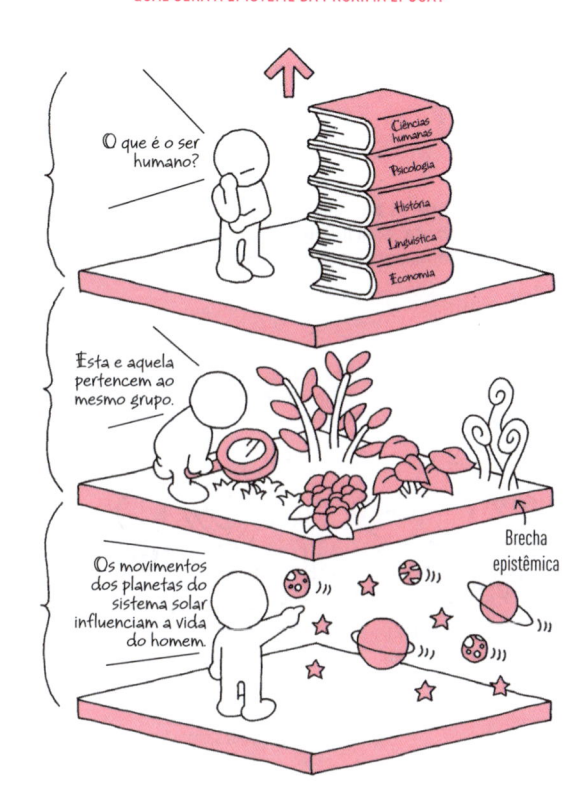

Os movimentos dos planetas do sistema solar influenciam a vida do homem.

Foucault reconhece seu estranhamento diante da voz "animal" de certa enciclopédia chinesa medieval que aparece em um conto de Borges. Do mesmo modo, os seres humanos do futuro, dotados de uma nova **episteme**, também não compreenderão um livro de ciência do século XXI.

Na enciclopédia medieval chinesa há uma classificação de "animais" que os divide segundo um critério incompreensível: "pertencentes ao Imperador", "embalsamados", "que acabam de quebrar o jarro", "que de longe parecem moscas", "leitões".

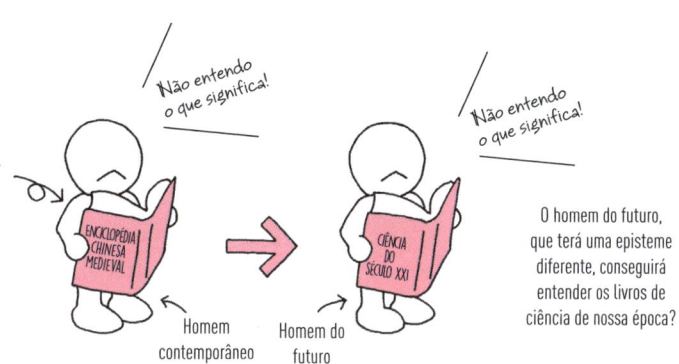

Não entendo o que significa!

ENCICLOPÉDIA CHINESA MEDIEVAL

Homem contemporâneo

Não entendo o que significa!

CIÊNCIA DO SÉCULO XXI

Homem do futuro

O homem do futuro, que terá uma episteme diferente, conseguirá entender os livros de ciência de nossa época?

A MORTE DO HOMEM

Obra representativa .... *As palavras e as coisas*
Conceito relacionado .... episteme (p. 312)
Nota .... o conceito de "ser humano" é um produto da episteme moderna

▶ 236

FOUCAULT

Foucault afirma que as crenças e as emoções das pessoas são governadas pela **episteme** (p. 312) de determinada época. Conclui que o conceito de "ser humano" não pode ser considerado um conceito universal; no máximo, uma invenção recente criada no século XX.

O CONCEITO DE "SER HUMANO"

Hummmm...

Entre os séculos XVII e XVIII, os seres vivos são diferenciados e classificados em função de seu aspecto.

Na realidade, os gatos e os homens se parecem.

No século XIX, o interesse se centra nas funções dos organismos vivos. Percebemos que o estômago dos gatos e o dos homens funcionam do mesmo modo.

O que é a vida? O que é o ser humano?

Ciências humanas / Psicologia / História / Linguística / Economia

Nascem os conceitos de "vida" e "ser humano"! Desse momento em diante, a antropologia começa a busca do "ser humano".

No século XIX, os seres vivos são classificados em função da morfologia de seus órgãos, e não em função de seu aspecto externo. **Foucault** afirma que daí nasce a ideia de "vida" que depois dá origem à investigação sobre "o que é o ser humano".

"O homem se desvaneceria, como, na orla do mar, um rosto de areia."
— Foucault

Splash splash

Agora que a vida pode ser criada artificialmente graças ao progresso da engenharia genética, o conceito de "ser humano" está sendo reconsiderado, como Foucault (p. 338) havia previsto.

Foucault afirma que o gênero humano se aproxima do seu fim porque está claro que os "seres humanos" não agem de maneira autônoma e por iniciativa própria, mas estão determinados pela estrutura da sociedade (estruturalismo, p. 299).

PODER SOBRE A VIDA

▶ 236

FOUCAULT

Significado .... o poder moderno aspira a gerir a vida das pessoas
Obras representativas .... *Vigiar e punir: Nascimento da prisão, História da sexualidade*
Conceito antônimo .... direito de morte
Conceito relacionado .... panóptico (p. 316)

Foucault afirma que, na era da democracia, o poder absoluto, como o de um monarca, foi suplantado por um poder invisível. O poder absoluto dominava pelo medo da pena de morte, enquanto o poder criado pela democracia não precisa controlar as pessoas por meio do terror.

ANTES DO SÉCULO XVIII: O PODER DE MORTE
Quem detém o poder absoluto governa o povo por meio do terror da pena de morte.

A PARTIR DO SÉCULO XIX: O PODER SOBRE A VIDA
O poder invisível é gerado por nossos desejos. Vigia-nos constantemente para que nos adaptemos ao capitalismo. Vigiamos ou somos vigiados.

Somos obrigados a obedecer à sociedade psicológica e fisicamente por meio do treinamento militar.

O poder vigia na escola, no local de trabalho, nos hospitais.

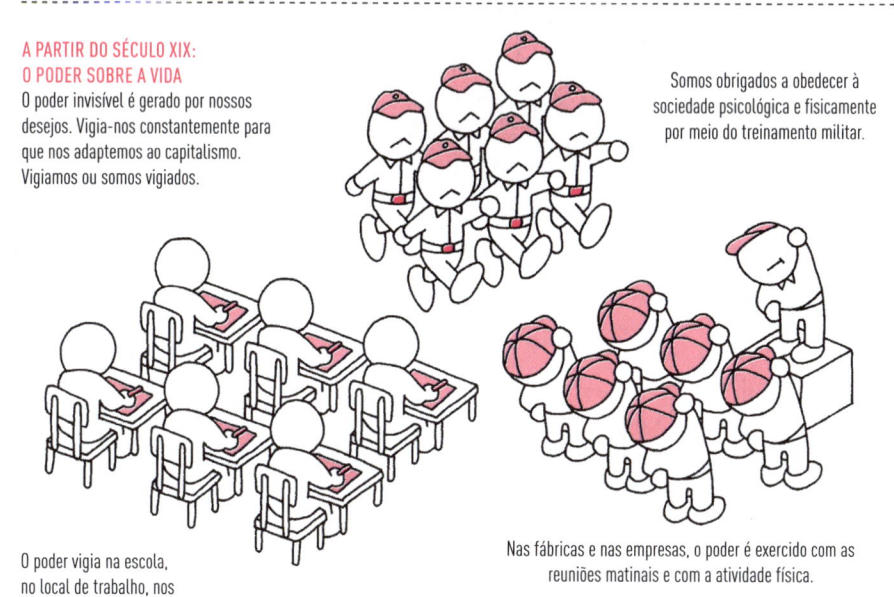

Nas fábricas e nas empresas, o poder é exercido com as reuniões matinais e com a atividade física.

Foucault denomina "**poder sobre a vida**" o poder próprio do Estado democrático. Esse poder é onipresente, está em toda parte, da escola ao local de trabalho, e sem que estejamos conscientes nos adestra mental e fisicamente a fim de que nos adaptemos à sociedade (efeito panóptico, p. 317).

PANÓPTICO

Obra representativa .... *Vigiar e punir: Nascimento da prisão*
Conceito relacionado .... poder sobre a vida (p. 315)
Nota ....o panóptico foi idealizado pelo filósofo utilitarista
Bentham; Foucault o assume como o paradigma do poder

Foucault denomina "**poder sobre a vida**" (p. 315) o poder criado pela democracia, que aspira a influenciar nosso senso comum e compara o Estado democrático com o **panóptico**. Os presos encarcerados nessa prisão se submetem à própria disciplina e controlam seu comportamento de forma espontânea, sem necessidade de uma autoridade que imponha as normas à força.

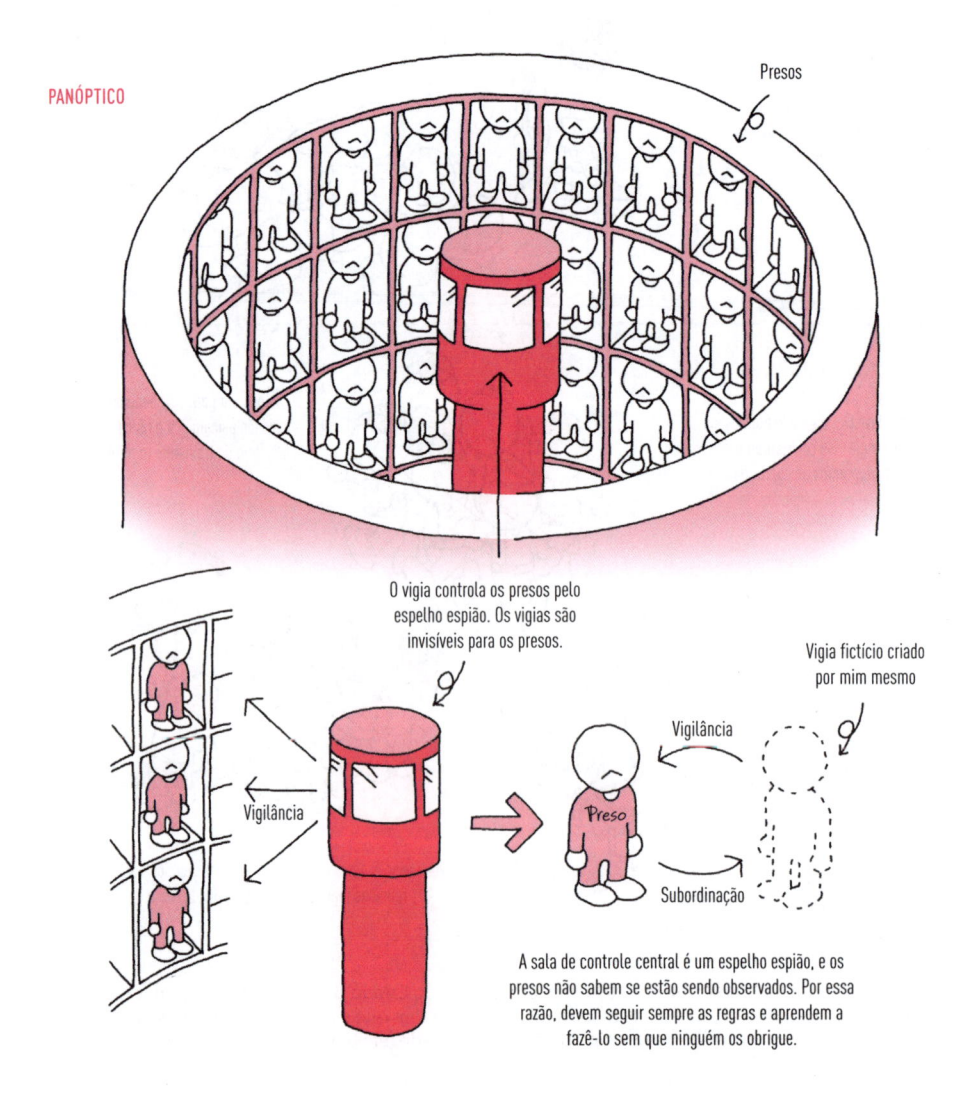

PANÓPTICO

Presos

O vigia controla os presos pelo espelho espião. Os vigias são invisíveis para os presos.

Vigia fictício criado por mim mesmo

Vigilância

Vigilância

Preso

Subordinação

A sala de controle central é um espelho espião, e os presos não sabem se estão sendo observados. Por essa razão, devem seguir sempre as regras e aprendem a fazê-lo sem que ninguém os obrigue.

Princípios similares aos do panóptico encontram-se aplicados em toda parte: na escola, nas empresas, nos hospitais, em qualquer ambiente, todos os dias. Seremos sempre vigiados, e cresceremos em um corpo que obedece às normas da sociedade de maneira inconsciente.

EFEITO PANÓPTICO
A consciência de ser sempre vigiados nos torna obedientes às regras de modo voluntário

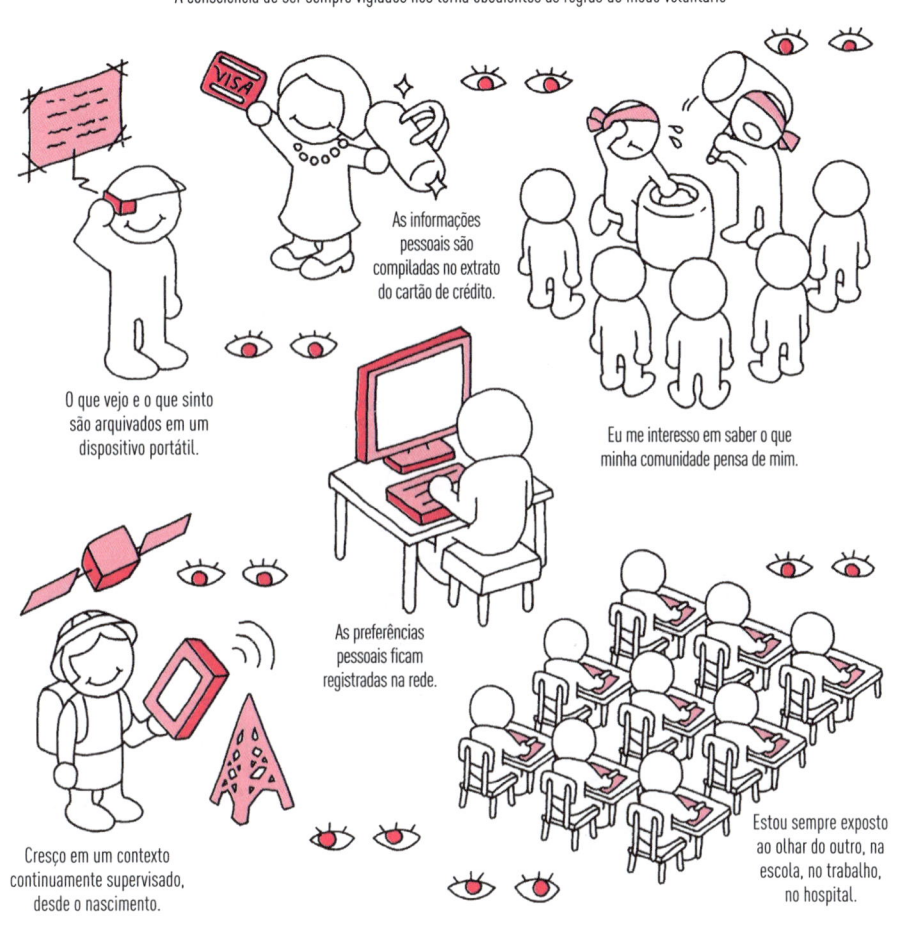

As informações pessoais são compiladas no extrato do cartão de crédito.

O que vejo e o que sinto são arquivados em um dispositivo portátil.

Eu me interesso em saber o que minha comunidade pensa de mim.

As preferências pessoais ficam registradas na rede.

Cresço em um contexto continuamente supervisionado, desde o nascimento.

Estou sempre exposto ao olhar do outro, na escola, no trabalho, no hospital.

Por causa do **efeito panóptico** que invade a vida cotidiana, as pessoas não questionam as contradições da sociedade. Além disso, quem se situa fora do chamado senso comum é marginalizado e tido como **louco**.

Você é uma pessoa perigosa!

Vocês estão errados! Abram os olhos!

DICOTOMIA

Obras representativas .... *A escritura e a diferença,*
A voz e o fenômeno, Gramatologia
Exemplos .... homem/mulher, Ocidente/Oriente, original/cópia

Derrida afirma que a filosofia ocidental está estruturada sobre a base de **oposições binárias**, como bem/mal, verdadeiro/falso, subjetivo/objetivo, original/cópia, normal/anormal, interno/externo, nas quais o primeiro termo é considerado superior ao segundo.

DICOTOMIA
A filosofia ocidental se baseia em oposições binárias, como bem/mal, ainda que a classificação como superior ou inferior careça de fundamento.

Derrida afirma que a classificação como superior ou inferior dos termos das **dicotomias** é consequência de uma série de ideias e suposições próprias do pensamento ocidental, como: "a prioridade da lógica", "a confiança no que é visível", "a superioridade da masculinidade e da Europa", "a crença de que o mundo avança rumo a objetivos precisos", "a prioridade da língua oral sobre a língua escrita".

Segundo Derrida, todas essas afirmações são infundadas, e as **dicotomias** resultantes têm implicações éticas que podem conduzir à eliminação das pessoas diferentes e mais vulneráveis. Derrida, que viveu como judeu sob o regime nazista, interpreta a oposição "alemão/judeu" como um caso de dicotomia. Analisa o motivo da oposição com ajuda do método da desconstrução (p. 320) e tenta desmontá-lo.

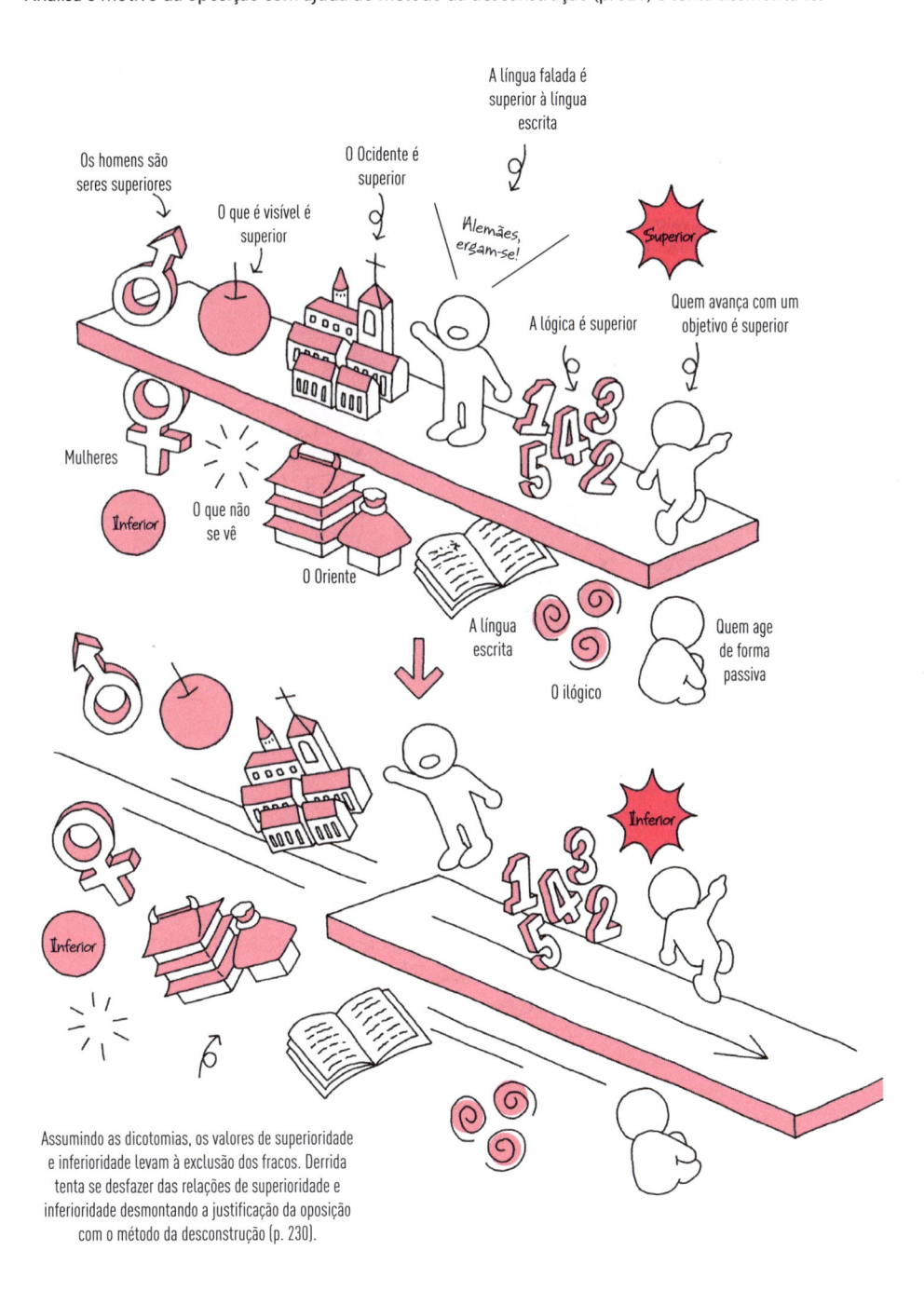

Os homens são seres superiores

O que é visível é superior

O Ocidente é superior

A língua falada é superior à língua escrita

Alemães, ergam-se!

Superior

A lógica é superior

Quem avança com um objetivo é superior

Mulheres

Inferior

O que não se vê

O Oriente

A língua escrita

O ilógico

Quem age de forma passiva

Inferior

Inferior

Assumindo as dicotomias, os valores de superioridade e inferioridade levam à exclusão dos fracos. Derrida tenta se desfazer das relações de superioridade e inferioridade desmontando a justificação da oposição com o método da desconstrução (p. 230).

DESCONSTRUÇÃO

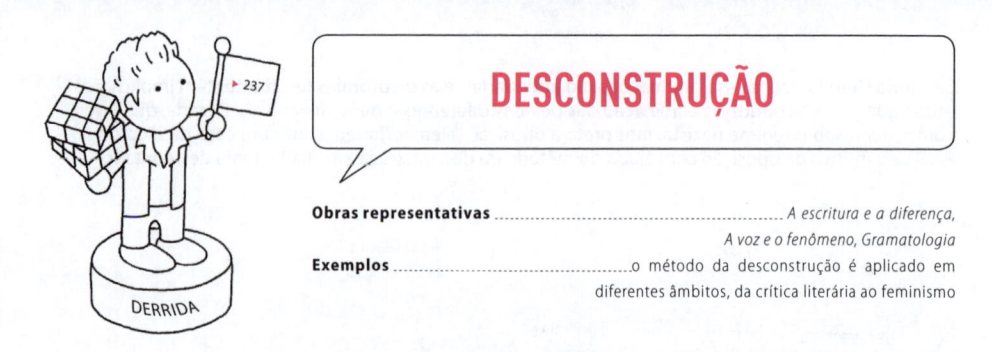

▶ 237

DERRIDA

Obras representativas .... *A escritura e a diferença, A voz e o fenômeno, Gramatologia*
Exemplos .... o método da desconstrução é aplicado em diferentes âmbitos, da crítica literária ao feminismo

Segundo Derrida, a filosofia ocidental está estruturada sobre a base de **dicotomias** (p. 318) construídas em torno dos valores de "superioridade/inferioridade", "bem/mal", "subjetivo/objetivo", "original/cópia", "forte/fraco", "normal/anormal". Temendo que o pensamento baseado em dicotomias possa levar à eliminação dos vulneráveis e diferentes, Derrida se propõe a desmontá-lo, e é nisso que consiste a **desconstrução**.

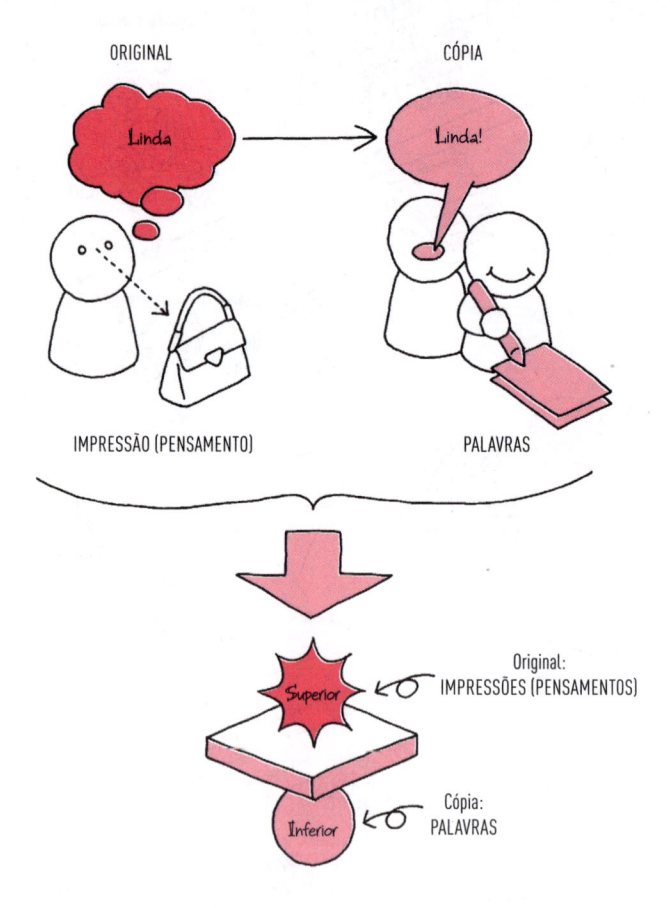

ORIGINAL — Linda — IMPRESSÃO (PENSAMENTO)

CÓPIA — Linda! — PALAVRAS

Superior — Original: IMPRESSÕES (PENSAMENTOS)

Inferior — Cópia: PALAVRAS

Tentaremos explicar o método da **desconstrução** de **Derrida** com o exemplo da relação entre original e cópia. Quando temos a impressão (pensamento) de que uma bolsa que vemos é "linda", expressamos isso com **palavras** (linda!). As palavras são cópias das impressões. Por isso, dizemos que as impressões (ideias), sendo as entidades originais, são superiores às palavras, que são cópias.

No entanto, Derrida pensa que as impressões não são originais. Isso porque, na realidade, os seres humanos pensam usando palavras já existentes. A língua não é algo que construímos conforme nos convém. As impressões são cópias de palavras que vimos ou ouvimos em algum lugar. A partir dessa perspectiva, inverte-se a relação entre original e cópia.

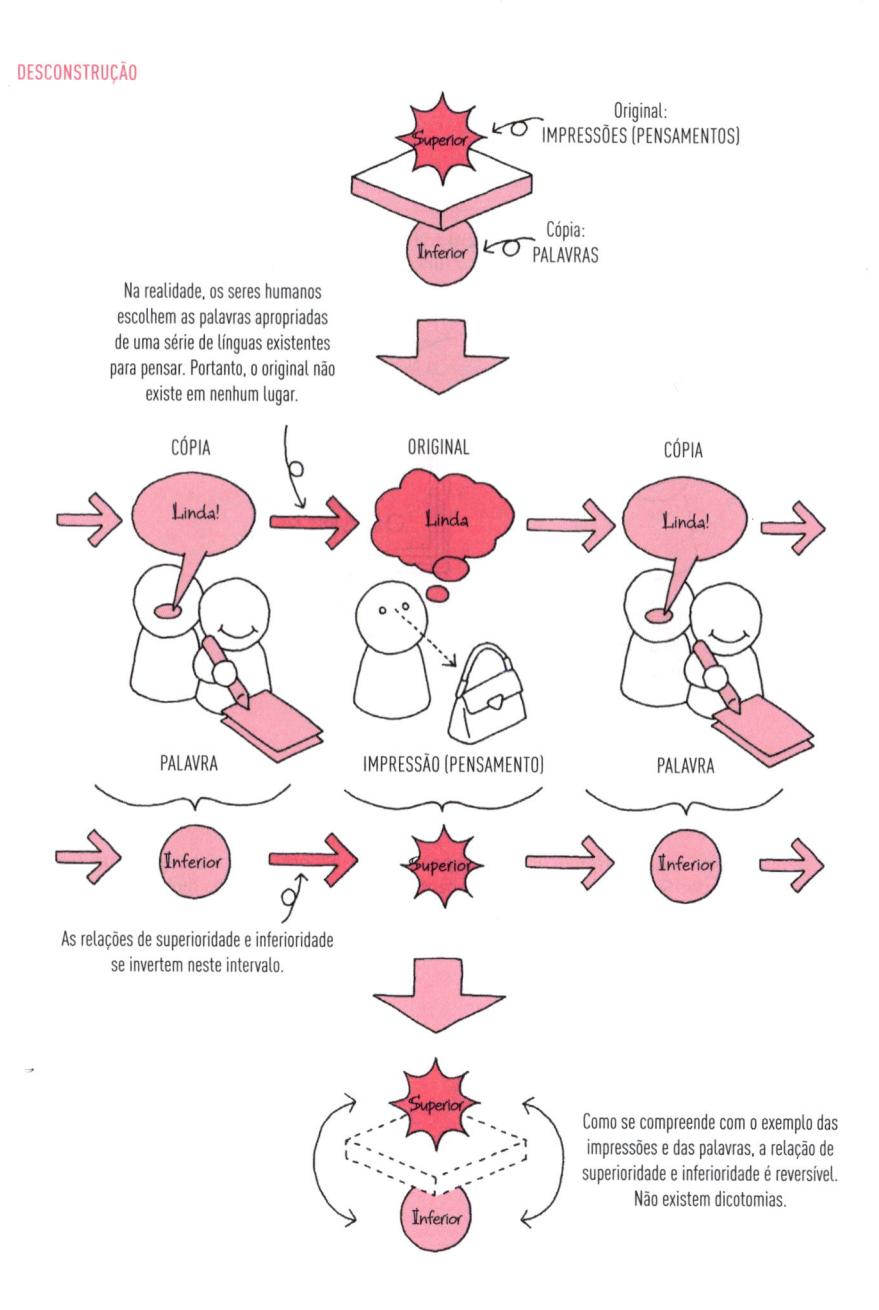

DESCONSTRUÇÃO

Original: IMPRESSÕES (PENSAMENTOS) — Superior

Cópia: PALAVRAS — Inferior

Na realidade, os seres humanos escolhem as palavras apropriadas de uma série de línguas existentes para pensar. Portanto, o original não existe em nenhum lugar.

CÓPIA — Linda! — PALAVRA — Inferior

ORIGINAL — Linda — IMPRESSÃO (PENSAMENTO) — Superior

CÓPIA — Linda! — PALAVRA — Inferior

As relações de superioridade e inferioridade se invertem neste intervalo.

Superior / Inferior

Como se compreende com o exemplo das impressões e das palavras, a relação de superioridade e inferioridade é reversível. Não existem dicotomias.

Da mesma forma, a relação "superior/inferior" também pode ser facilmente revertida. Com o método da desconstrução, Derrida mostra o perigo de compreender as coisas por meio de **dicotomias**.

DIFFÉRANCE

▶ 237

Obra representativa .... *Margens da filosofia*
Conceitos relacionados ....dicotomia (p. 318), desconstrução (p. 320)
Nota ....neologismo alcunhado por Derrida para expressar com uma única palavra os dois significados de "diferir" = "postergar" e "ser diferente de"

No Ocidente, assume-se que a fala é superior à escrita, já que se considera que as **letras (linguagem escrita)** são cópias que servem para representar a **voz (linguagem oral)**: nisso consiste o **fonocentrismo**.

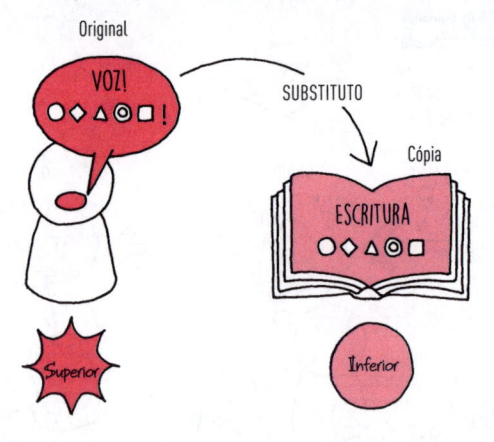

No Ocidente, o discurso falado (língua oral) é concebido como original e, portanto, superior à escritura (língua escrita), que é considerada uma mera cópia.

Derrida acredita que o fonocentrismo é uma concepção perigosa, porque prioriza o presente, o direto, o que é fácil de entender. Segundo Derrida, o **fonocentrismo**, com suas palavras diretas e fáceis de entender, se sobrepôs ao poder político nazista que guiou as pessoas com discursos teatrais.

Sócrates não escreve um único livro, visto que a escritura não pode transmitir de maneira precisa seu pensamento.

"A escritura é "a língua dos mortos". A voz, ao contrário, está viva."

Sócrates

O fonocentrismo é perigoso.

Derrida

Derrida não acredita que a escritura seja uma cópia exata da palavra. Quando a palavra se transforma em escritura, passa de uma forma de existência dinâmica a uma forma estática. Mas essa passagem não é imediata, ela se produz com certa **dilação**. Não se pode dizer que a voz e a escritura concordem. **Derrida** chama "**différance**" a transformação **palavra → escritura** que inclui as **diferenças** entre o **original** e a **cópia**. Além de apontar a falta de correspondência entre a palavra falada e a escrita, Derrida afirma que a escritura não é usada do mesmo modo que a voz, pois são duas coisas distintas.

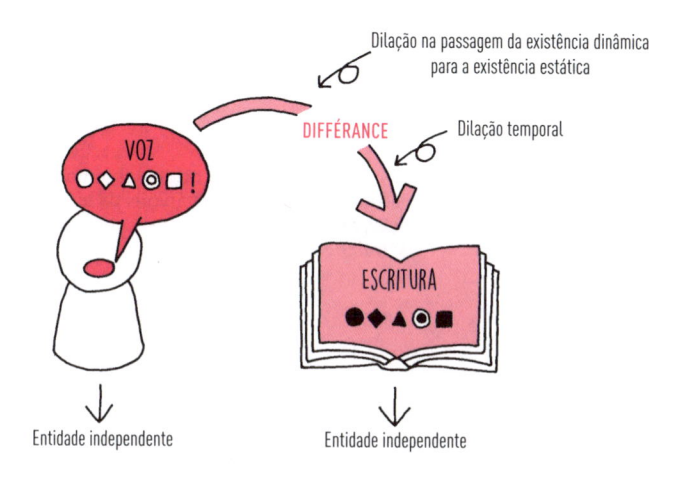

A escritura não substitui a voz. Derrida pensa que ambas são entidades independentes e de igual valor.

Por sua vez, segundo **Derrida**, a fala não é, de maneira alguma, o original, já que os seres humanos, quando pensam, movem-se no interior de uma língua já dada, já "traçada", isto é, já escrita. Para Derrida, o ser não é algo idêntico que se torna visível para todos de repente, e sim um diferir até o infinito: original → cópia → original → cópia. Nesse devir, nenhum elemento é superior ou inferior.

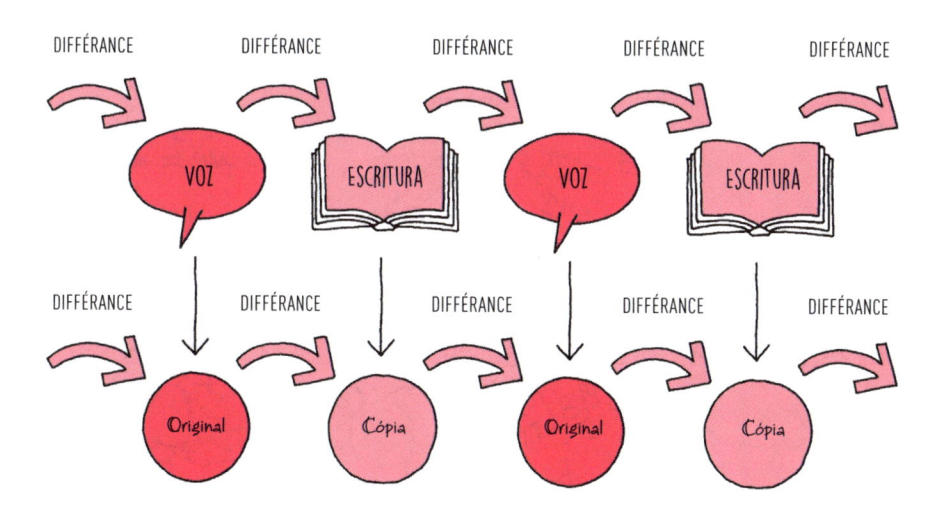

Na relação original/cópia, nenhum elemento é superior ou inferior. O mesmo se pode dizer da oposição normal/anormal ou forte/fraco.

ÁRVORE/RIZOMA

▶ 236

Obra representativa .... *Mil platôs*, em coautoria com Félix Guattari
Nota .... a obra *Mil platôs* foi escrita com uma estrutura
rizomática na qual todos os pontos estão conectados

DELEUZE

Deleuze e **Guattari** (1930-1992) representam o pensamento ocidental como um diagrama, obcecado pelo desenvolvimento a partir de um absoluto, ou como uma árvore, da qual às vezes se corta o que cresce fora do "sistema". A essa concepção, que chamam de **"arborescente"** (**árvore**), eles contrapõem a concepção denominada **"rizomática"** (**raiz**).

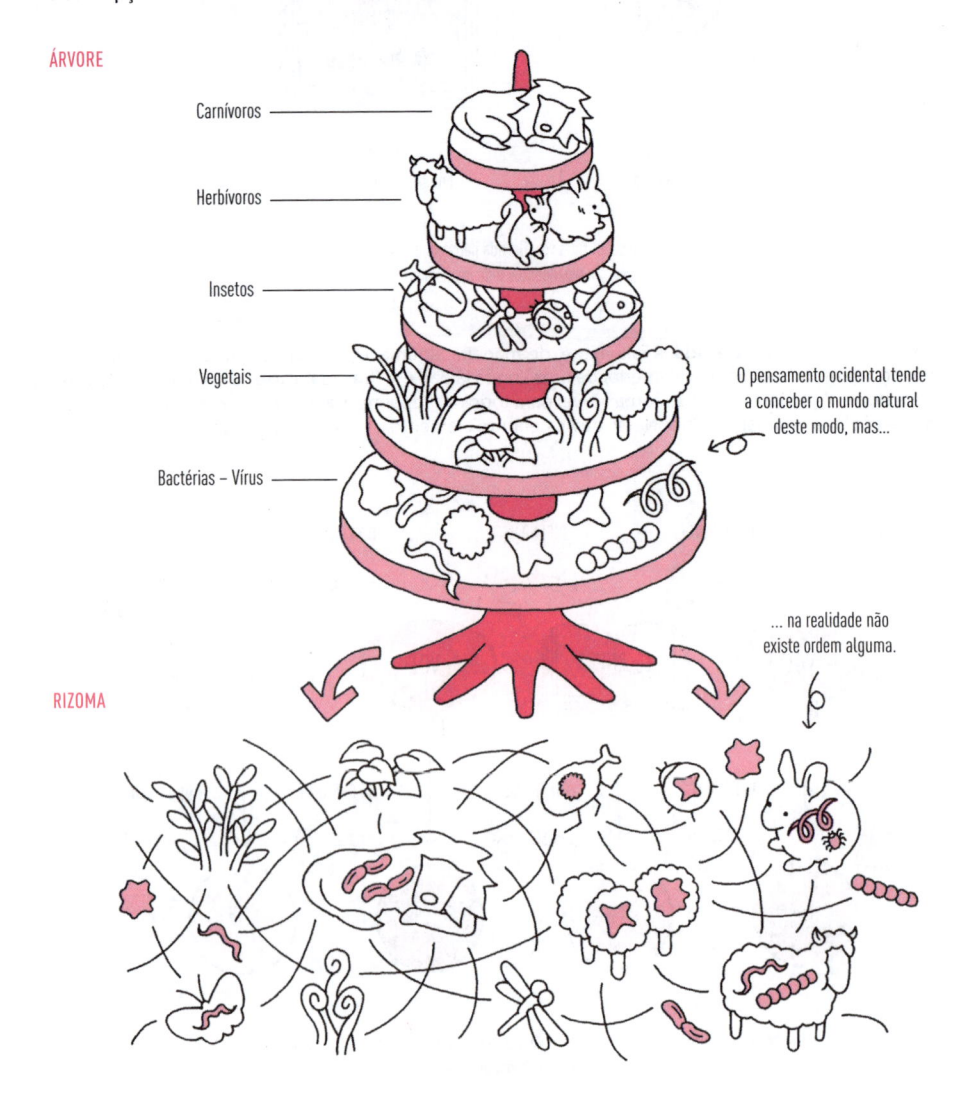

ÁRVORE

- Carnívoros
- Herbívoros
- Insetos
- Vegetais
- Bactérias – Vírus

O pensamento ocidental tende a conceber o mundo natural deste modo, mas...

... na realidade não existe ordem alguma.

RIZOMA

Bem diferente da árvore, o **rizoma** não tem princípio nem fim. Tem linhas de fuga reticulares e se propaga livremente. Em vez de unificarem conceitos diferentes por meio do método dialético de **Hegel** (p. 174), **Deleuze** e **Guattari** utilizam o modelo do **rizoma** para assumir as diferenças enquanto tais.

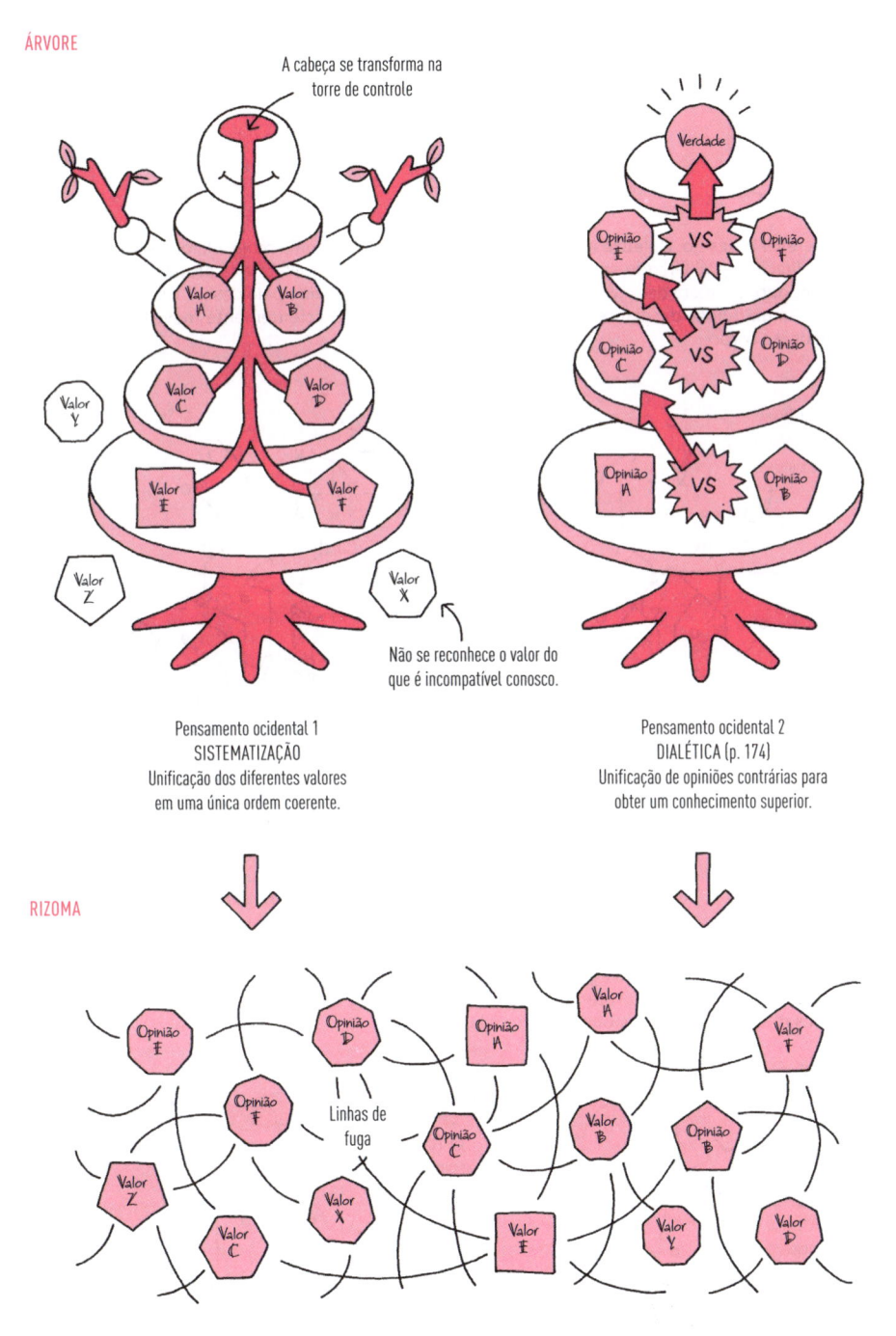

ÁRVORE

A cabeça se transforma na torre de controle

Não se reconhece o valor do que é incompatível conosco.

Pensamento ocidental 1
SISTEMATIZAÇÃO
Unificação dos diferentes valores em uma única ordem coerente.

Pensamento ocidental 2
DIALÉTICA (p. 174)
Unificação de opiniões contrárias para obter um conhecimento superior.

RIZOMA

Linhas de fuga

Deveríamos adotar o modelo do rizoma, em que as diferenças não são unificadas ou hierarquizadas, mas estão presentes enquanto tais.

ESQUIZOFRENIA/PARANOIA

▶ 236

DELEUZE

Obra relacionada .... *O anti-Édipo*, em coautoria com Félix Guattari
Conceitos relacionados .... árvore/rizoma (p. 324), nomadismo (p. 328)
Nota .... em *O anti-Édipo*, é feita uma crítica da psicanálise e da organização capitalista e se propõe o método da esquizoanálise

Para descrever o **desejo**, **Deleuze** e **Guattari** utilizam a imagem de uma molécula que se propaga em todas as direções, proliferando-se até o infinito. Essa força que se prolifera e se propaga é a força que move o mundo. Chamam de **"máquina desejante"** esse mundo movido pelo desejo. Os seres humanos também são **máquinas desejantes**. As máquinas desejantes **inconscientemente** movem todos os **órgãos** do nosso corpo.

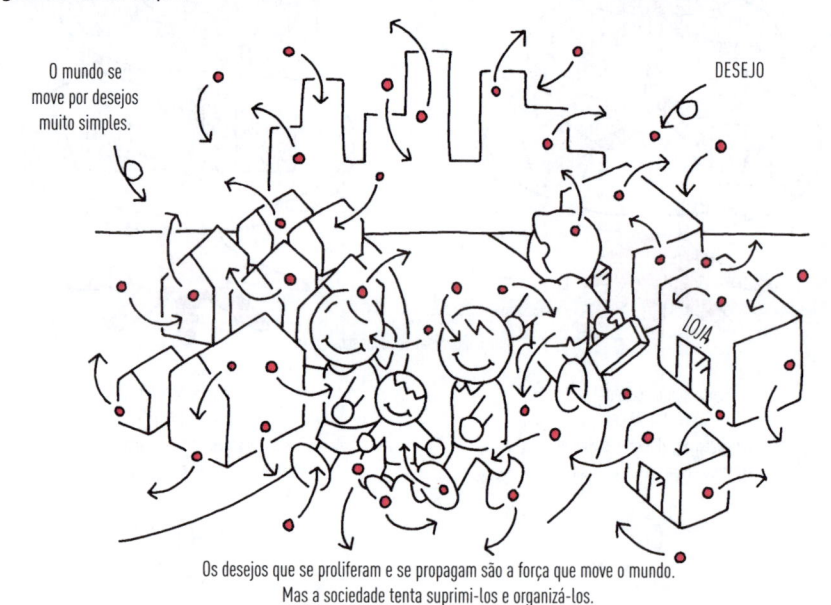

O mundo se move por desejos muito simples.

DESEJO

Os desejos que se proliferam e se propagam são a força que move o mundo. Mas a sociedade tenta suprimi-los e organizá-los.

Inicialmente, os seres humanos agem movidos pelos desejos, mas, por meio da **repressão** exercida pelos pais e pela sociedade, pretende-se que o poder das moléculas em propagação convirja em uma única direção. O que possibilita isso é a **identidade**.

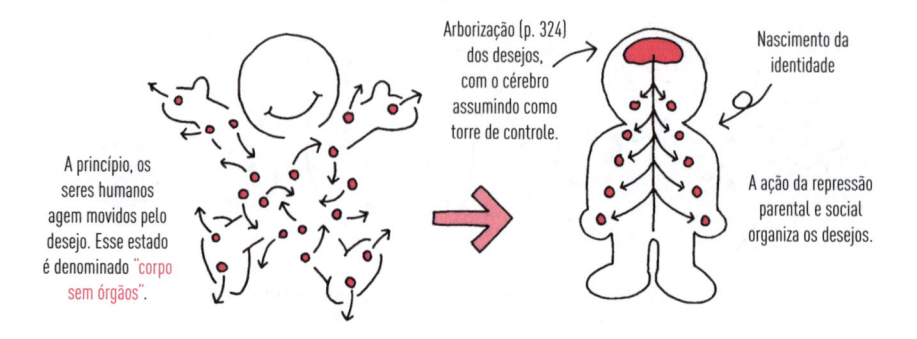

A princípio, os seres humanos agem movidos pelo desejo. Esse estado é denominado "corpo sem órgãos".

Arborização (p. 324) dos desejos, com o cérebro assumindo como torre de controle.

Nascimento da identidade

A ação da repressão parental e social organiza os desejos.

Desde o momento em que criamos uma identidade, nós nos vinculamos a um papel social e vivemos sob o fardo imposto pelo julgamento dos demais. Esse estado é denominado "paranoia". A **paranoia** busca submeter tudo a seu critério de valoração. Assim, não se podem criar novos valores.

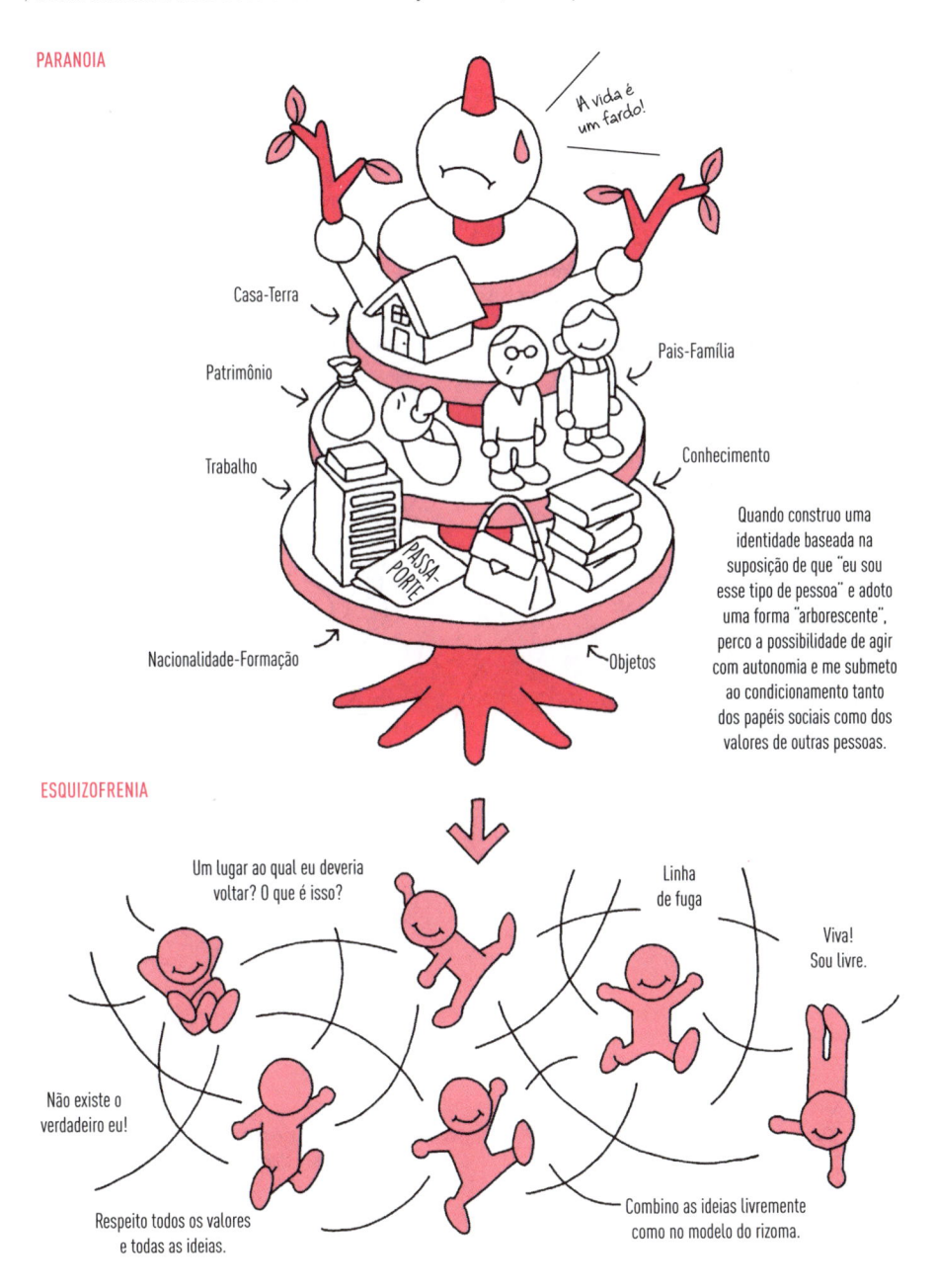

PARANOIA

"A vida é um fardo!"

Casa-Terra
Patrimônio
Trabalho
Nacionalidade-Formação
Pais-Família
Conhecimento
Objetos

Quando construo uma identidade baseada na suposição de que "eu sou esse tipo de pessoa" e adoto uma forma "arborescente", perco a possibilidade de agir com autonomia e me submeto ao condicionamento tanto dos papéis sociais como dos valores de outras pessoas.

ESQUIZOFRENIA

Um lugar ao qual eu deveria voltar? O que é isso?
Linha de fuga
Viva! Sou livre.
Não existe o verdadeiro eu!
Respeito todos os valores e todas as ideias.
Combino as ideias livremente como no modelo do rizoma.

Em oposição à paranoia, chamam de "**esquizofrenia**" a condição na qual o ser humano carece de personalidade ou identidade fixa. A **esquizofrenia** goza do desejo tal como aparece em determinado instante e aceita abertamente qualquer valor. **Deleuze** e **Guattari** exaltam a forma de vida esquizofrênica (nomadismo, p. 328).

327

NOMADISMO

▶ 236

Obra representativa .... *Mil platôs*, em coautoria com Félix Guattari
Conceitos relacionados .... árvore/rizoma (p. 324),
esquizofrenia/paranoia (p. 326)
Nota .... em *Mil platôs*, elabora-se a concepção que
afirma que o nomadismo se transforma em uma
"máquina de guerra" que se opõe ao Estado repressivo

É prazeroso viver tranquilamente e enriquecer acumulando bens. Segundo Deleuze e Guattari, essa forma de vida está vinculada aos papéis sociais e aos juízos de valor dos demais, o que nos obriga a assumir inúmeros compromissos. Esse modelo de vida nos impede de aceitar as ideias que diferem das nossas e se transforma em paranoia (p. 327), que interpreta tudo segundo os próprios parâmetros.

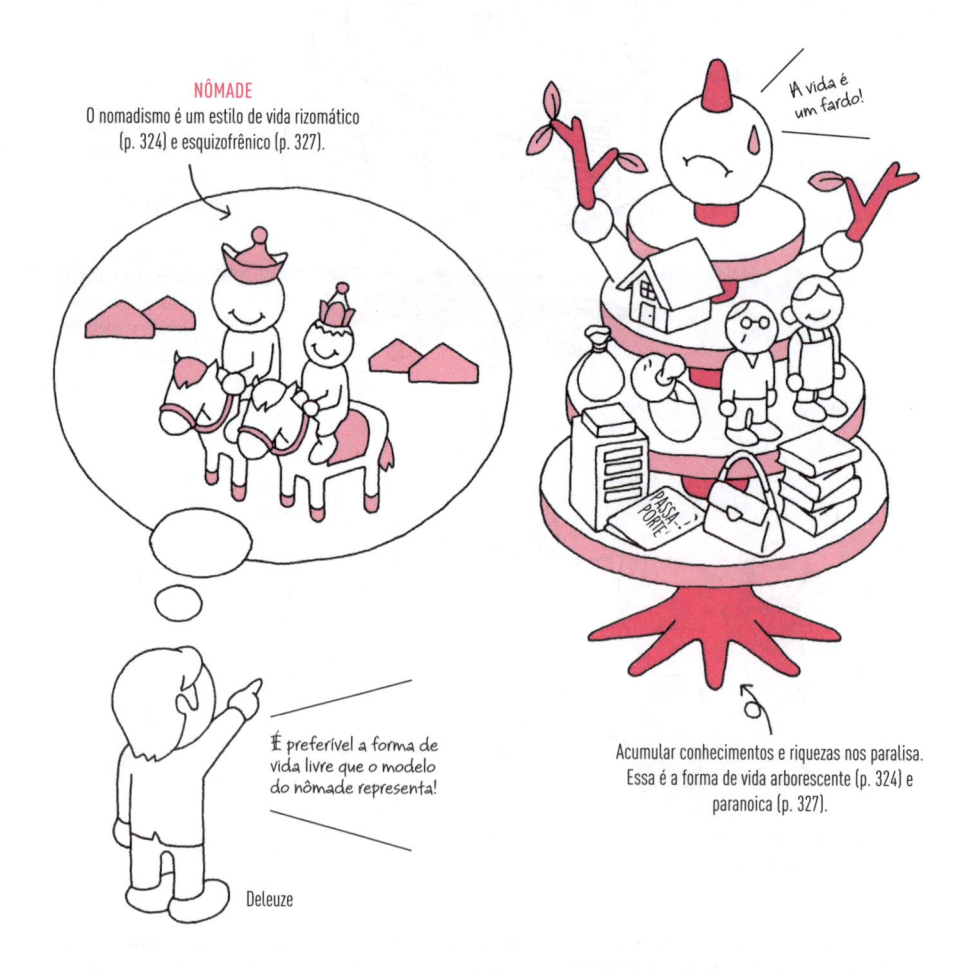

NÔMADE
O nomadismo é um estilo de vida rizomático (p. 324) e esquizofrênico (p. 327).

"A vida é um fardo!"

É preferível a forma de vida livre que o modelo do nômade representa!

Deleuze

Acumular conhecimentos e riquezas nos paralisa. Essa é a forma de vida arborescente (p. 324) e paranoica (p. 327).

Para se livrar da paranoia arborescente (p. 324), Deleuze e Guattari optam pelo estilo de vida nômade.

O estilo de vida nômade consiste em atravessar, sempre de forma **rizomática** (p. 324) e **esquizofrênica** (p. 327), uma ampla variedade de territórios, de valores diferentes, sem ficar em um único lugar. **Deleuze e Guattari** propõem uma vida segundo o modelo do nômade.

A DIFERENÇA ENTRE OS QUE SIMPLESMENTE AMAM VIAJAR E OS NÔMADES

OS QUE SIMPLESMENTE AMAM VIAJAR (ARBORESCENTE-PARANOICO)

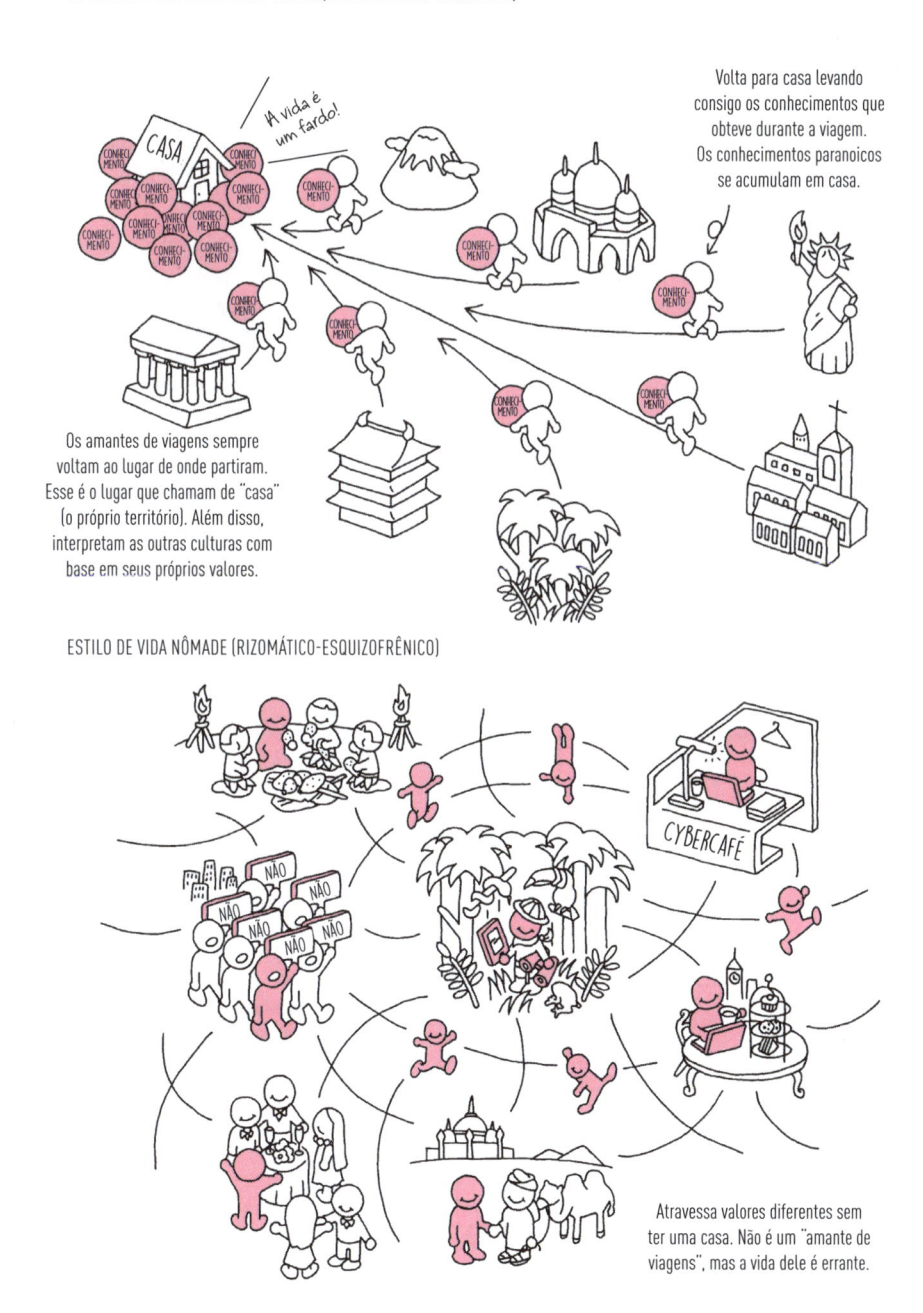

Volta para casa levando consigo os conhecimentos que obteve durante a viagem. Os conhecimentos paranoicos se acumulam em casa.

Os amantes de viagens sempre voltam ao lugar de onde partiram. Esse é o lugar que chamam de "casa" (o próprio território). Além disso, interpretam as outras culturas com base em seus próprios valores.

ESTILO DE VIDA NÔMADE (RIZOMÁTICO-ESQUIZOFRÊNICO)

Atravessa valores diferentes sem ter uma casa. Não é um "amante de viagens", mas a vida dele é errante.

FEMINISMO

DE BEAUVOIR ▶240

Significado .... o feminismo é um movimento e um pensamento crítico que denuncia o privilégio do masculino e as relações de poder patriarcal, reivindicando o direito de autodeterminação da mulher

Nota .... a democracia moderna, incluído o direito a voto, desenvolveu-se como uma democracia falocêntrica

O **feminismo** é um movimento político e cultural que se opõe à sociedade dominada pelos homens e propõe a criação de uma nova sociedade baseada na igualdade de gênero. Na história do feminismo, distinguem-se três etapas.

Direito da mulher à educação
Sufrágio feminino
Direitos dos trabalhadores

PRIMEIRO PERÍODO
Desde o século XIX até 1960, as mulheres obtêm um status jurídico semelhante ao dos homens e surgem movimentos para a aquisição de direitos específicos.

O homem no trabalho, a mulher em casa.
Sociedade patriarcal
As tarefas da mulher são criar os filhos, cuidar dos idosos e das crianças pequenas e ocupar-se das tarefas domésticas.
O que você disse?

SEGUNDO PERÍODO
A discriminação da mulher persiste inconsciente e invisível: os anos 1960 e 1970 trazem essa discriminação à tona.

TERCEIRO PERÍODO
Desde os anos 1970, com o progressivo reconhecimento do direito de expressar a própria sexualidade sem discriminação em razão de orientação sexual ou identidade de gênero, o gênero deixa de ser considerado vinculante na construção da própria vida (p. 331).

Avança-se rumo à era em que, livremente, uma pessoa que nasce homem pode sentir-se e conceber-se como mulher, e uma pessoa que nasce mulher pode sentir-se e conceber-se como homem.

GÊNERO

▶ 240

Significado .... o gênero é uma construção social e cultural
Nota .... usando diferentes exemplos, os estudos de gênero evidenciaram que o gênero não é uma característica congênita e essencial das pessoas, e sim algo construído social e historicamente

O **gênero** se refere às **diferenças** que as pessoas adquiriram social, cultural e historicamente. Distingue-se do **sexo**, que são as diferenças biológicas.

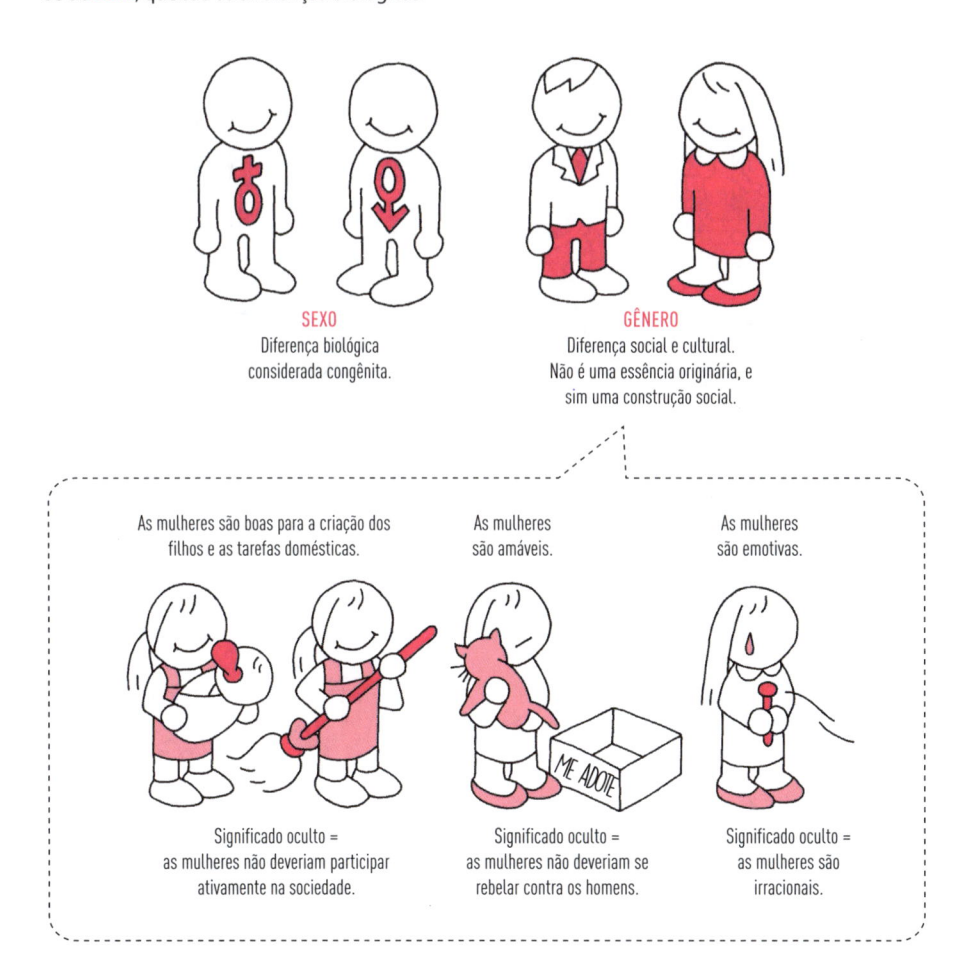

SEXO
Diferença biológica considerada congênita.

GÊNERO
Diferença social e cultural. Não é uma essência originária, e sim uma construção social.

As mulheres são boas para a criação dos filhos e as tarefas domésticas.

Significado oculto = as mulheres não deveriam participar ativamente na sociedade.

As mulheres são amáveis.

Significado oculto = as mulheres não deveriam se rebelar contra os homens.

As mulheres são emotivas.

Significado oculto = as mulheres são irracionais.

A noção de **gênero** com frequência transmite mensagens subliminares, como "as mulheres não deveriam participar ativamente da sociedade". Pode-se dizer que foi criada ad hoc pelos homens. **Butler** acredita que a concepção do gênero como uma construção social e cultural também se aplica ao sexo biológico e apoia ativamente as reivindicações do movimento LGBTQIA+.

ORIENTALISMO

Significado .... imagem mistificada do Oriente criada pelo Ocidente
Obra representativa .... *Orientalismo*
Nota .... Said considera que o multiculturalismo é a perspectiva necessária para superar o orientalismo

A sociedade ocidental moderna percebe a sociedade não ocidental como algo genericamente alheio, como **"o outro"** (p. 268).

O Ocidente denominou "Oriente" tudo que lhe parece estranho, atribuindo-lhe características e imagens como a preguiça, a emotividade (irracionalidade), o exotismo (atraso), o mistério (enigmático, incompreensível) etc.

Essa imagem criada pelo Ocidente foi considerada durante muito tempo a interpretação correta do Oriente e se difundiu não só por meio de filmes e novelas, mas também de disciplinas acadêmicas, como a economia e a sociologia.

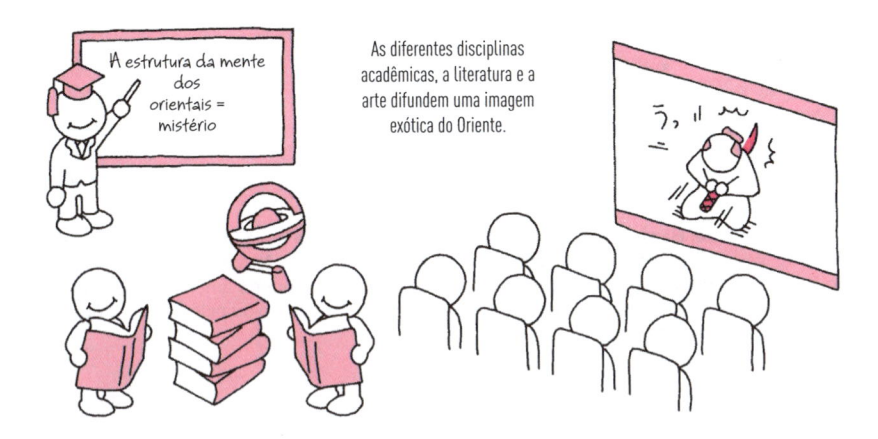

A estrutura da mente dos orientais = mistério

As diferentes disciplinas acadêmicas, a literatura e a arte difundem uma imagem exótica do Oriente.

Por sua vez, "Oriente" se contrapõe a "Ocidente", este último entendido como uma entidade que interpreta o mundo com lógica e rigor. **Said** afirma que o pensamento ocidental predominante legitimou o colonialismo. A ideia de que o Oriente ainda não havia se modernizado justificava a necessidade, por parte dos países ocidentais, de civilizar as sociedades orientais e de impulsionar seu desenvolvimento com a orientação da racionalidade, característica do conhecimento ocidental.

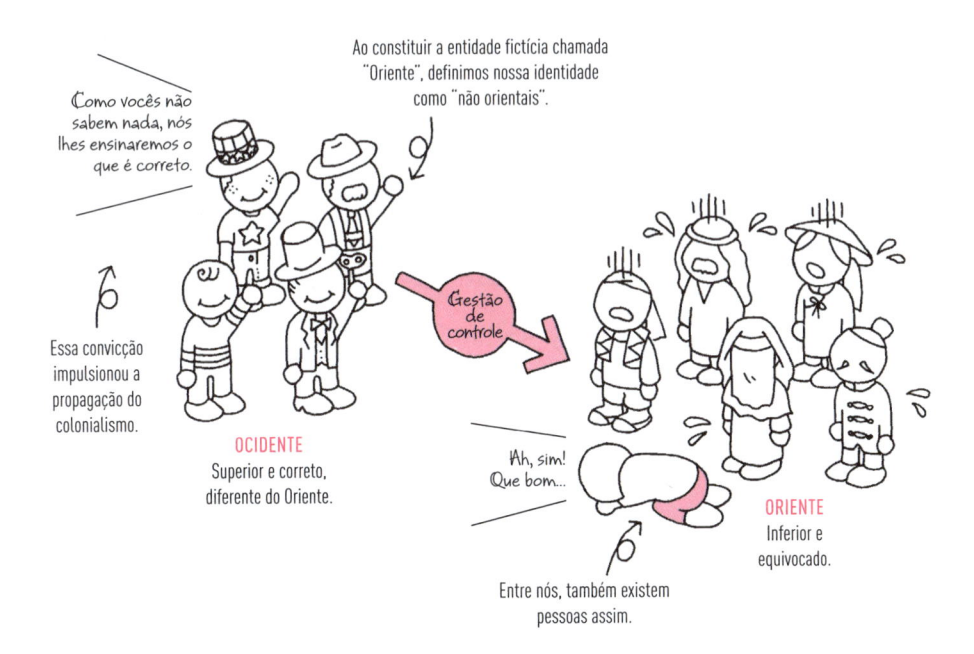

Como vocês não sabem nada, nós lhes ensinaremos o que é correto.

Ao constituir a entidade fictícia chamada "Oriente", definimos nossa identidade como "não orientais".

Essa convicção impulsionou a propagação do colonialismo.

Gestão de controle

OCIDENTE
Superior e correto, diferente do Oriente.

Ah, sim! Que bom...

Entre nós, também existem pessoas assim.

ORIENTE
Inferior e equivocado.

Said critica a concepção que o Ocidente tem do Oriente, a qual denominou "orientalismo". Muitos países assumiram essa pretensão modernizadora ocidental para legitimar sua colonização de outras sociedades que consideram subdesenvolvidas.

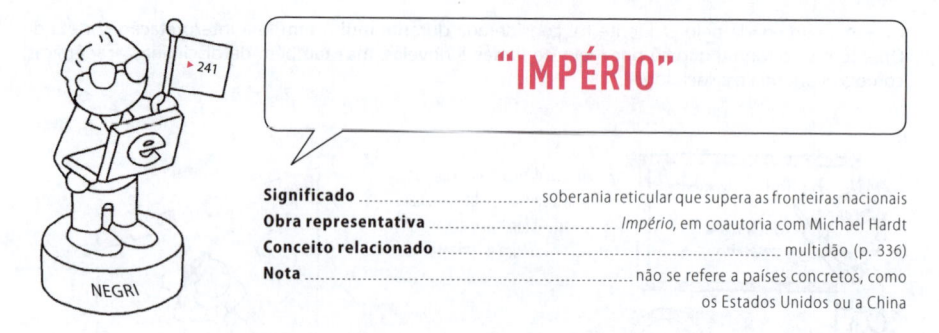

"IMPÉRIO"

Significado .... soberania reticular que supera as fronteiras nacionais
Obra representativa .... *Império*, em coautoria com Michael Hardt
Conceito relacionado .... multidão (p. 336)
Nota .... não se refere a países concretos, como os Estados Unidos ou a China

NEGRI ▶ 241

Antonio Negri e **Michael Hardt** (1960-) afirmam o surgimento de uma nova forma de poder, que denominam **"Império"** e que tem como objetivo governar o mundo todo. Nos antigos impérios, como o Império Romano ou o Império Britânico, ou na expressão figurada "Império americano", o poder era entendido como uma estrutura cujo núcleo era representado pelo soberano ou pelo Estado central que buscava expandir seu próprio território.

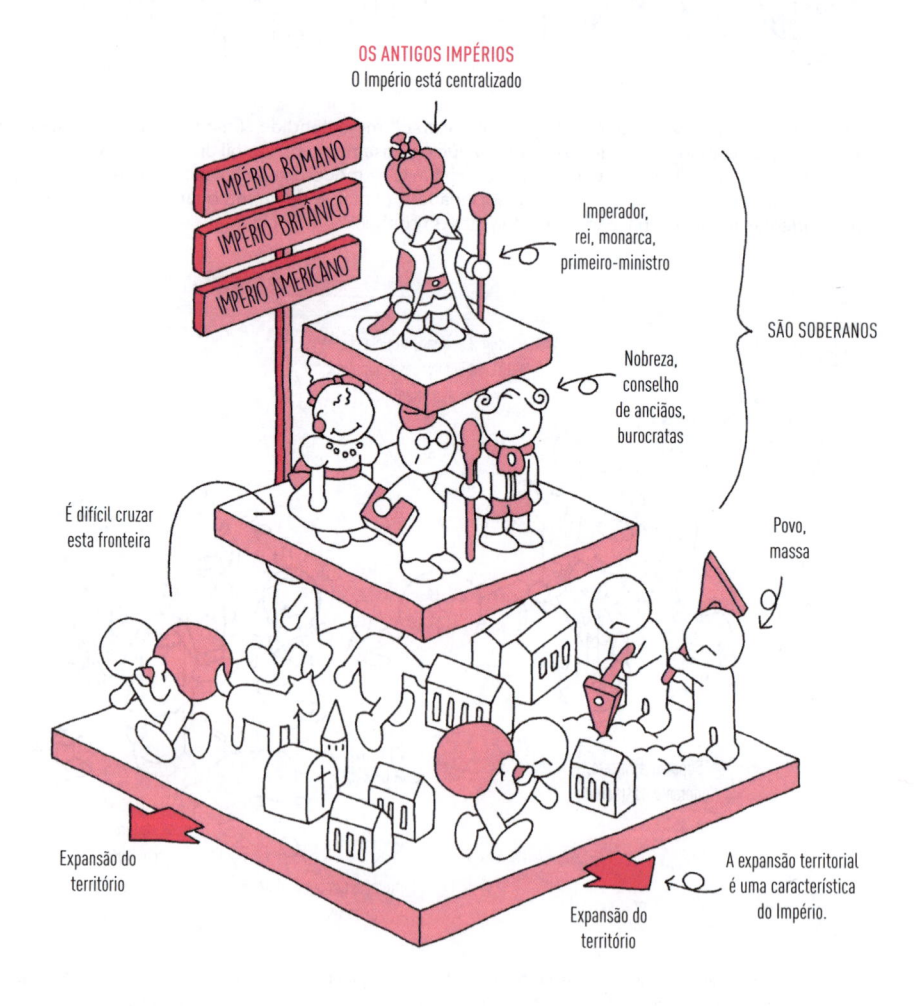

OS ANTIGOS IMPÉRIOS
O Império está centralizado

IMPÉRIO ROMANO
IMPÉRIO BRITÂNICO
IMPÉRIO AMERICANO

Imperador, rei, monarca, primeiro-ministro

Nobreza, conselho de anciãos, burocratas

} SÃO SOBERANOS

É difícil cruzar esta fronteira

Povo, massa

Expansão do território

Expansão do território

A expansão territorial é uma característica do Império.

O **"Império"** foi possível graças ao progresso das tecnologias da comunicação e dos meios de transporte. O "Império" atual, baseado no capitalismo, consiste em um sistema de poder cuja estrutura é constituída por uma rede de relações complexas que ultrapassam as fronteiras, como o governo dos Estados Unidos e as multinacionais, o G20 e o Fórum Econômico Mundial. O "Império" carece de centro; portanto, a expansão territorial não é necessária. Contudo, a posse de armas nucleares confere aos Estados Unidos um papel de enorme importância.

"IMPÉRIO" CONTEMPORÂNEO

O "Império" contemporâneo é um sistema de poder vinculado a uma rede que não tem nem soberania nem território, mas molda e gere nossa vida.

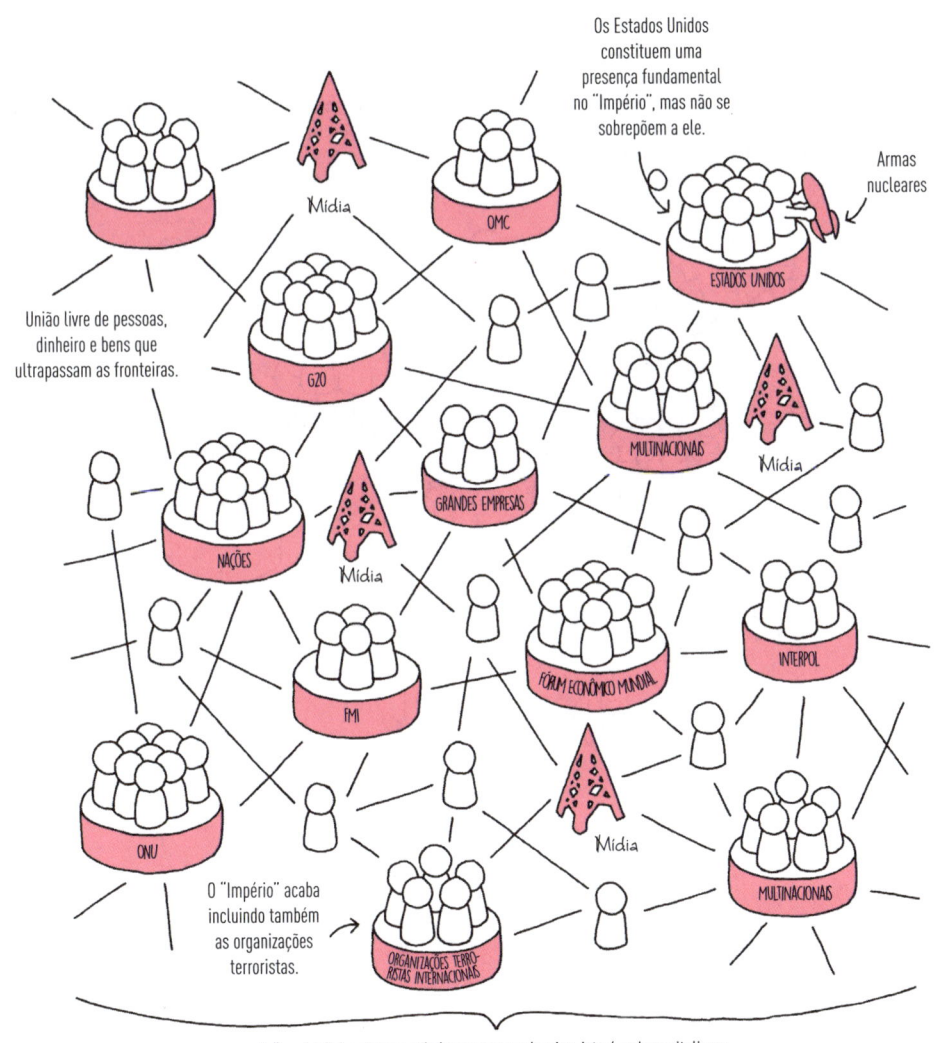

Os Estados Unidos constituem uma presença fundamental no "Império", mas não se sobrepõem a ele.

Armas nucleares

União livre de pessoas, dinheiro e bens que ultrapassam as fronteiras.

O "Império" acaba incluindo também as organizações terroristas.

O "Império" é o sistema criado por nossos desejos, isto é, pelo capitalismo.

Negri e **Hardt** afirmam que o "Império" penetrou em todas as esferas da vida cotidiana e que nos molda, por todos os lados, e nos organiza para que nos adaptemos ao capitalismo. A ele se opõe a **multidão** (p. 337).

MULTIDÃO

Significado .... multidões que promovem a democracia global
Obra representativa .... *Multidão*, em coautoria com Michael Hardt
Conceito relacionado .... "Império" (p. 334)
Nota .... pode ser entendida também como
o proletariado contemporâneo

Negri e **Hardt** (1960-) descrevem como surge o **"Império"** (p. 334) na época contemporânea: uma forma de poder que se encarna em uma rede de relações transnacionais. O **"Império"** nos molda e nos organiza para nos adaptar ao capitalismo. Mas, se o "Império" exerce seu poder utilizando uma estrutura de rede, a **multidão** de pessoas também pode usar esse mesmo sistema em sentido inverso para disputar e enfrentar a supremacia do "Império".

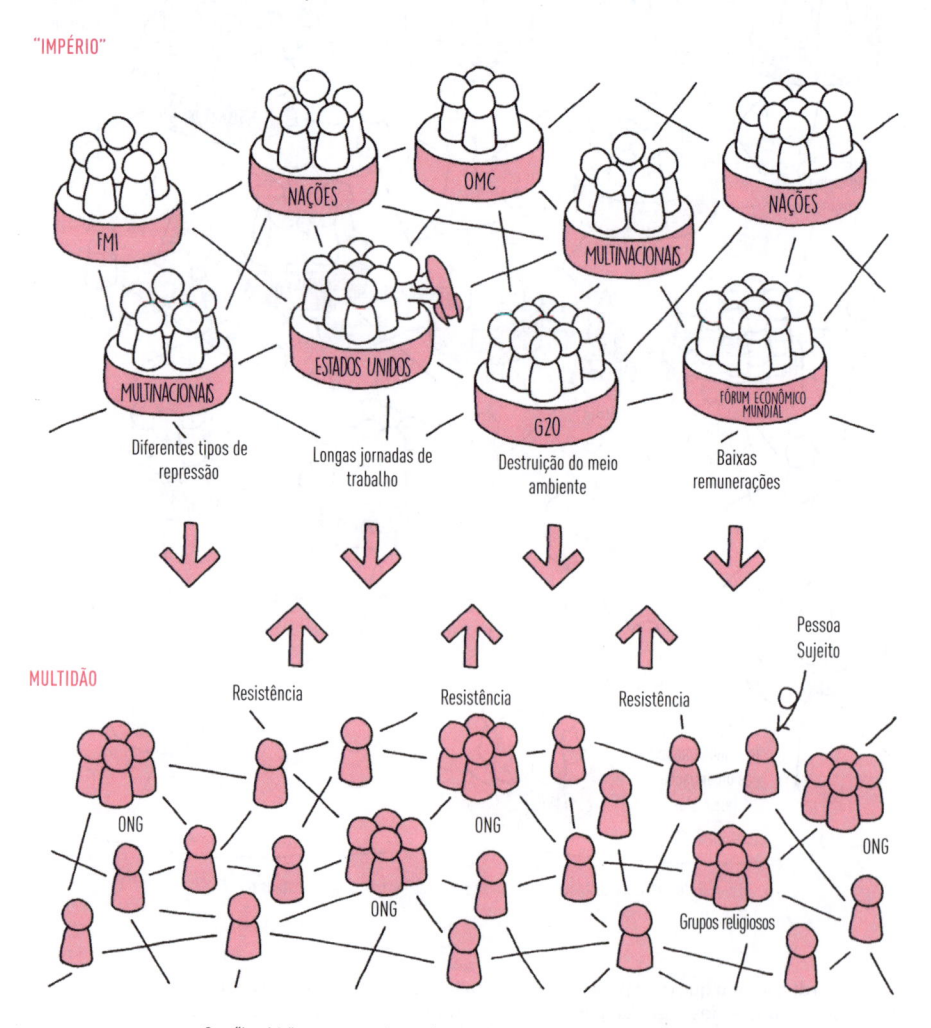

"IMPÉRIO"

FMI — NAÇÕES — OMC — MULTINACIONAIS — NAÇÕES
MULTINACIONAIS — ESTADOS UNIDOS — G20 — FÓRUM ECONÔMICO MUNDIAL

Diferentes tipos de repressão | Longas jornadas de trabalho | Destruição do meio ambiente | Baixas remunerações

Resistência — Resistência — Resistência

Pessoa Sujeito

MULTIDÃO

ONG — ONG — ONG — Grupos religiosos — ONG

Se o "Império" exerce seu poder em forma de rede, a multidão também pode utilizar essa mesma estrutura para enfrentá-lo.

Negri e Hardt chamam de "**multidão**" o conjunto de pessoas que vivem sob o domínio do Estado e do capitalismo, e consideram que esta pode se converter em uma força antagônica ao poder. Mas não se trata da **classe trabalhadora** (p. 195), que Marx concebia como uma força capaz de realizar uma revolução violenta. Pessoas muito diferentes entre si, como trabalhadores domésticos, estudantes, imigrantes, idosos, minorias sexuais, capitalistas, operários, especialistas, jornalistas etc., estão conectadas à rede em sua própria esfera de especialização, e algumas vezes falam entre si, outras vezes se reúnem: essas pessoas constituem a **multidão**, isto é, a força que busca resolver cada uma das contradições do capitalismo.

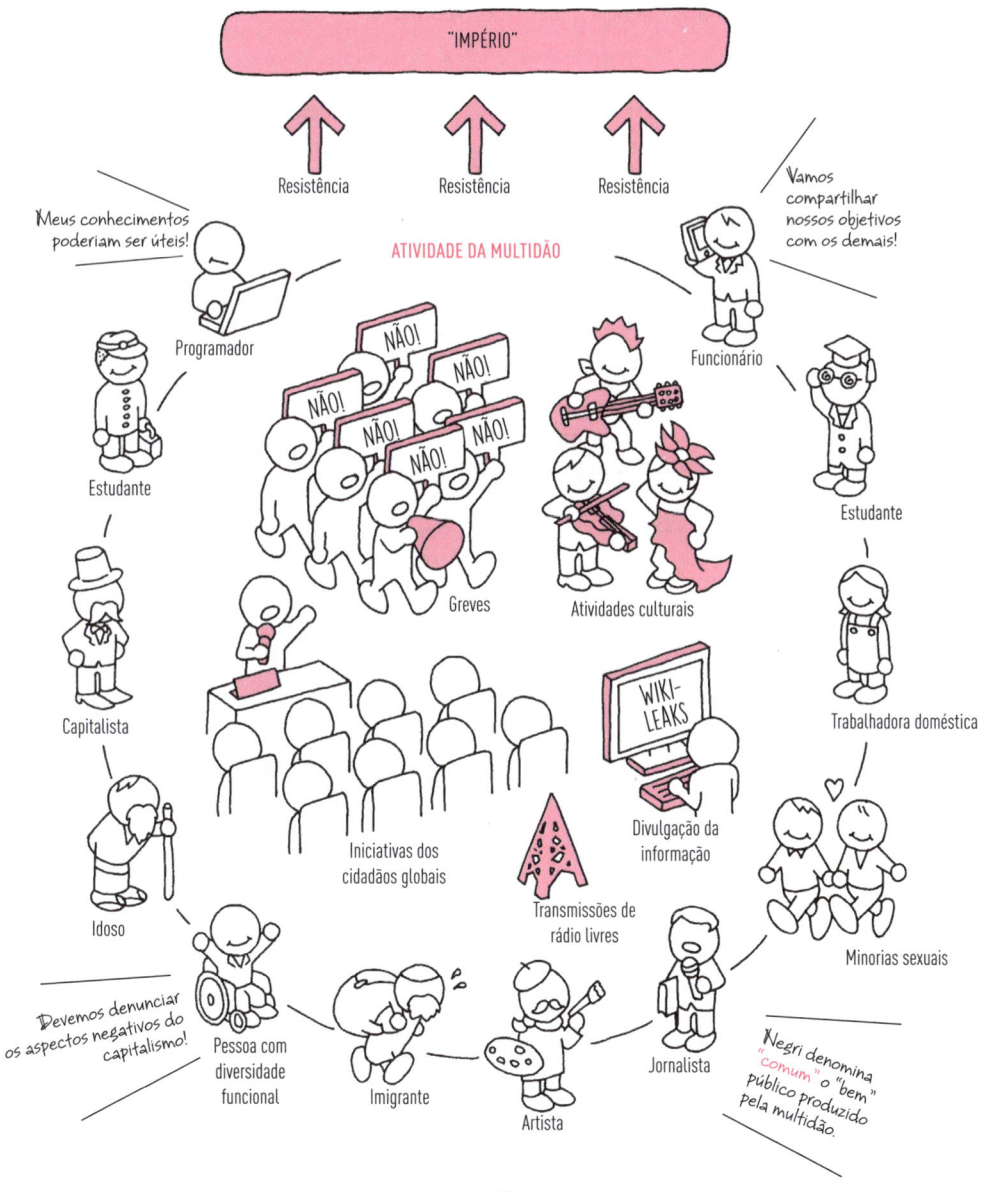

"IMPÉRIO"

↑ Resistência ↑ Resistência ↑ Resistência

ATIVIDADE DA MULTIDÃO

"Meus conhecimentos poderiam ser úteis!" — Programador

"Vamos compartilhar nossos objetivos com os demais!" — Funcionário

Estudante

Capitalista

NÃO! NÃO! NÃO! NÃO! NÃO! NÃO!
Greves

Atividades culturais

Estudante

WIKI-LEAKS
Divulgação da informação

Trabalhadora doméstica

Iniciativas dos cidadãos globais

Transmissões de rádio livres

Minorias sexuais

"Devemos denunciar os aspectos negativos do capitalismo!" — Idoso

Pessoa com diversidade funcional

Imigrante

Artista

Jornalista

"Negri denomina "*comum*" o "bem" público produzido pela multidão."

MULTIDÃO

Um conjunto composto de pessoas que não levam em conta a raça, a nacionalidade nem a hierarquia. Negri e Hardt consideram que a colaboração em rede também possibilita a oposição ao "Império" e o enfrentamento das contradições do capitalismo.

BIOÉTICA/ÉTICA AMBIENTAL

Com o progresso da tecnologia genética e médica, os seres humanos estão em condições de manipular a vida e a morte. Além disso, o clima está mudando em nível global por causa da destruição e contaminação da natureza. Parece necessário, portanto, reescrever conceitos convencionais, como "humano", "família", "liberdade", "morte".

ENGENHARIA GENÉTICA

A clonagem dá ao homem a possibilidade de criar seres vivos. Isso permite resolver os problemas dos casais que desejam filhos, mas que não podem tê-los ou que perderam um filho por causa de uma doença ou um acidente. Mas tudo isso é moralmente correto?

É possível criar uma criança com a mesma estrutura genética dos pais.

Sou um clone!

Quais são as diferenças entre um ser humano clonado e um não clonado?

DIAGNÓSTICO PRÉ-NATAL

Hoje é possível identificar eventuais anomalias do feto antes do nascimento. Podemos escolher que só nasçam crianças com determinadas características?

INTELIGÊNCIA ARTIFICIAL – ÓRGÃOS ARTIFICIAIS

Qual é a diferença entre um ciborgue com corpo artificial e um androide com emoções e conhecimentos artificiais?

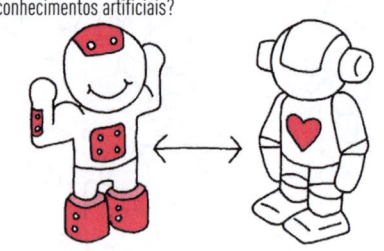

GESTAÇÃO POR SUBSTITUIÇÃO

A gestação por substituição oferece a quem não pode ter filhos a possibilidade de ser pai. Uma criança fruto da gestação por substituição pode ter até um máximo de cinco progenitores. É necessário repensar o conceito de família?

Tenho cinco pais!

Pais biológicos → Mãe que o gestou → Filho ← Família que o cria

BEBÊ *À LA CARTE* – INSEMINAÇÃO ARTIFICIAL

Por meio da manipulação genética no estado embrionário ou da aquisição de espermatozoides "superiores" pela internet, podemos criar bebês ad hoc. Um bebê desse tipo está mais bem adaptado ao "ambiente atual", mas o que acontece quando o ambiente muda e exige outro tipo de características?

TRANSPLANTE DE ÓRGÃOS

Hoje é possível transplantar órgãos. Trata-se do ato mais nobre que uma pessoa pode realizar, ou de um ato desumano que considera o corpo como um conjunto de peças que podem ser substituídas? Só porque meu corpo é meu, posso vender meus órgãos livremente?

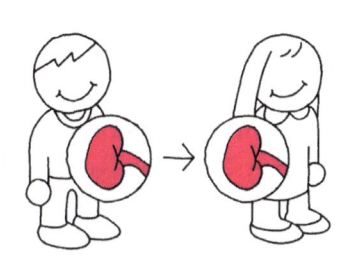

MORTE DIGNA – MORTE CEREBRAL

O progresso das tecnologias médicas permitiu prolongar notavelmente a vida humana. Alcunha-se o conceito de "morte cerebral". Então, o que significa morrer?

DIREITO À VIDA DE TODOS OS SERES VIVOS

As razões apresentadas para defender que nossa "espécie" é superior a todas as demais são questionáveis. Um vertebrado, por exemplo, é uma criatura capaz de sentir dor e medo. É lícito vulnerar o direito à vida do resto dos seres vivos para proporcionar um mínimo benefício aos seres humanos?

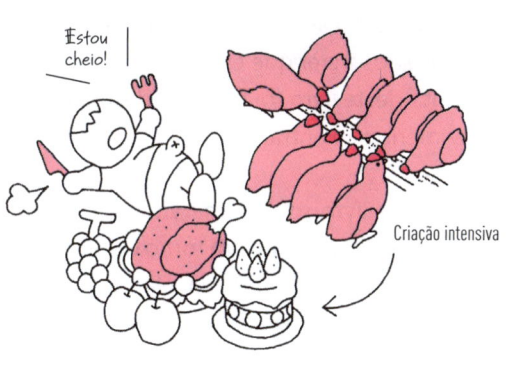

Estou cheio!

Criação intensiva

ÉTICA INTERGERACIONAL – RECURSOS LIMITADOS DA TERRA

Mesmo morrendo de calor, deixamos o ar-condicionado no mínimo.

Agradecemos por ter nos deixado a natureza!

Devemos renunciar a qualquer coisa para preservar o meio ambiente global, que tem recursos limitados. A era da liberdade chegou ao fim? Ou será que adotou uma forma que ainda não conhecemos?

Homem contemporâneo

Homens do futuro

Posfácio

"Embora a cor e a forma da maçã que vejo possam ser diferentes de como outra pessoa as vê, apesar de ter opiniões diferentes, não nos entendemos mesmo assim? E se este mundo tiver sido sempre apenas um sonho?"

Desejo encontrar respostas para grandes perguntas como estas, nas quais todos já pensamos alguma vez na vida.

Meu avô era um ávido leitor, e as paredes de casa estavam cobertas de livros misteriosos escritos em francês ou em alemão, além de manuais de filosofia. Um dia, tive a impressão de que as respostas para as minhas perguntas estavam dentro daqueles livros.

Com efeito, uma maré de "titãs do conhecimento" havia afrontado o problema do "sujeito" e do "objeto". Descartes afirmando a coincidência entre sujeito e objeto "porque Deus nos permite estabelecê-la". Hume, ao contrário, negando a existência de um mundo objetivo. Kant considerando que a subjetividade humana e a aparência da coisa em si não coincidem, em contraste com a subjetividade entre os diferentes seres humanos. Hegel afirmando que, por meio da dialética, o sujeito e o objeto podem ser levados a coincidir. E Husserl investigando os motivos que levam os seres humanos a crer que existe uma realidade externa ao sujeito.

A escrita deste livro foi fruto do desejo de visibilizar e concretizar a surpresa que experimentei ao entrar em contato com esses pensamentos.

> Escrevi este livro sob a supervisão de Tetsuya Saito, que se ocupou de muitas obras que giram em torno da filosofia, da educação e das ciências sociais. Com muita paciência, ele me ajudou a ver todos os meus erros de interpretação, e, graças a ele e a seu incentivo, consegui corrigi-los. A Tetsuya dedico toda a minha gratidão.

O que me deixa feliz é a esperança de que, ao ler estas páginas, os leitores consigam descobrir algo novo e surpreendente.

Masato Tanaka

BIBLIOGRAFIA

INTRODUÇÕES E MONOGRAFIAS
AAVV. *Enciclopedia Oxford de Filosofía*. Madri: Editorial Tecnos, 2009.
Adrián Escudero, Jesús. *Guía para la lectura de Ser y Tiempo de Heidegger*. Barcelona: Editorial Herder, 2016. v. 1.
_____. *Guía de lectura de Ser y tiempo de Martin Heidegger*. Barcelona: Editorial Herder, 2016. v. 2.
Audi, Robert (org.). *Dicionário de filosofia de Cambridge*. São Paulo: Paulus, 2006.
Cornman, James W. *Introducción a los problemas y argumentos filosóficos*. México: Universidad Nacional Autónoma de México, 2006.
Ferret, Stéphane. *Introducción a la filosofía*. Barcelona: Editorial Gredos, 2011.
Garrett, Brian. *Metafísica:* Conceitos-chave em filosofia. Porto Alegre: Artmed, 2008.
Hetherington, Stephen. *Realidade, conhecimento, filosofia:* Uma introdução à metafísica e à epistemologia. Lisboa: Instituto Piaget, 2008.
Honderich, Ted (org.) *Los filósofos. Una introducción a los grandes pensadores de Occidente*. Madri: Editorial Tecnos, 2015.
Kenny, Anthony. *Filosofia no mundo moderno:* Uma nova história da filosofia ocidental. São Paulo: Edições Loyola, 2009. v. 4.
Law, Stephen. Guia ilustrado Zahar de filosofia. Rio de Janeiro: Zahar, 2008.
Lora, Pablo de; Gascón Abellán, Marina. *Bioética:* principios, desafíos, debates. Madri: Alianza Editorial, 2008.
Martínez Marzoa, Felipe. *Iniciación a la Filosofía*. Madri: Editorial Istmo, 2004.
Miller, David. *Filosofía política:* una breve introducción. Madri: Alianza Editorial, 2011.
Morey, Miguel. *Foucault e Derrida:* Pensamento francês contemporâneo. São Paulo: Salvat, 2018.
Nagel, Thomas. *Uma breve introdução à filosofia*. 3. ed. São Paulo: WMF Martins Fontes, 2011.
Ogien, Ruwen. *La influencia del olor de los cruasanes calientes sobre la bondad humana (y otras cuestiones sobre filosofía moral experimental)*. Madri: El Pais-Aguilar, 2012.
Pérez Chico, David (coord.). *Cuestiones de la filosofía del lenguaje*. Zaragoza: Prensas Universitarias de Zaragoza, 2018.
Pérez Otero, Manuel. *Vericuetos de la filosofía de Wittgenstein*. Zaragoza: Prensa Universitaria de Zaragoza, 2018.
Rachels, James; Rachels, Stuart. *Os elementos da filosofia moral*. Porto Alegre: AMGH, 2013.
Rivera, Juan Antonio. *Camelia y la filosofía. Andanzas, venturas y desventuras de una joven estudiante*. Barcelona: Arpa, 2016.
Rowlands, Mark. *Tudo o que sei aprendi na TV*. Rio de Janeiro: Ediouro, 2008.
Russell, Bertrand. *Os problemas da filosofia*. Lisboa: Edições 70, 2008.
Tugendhat, Ernst. *El libro de Manuel y Camila*. Barcelona: Editorial Gedisa, 2007.
Warburton, Nigel. *Uma breve história da filosofia*. Porto Alegre: L&PM Editores, 2012.
_____. *O básico da filosofia*. Rio de Janeiro: José Olympio, 2008.
Wolff, Jonathan. *Introdução à filosofia política*. Lisboa: Editora Gradiva, 2013.

HISTÓRIA DA FILOSOFIA
Châtelet, François. *História da filosofia*. Rio de janeiro: Zahar, 1973. 8 v.
De Libera, Alain. *La cuestión de los universales*. Madri: Prometeo Libros, 2016.
Garrido, Manuel; Valdés Villanueva, Luis M.; Arenas, Luis (coord.) *El legado filosófico y científico del siglo XX*. Madri: Ediciones Cátedra, 2019.
_____. *Historia de la filosofía griega II. Los sofistas, Sócrates y el primer Platón*. Barcelona: Editorial Gredos, 2012.
Ingarden, Roman. *Introducción a la filosofía de Edmund Husserl*. Lecciones de Oslo 1967. Barcelona: Avarigani Editores, 2017.
Israel, Jonathan. *A Revolução das Luzes:* O Iluminismo radical e as origens intelectuais da democracia moderna. São Paulo: Edipro, 2013.
Laêrtios, Diôgenes. *Vidas e doutrinas dos filósofos ilustres*. 2. ed. Brasília: Editora UnB, 2008.
León Florido, Francisco. *Guillermo de Ockham. Filósofo en un tiempo de crisis*. Madri: Escolar y Mayo, 2014.
Martínez Marzoa, Felipe. *Historia de la Filosofía*. Madri: Editorial Istmo, 2000.
Mosterín, Jesús. *La Hélade. Historia del Pensamiento*. Madri: Alianza Editorial, 2013.
Soames, Scott. *El Surgimiento de la Filosofía Analítica. Frege, Moore, Russell y Wittgenstein*. Madri: Editorial Tecnos, 2019.

FONTES PRIMÁRIAS

FILOSOFIA CLÁSSICA
Aristóteles. *Ética a Nicômaco*. 4. ed. São Paulo: Edipro, 2018.
_____. *Física I-II*. Prefácio, introdução, tradução e comentários de Lucas Angioti. Campinas: Editora da Unicamp, 2009.
_____. *Metafísica*. 2. ed. São Paulo: Edipro, 2012.
Platão. *A República*. Rio de Janeiro: Nova Fronteira, 2016.
_____. *Diálogos*. São Paulo: Edipro, 2007-2017. 7 v.

FILOSOFIA MEDIEVAL
Agostinho de Hipona, Santo. *A cidade de Deus*. 14. ed. Petrópolis: Vozes, 2013. v. 1.
_____. *A cidade de Deus*. 8. ed. Petrópolis: Vozes, 2013. v. 2.
Anselmo de Aosta. A verdade. In: _____. *Monológio, Proslógio, A Verdade, O Gramático*. São Paulo: Abril Cultural,1973. Coleção Os Pensadores.
_____. Proslógio. In: _____. *Monológio, Proslógio, A Verdade, O Gramático*. São Paulo: Abril Cultural, 1973. Coleção Os Pensadores.
Martínez Lorca, Andrés. Introducción a la Filosofía Medieval. Madri: Alianza Editorial, 2017.
Tomás de Aquino. *Comentario a las sentencias de Pedro Lombardo*. Navarra: Ediciones Universidad Navarra, 2008.
_____. *Suma contra os gentios*. São Paulo: Edições Loyola, 2015-2016. 3 v.
_____. *Suma teológica*. São Paulo: Edições Loyola, 2001-2006. 9 v.

FILOSOFIA PRÉ-MODERNA
Bacon, Francis. *Novo Órganon (Instauratio Magna)*. São Paulo: Edipro, 2014.
_____. *O progresso do conhecimento*. São Paulo: Editora Unesp, 2007.
Berkeley, George. Comentários filosóficos. In: *Obras filosóficas*. São Paulo: Editora Unesp, 2010.
_____. *Tratado sobre os princípios do conhecimento humano*. 2. ed. São Paulo: Editora Unesp, 2009.
_____. Um ensaio para uma nova teoria da visão. In: *Tratados sobre a visão*. Campinas: Editora da Unicamp, 2010.
Descartes, René. *As paixões da alma*. 2. ed. São Paulo: Martins Fontes, 2005.
_____. *Discurso do método & Ensaios*. São Paulo: Editora Unesp, 2018.
_____. *Meditações metafísicas*. 4. ed. São Paulo: WMF Martins Fontes, 2016.
Hobbes, Thomas. *Elementos filosóficos a respeito do cidadão*. Petrópolis: Vozes, 1993.
_____. Hobbes, Thomas. *Leviatã*. Petrópolis: Vozes, 2020.
Hume, David. Investigação sobre o entendimento humano. In: *Investigações sobre o entendimento humano e sobre os princípios da moral*. São Paulo: Editora Unesp, 2004.
_____. *Tratado da natureza humana*. 2. ed. São Paulo: Editora Unesp, 2009.
Leibniz, G. W. *A monadologia e outros textos*. São Paulo: Hedra, 2009.
_____. *Discurso de metafísica*. Petrópolis: Vozes de Bolso, 2019.
_____. *Novos ensaios sobre o entendimento humano*. São Paulo: Nova Cultural, 1999.
Locke, John. *Dois tratados sobre o governo*. 3. ed. São Paulo: Martins Fontes, 2020.
_____. *Ensaio sobre o entendimento humano*. São Paulo: Martins Fontes, 2012.
Montaigne, Michel de. *Os ensaios*. São Paulo: Martins Fontes, 2000-2001. 3 v.
Montesquieu. *Cartas persas*. São Paulo: Martins Fontes, 2009.
_____. *Considerações sobre as causas da grandeza dos romanos e de sua decadência*. São Paulo: Edipro, 2017.
_____. *Do espírito das leis*. Rio de Janeiro: Nova Fronteira/Saraiva de Bolso, 2012. 2 v.
Pascal, Blaise. *Pensamentos*. São Paulo: Martins Fontes, 2016.
Rousseau, Jean-Jacques. *Discurso sobre a origem da desigualdade entre os homens*. Porto Alegre: L&PM Pocket, 2008.
_____. *Do contrato social*. Petrópolis: Vozes de Bolso, 2017.
_____. *Emílio ou Da educação*. 4. ed. São Paulo: Martins Fontes, 2018.
Spinoza, Baruch. *Ética*. 2. ed. Belo Horizonte: Autêntica, 2009.
_____. *Tratado teológico-político*. São Paulo: Perspectiva, 2019.

FILOSOFIA MODERNA
Bentham, Jeremy. *Uma introdução aos princípios da moral e da legislação*. 3. ed. São Paulo: Abril Cultural, 1984.
Dewey, John. *Democracia e educação: capítulos essenciais*. São Paulo: Ática, 2008.

_____. *Reconstrução em filosofia*. São Paulo: Ícone, 2017.
Fichte, Johann Gottlieb. *Discursos à nação alemã*. Lisboa: Temas e Debates, 2010.
Freud, Sigmund. *A interpretação dos sonhos (1900)*. São Paulo: Companhia das Letras, 2019. Obras Completas, v. 4.
_____. *Além do princípio do prazer*. In: _____. *História de uma neurose infantil ("O homem dos lobos"), Além do princípio do prazer e outros textos (1917-1920)*. São Paulo: Companhia das Letras, 2011. Obras Completas, v. 14.
_____. *Conferências introdutórias à psicanálise (1916-1917)*. São Paulo: Companhia das Letras, 2014. Obras Completas, v. 13.
_____. *O eu e o id*. In: _____. *O eu e o id, "autobiografia" e outros textos (1923-1925)*. São Paulo: Companhia das Letras, 2011. Obras Completas, v. 16.
_____. *Psicologia das massas e análise do eu*. In: _____. *Psicologia das massas e análise do eu e outros textos (1920-1923)*. São Paulo: Companhia das Letras, 2011. Obras Completas, v. 15.
_____. *O futuro de uma ilusão*. In: _____. *O futuro de uma ilusão e outros textos (1926-1929)*. São Paulo: Companhia das Letras, 2014. Obras Completas, v. 17.
Hegel, Friedrich Georg Wilhelm. *Ciencia de la lógica, Volumen I:* La lógica objetiva (1812-1813). Madri: Abada Editores, 2011.
_____. *Ciencia de la lógica, Volumen II:* La lógica subjetiva o la doctrina del concepto (1816). Madri: Abada Editores, 2015.
_____. *Enciclopédia das ciências filosóficas em compêndio (1830)*. 3. ed. São Paulo: Edições Loyola, 1995. v. 1 – A ciência da lógica.
_____. *Enciclopédia das ciências filosóficas em compêndio (1830)*. São Paulo: Edições Loyola, 1997. v. 2 – A filosofia da natureza.
_____. *Enciclopédia das ciências filosóficas em compêndio (1830)*. 2. ed. São Paulo: Edições Loyola, 1995. v. 3 – A filosofia do espírito.
_____. *Fenomenologia do espírito*. 9. ed. Petrópolis: Vozes, 2014.
_____. *Filosofia da história*. Brasília: UnB, 1999.
_____. *Princípios da filosofia do direito*. São Paulo: Martins Fontes, 1997.
James, William. *As variedades da experiência religiosa*. São Paulo: Cultrix, 2017.
_____. *O pragmatismo:* Um nome novo para algumas formas antigas de pensar. Lisboa: Imprensa Nacional – Casa da Moeda, 1997.
_____. *The Principles of Psychology*. Cambridge: Harvard University Press, 1981. 3 v.
Jung, Carl Gustav. *Psicologia e alquimia*. Petrópolis: Vozes, 2018. Obra Completa, v. 12.
_____. *Tipos psicológicos*. Petrópolis: Vozes, 2011. Obra Completa, v. 6.
Kant, Immanuel. *A paz perpétua*. Petrópolis: Vozes, 2020.
_____. *Crítica da faculdade de julgar*. Petrópolis: Vozes, 2016.
_____. *Crítica da razão prática*. Petrópolis: Vozes, 2016.
_____. *Crítica da razão pura*. 4. ed. Petrópolis: Vozes, 2015.
_____. *Metafísica dos costumes*. Petrópolis: Vozes, 2013.
Kierkegaard, Sören. *Los primeros diarios, Volumen I, 1834-1837*. México: Universidad Iberoamericana, 2011.
_____. *Migalhas filosóficas*. 3. ed. Petrópolis: Vozes, 2011.
_____. *O conceito de angústia*. 3. ed. Petrópolis: Vozes, 2013.
_____. *O desespero humano*. São Paulo: Editora Unesp, 2010.
_____. *O eu e o inconsciente (Obra completa, v. 7/2)*. 27. ed. Petrópolis: Vozes, 2015.
_____. *Ou-ou:* um fragmento de vida. Lisboa: Relógio D'Água, 2017. v. 1.
_____. *Ou-ou:* um fragmento de vida. Lisboa: Relógio D'Água, 2017. v. 2.
_____. *Pós-escrito às* Migalhas filosóficas. Petrópolis: Vozes, 2013. v. 1.
_____. *Pós-escrito às* Migalhas filosóficas. Petrópolis: Vozes, 2016. v. 2.
Marx, Karl. *Contribuição à crítica da economia política*. 5. ed. São Paulo: Martins Fontes, 2016.
_____. *Manuscritos econômico-filosóficos*. São Paulo: Boitempo, 2004.
_____. *O capital (Livro I)*. 2. ed. São Paulo: Boitempo, 2017.
_____. *O capital (Livro II)*. São Paulo: Boitempo, 2014.
_____. *O capital (Livro III)*. São Paulo: Boitempo, 2017.
_____. *O capital* – Extratos por Paul Lafargue. São Paulo: Veneta, 2014.
Marx, Karl; Engels, Friedrich. *A ideologia alemã*. São Paulo: Boitempo, 2007.
_____. *Manifesto do partido comunista*. São Paulo: Penguin-Companhia, 2012.
Mill, John Stuart. *O utilitarismo*. São Paulo: Iluminuras, 2020.

_____. *Sobre a liberdade*. Rio de Janeiro: Vozes de Bolso, 2019.
Nietzsche, Friedrich. *Além do bem e do mal*. Companhia de Bolso, 2005.
_____. *Assim falou Zaratustra*. Companhia de Bolso, 2018.
_____. *Genealogia da moral*. São Paulo: Companhia de Bolso, 2009.
_____. *Vontade de potência*. Rio de Janeiro: Vozes de Bolso, 2017.
Peirce, Charles Sanders. Como tornar claras nossas ideias. In: As ilustrações da lógica da ciência. 2. ed. Aparecida, SP: Ideias e Letras, 2008. p. 59-87.
_____. *Obra filosófica reunida*. México: Fondo de Cultura Económica, 2012.
Schelling, F.W.J. *Investigações filosóficas sobre a essência da liberdade humana*. Lisboa: Edições 70, 2018.
_____. *Lecciones sobre el método de los estudios académicos*. Madri: Editora Nacional, 1984.
Schopenhauer, Arthur. *O mundo como vontade e representação*. 2. ed. São Paulo: Editora Unesp, 2005. v. 1.
_____. *O mundo como vontade e representação*. São Paulo: Editora Unesp, 2005. v. 2.
Smith, Adam. *A riqueza das nações*. 3. ed. Rio de Janeiro: Nova Fronteira, 2017.
_____. *Teoria dos sentimentos morais*. 2. ed. São Paulo: Martins Fontes, 2015.

FILOSOFIA CONTEMPORÂNEA
Adorno, Theodor W.; Horkheimer, Max. *Dialética do esclarecimento*. Rio de Janeiro: Zahar, 1985.
Arendt, Hannah. *A condição humana*. 13. ed. Rio de Janeiro: Forense Universitária, 2016.
_____. *Origens do totalitarismo*. São Paulo: Companhia das Letras, 2013.
Baudrillard, Jean. *A sociedade de consumo*. São Paulo: Edições 70, 2009.
_____. *O sistema dos objetos*. 5. ed. São Paulo: Perspectiva, 2019.
_____. *Simulacros e simulação*. Lisboa: Relógio D'Água, 1991.
Beauvoir, Simone de. *A velhice*. Rio de Janeiro: Nova Fronteira, 2018.
_____. *O segundo sexo*. 5. ed. Rio de Janeiro: Nova Fronteira, 2020. 2 v.
Butler, Judith. *Problemas de gênero:* Feminismo e subversão da identidade. 21. ed. Rio de Janeiro: Civilização Brasileira, 2003.
_____. *Quadros de guerra:* Quando a vida é passível de luto? 7. ed. Rio de Janeiro: Civilização Brasileira, 2015.
_____. *Relatar a si mesmo:* Crítica da violência ética. Belo Horizonte: Autêntica, 2015.
Carnap, Rudolf. *Filosofía y sintaxis lógica*. México: Universidad Nacional Autónoma de México, 2002.
_____. *Significado y necesidad. Un estudio de semántica y lógica formal*. México: Universidad Nacional Autónoma de México, 2019.
Deleuze, Guilles. *Diferença e repetição*. 3. ed. São Paulo: Paz e Terra, 2018.
Deleuze, Guilles; Guattari, Félix. *Mil platôs*. 2. ed. São Paulo: Editora 34, 2011-2012. v. 1-5.
_____. *O anti-Édipo*. 2. ed. São Paulo: Editora 34, 2011.
Derrida, Jacques. *A escritura e a diferença*. 4. ed. São Paulo: Perspectiva, 2019.
_____. *A voz e o fenômeno*. Lisboa: Edições 70, 2012.
_____. *Espectros de Marx*. Rio de Janeiro: Relume Dumará, 1994.
_____. *Força de lei*. São Paulo: WMF Martins Fontes, 2018.
_____. *Margens da filosofia*. Campinas: Papirus, 1991.
Foucault, Michel. *A arqueologia do saber*. 8. ed. Rio de Janeiro: Forense Universitária, 2012.
_____. *As palavras e as coisas*. 10. ed. São Paulo: Martins Fontes, 2016.
_____. *História da loucura:* na Idade Clássica. São Paulo: Perspectiva, 2019. 2 v.
_____. *História da sexualidade*. 8. ed. São Paulo: Paz e Terra, 2020. v. 2.
_____. *História da sexualidade*. 8. ed. São Paulo: Paz e Terra, 2020. v. 3.
_____. *História da sexualidade*. São Paulo: Paz e Terra, 2020. v. 1.
_____. *História da sexualidade*. São Paulo: Paz e Terra, 2020. v. 4.
_____. *O nascimento da clínica*. 7. ed. Rio de Janeiro: Forense Universitária, 2011.
_____. *Vigiar e punir:* Nascimento da prisão. 42. ed. Petrópolis: Editora Vozes, 2014.
Habermas, Jürgen. *Mudança estrutural da esfera pública:* Investigações sobre uma categoria da sociedade burguesa. São Paulo: Editora Unesp, 2014.
_____. *O discurso filosófico da modernidade*. São Paulo: Martins Fontes, 2000.
_____. *Teoria do agir comunicativo*. São Paulo: Martins Fontes, 2012. 2 v.
Heidegger, Martin. A questão da técnica. In: _____. *Ensaios e conferências*. 8. ed. Petrópolis: Vozes, 2012.
_____. *Carta sobre o humanismo*. 2. ed. São Paulo: Centauro, 2005.
_____. *Ser e tempo*. 10 ed. Petrópolis: Editora Vozes, 2015.

Husserl, Edmund. *A crise das ciências europeias e a fenomenologia transcendental:* Uma introdução à filosofia fenomenológica. Rio de Janeiro: Forense Universitária, 2012.

_____. *A ideia da fenomenologia:* Cinco lições. Petrópolis: Vozes, 2020.

_____. *Ideias para uma fenomenologia pura e para uma filosofia fenomenológica.* 4. ed. Aparecida, SP: Ideias e Letras, 2012.

_____. *Meditações cartesianas:* Uma introdução à fenomenologia. São Paulo: Edipro, 2019.

James, William. *As variedades da experiência religiosa.* São Paulo: Cultrix, 2017.

Jaspers, Karl. *Filosofía.* México: Fondo de Cultura Económica, 2017.

_____. *Psicopatologia geral.* Rio de Janeiro: Atheneu, 1973. v. 1 e 2.

_____. *Introdução ao pensamento filosófico.* 16. ed. São Paulo: Cultrix, 2011.

Kuhn, Thomas. *A estrutura das revoluções científicas.* 13. ed. São Paulo: Perspectiva, 2017.

Levinas, Emmanuel. *De outro modo que ser ou para lá da essência.* Lisboa: Centro de Filosofia da Universidade de Lisboa, 2011.

_____. *Difícil libertad.* Madri: Caparrós Editores, 2004.

_____. *Totalidade e infinito.* Lisboa: Edições 70, 2008.

Lévi-Strauss, Claude. *As estruturas elementares do parentesco.* 7. ed. Petrópolis: Vozes, 2012.

_____. *O pensamento selvagem.* 8. ed. São Paulo: Papirus, 2020.

_____. *Tristes trópicos.* São Paulo: Companhia das Letras, 1996.

Lyotard, Jean-François. *A condição pós-moderna.* 20. ed. Rio de Janeiro: José Olympio, 2021.

_____. *O pós-moderno explicado às crianças:* Correspondências 1982-1985. 2. ed. Lisboa: Publicações Dom Quixote, 1993.

Merleau-Ponty, Maurice. *A estrutura do comportamento.* São Paulo: Martins Fontes, 2006.

_____. *Fenomenologia da percepção.* 5. ed. São Paulo: WMF Martins Fontes, 2018.

_____. *O visível e o invisível.* 4. ed. São Paulo: Perspectiva, 2019.

Negri, Antonio. *A anomalia selvagem:* Poder e potência em Espinoza. São Paulo: Editora 34, 2018.

Negri, Antonio; Hardt, Michael. *Império.* 11. ed. Rio de Janeiro: Record, 2001.

_____. *Multidão:* Guerra e democracia na era do Império. 4. ed. Rio de Janeiro: Record, 2004.

Nozick, Robert. *Anarquia, estado e utopia.* São Paulo: WMF Martins Fontes, 2011.

_____. *Philosophical Explanations.* Cambridge, MA: Belknap Press, 1983.

Peirce, Charles Sanders. A fixação da crença. *In: As ilustrações da lógica da ciência.* 2. ed. Aparecida, SP: Ideias e Letras, 2008. p. 34-58.

Popper, Karl R. *A lógica da pesquisa científica.* 2. ed. São Paulo: Cultrix, 2013.

_____. *A miséria do historicismo.* São Paulo: Cultrix, 1980.

_____. *A sociedade aberta e os seus inimigos.* Lisboa: Edições 70, 2012. v. 1.

_____. *A sociedade aberta e os seus inimigos.* Lisboa: Edições 70, 2013. v. 2.

Rawls, John. *Justiça como equidade:* Uma reformulação. São Paulo: Martins Fontes, 2003.

_____. *Uma teoria da justiça.* 4. ed. São Paulo: Martins Fontes, 2016.

Russell, Bertrand. *Has Man a Future?* Londres: Penguin Books, 1961.

_____. *História da filosofia ocidental.* Rio de Janeiro: Nova Fronteira, 2015.

_____. *Princípios de reconstrução social.* São Paulo: Companhia Editora Nacional, 1958.

Said, Edward. *Covering Islam.* Nova York: Vintage Books, 1997.

_____. *Orientalismo.* São Paulo: Companhia de Bolso, 2007.

_____. *Representações do intelectual.* São Paulo: Companhia das Letras, 2005.

Sandel, Michael. *Justiça:* O que é fazer a coisa certa. 26. ed. Rio de Janeiro: Civilização Brasileira, 2011.

_____. *O liberalismo e os limites da justiça.* 2. ed. Lisboa: Fundação Calouste Gulbenkian, 2010.

Sartre, Jean Paul. *O existencialismo é um humanismo.* 4. ed. Petrópolis: Editora Vozes, 2014.

_____. *O ser e o nada:* Ensaio de ontologia fenomenológica. 24. ed. Petrópolis: Editora Vozes, 2015.

_____. *Situações.* São Paulo: Cosac Naify, 2006. v. 1.

Saussure, Ferdinand de. *Curso de linguística geral.* 28. ed. São Paulo: Cultrix, 2012.

Wittgenstein, Ludwig. *Investigações filosóficas.* 9. ed. Petrópolis: Vozes, 2014.

_____. *Tractatus logico-philosophicus.* 3. ed. São Paulo: Edusp, 2017.

ÍNDICE REMISSIVO

A

a priori 156
Adorno, Theodor 284
ágape 80
Agostinho 78
Além do bem e do mal 152
alienação da força
de trabalho 198
alienação 198
alma, o cuidado da 40
ambivalência 296
amor fati 217
an sich 175
an und für sich 175
anamnese 50
Anarquia, estado e utopia 239
Anaximandro 27
Anaxímenes 27
anomalia selvagem, A 241
Anselmo 78
anti-Édipo, O 236
antinomias da razão 163
antítese 175
apatia 71
Apologia de Sócrates 22
arbitrariedade do signo 244
árvore 324
arqué 28
Arendt, Hannah 234
areté 42
aristocracia da razão 56
Aristóteles 22
arqueologia do saber, A 236
Assim falou Zaratustra 152
ataraxia 72
ato 60
atomismo 31
átomo 31
Aufhebung 175
Austin, John L. 277
autonomia 169

B

Bacon, Francis 94
banquete, O 22
Baudrillard, Jean 238
Beauvoir, Simone de 240
bellum omnium
contra omnes 138
Bentham, Jeremy 152
Berkeley, George 95
bioética 338
biopoder 315
bricolagem 301
burguesia 195
Butler, Judith P. 240

C

cada um conta como um, e
ninguém como mais de um 192
mudança de paradigma 282

capital, O 151
Carnap, Rudolf 220
Carta sobre o humanismo 231
Cartas persas 98
categorias do entendimento 160
causa eficiente 61
causa final 61
causa formal 61
causa material 61
causas, doutrina das quatro 61
ceticismo metodológico 108
ceticismo 131
Ciência da lógica 150
cidade de Deus, A 78
classe capitalista 195
classe trabalhadora 195
cogito ergo sum 109
combate amoroso 265
Comentário às sentenças de
Pedro Lombardo 79
Como tornar as
nossas ideias claras 153
complexo de Édipo 221
comunicação existencial 265
comunitarismo 305
condição de lançado 261
condição humana, A 234
condição pós-moderna, A 237
Confissões 78
conhecimento absoluto 174
Considerações sobre as causas da grandeza
dos romanos e de sua decadência 98
contrato social (Hobbes) 138
contrato social (Locke) 140
contrato social (Rousseau) 141
contrato social, Do 98
coisa em si 158
crise das ciências europeias e a
fenomenologia transcendental, A 230
Crítica da faculdade de julgar ... 148
Crítica da razão prática 148
Crítica da razão pura 148
Crítica da violência ética 240
Críton 22
conhecimento é poder 100
Covering Islam
[A cobertura do Islã] 241
corpo 297
corporal, esquema 294
Curso de linguística geral 235

D

Dasein (ser-aí) 258
De outro modo que ser
ou para lá da essência 234
Deleuze, Gilles 236
democracia direta 141
Democracia e educação 154
Demócrito 21
demonstrações da
existência de Deus 110
desconstrução 320
direito de resistência 140
direito divino do rei 138
Derrida, Jacques 237

Descartes 96
desespero humano, O 151
Deus sive natura 117
Dewey, John 154
Dialética do esclarecimento 233
dialética 174
diálogo 38
dicotomia 318
Diferença e repetição 236
différance 323
Difícil liberdade 234
Deus está morto 207
Discurso de metafísica 97
Discurso do método 96
Discurso sobre a origem da desigualdade entre os homens 98
Discursos à nação alemã 149
Dois tratados sobre o governo 94
doxa 44
dualismo mente-corpo 114
Dura lex sed lex 43
dynamis 60

E

efeito panóptico 317
eidos 59
Elementos filosóficos a respeito do cidadão 97
Emílio ou Da educação 98
empirismo inglês 101
energheia 60
engagement (engajamento) 292
ensaio não argumentativo 135
ensaio para uma nova teoria da visão, Um 95
Ensaio sobre o entendimento humano ... 95
Ensaios em empirismo radical 154
ensaios, Os 99
ente 256
epicurismo 72
Epicuro 23
episteme (Foucault) 313
episteme (Platão) 45
epistemologia 133
epoché 250
eros (Freud) 222
eros (Platão) 51
escravismo 196
escolástica, filosofia 84
Espectros de Marx 237
espírito absoluto 173
espírito das leis, O 98
espírito de finura 137
espírito de geometria 137
espírito do mundo 177
esquizofrenia 327
Estado 179
estado de natureza 138
Estado ideal 57
estoicismo 71
estrutura 200

estrutura das revoluções científicas, A 230
estrutura do comportamento, A 232
estruturas elementares do parentesco, As 235
estruturalismo 298
eterno retorno 214
ethica 96
Ethos 66
Ética a Nicômaco 22
eticidade 178
eu (Descartes) 113
eu (Freud) 221
exceção (*Den Enkelte*) 184
existência 185
existência, os três estágios da 186
existência, precede a essência, a 288
existência autêntica 260
existência inautêntica 260
existencialismo é um humanismo, O 232
existencialismo teísta 185
existencialismo 185
Explicações filosóficas 239

F

falseabilidade 280
família 179
feixe de percepções 129
feminismo 330
fenômeno (Kant) 161
fenômeno (Platão) 48
fenomenologia 247
Fenomenologia da percepção 232
Fenomenologia do espírito 150
feudalismo 196
Fichte, Johann Gottlieb 148
filosofia, A 231
filosofia analítica 276
filosofia crítica 171
filosofia da natureza 27
filósofos governantes 56
Física 22
fonocentrismo 322
forma 59
Foucault, Michel 236
Frege, Gottlob 277
Freud, Sigmund 155
Fromm, Erich 285
força de lei 237
força produtiva 199
Fundamentos da doutrina da ciência completa 149

G

genealogia da moral, A 152
gênero 331
giro linguístico 276
Górgias 20
graça de Deus 83
grande relato 307

H

Habermas, Jürgen ... 233
harmonia preestabelecida ... 121
Hegel, Georg Wilhelm Friedrich ... 150
Heidegger, Martin ... 231
Heráclito ... 19
heteronomia ... 169
História da filosofia ocidental ... 228
História da loucura ... 236
história ... 176
Hobbes, Thomas ... 97
homem, animal político ... 68
homem, caniço pensante ... 136
homem, condenado a ser livre ... 289
homem, medida de todas as coisas ... 32
Horkheimer, Max ... 233
Hume, David ... 95
Husserl, David ... 95
hyle ... 59

I

id ... 221
ideia ... 46
ideias complexas ... 124
ideias inatas ... 112
Ideias para uma fenomenologia pura e para uma filosofia fenomenológica ... 230
ideias simples ... 124
idealismo ... 204
idealismo alemão ... 172
ideologia ... 201
idola fori ... 102
idola specus ... 102
idola theatri ... 102
idola tribus ... 102
idola, ídolos ... 102
il y a (há) ... 266
Iluminismo ... 143
imperativo categórico ... 165
Império (conceito) ... 334
Império (obra) ... 241
inconsciente ... 220
inconsciente coletivo ... 223
imanência ... 253
instrumentalismo ... 219
intelectualismo ... 41
intencionalidade ... 252
interpretação dos sonhos, A ... 155
intersubjetividade ... 255
introdução à psicanálise ... 155
Introdução ao pensamento filosófico ... 231
intuição eidética ... 250
intuição empírica ... 250
Investigação filosófica sobre a essência da liberdade humana ... 149
Investigação sobre o entendimento humano ... 94

J

James, William ... 154
Jaspers, Karl ... 231
Jesus Cristo ... 80
jogos de linguagem ... 273
Jung, Carl Gustav ... 155
Justiça: O que é fazer a coisa certa ... 239
Justiça como equidade ... 238
justiça corretiva ... 69
justiça particular ... 68
justiça restaurativa ... 69
justiça universal ... 68
justiça distributiva ... 68
justo meio ... 66

K

Kant, Immanuel ... 148
Kierkegaard, Søren Aabye ... 151
Kuhn, Thomas Samuel ... 230

L

laissez-faire ... 190
langue (língua) ... 242
lathe biosas (vive ocultamente) ... 73
lealdade de Deus ... 111
Lições sobre o método dos estudos acadêmicos ... 149
Leibniz, Gottfried Wilhelm von ... 97
linguagem ... 242
Leviatã (conceito) ... 139
Leviatã (obra) ... 97
Lévinas, Emmanuel ... 234
Lévi-Strauss, Claude ... 235
lei moral ... 164
liberalismo ... 302
liberalismo econômico ... 190
liberalismo e os limites da justiça, O ... 239
libertarismo ... 304
libido ... 221
Locke, John ... 94
lógica da diferenciação ... 308
lógica da pesquisa científica, A ... 229
logos ... 25
luta de classes ... 199
Lyotard, Jean-François ... 237

M

maiêutica ... 39
manifesto comunista, O ... 151
mão invisível ... 188
Manuscritos econômico-filosóficos de 1844 ... 151
máquina desejante ... 326
matéria ... 59
materialismo ... 205
materialismo histórico ... 203
máxima felicidade para o maior número de pessoas ... 193
máxima ... 168

Meditações metafísicas 96
Merleau-Ponty, Maurice 232
Metafísica (obra) 22
metafísica 62
Mil platôs 236
Mill, John Stuart 153
miséria do historicismo, A 229
mito da caverna 52
mônada 120
Monadologia 97
monismo 117
Monologion 78
Montaigne, Michel de 99
Montesquieu 98
Moore, George E. 277
moral do escravo 210
moralistas 134
morte do homem, a 314
multidão (conceito) 337
Multidão (obra) 241
mundo como vontade e representação, O 150
mundo das ideias 48
mundo dos fenômenos (Kant) 166
mundo dos sentidos (Platão) 48
mundo inteligível 166
mythos 24

N

não é possível banhar-se duas vezes no mesmo rio 29
não existir em determinado lugar, e sim em outra parte 291
não matar 268
o que importa não é viver, mas viver corretamente 43
nascimento da clínica, O 236
navalha de Ockham 88
Negri, Antonio 241
Nietzsche, Friedrich Wilhelm 152
niilismo 207
niilismo ativo 207
niilismo passivo 207
noema 253
noesis 253
nomadismo 328
nomos 34
Novum organum 94
Nozick, Robert 239
Novos ensaios sobre o entendimento humano 97

O

O homem tem futuro? 228
o Se 260
ou um, ou outro 182
objeto 113
Ockham, Guilherme de 79
ontologia 256
orientalismo (conceito) 333
Orientalismo (obra) 241
Origens do totalitarismo 234

Ou-ou: um fragmento de vida 151
Outro 268
outro (*id*) 221

P

Paulo 82
padres da Igreja 82
palavras e as coisas, As 236
panóptico (Foucault) 316
panta rei 29
panteísmo 116
paradigma 282
paranoia 327
Parmênides 19
parole (fala) 242
Pascal, Blaise 99
paixões da alma, As 96
pathos 71
patrística, filosofia 82
Peirce, Charles Sanders 153
pensamento selvagem, o (conceito) 301
pensamento selvagem, O (obra) 235
Pensamentos 99
penso, logo existo 109
personalidade 170
perspectivismo 213
pessimismo 181
philia (amizade) 67
philosophia ancilla theologiae 85
phrónesis 65
physis 34
Pitágoras 18
prazer, cálculo do 192
Platão 22
pluralismo 120
pólis 68
Política 22
Popper, Karl Raimund 229
pós-moderno explicado às crianças, O 237
pós-modernidade 307
pós-estruturalismo 306
positivismo lógico 279
potência e ato 60
pragmatismo (conceito) 218
Pragmatismo (obra) 154
primeiro princípio da filosofia cartesiana 109
princípio da diferença 303
princípio da igualdade de oportunidades 303
princípio da razão suficiente 122
princípio da soberania popular 140
princípio das liberdades fundamentais 302
princípio de causa e efeito 130
princípio de realidade 222
princípio do prazer 222
Princípios da filosofia do direito 150

349

Princípios da restauração social 228
Princípios de psicologia 154
Problemas de gênero 240
produção, meios de 196
progresso do conhecimento, O 94
proletariado 195
propriedades primárias 125
propriedades secundárias 125
Proslógio 78
Protágoras 20
projeto 261
Psicologia e alquimia 155
Psicopatologia geral 231
psique 41
pulsão de morte 222
pulsão de vida 222

Q

Quadros de guerra 240
questão da técnica, A 231

R

racionalismo continental 107
raciocínio dedutivo 105
raciocínio indutivo 104
raison d'être 288
razão comunicativa 286
razão de ser 288
razão instrumental 284
razão prática 167
razão teórica 167
realismo 86
rebanho, instinto de 211
Reconstrução em filosofia 154
redução fenomenológica 248
reino dos fins 170
relação de causa e efeito 130
relações de produção 196
relativismo 32
relativismo cultural 32
representação 180
Representações do intelectual 241
República, A 22
res extensa 115
resolução antecipadora 261
ressentiment 208
retorno à natureza 141
revolução copernicana 162
revolução social 199
riqueza das nações, A 148
rizoma 324
Roscelino 87
rosto 268
Rousseau, Jean-Jacques 98
Russel, Bertrand Arthur William 228
Ryle, Gilbert 277

S

Said, Edward Wadie 241
Sandel, Michael J. 239
Sartre, Jean-Paul 232
Saussure, Ferdinad de 235
Schelling, Friedrich Wilhelm Joseph von 149
Schopenhauer, Arthur 150
o Se (*Das Man*) 260
segundo sexo, O 240
Seiendes (ente) 256
Sein 256
semelhanças de família 275
sensibilidade 157
ser-aí (*Dasein*) 258
ser-em-si 291
ser-no-mundo 259
ser-para-a-morte 263
ser-para-si 291
ser significa ser percebido 127
ser transcendente 265
ser e o nada, O 265
Ser e tempo 231
ser 256
ser humano insatisfeito do que um porco satisfeito, é melhor ser um 194
sexo 331
Significado e necessidade 229
significado 243
significante 243
signo 243
simulação 311
simulacro 311
Simulacros e simulação 238
singular, indivíduo 184
sintaxe lógica da linguagem, A 229
síntese 175
sistema capitalista 196
sistema dos objetos, O 238
situações-limite 264
Smith, Adam 148
Sobre a liberdade 153
sociedade aberta e os seus inimigos, A 229
sociedade civil 179
sociedade de consumo, A 238
Sócrates 21
sofistas 34
sophia 65
Spinoza, Baruch 96
Sub specie aeternitatis 118
sublimação 221
substância 132
sujeito 113
Suma contra os gentios 79
superação 175
super-homem 217
superego 221

T

tabula rasa 123
Tales 18
techné 65
teoria da justiça, Uma 238
teoria da reminiscência 50
Teoria do agir comunicativo 233

Teoria dos sentimentos morais ... 148
teoria figurativa da linguagem ... 270
teoria ... 64
tese ... 175
Thanatos ... 222
tempo (Heidegger) ... 257
Tipos psicológicos ... 155
Tomás de Aquino ... 79
Totalidade e infinito ... 234
totalitarismo ... 287
Tractatus logico-philosophicus ... 228
transcendência ... 253
Tratado sobre a natureza humana ... 95
Tratado sobre os princípios do conhecimento humano ... 95
trindade, A ... 78
tripartição da alma ... 54
Tristes trópicos ... 235
tudo flui ... 29

U
união de virtude e conhecimento ... 37
união de virtude e felicidade ... 37
universais, disputa sobre os ... 86
utilitarismo (conceito) ... 191
Utilitarismo (obra) ... 153
utilitarismo qualitativo ... 193

V
variedades da experiência religiosa, As ... 154
velhice, A ... 240
véu da ignorância ... 302
verdade, A (obra) ... 78
verdade subjetiva ... 183
vida estética ... 186
vida ética ... 186
virtudes cardeais ... 55
virtudes dianoéticas ... 65
virtudes éticas ... 65
virtudes teológicas ... 83
vive ocultamente ... 73
vontade de potência ... 212
vontade de viver, cega ... 180
vontade geral ... 141
voz da consciência ... 164
voz e o fenômeno, A ... 237

W
Wittgenstein, Ludwig ... 228

Z
Zenão ... 23

**Acreditamos
nos livros**

Este livro foi composto em DIN Pro e Myriad Pro e impresso pela
Geográfica para a Editora Planeta do Brasil em julho de 2022.